D1727694

Karl-Josef Kuschel

Die Bibel im Koran

Karl-Josef Kuschel

Die Bibel im Koran

Grundlagen für das
interreligiöse Gespräch

Patmos Verlag

Ich widme dieses Buch in Dankbarkeit
für jahrelange unermüdliche Vertrauensarbeit
zwischen Juden, Christen und Muslimen

dem »Abrahamischen Forum Deutschland« (Darmstadt)
und seinem Geschäftsführer Dr. Jürgen Micksch

und

der »Gesellschaft der Freunde Abrahams« (München)
und seinem Vorsitzenden Professor Dr. Stefan Jakob Wimmer

»Wer nicht von dreytausend Jahren
Sich weiß Rechenschaft zu geben,
Bleib im Dunkeln unerfahren,
Mag von Tag zu Tage leben«
Johann Wolfgang von Goethe, West-östlicher Divan,
Buch des Unmuts

»Streitet mit dem Volk der Schrift nur auf die beste Art –
außer mit denen, die Unrecht tun und sagt: ›Wir glauben
an das, was zu uns und zu euch herabgesandt worden ist.
Unser Gott und euer ist einer. Wir sind ihm ergeben‹.«
Sure 29,46

»Wenn du über das, was wir zu dir herabgesandt haben,
im Zweifel bist, dann frage die, die schon vor dir die
Schrift vorgetragen haben.«
Sure 10,94

»Der biblischen Tradition folgend lehrt das Konzil, dass
das gesamte menschliche Geschlecht einen gemeinsamen
Ursprung und eine gemeinsame Bestimmung teilt: Gott,
unseren Schöpfer und das Ziel unserer irdischen Pilgerschaft. Christen und Muslime gehören zur Familie derer,
die an den alleinigen Gott glauben und sich ihren jeweiligen Überlieferungen entsprechend auf Abraham berufen.
Diese menschliche und geistliche Einheit in unseren Ursprüngen und Bestimmungen drängt uns dazu, einen gemeinsamen Weg zu suchen«.
Papst Benedikt XVI.
bei seinem Besuch in der Türkei am 28. November 2006

»Am stärksten hat mich Sadats Überzeugung beeindruckt, dass Frieden zwischen Juden, Christen und Muslimen möglich sei, wenn sie nun endlich begriffen, dass ihre Religionen aus der gleichen Wurzel stammen. Wenn sie nun endlich ihre vielen Gemeinsamkeiten erkennen würden, dann müsste es gelingen, zwischen ihnen Frieden zu stiften und zu halten …. Aber viele Rabbiner, Priester und Pastoren, Mullahs, Ayatollahs und Bischöfe verschweigen ihren Gläubigen diese gemeinsame Botschaft. Viele lehren die Gläubigen im Gegenteil, über andere Religionen abfällig und ablehnend zu denken.«
Helmut Schmidt, Vorwort zu: Jehan Sadat, Meine Hoffnung auf Frieden (2009)

»Der Islam hat für seine Anhänger Maßstäbe in Bezug auf den respektvollen Umgang mit Christen als ihresgleichen und Partner in einer neuen Ära gesetzt. Muslime sollten nicht vergessen, dass Christen ihnen die Schrift vererbt haben und dass manche von ihnen sich als Vorläufer bei der Vollbringung guter Taten erwiesen haben.«
Shaikh Abdullah bin Mohammed al Salmi (Oman), 2011

»Keine Religion ist eine Insel. Wir alle sind miteinander verbunden. Verrat am Geist auf Seiten eines von uns berührt den Glauben aller. Ansichten einer Gemeinde haben Folgen für andere Gemeinden. Religiöser Isolationismus ist heute eine Illusion.«
Abraham Joshua Heschel, 1965

»Wer die Predigtkanzel besteigt, muss den richtigen Islam kennen, so wie ihn Allah zu den Propheten gesandt hat: als Barmherzigkeit für die ganze Welt – für Muslime und Nichtmuslime«.

Ahmad al Tayyeb, Großscheich der Al-Azhar Universität Kairo,
F.A.Z. vom 29. März 2016

»Wenn der Dialog zwischen Christen und Muslimen auf Augenhöhe erfolgen und ein gegenseitiges Zeugnis einschließen soll, dann ist nicht nur danach zu fragen, welches Zeugnis Christen gegenüber Muslimen zu geben haben, sondern auch, was Christen im Dialog mit Muslimen in der *missio dei* zu lernen hätten: Was ist die *Mission* der Muslime für uns?«

Evangelische Kirche im Rheinland
»Weggemeinschaft und Zeugnis im Dialog mit Muslimen«,
September 2015

Inhalt

Epilog

Worum es geht:
Bibel und Koran: Neue
Herausforderungen

Dieses Buch ist nicht geschrieben für Bibelspezialisten und Koranexperten. Es ist geschrieben für Menschen, die das interreligiöse Gespräch suchen, oft aber nicht wissen, wo anfangen, wo einsetzen. Da kann ihnen die Tatsache entgegenkommen, dass der Koran, die Heilige Schrift der Muslime, Überlieferungen in großer Breite und Tiefe aufgenommen hat, die Juden und Christen aus ihrem eigenen normativen Schrifttum vertraut sind. Warum das so ist, warum und mit welchem Ziel solche Überlieferungen im Koran weder ignoriert oder gar polemisch verworfen, sondern integriert und zugleich weiter und neu gedeutet werden, davon zu berichten, ist Absicht dieses Buches. Wir wollen einen Prozess der Begegnung verfolgen, bei dem Altes auf Neues trifft, will sagen: bei dem jüdische und christliche Überlieferungen in einem anderen Kulturraum Jahrhunderte später nicht nur aufgenommen, sondern als Herausforderung begriffen werden, als Katalysator zur Ausbildung einer eigenen Glaubensidentität.

Originell ist die Fragestellung selber nicht. Forschungsgeschichtlich aber muss man dabei schon weit zurückgreifen, um an Arbeiten mit ähnlichem Interesse anknüpfen zu können. Das gilt insbesondere für *Abraham Geiger* (1810–1874), den Begründer der Wissenschaft des Judentums zu Beginn des 19. Jahrhunderts, und seine 1833 erschiene Preisschrift »Was hat Mohammed aus dem Judenthume aufgenommen« (Neudruck mit einem Vorwort von *Friedrich Niewöhner* 2005), eine kleine, aber höchst materialreiche Studie, in der erstmals in dieser Weise der Einfluss biblischer und vor allem nachbiblisch-rabbinischer (»haggadischer«) Traditionen auf den Koran nachgewiesen wird. Das gilt auch für *Josef Horovitz* (1874–1931), von 1915 bis zu seinem Tod Professor für Semitische Sprachen am Orientalischen Seminar der Universität Frankfurt am Main, und seine 1926 erschienenen »Koranischen Untersuchungen«, eine bahnbrechende Arbeit zur biblischen, nachbiblischen und altarabischen Vorgeschichte des Koran unter Heranziehung epigraphischer Zeugnisse in den verschiedenen Sprachen der Arabischen Halbinsel. Und das gilt schließlich auch für die monumentale Studie »Biblische Erzählungen im Qoran«, die einer der brillantesten, aber leider ebenfalls viel zu früh verstorbenen Schüler von Horovitz, *Heinrich Speyer* (1898–1935), 1935 erstmals vorgelegt hat (Neudruck 1961). Da er jüdischer Herkunft ist, muss sein Werk, um überhaupt während der NS-Zeit erscheinen zu können, auf das Jahr 1931 zurückdatiert werden.

Dieses bis heute unübertroffene Quellenwerk kann die Einseitigkeit von Geigers Studie korrigieren, indem es zeigt, dass der Koran über alttestamentlich-jüdische hinaus auch christliche, gnostische und altarabische Einflüsse erkennen lässt, ohne dass Speyer diese in den Kontext der entsprechenden Suren oder in ein zeitgeschichtliches Szenario eingebettet hätte. Bezüge werden hergestellt, Quellen namhaft gemacht, Parallelen als »Übernahmen« ausgewiesen. Darin besteht die einzigartige Leistung dieses großen deutsch-jüdischen Forschers. Zugleich aber lässt Speyers Darstellung massive Wertungen erkennen. Mohammed habe »vieles missverstanden«, kann er zusammenfassend schreiben, »oft ähnlich lautende Berichte und Namen miteinander verwechselt oder verquickt und nicht Weniges missbilligt« (1961, 462). Ab-Wertungen dieser Art markieren die Grenze dieser bewundernswürdig gelehrten Arbeit. Weitere Einzelheiten zu Geiger, Horovitz und Speyer enthalten die lebens- und werkgeschichtlichen Beiträge in dem höchst instruktiven Band »›Im vollen Licht der Geschichte‹. Die Wissenschaft des Judentums und die Anfänge der kritischen Koranforschung«, hg. von *Dirk W. Hartwig u. a.*, 2008).

Die *heutige englisch- und deutschsprachige Forschung* knüpft zwar an die drei genannten Arbeiten an, deutet aber das Verhältnis Bibel-Koran mit anderen Methoden und Interessen. Nicht mehr wertend entweder nach einer Defizithermeneutik (wie in christlicher Tradition) oder nach einer Überbietungshermeneutik (wie in muslimischer Tradition), sondern nach einer (wenn man so will) Alteritätshermeneutik. Will sagen: Der Koran wird nicht länger von der Bibel als exklusivem Maßstab her als »verzerrend«, »missverstehend« oder »defizitär« abgewertet und umgekehrt wird die Bibel nicht länger vom Koran als exklusivem Maßstab her für zum Teil verdorben und missverstanden erklärt, vielmehr werden beide zunächst in ihrer je eigenen Integrität respektiert und in ihrer »Andersheit« zu verstehen gesucht. Wie viel ist in der Vergangenheit an Polemik auf beiden Seiten investiert worden mit dem wechselseitigen Vorwurf des verzerrten, missverstehenden, willkürlich auswählenden Bibel- und Koranverständnisses. Der Prophet Mohammed habe Biblisches irgendwo auf seinen Reisen mitbekommen, missverstanden, verzerrt oder falsch wiedergegeben. So haben sich Christen die Abweichungen von ihren eigenen normativen Überlieferungen im Koran erklärt. Und umgekehrt: Die »Leute der Schrift«, Juden und Christen, hätten die Botschaft des letzten Gesandten Gottes deshalb abgelehnt, weil sie ihre eigenen Heiligen Schriften missverstanden, verzerrt wiedergegeben oder falsch ausgelegt hätten. Diese sind jetzt durch den Koran überholt und ersetzt (mehr dazu: Erster Teil, Kap. 1). Mit dieser Tradition der wechselseitigen religiösen »Maulkämpfe« (*H. Heine*), welche den je Anderen entweder gering schätzt oder triumphal zu überbieten trachtet, gilt es Schluss zu machen.

Für unvoreingenommene Leser/innen ist der Koran der Bibel nicht unterlegen oder umgekehrt der Bibel überlegen, sondern *anders. Bibel und Koran sind Ur-Kunden mit je eigenem*

Profil und unverwechselbarer Autorität (mehr dazu: Erster Teil, Kap. 6: Zehn Voraussetzungen für einen Dialog Bibel–Koran). Man muss sich schon die Mühe machen, diese jeweilige Andersheit in ihrer je eigenen Komplexität zu verstehen, bevor dann in der Begegnung mit anderen Glaubenszeugnissen und Glaubensüberzeugungen eine argumentative Auseinandersetzung beginnen kann und beginnen darf, die zu einer begründeten Glaubensentscheidung herausfordert oder die eigene Glaubensentscheidung auf den Prüfstand stellt. *Verstehenwollen der Andersheit des je Andern ist somit die Grundvoraussetzung für einen Dialog*, bei dem jede Seite von der Erwartung getragen wird, dass im jeweiligen Gegenüber Fähigkeit und Bereitschaft vorhanden ist, diese Andersheit so umfassend wie möglich zu verstehen, bevor das eigene Glaubenszeugnis ins Spiel kommt. Drauflosbekennen ohne gründliche Kenntnisse vom je anderen ist kein Beitrag zum Dialog, sondern monologische Selbstbeschwörung mit dem Rücken zum je Anderen.

Forschungen zu Bibel und Koran sind heute in Bewegung geraten. So hat der an der University of Notre Dame lehrende amerikanische Islamwissenschaftler *Gabriel Said Reynolds* 2010 eine viel beachtete Studie unter dem programmatischen Titel »The Qur'an and Its Biblical Subtext« vorgelegt. Ihm geht es nicht länger um Quellen »hinter« dem Koran, sondern allein um den Text, dessen literarischer Stil höchst »allusive«, höchst »anspielungsreich« sei. Der Koran scheine, so Reynolds, nirgendwo direkt biblische oder andere Texte zu zitieren, stattdessen spiele er auf sie an, indem er gleichzeitig seine eigene religiöse Botschaft entwickle. Entsprechend wird der Koran verstanden als ein »Teil einer dynamischen und komplexen literarischen Tradition, nicht gekennzeichnet durch direkte Anleihen, sondern durch Motive, Topoi und Exegese« (S. 36). Die Schlüsselfrage dieser Studie ist somit nicht länger, was durch außerkoranischen Quellen in den Koran »übernommen« wurde, sondern »die Natur der Beziehung zwischen dem koranischen Text und seinem jüdischen und christ-

lichen Subtext«. Deshalb sollte ein Studium des Koran »wach«
sein »für das Gespräch, das der Koran mit früheren Texten
führt, insbesondere für das vertraute Gespräch mit biblischer
Literatur« (S. 36).

Dieser Wachheit ist auch *Sidney H. Griffith* verpflichtet,
lange Jahre Professor für Early Christian Studies an der Ca-
tholic University of America in Washington D, C., als er 2013
seine Forschungen in seinem wegweisenden Buch »*The Bible
in Arabic*« zusammenfasst und darin präzise zeigt, welche Bedeutung die Schriften der »Leute des Buches« (so die koranische Bezeichnung für Juden und Christen) in der Sprache des
Islam gehabt haben: »Die Schriften von Juden, Christen und
Muslimen«, schreibt Griffith, »sind miteinander verflochten
(»intertwined«), nicht so sehr textlich, denn es gibt kaum irgendwelche Zitate der Bibel im Koran. Vielmehr sind sie verflochten in der Erinnerung an Erzählungen der Hebräischen
Bibel im Neuen Testament, zusammen mit einigen Zitaten; in
der Erinnerung an prophetische und apostolische Figuren der
Tora, der Psalmen und des Evangeliums im Koran« (S. 214).
Unter Bezugnahme auf das Werk von Reynolds (»Subtext«)
versucht Griffith nachzuweisen, dass »die Haltung des Koran
in Bezug auf die Bibel« oft »die eines Suchers nach schriftge-
stützter Garantie« ist, »indem man biblische Geschichten zitiert und Erinnerungen an prophetische Figuren evoziert mit
dem Ziel, eine sehr entschiedene islamische Prophetologie zu
favorisieren« (S. 26. Eig. Übers.).

Auch innerhalb der *deutschsprachigen Forschung* sind neue
Ansätze entstanden. So setzt die an der Berliner Hum-
boldt-Universität lehrende Arabistin und Koranwissenschaftlerin *Angelika Neuwirth* bei ihren umfangreichen Koranstudien ebenfalls text- und literaturwissenschaftlich an, bei
Fragen der Textgenese, der literarischen Formen sowie der
rhetorischen und stilistischen Mittel koranischer Selbstbehauptung in einem komplexen multikulturellen und multireligiösen Umfeld. Deutlicher und direkter als andere erklärt
Neuwirth, der Koran sei bei aller unvergleichlichen inhaltli-

chen und sprachlichen Eigenständigkeit ein Text,»der wie die jüdischen und christlichen Grundschriften fest in der biblischen Tradition wurzele« (Koranforschung – eine politische Philologie, 2014, 1), ja,»das gesamte Corpus« sei »ein durch und durch biblisch durchwirkter Text« (S. 4). Das sind neue Töne in der Forschung, die wir wohl beachten wollen. Sie haben mit der alten Apologie, der Koran sei im Vergleich zur Bibel ein »epigonaler« Text, nichts mehr zu tun. Sie werden gestützt durch umfassende historischen Forschungen zum zeitgeschichtlichen Kontext des Koran, dokumentiert in dem monumentalen Quellenwerk des in New York lehrenden amerikanischen Historikers *Robert G.* Hoyland »Seeing Islam as Others Saw it. A Survey and Evaluation of Christian, Jewish and Zoroastrian Writings on Early Islam« (1997), aufgeschlüsselt in Beiträgen umfangreicher Sammelbände wie »The Qur'an in its Historical Context«, herausgegeben von dem schon genannten amerikanischen Islamwissenschaftler *Gabriel Said Reynolds* (2008) oder »The Qur'an in Context« (2010), herausgegeben von *Angelika Neuwirth, Nicolai Sinai und Michael J. Marx.*

Dabei setzen diese Forschungen ein Dreifaches voraus:

Erstens: In der Welt der ersten Hörer (Arabische Halbinsel Anfang des 7. Jahrhunderts) muss *vor* der koranischen Verkündigung ein »umfassender Wissenstransfer« stattgefunden haben, so dass »ein breites Spektrum biblischer und postbiblischer Traditionen der Hörerschaft Mohammeds bereits vertraut« gewesen ist (*A. Neuwirth*, Koranforschung, 2014, 9).

Zweitens: Das Aufgreifen biblischer Überlieferungen ist mehr als ein »Übernehmen« und »Verarbeiten«, es ist Ausdruck einer »*live interaction* zwischen dem Verkünder und seinen Hörern«. Der Koran ist nicht in einem luftleeren Raum entstanden. Seine ersten Hörer sind noch keine Muslime, was sie ja erst durch die Verkündigung des Propheten *werden* sollen. Sie sind »am ehesten als Individuen vorzustellen, die synkretistisch akkulturiert und in verschiedenen spätantiken Traditionen gebildet waren« (ebd., 8). Auf diese ihre gesellschaftlichen, kulturellen und geschichtlichen Prägungen reagiert der Koran und profiliert an ihnen seine spezifische Botschaft.

Drittens: Der Sprachgebrauch »die Bibel« im Koran ist ungenau und bedarf der Differenzierung. Denn die koranische Verkündigung setzt im 7. Jahrhundert ganz offensichtlich zwei Arten von Bibel voraus: eine durch die Rabbinen weitergedeutete jüdische Bibel und eine durch die Kirchenväter und die gesamtkirchlichen Konzilsbeschlüsse weitergedeutete christliche Bibel. Deren narratives Potential wird nicht einfach »übernommen«, sondern ausführlich verhandelt. Entsprechend reflektiert der Koran »den Prozess rigoroser Prüfung, Revision und letztendlich Supersession von grundlegenden jüdischen und christlichen, aber auch paganen Traditionen« (ebd., 9). Es ist somit »gerade die Bibel« gewesen, »deren Sinnpotential die koranische Gemeinde – durch einen langen Prozess der Verhandlung und partiellen Aneignung – in Stand setzte, ihre eigene Identität zu konstruieren – wie auch die christliche Religionsgemeinschaft sich zu ihrer Zeit aufgrund ihrer besonderen Bibellektüre eine neue Identität erschlossen hatte. Diese Identitätsbildung scheint aber im Fall der koranischen Gemeinde unter so verschiedenen Umständen geschehen zu sein, dass man von einer ›doppelten Bibelrezeption‹ sprechen muss« (ebd., 9).

Auch wir gehen in dieser Studie davon aus: Die Bibel tritt im Koran immer schon als »interpreted Bible« *(S. H. Griffith)* in Erscheinung. Denn der Koran ist kein einsam-erratischer Block in einer ansonsten buchstäblich wüstenleeren Landschaft, kein Text ohne Kontext, sondern muss, unbeschadet seiner Entstehung in einem Randgebiet der damaligen Welt, als *Antwort unter anderem auch auf christliche und jüdische Herausforderungen seiner Zeit* verstanden werden, als lebendiges, »polyphones Religionsgespräch«, ja als »Argumentationsdrama« *(A. Neuwirth)*, das sich zwischen der muslimischen Gemeinde und den Vertretern der übrigen Traditionen abgespielt hat. Sind doch in der Tat im Koran zahlreiche biblische und nachbiblische Überlieferungen nicht nur »gespeichert« oder »übernommen«, sondern neu zum Leuchten gebracht. Neues Leben ist ihnen eingehaucht worden. Ein Doppelnarrativ lässt sich von daher rekonstruieren: Die koranische Verkündigung setzt zunächst dem lokal ererbten Selbstverständnis der Hörer ein neues, biblisches auf und stößt damit eine »Biblisierung« des arabischen Denkens an. Zugleich aber kehrt sie den Prozess wieder um und leitet eine »Arabisierung« oder »Islamisierung« biblischer Vorstellungen ein. Das wird auch von anderen deutschen Forschern heute schärfer als früher gesehen. So erscheint für den Göttinger Islamwissenschaftler *Tilmann Nagel* der Koran »als ein Beleg für eine mannigfaltige religiöse Umwelt, in der unter anderem der besagte Erzählstoff in jüdischem, christlichem und heidnischem Milieu tradiert sowie charakteristischen Umbildungen unterzogen wurde, die wir im Koran und in der frühislamischen Literatur wiederfinden« (Der Koran und sein religiöses und kulturelles Umfeld, 2010, VII). Und auch der Jenaer Religionswissenschaftler *Bertram Schmitz* geht davon aus, dass die biblischen Geschichten zum »Grundwissen« der damaligen Hörer gehört haben müssen. Das erlaube es dem Koran, »sich häufig mit Anspielungen, Hinweisen und Stichworten zu begnügen, die bei den Hörern den jeweiligen Sachverhalt ins Gedächtnis rufen. Diese als selbstverständlich vorausgesetzte Kenntnis erlaubt es, mit den Motiven der biblischen Religionen gewissermaßen ›zu spielen‹, sie neu zu deuten, Wortspiele und Anklänge zu verwenden, gar sie zu ›persiflieren‹ … Gerade dieser letzte Punkt setzt jedoch eine möglichst weitgehende Kenntnis der jüdischen und christlichen biblischen Literatur voraus wie auch der außerkanonischen und der theologischen Literatur beider Religionen (also auch Kirchenväter und christliche Auslegungswerke einerseits, Talmud und Midraschim für das Judentum andererseits) bis zum 7. Jahrhundert *sowie die Bereitschaft, sich auf Form, Stil und Denken des Qurans einzulassen«* (Der Koran und sein religiöses und kulturelles Umfeld, 2010, 219).

In der Tat werden wir zeigen können: Biblische Überlieferungen werden so vermittelt, dass sie zu aktualisierten Spiegel- und Gegengeschichten werden für den durch den Verkünder angestoßenen und jahrelange hin und her wogenden Kampf zwischen altem und neuem Glauben. Durch narrative oder dramatische Reinszenierung jüdisch-christlicher Überlieferungen steht am Ende etwas unverwechselbar Eigenes: eine arabisch-muslimische Glaubensidentität unter Neu- und Weiterdeutung uralter Überlieferungen aus der Welt von Judentum und Christentum. Wie ist das alles zu erklären? Was fangen Menschen, die zwischen 610 und 632 auf der Arabischen Halbinsel leben, in Mekka und Medina zu Hause sind, mit Überlieferungen an, die weder aus ihrer Geschichte noch ihrer Gesellschaft noch ihrer Religion stammen? Die sie ohne Textstütze nur aus mündlichen Überlieferungen gekannt haben können, gab es doch im 7. Jahrhundert noch keine arabische Bibelübersetzung (mehr dazu: Erster Teil, Kap. 4: Ein städtisch-multireligiöses Milieu). Mekka, Jerusalem und zurück. Einen gewaltigen geistigen Transfer verlangt der Koran von ihnen. Im Interesse des Erwerbs interreligiöser Gesprächsbereitschaft und -fähigkeit fühlen wir uns herausgefordert, diesen Transfer nachzuvollziehen und für das heutige interreligiöse Gespräch fruchtbar zu machen.

Wir lassen uns dabei von einem Vers des Koran motivieren: »Ihr Menschen«, heißt die Aufforderung in Sure 49,13: Md[1], »wir haben euch aus Mann und Frau erschaffen und euch zu Völkern und Stämmen gemacht, damit ihr einander kennt. Der Edelste vor Gott ist der unter euch am gottesfürchtigsten ist.« Im Koran ist damit diejenige Überzeugung bekräftigt, die zur Grundvoraussetzung jeder dialogischen Begegnung von Menschen unterschiedlichen Glaubens gehört:

---

1 Die Angaben »Mk« und »Md« hinter den Surenstellen beziehen sich auf die Datierung in die mekkanische Zeit (610–622) und die medinensische Zeit (622–632); vgl. am Ende des Buches die chronologische Tabelle 624 f.

Alle Menschen ohne Unterschied der Rasse, der Klasse, der Nation oder des Stammes sind vom Ursprung her Teile der *einen* Menschheitsfamilie. Diese »Gleichheit des biologischen Ursprungs«, so ein heute maßgeblicher muslimischer Korankommentar zur Stelle, spiegelt sich »in der Gleichheit der menschlichen Würde« (Asad, 980). Will sagen: Allen äußerlichen Unterscheidungen liegt die wesentliche Einheit aller Menschenwesen zugrunde. Sie begründet den Auftrag, einander nicht zurückzustoßen oder zu beherrschen, sondern kennenzulernen – durch wechselseitige Bereitschaft, einander zu begegnen und voneinander zu lernen. Welch ungeahnte Folgen das haben kann, zeigt eindrücklich eine Szene, die im Mittelpunkt des folgenden Prologs steht. Sie hat es verdient, in Erinnerung zu bleiben.

Prolog:
»Wir Kinder Abrahams«: Helmut Schmidt trifft Anwar as-Sadat
10 Erkenntnisse im Interesse des Dialogs der Religionen

»Sadat glaubte, dass Frieden Gottes Wille sei; er glaubte an das Gebot des Islam, eine gerechte und tolerante Gesellschaft zu errichten. Und Sadat beharrte darauf, dass Araber und Juden Brüder seien, Söhne Abrahams, die von Ismael und Isaak abstammten, und dass sie miteinander versöhnt werden sollten.«

Jehan Sadat, Meine Hoffnung auf Frieden, 2009

Wer sich zu Abraham bekennt, wendet sich – nolens volens – den jüdischen Wurzeln zu. Der Islam tut das in einem elementareren Sinn als das Christentum, indem er behauptet, die Religion Abrahams wiederhergestellt zu haben. Für das Christentum ist Abraham von großer Bedeutung wegen der Verheißung, die er empfangen hat und die besagt, dass in ihm alle Geschlechter der Erde gesegnet werden. Das Wort Gottes bleibt in Kraft. Auf welchem Wege verwirklicht sich die Verheißung? Für das Christentum ist Jesus der Abrahamssohn schlechthin, weil es in ihm die Verheißung verwirklicht sieht. Was bedeutet das für das Verhältnis des Christentums zu Judentum und Islam? Zumindest dies: im Judentum seine Wurzeln zu erkennen und im Islam jene zu sehen, die als Kinder Ismaels auch am Segen Abrahams teilhaben sollen.«

Joachim Gnilka, Bibel und Koran, 2004

»Aufklärung beginnt damit, den Menschen von den gemeinsamen Wurzeln der Religionen zu erzählen. Wenn ihnen die Gemeinsamkeiten bewusst gemacht werden, werden sie auch nicht mehr ununterbrochen Krieg miteinander führen. Der Frieden in der Welt hängt in hohem Maße davon ab, dass die Führer der Weltreligionen ihre Verantwortung für den Frieden wahrnehmen und dass sie ihre Gläubigen zu gegenseitigem Respekt und zur Toleranz aufrufen.«

Helmut Schmidt, Was ich noch sagen wollte, 2015

Ich steige ein mit einer Geschichte, die ich nicht vergessen kann, seit ich ihr zum ersten Mal begegnet bin. Erzählt hat sie unserer früherer Bundeskanzler *Helmut Schmidt*, der am 11. November 2015 in einem wahrhaft »biblischen« Alter von 96 Jahren verstorben ist. Es geht um die Begegnungen eines Mannes aus dem Westen mit einem bekennenden Muslim: dem damaligen ägyptischen Staatspräsidenten *Anwar as-Sadat* (1918–1981). In seinen »Erinnerungen und Reflexionen« unter dem Titel »Weggefährten« hat Helmut Schmidt sie 1996 öffentlich gemacht und die Wirkungen dieses Treffens in einem Kapitel mit dem programmatischen Titel »Wir Kinder Abrahams« ausführlich beschrieben. Ein Schlüsselerlebnis zum Thema »Judentum, Christentum und Islam als Faktoren einer Weltfriedenspolitik«. So prägend für den damaligen Bundeskanzler, dass Helmut Schmidt bei ungezählten anderen Gelegenheiten immer wieder darauf zurückkommt. Verwiesen sei nur auf seine beiden Sammelbände »Außer Dienst. Eine Bilanz«, 2008 (Teil VI: Religion, Vernunft, Gewissen) sowie »Religion in der Verantwortung. Gefährdungen des Friedens im Zeitalter der Globalisierung« von 2011. In mehr als einem Kapitel dieser beiden Bücher ist immer wieder aufs Neue von der Begegnung mit Sadat die Rede. »Ich werde nie ein stundenlanges Gespräch vergessen«, so etwa beginnen diese besonderen Erinnerungen. Oder:»Und während wir die Sterne am Himmel betrachteten, erklärte Sadat mir die gemeinsame Herkunft der drei monotheistischen Religionen«. Oder: »Mein persönliches Interesse am Islam und der Förderung des Dialogs wurde von Präsident Sadat entfacht«. Oder: »Dank Sadat las ich später im Koran, in der Bibel«. Hier bestätigt sich aufs Schönste, was *Martin Buber* (1878–1965) einmal in den Satz gefasst hat: »Alles wirkliche Leben ist Begegnung« (zu Buber: *K.-J. Kuschel, Martin Buber – seine Herausforderung an das Christentum,* 2015).

»Alles wirkliche Leben ist Begegnung«

Doch all diese Erinnerungen an Sadat stehen ausschließlich in einem interreligiösen und friedensethischen Zusammenhang. An keiner Stelle analysiert Helmut Schmidt die innerpolitische Rolle Sadats, die auch bei Nichtislamisten umstritten ist. Man lese als Gegengewicht den sehr persönlichen Lebensbericht des ägyptischen Islamwissenschaftlers *Nasr Hamid Abu Zaid* (1943–2010), der sich wegen seiner Koranauslegung nach heutigen hermeneutischen, sprachwissenschaftlichen und kommunikationstheoretischen Methoden den Vorwurf der Apostasie, des Glaubensabfalls vom Islam, zugezogen hatte. Das hatte unter anderem zur Folge, dass 1995 ein ägyptischer Richter seine Ehe mit einer Muslimin zwangsweise (will sagen: gegen seinen und seiner Frau Willen) für aufgelöst erklärt. Ein Nichtmuslim dürfe nicht mit einer Muslimin verheiratet sein. Ein Fall, der international für Empörung gesorgt hatte. Abu Zaid hatte Ägypten verlassen müssen, hatte aber an der Universität im holländischen Leiden weiterhin Islamwissenschaft lehren können.

In Ägypten hatte Abu Zaid miterlebt, wie Sadat 1970 nach dem überraschend frühen Tod von Präsident *Gamal Abdel Nasser* (1918–1970) als dessen Vizepräsident an die Macht gekommen war. Miterlebt, wie er 1972 in einem kühnen Schritt ca. 17 000 von seinem Vorgänger ins Land geholte sowjetische Militärberater ausgewiesen und 1973 mit der Armee gegen Israel militärisch einen Teilerfolg erzielt hatte. Miterlebt, wie

Sadat sich politisch-ökonomisch dem Westen angenähert und die Nassersche sozialistische Planwirtschaft nach sowjetischem Vorbild durch einen privatwirtschaftlichen Kapitalismus abgelöst hatte. Miterlebt, wie 1977 auf Grund des Abbaus staatlicher Subventionen für Basisgüter die schwersten Unruhen in Ägypten seit der Revolution von 1952 ausgebrochen waren, später bekannt unter dem Titel »Brotunruhen«. Aber auch miterlebt, wie Sadat als Gegengewicht gegen seine innerägyptischen Gegner, die Nasseristen und Sozialisten, die bisher verfolgten und vielfach eingekerkerten Muslimbrüder aufgewertet hatte. 1980 hatte er sogar eine Verfassungsänderung zugelassen, der zufolge jetzt die Scharia die Hauptquelle des ägyptischen Rechts bildet. Abu Zaid? Er hatte die Folgen hautnah zu spüren bekommen. Für ihn ist klar: Es ist Sadat gewesen, der die politische Islamisierung Ägyptens gefördert und dessen Weiterentwicklung zu einem modernen, laizistisch-pluralistischen Staat blockiert hat. Als es dann 1981 zu gewalttätigen Auseinandersetzungen zwischen Muslimen und koptischen Christen kommt, wird Sadat dies zum Anlass nehmen, 1 500 Oppositionelle verhaften zu lassen, darunter linke Intellektuelle, koptische Geistliche, führende Muslimbrüder, aber auch Journalisten und Politiker.

Kurz: Sadat zu idealisieren, wäre ganz falsch. Ein Heiliger ist auch er nicht. Umgekehrt haben Abu Zaids persönlichen Erfahrungen mit dem Scharia-Gericht seinen Blick auf die Politik Sadats gänzlich verdüstert und ihn zu dem zynischen Pauschalurteil veranlasst, Sadat sei »ein Meister« darin gewesen, »die Religion für die politischen Ziele zu instrumentalisieren und mit ihren Symbolen in der Öffentlichkeit umzugehen«. Auch einen Seitenhieb auf die westliche Wahrnehmung Sadats kann sich dieser Kritiker nicht verkneifen: »In ihrer Haltung zu Sadat zeigten die westlichen Medien wieder einmal, dass sie im anderen nur die Facette sehen, die ihren Interessen entspricht. Aus westlicher Sicht war Sadat ein Staatsmann, der den Frieden wollte. Was er in Ägypten tat, interessierte niemanden. Niemand im Westen hat bemerkt, dass Sadat den religiösen Extremismus gefördert und den Frieden mit Israel erst nach den Hungerrevolten vom Januar 1977 entdeckt hatte« (Ein Leben mit dem Islam, 2001, 163). *Frieden mit Israel.* Dass für Helmut Schmidt als einem in internationalen Verflechtungen denkenden Politiker *dies* das Entscheidende im Fall Sadat ist, leuchtet ebenfalls sofort ein. Er sieht Sadat vor allem aus der Perspektive der Außenpolitik, dies aber in einem gesamtstrategischen und geschichtlichen Zusammenhang. Wie sehr musste ihm, gerade als deutschem Politiker, angesichts der deutschen Geschichte an Frieden von Israel mit seinen arabischen Nachbarn gelegen sein! Und diese seine besondere Sensibilität für Verantwortung gegenüber der deutschen Geschichte prägt auch Schmidts Einstellung zu den Kirchen und zur Religion generell, wie die Studie von *Rainer Hering* über »Helmut Schmidt, die Kirchen und die Religion« 2012 eindrucksvoll belegt. Dabei sind Schmidts persönliche Begegnungen mit Sadat von besonderer Bedeutung. Es ist ja auch die ganz ungewöhnliche Geschichte eines christlich geprägten Deutschen und Europäers mit einem Ägypter und Afrikaner, der muslimisch geprägt ist.

Und diese Geschichte handelt vom Koran und dem Gemeinsamen und Trennenden der Religionen, ist aber *erstens* nicht von einem Religionsvertreter erzählt, sondern von einem Mann der international ausgerichteten praktischen Politik, zeigt *zweitens* geradezu modellhaft, dass konkrete Begegnungen grundlegende Veränderungen im Leben eines Menschen auslösen können, demonstriert *drittens* anschaulich, was interreligiöses Lernen im besten Sinn des Wortes bewirken kann und macht *viertens* klar, dass es einen unlösbaren Zusammenhang gibt zwischen Weltfrieden und Religionsfrieden. Interreligiöses Lernen ist kein Luxus, sondern ein unverzichtbares Postulat heutiger internationaler Friedensarbeit. Ich will bewusst diese Geschichte aufbewahren, gerade weil die politische Lage im Nahen Osten nach wie vor abgründig ist, viele Friedensinitiativen gescheitert sind und rund um Israel gegenwärtig die Hölle los ist. Die Schmidt-Sadat-Geschichte aber ist eine Geschichte des Gelingens und der Hoffnung. Sie hält in mir den Glauben wach, dass die Friedensglut unter der Asche verbrannter Hoffnungen immer noch glimmt. Und diese Glut will ich mit Helmut Schmidt am Leben halten.

Die Urerfahrung: Eine Nachtfahrt auf dem Nil

Der Hintergrund? Im Herbst 1977 hatte *Sadat* seine damals sensationelle Friedensreise nach Israel angetreten. Am 20. November hatte er vor dem israelischen Parlament, der Knesset, gesprochen. Ende Dezember 1977 war es dann in Ägypten zu einem Treffen zwischen Schmidt und Sadat gekommen, beide seit 1974 bzw. 1970 im Amt. Und dieses ihr Zusammentreffen hatte über das übliche Diplomatische hinaus unerwartete Konsequenzen. Ich dokumentiere Helmut Schmidts Text von 1996 zur Gänze, ziehe nach Sinnabschnitten Nummerierungen ein (A 1–10), um ihn so unter Heranziehung späterer Paralleltexte nachvollziehbarer interpretieren zu können. Der Text lautet:

(1) Einmal führten wir in Ägypten mehrere Tage lang ein Gespräch über religiöse Fragen. Wir fuhren zu Schiff nilaufwärts, schließlich bis nach Assuan. Die Nächte waren völlig sternenklar. Wir saßen stundenlang an Deck, hatten Unendlichkeit und Ewigkeit über uns und sprachen über Gott. Das Gespräch machte einen so tiefen Eindruck auf mich, dass ich Tag für Tag ein paar Notizen über Sadat Ausführungen niederschrieb. Hier sind sie, allerdings in meinen Worten und in meiner Reihenfolge.

(2) Die monotheistischen Religionen, so erklärte Sadat, haben ihre gemeinsamen geschichtlichen Wurzeln auf dem Sinai. Vielleicht reicht ihre Vergangenheit aber noch weiter bis weit in das ägyptische Alte Reich zurück, möglicherweise bis zu Osiris; vielleicht auch nur bis zu Echnaton (das ist Pharao Amenophis IV. im 14. Jahrhundert vor Christus, dessen Ge-

mahlin Nofretete war), der den ursprünglichen Monotheismus wiederbeleben wollte. Der in den heiligen Schriften bezeugte Ursprung des Glaubens an den alleinigen Gott liegt allerdings bei Abraham, der ungefähr im gleichen Zeitalter gelebt haben muss wie Echnaton. Sowohl die Juden und Christen als auch die Muslime glauben, von Abraham abzustammen. Abraham (oder arabisch Ibrahim) gilt im Koran als ›Vater des Glaubens‹.

(3) Der erste der ganz großen gemeinsamen Propheten der Juden, der Christen und der Muslime war aber Moses, der am Berge Sinai die Gesetze (die zehn Gebote) aus Gottes Hand empfangen hat. Wir alle berufen uns auf ihn; übrigens ist Moses ein ägyptischer Name. Der Koran hat auch die meisten anderen Propheten des Alten Testamentes anerkannt: Noah, Abraham, Ismael, Isaak, Jakob, Joshua, David und andere, selbst Adam als allerersten. Ihnen hat sich Gott geoffenbart.

(4) Die Christen haben die jüdische Thora als Altes Testament anerkannt; ebenso der Koran, der überdies das christliche Neue Testament anerkannt hat. Ganz ausdrücklich spricht der Koran an mehreren Stellen von den Völkern der ›Schriftbesitzer‹ und gibt ihnen vor allen anderen Völkern eine bevorzugte Stellung, weil Bibel (Thora), Neues Testament und Koran alle drei den einen einzigen Gott bezeugen. Der Koran heißt die Gläubigen aller drei Religionen, ihren heiligen Schriften treu und gehorsam zu sein. Natürlich schließt das Isa von Nazaret (Jesus Christus) und das Evangelium ein.

(5) Ihr Europäer freilich wisst dies alles nicht. Ihr wisst auch nicht, dass Jesus nach koranischer Auffassung der zweitwichtigste aller Propheten war, nach ihm kam nur noch Mohammed, der steht allerdings über ihm. Freilich haben die Rabbiner, die christlichen Kirchen und auch der Islam vielerlei Keime zu gegenseitiger Feindschaft gelegt. Aber wir müssen jetzt endlich zurückgreifen auf die Gemeinsamkeit unseres Glaubens an den einen Gott. Dann wird der Friede zwischen allen drei Religionen möglich gemacht werden.

Soweit Sadats Gedanken während jener Nachtfahrt nilaufwärts, unter einem Sternenhimmel, wie er bei uns zu Hause
eigentlich nur im August vorkommt. Sadats Besuch in Jerusalem lag damals bereits einige Wochen zurück, und natürlich
sprachen wir auch darüber sehr ausführlich. Aber in jener
Nacht waren die Gemeinsamkeiten der drei großen monotheistischen Religionen die Hauptsache.

(6) Sadat hoffte auf eine große friedliche Begegnung von
Judentum, Christentum und Islam. Sie sollte symbolisch auf
dem Berge Sinai stattfinden, dem Mosesberg, wie er im Arabischen genannt wird. Dort sollten nebeneinander eine Synagoge, eine Kirche und eine Moschee gebaut werden, um die
Eintracht zu bezeugen. Tatsächlich hat Sadat 1979, zwei Jahre
nach seiner Jerusalemreise, dort einen Grundstein für die
Gotteshäuser gelegt. Als meine Frau und ich 1983 auf Muba-
raks [Sadats Nachfolger als Staatspräsident] Einladung das
Katharinenkloster besuchten, das seit der Zeit Justinians in
grandioser Einsamkeit am Fuße des Mosesberges liegt, hörten wir von den griechisch-orthodoxen Mönchen und von ihrem Abt, Erzbischof Damian, Sadat sei oft zu Meditation und
Gebet als ihr Freund dorthin gekommen. Man zeigte mir ein
weit abseits gelegenes einfaches Haus, in dem er zu beten und
zu schlafen pflegte. Ich habe das als eine posthume Bestätigung meiner längst vorher gewonnenen Überzeugung von
der Solidität und Echtheit der religiösen Vorstellungen Sadats
empfunden. Zugleich hat es mir einen tiefen Eindruck gemacht, als uns der Abt ein originales Schriftstück zeigte, in
welchem der Prophet Mohammed dem christlichen Katharinenkloster seinen Schutz zugesagt hat (später sind andere
Schutzbriefe dazugekommen, so von Napoleon und Wilhelm
II.).

(7) Sadats Friedenswille entsprang dem Verständnis und
dem Respekt vor den Religionen der anderen. Erst von ihm
habe ich gelernt, Lessings Parabel von den drei Ringen voll zu
begreifen. Sadat hat Lessing wohl kaum gekannt, aber er hat
Lessings Mahnung nicht bedurft. Er war Soldat, er hatte

Kriege erlebt und sogar geführt – aber jetzt wollte er den Frieden. Für mich waren viele von Sadats religionsgeschichtlichen Darlegungen neu, bei anderen fielen mir die sprichwörtlichen Schuppen von den Augen. Ich habe immer wieder Fragen gestellt; ich habe auch von der Symbiose zwischen Muslimen, Juden und Christen in Córdoba gesprochen. Bisweilen haben wir zu zweit aus dem Gedächtnis Geschichte rekonstruiert. Der Sinai hat seit den Tagen des Moses nicht nur die Ägypter gesehen, die ihn schon seit 5000 Jahren besitzen, er hat Juden, Hyksos, Hethiter, Perser , Römer, Araber, Türken und viele andere erlebt. Alle haben den heiligen Ort respektiert, an dem Moses das Zeichen des brennenden Dornbusches erblickte.

(8) ›So glaube jeder sicher seinen Ring, den echten‹, lässt Lessing seinen Nathan sagen und fährt fort: ›Gewiss, dass der Vater euch alle drei geliebt‹, komme euer Streben ›mit herzlicher Verträglichkeit …, mit innigster Ergebenheit in Gott‹. Ich habe Sadat damals sehr gedrängt, später einmal aus seiner Sicht ein Buch über die drei abrahamischen Religionen zu schreiben; es sollte nicht wissenschaftlich geschrieben sein, sondern so, dass die Völker es verstehen können. Dazu ist es nicht gekommen.

(9) Der Mord am 6. Oktober 1981 setzte allen Vorhaben und Visionen dieses ganz und gar ungewöhnlichen Mannes ein Ende. Er war von einer für Regierungschefs ungewöhnlichen Offenheit gewesen, und niemals vorher oder nachher habe ich mit einem ausländischen Staatsmann derart ausführlich über Religion gesprochen.

(10) Ich habe ihn geliebt. Wir waren bis auf zwei Tage gleichaltrig. Unsere nächtliche Unterhaltung auf dem Nil gehört zu den glücklichsten Erinnerungen meines politischen Lebens. (S. 341–344)

»Alles wirkliche Leben ist Begegnung«? Die Wahrheit dieses Satzes von *Martin Buber* war nie »wahrer« als bei der hier beschriebenen Szene. Plötzlich die Präsenz eines konkreten Ge-

genübers. Es ist nicht irgendjemand. Es ist der Präsident eines Schlüssellandes der Nahostpolitik. Soeben hatte dieser ein kühnes Zeichen seines Friedenswillens gesetzt, Voraussetzung für das nur ein Jahr später am 17. September 1978 abgeschlossene Friedensabkommen zwischen Israel unter Ministerpräsident *Menachim Begin* (1913–1992) und Ägypten im amerikanischen Camp David unter Vermittlung des damaligen amerikanischen Präsidenten *Jimmy Carter* (Amtszeit: 1977–1981). Noch aber ist der Frieden in Nahost mehr als brüchig. Und angesichts hasserfüllter Feinde Israels von den Muslimbrüdern im eigenen Land angefangen bis zur PLO unter ihrem damaligem Führer *Jassir Arafa*t (1929–2004) war Sadat mit seiner Friedensinitiative auch ein hohes persönliches Risiko eingegangen. Als »Verräter« war er in und außerhalb Ägyptens verunglimpft worden. Daran hatte auch der Friedensnobelpreis nichts geändert, den Sadat zusammen mit Begin 1978 erhalten hatte. Helmut Schmidt weiß das alles. Er hatte mit Sadat bereits über mögliche Attentate gesprochen. Ein Grund mehr, diesen Mann ob seines Mutes und seiner Tapferkeit Respekt zu zollen und ihm besonders aufmerksam zuzuhören.

Eine einzigartige Stimmung tut ein Übriges: die nächtliche Fahrt auf einem großen Strom (A 1). Jahrtausende hat dieser kommen und gehen sehen. Wiege einer uralten Kultur ist er geworden. Das hat selbst einen ansonsten kühl kalkulierenden und emotional beherrschten Mann hanseatischer Herkunft beeindrucken können. Der besondere Moment berührt auch ihn. Kopf und Herz geraten gleichzeitig in Schwingung. Über sich hat man den nächtlichen Sternenhimmel und damit »Unendlichkeit und Ewigkeit« und drüben an den Ufern zieht eine Jahrtausende alte Geschichte der Religionen und Kulturen vorbei, angefangen von Echnaton und Nofretete bis Abraham, Mose, Jesus und Mohammed. Undenkbar auch, dass bei dem Stichwort »Unendlichkeit und Ewigkeit über uns« Helmut Schmidt, der Liebhaber der Philosophie *Immanuel Kants*, nicht an den ersten Satz des Schlussworts zur »Kritik der praktischen Vernunft« (1788) gedacht haben wird: »Zwei Dinge erfüllen das Gemüt mit immer neuer und zunehmender Bewunderung, je öfter und anhaltender sich das Nachdenken damit beschäftigt: Der bestirnte Himmel über mir, und das moralische Gesetz in mir.«

Eine Lebenserfahrung ist hier beschrieben, die ich selber vielfach gemacht habe. Oft sind es nicht Bücher, sondern Menschen, die einem im entscheidenden Moment neue Welten erschließen, neue Einsichten vermitteln, neue Horizonte eröffnen. Wie oft ist es zu »Vergegnungen« gekommen, dann die eine, alles entscheidende »Begegnung«, um noch einmal ein Wortspiel *Martin Bubers* aufzunehmen. Was aber ist einem Europäer wie Schmidt, 1918 in Hamburg geboren, durch die Begegnung mit einem Muslim wie Sadat klar geworden? Welche Einsichten hat er gewonnen? Zehn Grunderkenntnisse zu Sinn und Ziel eines Dialogs lassen die verschiedenen Texte erkennen. Zehn gute Gründe, warum das Gespräch mit dem Islam und seinen Überlieferungen auch heute mehr denn je notwendig ist.

Erkenntnis 1: Der Sinai – Ursprungsraum des Monotheismus

Juden, Christen und Muslime haben in ihrer Geschichte vielfach zur Spaltung der Menschheit beigetragen, haben Konflikte geschürt und Gewalt gegeneinander legitimiert. Ursprünglich aber kommen sie aus einer gemeinsamen Wurzel, das wird Helmut Schmidt bewusst. Und diese Wurzel gehört in einen Raum, um den Israel und Ägypten seit den Urzeiten des Exodus bis in die jüngste Zeit hinein erbitterte Kämpfe ausgetragen haben: zur *Halbinsel Sinai* (A 2). Undenkbar, dass Sadat bei allem geschichtlichen Wissen um diesen einzigartigen Raum das Stichwort »Sinai« nur historisch verstanden haben soll nach dem Satz: »der Sinai hat seit den Tagen des Moses nicht nur die Ägypter gesehen, die ihn schon seit 5000 Jahren besitzen ...«. Kaum denkbar bei einem Mann, der vor wenigen Jahren erst, im Oktober 1973, einen erneuten Sinai-Feldzug gegen Israel geführt und dabei der israelischen Armee militärisch ein »Patt« und dann einen Waffenstillstand unter internationaler Vermittlung abgetrotzt hatte, so die schmähliche Niederlage ausgleichend, die Israel Ägypten im Sechs-Tage-Krieg 1967 zugefügt hatte. Neuen politischen Spielraum hatte ihm das eröffnet, gerade auch gegenüber Israel. Jetzt, im Gespräch mit Helmut Schmidt, heißt das Stichwort im Zusammenhang mit »Sinai« nicht Krieg und Eroberung, sondern »gemeinsame geschichtliche Wurzeln« der drei monotheistischen Religionen. Sadat blickt über den Tag hinaus, als Ägypter *und* als Muslim. Besser: Blickt durch die Oberfläche der Tagespolitik in die Tiefen der Geschichte. Bewusst bringt er nicht das zur Sprache, was die Religionen seit Urzeiten spaltet und wie eh und je die Völker gegeneinander hetzt, sondern das, was ihnen gemeinsam ist, was sie verbindet, und zwar vom Ursprung her. Warum? Mit welchem Interesse? Weil er tief davon überzeugt ist, dass allen Interessenkonflikten zum Trotz die Rückbesinnung auf die »gemeinsamen Wurzeln« zum Frieden und zur Zusammenarbeit motivieren kann, motivieren *könnte*.

Nicht zufällig fällt denn auch im Zusammenhang mit dem Monotheismus der Name eines ägyptischen Pharao: *Amenophis IV., Echnaton* (Regierungszeit ca. 1350 bis ca. 1335), Herrscher der 18. Dynastie des Neuen Reiches (A 2). Der Name »Echnaton« verweist auf ein dramatisches Ereignis der altägyptischen Geschichte: auf eine kultur- und religionsgeschichtlich bis dahin unerhörte Revolution »von oben«. Hatte dieser Pharao sich doch überraschend entschlossen, entgegen der uralten polytheistischen Religionspraxis in seinem Reich künftig nur noch *einen* Gott kultisch zu verehren: den Sonnengott Aton, dargestellt im Symbol der strahlenden Sonnenscheibe. Zur Verehrung dieses einen Gottes hatte Echnaton sogar eine neue Hauptstadt aus dem Wüstenboden stampfen lassen: Achet-Aton (»Horizont des Aton«), in der archäologischen Forschung heute unter dem Namen Tell el-Amarna bekannt, 300 Kilometer nördlich der bisherigen Hauptstadt Theben am Nil gelegen. Dabei hatte dieser Mann zusammen mit seiner Frau Nofretete keinen exklusiven Ein-Gott-Glauben im Blick, sondern »nur« die ausschließliche Verehrung *eines* Gottes, in klassischer religionswissenschaftlicher Terminologie somit keinen absoluten Monotheismus, sondern einen monolatrischen Henotheismus. Doch allein schon damit hatte Echnaton sich den erbitterten Widerstand der etablierten Priesterschaft zugezogen, deren Tempel- und Opferdienst für das Reich an Bedeutung verloren hatte. Sie rächt sich, indem sie nach Echnatons Tod nicht nur die alte Religionspraxis wieder einführt, sondern auch die Erinnerung an die Herrschaft dieses »Ketzer«-Pharaos auszutilgen versucht.

Hat aber das »monotheistische Vermächtnis« Echnatons möglicherweise untergründig weitergewirkt? Und ist es vielleicht in Moses, Anführer des Auszugs des Volks der Israeliten aus der Knechtschaft Ägyptens, wieder zutage getreten? Kein Geringerer als *Sigmund Freud* (1856–1939), der Vater der Psychoanalyse, hat in seiner letzten großen religionskritischen Schrift »Der Mann Moses und die monotheistische Religion« (1939) diese Überzeugung vertreten. Immerhin ist Mose, obwohl hebräischen Ursprungs, am ägyptischen Königshof aufgewachsen, wie uns das biblische Buch Exodus berichtet (Ex 1,8 – 2, 15), wird also mit ägyptischer Kultur und Religion bestens vertraut gewesen sein. Sadat hat nicht zufällig und nicht ohne Stolz auf dieses Faktum verweisen können: »übrigens ist Moses ein ägyptischer Name« (A 3). In der Tat steckt in »Mose« das altägyptische Wort für »Gebären«. Es taucht in zahlreichen Personennamen in Verbindung mit einem Gottesnamen auf wie zum Beispiel in den Namen der Pharaonen mit Namen Thutmosis, was man übersetzen kann mit »Der Gott Thot ist der, der ihn geboren hat«. Hinzu kommt, dass Mose im Verlauf von Berufung, Exodus, Wüstenwanderung und Sinai-Offenbarung zum Verehrer eines einzigen Gottes wird (»Jahwe«), dessen Weisungen er empfängt, die er an das von diesem Gott erwählte Volk weitergibt. So ist in der Religionsgeschichte der Menschheit gerade Mose zur Symbolfigur des Monotheismus schlechthin geworden: »Ich bin der Herr, dein Gott ... Du sollst neben mir keine anderen Götter haben« (Ex 20,2f.). Ist also Mose der Widergänger von Echnaton, wie Freud es gesehen hat? (Einzelheiten zur heutigen Diskussion bei J. Assmann, Moses der Ägypter, 1998).

Erkenntnis 2: Abraham – Vater des Glaubens für drei Religionen

Auf diese umstrittene religionsgeschichtliche Frage geht Helmut Schmidt in seinen Aufzeichnungen nicht ein. Später wird er erklären, die Verbindung Echnaton-Mose sei »der einzige Punkt«, an dem er »Sadats Sicht nicht bestätigt gefunden habe« (Weggefährten, 1996, 349) Stattdessen notiert er sich die entscheidende Pointe dieser Überlegungen. *Erstens:* Die Heiligen Schriften von Juden, Christen und Muslimen bezeugen den »Ursprung des Glaubens an den alleinigen Gott«. Und *zweitens:* Dieser Ursprung liegt nach Bibel und Koran nicht bei Mose, sondern »bei Abraham« (A 2). Ob dieser »ungefähr im gleichen Zeitalter gelebt« hat wie Echnaton, ist auf Grund fehlender Quellen historisch ebenfalls unentscheidbar. Aber Tatsache ist: »Sowohl die Juden und Christen als auch die Muslime glauben von Abraham abzustammen« (A 2). Der Satz klingt harmlos, hat aber Gewicht und Folgen. Für eine Studie wie die unsrige hat er zentrale Bedeutung, der wir in aller Kürze nachgehen müssen.

Den Überlieferungen zufolge muss zwischen einer genealogischen und einer geistigen Abrahamskindschaft unterschieden werden Für *Juden*? Für Juden ist die Abstammung von Abraham schon genealogisch gegeben und zwar über die Linie Abraham–Isaak–Jakob mit seinen zwölf Söhnen als Väter der zwölf Stämme (mehr dazu im Fünften Teil). Juden verstehen sich von daher sowohl als Nachkommen Abrahams wie als Erben der Verheißungen Gottes an ihn: Bund und Land. Mit Abraham hat Gott einen »Bund« geschlossen (Gen

17) und seinen Nachkommen eine Zukunft als »großes Volk« angekündigt. Und äußeres Zeichen dieses Bundes ist die Beschneidung der Vorhaut männlicher Neugeborener (Gen 17,11–14), wie es erstmals Abraham praktiziert hat (Gen 17,23–27). Auf diese Weise tritt jeder Jude bis auf den heutigen Tag in den Bund ein, den Gott mit Abraham und seinen Nachkommen »auf ewig« (Gen 17,13) eingegangen ist.

Und zu dieser Zukunft gehört auch ein Jude besonderen Profils: *Jesus aus Nazaret.* Die christliche Ur-Kunde nennt ihn schon in ihrem allerersten Satz einen »Sohn Davids« und einen »Sohn Abrahams« (Mt 1,1). Wie auch anders? Er wurde geboren von einer jüdischen Mutter und ist wie jedes neugeborene männliche jüdische Kind am achten Tag nach der Geburt beschnitten worden (Lk 2,21). Er trägt damit wie alle Juden das Bundeszeichen an seinem Körper und hat damit Anteil an der Bundes- und Verheißungsgeschichte seines Volkes. Mehr noch: Auch Nichtjuden können »Kinder Abrahams« werden. Zwar nicht in einem genealogischen, wohl aber in einem geistigen, einem spirituellen Sinn. Das wird für den Völkerapostel Paulus wichtig, der ungezählte Menschen aus der Welt der Völker für den Glauben an Jesus als den gekreuzigten und auferweckten Sohn Gottes und Erlöser gewinnen kann. Denn für Paulus als Juden gibt es nur den einen Gott, den Gott, dem sich schon Abraham anvertraut hat. Indem aber Menschen aus den Völkern an die Auferweckung des Gekreuzigten zu neuem Leben bei Gott glauben, glauben sie »wie Abraham«, setzen ihr Vertrauen also auf den Gott Abrahams, einen Gott, »der die Toten lebendig macht und das, was nicht ist, ins Dasein ruft« (Röm 4, 17; vgl. Hebr 11,19). Abraham ist damit Paulus zufolge für alle Glaubenden, Juden wie Nichtjuden, der »Vater vieler Völker« und damit »unser aller Vater vor Gott« (Röm 4, 17). Was umgekehrt bedeutet: Nichtjuden sind als Christusgläubige immer zugleich auch »Kinder Abrahams« dem Geiste nach.

Für Muslime? Auch für Muslime ist Abraham, arab. *Ibrahim*, der »Vater« ihres Glaubens, ihr Ur-Vater gewissermaßen.

Warum? Weil dieser Abraham bereits in den Urzeiten der Geschichte wie kein anderer Gesandter Gottes gezeigt hat, was
»islam« im tiefsten Sinn bedeutet: Glauben als unbedingtes
Vertrauen des Menschen auf die Macht und Barmherzigkeit
Gottes als Schöpfer, Erhalter und Richter allen Lebens. Ja, der
Koran geht sogar so weit, den Islam durchgängig als »Religionsgemeinschaft Abrahams« (arab.: *millat Ibrahim*) geradezu
zu definieren: »Wer hat bessere Religion, als wer sein Gesicht
Gott zuwendet, dabei das Gute tut und Abrahams Religionsgemeinschaft folgt? Ein aus innerstem Wesen Glaubender!
Gott hat sich Abraham zum Freund genommen«, liest man
beispielsweise in der medinensischen (= Md) Sure 4, 125.
Ähnlich: 6, 161 u. 16, 123: beide spätmekkanisch (= Mk III)
sowie 2, 135 u. 3, 95 (beide Md).

Und Sadat? Dass Sadat auf Echnaton und den ägyptischen
Mose verwiesen hat, ist seinem Nationalstolz als Ägypter geschuldet. Das ist das eine. Dass er aber als Muslim nicht nur
Abraham erwähnt, sondern auch das Gemeinsame mit Juden
und Christen betont, ist ein welt- und religionspolitisches Signal. Als Ägypter hatte er ja die erbitterte Feindschaft von Juden und Muslimen seit Gründung des Staates Israel vor Augen. Vier Kriege waren seither ausgefochten worden: der
Unabhängigkeitskrieg 1948/49, der Suez-Krieg 1956, der
Sechs-Tage-Krieg 1967 und der Jom-Kippur-Krieg im Oktober
1973. An Realismus fehlt es ihm nicht. Naive Versöhnungs-Il-
lusionen macht er sich keine. Niemand weiß besser als er,
dass sich Juden und Muslime, Israelis und seine arabischen
Nachbarn bis an die Zähne bewaffnet gegenüber gestanden
haben und stehen. Auch verfolgt Sadat mit seiner Friedenspolitik ganz nüchtern auch eigene politische und ökonomische
Interessen: Er möchte die Kontrolle über den Suez-Kanal zurück und den Sinai wiedergewinnen, vor allem aber den Teu-
felskreis von immer neuen Kriegen durchbrechen, welche
Ägyptens ökonomische Ressourcen aufzuzehren drohen. Der
Militärhaushalt verschlingt Unsummen, die bei sozialen Pro-
jekten fehlen.

Dafür hatte sich Sadat vom feindseligen Klima in der arabischen Welt Israel gegenüber freigemacht und war damit ein hohes Risiko eingegangen, politisch und persönlich. Er hatte es gewagt, in diesen von Hass vergifteten Kontext ein Gegensignal zu setzen. Und der Rückgriff auf die Geschichte dient ihm zur Absicherung seiner Interessenspolitik, und dies keineswegs nur aus taktischen Gründen, wie *Nasr Hamid Abu Zaid* unterstellt. Jedenfalls kann er Helmut Schmidt gegenüber glaubwürdig betonen: In historischer Tiefe gesehen gibt es vieles, was Juden und Muslime verbindet, die Christen eingeschlossen: der gemeinsame Glaube an den »alleinigen« Gott und ein Gottvertrauen, wie Abraham es vorgelebt hat (Einzelheiten: *K.-J. Kuschel*, Juden-Christen-Muslime, 1997, Teil VI). Wenige Seiten später in den »Weggefährten« von 1996 wird Helmut Schmidt noch genauer. Nach dem Tod Sadats hatte er »muslimische und jüdischen Gelehrte«, aber auch christliche Theologen befragt und »alle wesentlichen Darlegungen Sadats bestätigt« gefunden:

»In der Tat lehren alle drei monotheistischen Religionen die gleichen Geschichten von Adam, von Noach und von Abraham. Sie stimmen darin überein, dass Abraham der erste war, der statt vieler Götter nur den einen einzigen Gott gekannt hat; dass Gott sich ihm offenbart, einen ›Bund‹ mit ihm geschlossen und ihm das Land Kanaan versprochen hat – quasi eine Vorwegnahme des Bundes Gottes mit Mose auf dem Sinai. [...]

Alle drei Religionen lehren die gleiche seltsame Geschichte, nach der Abraham zunächst mit Hagar, der ägyptischen Sklavin seiner unfruchtbaren Ehefrau, den Sohn Ismael zeugt [Gen 16,1–4.15], den er samt der Mutter verstößt [Gen 16,5f.], danach aber mit seiner bisher unfruchtbaren Ehefrau Sarah den Sohn Isaak [Gen 21,1–7]. Die Juden haben später ihre Abstammung von Abraham über Isaak begründet, die Muslime ihre Abstammung von Abraham über Ismael. Insofern besteht Übereinstimmung zwischen beiden Traditionen, auch darin, dass Gott seine schützende Hand über beide Söhne und deren Nachkommen gehalten hat.« (Weggefährten, 1996, 349)

Eine »seltsame Geschichte« in der Tat, diese Geschichte vom erstgeborenen Abraham-Sohn Ismael, den Abraham mit der ägyptischen Dienerin in seinem Haus, Hagar, gezeugt hat. Einer damaligen Sitte gemäß durchaus mit Zustimmung seiner Ehefrau Sara, da diese unfruchtbar zu sein scheint und Abrahams Nachkommenschaft gesichert werden sollte. So jedenfalls überliefert es die Tora im Buche Genesis (Gen 16,1–4). Und überliefert ist auch die Geschichte vom zweitgeborenen Sohn Isaak, dem Sara dann doch noch das Leben schenken kann, nachdem Ismael schon längst auf der Welt ist (Gen 21,1–7). Daraus aber entwickelt sich ein Bruder-Bruder-Drama, das in die Reihe der großen Brüderdramen gehört, von denen die Genesis voll ist: Kain und Abel, Esau und Jakob, Josef und seine Brüder, treiben Sara und Abraham mit Hagar doch ein übles »Spiel«. Hagar wird zweimal aus dem Haus gejagt, einmal noch vor und einmal nach Ismaels Geburt. Traumatische Urgeschichten im Verhältnis Juden und Muslime bis heute. Denn der mit Abraham geschlossene Bund Gottes (Gen 17) soll nicht über Ismaels, sondern über Isaaks Nachkommen weitergehen (Gen 17, 19. 21; 21, 10; 22, 15–18; 26, 3–5).

Das Erstaunliche aber? Dieselbe Tora berichtet uns, dass auf dem anderen Abraham-Sohn, Ismael, ausdrücklich der *Segen Gottes* ruht. Sein Name bedeutet im Hebräischen nicht zufällig »Gott (er)hört« (Gen 16, 11). Und in der Tat ist Ismael nicht nur der Erstgeborene Abrahams, er trägt auch ab dem Alter von 13 Jahren das Bundeszeichen der Beschneidung (Gen 17,23–26). Er und seine Nachkommen sind von vorneherein mit hineingenommen in den Bund Gottes mit seinem erwählten Volk. Dass er überhaupt lebt und dann überlebt, hat er nicht Sara und Abraham, sondern Gott allein zu verdanken, hatte die dann doch eifersüchtig gewordene Sara die bereits schwangere Hagar derart hart behandelt, dass sie in die Wüste flieht. Sie wäre mit ihrem noch ungeborenen Kind darin umgekommen, wären beide nicht durch Gottes Eingreifen gerettet worden (Gen 16,5–15). Jetzt bekommt Hagar ein erstes Zukunftsversprechen:»Deine Nachkommen will ich so zahlreich machen, dass man sie nicht zählen kann« (Gen 16,10). Mehr noch: Nach denselben Überlieferungen der Tora soll Ismaels Leben noch ein zweites Mal ausgelöscht werden, wird dieser Sohn doch nach der Geburt Isaaks zusammen mit seiner Mutter auf nochmaliges Betreiben Saras und mit Zustimmung Abrahams ein weiteres Mal buchstäblich in die Wüste geschickt. Vertrieben aus dem Haus, verstoßen um der Erbfolge willen. Wiederum aber greift Gott ein, sieht die Tränen der Hagar,»hört den Knaben schreien« (Gen 21,17), rettet Mutter und Kind und bekräftigt Abraham gegenüber sein Versprechen, auch den»Sohn der Magd«, wolle er»zu einem großen Volk« machen; auch er sei ja schließlich sein»Nachkomme« (Gen 21,13). Und auch Hagar bekommt vom Engel Gottes ihrerseits die Verheißung, ihr Sohn werde Gott»zu einem großen Volk machen« (Gen 21,18).

Daraus folgt: Nach dem Zeugnis der Tora geht zwar der Bund Gottes mit Abraham durch Isaak weiter, der einer der Stammväter des israelitisch-jüdischen Volkes werden wird, doch auf dem Abraham-Sohn Ismael, später Stammvater des Islam, ruht ausdrücklich der Segen Gottes und zwar nicht nur für ihn selber, sondern auch für seine Nachkommen:»Auch was Ismael angeht, erhöre ich dich«, hatte Gott zu Abraham bereits gesagt, nachdem feststeht, dass Isaak existieren und der Bund mit diesem weitergehen wird (Gen 17,19.21),»Ja, ich segne ihn und lasse ihn fruchtbar und sehr zahlreich werden. Zwölf Fürsten wird er zeugen, und ich mache ihn zu einem großen Volk« (Gen 17,20). Und diese zwölf Fürsten samt deren Siedlungsgebiet werden später noch namentlich genau verzeichnet (Gen 25,12–18). Die Nachkommen Ismaels bilden schon biblisch die Stämme Nordarabiens. Ob Ismael oder Isaak also, in beiden Fällen gilt, was *Helmut Schmidt* so auf den Punkt gebracht hat:»Gott hat seine schützende Hand über beide Söhne und deren Nachkommen gehalten.« In der Tat: Nach dem unzweideutigen Zeugnis der Tora will Gott selber, dass auch dieser Abraham-Sohn lebt und in seinen Nachkommen eine große Zukunft hat.

Gerade für Christen sind das noch gewöhnungsbedürftige Gedanken, vor allem, wenn man sie im Lichte der Existenz des Islam liest. Lange hat man denn auch die Ismael-Überlieferungen der Tora religionstheologisch ignoriert. Was geht uns Heidenchristen der verstoßene Ismael an, zumal der Apostel Paulus sich zum Fall Hagar negativ geäußert hat (Gal 4,21–31)? (Einzelheiten: *Th. Naumann*, Ismael – Abrahams verlorener Sohn, 2000). Doch mittlerweile gibt es Arbeiten, welche die Hagar-Ismael-Texte und die hier zutage tretende Theologie des Anderen im Interesse eines trilateralen Gesprächs von Juden, Christen und Muslimen konstruktiv herausgearbeitet haben (Einzelheiten bei: *C. Nieser*, Hagars Töchter, Der Islam im Werk von Assia Djebar, 2011, bes.: Fünfter Teil). Hier sind vor allem die amerikanische Exegetin *Phyllis Trible* und der deutsche evangelische Theologe *Bertold Klappert* zu nennen (*P. Trible/L. M. Russel, Hrsg*, Hagar, Sarah and their Children, 2006; *B. Klappert*, Abraham eint und unterscheidet, 2000).

Und in der Tat ist theologisch ernst zu nehmen, dass der Islam sich so programmatisch wie keine andere Religion als »*millat Ibrahim*«, als »Religionsgemeinschaft Abrahams« (Sure 16, 123: Mk III) bezeichnet und damit auf einen Ursprung zurückgreift, der noch *vor* Judentum und Christentum liegt. Einen reinen Ursprung der Gottesbeziehung, den der Islam nach Judentum und Christentum wiederherzustellen entschlossen ist. Denn für den Koran ist Abraham weder Jude noch Christ gewesen, sondern ein gottsuchender und gottvertrauender Mensch, der sich durch Beobachtung der unbeständigen, transitorischen Welt zum Glauben an den einen Gott durchgerungen hat. Ganz wie der Prophet Mohammed selber. Abraham kann damit als eine Art vorbildlicher Ur-Muslim verstanden werden. In späterer, medinensischer Zeit hat sich diese Überzeugung in den Versen verdichtet:

Ihr Leute der Schrift, warum streitet ihr über Abraham,
wo die Tora und das Evangelium erst nach ihm herabgesandt worden sind?
Versteht ihr denn nicht?
Da habt ihr nun über etwas gestritten, wovon ihr Wissen
habt. Doch warum streitet ihr über etwas, wovon ihr
nichts wisst?
Gott weiß, ihr aber wisst nicht.
Abraham war weder Jude noch Christ, sondern ein aus
innerstem Wesen Glaubender, gottergeben – Muslim –. Er
gehörte nicht zu denen, die (Gott) Partner beigeben.
(Sure 3,65–67: Md)
Die Konsequenz daraus wird im gleich folgenden Satz gezogen:
Unter den Menschen stehen Abraham am nächsten, die
ihm gefolgt sind, dieser Prophet und die, die glauben.
Gott ist der Freund und Beistand der Gläubigen.
(Sure 3,68)
Religionspolitisch gesprochen wird man im Wettstreit der Religionen dieses Schema »Ursprung-Wiederherstellung« nur
als äußerst klug bezeichnen können, kann doch der Prophet
damit dem immer wieder neu von seinen Gegnern erhobenen
Einwand begegnen, der Islam trete erst so viele Jahrhunderte
nach Judentum und Christentum in der Geschichte auf und
sei damit eigentlich überflüssig. Denn: War nicht zwischen
Gott und den Menschen durch die Bibel in ihren beiden Teilen
alles gesagt? Eine neue Offenbarung braucht es nicht, erwartet auch niemand. Was soll es über Mose und Jesus hinaus
Größeres geben? Das Gegenargument lautet: Der Islam ist
nichts anderes als die wiederbelebte Religion Abrahams, die
es schon vor Judentum und Christentum gab und durch beide
in der Zwischenzeit verdunkelt worden war.

Diese Verbindung zu Abraham wird in der muslimischen
Überlieferung über Hagar und Ismael herstellt. Entsprechend
berufen sich Muslime exakt auf diese Segenslinie: Abra-
ham-Hagar-Ismael. Ismael gilt in ihrer Tradition als Stamm-

vater der arabischen Stämme. Die Szene mit dem Brunnen und dem Überlebenskampf von Hagar und Ismael hat sich einer nachkoranischen Überlieferung zufolge im Tal von Mekka abgespielt, wo das lebensspendende Wasser aus der Quelle »Zamsam« kommt, Ursprungsort für das muslimische Heiligtum, der Ka'ba (Hadith-Sammlung Bukhari Nr. 583). Abraham und Ismael haben denn auch – dem Koran zufolge – vor uralten Zeiten die »Fundamente« des Heiligtums »hochzogen« (Sure 2,127: Md), sind der Aufforderung Gottes gefolgt, das Haus von allem Götzendienerischen zu reinigen (Sure 2,125) und haben die muslimische Wallfahrt dorthin begründet (Sure 3,97: Md). Exakt das wird dann auch der Prophet tun, als er gegen Ende seines Lebens im Jahre 630 seine Heimatstadt Mekka endlich für sich einnehmen kann: Er vollzieht eine Purifikation des in der Zwischenzeit wieder polytheistisch »verunreinigten« Wallfahrtsheiligtums und stellt damit rituell den reinen abrahamischen Ursprung wieder her (Sure 22,26–28: Md). Entsprechend wird bei jeder Wallfahrt nach Mekka, eine der fünf Basis-Pflichten für jeden frommen Muslim, bis heute von Pilgern das Überlebensdrama von Mutter und Sohn körperlich und spirituell nachvollzogen. So gehört zu den Ritualen des Haddsch ein siebenmaliger Umlauf um die bei Mekka gelegenen Hügel Safa und Marwa (vgl. Sure 2,158: Md). Er soll – dem genannten Hadith zufolge – an die Läufe erinnern, die Hagar zur Rettung ihres Sohnes unternommen hat, bevor sich die lebenswichtige Wasserquelle (»Zamsam«) aufgetan hatte. Entsprechend tief sind diese Überlieferungen im Glaubensbewusstsein und der Frömmigkeitspraxis von Muslimen verankert.

Zugleich aber haben diese Überlieferungen auch eine Brückenfunktion in die Welt von Judentum und Christentum. Wir begreifen jetzt immer stärker, welch theologisches Gewicht und welch praktische Folgen das gemeinsame Abraham-Sara-Hagar-Narrativ für Juden, Christen und Muslime hat. Es bindet Menschen aus den drei Religionen zu einer Erzähl- und Erinnerungsgemeinschaft über die Uranfänge ihres

Glaubens an den einen Gott zusammen, Uranfänge biblischen Ursprungs. Ohne dieses Wissen kann man weder das Judentum noch das Christentum oder den Islam verstehen, schon gar nicht ihre inneren Verbindungen. *Anwar as-Sadat* hatte genau das begriffen, wie seine Witwe *Jehan Sadat* eindrücklich bezeugt: »Sadat glaubte, dass Frieden Gottes Wille sei; er glaubte an das Gebot des Islam, eine gerechte und tolerante Gesellschaft zu errichten. Und Sadat beharrte darauf, dass Araber und Juden Brüder seien, Söhne Abrahams, die von Ismael und Isaak abstammten, und dass sie miteinander versöhnt werden sollten« (Meine Hoffnung auf Frieden, 2009, 145).

Gerade auch für Christen haben die Abraham-Hagar-Ismael-Überlieferungen der Tora, gelesen im Lichte des Islam, erhebliche Folgen. Denn damit ist klar, dass Muslime nicht eine Christen fremde »Gottheit« namens »Allah« verehren, so die in fundamentalistischen Kreisen immer wieder verbreitete Polemik, sondern zu dem in der Bibel bezeugten einen Gott Abrahams beten. Das Wort »Allah« ist im Übrigen nicht der Eigenname eines Gottes, sondern schlicht das arabische Wort für Gott, das auch arabische Christen in ihren Gebeten und Texten gebrauchen. Aus den Abraham-Überlieferungen hat denn auch das Zweite Vatikanische Konzil die entsprechenden Konsequenzen für die katholische Kirche gezogen und in seiner Kirchenkonstitution »Lumen Gentium« (1964) festgeschrieben:

> Die Heilsabsicht (Gottes) umfasst auch die, welche den Schöpfer anerkennen, unter ihnen besonders die Muslime, die, indem sie bekennen, dass sie den Glauben Abrahams festhalten, mit uns den einzigen Gott anbeten, den barmherzigen, der die Menschen am Jüngsten Tag richten wird.
>
> (LG 16)

Noch genauer ist die »Erklärung« desselben Konzils »Über die Beziehungen der Kirche zu den nichtchristlichen Religionen« (»Nostra aetate«, 1965). Hier stehen die Sätze:

Mit Hochachtung betrachtet die Kirche auch die Muslime, die den alleinigen Gott anbeten, den lebendigen und in sich seienden, barmherzigen und allmächtigen, den Schöpfer Himmels und der Erde, der zu den Menschen gesprochen hat. Sie mühen sich, auch seinen verborgenen Ratschlüssen sich mit ganzer Seele zu unterwerfen, so wie Abraham sich Gott unterworfen hat, auf den der islamische Glaube sich gerne beruft. Jesus, den sie allerdings nicht als Gott anerkennen, verehren sie doch als Propheten, und sie ehren seine jungfräuliche Mutter Maria, die sie bisweilen auch in Frömmigkeit anrufen. Überdies erwarten sie den Tag des Gerichtes, an dem Gott alle Menschen auferweckt und ihnen vergilt. Deshalb legen sie Wert auf sittliche Lebenshaltung und verehren Gott besonders durch Gebet, Almosen und Fasten.

Da es jedoch im Lauf der Jahrhunderte zu manchen Zwistigkeiten und Feindschaften zwischen Christen und Muslimen kam, ermahnt die Heilige Synode alle, das Vergangene beiseite zu lassen, sich aufrichtig um gegenseitiges Verstehen zu bemühen und gemeinsam einzutreten für Schutz und Förderung der sozialen Gerechtigkeit, der sittlichen Güter und nicht zuletzt des Friedens und der Freiheit für alle Menschen.

(NA 3)

In der Lehramtsgeschichte der Kirche sind das beispiellose Aussagen, die nicht ohne das Werk des großen französischen Orientalisten *Louis Massignon* (1883–1962) zustande gekommen wären (Einzelheiten: *K.-J. Kuschel*, Leben ist Brückenschlagen, 2011, Kap. XI). Solche Aussagen des Konzils haben denn auch ihre positive Wirkung nicht verfehlt. Unter den vielen Stimmen sei eine besonders eindrückliche zitiert. Sie stammt von *Joachim Gnilka*, lange Jahre Professor für Neues Testament an der Kath.-Theologischen Fakultät der Universität München, einem der wenigen katholischen Exegeten, die sich auf das religionsvergleichende Gespräch mit dem Islam eingelassen haben:

»Blicken wir noch einmal auf die Bedeutung Abrahams in Judentum, Christentum, Islam zurück, so muss nachdrücklich festgestellt werden, dass sich alle drei Religionen in Abraham verwurzelt sehen. Dies kann und muss als ein Element gesehen werden, das sie zusammenführt. Von Haus aus gehört Abraham dem Judentum. Christentum und Islam haben zu ihm nur Zugang gewonnen über die Bibel des Judentums. Wer sich zu Abraham bekennt, wendet sich – nolens volens – den jüdischen Wurzeln zu. Der Islam tut das in einem elementareren Sinn als das Christentum, indem er behauptet, die Religion Abrahams wiederhergestellt zu haben. Für das Christentum ist Abraham von großer Bedeutung wegen der Verheißung, die er empfangen hat und die besagt, dass in ihm alle Geschlechter der Erde gesegnet werden. Das Wort Gottes bleibt in Kraft. Auf welchem Wege verwirklicht sich die Verheißung? Für das Christentum ist Jesus der Abrahamsohn schlechthin, weil es in ihm die Verheißung verwirklicht sieht. Was bedeutet das für das Verhältnis des Christentums zu Judentum und Islam? Zumindest dies: im Judentum seine Wurzeln zu erkennen und im Islam jene zu sehen, die als Kinder Ismaels auch am Segen Abrahams teilhaben sollen« (Bibel und Koran, 2004, 131).

Die Sätze aus NA 3 aber haben ihre Wirkung auch auf Muslime nicht verfehlt. Das bezeugt eindrucksvoll *Shaikh Abdullah bin Mohammed al-Salmi*, Religionsminister des Sultanats Oman. In seinem 2015 in vielen Sprachen vorgelegten Buch hat er die »Vision für eine neue Welt« skizziert und unter anderem ausgeführt:

»Während der über tausend Jahre andauernden Kontroverse zwischen muslimischen und christlichen Theologen wurde der Islam nicht als möglicher dritter Zweig des abrahamischen Baumes anerkannt. Daher waren die Muslime über die Anerkennung durch das Zweite Vatikanische Konzil hoch erfreut«. Die Folge? »Der positivste Aspekt des vatikanischen Aufrufs zu einer Partnerschaft der Abrahamiten lag im Abrücken von der historischen Konfrontation zugunsten eines

Dialogs, doch war dies für die Muslime mit einer Herausforderung verbunden. Erstens mussten sie sich auf ihre Rolle als Partner vorbereiten. Zudem hatten sie eine ähnliche Initiative zu ergreifen oder den Prozess um eine weitere Dimension mit einer Zukunftsvision zu eröffnen. Sie mussten sich gleichzeitig von den Abneigungen freimachen, die von den Feindseligkeiten der Vergangenheit zurückgeblieben waren. [...] Dennoch gibt es für die Muslime einen möglichen Ansatz, den sie bisher nicht genutzt oder weiterentwickelt haben: Der Koran stuft Juden und Christen als *Ahl al-Kitab*, als ›Leute der Schrift‹, ein und ruft dazu auf, eine Partnerschaft auf der Basis von *al Kalimah al Sawa*, einem ›gemeinsamen Wort‹ [Sure 3, 64] einzugehen« (Religiöse Toleranz. Eine Vision für eine neue Welt, 2015, 132–133).

Diese knappe Skizze zum Fingerzeig von Helmut Schmidt auf die »gemeinsame Abstammung von Abraham« muss an dieser Stelle genügen. Praktische Konsequenzen aus einer Abrahamskindschaft von Juden, Christen und Muslime ziehe ich im Epilog zu diesem Buch unter Verweis auf ein Zeugnis von Papst Franziskus in Jerusalem 2014 über abrahamische Pilgerschaft und Gastfreundschaft, ein Zeugnis, dem ein ähnliches von protestantischer Seite aus dem Jahr 2015 zur Seite steht. Verwiesen sei an dieser Stelle auch auf ein programmatisches Buch des Augsburger katholischen Religionspädagogen *Georg Langenhorst*, Trialogische Religionspädagogik (2016), bes. 106–143.

Erkenntnis 3: Gemeinsame Propheten

War es das, was Helmut Schmidt auf der Nilreise erfahren hat? Bei weitem nicht. Denn über all das Bisherige hinaus erfährt der ahnungslose deutsche Bundeskanzler: Muslime teilen mit Juden und Christen nicht nur Überlieferungen von Abraham und Moses, sondern auch die »anderer Propheten des Alten Testaments« (A 3), namentlich die von Noach, Isaak, Jakob, Josef, David und anderen bis hin zu Isa, der für Christen Jesus, der Christus, ist. Ihnen allen hat sich dem Koran zufolge Gott in der Tat »geoffenbart« (A 3). Ja, selbst der erste von Gott geschaffene Mensch, Adam, gilt im Koran als »Prophet« (A 3), als Bote und Zeuge Gottes. Insofern ist es kein Wunder, dass auch die biblische Schöpfungsgeschichte (Erschaffung des Menschen, Sündenfall, Paradies-Vertreibung) in den Koran aufgenommen ist. Wir werden gerade im ersten Teil dieses Buch mehr davon hören.

Das alles lässt bereits die Schlussfolgerung zu, die Sadat im gemeinsamen Gespräch offensichtlich gezogen hat: »Die Christen haben die jüdische Tora als Altes Testament anerkannt; ebenso der Koran, der überdies das christliche Neue Testament anerkannt hat« (A 4). Auch das trifft grundsätzlich zu, bedarf aber ebenfalls einer Präzisierung. Was meint genau: »anerkannt« oder »bestätigt«, wie es ebenfalls im Koran durchgängig heißt? Wir werden darauf im Ersten Teil dieses Buches noch genauer einzugehen haben, ist doch auch diese Frage für eine Bibel-Koran-Studie wie die unsrige von entscheidender Bedeutung. Hier nur so viel: Tatsache ist in der Tat, dass in einer epochalen Entscheidung die frühe Kirche (auf verschiedenen Bischofssynoden um 400) die Heiligen Schriften des jüdischen Volkes als »Altes Testament« in ihren Kanon aufgenommen hat. Zugleich aber hat sie dieses »Alte« Testament vor allem im Blick auf den gekommenen Messias Jesus Christus gelesen, wie er im »Neuen« Testament bezeugt wird.

Bei den Muslimen ähnlich. Zwar bestätigt der Koran, dass Juden die Tora und die Christen das Evangelium als Offenbarungsschriften erhalten haben: »Sagt«, lesen wir in Sure 2,136 aus späterer, medinensischer Zeit, »wir glauben an Gott, an das, was zu uns, zu Abraham, Ismael, Isaak, Jakob und den Stämmen herabgesandt, was Mose und Jesus gegeben wurde, was den Propheten gegeben wurde von ihrem Herrn. Wir machen bei keinem von Ihnen einen Unterschied. Wir sind ihm (Gott) ergeben«. Wie aber die jeweilige Botschaft von Abraham bis Mose und Jesus verstanden werden muss, sagt der Koran als der dritten, abschließenden Offenbarung. Zugleich ist es eine Tatsache, wie Helmut Schmidt notiert, dass »der Koran an mehreren Stellen von den Völkern der ›Schriftbesitzer‹ spricht« und ihnen »vor allen Völkern eine bevorzugte Stellung« gibt (A 4). Denn grundsätzlich geht der Koran davon aus, dass die jüdische und christliche Offenbarung ebenso von Gott stammt wie der Koran: »Streitet mit den Leuten der Schrift [arab.: *ahl al-kitab*] nur auf die beste Art«, heißt es noch in spätmekkanischer Zeit »und sagt: »Wir glauben an das, was zu uns und was zu euch herabgesandt worden ist. Unser Gott und euer ist einer. Wir sind ihm ergeben« (Sure 29, 46: Mk III).

Erkenntnis 4: »Ihr Europäer wisst das alles nicht«

Dass all diese Erkenntnisse weltpolitische Folgen haben, haben *müssten*, hat Helmut Schmidt offenbar sofort erkannt. Nur so erklärt sich ja auch sein Eifer, die Ausführungen Sadats schriftlich festzuhalten. Seine Stimmung: Scham und Zorn. Scham darüber, dass ein »Europäer« all diese geschichtlichen Zusammenhänge unter der Oberfläche aktueller Konflikte normalerweise nicht kennt. Er hat keine Ahnung vom Islam, schon gar nicht vom Koran und dessen Verbindung zu jüdisch-christlichen Überlieferungen: »Ihr Europäer wisst das alles nicht« (A 5). Helmut Schmidt aber kennt den Grund dafür und der macht ihn sichtlich zornig: Religionsvertreter auf allen Seiten haben das Wissen um die inneren Verbindungen der drei monotheistischen Religionen ihren Anhängern nicht nur vorenthalten, sie haben oft genug »Keime zu gegenseitiger Feindschaft« gelegt. Verweigerte Aufklärung heißt das im Klartext. Stattdessen immer wieder neu die Spaltung der Menschheit: Gläubige-Ungläubige, Erlöste-Verdammte, Gerettete-Verlorene. Stattdessen den je anderen Religionen gegenüber die kalte Schulter, das heruntergeklappte Visier, der Tunnelblick nur für das Eigene. In der Tat hat man bis in die Gegenwart hinein in traditionellen religiösen Milieus auf allen Seiten wenig Interesse gezeigt, über Bildungsprogramme und Dialoginitiativen das jeweilige Wissen voneinander weiterzugeben.

Als aktiver Politiker aber kennt Helmut Schmidt die fatalen politischen Folgen weltweit verweigerter Aufklärung: Zementierung von Lagerdenken, Kreierung von Feindbildern, Abwehr »der Anderen« als Bedrohung der eigenen Identität, als Infragestellung der Wahrheit, die man zu »besitzen« meint. In einer späteren Rede kann Helmut Schmidt an diesem Punkt noch deutlicher werden:

»In vielen Teilen bezieht sich das Neue Testament auf die Tora, und der Koran bezieht sich in vielen Teilen auf die Tora und das Neue Testament. Ich muss zugeben, dass ich in der Schule oder in der Kirche nie etwas über diese unbestreitbaren Tatsachen erfahren habe. Und ich fürchte, die meisten Christen auf der Welt und ebenso die meisten Juden und Muslime erfahren nie etwas über die gemeinsamen historischen Ursprünge unserer Religionen und über die Vielzahl der Gemeinsamkeiten und der gegenseitigen Bezüge in unserem heiligen Büchern.

Auf allen drei Seiten haben Priester und Kirchen, Mullahs und Rabbis uns Laien ein angemessenes Wissen über die anderen beiden Religionen vorenthalten. Stattdessen haben sie – auch sie natürlich fehlbare menschliche Wesen – uns nahezu häufig gelehrt, feindselig über die anderen beiden Religionen zu denken, ob wir nun als Juden, als Muslime oder als Christen aufgewachsen sind. Dies ist eine der großen Tragödien der Menschheit« (Religion in der Verantwortung, 2011, 150).

Ein Blick in die Geschichte zeigt denn auch, dass man die Heiligen Schriften jahrhundertelang nicht miteinander, sondern gegeneinander gelesen hat. Mit Selbstprofilierungsinteressen auf Kosten der je Anderen, mit Übertrumpfungsgelüsten und -strategien: Du glaubst an Deine Religion, ich an die wahre. Das darf man weder verharmlosen noch gar ignorieren. Die Dämonen der Vergangenheit leben noch. Immer noch werden die Heiligen Schriften und die normativen Traditionen so ausgelegt, dass man die Welt spaltet in die eine wahre Religion und die vielen irrigen, falschen Religionen. Exklusivitätsanspruch ist eine Konstante auf *allen* Seiten. Noch das Zweite Vatikanische Konzil der katholischen Kirche, das mit Recht in vielem als ein Reformkonzil gilt, hat in seiner Konstitution über die Kirche (»Lumen Gentium«) von der »Notwendigkeit des Glaubens und der Taufe« für *alle* Menschen gesprochen und damit von der »Notwendigkeit der Kirche, in die die Menschen durch die Taufe wie durch eine Türe einzutreten« hätten. Entsprechend könnten »jene Menschen nicht gerettet werden, die um die katholische Kirche und ihre von Gott durch Christus gestiftete Heilsnotwendigkeit« wüssten, »in sie aber nicht eintreten oder in ihr nicht ausharren wollten« (LG 14).

Diese Art Exklusivismus kennen auch Muslime, wenn sie sich auf eine »Stelle« wie diese im Koran berufen: »Die Religion ist bei Gott der Islam« (Sure 3,19: Md). Oder auf diesen Vers in derselben Sure: »Wer nach einer anderen Religion als dem Islam trachtet, von dem wird sie nicht angenommen werden und im Jenseitig-Letzten gehört er zu den Verlierern« (3,85: Md). Es bedarf keiner langen Erklärung, dass durch Passagen der genannten Art römisch-katholische Christen sich in ihrem religiösen Überlegenheitsgefühl als Mitglieder der allein seligmachenden Heilsinstitution genauso gestärkt fühlen können wie Muslime in ihrem Anspruch, nur der Islam sei in Gottes »Augen« die beste aller Religionen und Bekehrung zum Islam bewahre vor Gottes Gericht. Entsprechend geringschätzig und herablassend hat man auf die je anderen Religionen geblickt. Kurz: Auf allen Seiten hat das dualistische Denkschema Wahrheit – Unwahrheit, Glaube – Unglaube eine lange und zugleich verhängnisvolle Geschichte. Dagegen Helmut Schmidt voller Unmut und Ungeduld: »Aber wir müssen jetzt endlich zurückgreifen auf die Gemeinsamkeiten unseres Glaubens an den einen Gott. Dann wird der Friede zwischen allen drei Religionen möglich gemacht werden« (A 5). Später in »Weggefährten« fügt er noch hinzu:

»Toleranz zwischen den Weltreligionen zu stiften wird zu einer Aufgabe von immer größerem Gewicht. Die Verschiedenheit der Hautfarbe, der Abstammung, der Prägung von Gesicht und Gestalt, der Sprachen, der überkommenen Lebensgewohnheiten, des kulturellen Erbes schlechthin wird bei immer enger werdendem Raum, bei immer dichterer Nachbarschaft immer wieder zu Argwohn, Neid, Angst, Hass und Aggression führen. Dabei *können* die verschiedenen Religionen eine verhängnisvolle Rolle spielen. Denn die Neigung von Religionsgemeinschaften, einen ausschließlichen Anspruch auf alleinige Wahrheit und absolute Geltung zu erheben, und der Eifer vieler ihrer Prediger machen den Streit in vielen Fällen lebensgefährlich« (S. 351).

Erkenntnis 5: Weltfrieden -Weltethos – Weltdemographie

Bloße Anekdoten aus einem reichen Politikerleben? Nein. Helmut Schmidt hat *Lernerfahrungen mit praktischen Konsequenzen* aufgezeichnet. Das macht seinen »Fall« exemplarisch für ganze Generationen von Europäern, die bis in die siebziger, achtziger Jahre hinein ohne jeglichen Kontakt mit der muslimisch geprägten Welt gelebt haben, obwohl Europa selber drei Regionen mit muslimischer Präsenz aufzuweisen hat: Sizilien, Spanien und Bosnien-Herzegowina. Doch in den beiden südeuropäischen Regionen scheitert das Zusammenleben auf tragische Weise: die Muslime werden entweder vertrieben oder zur Konversion gezwungen.

Die Tragödie der Muslime (und Juden!) in Spanien nach der Eroberung Granadas 1492 im Zuge der »reconquista« ist bekannt. Weniger bekannt ist: Der Staufer-Kaiser *Friedrich II.* (1194–1250), ein Freund der arabischen Kultur mit Residenz im sizilianischen Palermo, hatte, um aufständische Muslime auf der Insel in den Griff zu bekommen, in den Jahren 1224 bis 1239 20 000 bis 30 000 Muslime auf das süditalienische Festland verpflanzen lassen. Im apulischen Lucera lässt er sie eine militärisch organisierte Kolonie errichten. Damit aber existiert erstmals eine geschlossene muslimische Ansiedlung auf europäischem Boden. Ein »skandalöses« Faktum in den Augen der Gegner des Kaisers, allen voran in den Augen von *Papst Gregor IX.* (im Amt: 1227–1241). Er nimmt denn auch diese Ansiedlung zum Anlass, Kaiser Friedrich nicht nur als »Sultan von Lucera« zu brandmarken, sondern ihn auch mit dem Kirchenbann zu belegen. Prompt wird nach Friedrichs Tod Lucera im Jahr 1300 auf Drängen des jetzt regierenden Papstes, *Bonifaz VIII.* (im Amt: 1294–1303), ausgelöscht (Einzelheiten: *E. Horst*, Der Sultan von Lucera, 1997). Auch in Bosnien-Herzegowina wäre der Islam in den neunziger Jahren des 20. Jahrhunderts im Zuge eines mörderischen Krieges auf dem Boden des ehemaligen Jugoslawien beinahe ebenfalls ausgelöscht worden. Die Belagerung und Beschießung Sarajevos durch serbische Truppen von April 1992 bis Februar 1996 mit ca. 11 000 Toten und fast 60 000 Verletzten war der Versuch zu einem Memozid am bosnischen Islam.

Die Begegnung mit Sadat aber hat Helmut Schmidt drei auch für die heutige Weltstunde höchst relevante *politisch-praktische Einsichten* vermittelt:

(1) Sie hat ihm erstmals die Augen geöffnet für die *Komplexität der Welt des Islam*, ihrer Geschichte, Religion und Kultur und ihn herausgefordert, sich endlich um »vertiefte Kenntnisse und Einsichten« sowie um die Verflochtenheit mit der

Geschichte Europas zu bemühen. Und dies nicht nur aus rückwärtsgewandtem Interesse allein, sondern weil das Zusammenleben mit Muslimen sowohl international in der Weltpolitik wie national mit signifikanten Minderheiten in Europa gegenwärtig neu eingeübt werden muss. Da stützen konstruktive Gegennarrative die Integrationswilligkeit auf beiden Seiten:

»Meine Gespräche mit Sadat haben dazu geführt, dass ich mich für den Islam näher zu interessieren begann und mich um vertiefende Kenntnisse und Einsichten bemühte. So lernte ich, dass es im europäischen Mittelalter mehrere Epochen gab, in denen Toleranz zwischen den drei Religionen Abrahams vorherrschte. Mir steht der Staufer Friedrich II. vor Augen, der das Reich von Unteritalien aus regierte. In seinen ›Konstitutionen von Melfi‹ hat er Christen, Muslime und Juden gleichgestellt. Sowohl unter christlicher Ägide am Hofe Friedrich II. als auch unter muslimischer Ägide in Bagdad und Cordoba haben jüdische, christliche und muslimische Gelehrte sich gemeinsam größte Verdienste um die Grundlegung der europäischen Wissenschaften erworben. Das gilt von der Mathematik über die Medizin bis zur Philosophie. Maimonides, geboren 1135 in Cordoba und gestorben siebzig Jahre später in Kairo, der als Arzt den muslimischen Herrschern diente, wurde für Jahrhunderte zum herausragenden jüdischen Lehrer. *Avicenna* (Ibn Sina), geboren um 980 im heutigen Usbekistan, und *Averroes* (Ibn Rushd), geboren 1126 in Cordoba, gehörten jahrhundertelang zu den wichtigsten medizinischen und zugleich philosophischen Lehrern Europas. Platon und Aristoteles wurden uns nicht etwa über Athen oder Rom, sondern durch die gelehrten Zentren arabischer Muslime tradiert. Wir besäßen heute wahrscheinlich nur eine geringe Kenntnis von den wichtigsten Texten der Griechen, wenn es nicht die arabisch-muslimische Übersetzungsarbeit gegeben hätte. Diese fruchtbare interreligiöse Zusammenarbeit wurde durch die spanische Reconquista, die christliche Rückeroberung der Iberischen Halbinsel, beendet, die religiös und machtpolitisch zugleich motiviert war. Als 1492 unter den ›katholischen Königen‹ Ferdinand und Isabella die Reconquista vollendet wurde, hat man sogleich auch die Juden vertrieben. Es war für ganz Europa das Ende jeder religiösen Toleranz« (Außer Dienst, 2008, 303f; s. auch: Religion in der Verantwortung, 2011, 127f.; 129f.; 136f. 139).

In der Tat führt diese Art geschichtlicher Rekonstruktion zu einem anderen Narrativ von Europas Beziehungen zur Welt des Islam. Einem *Gegennarrativ zur Geschichte wechselseitiger Gewalt,* deren Stichworte auf islamischer Seit lauten: Militärische Eroberung Spaniens durch die Mauren vom 8. bis 15. Jahrhundert, der Fall Konstantinopels 1453, der Osmanische Imperialismus: die Türken vor Wien 1529 und 1683. Auf christlicher Seite: die Kreuzzüge, sieben an der Zahl zwischen 1095/ 99 und 1270/72, die Reconquista, verbunden mit der Vertreibung der Muslime (und Juden!) aus Spanien und die langen Abwehrschlachten gegen die Osmanen: »Türkenkriege« vom 15. bis zum 19. Jahrhundert. Eine blutige Geschichte wechselseitiger kriegerischer Gewalt über die Jahrhunderte.

Das Gegennarrativ von Helmut Schmidt aber steht im Zeichen der »Toleranz zwischen den drei Religionen Abrahams«. Auch sie hat es in der Geschichte Europas gegeben: die Erfahrung zumindest zeitweiliger rechtlicher Gleichstellung von Juden, Christen und Muslimen unter dem Stauferkaiser *Friedrich II.,* gemeinsame Verdienste um die Wissenschaften: fruchtbarer Austausch auf den Gebieten wie Mathematik, Medizin und Philosophie; Kulturtransfer des antiken griechischen Wissens durch muslimische Gelehrte wie *Ibn Sina* [980–1037; lat.: *Avicenna*] und *Ibn Rushd* [1126–1198; lat.: *Averroes*]. Präsent bleibt die griechische Philosophie in Europa durch Übersetzungen ins Arabische im 9. Jahrhundert unter den abbassidischen Kalifen, bevor sie im 12. Jahrhundert im spanischen Toledo aus dem Arabischen ins Lateinische übertragen wird und jetzt ihren Einfluss auf christliche Denker Mitteleuropas wie *Albertus Magnus* (um 1200–1280) und dessen

Schüler *Thomas von Aquin* (um 1225–1274) ausüben kann. Und weil dies so ist, kann Helmut Schmidt in einer späteren Rede freimütig zugeben: »Mich hat Sadat angeregt, zu studieren und zu lesen. Sehr spät in meinem Leben habe ich erfahren von der unglaublichen kulturellen und wissenschaftlichen Leistung, die unter arabischer Oberherrschaft im südlichen Spanien bis zur Reconquista vollbracht worden ist. Wenn ich es richtig verstanden habe, kennzeichnete ein hohes Maß von religiöser Toleranz Städte wie Cordoba oder Toledo. Sie waren damals, vor mehr als fünfhundert Jahren, größer als heute. Für die westliche Welt ist es wichtig, den Islam zu verstehen. Wir müssen lernen, Gespräche mit Muslimen zu führen, die über das Wetter oder die Lieferung von Maschinen, Flugzeugen, Waffen und über das Öl hinausgehen« (Religion in Verantwortung, 2011, 128).

(2) Die Begegnung mit Sadat hat Helmut Schmidt auch von der Notwendigkeit überzeugt, dass »insbesondere die übereinstimmenden moralischen Gebote« der großen Religionen den Menschen stärker bewusst gemacht werden müssten. So seine Forderung in seiner Tübinger Rede im Mai 2007 auf Einladung der 1995 von *Hans Küng* gegründeten und bis 2013 geleiteten Tübinger Stiftung Weltethos. Dass Helmut Schmidt diese Einladung überhaupt angenommen hatte, kommt nicht von Ungefähr. Küngs programmatische Schrift »Projekt Weltethos« (1990), Grundlage dann einer »Erklärung zum Weltethos« des Parlamentes des Religionen der Welt in Chicago 1993, hatte ihn nach eigenen Angaben »von Anfang an begeistert«. Küngs Ansatz, der sogar über die abrahamischen Religionen hinausgehe und alle großen Religionen umfasse, sei »der gleichen Einsicht« entsprungen, »von der seinerzeit Anwar as-Sadat ausgegangen« sei (Außer Dienst, 2008, 307f.).

Konsequenz: »Wegen dieser Überzeugung habe ich die Chicagoer Erklärung zum Weltethos des Parlaments der Weltreligionen nicht nur als wünschenswert, sondern als dringend notwendig begrüßt«, schreibt Schmidt. »Auf dem

Boden der gleichen Grundhaltung hat der *InterActionCouncil* der ehemaligen Staats- und Regierungschefs heute vor 10 Jahren dem Generalsekretär der Vereinten Nationen den Entwurf einer ›Universal Declaration of Human Responsibilities‹ zugeleitet, den wir auf Initiative des Japaners *Takeo Fukuda* erarbeitet hatten. Unser Text, mit der Hilfe von Vertretern aller großen Religionen geschrieben, enthält die fundamentalen Prinzipien der Humanität« (Religion in der Verantwortung, 2011, 204). Der Text der InterAction-Erklärung von 1997 ist denn auch im Wesentlichen von *Hans Küng* gestaltet worden (dokumentiert und kommentiert in: Dokumentation zum Weltethos, hg. v. *H. Küng*, 2002, 97–105. 107–137). Helmut Schmidt, damals Vorsitzender des InterAction Councils, hatte den Tübinger Ökumeniker als wissenschaftlichen Berater für die entsprechenden Sitzungen hinzugezogen (Einzelheiten: *H. Küng*, Erlebte Menschlichkeit, 2013, 484–488).

Grundlegend für diese ungewöhnlich intensive Zusammenarbeit eines Politikers mit einem Theologen war die Erkenntnis gewesen, dass es ohne Frieden zwischen den Religionen keinen Frieden unter den Nationen und dass es keinen Frieden unter den Nationen ohne Respektierung elementarer ethischer Standards geben wird, ohne einen »gemeinsamen Wertekanon«, der von allen großen ethischen und religiösen Traditionen der Menschheit geteilt wird. Machte man das den Menschen bewusst, hätte das praktische Folgen, davon ist Helmut Schmidt zutiefst überzeugt:

»Wenn die Muslime erfahren, dass der Koran in großer Zahl die gleichen Gebote enthält wie der Tanach und die Prophetien der Juden oder das Neue Testament der Christen; wenn die Christen erfahren, dass die wichtigsten ihrer moralischen Lehren im Buddhismus oder im Hinduismus ähnlich gelehrt werden; wenn die Gläubigen aller Religionen begreifen, dass sie seit Jahrtausenden in ähnlicher Weise eine größere Zahl von grundlegenden Regeln und Verboten befolgen – dann kann dieses Wissen entscheidend zum gegenseitigen Verständnis beitragen. Es läuft hinaus auf die in allen Weltreligionen gelehrte goldene Regel, die Immanuel Kant in seinem Kategorischen Imperativ lediglich neu formuliert und die der deutsche Volksmund in den Merkvers verdichtet hat: ›Was du nicht willst, das man dir tu, das füg auch keinem anderen zu‹« (Außer Dienst, 2008, 307).

(3) Die Begegnung mit Sadat hat Helmut Schmidt überdies sensibilisiert für den Einfluss der Religionen auf das bedrängende Thema »*Weltdemographie*«. Es hat fatale Folgen für den Weltfrieden. Schon in »Weggefährten« (1996) macht Schmidt die Rechnung auf:

»Zur Zeit Jesu von Nazaret lebten etwa 200 Millionen Menschen auf der Welt, und deren Zunahme erfolgte langsam. Er dauerte 19 Jahrhunderte, bis zu Beginn des 20. Jahrhunderts die Zahl auf 1,6 Milliarden Menschen gestiegen war. Inzwischen ist aber die demographische Entwicklung völlig entgleist. Denn am Beginn des 21. Jahrhunderts werden wir bereits über 6 Milliarden Menschen sein. Davon werden, grob gerechnet, ein Sechstel Muslime sein, etwas weniger werden sich als Christen bekennen. Die Mehrheit der Weltbevölkerung wird anderen Religionen anhängen, zum Beispiel dem Buddhismus, dem Zen-Buddhismus, dem Hinduismus – also Religionen, von denen wir in Europa und in Amerika kaum etwas wissen und verstehen. Aber aus den 6 Milliarden werden nach wenigen Jahrzehnten acht Milliarden Menschen werden – und mehr« (S. 351).

Daraus folgt: Die in früheren Jahrhunderten undenkbare Explosion der Weltbevölkerung könnte »gewaltsame Konflikte im 21. Jahrhundert unvermeidlich machen« (S. 350f.). Und: »Die Kunst, zwischen den immer dichter gedrängt lebenden Menschen Frieden zu bewahren, wird noch viel schwieriger sein als bisher.« (S. 351) In der Tat: Zumindest »Toleranz« zwischen den Weltreligionen zu stiften, »wird zu einer Aufgabe von immer größerem Gewicht«. Aber reicht bloße Toleranz wirklich aus? Bloße »Duldung« der je Anderen?

Erkenntnis 6: Durch einen Muslim die Ringparabel voll begriffen

Doch Sadat ist für Helmut Schmidt mehr als ein sachkundiger Lehrer in Geschichte, Religion und internationaler Friedenspolitik. Der damals knapp sechzigjährige Militär und Politiker, von einfacher Herkunft, ein Fellache aus dem Nildelta, Sohn einer sudanesischen Mutter, hatte genügend Lebenserfahrung gesammelt, um nicht zu wissen: Die nach Kulturen und Religionen getrennten, ja oft noch tief gespaltenen Völker überzeugt man vom Frieden nicht allein durch Wissen und Belehrung, so wichtig Aufklärung und pädagogische Vermittlung ist oder wäre. Auch nicht durch Verweis auf die große Literatur. Für Deutsche kommt dafür in der Tat vor allem *Gotthold Ephraim Lessings* Aufklärer-Drama »Nathan der Weise« von 1779 in Frage. Als Intellektueller verweist Helmut Schmidt nicht zufällig darauf (A 7 u. 8). Wie auch anders? Es gibt kein anderes Stück in der gesamten deutschsprachigen Literatur, welches das Mit- und Gegeneinander von Juden, Christen und Muslimen so gezeigt hätte wie Lessings »dramatisches Gedicht«, das von heute aus gesehen gut 240 Jahre alt ist. Ein erschreckendes Defizit in der deutschen Kultur. Deshalb wollen wir auch hier dem Fingerzeig Helmut Schmidts kurz nachgehen.

Im Zentrum von Lessings »Nathan« befindet sich bekanntlich die nachmals vielzitierte »Parabel von den drei Ringen«, ein Gleichnis für den Umgang von Menschen der drei monotheistischen Religionen untereinander. Mit der Pointe, dass die Angehörigen der drei Religionen im festen Glauben daran, dass nur einer Träger des echten Rings, also in der wahren Religion, ist, in einen »Wettstreit um das Gute« eintreten sollen. Und zwar mit dem Ziel, die Wahrheit des echten Rings (sprich: der wahren Religion) durch Taten im Geiste der »von Vorurteilen freien Liebe« zu bewahrheiten.

Dabei beruht die »Botschaft« der Ringparabel auf einer doppelten Voraussetzung, Helmut Schmidt stellt sie durch seine Zitatenfragmente aus dem »Nathan« auch deutlich heraus (A 8). Die eine Voraussetzung ist theozentrischer Natur. Will sagen: Alles geht aus von der Liebe Gottes des Vaters zu seinen drei Söhnen, sprich: drei Religionen: »Gewiss, dass der Vater euch alle drei geliebt«. Dieses Zitat verweist auf den spirituellen Kern der Parabel, konkret darauf, dass hier von einer Familientradition erzählt wird, bei der ein kostbarer Ring (mit der Eigenschaft, »vor Gott und Menschen angenehm zu machen«) zunächst stets vom Familienoberhaupt, dem Vater, vor dessen Tod an den ihm *liebsten* (nicht ältesten) Sohn weitergegeben wird. Dann aber tritt der Fall ein, dass ein Vater drei Söhne hat, die er alle gleichermaßen liebt. Und um zwei von ihnen nicht zu enttäuschen, lässt er zum echten Ring noch zwei identische anfertigen, übergibt jedem der Söhne je einen der Ringe (im Glauben, dieser sei der echte) und stirbt. Auf einmal aber gibt es drei Ringe. Welcher Sohn aber hat denn nun den echten? Äußerlich sind sie ununterscheidbar. Ein Rechtsstreit bricht zwischen den Söhnen aus und soll von einem Richter entschieden werden.

Dieser Richter aber sieht sich zu einer Entscheidung außerstande. Zugleich aber erinnert er die Söhne daran, dass der echte Ring ja die Kraft habe, den Träger »vor Gott und Menschen angenehm zu machen«. Daher der Rat des Richters: »So glaube jeder sicher seinen Ring den echten«, wie Helmut Schmidt aus der Parabel richtig zitiert. Mehr noch: »Es eifre jeder seiner unbestochenen, von Vorurteilen freien Liebe nach«. »Jeder« strebe mit den anderen »um die Wette«, die Kraft des Rings »an Tag zu legen« und dieser Kraft »mit Sanftmut, mit herzlicher Verträglichkeit, mit Wohltun, mit innigster Ergebenheit in Gott« zur Hilfe zu kommen. Die Pointe der Ringparabel lautet also: Menschen in den drei Religionen müssen nicht den Glauben an die Existenz des wahren Rings aufgeben. Ist er noch vorhanden, wird man ihn an den Wirkungen erkennen, an Taten im Geist der »von Vorurteilen freien Liebe« und zwar den je Andersglaubenden gegenüber.

Im Zusammensein mit Sadat ist Helmut Schmidt offenbar aufgegangen, dass der Ägypter zwar Lessings »dramatisches

Gedicht« schwerlich gekannt haben kann, gleichwohl aber von derselben Intention beseelt ist, Frieden zwischen den Religionen zu stiften und zwar aus Respekt voreinander. Das theozentrische Liebesmotiv mag dabei eine Rolle gespielt haben. Schmidt spürt das. Bei Sadat ist ein Gottesverständnis im Hintergrund, das an Lessings Parabel erinnert und dem Deutschen das Geständnis abnötigt, erst von Sadat habe er Lessings Parabel von den drei Ringen »voll zu begreifen« gelernt. Was das konkret bedeutet, zeigen die ausgewählten Zitate: »So glaube jeder seinen Ring den echten« … »Gewiss, dass der Vater euch alle drei geliebt«, komme euer Streben »mit herzlicher Verträglichkeit …, mit innigster Ergebenheit in Gott« zur Hilfe (A 8). Das ist wahrhaftig mehr als bloße Toleranz!

Ich selber kann durch meine eigenen Studien zu Lessing Helmut Schmidts Beobachtungen nur bestätigen. Ich konnte in meinem Buch »Vom Streit zum Wettstreit der Religionen. Lessing und die Herausforderung des Islam« (1998) ein Doppeltes nachweisen: Eines der Schlüsselworte der Ringparabel (»innigste Ergebenheit in Gott«) ist im Deutschen zur Lessing-Zeit die Übersetzung des Wortes »Islam« und zwar nicht als verfasste Religion, wohl aber als religiöse Grundhaltung. Und das Motiv »Wettstreit um das Gute« findet seine Parallele im Koran: in Sure 5, 48 (Md). Dass Lessing das Wort »islam« mit »Ergebenheit in Gott« übersetzt hat, ist nachweisbar. Dass er Sure 5,48 gekannt hat, direkt nicht belegbar, wohl aber dass er allgemein ein guter Korankenner gewesen ist. Kurz: Mir war bei meinen Lessing-Studien klar geworden, dass die Zeichen im »Nathan« im Blick auf die Integration auch muslimischer Spiritualität hier und auch anderswo im Stück so deutlich sind, dass sie kaum Zufall sein können (Einzelheiten: *K.-J. Kuschel*, Vom Streit zum Wettstreit, 1998 sowie: Im Ringen um den wahren Ring, 2011).

Erkenntnis 7: Ein spiritueller Ort für drei Religionen

»Sadat hoffte auf eine große friedliche Begegnung von Judentum, Christentum und Islam«, hatte sich Helmut Schmidt notiert (A 6). Der Ägypter hatte offensichtlich begriffen: Nicht mit intellektuellem Wissen allein wird man Menschen für den Frieden gewinnen. Es braucht über all das hinaus ein Doppeltes: *Erstens* ein gemeinsames Wurzel- und Herkunftsbewusstsein im Glauben und *zweitens* eine *spirituell-sinnliche Tiefendimension.* Will sagen: Es braucht das persönliche Glaubenszeugnis, verbunden mit einem körperlich-räumlich und damit sinnlich-anschaulichen Zeichen. Kurz: Es braucht einen Gedenk- und Besinnungsort für alle Glaubenden von tiefer, von allen geteilter symbolischer Bedeutung. Religiös gesprochen: Es braucht einen Ort der Pilgerschaft für *alle* Gläubigen.

Den Aufzeichnungen von Helmut Schmidt zufolge hatte Sadat denn auch einen solchen Ort geplant und zwar auf dem Sinai, genauer auf dem Berg, auf dem nach den großen Überlieferungen Moses einst Gott begegnet war und die »Zehn Gebote« empfangen hatte. Den Grundstein für je ein Gotteshaus hat Sadat noch legen können (A 6). Er selber hatte sich offensichtlich des Öfteren hierher zu Gebet und Meditation zurückgezogen. Helmut Schmidt kann sich für diese Information auf Mönche des griechisch-orthodoxen Katharinenklosters berufen, das seit Mitte des 6. Jahrhunderts am Fuß des Mosesberges auf der Sinai-Halbinsel liegt. Es stammt somit noch aus vorislamischer Zeit und ist das älteste noch immer bewohnte Kloster der Christenheit. Dass die Mönche noch heute einen Schutzbrief von keinem Geringeren als dem *Propheten Mohammed* vorzeigen können, hat auf Helmut Schmidt einen besonderen Eindruck gemacht. Wichtiger noch: Durch die Berichte der Mönche sieht er die religiöse Glaubwürdigkeit Sadats bestätigt.

Was immer man von den Plänen Sadats für einen Pilgerort auf dem Sinai halten mag, bestechend ist die Idee, dass das geteilte Wurzel- und Herkunftsbewusstsein von Juden, Christen und Muslimen seinen äußeren Ausdruck durch symbolträchtige Orte einer spirituellen Begegnung finden sollte. Die durch ihre Geschichte, Kultur und Religion getrennten, oft gespaltenen Menschen sollten an einem solchen Ort zusammenkommen können, um die Präsenz des einen Gottes, ihres Schöpfers und Richters, geradezu körperlich zu bezeugen, ob im Gebet mit Worten oder in der Kontemplation mit Schweigen. Und dies umso dringender als andere Orte dieser symbolträchtigen Art wie der Sinai entweder durch gewaltsame Okkupation oder durch politisch erzeugtes Misstrauen gegenwärtig für eine spirituelle Begegnung ausscheiden: die Ibrahim-Moschee in Hebron beispielsweise oder der Tempelberg zu Jerusalem.

Erkenntnis 8: Ein Friedensstifter wird ermordet

Doch weder dieser spirituelle Ort der Begegnung noch das »Buch über die drei abrahamischen Religionen« (A 8), das sich Helmut Schmidt von Sadats Hand gewünscht hat, konnten realisiert werden. Das hat nicht zuletzt der Mord verhindert, dem Sadat am 6. Oktober 1981 während einer Militärparade in Kairo durch islamistische Verschwörer zum Opfer fällt (A 9). Er weiß längst: Friedensstifter leben auch in unseren Zeiten gefährlich. Wer für Entfeindung arbeitet, zieht oft den Hass seiner Feinde auf sich. Wer für Versöhnung eintritt, wird nicht selten von einer Welle der Verachtung überschwemmt. Er riskiert sein Leben. Verliert es oft genug. Ein Muster wiederholt sich auch im Fall von Sadat. Er hatte Ägyptens »Feinden« die Hand zum Frieden gereicht, nicht ohne politische Eigeninteressen selbstverständlich, hatte mit Israel sogar ein Friedensabkommen geschlossen (17. September 1978). Dafür hat der den Preis seines Lebens bezahlt.

Nicht nur Helmut Schmidt hat Sadats Tod und die Art seines Sterbens tief getroffen: »In meinem hohen Alter hat man den Tod der eigenen Eltern und Geschwister und vieler Freunde erlebt«, sagte er noch im Mai 2007 in seiner Tübinger Rede, »aber die Ermordung Sadats durch religiöse Eiferer hat mich tiefer erschüttert als andere Verluste. Mein Freund Sadat wurde umgebracht, weil er dem Friedensgebot gehorsam war.« (Religion in der Verantwortung, 2011, 198) Was hatte Sadat denn auch in seiner legendären Jerusalemer Rede in der Knesset seinen Zuhörer_innen zugerufen? »Wir alle lieben dieses Land, dieses von Gott gesegnete Land. Wir alle – Moslems, Christen und Juden – verneigen uns vor Gott ... Gottes Lehren und Gebote sind Botschaften der Liebe, der Aufrichtigkeit, der Sicherheit und des Friedens«. Und geschlossen hatte er mit der Rezitation von Sure 2, 136: »Wir glauben an Gott, an das, was zu uns, zu Abraham, Ismael, Isaak, Jakob und den Stämmen herabgesandt, was Mose und Jesus gegeben wurde, was den Propheten gegeben wurde von ihrem Herrn. Wir machen bei keinem von ihnen einen Unterschied. Wir sind ihm (Gott) ergeben« (zit. nach J. Sadat, Ich bin eine Frau aus Ägypten, 1991, 343. 346)

Erkenntnis 9: Führer zum Frieden – trotz allem

Damit steht der Ägypter Anwar as-Sadat in einer Reihe mit Männern wie *Mahatma Gandhi*, Vater des modernen, unabhängigen Indien, ermordet am 30. Januar 1948, mit *Martin Luther King*, dem charismatischen Anführer der amerikanischen Bürgerrechtsbewegung, ermordet am 4. April 1968 und mit *Jizchak Rabin*, Ministerpräsident Israels, ermordet am 4. November 1995. In »Weggefährten« hatte Helmut Schmidt seinerseits bereits die Parallele zu *Jizchak Rabin* (1922–1995) gezogen. In Israel war auch er ein hoher und erfolgreicher Militärführer gewesen, hatte dann ebenfalls höchste politische Ämter inne und zuletzt seit 1992 das Amt des Regierungschefs bekleidet. In dieser Eigenschaft hatte er mit dem damaligen Führer der PLO, *Jassir Arafat*, das »Osloer Friedensabkommen« ausgehandelt und unterzeichnet (13. Sept. 1993), wofür beide im Jahr darauf ebenfalls den Friedensnobelpreis erhalten hatten. Der Friedensprozess zwischen Israelis und Palästinenser, den Sadat 15 Jahre zuvor mit dem damaligen israelischen Ministerpräsidenten *Menachim Begin* auf den Weg gebracht hatte, schien zu einem guten Abschluss zu kommen – nun auch mit der PLO.

Da wird Rabin, der zuvor in Israel von politischen und religiösen Extremisten ebenso angefeindet worden war wie Sadat in Ägypten, am Abend des 4. November 1995 in Tel Aviv von einem jüdischen religiös-nationalistischen Fanatiker ermordet. Ausgerechnet bei einer Friedenskundgebung, die unter dem Motto steht: »Ja zum Frieden, Nein zur Gewalt«. Helmut Schmidt hindert das nicht daran, in beiden, Sadat und Rabin, trotz allem »Führer zum Frieden« zu sehen:

»Rabin und Sadat waren geschichtsbewusste Menschen. Dem einen waren die fünf Jahrtausende ägyptischer Geschichte geläufig, dem andern die vier Jahrtausende jüdischer Geschichte. Für beide waren der Sinai und die 3000 Jahre alte Stadt Jerusalem Symbole von hoher religiöser Bedeutung. Auch wenn allgemein die gemeinsamen Wurzeln weitgehend vergessen worden sind, so waren diese beiden ehemaligen Feinde dennoch Kindeskinder Abrahams. Beide wussten sich gebunden an letzte Werte, die dem Menschen vorgegeben sind. Allerdings war ihnen in ihrer Jugend die sittliche Pflicht zur Achtung der Würde des anderen, auch des Feindes und seines Rechts auf Freiheit, noch nicht bewusst, auch wohl noch nicht in ihrer Soldatenzeit. Diese Erkenntnis ist ihnen erst später zugewachsen, im Reifungsprozess ihres Lebens. Dann aber haben beide die einmal gewonnene Einsicht in die Notwendigkeit des Friedens nicht wieder aufgegeben. Und weil ihnen die Tugend der Tapferkeit eigen war, konnten sie Führer zum Frieden werden. Die Morde an Sadat und Rabin geben am Ende doch auch eine Hoffnung. Denn ihr Opfer hat beide zu weithin leuchtenden Vorbildern werden lassen – wenngleich der Frieden im Heiligen Land auf das äußerste gefährdet bleibt« (Weggefährten, 1996, 346f.).

Erkenntnis 10: »Ich habe ihn geliebt«

Von solchen Sätzen her wird nun auch mit letzter Klarheit deutlich, warum Helmut Schmidt die Begegnung mit Sadat »zu den glücklichsten Erinnerungen« seines politischen Lebens zählen kann (A 10). Angestoßen durch eine Nachtfahrt nilaufwärts unter einem sagenhaften Sternenhimmel. Ermöglicht durch einen Moment »ungewöhnlicher Offenheit« wie er unter Regierungschefs selten vorzukommen pflegt und inhaltlich geprägt durch ein ebenso unter Politikern höchst seltenes Thema: Religion und ihre Bedeutung für den Weltfrieden. Kurz: Helmut Schmidt hatte eine echte Begegnung im Sinn *Martin Bubers* erlebt und zwar von einer Weite und Tiefe, dass selbst ihm, sonst emotional äußerst diszipliniert, ein Liebesbekenntnis in die Feder fließen kann: »Ich habe ihn geliebt (A 10). Ja, plötzlich meint man sogar entdeckt zu haben, dass »das Schicksal« einen auf seltsame Weise gewissermaßen schon von Geburt an miteinander verbunden hat: »Wir waren bis auf zwei Tage gleichaltrig«. Auch dies eine Erfahrung ganz im Sinne Bubers: Vom Ich über die Begegnung mit einem Anderen (»Du«) zum Wir: »Wir … gleichaltrig«. Wenig später in »Weggefährten« noch etwas deutlicher: »Anwar as-Sadat hatte als erster den Weg gewiesen, der in der Zukunft nicht nur für Araber und Israelis, für die Muslime und die Juden, sondern ebenso für die Christen fruchtbar gemacht werden kann. Wenn ich gefragt werde, welcher Staatsmann mir im Laufe meines politischen Lebens als der bedeutendste erschienen sei, so antworte ich ohne Zögern: Anwar as-Sadat« (Weggefährten, 1996, 347).

Mit dieser ungewöhnlichen Geschichte dürften wir genügend sensibilisiert sein für die *Notwendigkeit wechselseitiger interreligiöser Lernprozesse.* Sie haben ihren Zweck keineswegs nur in sich selber, sondern sind getragen von der Überzeugung, dass das Zusammenleben zwischen Menschen verschiedener Kulturen und Religionen international wie national ganz neu eingeübt werden muss. Dafür sind wechselseitig Grundkenntnisse über die normativen Überlieferungen unerlässlich. »Dialog« erfordert Dialogkompetenz. Und die hat man nicht einfach, sie erwirbt man wie andere Schlüsselkompetenzen auch. Das verlangt von allen Seiten die Bereitschaft, sich um die *Grundlagen* der jeweiligen Glaubensgemeinschaften zu bemühen. Und diese liegen nun einmal in Bibel und Koran. Gewiss: Diese Schriften sagen nicht alles über die geschichtlich gewachsene Komplexität von Judentum, Christentum und Islam. Aber ohne sie ist alles nichts.

Im Zentrum dieses Buches steht somit das Bemühen, das Trennende *und* das Gemeinsame, das Unterscheidende *und* das Verbindende *gleichzeitig* herauszuarbeiten. Harmonisierung ist kein Dienst am Dialog, wohl aber das Bemühen um *wechselseitig besseres Verstehen der Andersheit des je Anderen.* Machen wir uns also an die Arbeit. Zunächst (Erster Teil) versuchen wir im Stile eines Panoramablicks die Klärung der Frage, was an Wissen über Bibel und Koran, ihre jeweilige Eigenheit und innere Verflochtenheit, unverzichtbar ist, bevor wir in den Teilen 2 bis 6 an die Detailarbeit gehen und den inter- und intratextuellen Vergleich großer gemeinsamer Überlieferungen von Adam bis Jesus riskieren.

Erster Teil
Wie den Koran im Gegenüber zur Bibel verstehen? Erfahrungen eines Christenmenschen

»Und so wiederholt sich der Koran Sure für Sure. Glauben und Unglauben theilen sich in Oberes und Unteres, Himmel und Hölle sind den Bekennern und Läugnern zugedacht. Nähere Bestimmungen des Gebotenen und Verbotenen, fabelhafte Geschichten jüdischer und christlicher Religion, Amplifikationen aller Art, gränzenlose Tautologien und Wiederholungen bilden den Körper dieses heiligen Buches, das uns, so oft wir auch daran gehen, immer von neuem anwidert, dann aber anzieht, in Erstaunen setzt und am Ende Verehrung abnötigt ... Der Styl des Korans ist seinem Inhalt gemäss: streng, groß, furchtbar, stellenweis wahrhaft erhaben; so treibt ein Keil den anderen und darf sich über die große Wirksamkeit des Buches niemand verwundern.«

Johann Wolfgang Goethe, Mahomet, in: »Besserem Verständnis« des »West-östlichen Divan«, 1819

»Da aber im Ablauf der Jahrhunderte zwischen Christen und Muslimen nicht wenige Meinungsverschiedenheiten und Feindschaften entstanden sind, ermahnt das Konzil alle, dass sie sich, indem sie das Vergangene vergessen, aufrichtig um gegenseitiges Verständnis mühen und gemeinsam für alle Menschen soziale Gerechtigkeit, sittliche Güter sowie Frieden und Freiheit schützen und fördern.«

Zweites Vatikanisches Konzil, »Erklärung über das Verhältnis der Kirche zu den nichtchristlichen Religionen« (1965)

1. Warum Christen sich mit dem Koran schwertun

Bei Dialogbegegnungen heute trifft man nicht selten auf den Sprachgebrauch, Juden und Christen teilten doch »dieselbe Bibel« und auch der Koran wolle keine neue, bisher in der Menschheitsgeschichte unerhörte Offenbarung bringen, sondern nur »bestätigen«, was Juden und Christen von Gott bereits anvertraut worden sei. Wir haben im Zusammenhang der Sadat-Aufzeichnungen Helmut Schmidts das Thema schon berührt. Hier ist der Ort, genauer darauf einzugehen. Es ist für eine Studie zum Verhältnis Bibel-Koran von fundamentaler Bedeutung.

Juden und Christen als »Schriftbesitzer«?

Ohne alle Harmonisierung ist in aller Nüchternheit von folgendem Befund auszugehen: Juden und Christen teilen nicht einfach »dieselbe Bibel«, selbst Christen untereinander tun das nicht. So ist allein schon der *Textbestand der Hebräischen Bibel*, »Tanach« genannt, ein anderer als der des »Alten Testaments« in katholischer und orthodoxer Tradition. Tanach – ein Kunstwort, das sich aus den Anfangsbuchstaben der hebräischen Worte für die drei Makroteile der Jüdischen Bibel zusammensetzt: Tora (die fünf Bücher Mose), Nebiim (Propheten) und Ketubim (Schriften).[2] Der Unterschied erklärt sich aus der Tatsache, dass der Textbestand des katholischen und orthodoxen »Alten Testaments« nicht auf die Jüdische Bibel zurückgeht, sondern auf deren griechische Übersetzung, die sogenannte »Septuaginta«. Darin aber sind mehr Schriften aufgenommen als in der Jüdischen Bibel vorhanden sind. Sieben sind es: die Bücher Tobit, Judith,

---

2 Die hebräische Bibel zählt 1. und 2. Buch Samuel, 1. und 2. Buch Könige, 1. und 2. Buch der Chronik sowie die Bücher der zwölf Propheten jeweils als ein Buch.

1. und 2. Makkabäer, Weisheit Salomos, Jesus Sirach und Baruch. Umfasst der Tanach nach jüdischer Zählung somit 24 Bücher, so der katholische Kanon 46, der orthodoxe 51 Bücher.

Doch selbst dort, wo eine christliche Bibel denselben Textbestand wie die Hebräischen Bibel aufweist wie die protestantische, weil *Martin Luther* für seine Übersetzung den hebräischen Urtext zugrunde gelegt hatte, ist die Anordnung der Bücher nicht dieselbe. Denn die Makrostruktur des jüdischen Kanons lautet: Tora, Propheten, Schriften. Ihr Sinn? Schon diese Anordnung signalisiert, dass »Propheten« und »Schriften« vor allem dazu da sind, die Tora als Lebensordnung Israels auszulegen. Im christlichen Kanon des sogenannten Alten Testamentes aber stehen die Bücher der Propheten am Ende, auch im protestantischen. Dahinter steckt ebenfalls theologisches Kalkül. Denn diese Schlusspositionierung soll den Blick von der Tora weg auf die Zukunft lenken. Es soll ja noch etwas kommen, was die Propheten, christlich verstanden, angekündigt hatten und was dann den »Schlüssel« zum Verständnis der bisherigen Texte liefert: das Evangelium von Jesus Christus. Woraus folgt: Kanonpolitik, ob in Bibel oder Koran, ist nicht harmlose Spielerei, sondern der religionspolitische Ernstfall. Besteht doch ein erheblicher Unterschied darin, ob der Kanon so abgeschlossen wird, dass er auf ein noch zu erwartendes Zentrum *vorausweist* (auf Jesus Christus) oder ob er vom Ende her in ein schon bestehendes Zentrum *zurückweist:* auf die Lebensordnung der Tora. Der tragische und Tragödien erzeugende Bruch zwischen Synagoge und Kirche hat hier ihren Sachgrund.

Für den Koran gilt Entsprechendes. Wer zu diesem Buch und seinen 114 Suren greift, hat nicht irgendein Textbuch in der Hand, sondern eine Schrift, die jeden Benutzer mit einem Wahrheitsanspruch konfrontiert. Gewiss: der Koran fordert Muslime ausdrücklich auf, wie wir wissen:

»Sagt:

Wir glauben an Gott, an das, was zu uns, zu Abraham, Ismael, Isaak, Jakob und den Stämmen herabgesandt, was Mose und Jesus gegeben wurde, was den Propheten gegeben wurde von ihrem Herrn. Wir machen bei keinem von ihnen einen Unterschied. Wir sind ihm ergeben.« *(Sure 2,136: Md)*

Und dies nicht nur einmal, ob in spätmekkanischer Zeit (= Mk III), so in Sure 29,46, oder in noch späterer, medinensischer Zeit (Suren 3,7; 4,47: Md). Daraus folgt für den Dialog zweierlei. *Zum einen*: Im Koran wird immer wieder erklärt, Juden und Christen hätten von Gott bleibend gültige Offenbarungsschriften bekommen, die Juden die Tora (arab.: *taurāt*) durch Mose und die Christen das Evangelium (arab.: *inğīl*) durch Jesus, die Juden in hebräischer, die Christen in griechischer Sprache. Denn: »Wir sandten keinen Gesandten außer in der Sprache seines Volkes, damit er ihnen Klarheit schaffe« (Sure 14,4: Mk III) Das macht den Dialog leichter. Warum? Weil Juden und Christen als »Leute des Buches« im Koran eine relativ hohe Wertschätzung genießen, die sich später in Ländern unter islamischer Herrschaft auf ihren religiösen und rechtlichen Status auswirken wird. Schon *Helmut Schmidt* hatte darauf hingewiesen, und wir können jetzt präzisieren: Als »Schutzbefohlene« (arab.: *dhimmi*) haben Juden und Christen in der Tat anders als »Ungläubige« in einer islamischen Mehrheitsgesellschaft unter staatlichem Schutz zumindest Duldung für ihre Religionsausübung genießen können, was freilich mit einem heutigen, modernen Verständnis von Religionsfreiheit nicht zu verwechseln ist.

Denn diese Freiheit, die auch den christlichen Kirchen abgetrotzt werden musste, ist erst das Produkt der europäischen Aufklärung. Sie umfasst drei Aspekte: *Erstens* die Freiheit, eine Religion öffentlich auszuüben, *zweitens* die Freiheit, eine Religion aufzugeben oder zu wechseln und *drittens* die Freiheit, keiner Religion anzugehören. Hier besteht innerhalb des Geltungsbereichs des islamischen Rechts (arab.: *sharī'a*) noch

Klärungsbedarf, vor allem, was die beiden zuletzt genannten Formen von Religionsfreiheit angeht. Die heutige innermuslimische Diskussion um die Begründung eines umfassenden Religionsfreiheitsverständnisses ist denn auch in vollem Gang. So hat der muslimische Theologe *Halis Albayrak*, Leiter des Instituts für Koranexegese der Islamisch-Theologischen Fakultät der Universität Ankara, in der neueren Diskussion um die Religionsfreiheit mit Recht auf den Unterschied zwischen Koran und Scharia hingewiesen: »Im Koran finden wir keine Aussage, die eine juristische Maßnahme gegen diejenigen vorsieht, die den Islam verlassen, um einen anderen Glauben oder gar keinen Glauben anzunehmen. Es gibt keinen Hinweis darauf, dass die Abtrünnigen etwa getötet oder gefangen gesetzt werden sollen. Die unterschiedlichen Meinungen in der Scharia, dem islamischen Recht, bezüglich der Todesstrafe stützen sich nicht auf Koranverse, sondern auf ›Hadithe‹, uns bis heute überlieferte Worte Mohammeds« (F.A.Z. vom 18. Februar 2015).

»Bestätigung« früherer Offenbarungen?

Was aber bedeutet es dann konkret, wenn Muslime bei Dialogbegegnungen gerne darauf hinweisen, dass sie dem Koran entsprechend die vorausgegangenen heiligen Schriften »anerkennen« würden – im Gegensatz zu vielen Juden und Christen, die den Koran theologisch entweder geflissentlich ignorieren oder ihn von oben herab abqualifizieren. Doch bei genauem Hinsehen erweist sich ein solcher Sprachgebrauch als unscharf. Denn einerseits bestätigt der Koran in der Tat: »Er hat auf dich die Schrift mit der Wahrheit herabgesandt, um zu bestätigen, was schon vor ihr vorlag. Er hat die Tora und das Evangelium herabgesandt früher als Führung für die Menschen«, so Sure 3,3f. aus späterer, medinensischer Zeit. Wichtiger noch ist die Aussage in Sure 5. Sie hat dadurch besonderes Gewicht, dass sie als die chronologisch letzte Sure gilt:

»Wir haben die Tora herabgesandt –

In ihr sind Führung und Licht.

damit die Propheten, die gottergeben waren, für die Juden entscheiden [...]

Ihnen (den Propheten) ließen wir Jesus, den Sohn Marias, folgen, um zu bestätigen, was schon vor ihm von der Tora vorlag. Wir gaben ihm das Evangelium –

In ihm ist Führung und Licht. [...]

Und wir haben dir die Schrift mit der Wahrheit hinabgesandt, um zu bestätigen, was schon vor ihr von der Schrift vorlag und darüber Gewissheit zu geben.«

(Sure 5, 44.46.48: Md)

Aussagen dieser Art erleichtern den Dialog. Warum? Weil damit zumindest grundsätzlich affirmiert ist, dass Juden und Christen keinen von Menschen gemachten Fabrikationen oder Einbildungen folgen, sondern *einer von Gott kommenden Botschaft*, die *für sie* »Führung und Licht« ist (ähnlich: 6,91; 6,154; 7,154: alle Mk III). Das ist nicht wenig, ist doch im Koran damit anerkannt, dass Juden und Christen durch »Tora« und »Evangelium« auf einem von Gott bestimmten Weg geführt und von Gottes Licht im Dunkel des Lebens geleitet werden. Und diese Bücher sind auch für Muslime Offenbarungsschriften.

Hinzu kommt ein Doppeltes. *Erstens:* Von Juden und Christen wird im Koran erwartet, dass sie sich an Tora und Evangelium halten und ein entsprechendes Leben führen: »Würden sie die Tora und das Evangelium und was zu ihnen von ihrem Herrn herabgesandt worden ist, ausführen«, heißt es ebenfalls in Sure 5,66 (Md), »dann äßen sie von dem, was über ihnen und zu ihren Füßen ist«, eine »Anspielung auf den Segen, der die Erkenntnis einer spirituellen Wahrheit begleitet, wie auch auf die gesellschaftliche Glückseligkeit, die einer Befolgung der in den wahren Lehren der Bibel niedergelegten moralischen Prinzipien folgen muss« (*Asad*, 217). *Zweitens:* Juden und Christen werden nicht auf der Basis des Koran, sondern auf der Basis ihrer eigenen Schriften von Gott gerichtet werden: »Sag: ›Ihr Leute der Schrift, ihr habt keinen Boden unter den Füßen, bis ihr die Tora, das Evangelium und was euch von eurem Herrn herabgesandt worden ist, ausführt‹ [...] Die glauben, die Juden, die Sabier und die Christen – die an Gott und den Jüngsten Tag glauben und Gutes tun -, die befällt nicht Furcht und die sind nicht traurig« (Sure 5,68–69: Md; ebenso: 2,62: Md). Für »die Leute der Schrift«, insofern sie Christen sind, wird Jesus im Endgericht Gottes sogar als ihr »Zeuge« auftreten, wie es in der medinensischen Sure 4,159 (Md) heißt: »Es ist niemand unter den Leuten der Schrift, der nicht vor seinem Tod gewiss an ihn glaubt. Am Tag der Auferstehung wird er über sie Zeuge sein.«

Andererseits aber lässt der Koran an jüdischen und christlichen Überlieferungen nur das gelten, was er ausdrücklich affirmiert. Juden und Christen haben es somit nicht mit einer pauschalen, sondern einer bedingten »Bestätigung« zu tun. Denn die koranischen Begriffe »Tora« und »Evangelium« sind keineswegs identisch mit den entsprechenden Schriften des jüdischen oder christlichen Kanons. Was beide Begriffe genau bedeuten, ist im Koran nicht genau festgelegt. Meint »Tora« die fünf Bücher Mose oder den ganzen Tanach? Meint »Evangelium« (Singular!) im engeren Sinn die vier Evangelien oder im Weiteren die christliche Grundbotschaft? In jedem Fall ist Vorsicht geboten, werden doch zentrale christliche Glaubensaussagen wie die Menschwerdung und Gottessohnschaft Jesu sowie sein Erlösertod am Kreuz im Koran nicht nur ignoriert, sondern direkt verworfen. Ja, im Koran ist eine Kreuzigung Jesu schon als Faktum ausdrücklich verneint (Sure 4, 157: Md). Mehr dazu im Sechsten Teil, Kap. III, 3. Gewiss: Jesus als Gesandter und Maria als Erwählte Gottes genießen im Koran höchsten Respekt. Wir werden auch dazu mehr hören (Sechster Teil, Kap II u. III). Aber in ihrem ureigensten Glaubenszeugnis können sich Christen durch den Koran keineswegs einfach »bestätigt« fühlen. Denn ihr Verständnis von »Evangelium«, als Botschaft von Jesus Christus, dem von Gott gesandten Sohn Gottes, wie es etwa der Apostel

Paulus verstanden hat (als »Evangelium von Jesus Christus, unserem Herrn«: Röm 1, 4), wird ja vom Koran gerade nicht »bestätigt«.

Kurz: Die »Bestätigung« vorgängiger Offenbarungen fällt im Koran höchst selektiv aus, vor allem *nach dem Kriterium der Übereinstimmung.* Nehmen wir noch einmal die oben zitierte Sure 2, 136: »Sagt: Wir glauben an Gott, an das, was zu uns, zu Abraham, Ismael, Isaak, Jakob und den Stämmen herabgesandt, was Mose und Jesus gegeben wurde, was den Propheten gegeben wurde von ihrem Herrn. Wir machen bei keinem von ihnen einen Unterschied. Wir sind ihm ergeben.« *Anwar as-Sadat* hatte sie sogar, wie wir hörten, zum Abschluss seiner legendären Knesset-Rede zitiert. Diese Aussage könnte zu dem Schluss verführen, im Koran würde alles an Überlieferungen von Mose und Jesus unterschiedslos bejaht. Dass das nicht der Fall ist, macht die unmittelbare Fortsetzung dieses Koran-Wortes deutlich: »Wenn sie«, Juden und Christen, »an das Gleiche glauben, woran ihr«, die Muslime, »glaubt, dann sind sie geführt. Wenn sie sich aber abkehren, dann sind sie ganz in Zwietracht. Gott wird dir gegen sie genügen« (2,137: Md). Ich nenne das *»bedingte Bestätigung«* nach dem *Kriterium der inhaltlichen Übereinstimmung.* Wenn, dann ... Denn das eine steht für den Koran fest: Die immer wieder beschworenen großen Propheten von Abraham über Mose bis Jesus waren mit ihrer Botschaft zeitlich *vor* Judentum und Christentum da, können folglich nicht einfach als »Juden« und »Christen« vereinnahmt werden. Entsprechend wird nur wenige Verse weiter der Prophet von Gott aufgefordert, Juden und Christen zu sagen: »Streitet ihr mit uns (Muslimen) über Gott, wo er unser und euer Herr ist? ... Oder sagt ihr, dass Abraham, Ismael, Isaak, Jakob und die Stämme Juden oder Christen waren?« (Sure 2, 139f.)

Die Logik dieses Denkens hat mit den prophetischen Sukzessionen zu tun, die der Koran voraussetzt. Das ermöglicht ein Denken in Vorher und Nachher, in Früher und Später mit normativem Anspruch. Treffend hat der katholische Exeget

Joachim Gnilka die koranische Spannung von Bestätigung und Überholung einmal mit den Sätzen beschrieben: »Tora und Evangelium werden anerkannt. Für Juden und Nazarener behalten sie ihre Bedeutung. Aber letztlich sind sie durch Muhammad und den Koran überholt. Tora und Evangelium sind im Koran aufgehoben. Der gläubige Muslim braucht sich um sie nicht zu kümmern. Wenn er an den Koran glaubt, glaubt er auch an Tora und Evangelium, weil er alles, was dort wichtig war, jetzt in einer reinen und endgültigen Form im Koran findet« (Die Nazarener und der Koran, 2007, 17).

Entsprechend bedeutet »Bestätigung« früherer Offenbarungen einerseits Anerkennung als göttliche Offenbarung, als »Führung und Licht«, andererseits aber kritische Prüfung des Voraufgegangenen und Sichtung des bleibend Gültigen durch den Koran, in letzter Konsequenz aber die Überbietung der jeweils voraufgegangenen Offenbarungsschriften, die damit den Status der Vorläufigkeit erhalten. »*Siegel der Propheten*« wird Mohammed nicht zufällig genannt (Sure 33,40: Md), eine metaphorische Ausdrucksweise für »besiegeln«, beenden, abschließen aller voraufgegangenen Prophetien. Hinzu kommt die Überzeugung, dass das geschichtliche Erscheinen des Propheten Mohammed sich in Tora und Evangelium »verzeichnet« findet (Sure 7,157: Mk III). Ja, einer späten, medinensischen Sure zufolge hat gerade Jesus einen nach ihm kommenden »Gesandten« ausdrücklich angekündigt:

»Als Jesus, der Sohn Marias, sagte:

›Ihr Kinder Israels, ich bin Gottes Gesandter für euch, um zu bestätigen, was schon vor mir von der Tora vorlag,

und einen Gesandten zu verkünden, der nach mir kommt. Sein Name ist hochgepriesen.‹«

(Sure 61, 6: Md)

Für Muslime ist das Mohammed. Wer sonst? (Einzelheiten in dem Band: *T. Güzelmansur* (Hg.), Hat Jesus Muhammad angekündigt?, 2012) Das ist für sie so selbstverständlich, wie es für Christen selbstverständlich war, im Alten Testament Jesus Christus angekündigt zu sehen. »Aufhebung« des Anderen im Eigenen und Interesse an reiner Selbstbestätigung ist keine Erfindung von Muslimen. Christen sind ihnen darin vorausgegangen. Man lese nur die ersten Kapitel der Apostelgeschichte, und man wird in den entsprechenden Reden refrainartig wiederholt finden, dass Jesus Christus als ein leidender Messias »durch den Mund aller Propheten im voraus verkündigt« worden sei (Apg. 3,18), ja, dass selbst ein Mann wie König David, schon hier »Patriarch« und »Prophet« genannt, vorausschauend von der »Auferstehung des Christus« gesprochen habe (Apg 2,29–31).Die »Sukzession der Propheten« impliziert also nach biblischer und koranischer Überlieferung, so der Tübinger Religionswissenschaftler *Stefan Schreiner*, »dass jeder Prophet seinen Nachfolger explizit ankündigt, wie umgekehrt, dass der jeweilige Nachfolger auf seinen jeweiligen Vorgänger ebenso explizit Bezug nimmt« (Die jüdische Bibel in islamischer Auslegung, 2012, 5).

Ebensowenig ist das Denken in Kategorien wie »vorläufig« – »endgültig« eine muslimische Erfindung. Wenn es im Hebräerbrief des Neuen Testamentes heißt: »Viele Male und auf vielerlei Weise hat Gott einst zu den Vätern gesprochen durch die Propheten. In dieser Endzeit aber hat er zu uns gesprochen durch den Sohn [Jesus Christus]« (Hebr. 1,1f.), dann ist dieses Denkschema »einst« (vorläufig) und »jetzt« (endgültig) christlich vorgeprägt worden, so wie es der christliche »Kirchenvater« *Tertullian* (ca. 150 – ca. 220 n.Chr.) war, der in seinem »Traktat wider die Juden« (8, 12) die Formel von *Christus* als »Siegel der Propheten« geprägt hat (Einzelheiten: *C. Colpe*, Das Siegel der Propheten, 1990). Entsprechend haben Christen eine bedingte, selektive Bestätigung ihrer Heiligen Schriften durch Muslime nie akzeptieren können. Für sie ist nun einmal nicht der Koran, sondern Jesus Christus die *norma normans* aller Gottesrede. Allerdings haben sie dabei oft genug verdrängt, dass sie Juden gegenüber nicht weniger »selektiv« vorgegangen sind, indem sie nur das in der Hebräischen Bibel als relevant ansahen, was angeblich auf Jesus Christus vorausweist. Sie haben die Hebräische Bibel nicht primär als genuines und authentisches Glaubenszeugnis des Bundesvolkes Israel gelesen, sondern als ihr »Altes« Testament, dessen Verheißungen in Jesus Christus »erfüllt« sind, so dass das »Alte« durch das »Neue« letztlich ersetzt werden kann.

Massive Kritik an bisheriger Bibelauslegung

Die Tatsache aber, dass Juden und Christen sich das Selbstbestätigungsinteresse des Koran von Anfang an nie hatten zu eigen machen können, wird ihnen im Koran ein *beschränktes oder gar verkehrtes Schriftverständnis* zur Last gelegt. Ein solches Reaktionsmuster kennen Christen ebenfalls aus ihrer Heiligen Schrift, konkret aus ihrer Auseinandersetzung mit jüdischem Schriftverständnis. Wenn Paulus angesichts der Ablehnung seiner Predigt seinen jüdischen Zeitgenossen gegenüber den Vorwurf erhebt: »ihr Denken wurde verhärtet […]. Bis heute liegt die Hülle auf ihrem Herzen, wenn Mose vorgelesen wird« (2 Kor 3,14f.), prägt er ein Auseinandersetzungsmuster, das später auch der Prophet Mohammed variieren wird: »Mancher unter ihnen hört dir zu. Wir haben aber eine Hülle auf ihr Herz gelegt, so dass sie es nicht begreifen, und in ihre Ohren Schwerhörigkeit. Selbst wenn sie jedes Zeichen sehen, glauben sie nicht daran. Sobald sie zu dir kommen, streiten sie mit dir« (Sure 6,25: Mk III; ähnlich: Sure 4,155: Md). Bei Paulus wie im Koran dieselbe Reaktion: Nur wenn man frühere Heilige Schriften mit den Augen des eigenen Glaubens liest, hat man das richtige Verständnis (Einzelheiten in dem Band: *T. Güzelmansur* (Hg.), Das koranische Motiv der Schriftfälschung durch Juden und Christen, 2014).

Mehr noch: Im Zuge seiner Auseinandersetzung mit den Juden in Medina nach der Hidjra kommt es im Koran zu *massiven Vorwürfen* insbesondere gegen die jüdische Schriftauslegung, zweifellos in der Enttäuschung begründet, dass Mohammeds Prophetentum bei den drei in Medina lebenden und einflussreichen jüdischen Stämmen keine Anerkennung gefunden hat (mehr dazu im Ersten Teil, Kap. 5). Die Vorwürfe lauten: Wissentliche Entstellung von Gottes Wort (Sure 2,75–79: Md), Sinnverrückung einzelner biblischer Worte (Sure 5,13; 4,46: beide Md), Wortvertauschung (Sure 2,59: Md), Schriftverdrehung (Sure 3,78; Md). Um welche Art von Entstellung, Verrückung, Vertauschung oder Verdrehung es sich dabei im Einzelnen handelt, sagt der Koran nicht und wird in der muslimischen Koranauslegung unterschiedlich beantwortet (Einzelheiten: *St. Schreiner*, Die jüdische Bibel in islamischer Auslegung, 2012, 7–18).

Zugleich aber ist der Zweck einer solch massiven Kritik an der bisherigen Bibelauslegung offenkundig. Sie legitimiert, dass mit dem Koran eine dritte Offenbarung Gottes nötig ist und zwar jetzt an das Volk der Araber, in »deutlicher arabischer Sprache« (Sure 26, 195: Mk II). Im Koran wird das immer wieder in Erinnerung gerufen: »Wir haben ihn (den Koran) in deiner Sprache leicht gemacht, damit du ihn den Gottesfürchtigen als frohe Botschaft verkündest«, heißt es beispielsweise in der mittelmekkanischen Sure 19, 97 (ebenso: 43, 3: Mk II; 20, 113: Mk II; 12, 2: Mk III; 39, 28: Mk III; 41, 3: Mk III; 42, 7: Mk III). Dieser Hinweis auf die indigene Sprache soll zweierlei befördern: *Zum einen* den Nationalstolz der Araber. Jetzt (endlich) sind auch sie mit einem Gesandten, einer Offenbarung und einer Schrift von Gott bedacht worden. *Zum anderen* dient die Betonung der indigenen Sprache der Alibiprophylaxe. Keiner der Adressaten kann sich mehr herausreden, der Botschaft allein schon wegen einer unverständlichen Sprache nicht folgen zu können. Entsprechend heißt es denn auch in Sure 41,44: Mk III: »Wenn wir ihn zu einem fremdsprachigen Koran gemacht hätten, hätten sie gesagt: ›Warum sind seine Zeichen nicht genau dargelegt? Wie – ein Fremdsprachiger und ein Araber?‹« Skeptische, abweisende Antworten aus der Gesellschaft, mit denen der Prophet offensichtlich konfrontiert worden ist. Wir werden mehr davon hören (Erster Teil, Kap. 4: Mohammed – der angefeindete Prophet).

Die koranische Botschaft aber ist nach muslimischem Selbstverständnis nötig geworden, weil Juden und Christen die Botschaft ihrer Offenbarungsschriften zum Teil verfälscht oder verzerrt, zum Teil falsch oder mangelhaft ausgelegt haben und auch noch darüber in Streit geraten sind. Und da dieser Streit die ursprüngliche Botschaft verdunkelt hat, hat Gott sie durch eine abschließend-endgültige Offenbarung in ihrer Reinheit und Klarheit wieder herstellen müssen. Jetzt kann es im Koran heißen: »Die Religion bei Gott ist der Islam – die Gottergebenheit –. Die, denen die Schrift gegeben worden ist, sind erst uneins geworden, nachdem das Wissen zu ihnen gekommen war, in gegenseitiger Gewalttat« (Sure 3,19: Md). Die Kritik dient der Selbstlegitimation des Koran als *unverfälschtem Wort Gottes* und damit am Ende der prinzipiellen Überlegenheit des Islam als der gegenüber Judentum und Christentum vervollkommneten Religion. Entsprechend kann es gewissermaßen abschließend in der chronologisch letzten Sure heißen: »Heute habe ich eure Religion vollkommen gemacht und meine Gnade an euch vollendet. Ich bin zufrieden, dass ihr den Islam – die Gottergebenheit – als eure Religion habt« (Sure 5,3: Md).

Worin Bibel und Koran grundverschieden sind

Das alles lässt nun besser nachvollziehen, warum sich Christen mit der Lektüre des Koran und Muslime mit der der Bibel schwertun, infiziert von einer jahrhundertealten Wirkungsgeschichte wechselseitig bescheinigter Überlegenheit des je eigenen Glaubens über alle anderen. Das hat zunächst noch nichts mit Fragen einer historisch-kritischen Lesart der Heiligen Schriften zu tun, die westliche Leser Muslimen gegenüber gerne einfordern und dabei übersehen, dass der Koran von seinem Selbstverständnis her nicht einfach mit der Bibel zu vergleichen ist. *Die beiden »Heiligen Schriften« trennt in ihrem Selbstverständnis eine prinzipielle Asymmetrie.* Sie muss man kennen, wenn man sich auf das Thema »Die Bibel im Koran« einlässt.

Zwar gilt auch Juden und Christen ihre Ur-Kunde als »Heilige Schrift«, als »Gottes Wort«, das aber ist vereinbar mit der Tatsache, dass es menschliche Verfasser sind, die sie geschrieben haben: Gotteswort in und durch Menschenwort. Die prophetischen Bücher der Hebräischen Bibel stammen von Menschen oder werden Menschen zugeschrieben, die Evangelien des Neuen Testamentes haben menschliche Verfasser, auch die Briefe, die ein Jude namens Paulus aus Tarsus (in Kleinasien) an Gemeinden in Thessaloniki, Galatien, Korinth oder Rom geschrieben hat. Sie sind nicht durch einen göttlichen Boten aus dem Himmel »herabgesandt« und beanspruchen dementsprechend auch nicht, von Gott »verfasst« zu sein: Sie sind von Menschen in Raum und Zeit verfasst.

Daraus folgt: Das Selbstverständnis der Bibel verlangt nicht einen Glauben an Gott als Autor, wohl zu unterscheiden davon, dass die Bibel eine vertrauenswürdige Verkündigung der Weisungen oder des Wirkens Gottes durch menschliche, von Gottes Geist geleitete Verfasser und Überlieferer zu sein beansprucht. Die Bibel in ihren beiden Teilen will *menschliches Zeugnis von Gottes Wirken an der Welt, an seinem Volk Israel und an der Welt der Völker* sein. Sie ist nicht die Offenbarung selbst und also auch nicht mit ihr identisch. Das ist beim Koran anders. Er enthält nicht wie die Bibel geisterfüllte Worte *über* Gott, sondern will *Gottes direkte Rede* sein. Nach seinem Selbstverständnis ist Gott allein der Autor des Koran. »Im Himmel« befindet sich der vollständige Originaltext, eine »verwahrte Schrift« (Sure 56,78: Mk I), eine »behütete Tafel« (Sure 85,22: Mk I), die »Mutter des Buches« (Sure 43,4: Mk II). Der Vermittler ist zunächst anonym der »vertrauenswürdige Geist« (Sure 26,193: Mk II), der »Geist der Heiligkeit« (Sure 16,102: Mk III), in späterer Zeit namentlich der Engel »Gabriel« (Sure 2,97: Md).

Damit hat nach koranischer Auffassung Gott immer schon die Schrift bei sich. Er war nie ohne. Dementsprechend wurde in der Geschichte des frühen Islam eine der leidenschaftlichsten theologischen Debatten entschieden. Sie war mit den sogenannten Mu'taziliten ausgefochten worden, eine vor allem in Basra und Bagdad vertretene, einflussreiche philosophisch-theologische Bewegung vom 9. bis 11. Jahrhundert. Eine Kernfrage war: Ist der Koran, wo nicht Menschengeschöpf, zumindest von *Gott* in der Zeit »erschaffen« worden oder muss er von vornherein als »unerschaffen«, gleich ewig mit Gott betrachtet werden, also immer schon zu Gott gehörend? Und würde das aber nicht die Einheit Gottes massiv infrage stellen? Als orthodoxe Doktrin durchgesetzt hat sich im 9. Jahrhundert gegen die Mu'taziliten die *Lehre von der Unerschaffenheit des Koran* – vergleichbar dem Streit, der im Christentum in Sachen Christologie ausgefochten wurde. Im Streit mit den Arianern im 3. und zu Beginn des 4. Jahrhunderts, die Jesus Christus als vor aller Zeit von Gott *geschaffenen* Sohn Gottes verstanden wissen wollten, wurde auf den altkirchlichen Konzilien von Nikaia (325 n. Chr.) und Konstantinopel (381 n. Chr.) als orthodoxe Lehre das festgehalten, was Christen seither in ihrem traditionellen Glaubensbekenntnis von Jesus Christus aussagen: Er sei »aus dem Vater geboren vor aller Zeit, Gott von Gott, Licht vom Lichte, wahrer Gott von wahrem Gott, gezeugt, nicht geschaffen, eines Wesens mit dem Vater«. Hier also die Unerschaffenheit des Sohnes Gottes, dort die Unerschaffenheit des Koran. Ein weiterer Beleg dafür, dass im Dialog zwischen Christen und Muslimen nicht Jesus und Mohammed theologisch zu vergleichen sind, sondern Jesus Christus als der unerschaffene, wesensgleiche Sohn Gottes und der Koran als das unerschaffene, mit Gott gleich ewige Wort Gottes. Christologie und Koranologie entsprechen sich (Einzelheiten: *K.-J. Kuschel*, Geboren vor aller Zeit? Der Streit um Christi Ursprung, 1990).

Gleichwohl wäre die Schlussfolgerung falsch, dass der uns Menschen vorliegende, zwischen zwei Buchdeckeln gebundene Koran mit seinen über 6000 Versen schon das Ganze des göttlichen Wortes sei. Man könnte mit einem Wortspiel sagen: der irdisch greifbare Koran ist für Muslime *in toto* Wort Gottes, aber nicht *totum dei*, nicht »das Ganze Gottes«, Gott in seiner unvergleichlichen Vollkommenheit. Und zwar nach Aussagen des Koran selber, nimmt Gott hier doch eine Selbstrelativierung des herabgesandten Koran vor. Er verweist *erstens* auf die Differenz zwischen seinem Wissen und dem des Gesandten (Suren 27,75: Mk II; 6,59: Mk III; 10,61: Mk III; 22,70: Md). *Zweitens* auf einen Unterschied zwischen »eindeutig gefassten Versen – sie sind die Mutter der Schrift« und »anderen, mehrdeutigen«, um dann zu folgern, deren »Deutung« wisse »niemand außer Gott« (Sure 3,7: Md). Und schließlich *drittens* auf die Unerschöpflichkeit des Wortes Gottes selber, die im Koran in eindrücklichen Vergleichen beschrieben wird: »Sag«, wird der Prophet aufgefordert, »wäre das Meer Tinte für die Worte meines Herrn, ginge es zu Ende, bevor die Worte meines Herrn zu Ende gingen, selbst wenn wir noch einmal so viel hinzubrächten« (Sure 18,109: M II). Oder mit einem anderen Vergleich: »Wäre alles, was es auf der Erde an Bäumen gibt, Schreibrohre und kämen nach dem Meer (als Tinte) noch sieben weitere dazu, gingen Gottes Worte nicht zu Ende« (Sure 31,27: Mk III).

Dementsprechend muss unterschieden werden zwischen der himmlischen Urschrift (arab.: *umm al-kitāb*), die »das Ganze« des göttlichen Wortes in schriftlicher Fassung enthält, und dem irdischen Buch (arab.: *al-kitāb*), dem von Menschen geschriebenen Koran, der damit eine konkrete geschichtliche Manifestation von Gottes Wort darstellt. Woraus folgt: Der Koran, den wir Menschen hören und interpretieren, ist nicht deckungsgleich mit der uns Menschen entzogenen ewigen Schrift des ewigen Gottes. Ich wage einen Vergleich: So wie für Christen Jesus Christus die uns Menschen entsprechende Weise der Zuwendung Gottes zu uns ist (ursprünglich unter der Wahl eines Juden des ersten Jahrhunderts), so ist der Koran für Muslime die uns Menschen entsprechende Weise der Zuwendung Gottes, ursprünglich unter der Wahl eines Arabers des siebten Jahrhunderts. Mit einem Wortspiel: Christen glauben an eine Inkarnation des ewigen Wortes in Jesus von

Nazaret, Muslime an eine Publikation des ewigen Wortes durch den Gesandten Gottes, Mohammed.

Die Bibel – wie ein Buchgebirge: Einsichten mit Thomas Mann

Doch Juden und Christen tun sich auch noch aus einem anderen Grund mit dem Koran schwer. Sie sind an die Bibel als »Heilige Schrift« gewöhnt und projizieren ihre Erwartungen entsprechend auf andere »Heilige Schriften«. Die Unterschiede sind ja auch schon rein äußerlich eklatant. Das, was wir abgekürzt »Die Bibel« nennen, ist nicht wie der Koran ein einziges Buch, sondern eine Sammlung von 51 bzw. 73 Schriften, wenn man etwa die 24 Bücher des Tanach oder die 46 Schriften des Alten Testaments[3] und die 27 Schriften des Neue Testaments zusammenlegt. Dabei entwirft allein die Jüdische Bibel in einem gewaltigen zeitlichen Bogen ein heilsgeschichtliches Narrativ mit großen Szenen: Schöpfung der Welt und Bundesschlüsse Gottes mit den Patriarchen; Exodus der Stämme aus Ägypten und Landnahme; Königreiche und ihr Untergang; Exil, Rückkehr aus dem Exil und messianische Hoffnung. Entsprechend gibt es Bücher mit bewusster Verortung in der Geschichte des Volkes Israel (jeweils 2 Bücher Samuel, Könige und Chronik) und eine interne Ordnung nach literarischen Gattungen: neben Erzählungen und Geschichtswerken prophetische, weisheitliche, apokalyptische und lyrisch-poetische Bücher.

Das hat kein Geringerer als *Thomas Mann* (1875–1955) erkannt, der mehr als 15 Jahre seines literarischen Lebens auf die romanhafte Verarbeitung eines biblischen Stoffes verwandt hat: der biblischen Josefsgeschichte, deren vier Teile zwischen 1933 und 1943 erscheinen. Mehr dazu im Fünften Teil dieses Buches. Im März 1944, Thomas Mann lebt seit einigen Jahren im amerikanischen Exil, war der Schriftsteller ein-

3   Vgl. oben S. 76, Anm. 2.

geladen worden, einen Beitrag zu einer Serie »Know your Bible« beizusteuern. Thomas Mann nutzt die Gelegenheit, ein eigenes »Bible-Statement« abzuliefern, wie es im Tagebuch heißt (Tb, 3. März 1944), das in seinem Werk seinesgleichen sucht und dem wir uns für das spezifische Profil der Bibel anschließen wollen. Nach einer »dichterischen Arbeit«, an die er »anderthalb Jahrzehnte« seines Lebens »gewandt« habe, zögert Thomas Mann nicht, die Bibel das »seltsamste wie gewaltigste Monument der Weltliteratur« zu nennen, ein »aus dem Gestein verschiedener geologischer Zeitalter zusammengewachsenes Buchgebirge«, ein »ungeheuerlich konglomerathaftes Schriftmassiv«, heterogen und buntscheckig und doch ein »mit nichts zu vergleichendes Einheitsgebilde von unberechenbarer seelischer Wirkungsgewalt«. Wie verschiedenartig sind schon allein die *literarischen Ausdrucksformen* in diesem Buch, da gibt es:

»Mythen, Sagen, Novellen, Hymnen und sonstige Dichtungen, historische Berichte, Abhandlungen, Briefe, Spruchsammlungen und Gesetzes-Codices, deren Abfassung oder richtiger deren Niederschrift sich auf einen sehr langen Zeitraum, vom 5. Jahrhundert vor bis ins 2. Jahrhundert nach Christi Geburt verteilt. Manche Bestandteile aber reichen ihrem Ursprunge nach weit rückwärts über diesen Zeitraum hinaus: es sind Reste und Brocken grauen Altertums, die gleich gewaltigen Findlingen in dem Buch herumliegen. Andererseits sind manche Schilderungen der jüdischen Vorzeit, die die Bibel enthält, gefärbt von den Wünschen und Idealen der Epoche, in der sie verfasst wurden« (Vom Buch der Bücher und Joseph, 1944, 256).

Und nicht nur die literarischen Formen, nicht nur die Zeitspiegelungen sind so ungemein vielfältig, auch die *Themen* im Spannungsfeld von Schöpfung, Schöpfer und Geschöpf. So ist die Bibel »zu dem Buche par excellence geworden, zur geweihten Kunde vom Menschen und seinem Gott, zur Menschheitschronik und planvollen Heilsgeschichte, zur Stätte der Befragung in Not und Freude, zur Quelle herber und süßer, geheimnisvoller und klarer Lebensweisheit, Kalender der Weisung und des Trostes, Postille, Textbuch der kreisenden Feste, dessen großen, unverwechselbaren Tonfall wir in allen Stadien des Menschenlebens, bei Taufe, Hochzeit, Begräbnis vernehmen, ist das gewaltige Buch imprägniert von der Andacht, dem frommen Zutrauen, der forschenden Devotion und ehrfürchtigen Liebe langer Generationszüge von Menschen, ein Besitz des Herzens, unentwendbar, unberührbar durch irgendwelche Verstandeskritik« (Ebd., 257f.).

Und das Neue Testament? Es kennt seinerseits eine in vier narrativen Überlieferungen gespiegelte, in sich konsequent ablaufende, erzählerisch entfaltete Geschichte des Gottessohnes Jesus von Nazaret von der Geburt beziehungsweise Taufe bis zu seinem Tod und seiner Auferweckung oder eine Missions- und Gemeindegeschichte von Kleinasien über Griechenland bis nach Rom, gespiegelt in einem Geschichtswerk (»Apostelgeschichte«) oder in Briefen paulinischer und nichtpaulinischer Provenienz. Auch die Zeiträume bis zur jeweiligen Kanonisierung variieren gewaltig. Mit dem katholischen Exegeten *Hubert Frankemölle* lässt sich zusammenfassen:

»Die Schriften in der hebräischen, jüdischen Bibel sind in einem Zeitraum von ca. 1300 bis 100 v. Chr. entstanden, die in der griechischen jüdischen Bibel etwa in der Zeit von 300 bis 30 v. Chr. Das Alte Testament ist weniger ein Buch als eine Bibliothek, bestehend aus Sammelliteratur aus unterschiedlicher Zeit. Den Abschluss der fünf Bücher Mose, der Tora, der Grundlage des jüdischen Glaubens, setzt man zeitlich um 400 v. Chr. an, den Abschluss aller Schriften im jüdischen Kanon um 100 n. Chr. … Auch das Neue Testament enthält Sammelliteratur. Es sind jüdisch-christliche Schriften, alle original in Griechisch geschrieben. Sie stammen aus der Zeit etwa zwischen 50 und 120 n. Chr.« (Vater im Glauben?, 2016, 437)

Grob gerechnet also muss man für die Entstehung der Jüdischen Bibel 1500 (Kanonbildung 100 n. Chr.) und des Neuen Testamentes 80 Jahre ansetzen (Kanonbildung im 4. Jahrhundert).

Der Koran – wie ein Polyeder: Einsichten mit Jacques Berque

Das alles ist beim Koran anders. Am Ende des Kanonisierungsprozesses steht nicht eine heterogene Sammlung von Einzelschriften, sondern ein Buch in 114 Abschnitten (»Suren«). Diese haben nicht mehrere, sondern einen Verfasser und sind nicht nur in einem äußerst gedrängten Zeitrahmen von 23 Jahre entstanden, sondern im Vergleich zur Jüdischen Bibel und zum Neuen Testament auch in sehr kurzer Zeit schon kodifiziert worden, und zwar bereits unter dem dritten *Kalifen 'Uthmān* (Regierungszeit 644–656). Damit ist schon 35 Jahre nach dem Tod des Propheten eine verbindliche Sammlung des Koran abgeschlossen und ein offizieller Standarttext erstellt, der anfangs allerdings mehrdeutigen Lesarten ausgesetzt ist, da er zunächst nur ein Konsonantengerüst aufweist. Eine Endredaktion und autoritative Publikation des Koran ist vermutlich spätestens in der Zeit des *Kalifen 'Abd al-Malik* (Regierungszeit 685–705) erfolgt. Die Suren sind dabei weder nach einer Chronologie noch nach literarischen Gattungen, sondern rein formal nach abnehmenden Längen angeordnet. Entsprechend stehen die längsten Suren ab Sure 2 am Anfang, die kurzen und kürzesten am Ende. Der Grund für diese rein formale Ordnung? Dadurch allein schon soll zum Ausdruck kommen, dass die Suren, obwohl zeitlich hintereinander geoffenbart, theologisch denselben Rang und dieselbe Würde haben. Innere Wertungen oder interne Rangfolgen sollen damit ausgeschlossen werden.

Das aber hat zur Folge, dass die längsten Suren am Anfang des Kanons stehen: 2, 3, 4, 5, auch die Suren 8 und 9. 9 und 5 aber mit ihren 129 beziehungsweise 120 Versen gelten als die beiden chronologisch letzten Suren. Und diese späten, umfangreichen Texte enthalten neben der üblichen Grundbotschaft von dem einen Gott, dem Schöpfer, Erhalter und Richter der Menschen, auch viel an Regeln und Rechtsvorschriften für das zwischenmenschliche Verhalten und für die Ordnung der neu entstehenden Gemeinde, obwohl, wie man festgestellt hat, der Umfang der direkt juristischen Verse im Koran bei der Zahl 80 liegt. Für eine Lektüre des Koran von Sure 2 an sind die Länge und der ständige Wechsel der Themen ungemein ermüdend. Selbst als gutwilliger Leser verliert man rasch Geduld und Übersicht. Das wäre nicht anders, als wenn man einem ungewohnten Leser den Einstieg in die Hebräische Bibel über die Bücher Numeri oder Leviticus empfehlen würde.

Kein Wunder, dass sich Nichtmuslime mit dem Koran schwer tun, so wie er nun einmal als Buch mit seinen 6236 Versen vorliegt, gut zwei Drittel davon (90) in Mekka, ein Drittel (24) in Medina geoffenbart (siehe die Chronologie- und Ziffern-Tabelle der Suren am Ende dieses Buches). Selbst gute Kenner wie der französische Islamwissenschaftler und Koranübersetzer *Jacques Berque* (1910–1995) räumen das ein und sprechen vom Eindruck der »Zusammenhanglosigkeit«, den gerade viele westliche Leser bei der Koranlektüre gewinnen würden. Und in der Tat: Springen nicht die Gedanken in vielen Suren von einem Gegenstand zum anderen, ohne dass diese fortgeführt oder gar erschöpfend behandelt würden? Kehrt nicht dasselbe Thema, dasselbe Motiv oft »ohne erkennbare Regelmäßigkeit« immer wieder? Unmöglich, sich in einem »so unübersichtlichen Text zurechtzufinden«! In einem Text mit so vielen Wiederholungen, abgebrochenen oder mysteriösen Sätzen, rätselhaften Anspielungen, abrupten Szenenwechseln und vieldeutigen Bildern. Der Lektüreeindruck vieler also? »Trotz einiger schöner Abschnitte eine recht enttäuschende Lektüre« (Der Koran neu gelesen, 1996, 26)

Dem stehen zwei grundlegende Einsichten heutiger Koranforschung entgegen. *Zum einen* hat die Berliner Arabistin und Koranwissenschaftlerin *Angelika Neuwirth* durch strenge textbezogene Analysen herausarbeiten können: Die Tatsache, dass koranische Suren zwischen verschiedenen Themen und Texten hin- und herschalten, heißt keineswegs, dass es sich um unstrukturierte, beliebig aneinandergereihte Stücke oder gar Fragmente handelt, die ohne jegliche kompositionelle

Ordnung zusammengesetzt wären. Schon in ihrer Untersuchung »Studien zur Komposition der mekkanischen Suren« (1981) hatte sie zeigen können, dass eine große Zahl von Suren »wiederkehrende Strukturkonventionen« aufweise: »Auf eine hymnische oder polemische Einleitung folgen ein erzählerischer Mittelteil und ein polemischer, lehrhafter oder hymnischer Schlussteil, häufig mit Aussagen über Herkunft und Funktion der koranischen Offenbarungen oder mit Tröstungen und Ermahnungen Muhammads. In der Regel lassen sich zwischen diesen drei Teilen neben umfangmäßigen Entsprechungen auch inhaltliche Bezüge erkennen: So greift der Schlussteil in vielen Fällen Begriffe und Themen des Einleitungsteils wieder auf, und durch viele Texte ziehen sich wiederkehrende Leitworte und -formeln«, so fasst *Nicolai Sinai* die Erkenntnisse Neuwirths präzise zusammen (Die heilige Schrift des Islam, 2012, 55) und demonstriert selber eindrucksvoll eine solche Strukturanalyse an Sure 37 (Ebd., 55–61).

Zum zweiten habe ich gerade von *Jacques Berque* selbst eine andere Sicht auf den Koran gelernt. Der französische Gelehrte hat mich erkennen lassen, dass die angebliche Zusammenhanglosigkeit der Themenbehandlung im Koran durchaus *in Wechselwirkung zur Einheit des Ganzen* steht. Denn all das zunächst verwirrende Aufscheinen von Wörtern, Bildern und Tatsachen führe auf Linien, meint er, die dann auch wieder zusammenliefen. Deshalb riskiert Berque einen Vergleich. Wörtlich: »Der Koran lässt an ein Polyeder denken: als Ganzes einheitlich und doch vielflächig. Wir sollten uns jenes Dodekaeder vor Augen führen, entstanden durch die räumliche Projektion eines sternförmigen Polygons, das in der islamischen Architektur so beliebt ist und in dem die arabischen Alchemisten anscheinend eine Abbildung des Universums erblickten. Einheit also, die sich in Vielfalt kundtut, oder Vielfalt, die sich in Einheit auflöst – diese Botschaft der Einheit stellt ein wesentliches Kennzeichen der Form wie des Inhalts dar. Es ist so ausgeprägt, dass man, wenn man die Lektüre fortsetzt, sich am Ende sagen wird, dass vielleicht der Koran sich mit einem einzigen Wort zusammenfassen ließe, dem der Einheit Gottes« (S. 27f.).

Und ein verwegener Seitenblick auf James Joyce

Andere Interpreten wie der deutsche Orientalist und Schriftsteller *Navid Kermani* (Gott ist schön, 1999), der belgische Kulturphilosoph *Marc Colpaert* (Where two seas meet, 2009) sowie die amerikanischen Literaturwissenschaftler *Norman Brown* (Apocalypse and/or Metamorphosis, 1991; The Challenge of Islam, 2009) und *Martin Bidney* (A Unifying Light, 2015) haben aus denselben Erfahrungen mit dem Koran einen beinahe verwegenen Vergleich gezogen. Sie haben auf erstaunliche Ähnlichkeiten zwischen dem koranischen Text und einer höchst avantgardistischen Literatur im Europa des 20. Jahrhunderts hingewiesen, namentlich auf strukturelle Entsprechungen mit dem einzigartigen, höchst rätselhaften Spätwerk des irischen Schriftstellers *James Joyce* (1882–1941) »Finnegans Wake«, entstanden von 1923 an und veröffentlicht 1939. »Wir sind die erste Generation im Westen«, schreibt *Norman Brown*, »die den Koran [als *avant-garde* oder modernes Stück Literatur] zu schätzen imstande ist – dank solcher Schriften wie ›Finnegans Wake‹« (The Challenge of Islam, 2009, 48. Eigene Übers.).

Dabei geht es selbstverständlich nicht um Inhalte, obgleich Joyce in »Finnegans Wake« auch eine Fülle Anspielungen auf den Koran eingebaut hat. Zu jeder der 114 Suren lassen sich Bezüge im Text erkennen (Einzelheiten: *J. S. Atherton*, The Books at the Wake, 1959, Kap. 12, bes. 213–217). Dahinter steckt vor allem die Beobachtung, dass beide Werke bewusst keine narrative Struktur aufweisen, nicht linear, sondern zirkulär und strahlenförmig angelegt sind. Im Koran ist Gott immer im Zentrum und seine Strahlen schießen gewissermaßen nach außen zu einem der ungezählten Beispiel seiner Taten und Wege und kehren dann wieder zum Zentrum zurück. Anders gesagt – mit *Martin Bidney*: »Von diesem ursprünglich einigenden Licht im Zentrum strahlen Bezüge ab zu Gottes tausendfachen Werken und Wegen, und Anspielungen auf jüdische und christliche biblische Erzählungen erstrecken sich ähnlich nach außen in viele Richtungen. Die Erleuchtung durch die Sonne des Koran, seinem lichtspendendem ›Herrn des anbrechenden Tages‹ (Sure 113,1), schließt die Erleuchtungen ein, die durch die drei anderen Heiligen Bücher des Islam angeboten werden: Tora, Evangelium (jede dieser beiden Texte wird »Führung und Licht« zugeschrieben: Sure 5,44.46) und Psalmen« (A Unifying Light, 2015, XVI. Eigene Übers.).

Das letzte Werk von James Joyce, »Finnegans Wake«, hat ebenfalls bewusst keine narrative Struktur mehr. Was geschrieben steht, ist weder als Geschichte erzählt noch in sich kausal verknüpft. Die klassischen Regeln des Erzählens sind aufgehoben. Es gibt kein transparentes Handlungskontinuum mehr, keine Charaktere, keinen Erzähler. »Wir wissen nicht, wovon die Rede ist, nur dass da eine Stimme spricht oder viele Stimmen gleichzeitig sprechen« (*K. Reichert*, Nacht Sprache, 1989, 7). Hinterlassen hat Joyce ein Buch ganz unvergleichlicher Art, zusammengesetzt aus heterogenen, hochkomplexen Texten mit einer Unzahl teils intensiv verwobener, teils lose verknüpfter Einzelgeschichten, voll von virtuosen Wortspielen, innovativen Wortschöpfungen, intertextuellen Bezügen, wechselnden, multiplen Identitäten der genannten Personen und Zitaten mit vielfachem Schriftsinn, die gezielt und gewollt dem Leser Möglichkeiten zu einer schier unerschöpflichen Fülle von Deutungen und Assoziationen eröffnen. Alles ist mit allem verknüpft oder verknüpfbar, ohne ein endgültige Deutung zu kennen. Dem kommen Verse aus dem Koran wie dies entgegen: »Seine Deutung aber weiß niemand außer Gott« (3,7: Md) oder: »Sinnen sie denn nicht nach über den Koran? Wenn er von jemand anderem wäre als von Gott, fänden sie in ihm viel Widerspruch« (4,82: Md).

Gewiss: In »Finnegans Wake« ist durchaus noch von einer Figur die Rede, die ein eigenes Profil aufweist, zugleich aber ist diese Figur ein Jedermann, changierend zwischen identifizierbarer Individuation und mythologischem Universalismus, ein Held mit tausend Gesichtern. Dieser Jedermann bildet das Zentrum des Buches. Anspielungen strahlen unsystematisch ab wie es Strahlen tun, die von einem Zentrum ausgehen. Mit dem italienischen Literaturwissenschaftler und Schriftsteller *Umberto Eco* (1932–2016), der den »Poetiken von Joyce« eine große Studie gewidmet hat (»Das offene Kunstwerk, 1973, 293–442), lässt sich sagen: »In ›Finnegans Wake‹ haben wir wirklich einen Einsteinschen, in sich selbst zurückgekrümmten – das erste Wort ist mit dem letzten verschweißt – Kosmos vor uns, der zwar *endlich,* aber gerade darum *unbegrenzt* ist. Jedes Ereignis, jedes Wort steht in einer möglichen Beziehung zu allen anderen, und es hängt von der semantischen Entscheidung bei einem Wort ab, wie alle übrigen zu verstehen sind. Das heißt nicht, dass das Werk keinen Sinn habe. Wenn Joyce Schlüssel in es einführt, so darum, weil er möchte, dass das Werk in einem bestimmten Sinn gelesen werde. Doch besitzt dieser ›Sinn‹ den Reichtum des Kosmos, und der Verfasser hat den Ehrgeiz, ihn die Totalität von Raum und Zeit einschließen zu lassen – der möglichen Zeiten und Räume« (Das offene Kunstwerk, 1973, 39).

Dabei wird von keinem der Interpreten auch nur angedeutet, der Koran nehme gewissermaßen westliche avantgardistische Literaturtheorien des 20. Jahrhunderts vorweg. Das zu behaupten, wäre absurd. Bestechend aber ist der Gedanke, dass heutige Leser, die in der Lage sind, die Machart von »Finnegans Wake« zu entschlüsseln, auch in der Lage sein dürften, die Textur des Koran nicht länger als verwirrend, sprunghaft oder ungeordnet abzuqualifizieren, sondern in ihrer eigenen »Logik« zu würdigen und als »offenes Kunstwerk« in Sinne *Umberto Ecos* zu lesen, dessen literaturtheoretischen Ansatz *Navid Kermani* nicht zufällig für seine Koran-Interpretation fruchtbar gemacht hat, nachzulesen in seinem Kapitel »Die Offenheit des Koran« in »Gott ist schön« (1999, 121–149): »Aus einer modernen, kunsttheoretischen Perspektive«, schreibt Kermani, »kann gerade dies, seine [des Korans] Variabilität und Leerstellen, die er enthält, also genau diejenigen Eigenschaften des Koran, die in der westlichen Koranforschung häufig bemängelt wurden, plötzlich zum Kriterium seiner Qualität geraten« (Gott ist schön, 1999, 133). Wie der Koran also »ignoriert Joyce die klassischen literarischen Regeln der Einheit, Klarheit und Harmonie. Das diskutierte Thema wechselt plötzlich, offensichtliche Widersprüche sind nebeneinander platziert, der Gebrauch der Sprache ist dunkel. Die Sätze prallen aneinander ab wie schwirrende Atome in einem Molekül« (*M. Colpaert*, Where two seas meet, 2009, 101f. Eig. Übers).

In der Tat: Beide, »Finnegans Wake« und der Koran, sind auf ihre unvergleichliche Weise Texte, die mit dem Prinzip »*mimesis*« als Abschilderung der Wirklichkeit gebrochen haben und damit mit dem Prinzip »Realismus«. »Homer und die Bibel«, schreibt *Norman Brown*, »haben uns im Westen gelehrt, dem Erzählten zu trauen, haben uns die Idee gegeben, dass Verstehen stets die Form einer Erzählung annimmt ... Und dass Geschichtsschreibung die Geschichte von dem ist, was wirklich passiert ist. Der Koran ist ein Donnerschlag, der das beendet hat« (The Challenge of Islam, 2009, 55. Eigene Übers). Entsprechend muss auch der Koran als Text eines *totum simul* gelesen werden, einer »simultanen Totalität« (*N. Brown*, 2009, 52). Will sagen: Das Ganze ist stets dasselbe in jedem seiner Teile zu jedem Moment. Jeder Moment enthält diese Totalität. Geschichte ist bedeutungslos geworden, Erzählungen von zusammenhängenden Geschichten sind buchstäblich sinnlos.

Stattdessen? Machen wir uns mit *Norman Brown* – auch im Blick auf unser Thema – folgendes klar: »Es gibt einige Pseudo-Erzählungen im Koran – Josef, Mose, Abraham, Jesus – aber die Charaktere geraten alle durcheinander. Da gibt es zum Beispiel eine Verschmelzung, eine Vermischung von Maria und dem Jesuskind mit Hagar und dem kleinen Ismael. Es gibt eine Vermischung von Maria und Miriam, der Schwester von Mose. Ein eingebildeter westlicher Koran-Kommentator sagt nun, Mohammed sei eben Analphabet, sei verwirrt gewesen und habe deshalb die jüdischen Geschichten nicht richtig verstanden. Werfen wir einen anderen Blick auf diesen Befund mit Hilfe von ›Finnegans Wake‹. Adaline Glasheen schrieb ein Buch, das ein Index von sogenannten Charakteren in ›Finnegans Wake‹ ist und sagte ›Wer ist wer, wenn jeder auch ein anderer ist‹ … In ›Finnegans Wake‹ und im Koran haben wir es mit übergeschichtlichen Archetypen zu tun. Ewig wiederkehrenden Mustern. So wie der Prophet, der wahre Prophet (Abraham, Mose, Jesus) ein wiederkehrendes Phänomen ist« (The challenge of Islam, 2009, 55. Eigene Übers.). Wir merken uns diese Begriffe: übergeschichtliche Archetypen, ewig wiederkehrende Muster …

2. Der Koran als Hör-Erlebnis

Der Lesewiderstand vieler westlicher Koranleser aber ist nicht zuletzt in der »Unübersetzbarkeit« dieser Schrift begründet. Wer als Leser oder Hörer mit dem Koran zu tun bekommt, muss nicht nur wissen, dass das Original in arabischer Sprache gefasst ist, sondern auch dass dieses Koran-Arabisch eine besondere sprachliche und poetische Form aufweist. Es ist keine Alltagssprache. Im Gegenteil. Das koranische Arabisch hat die Gestalt der altarabischen Dichtersprache und damit einer ausschließlich literarischem und zeremoniellem Gebrauch vorbehaltenen Hoch- oder Kunstsprache (»*arabiyya*«). Diese Erkenntnis hat Konsequenzen für den Umgang mit dem Koran, worauf gerade *Navid Kermani* immer wieder hingewiesen hat, zusammengefasst nicht nur in seinem Buch »Gott ist schön« (1999), sondern auch in seiner Schrift »Sprache als Wunder. Der Koran als Grundtext der arabischen Kultur« (2009) und in seiner Rede zur Entgegennahme des Friedenspreises des Deutschen Buchhandels in Frankfurt am Main 2015.

Den Koran wie eine Partitur hörbar machen

Klar ist: Von seinem Selbstverständnis her ist der Koran weder Predigt über Gott noch geistliche Dichtung noch Erzählung von Heilsgeschichte. Schon gar nicht hat der Prophet ein Schriftstück oder gar ein Buch erhalten, das man allein und im Stillen für sich lesen soll. Entgegen unserer Gewohnheit, den Koran als geschlossenes, oft hermetisches Buch zu betrachten, als abgeschlossenes kanonisch »eingefrorenes« Ganzes, gilt es sich klarzumachen: Der Koran ist von Anfang bis Ende *Rede*: genauer gesagt direkte An-Rede Gottes durch den Verkünder an die Menschen, in die aber ungezählte Wechselreden mit den Ersthörern bis hin zu den Einreden der »Ungläubigen« oder Rollenreden von Figuren (der Pharao, Noachs Widersacher, Josefs Vater) eingeschoben sind. *Alles zusammen ist Gottesrede.* Und diese ist anfangs durch mündliche Verkündigung hörbar gemacht, im Gedächtnis der Gemeinde gespeichert und oft auch liturgisch immer wieder rezitiert worden. An ein kanonisiertes Buch, wie wir es vor uns haben, ist ursprünglich gar nicht gedacht. Darin ist die muslimische Urgemeinde vergleichbar mit der christlichen.

Als erste geoffenbarte Sure gilt denn auch Sure 96, und die beginnt nicht mit der Aufforderung: »Nimm und lies«, sondern mit: »Trag vor im Namen deines Herrn, der erschaffen hat«. Das meint ganz wörtlich: Rezitiere! Bring die Botschaft *zur Sprache*, lass sie hören, verkünde durch einen Vortrag. Das ist nicht zufällig und nicht egal. Denn durch die lautliche Rezitation wird für Muslime gewissermaßen akustisch-sinnlich Gottes Präsenz auf Erden erlebbar. Der Ort einer solchen Rezitation? Im Koran gibt es eindrucksvolle Hinweise darauf, dass sich viele dieser Rezitationen des Nachts abgespielt haben müssen, während ritueller Nachtwachen also:

Der du dich einhüllst,
steh fast die ganze Nacht –
    die Hälfte von ihr, etwas weniger
    oder mehr –
und rezitiere den Koran nach Weise der Rezitation!
Wir werden dir schwer lastendes Wort übergeben.
    Der Anfang der Nacht ist eindrucksvoller und im
    Wort stärker.
    Am Tag bist du lange geschäftig.
Gedenke des Namens deines Herrn und widme dich ihm
ganz ihm!
Der Herr des Ostens und des Westens, kein Gott außer
ihm. So nimm ihn dir zum Sachwalter!
(Sure 73, 1–9: Mk I)

So schon sehr früh in mekkanischer Zeit, wobei die Wendung
»Herr des Ostens und des Westens« metaphorisch für »ganztägig« steht: von Sonnenauf- bis Sonnenuntergang. Die Wahl
dieser Bilder erinnert an biblische Psalmen: »Um Mitternacht
stehe ich auf, um dich zu preisen wegen deiner gerechten Entscheide«, heißt es zum Beispiel in Psalm 119,62 oder in Psalm
113,2f.: »Der Name des Herrn sei gepriesen von nun an bis in
Ewigkeit. Vom Aufgang der Sonne bis zum Untergang sei der
Name des Herrn gelobt.«

In seiner Frankfurter Friedenspreisrede 2015 hat *Navid
Kermani* sich angesichts einer verbrecherischen Instrumentalisierung des Koran in einem vergifteten politischen Klima veranlasst gesehen, geradezu beschwörend noch einmal darauf
hinzuweisen: Der Koran ist »ein poetischer Text, der nur mit
den Mitteln und Methoden der Poetologie begriffen werden
kann, nicht anders als ein Gedicht.« Der Koran ist »ein Text,
der sich nicht nur reimt, sondern in verstörenden, vieldeutigen, geheimnisvollen Bildern« spricht. Er ist »auch kein Buch,
sondern eine Rezitation, die Partitur eines Gesanges, der seine
arabischen Hörer durch seine Rhythmik, Lautmalerei und
Melodik« bewegt. Die islamische Tradition habe deshalb »die
ästhetischen Eigenheiten des Koran nicht nur berücksichtigt«,

sie habe »die Schönheit der Sprache« geradezu »zum Beglaubigungswunder des Islam erklärt« (Friedenspreis des Deutschen Buchhandels 2015. Ansprachen aus Anlass der Verleihung, 2015, 59f.). Ähnlich auch der muslimische, heute an der Universität in Münster lehrende Theologe *Ahmad Milad Karimi*, der 2009 eine eigene deutschsprachige Koranübersetzung vorgelegt hat. Sie macht – im Wissen um die zahlreichen literarischen Figuren koranischer Rede – ausdrücklich den Versuch, sich dem Koran als »dynamischem und offenem Kunstwerk« anzunähern, »um zumindest in Ansätzen zeigen zu können, warum wir Muslime so entzückt und gerührt sind, wenn wir die ergreifende Stimme des Koran hören, ja dass diese ästhetisch-poetischen Erfahrung die Religiosität der Muslime grundlegend bestimmt. Somit werden in dieser Übersetzung die besonderen sprachlichen, poetischen bis hin zu musikalischen Charakteristika des Koran hervorgehoben, die sonst zurücktreten« (Der Koran, 2009, 558).

Kurz: Der Koran ist ein Text, der vorgetragen wurde und immer wieder neu vorgetragen werden muss und sich – vergleichbar einer Partitur für den gesungenen Vortrag – erst in der Aufführung verwirklicht. Damit ist der Koran im Vergleich zur Bibel in ihren beiden Teilen etwas ganz Eigenes, das man mit dem Paradoxon »mündliche Schrift« bezeichnen könnte. Nimmt man das ernst, folgt daraus zweierlei: *Erstens* eine entschiedene Überwindung der schier unausrottbar-schlechten Angewohnheit des puren Inhaltismus, hat doch ein poetischer und hochrhetorischer Text Form, Struktur, Rhythmus, Lautlichkeit und folgt damit ästhetisch-dramaturgischen und rhetorisch-klanglichen Gesetzlichkeiten. Der Inhalt ist also auch beim Koran immer schon in einer konkreten Form präsent und nicht von dieser ablösbar. *Ahmad Milad Karimi* hat das in seinem schönen Buch »Die Blumen des Koran oder Gottes Poesie« (2015) noch einmal unterstrichen, auch die gewollte »Uneindeutigkeit« erklärt. Sie sei »das umgreifende Prinzip des Koran«. Karimi wörtlich: »Es gibt keinen Gang der Handlung, keine Chronologie der Erzählung, es geht weder um eine Lebensgeschichte noch überhaupt um Geschichte; Chronos steht still; jedoch sind Geschichten über Geschichten zu finden, Brüche, Rede und Gegenrede, Gebete und Mahnungen, Erinnerungen und Träume, Normen und Weisheiten, die übereinander greifen, sich überlagern. Jede Auswahl bleibt dabei selektiv und subjektiv. Wer den Koran verstehen will, der muss sich dem Koran als Ganzem widmen« (S. 12).

Daraus folgt *zweitens* eine Sensibilität dafür, dass man zum Verstehen der Texte als An-Rede und Diskurs die Präsenz der ursprünglichen Adressaten braucht und damit die konkrete geschichtliche Situation, in die sie hineingesprochen sind. Wenn man das alles aber missachtet? Wenn man meint, mit Fixierung auf den Inhalt allein und mit kontextunabhängiger Buchstabentreue den Koran benutzen zu können, mit dem Herausschneiden und Isolieren einzelner »Stellen«? Dann zerstört man den ursprünglich lebendigen Kommunikationszusammenhang und ist wie ein Chirurg, der aus einem lebendigen Organismus mit dem Seziermesser Stücke heraus holt, um sie zu präparieren und dabei nicht merkt, dass er gerade dadurch die Lebendigkeit des pulsierenden Organismus abtötet. Oder mit einem anderen Bild, das *Kermani* gebraucht hat: Der Koran wird »zu einem Vademekum, das man mit der Suchmaschine nach diesem oder jenem Schlagwort abfragt. Die Sprachgewalt des Koran wird zum politischen Dynamit« (Friedenspreis des Deutschen Buchhandels, 2015, 59–60).

Koranrezitation als »sakramentaler« Vorgang

Und diese Sprachgewalt hat mit der Tatsache zu tun, dass die arabische Sprache klanglich-lautlich für ihre Hörerinnen und Hörer eine eigentümliche Magie ausstrahlt mit der Folge, dass der bloße Klang ihrer Worte eine seltsam getragene, fast heilige und gleichzeitig energiegeladene Stimmung zu erzeugen vermag, die sich auch jenseits der inhaltlichen Bedeutung vermittelt. Auch hier ist wieder eine Analogie von Koranologie und Christologie erhellend. Jesus und der Koran werden ja beide als »Wort Gottes« verstanden, der eine als das fleischgewordene, der andere als das Rede gewordene Wort. Man könnte sagen: Inkarnation und »Inverbation« entsprechen sich. Christus ist für Christen die Menschen zugängliche, diesseitige Erscheinungsweise Gottes und das Bindeglied zu ihm. Im Vollzug des Abendmahls wird nicht bloß an Jesus erinnert, vielmehr kommt es zu einer »Einverleibung« des Brotes als Jesu Leib und des Weines als Jesu Blut und damit zu einem Vorgang dichtest möglicher Vereinigung von Göttlichem und Menschlichen, zu einem »sakramentalen« Vorgang.

Im Islam kommt dies dem Koran zu, nicht dem Propheten. Insofern kann man auch die Rezitation des Koran einen sakramentalen Vorgang nennen, selbst wenn Muslime das Wort nicht benutzen. Denn Gottes Wort wird durch die Koranlesung ebenfalls nicht bloß erinnert, es wird vom Gläubigen – ähnlich dem »Leib« Jesu Christi im Abendmahl – physisch in sich aufgenommen, ja einverleibt, erlebt doch ein Muslim im Rezitieren oder Hören des Korans nichts weniger als den Akt der anfänglichen Offenbarung nach. Im Augenblick der Rezitation ist es nicht eine menschliche Stimme, es ist Gott selbst, der zu ihm/ihr spricht.

Warum eine »poetische« Koranübersetzung zwingend ist

Aber der Rezitationscharakter des Koran ist nicht bloß dem Offenbarungsverständnis als direkte Gottes-Anrede geschuldet, sondern ebenso seiner sprachlichen Struktur. Was ungeübte Leser und Leserinnen, wie wir hörten, am Koran eher befremdet (Themensprünge, Wiederholungen, Refrains, Andeutungen, Verknappungen und so weiter) und was bei einem Vortrag im normalen Sprechtempo funktionslos und eher störend wirkt, macht in einem kantilenenartigen Vortrag erst den eigentlichen ästhetischen Reiz und die »bannende« Wirkung aus. *Navid Kermani* hat daraus die Konsequenzen gezogen:

»Wer den Koran als Übersetzung unter der Schreibtischlampe studiert, dem fallen die Klangfarben und die Rhythmik des Koran kaum auf. Mehr noch: Formale Übereinstimmung der Satzglieder, Klauselverse verschiedener Funktionen, meditative Einsprengsel, wiederkehrende Refrains erscheinen dem westlichen Nur-Leser überflüssig, langweilig, naiv. Für den muslimischen Hörer erzeugen genau diese Textmerkmale den ästhetischen Reiz. Die Form der Rezitation verursacht häufige Wechsel der grammatischen Person, unabgeschlossene Sätze, die ganze Breite der lebendigen Rede. Nicht selten erzählt der Koran in Dialogform, ohne dass er Sprecherwechsel sowie Beginn und Ende direkter Rede kenntlich macht. Der Rezitator hat wenig Mühe zu verstehen. Aber der heutige Leser verliert den Faden und moniert mangelnde Logik und fehlende gefällige Form. Für Muslime hingegen ist genau diese Musikalität des Korans das größte, nein, das eigentliche Wunder des Islams« (Sprache als Wunder, 2009, 29).

Christen sind damit von vorneherein in doppelter Distanz zum Koran: als Nichtmuslime und als Sprachunkundige. Schon das sollte bei Urteilen zur Zurückhaltung führen. Viele kennen den Koran bestenfalls aus Übersetzungen und können sich schon von daher gar nicht vorstellen, dass dieses Buch für Muslime in erster Linie ein Hör-Erlebnis ist, will sagen, dass sie allein durch Laute, Klänge, Rhythmen und Reime ergriffen, ja oft zu Tränen gerührt werden. Da aber der Koran eine ganz eigene gebundene, rhythmische und lautmalerische Sprache benutzt, ist das in einer fremden Sprache kaum darstellbar. *Deutschsprachige Übersetzungen* haben sich in der Vergangenheit in der Regel denn auch auf Prosaparaphrasen beschränkt – entweder in biederem Deutsch oder durchsetzt mit hochkomplexen Erläuterungen, die durch Klammereinschübe in den Text eingegeben werden und so von vornherein den Lesefluss abtöten. Von der rhythmischen Kraft und poetischen Schönheit des arabischen Originals bleibt damit nichts mehr übrig.

Erst neuere Übersetzungen lassen ein Formbewusstsein

erkennen und machen den Versuch, etwas von der rhetorischen Form, poetischen Kraft und inneren dramatischen
Struktur der einzelnen Suren sichtbar zu machen. Sie stehen
in einer Tradition, die auf den Beginn des 19. Jahrhunderts
zurückverweist und mit den Namen *Joseph von Hammer-Purgstall*, *Johann Wolfgang von Goethe* und *Friedrich Rückert*
verbunden ist. Ein kleiner Rückblick lohnt.

In der Tradition von Hammer-Purgstall,
Goethe und Rückert

Es war der Österreicher *Joseph von Hammer-Purgstall* (1774–
1856), Diplomat, Übersetzer und Begründer einer wissenschaftlicher Orientalistik an der Universität Wien, der schon
1811 eine »poetische« Koranübersetzung gefordert und dann
auch »vierzig Suren des Koran als eine Probe gereimter Übersetzung desselben« vorgelegt hat. Das kurze Vorwort von
Hammer-Purgstall ist noch heute die Dokumentation wert,
weil die hier dargelegten Prinzipien in unserer Zeit noch immer weitgehend der Einlösung harren:

»Der Koran ist nicht nur des Islam's Gesetzbuch, sondern
auch Meisterwerk arabischer Dichtkunst. Nur der höchste
Zauber der Sprache konnte das Wort des Sohnes Abdallah's
[Mohammeds] stämpeln als Gottes Wort. In den Werken der
Dichtkunst spiegelt sich die Gottheit des Genius ab. Diesen
Einhauch und Aushauch der Gottheit beteten die Araber
schon vor Mohammed in ihren großen Dichtern an, deren Gedichte mit goldenen Buchstaben geschrieben, an der Kaaba
als Gegenstände der allgemeinen Verehrung aufgehangen
waren. Mohammed unterjochte sein Volk weniger durch das
Schwerdt, als durch der Rede Kraft. Das lebendige Wort, das
die *sieben* göttlichen an der Kaaba aufgehangenen Gedichte,
weit hinter sich zurück ließ, konnte nicht die Frucht menschlicher Begeisterung, es musste im Himmel gesprochen und
geschrieben seyn von Ewigkeit her. Daher ist der Koran Gottes Wort. Die treueste Übersetzung davon wird die sein, wel-

che nicht nur den Geist, sondern auch die Form darzustellen ringt. Nachbildung der Rede durch Rhythmus und Schall ist unerlässliche Bedingung der Übersetzung eines Dichtwerks. Der höchste Zauber arabischer Poesie besteht nicht nur in Bild und Bewegung, sondern vorzüglich in des Reimes Gleichklang, der für arabisches Ohr wahrer Sirenenton ist. Um also den poetischen Gehalt des Korans so getreu als möglich auszumünzen, muss die Übersetzung mit dem Originale nicht nur gleichen Schritt, sondern auch gleichen Ton halten; die Endreime der Verse müssen in Reimen übertragen werden, was bisher in keiner der uns bekannten Übersetzungen geschehen, und in keiner europäischen Sprache getreuer geschehen könnte als in der deutschen« (Fundgruben des Orients, Bd.2, 1811, 25).

Wir halten die entscheidenden Stichworte fest: Der Koran – ein »Meisterwerk arabischer Dichtkunst«, das die im alten Arabien hochgeschätzte Dichtung mit einer literarischen Form ganz eigener Art noch einmal überbietet und doch zugleich durch den Reim an dichterischer Redeweise Anteil behält. Der Koran – ein Werk von »höchstem Zauber der Sprache«, einem »Zauber arabischer Poesie«! Eine Übersetzung in eine andere Sprache kann das Original zwar nie erreichen, darf aber zugleich die Form nicht einfach ignorieren. Gewöhnungsbedürftig ist das alles auch heute noch, insbesondere für Leser_innen, die den Koran »inhaltistisch« lesen und dann aufgrund einiger befremdlicher »Stellen« mit ihrem Urteil rasch fertig sind. Gewöhnungsbedürftig ist vor allem auch die Beobachtung, der Prophet habe sein Volk weniger mit »Feuer und Schwert« denn »durch der Rede Kraft« unterworfen. Auch das sprengt bis heute hartnäckig gehätschelte Klischees.

In der deutschen Literatur vor Rückert hat dies niemand besser erkannt als *Johann Wolfgang von Goethe* (1749–1832). Auch er verdankt seine Auseinandersetzung mit dem muslimisch geprägten Orient, namentlich Persien, *Joseph von Hammer-Purgstall*. Dieser hatte 1812 in Goethes Tübinger Verlag Cotta den Gedichtzyklus eines großen muslimischen Poeten erstmals in einer deutschsprachigen Übersetzung herausgebracht: den »Diwan« des Persers *Mohammed Scham ad-Din Hafis* (ca. 1320 – ca. 1390). 1814 hatte Goethe diese Ausgabe in die Hände bekommen, was ungeahnte Folgen haben sollte. Denn dieser »Diwan« des Persers Hafis hatte bei dem damals Fünfundsechzigjährigen einen nicht mehr für möglich gehalten lyrischen Kreativitätsprozess ausgelöst, dokumentiert dann in seinem großen, letzten Gedichtzyklus unter dem Titel »West-östlicher Divan«, erstmals erschienen 1819.

Goethe weiß, dass »Hafis« kein Name, sondern ein Titel ist und zwar für jemanden, »der den Koran auswendig kennt«. Entsprechend ist sein Interesse für den Islam neu erwacht. Seit den frühen 1770er Jahren hatte er sich mit dem Koran befasst, angeregt durch Begegnungen mit dem fünf Jahre älteren und in literarischen Dingen schon vielerfahrenen *Johann Gottfried Herder* (1744–1803). Wir besitzen aus dieser Zeit Koranexzerpte von Goethes Hand sowie Fragmente zu einem »Mohammed«-Drama, darunter eine mitreißende »Mahomet«-Hymne (Sämtliche Werke, Bd. 1/1, Münchner Ausgabe 1985, 516–519; 941–946). Seiner dann 1819 erschienen »Divan«-Dichtung gibt Goethe erläuternde »Noten und Abhandlungen« mit. Darin finden sich auch ein Abschnitt mit dem Titel »Mahomet«. Zum Koran heißt es dort:

»Und so wiederholt sich der Koran Sure für Sure. Glauben und Unglauben theilen sich Oberes und Unteres, Himmel und Hölle sind den Bekennern und Läugnern zugedacht. Nähere Bestimmungen des Gebotenen und Verbotenen, fabelhafte Geschichten jüdischer und christlicher Religion, Amplifikationen aller Art, gränzenlose Tautologien und Wiederholungen bilden den Körper dieses heiligen Buches, das uns, so oft wir auch daran gehen, immer von neuem anwidert, dann aber anzieht, in Erstaunen setzt und am Ende Verehrung abnöthigt. [...] Der Styl des Korans ist seinem Inhalt und Zweck gemäß: streng, groß, furchtbar, stellenweis wahrhaft erhaben; so treibt ein Keil den andern und darf sich über die große Wirksamkeit des Buches niemand verwundern.

Weßhalb es denn auch von den ächten Verehrern für unerschaffen und mit Gott gleich ewig erklärt wurde« (Sämtliche Werke, Bd. 11.1/2, Münchner Ausgabe 1998, 148.149).

Einzelheiten zu Goethes Beschäftigung mit und literarischen Verarbeitung des Koran bei der großen Goethe-Forscherin *Katharina Mommsen*: »Goethe und die arabische Welt« (1988), Neuausgabe: »Goethe und der Islam« (2001).

Die bisher einzige kongeniale Übertragung des Koran ins Deutsche stammt von *Friedrich Rückert* (1788–1866), auch er ein Schüler Hammer-Purgstalls, von dem er Persisch, Türkisch und Arabisch lernt. Rückert ist nicht nur ein großer Gelehrter, sondern auch ein Schriftsteller und begnadeter Sprachkünstler, lange Jahre Professor für orientalische Sprachen und Literaturen an den Universitäten von Erlangen (1826–1841) und Berlin (1841–1848). 1848 wird er sich in sein Haus in Neuses bei Coburg zurückziehen (heute eine Rückert-Gedenkstätte) und in den ihm noch verbleibenden gut 20 Jahren weiterhin eine schier unerschöpfliche literarische und übersetzerische Tätigkeit entfalten.

Schon Anfang der zwanziger Jahre (im Winter 1822/23) während er noch als Privatgelehrter in Neuses lebt (1820–1826), hatte Rückert mit Koran-Übertragungen nach dem Vorbild seines Wiener Lehrers begonnen. Erste kleine Proben hatte er auch schon im »Frauentaschenbuch für das Jahr 1824« drucken lassen, an eine Gesamtübersetzung wohl aber von Anfang an nicht gedacht (Erste Texte und weitere Dokumente im Katalog zur Schweinfurter Jubiläumsausstellung 2016: Der Weltpoet, 2016, 139–149). Doch auch eine Veröffentlichung seiner dann doch sehr umfangreichen Teilübersetzung kommt zu Rückerts Lebzeiten nicht zustande. Erst 1888 publiziert der damals in Königsberg lehrende Orientalist *August Müller* (1848–1892) die Rückertschen »Proben« aus dem Nachlass: »Der Koran. Im Auszuge übersetzt von Friedrich Rückert«. Immerhin hatte Rückert von den 114 Suren nur 11 nicht übersetzt, sich allerdings bei zahlreichen übersetzen Suren die Freiheit genommen, jeweils eine stattliche Anzahl von Versen wegzulassen. Was aber und wie Rückert übersetzt hat, ist staunenswert, nachzulesen in der heute wieder greifbaren Ausgabe des Rückertschen Koran, die der Erlanger Islamwissenschaftler *Hartmut Bobzin* 1995 herausgegeben hat. Ihm kommt das unschätzbare Verdienst zu, die Koran-Ausgabe von 1888 noch einmal editorisch und philologisch einer kritischen Revision unterzogen und so wissenschaftlich auf den heutigen Stand gebracht zu haben. Außerdem enthält diese Edition eine ausführliche Einleitung Bobzins zum Thema »Rückert und der Koran« und hier einen hochinformativen Überblick nicht nur über Rückerts Arbeitsprozess, sondern auch über die Geschichte deutschsprachiger Koranübersetzungen seit Mitte des 18. Jahrhunderts. Abgerundet wird diese vorzügliche Ausgabe durch die ebenso informativen »Anmerkungen zum besseren Verständnis der Koranübersetzung von Friedrich Rückert« des langjährigen Erlanger Orientalisten *Wolfdietrich Fischer*.

Koranübersetzungen im Vergleich

Machen wir uns an einem ausgewählten Beispiel den Unterschied zwischen einer poetischen und nichtpoetischen deutschsprachigen Koranübersetzung klar. Ich wähle dazu die zehn Verse umfassende Sure 100 (Mk I) und vergleiche die Übersetzungen von *Rudi Paret* (1979), *Khoury/Abdullah* (1987) und *Hans Zirker* (2010) mit der von *Joseph von Hammer-Purgstall* (1811) und *Friedrich Rückert* (Ausgabe Bobzin 1995).

Rudi Paret (1901–1983), einer der bedeutendsten Orientalisten seiner Zeit, von 1951 bis 1968 Professor für Islamwissenschaft an der Universität Tübingen, legt 1966 erstmals eine philologisch hochkomplexe Koranübersetzung vor, die seither immer wieder aufgelegt worden ist. Der Text aber stellt nicht nur eine Prosaparaphrase dar, sondern ist auch noch mit zahlreichen Klammereinschüben, Fragezeichen und Kommentaren versehen. Nicht willkürlich selbstverständlich, sondern wohl durchdacht. Die Einschübe sollen dem deutschsprachigen Leser das signalisieren, was so wörtlich nicht oder anders im arabischen Original steht, aber zur Sinnverdeutlichung im Deutschen präzisierend ergänzt werden muss. Das kann bis zu zwei oder drei Klammereinschübe pro Vers gehen. Eingefügte Fragezeichen signalisieren überdies Unsicherheiten bei grammatikalischen Verknüpfungen oder semantischen Bedeutungen. Leicht nachvollziehbar, dass bei allem Gewinn an philologischer Präzision und Transparenz weder etwas von Versen, Rhythmen und Reimen noch von der poetischen Kraft der Originalsprache übrigbleibt. Zerhackte Sätze von Anfang bis Ende. Eine Philologenübersetzung für Berufs-Philologen:

> Bei denen, die keuchend laufen, (mit ihren Hufen) Funken stieben lassen und am (frühen) Morgen einen Überfall machen, dabei (?) Staub aufwirbeln und sich (plötzlich) mitten in einem Haufen (von Feinden) befinden! (Mit den (weiblichen) Wesen, bei denen hier geschworen wird, sind vermutlich Pferde gemeint). Der Mensch ist seinem Herrn gegenüber wirklich unerkenntlich (indem er ihm seine Wohltaten überhaupt nicht dankt) und bezeugt das (sogar selber). Und er ist von heftiger Liebe zu den Gütern (dieser Welt) erfüllt. Weiß er denn nicht (was er dereinst zu erwarten hat)? Wenn (einmal) ausgeräumt wird, was in den Gräbern ist, und zum Vorschein gebracht wird, was die Menschen (an Gedanken und Gesinnungen) in ihrem Innern hegen, an jenem Tag ist ihr Herr über sie wohl unterrichtet. *(Sure 100)*

Adel Theodor Khoury (geb. 1930), von 1970 bis 1993 Professor für Religionswissenschaft an der Katholisch-Theologischen Fakultät der Universität Münster, hat erstmals 1987 zusammen mit dem muslimischen Publizisten *Mohammed Salim Abdullah* (geb. 1931) eine Koranübertragung ins Deutsche vorgelegt. Es handelt sich ebenfalls um eine korrekte Prosaparaphrase, beschränkt aber die den Sinn präzisierenden Klammereinschübe auf das Nötigste. Wortwahl und Duktus der Rede lassen – vor allem durch die sich wiederholenden

»und«-Verknüpfungen – ebenfalls wenig von der Kraft und Schönheit des Originals erkennen:

> Bei denen, die schnaubend laufen und die Funken stieben lasen und die am Morgen stürmen und damit Staub aufwirbeln, und dadurch in die Mitte (der Feinde) eindringen! Wahrlich, der Mensch ist seinem Herrn gegenüber undankbar, und er ist selbst darüber Zeuge. Und er ist heftig in seiner Liebe zu den (irdischen) Gütern. Weiß er es denn nicht? Wenn das, was in den Gräbern ist, aufgewühlt wird und das, was im Inneren (der Menschen) ist, im Ergebnis erfasst wird, an jenem Tag hat ihr Herr Kenntnis von ihnen (allen). *(Sure 100)*

Hans Zirker (geb. 1935), von 1980 bis 2000 Professor für Fundamentaltheologie an den Universitäten Duisburg und Essen, hat 2003 erstmals seinen »Koran« herausgebracht und seither in fünf Auflagen revidiert. Er ist einer der ersten neueren Übersetzer, der dem deutschsprachigen Koran-Leser signalisiert, dass die Suren aus unrhythmisierten Versen bestehen, ohne aber den Endreim, mit dem im arabischen Original jeweils zwei Verse abschließen, im Deutschen hörbar machen zu können. Außerdem signalisiert *Zirker* erstmals durch Verseinrückungen den Wechsel in den jeweiligen Sprecherrollen innerhalb der Suren, hier angedeutet in Vers 9. Durch dieses Verfahren bekommt die beschwörende Rede am Anfang von Sure 100 und die Warnrede im Verlauf der Verse eine ganz eigene Dynamik und Kraft, die dem Original innewohnt:

> Bei den schnaubend Rennenden,
>
> Funken Schlagenden,
>
> frühmorgens Stürmenden,
>
> die da Staub aufwirbeln
>
> und in die Mitte drängen!
>
> Der Mensch ist seinem Herrn undankbar
>
> Er bezeugt das selbst,
>
> heftig in der Liebe zu den Gütern.
>
> > Was weiß er denn nicht?
>
> Wenn herausgeworfen wird, was in den Gräbern ist,

und offengelegt, was im Herzen,
an jenem Tag kennt sie ihr Herr genau.
(Sure 100)

Zum Vergleich nun *Joseph von Hammer-Purgstall* (Fundgruben des Orients, Bd. 2, 1811, 43):

Bey den Pferden, die im Wettlaufe rennen!
Unter deren Hufen die Kiesel brennen,
Die sich am Morgen wetteifernd zum Laufe drängen,
Die in Staubwolken daher sprengen,
Und die feindlichen Geschwader trennen,
Der Mensch ist gegen seinen Herrn undankbar!
Es selbst bezeuget es als wahr.
Er liebt zu sehr Reichthum und Pracht,
Weiß er denn nicht dass am Tag, wo erhellt wird der Gräber Nacht,
Und wo, was in dem Busen schlägt, wird an Tag gebracht;
Weiß er denn nicht dass an jenem Tag der Herr hat auf Alles Acht?

»Rennen«-»brennen«, »drängen«-»sprengen«-»trennen«: Ein Bemühen ist erkennbar, die Bilder als Bilder, Verse als Verse und Reime als Reime zu Gehör zu bringen. Wobei dieser Übersetzer eine starke Abweichung vom Wortsinn des Originals in Kauf nimmt, um im Deutschen eine vergleichbare Wirkung erzielen zu können.

Da ist *Friedrich Rückert* noch einmal souveräner. Er verfügt nicht nur über die Fähigkeit, Vers und Rhythmus des Originals im Deutschen hörbar zu machen, sondern auch die Reimung nachzubilden, ohne allzu sehr die Semantik des Originals preiszugeben:

Die schnaubenden, die jagenden,
Mit Hufschlag Funken schlagenden,
Den Morgenangriff wagenden,
Die Staub aufwühlen mit dem Tritte,
Und dringen in des Heeres Mitte!
Ja, der Mensch ist gegen Gott voll Trutz,

Was er sich selbst bezeugen muss,
Und liebet heftig seinen Nutz.
O weiß er nicht, wann das im Grab wird aufgeweckt,
Und das im Busen aufgedeckt,
Und dass nichts von ihnen ihrem Herrn dann bleibt versteckt?

»Bei den schnaubend Rennenden ...«: Eines von ungezählten Beispielen der eigentümlichen Rhetorik und Bildersprache des Koran. Der Auftakt ist oft eine Schwurformel: »Bei ...«! Eine rhetorische Figur, die den Hörer sofort in Bann zieht, seine Aufmerksamkeit bindet und Erwartungen erzeugt: »Bei den schnaubend Rennenden«. Hinzu kommen Bilder höchster Dynamik und dramatischer Bewegung, wie wir sahen: »schnauben«, »jagen«, »schlagen«, »aufwühlen«, »drängen«. Oft klingen auch inszenierte Seufzer auf mit einem Hauch von Resignation: »Der Mensch ist seinem Herrn undankbar«. Oder fassungslose Ausrufe: »Weiß er denn nicht?« Oder gezielte Warnungen vor dem letzten Gericht nach dem Tod, wenn die Gräber wieder »aufgeweckt« und auch die geheimen Gedanken »aufgedeckt« werden! Viele Suren sind denn auch buchstäblich »er-greifend« und wollen es sein. Sie wollen aus Selbsttäuschung aufwecken, Gleichgültigkeit erschüttern, Unempfindlichkeit durchbrechen. Ihre Form oft genug die der flammenden Aufrufe zur Achtsamkeit, der beschwörenden Appelle zur Besinnung, der direkten Konfrontation mit dem kommenden Ende, der dramatische Wechselreden mit Einwürfen und Vorbehalten. Die Adressaten sehen sich »gestellt«, aufgerüttelt, ermahnt, beschworen, erinnert, getröstet. Einwände der Gegner werden aufgenommen, Vorwürfe, Beschuldigungen, Zweifel an der Legitimität des Propheten und zwar mit dem Ziel, sie zu konterkarieren. All das gehört zu dem Kommunikationsprozess, von dem wir gesprochen haben, und damit zu der lebendigen Interaktion zwischen dem Propheten und seiner Gemeinde, seien es Anhänger oder Gegner. Und all das wollen wir berücksichtigen, wenn wir die biblischen Stoffe aufgreifen werden: nicht nur

darlegen, dass und was von Adam, Noach, Mose, Josef, Jesus und Maria aufgenommen wurde, sondern wie und mit welchen Stilmitteln sie den Adressaten vermittelt werden.

Zur Rhetorik des Koran: Sure 55

Was schon zeigt, dass die »Originalität« des Koran gegenüber den biblischen Büchern weniger in bestimmten Inhalten, vielmehr in der sprachlichen Form liegt, im rhetorischen Gestus, in der bildlichen Kraft, in der direkten existentiellen Anrede an jeden Einzelnen, gläubig oder ungläubig, in der dramatischen Inszenierung verschiedener Rollen und Sprecher. Ein besonders eindrucksvolles Beispiel koranischer Redekunst ist Sure 55 aus frühmekkanischer Zeit. Sie umfasst knapp 80 Verse, und in diesen Versen wird ein Panorama der Schöpfung aufgerissen. Die Grundfigur der Rede lautet: Schöpfung Gottes ist Offenbarung Gottes, klar, einsichtig, verständlich. Wer Gott ist und was er tut, zeigt sich seinen Werken und der wohlgesetzten Ordnung seiner Schöpfung. Und diese Werke und diese Ordnung sind kein Selbstzweck, sondern »Wohltaten« für den Menschen. Daran soll mit dieser Sure erinnert werden, was man ja nicht müsste, würden Menschen diese Wohltaten als *Gottes* Vorleistung nicht ignorieren oder bestreiten. Alles beginnt mit einer souveränen schöpfungstheologischen Belehrung:

> Der Allerbarmende,
> er hat den Koran gelehrt,
> den Menschen erschaffen,
> ihn die klare Rede gelehrt.
> Sonne und Mond gehen nach Berechnung,
> die Sterne und die Bäume werfen sich nieder.
> Den Himmel hat er emporgehoben und die Waage aufgestellt,
> dass ihr beim Wägen nicht gesetzlos handelt.
> Setzt das Gewicht gerecht und gebt bei der Waage nicht weniger!

Die Erde hat er für die Geschöpfe angelegt.
Auf ihr gibt es Früchte und die Palmen mit Fruchthüllen,
das Korn auf Halmen und die duftenden Kräuter.
Welche Wohltaten eures Herrn wollt ihr denn leugnen?
Er hat den Menschen aus Ton geschaffen wie Töpferware
und die Dschinn aus hell loderndem Feuer.
Welche Wohltaten eures Herrn wollt ihr denn leugnen?
(Sure 55, 1–16: Mk I)

»*Welche Wohltaten … leugnen?*«: Diese suggestive Rückfrage an jeden Einzelnen wie an ein Kollektiv der Glaubenden und Nichtglaubenden wird in den jetzt noch folgenden über 60 Versen 30-mal wiederholt. Nicht zufällig. Das rhetorische Stilmittel des Refrains ist hier kein überflüssiges Wortgeklingel, hat vielmehr eine klar erkennbare kommunikative Funktion. Durch die Wiederholungen wird der Satz von den geleugneten Wohltaten zu einer Art Mantra. In dieser Frequenz (zumal in möglicher Wechselrede bei liturgischer Rezitation) dringt die Botschaft ins Ohr, ins Herz, in den Körper, bis sie die Menschen erfüllt sein lässt von der Überzeugung, dass sie ihr Leben in der Tat niemand anderem als Gott selbst verdanken, ja, dass sie für die »Wohltaten« ihrem Schöpfers dankbar sein und ihr Leben entsprechend führen sollen.

Steht Sure 55 ohne Parallele dar? Nein. Sure 55 hat eine eindrückliche Parallele im biblischen Buch der Psalmen und zwar in *Psalm 136*. Und dies weniger in der inhaltlichen Aussage, als in der rhetorischen Form: dem Refrain. In Sure 55 besteht der Refrain in einer rhetorischen Frage an die Zweifelnden mit einem hörbar triumphalen Unterton angesichts des aufgebotenen Panoramas. Der Psalm-Refrain beschwört die bleibende Güte und Fürsorge *Gottes*. Beide Texte konvergieren aber in der Aufforderung zur Dankbarkeit des Menschen Gott gegenüber:

»Danket dem Herrn, denn er ist gütig,
denn seine Huld währt ewig!
Danket dem Herrn aller Götter,
denn seine Huld währt ewig!

Danket dem Herrn aller Herren,

denn seine Huld währt ewig!« *(Ps 136,1–3)*

Diese »Güte« und »Huld« Gottes hat man in Israel in doppelter Weise erfahren: nicht nur bei den großen Schöpfungswerken (Himmel und Erde, Sonne und Mond), sondern auch beim rettenden Eingreifen in der Geschichte (»Exodus« aus Ägypten und »Landnahme«). Um diese »Vorleistungen« Gottes aber nicht der Vergessenheit preiszugeben, benutzt schon Psalm 136 dasselbe rhetorische Stilmittel wie später Sure 55: das der einschärfenden Wiederholung. Ganze 26-mal wird in Ps 136 dieser Halbsatz wiederholt: »denn seine Huld währt ewig«. Das deutet wie bei Sure 55 *erstens* auf Wechselrede hin, die dieser Psalm in der liturgischen Rezitation erfahren haben dürfte, und *zweitens* auf die offensichtlich vorhandene Angst vor dem Verlust der »Huld« Gottes durch mangelnde Dankbarkeit. Warum sonst müsste die »Ewigkeit« dieses göttlichen Wohlwollens so oft beschworen werden? Dem Psalm ging also eine Vorgeschichte von Zweifeln und Sorgen voraus:

»Der allein große Wunder tut,

denn seine Huld währt ewig,

der den Himmel geschaffen hat in Weisheit,

denn seine Huld währt ewig.

der die Erde über den Wassern gegründet hat,

denn seine Huld währt ewig.« *(Ps 136, 4–6)*

Dieses Beispiel steht für viele. Zahlreiche Parallelen in Stilistik und Motivik zwischen dem Koran und dem Buch der Psalmen lassen sich nachweisen. Erstmals gründlich untersucht in der monumentalen Studie von *Heinrich Speyer* (1897–1935) »Die biblischen Erzählungen im Qoran« von 1935 (Nachdruck 1961). Sie kann nicht weniger als 141 Psalmen-Reminiszenzen im Koran auflisten, die in der Forschung immer noch der gründlichen komparatistischen Auswertung harren. Dem kann hier nicht weiter nachgegangen werden. Zugleich aber verweise ich noch auf den profunden Aufsatz von *Angelika Neuwirth*, Psalmen – im Koran neu gelesen (Ps 104 und 136), in: »Im vollen Licht der Geschichte«. Die Wissenschaft des Judentums und die Anfänge der kritischen Koranforschung, hg. v. *Dirk W. Hartwig* u. a., 2008, 157–189 sowie auf ihre Analysen zum Verhältnis Sure 55 zu Psalm 136 in: NKTS, 215–223.

Mohammed – ein Dichter? Zum Verhältnis von Poet und Prophet

Den Koran mit einem literarisch geschulten Blick lesen, heißt nicht, ihn auf ein ästhetisches, von einem »Poeten« gemachtes Produkt zu reduzieren. Dabei ist der Analogieschluss Dichtung-Koran schon deshalb nicht abwegig, weil auch der Koran, wie wir sahen, sich einer Hoch- und Kunstsprache (der »*arabiyya*«) bedient, welche den Adressaten in Mekka aus der altarabischen Dichtung vertraut ist. Diese Dichtung hatte den so zersplitterten Stämmen mit ihren verschiedenen Dialekten eine gemeinsame Identität, ja ein einheitliches Gedächtnis verschafft. Gewiss, zwischen dem Koran und der altarabischen Dichtung gibt es formale und inhaltliche Unterschiede (Einzelheiten: *N. Kermani*, Sprache als Wunder, 2009, 10–23), und doch wundert es nicht, dass viele der Ersthörer Mohammed anfangs für einen Dichter gehalten haben müssen (Einzelheiten zum Dichtungsverständnis im Koran: EQ 4, 110–114; NKTS, 561–612). Wie auch anders? Sprache und Formbewusstsein der koranischen Verkündigung ließen kaum einen anderen Rückschluss zu. Was man hier bis hin zur Verwendung von Versen zu hören bekam, erinnerte viel zu sehr an die sattsam bekannte Art der Dichter.

Wir können das aus zahlreichen koranischen Aussagen schließen, die sich massiv gegen die Behauptung aus der Umwelt des Propheten wehren, er sei »nur« ein Dichter und der Koran sei seine Dichtung, sprich: seine Erfindung, sein Gedankengespinst. »Aber nein, sie sagen: / ›Wirre Träume! Aber nein, er hat es sich ausgedacht. Aber nein, er ist ein Dichter‹«, heißt es schon in mittelmekkanischer Zeit (Sure 21,5). Das musste für einen Gesandten, der eine Offenbarung *Gottes* verkünden will, ein tödlicher Vorwurf sein, zumal Dichtertum in der altarabischen Kultur mit Wahrsagerei und Besessenheit in Verbindung gebracht wird. Ein Dichter – das ist ein von überirdischen, dämonischen Mächten ergriffener und *so* inspirierter Mensch! Ja, wie früh schon der Prophet mit Vorwürfen dieser Art konfrontiert gewesen sein muss, macht Sure 52 aus frühmekkanischer Zeit deutlich: »So mahne«, heißt es in 52,29f., »Denn durch die Gnade deines Herrn bist du weder ein Wahrsager noch ein Besessener. / Oder sagen sie: / ›Ein Dichter! Wir erwarten für ihn das dunkle Geschick‹.« Mit »sie« gemeint sind Mohammeds Gegner in Mekka, welche die Etikettierung »Dichter« für den Propheten zum Alibi für ihr Festhalten am althergebrachten Glauben und die spöttische Zurückweisung der koranischen Botschaft machen: »Wenn man zu ihnen sagte: / ›Kein Gott ist außer Gott.‹ / waren sie stets hochmütig / und sagten: / ›Sollen wir um eines besessenen Dichters willen unsere Götter verlassen?‹« (Sure 37,35f. Mk II; vgl. 23, 24f. Mk II).

Entsprechend scharf musste die Abgrenzung ausfallen: »Wir haben ihn (Mohammed) nicht das Dichten gelehrt und es kommt ihm nicht zu«, heißt es in Sure 36,69 (Mk II). Und aus derselben Zeit noch einmal: »Soll ich dir kundtun, auf wen die Satane herabkommen? / Sie kommen auf jeden Lügner und Sünder herab. / Sie hören hin. Die meisten von ihnen aber sind Lügner. / Und die Dichter – denen folgen die Verirrten. / Hast du nicht gesehen, dass sie in jedem Tal umherirren / und sagen, wie sie nicht tun?« (26, 221–226: Mk II), Schlussverse aus einer Sure, die nicht zufällig das Codewort »Die Dichter« trägt.

3. Konsequenzen für den Umgang mit dem Koran

Wenn dem aber so ist, wenn der Koran nicht ein Lese- oder Gesetzbuch zum Nachschlagen und Herauspicken von »Stellen« ist, ein »Vademekum, das man mit der Suchmaschine nach diesem oder jenem Schlagwort abfragen« dürfte, wenn es zur Unsitte fundamentalistischer Leser welcher Provenienz auch immer gehört, den Koran vor allem inhaltistisch zu lesen und den Text vor allem nach bestimmten »Stellen« abzusuchen, um dann damit ein »Suren-Pingpong« (*N. Kermani*, Sprache als Wunder, 2009, 49) zu veranstalten, dann hat das Konsequenzen für den Umgang mit dem Koran. Dem Anredemodus, will sagen: der Mündlichkeit ursprünglicher koranischer Verkündigung kommt dabei eine entscheidende Rolle zu, ist doch der Koran nach eigenem Selbstverständnis nicht als abgeschlossenes, kanonisiertes Buch auf einen Schlag auf die Erde gekommen.

Plädoyer für eine vorkanonische Koranlektüre

Im Gegenteil: die der späteren Buchwerdung vorausgehende mündliche Verkündigung muss man sich als einen Kommunikationsprozess und damit als eine lebendige Interaktion zwischen dem Propheten und seinen Hörern, sprich: seiner Gemeinde vorstellen, wozu die engere Gemeinde seiner Anhänger und »Gläubigen« ebenso gehört wie die weitere Gemeinde seiner Skeptiker und Gegner. Insofern ist »die Gemeinde« mit ihren lebendigen Reaktionen konstitutiver Teil der koranischen Verkündigung, woraus folgt, dass der Koran primär nicht als schriftliches *fait accompli*, sondern als sich entwickelndes Gemeindedokument zu verstehen wäre, das die kontroversen Diskurse noch erkennen lässt, die man unter den Ersthörern geführt haben muss. Was schon zeigt: Die »Texte werden in Reaktion auf bestimmte Anliegen und Ereignisse weitergegeben. Mohammed, der Koran und die

Hörer sind eine Gemeinschaft, die miteinander wächst und sich entwickelt«, schreibt zu Recht *Isabel Lang* 2015 in ihrer Frankfurter Dissertation. In der Tat:»Der Text ist dabei keineswegs statisch und konstant, sondern – ganz im Gegenteil – ebenfalls im Werden und Verändern begriffen. Der Koran ist das intertextuelle Buch *par excellence,* das sich mit der Zeit, mit Muhammad und der Gemeinde entwickelt«, woraus die Neuwirth-Schülerin wenig später folgert:»Der Koran kann bei seinen Hörern für eine erfolgreiche Kommunikation auf ein Vorwissen zurückgreifen. Für die Einmaligkeit der koranischen Verkündigung mit ihren einzigartigen Charakteristika ist die Anwendung des Intertextualitätskonzepts für das Verständnis des Verhältnisses von Koran und Rezipienten von großem Nutzen, da es die Komplexität der Interaktion veranschaulichen kann. Die Erstadressaten sind nicht passive Hörer mit einem bestimmten Vorwissen, sondern tragen zur Entwicklung des Textes bei« (Intertextualität als hermeneutischer Zugang zur Auslegung des Korans, 2015, 93.100)

In der Tat hat *Angelika Neuwirth* in ihren Arbeiten der letzten Jahre zum Koran dem Anteil der lebendigen, Zustimmung und Widerstand signalisierenden Gemeinde an der Profilierung der koranischen Verkündigung große Beachtung geschenkt, ja an den Faktor»Gemeinde« bei der Textentstehung ihr gesamtes innovatives Koranverständnis geknüpft (Hauptwerk: Der Koran als Text der Spätantike, 2010). Die Berliner Arabistin unterscheidet dabei fundamental eine Koranlektüre aus der Perspektive der Kanonizität und eine aus der Perspektive eines ursprünglich»polyphonen Religionsgesprächs« (NKTS, 136). Was ist der Unterschied? Kanonizität ist das Endprodukt einer»sozialen Anerkennung der bereits siegreichen Gemeinde« und»oktroyiert« entsprechend»eine substantiell neue Lektüre«, schreibt sie. Reflektiert wird»nicht mehr das historische *Drama* einer von Versuch und Irrtum geprägten Auseinandersetzung mit anderen«, vielmehr hat die Schrift jetzt»den Charakter eines triumphalen Symbols der Sieghaftigkeit«. Konsequenz?»Aus dem historisch-dialogischen Charakter des Koran als polyphones Religionsgespräch mit anderen und über andere zur Zeit des Propheten wird nach dem Ausscheiden des menschlichen Mittlers, nach dem Tode des Propheten, ein einstimmiger Text, ein göttlicher Monolog. Im Kontext der Lektüre des Koran als eines spätantiken Textes ist daher hinter die Kanonisierung zurückzugehen« (Ebd., 136).

»*Hinter die Kanonisierung*«*?* Warum? Nicht um den Kanon abzuwerten oder gar für irrelevant zu erklären, sondern weil die koranische Verkündigung sich ursprünglich eben noch nicht an Muslime wendet, die ja erst durch ihre Belehrung zu solchen werden sollen. Sie wendet sich an vor-islamische Hörer, und die sind geprägt von ihrer jeweiligen Kultur, einer Kultur des 7. Jahrhunderts, das wir in heutiger Geschichtsschreibung der Spätantike zurechnen. Entsprechend müsse man, so *Angelika Neuwirth*, den Koran »aus seiner Entstehungssituation heraus« verstehen, als »Mitteilung an noch nicht islamische Hörer«. Tut man das, kommen dann auch all die geistigen Strömungen im 7. Jahrhundert n. Chr. mit in den Blick, die typisch sind für die Kultur der europäischen Spätantike, altarabisch-pagane, jüdische, christliche, gnostische, zoroastrische. Der Koran wäre dann als Reaktionsprozess auf diese Strömungen entstanden, ja wäre in seiner textlichen Fassung als »Mitschrift dieses Prozesses« zu verstehen mit der Folge, dass der Text, wie er uns vorliegt, als das wahrscheinlich bearbeitete *Protokoll einer öffentlichen Rezitation* gelesen werden kann. *Eine* Erklärung dafür, warum der Koran eben nicht nur aus Aussagen eines einzigen Sprechers besteht, vielmehr Reaktionen, Einwürfe, Rückfragen und Vorbehalte von Gläubigen und Ungläubigen aufgenommen hat, oft als wörtliche Zitate mit der Formel »sie sagen …« eingespielt. Der Koran macht so entweder direkt oder durch zahlreiche Rollenreden das Reaktionsspektrum auf seine Botschaft selber transparent.

Durch diese andere Leseweise wird der Koran somit »wieder als Drama erkennbar, als lebendige Auseinandersetzung zwischen Verfechtern verschiedener theologischer Standpunkte, die Schritt für Schritt verhandelt werden«, schreibt Neuwirth und fährt fort: »Dabei zeichnen sich Prozesse der Aneignung, der Veränderung und sogar Ablehnung von biblischen und nachbiblischen Traditionen ab. Diese Prozesse schließen neben dem Verkünder auch die Hörer mit ihren verschiedenen religiösen Ausrichtungen ein, aus deren Mitte schließlich die Gemeinde hervorgeht. So betrachtet wird der Koran statt zu einer Sammlung von Texten verschiedener Gattungen, oder – im islamischem Verständnis – einem göttlichen Monolog, wieder als spätantike Debatte und historisches Drama erkennbar, das komplexe theologische Diskussionen abhandelt« (Der Koran – europäisch gelesen, in: Bibel und Kirche, 2014, 132.133). Woraus folgt: Wenn der Koran ein Text ist, der ursprünglich nicht als geschlossenes Buch »auf die Welt« gekommen ist und nicht wie ein Lehr- oder Gesetzbuch behandelt sein will, müssen die Suren »als Rekurs auf die großen Fragen der Zeit« verstanden werden, »als Antithese zu im Raum stehenden Prämissen« und »nicht als kontextlose Rede eines isolierten Sprechers oder gar Autors« (NKST, 33f.). Es gilt somit die Texte dort zu verorten, wo der Koran noch nicht fertig ist, abgeschlossen, ein eingefrorenes kanonisches Ganzes, wo vielmehr noch Leben pulsiert und der Kampf zwischen Glauben und Unglauben, Akzeptanz und Verwerfung, Glaubenstreue und Verrat noch hin- und herwogt. Kurz: Eine *vorkanonische Koranlektüre* ist angesagt. Welche Konsequenzen für ein heutiges Koranverständnis ergeben sich daraus?

Den Koran polyphon-dramatisch verstehen

Eine erste Konsequenz lautet: Eine Analyse der Suren mit literarisch geschultem Blick ist keine nachträgliche Ästhetisierung des Koran als Poesieprodukt, nimmt vielmehr den Reichtum der vom Koran selber benutzten kommunikativen Formen und Strukturen ernst.

Hans Zirker hat in der Einleitung zu seiner Koran-Übersetzung von der ersten Auflage 2003 an diese kommunikativen

Strukturen knapp skizziert. Es reiche eben nicht, meint er, »einigermaßen den semantischen Gehalt des Koran« in einer Übersetzung zu treffen, als sei er »ein dogmatisches Lehrbuch, ein Katechismus, eine Rechtssammlung oder ähnliches«. Seine Sprache lebe im Gegenteil »von ihren vielfältigen kommunikativen Strukturen, rhetorischen Gesten, paränetischen Ausdrucksformen, szenischen Skizzen, Rollenzitaten, antiphonischen Wechselreden, Zwischenfragen und Zwischenrufen, Satzbrüchen, kommentierenden Anmerkungen, emphatischen Klauseln usw« (Der Koran, 2010, 10). Für unsere Analyse biblischer Figuren und Geschichten im Koran ist dabei der *polyphon-dramatische Charakter* vieler Suren von größter Bedeutung, bedient sich doch der Sprecher des Koran (Gott) nicht nur einer Stimme, wie wir hörten, sondern vieler Stimmen, die in Wechselreden aufeinandertreffen. »Wenn man den Koran als Verkündigungsprozess ernstnimmt«, meint auch *Angelika Neuwirth*, »ist er ein Drama. Es sind viele Stimmen darin, die aufeinander Bezug nehmen. Man kann ihn deshalb nicht als Buch verstehen, sondern muss ihn als eine Art Mitschrift einer Gemeindebildung lesen. Denn am Ende steht ja nicht nur ein Buch da, sondern eine Religionsgemeinschaft, die es vorher nicht gab und die sich in diesem Prozess herausgebildet hat« (Philosophie-Magazin: Themenheft »Der Koran«, Juni 2015, 15)

Daraus lässt sich folgern: Zum Gottesbild des Koran gehört die Erkenntnis, dass Gott selbst sich in dramatische Rollenrede vernehmbar macht, in wechselnden Sprechhaltungen sich mitteilt, in szenenhafter, mal narrativer, mal dramatischer Präsentation, in polyphoner und polymorpher Explikation. Gottes Rede im Koran lässt sich als die eines leidenschaftlichen »Dramaturgen« wiedererkennen, der um Erkenntnis und Anerkenntnis auf Seiten des Menschen ringt. Der Koran, könnte man mit einem Wortspiel sagen, ist nicht Gotteswort im Menschenwort, sondern Gottes Menschenwort. Gott lässt sich durch die Stimmen vieler Menschen aus Vergangenheit und Gegenwart vernehmen.

Den Koran kommunikativ-diskursiv verstehen

Die zweite Konsequenz lautet: Wenn der Koran ein Text ist, der, um Menschen aus ihren Gewohnheiten aufzurütteln und zu einer theozentrischen Wende herauszufordern, eine hochdifferenzierte Formensprache benutzt, dann ist zu seinem Verständnis die Situation der jeweiligen Adressaten unverzichtbar und damit die Rekonstruktion der konkreten kommunikativen Situation, in die jede Sure hinein gesprochen ist.

Das wird heute auch innermuslimisch so gesehen und hat Konsequenzen für das Verstehen des Korans: »Der Koran wurde diskursiv offenbar«, schreibt der an der Universität Münster lehrende muslimische Theologe *Mouhanad Khorchide,* »er ist das Resultat von Dialog, Debatte, Argumentation, Annahme und Zurückweisung. Der Koran als Diskurs kann nur auf diskursive Weise verstanden werden; das heißt, dass sowohl die individuellen Erfahrungen als auch das gesellschaftliche Umfeld des Lesers seine Verstehensweise des Koran beeinflussen« (Islam ist Barmherzigkeit, 2012, 172). *Hans Zirker* hat deshalb in seiner Übersetzung diesen polyphon-dramatischen Charakter des Koran schon durch das Schriftbild sichtbar zu machen versucht. Die *dramatis personae* und ihre Wechselreden treten bei ihm in jeder Sure schon optisch-visuell durch jeweilige Zeileneinrückungen hervor.

Deshalb ziehen wir als deutsche Koran-Übersetzung die von Zirker vor, konsultieren aber ständig weitere Übertragungen, vor allem die von *Friedrich Rückert* (Neuausgabe Bobzin, 1995), *Rudi Paret* (2. Aufl. 1980), *Ahmad Milad Karimi* (2009) und *Hartmut Bobzin* (2010). Gewiss ist sich auch die Zirkersche Übersetzung ihrer Grenzen bewusst, zugleich aber weiß dieser Übersetzer: »Ein differenzierendes Schriftbild trägt dazu bei, dass die sprachliche Vielfalt nicht in einem gleichförmigen Fluss der Sätze verschwindet. So wird das Lesen erleichtert und erhält die Rede Profil. Wer den Koran als Literaturwerk würdigt, nimmt ihm damit nichts von seiner religiösen Bedeutung, widersetzt sich aber all denen, die ihn zum

Arsenal ihrer polemischen und apologetischen Zitate degradieren« (Koran-Einleitung, 10).

Den Koran geschichtlich- kontextuell verstehen

Die dritte Konsequenz lautet: Der soziokulturelle Kontext jeder Sure ist zum Verständnis der oft polyphon-dramatischen Form wie der diskursiven Kommunikation unverzichtbar. Nur eine geschichtliche Einbettung des Herabgesandten fördert ein sachgerechtes Verstehen und verhindert eine gefährlich-dilettantische, ungeschichtliche Eins-zu- eins-Übertragung ins Heutig-Aktuelle.

Nun wird bei Dialog-Begegnungen von christlichen Gesprächspartnern nicht selten verlangt, Muslime sollten den Koran »historisch-kritisch« zu verstehen lernen, wie Christen der Moderne dies mit der Bibel zu praktizieren gewohnt sind. Dabei machen sie sich häufig zu wenig klar, was mit »historisch-kritisch« gemeint ist und dass ein historisch-kritischer Umgang mit den Texten ein Doppeltes voraussetzt. *Erstens,* dass geschichtlich fehlbare Menschen Subjekte ihrer »Heiligen Schriften« sind und *zweitens,* dass das Ursprünglich-Authentische zur kritischen Norm des Abgeleitet-Späteren werden kann. Das ist gemeint mit den beiden Bestandteilen des Wortes »historisch« (Zeitgebundenheit) und »kritisch« (das Ursprüngliche wird zur Kritik des Späteren)

Das ist so auf den Koran nicht übertragbar, wenn man sein *Selbstverständnis* zu respektieren bereit ist. Diesem Selbstverständnis zufolge ist, wie wir sahen, *erstens* Gott selbst der Autor des Koran und weil er das ist, hat Gott auch die Freiheit und die Autorität, durch spätere Suren frühere zu präzisieren, zu modifizieren oder zu ergänzen, bisweilen auch zu revidieren, ein Vorgang, den man in der klassischen Koranauslegung »Abrogation«, »Aufhebung« (arab.: *an-naksh*) nennt (vgl. Sure 16,101: Mk III; 2,106: Md). Einzelheiten: *J. Burton*, Art. »Abrogation«, in: EQ I, 11–19. Im Koran also ist es bisweilen genau umgekehrt wie bei einer historisch-kritisch verstandenen Bibel: das Spätere kann zur Norm des Früheren werden.

Etwas anderes aber ist eine *geschichtlich-kontextuelle Koran-auslegung*, will sagen: das Verstehen der koranischen Kommunikation in ihrem jeweiligen geschichtlichen Kontext. Ein solches Verständnis drängt sich förmlich auf, wenn der Koran Antwort auf Herausforderungen der Zeit ist, auf Herausforderungen an konkrete Adressaten auf der Arabischen Halbinsel zu Beginn des 7. Jahrhunderts. »Wenn es um den Islam geht, ist der maßgebliche Text der Koran«, schreibt der muslimische Theologe *Halis Albayrak*, Leiter des Instituts für Koranexegese der Islamisch-Theologischen Fakultät der Universität Ankara und Mitherausgeber eines hilfreichen »Lexikons des Dialogs. Grundbegriffe aus Christentum und Islam« (2013), und fährt fort: »Sein Kontext besteht darin, welche Erfahrungen Mohammed im Zeitraum von 610 bis 632 nach Christus machte, was währenddessen geschah und aus welchen Elementen die arabische Kultur schöpfte, seien sie geographischer, politischer, historischer, kultureller, religiöser, moralischer oder wirtschaftlicher Art. All die Zusammenhänge haben ihren Anteil an der Entstehung der Koranverse« (F.A.Z. vom 18. Februar 2015).

Der Koran – eine umstrittene Botschaft

Diese innermuslimische Diskussion über ein heute angemessenes Koranverständnis ist in vollem Gange. Angestoßen von der Frage, wie man den Koran als unveränderliches Wort Gottes ernst nehmen kann, obwohl man gleichzeitig weiß, dass seine Aussagen in einen geschichtlich bedingten Kontext hineingesprochen sind. Das betrifft zum Beispiel Rechtsvorschriften im Familien-, Erb- und Strafrecht, die mit einem heutigen Menschenbild unvereinbar erscheinen, ja im Lichte des heutigen Menschenrechtsverständnisses vielfach obsolet geworden sind. Im Westen ist diese Suche nach einer zeitlos gültigen und zugleich zeitlich relativen Koranbotschaft vor allem durch das Buch des 1918 in Pakistan geborenen und bis zu seinem Tod 1988 an der University of Chicago lehrenden muslimischen Gelehrten *Fazlur Rahman* unter dem Titel »Islam and Modernity« (1982) angestoßen worden. Es hat wichtige Impulse unter anderem auch der »Ankaraner Schule« gegeben, deren Vertreter Mitte der neunziger Jahre begonnen hatten, den Koran nicht allein als zeitlose Offenbarung, sondern auch als eine zu einer bestimmten Zeit aktuellen Rede Gottes zu verstehen, die an eine bestimmte Gruppe von Menschen gerichtet ist. Dem können wir hier nicht im Detail nachgehen. Einzelheiten: *S. Taji-Farouki* (Hg.), Modern Muslim Intellectuals and the Qur'an, Oxford – London 2004; *K. Amipur/L. Ammann* (Hg.), Der Islam am Wendepunkt, 2006, Kap. IV: »Das künftige Verständnis des Koran«; *F. Körner* (Hg.), Alter Text – neuer Kontext. Koranhermeneutik in der Türkei heute, 2006; *R. Wielandt*, Exegesis of the Qur'an: Early Modern and Contemporary, in: EQ 2, 124–142. Uns müssen hier einige wichtige Grundaussagen genügen.

Dabei ist der Hinweis nicht überflüssig, dass selbst ein orthodoxes, auf ungeschichtliche Buchstabentreue pochendes Koranverständnis nie geleugnet hat, dass der Koran in einer konkreten irdisch-geschichtlichen Zeit »herabgekommen« ist. Auch in heute maßgeblichen »offiziellen« Koranausgaben tragen alle Suren einen Vermerk »geoffenbart zu Mekka« oder »geoffenbart zu Medina«, was überflüssig wäre, spielte beim Verstehen der Raum-Zeit-Kontext keine Rolle. Entsprechend haben klassische Korankommentare immer wieder nach »Offenbarungsanlässen« einzelner Suren gefragt, ja eine »Lehre von den Offenbarungsanlässen« (arab.: *asbāb an-nuzūl*) entwickelt. Die geschichtliche Verortung von Koranversen ist also eine bekannte Disziplin islamischer Theologie (Einzelheiten: *A. Rippin*, Art. »Occasions of Revelation«, in: EQ 3, 569–573; *H.-Th. Tillschneider*, Typen historisch-exegetischer Überlieferung, 2011) Für unser Vorgehen ist ein Doppeltes zu bedenken:

(1) Im Koran selber gibt es nur relativ wenige Verse mit direkten Hinweisen oder Anspielungen auf historische Ereignisse, die Rückschlüsse auf den konkreten Anlass der Offenbarung geben würden. Sure 59 (Md) beispielsweise spielt auf

die Vertreibung der jüdischen Stämme an. In Sure 3,123 (Md) wird die Schlacht bei Badr im Jahr 624 erwähnt, der erste militärische Durchbruch des Propheten in seinem Kampf mit den Mekkanern. In Sure 3,166–168 wird auf die Schlacht bei Uhud 635 Bezg genommen.

(2) In vielen anderen Suren ist die geschichtliche Situation der Erstadressaten aus den kommunikativen Formen zu erschließen, die im Koran genutzt werden, aus den von der Textgattung diktierten Topoi, Formeln und Redeweisen: Dialoge, Sprecheranreden- und -wechsel, dramatischer Aufbau, rhetorische Stilmittel etc.. Versuchen wir die Suren ja dort zu verorten, wo der Koran noch unfertig ist, vorkanonisch, wo also der Kampf zwischen Glauben und Unglauben, Akzeptanz und Verwerfung, Treue und Verrat noch hin und her wogt.

Dieses Vorgehen erscheint umso gerechtfertigter, als im Koran selber in vielfacher Weise zum Ausdruck kommt, wie kontrovers seine Aufnahme im Ursprungsmilieu gewesen sein muss. Gibt es doch kaum eine Sure, in der nicht der »Unglaube«, will sagen: die Ablehnung der koranischen Botschaft beschworen wird. Von Anfang an steht der Prophet unter Rechtfertigungsdruck, muss er sich gegen Einwürfe, Skepsis, Spott, ja Zurückweisung und Ablehnung behaupten. So wie der Prophet von Beginn an ein angefeindeter Prophet ist, so ist die koranische Botschaft von Anfang an eine umstrittene (mehr dazu: Erster Teil, Kap. 4). Ja, im Koran selber ist transparent gemacht, welche Erwartungen man in Mekka an eine göttliche Botschaft gehabt hat: die Beglaubigung zum Beispiel durch einen von oben einfallenden göttlichen Ruf oder durch das Auftreten von Engeln oder gar durch eine direkte, erschütternde Gotteserscheinung. Davon wäre man in Mekka beeindruckt gewesen. Das alles aber hat Mohammed nicht zu bieten. Nicht zufällig wird er von seinen Gegnern gerade an diesem Punkt angegriffen:

»Sie sagen:

›Was ist mit diesem Gesandten? Er isst und geht auf den Märkten umher.

Warum ist nicht ein Engel zu ihm herabgesandt worden, dass er als Warner mit ihm sei?

Oder warum wurde ihm kein Schatz übergeben, oder warum hat er keinen Garten, von dem er isst?‹«

(Sure 25,7f.: Mk II; ebenso: 23,24f.: Mk II)

Es ist dieselbe Art von Kritik, die sich der Menschensohn aus Nazaret anzuhören hatte:

»Johannes ist gekommen, er isst nicht und trinkt nicht, und sie sagen: Er ist von einem Dämon besessen. Der Menschensohn ist gekommen, er isst und trinkt; darauf sagen sie: Dieser Fresser und Säufer, dieser Freund der Zöllner und Sünder! Und doch hat die Weisheit durch die Taten, die sie bewirkt hat, recht bekommen.«

(Mt 11,18f)

Mehr noch: Auch die auffällige Tatsache, dass die Offenbarung nicht als ganze auf einen Schlag, sondern sukzessive erfolgt, wird im Koran thematisiert. Auch sie widerspricht bisherigen Erwartungen an Offenbarungen, die in der Welt von Judentum und Christentum bekanntlich als »geschlossene« Schrift vorliegen. In der Augen von Mohammeds Gegnern aber stellt eine »fragmentierte« Offenbarung ein Glaubwürdigkeitsproblem dar. Entsprechend muss sich der Prophet rechtfertigen: »Die ungläubig sind sagen: / ›Warum ist der Koran nicht als Ganzes auf ihn herabgesandt worden?‹ / So wollten wir dein Herz mit ihm festigen« (Sure 25,31: Mk II). Was umgekehrt heißt: »Die Unvollständigkeit und Situationsgebundenheit der Botschaft wurde von den Hörern offenbar als Mangel wahrgenommen, der diese Rezitationen von den konventionellen Manifestationen des Gottesworte abhob und der daher durch zusätzliche Beglaubigungen kompensiert werden musste, die den vertrauten Modellen eher entsprachen. Diese mussten mit Schrift zu tun haben, da Offenbarung im jüdischen und christlichen Kontext an den Begriff des geschriebenen Corpus gebunden war« (NKTS, 140).

Muslimische Stimmen für ein neues Koranverständnis

Woraus folgt: Der Koran erfordert allein schon durch den Modus seiner Entstehung eine geschichtliche Auslegung gemäß den zeittypischen, soziokulturellen Rahmenbedingungen seiner irdischen Erscheinungsweise, Genese und Entwicklung. Konkret ist das weniger harmlos als es sich anhört. Es konfrontiert Muslime mit der Frage, welche Aussagen im Koran adressatenbezogen geschichtlich relativ verstanden werden müssen und welche zeitübergreifende Gültigkeit haben. Heutige Muslime haben sich dieser Herausforderung gestellt. Einige Stimmen seien exemplarisch genannt:

(1) Ich denke an den türkischen Gelehrten *Halis Albayrak,* der für ein Verstehen jedes Koranverses den »historischen Zusammenhang« geklärt wissen will und sich gegen die »Unmethode der Buchstabentreue« ausspricht. Am Beispiel der Religionsfreiheit veranschaulicht er für Muslime die Alternative: »Wenn wir über Religionsfreiheit sprechen, dann stehen wir vor der logischen Notwenigkeit, ihren historischen Zusammenhang in unsere Lektüre und Interpretation miteinzubeziehen. Wenn wir jeden Vers so, das heißt: in seinem eigenen Kontext und in seinem existentiellen Bezugsrahmen lesen, können wir auch das Ziel des Wortes nachvollziehen. Lesen wir den Koran aber mit der Unmethode der Buchstabentreue, dann beginnen wir, dem Text unsere eigenen Ansichten aufzuzwingen. Das hat zur Folge, dass wir Gott, dem Urheber des Wortes, nicht gerecht werden. Daher bin ich der Meinung, dass die Methode, den Koran nicht wie ein Buch, sondern wie einen Diskurs zu lesen, die richtige ist« (F.A.Z. vom 18. Februar 2015).

(2) Ich denke an den in einer Gemeinde im oberbayrischen Penzberg arbeitenden Imam *Benjamin Idriz.* Was der türkische Gelehrte die »Unmethode der Buchstabentreue« nennt, nennt er »ein starres, unveränderliches, absolutes, ahistorisches Verständnis des Koran und der Sunna«. Es habe fatalerweise zu einer »Lehre von der Unveränderlichkeit dieser beiden Glau-

bensquellen« geführt, »zu einem Dogma, über das nicht mehr nachgedacht werden konnte: Das Heilige und das Weltliche wurden nicht mehr unterscheidbar miteinander verwoben«. Diese »Dogma« aber müsse heute durch die Unterscheidung von Aussagen »universeller Gültigkeit« und des Propheten »Lösungen für die sozialen und politischen Fragen seiner Gesellschaft, die Scharia, die historisch bedingt« sei, überwunden werden. So *Benjamin Idriz* in seiner lesenswerten Reform-Programmschrift »Grüß Gott, Herr Imam! Eine Religion ist angekommen« 2010 (Zitat, 62).

(3) Ich denke auch an den an der Universität Münster lehrenden Islamwissenschaftler *Mouhanad Khorchide*. In seinem Buch »Islam ist Barmherzigkeit« (2012) und seinem Streitgespräch mit dem ägyptischen Islamkritiker *Hamed Abdel-Samad* (»Zur Freiheit gehört, den Islam zu kritisieren«, 2016) plädiert er leidenschaftlich gegen eine politische Instrumentalisierung der islamischen Lehre und für eine Trennung von Religion und Politik. Gemeint ist damit nicht, dass die Grundsätze der Religion wie Gerechtigkeit, Gleichheit, Freiheit, Menschenwürde aus dem politischen Geschehen verbannt werden sollten. Gemeint ist vielmehr, dass die Religion selbst vor politischem Missbrauch geschützt und umgekehrt die Politik vor Missbrauch durch die Religion bewahrt werden solle. Um das innermuslimisch zu erreichen, plädiert Khorchide für eine Trennung »zwischen der Rolle Mohammeds als Verkünder einer religiösen Botschaft und Mohammed als Staatsoberhaupt«. Diese Unterscheidung sei, meint er, »für das Verständnis des Islam als spiritueller und ethischer Botschaft entscheidend«. Mohammed habe »als Gesandter eine göttliche Botschaft zu verkünden«, er sei »der Überbringer dieser Botschaft« gewesen (S. 67f.).

Als Staatsoberhaupt in Medina aber? Da sei er »bemüht gewesen, »den Grundstein zur Errichtung eines Rechtsstaats zu legen«. Als Gesandter habe er »neben dem Monotheismus und den gottesdienstlichen Praktiken allgemeine Prinzipien« verkündet, »die für jede Gesellschaft gelten sollten: Gerechtigkeit, Unantastbarkeit der menschlichen Würde, Freiheit und Gleichheit aller Menschen sowie die soziale und ethische Verantwortung des Menschen« (S. 68). Später aber als Staatsoberhaupt in Medina ab dem Jahr 622 sei ihm daran gelegen gewesen, »diese Prinzipien mit den ihm im siebten Jahrhundert auf der Arabischen Halbinsel zur Verfügung stehenden Mitteln und Kenntnissen in die Praxis umzusetzen« (S. 68). Das Problem aber? Islamische Gelehrte hätten später alle Äußerungen Mohammeds und damit alle juristischen Regelungen und die gesamte Gesellschaftsordnung in Medina einschließlich Geschlechterrollen »als kontextunabhängige, verbindliche göttliche Gesetzgebung« betrachtet, »die alle Muslime, auch die heutigen in Europa, anstreben müssten«. Die Folge? »Dieses Verständnis blockiert jede Möglichkeit der Weiterentwicklung der juristischen Ordnung, wie sie zu Zeiten des Propheten in Medina herrschte, und erschwert die Akzeptanz irgendeiner anderen Gesellschaftsordnung. Es zwingt jeden Muslim, rückwärtsorientiert zu denken« (S. 69).

(4) Und ich denke schließlich an den Freiburger muslimischen Religionspädagogen *Abdel-Hakim Ourghi*. Auch er argumentiert mit der Figur der grundsätzlichen Unterscheidung von mekkanischen und medinensischen Suren. Im mekkanischen Koran gehe es »um moralische Akzentuierung von Religion im siebten Jahrhundert, die universal sinnstiftende Lehren im ethischen Sinn« beinhalte. Dann sei es zur Auswanderung des Propheten nach Medina gekommen. Hier sei der Prophet »nicht nur als Verkünder einer neuen Religion, sondern als Staatsmann eines politischen Gemeinwesens« aufgetreten, »der nach seinen damaligen zeitlichen und lokalen Maßstäben« gehandelt habe. Mit schwerwiegenden Folgen. So habe Mohammed beispielsweise in der mekkanischen Zeit ausdrücklich zum Dialog mit den Schriftbesitzern, Juden und Christen, aufgerufen, ab 624 aber sei es in Medina dann »zum Bruch mit den medinensischen Juden gekommen, was ein blutiges Nachspiel« gehabt habe. Danach habe »Mo-

hammed Vertreter anderer Religionen bekämpft« (Herder-Korrespondenz 69, 2015, H. 3).

Was ist den innermuslimischen Reformansätzen im Koranverständnis gemeinsam? Ich fasse zusammen: *Auch im heutigen reformorientierten muslimischen Koranverständnis bleibt Gott Subjekt des Korans. Zugleich aber wird ein Doppeltes bejaht:*

(1) Gott spricht durch einen menschlich begrenzten Vermittler konkrete Menschen in einer konkreten Zeit an, bindet sich selbst also, um verstanden werden zu können, mit seinem unveränderlichen Wort selber ein in einen soziokulturell geformten und geschichtlich vorgegebenen Verstehensrahmen. Die koranische Botschaft musste deshalb notwendigerweise nicht nur auf die arabische Sprache der Erstadressaten, sondern auf den »Code« einer Kultur zurückgreifen, die zur Zeit Mohammeds in der Region Mekka »bereitlag«, anders hätte Gottes Wort die Adressaten gar nicht erreichen können. Damit ist das Verstehen des geschichtlich gewachsenen multiethnischen und multireligiösen Milieus, in das der Koran hineinspricht, zum Verständnis der Botschaft konstitutiv. Man kann den Koran nur dann sachgerecht verstehen, wenn man den außertextlichen Kontext seiner Entstehung versteht.

(2) Bei der Botschaft muss unterschieden werden zwischen den theologisch-spirituellen Grundaussagen etwa zur Schöpfungs- und Gerichtstheologie und zu ethischen Prinzipien sowie den juristischen Regelungen für das Leben der konkreten Gemeinde. Während die theologisch-spirituellen Grundaussagen und ethischen Prinzipien (schon grundgelegt in der Verkündigung von Mekka) zeitübergreifend gültig sind und bleiben, sind die juristischen Regelungen (vielfach erst Teil der medinensischen Verkündigung) als zeitgebunden-situativ zu betrachten, als Reaktion auf konkrete geschichtlich variable Herausforderungen, die nicht simpel auf völlig veränderte Kontexte übertragen werden können. Impliziert ist damit die Freiheit von Muslimen zu einer reformorientierten Weiterentwicklung in der Zukunft, die den Islam zeitsensibel und erneuerungsfähig hält.

Und die »Gewaltstellen«?

Ein besonderer, weil besonders bedrückender Testfall für eine geschichtlich-kontextuelle Koranauslegung bilden die sogenannten »Gewaltstellen«. Ihnen müssen wir uns in aller Kürze und Grundsätzlichkeit stellen, sind es doch gerade sie, die vielen Menschen den Zugang zum Koran und seiner Kernbotschaft ungemein schwermachen. Das ist bei ähnlichen »Stellen« der Bibel nicht anders, und ich denke auch hier nicht daran, die Bibel gegen den Koran auszuspielen. In beiden normativen Schriften gibt es Überlieferungen einer Gewalt-Theologie, die militärischen Kampf *im Namen Gottes* rechtfertigt (Vertiefendes zur Sache: *H. Mohagheghi – K. v. Stosch,* Gewalt in den Heiligen Schriften von Islam und Christentum, 2014). Das kann im Interesse des Dialogs nicht ausgeklammert oder verharmlost werden. Selbstkritik, nicht Selbstgerechtigkeit auf allen Seiten ist angesagt. *Hubert Frankemölle* hat jüngst noch einmal das Nötige dazu gesagt – kritisch nach allen Seiten: »›Kriegerische‹ Texte gibt es in allen drei monotheistischen Religionen. Das Grundproblem aller Religionen ist die Verquickung mit staatlicher Macht und Gewalt. Zurzeit hat der Islam hier sein besonderes Problem« (Vater im Glauben? 2016, 439–456, Zitat 444).

Schon *Joachim Gnilka* hatte in seinem Buch »Bibel und Koran« (2004) unmissverständlich formuliert: »Im Namen Gottes Krieg zu führen, ist nicht eine Vorstellung, die nur dem Koran zu eigen wäre. Macht, Gewalt und Krieg waren schon immer negative Möglichkeiten kultureller Beziehungen der Völker untereinander. In einem religiös geprägten Umfeld war es naheliegend, Gott als Beistand und Helfer zu bemühen. Im Alten Testament ist der Krieg sehr präsent ... Die Vorstellung war verbreitet, dass die Kriege des Volkes Israel die Kriege Gottes sind« (S. 169f. mit zahlreichen Belegen).

Ich bleibe hier auf den Koran konzentriert. Auch ich bin oft genug befremdet über die durchgängige Polemik gegen »die Ungläubigen« im Koran, über die ständigen Warnungen vor Gericht und Höllenstrafen. Auch ich bin oft genug erschrocken über die vielen Schmähungen, Strafreden und Kampfaufrufe. Auch ich kenne Verse, wo vom Kampf gegen Ungläubige die Rede ist, ja vom Erschlagen und Vertreiben solcher Menschen. Darunter uns heute besonders abstoßende, die freilich allesamt aus späterer, aus medinensischer Zeit stammen. Schon in der ersten Sure von Medina liest man:

>»Bekämpft auf Gottes Weg, die, die euch bekämpfen!
>Handelt aber nicht widerrechtlich. / Gott liebt nicht die,
>die widerrechtlich handeln. / Tötet sie, wo ihr sie trefft,
>und vertreibt sie, wie sie euch vertrieben haben!«
>*(Sure 2, 190f.: Md)*

»Wie sie euch vertrieben haben ...«: dieser konkrete geschichtliche Zusammenhang ist wohl zu beachten. Auch der Hinweis auf die Gefahr »widerrechtlichen« Handelns. Nach Willkür und pauschaler Rechtfertigung von Mord an Unschuldigen oder Ungläubigen klingt das nicht. Der geschichtliche Kontext ist ganz offensichtlich eine Auseinandersetzung *erstens* mit den Mekkanern, welche die muslimische Urgemeinde jahrelang verfolgt und schließlich vertrieben hatten und *zweitens* ein Konflikt mit den jüdischen Stämmen, die den Propheten ablehnen und militärisch durch ihr Bündnis mit Mekka eine Bedrohung darstellen.

Für viele westliche Koranleser besonders »skandalös« erscheinen Verse aus der vorletzten Sure 9:

>»Verkünde denen, die ungläubig sind, schmerzhafte
>Strafe! Außer denen, mit denen ihr einen Vertrag ge-
>schlossen habt, unter denen, die (Gott) Partner beigeben,
>die euch dann in nichts geschädigt und niemandem ge-
>gen euch beigestanden haben. Erfüllt ihnen den Vertrag
>bis zu ihrer Frist!
>Gott liebt die Gottesfürchtigen.
>Wenn die unantastbaren Monate abgelaufen sind, dann
>tötet die, die Partner beigeben, wo ihr sie findet! Greift
>sie, belagert sie und lauert ihnen bei jedem Hinterhalt
>auf! Wenn sie umkehren, das Gebet verrichten und die
>Abgabe leisten, dann gebt ihren Weg frei!

Gott ist voller Vergebung und barmherzig.«

(Sure 9,3–5: Md)

»Bekämpft die, die nicht an Gott und den Jüngsten Tag glauben, nicht verbieten, was Gott und sein Gesandter verboten haben, und nicht die wahre Religion befolgen – unter denen, denen die Schrift gegeben worden ist –, bis sie unterlegen den Tribut aushändigen.« *(Sure 9,29: Md)* Solche Aussagen können schon deshalb nicht verharmlost werden, weil heutzutage solche und andere »Koranstellen« politischer Instrumentalisierung ausgesetzt sind – bis hin zu Rechtfertigung von mörderischer Gewalt gegen Unschuldige und Wehrlose, die man vorher als »Ungläubige« abgestempelt hat. Solch politische Instrumentalisierung aus fanatischer Verblendung erfüllt mich zusammen mit vielen Muslimen mit Entsetzen und Abscheu, wenn sie zur Rechtfertigung heutiger Gewaltexzesse benutzt werden. So hat *Mouhanad Khorchide* nicht zufällig unter Verweis auf *Sure 9,5* und insbesondere den Vers »Tötet die, die Partner beigeben, wo ihr sie findet« darauf hingewiesen: »Extremisten legitimieren damit Gewalt gegen Nichtmuslime oder auch gegen Muslime, die in ihren Augen keine Muslime sind, Islamkritiker untermauern damit ihre Überzeugung, der Islam sei eine gewalttätige Religion. Dieser fünfte Vers der neunten Sure ist der von beiden Gruppen wohl am häufigsten zitierte Vers, wenn es um das Thema Gewalt geht« (Islam ist Barmherzigkeit«, 2012, 166)

In ähnlicher Weise hat *Abel-Hakim Ourghi* im Zusammenhang mit *Sure 9,29* selbstkritisch bemerkt: »Diese Sure ist ungefähr ein Jahr vor dem Tod des Propheten offenbart worden. Das Handeln Mohammeds kann man aus der historischen Situation heraus verstehen: Gewalt und Stammeskonflikte gehörten zur damaligen Lebenswelt. Darüber hinaus gefährdete die Präsenz anderer Religionsgemeinschaften in Medina die religiösen und politischen Ansprüche der neuen Religion. In der zuletzt entstandenen Sure ist dann von der Bekämpfung aller die Rede, die gegen den Islam sind: Sie sollen umgebracht werden. Auf diese historisch erklärbaren Aufforderungen aus der Spätphase des Propheten angesichts einer aufgeheizten historischen Situation berufen sich die Extremisten. Man kann deshalb nicht so einfach sagen, dass sie keine Muslime seien. Selbstverständlich ist das Phänomen religiös legitimierter Gewalt komplex, es findet jedoch eine Rückkoppelung der Extremisten an diese medinensiche Phase statt« (Herder Korrespondenz 69, 2015, H. 3).

Für ein sachliches Urteil in der Frage religiös legitimierter Gewalt muss man sich freilich die Mühe machen, die einschlägige Kommentarliteratur zu konsultieren, in der der Koran nach allgemeinen, unter muslimischen Autoritäten anerkannten hermeneutischen Regeln ausgelegt wird. Schaut man etwa in den Koran-Kommentar von *Muhammed Asad* (2011), wird man zunächst über die Grundregel aller Textinterpretation aufgeklärt, dass kein Vers isoliert und aus dem Zusammenhang gerissen werden darf, sondern »vor dem Hintergrund des Qur'an als Ganzem gelesen und interpretiert werden« muss. So spricht der *Vers 9,5* von Leuten, die Gott »Partner« beigeben, also noch etwas anderem neben Gott Göttlichkeit zuschreiben. Gemeint sind die zeitgenössischen polytheistischen Mekkaner, mit denen die Gläubigen sich jetzt in Medina regelrecht im Krieg befinden. Der Vers aber stiftet nicht zu einem Krieg an, sondern reagiert auf ihn. Denn aus der Geschichte der Urgemeinde in Mekka wissen wir, dass es den Muslimen seinerzeit verboten war, sich mit Waffengewalt zur Wehr zu setzen, obwohl sie von den Mekkanern verfolgt, gefoltert, ausgeraubt und getötet worden waren. Als diese jetzt in Medina die Bekämpfung der Muslime fortsetzen, sogar noch im militärischen Bündnis mit den jüdischen Stämmen, ruft der Prophet zwar zum bewaffneten Kampf auf, aber nicht zu blindwütigen Gewaltexzessen wie Terror oder Massenmord an Unschuldigen. Sure 9,5 zielt somit auf *Regeln für den Kriegsfall*, der auf allen Seiten nach Methoden des 7. Jahrhunderts ausgefochten wird. Nach welchen sonst? Dabei aber sind Regeln und Bedingungen einzuhalten. Auch das geht aus Sure 9,5 hervor, zumal wenn man diesen Vers zusammen mit 9,4 liest. Zu respektieren sind zunächst geschlossene Verträge sowie die »unantastbaren Monate«. Gemeint sind die Wochen, in denen Pilger nach Mekka kommen. Kriege sind in dieser Zeit verboten, um die Sicherheit der Pilger zu gewährleisten. Und dann gilt es, Kriegshandlungen einzustellen und den Gegner zu verschonen, wenn dieser mit dem Krieg aufhört und Loyalität zeigt.

Was ist damit gemeint? Eine Art Zwangsbekehrung mit der Irrsinnsalternative »Bekehrung« oder »Tod«, wie Islamkritiker dem Propheten oft unterstellt haben? Nein. Folgen wir *Muhammad Asad* muss auch die diese Aussage in Sure 9,5 (»Wenn sie umkehren ...«) »in Verbindung mit mehreren grundlegenden Qur'anischen Anweisungen betrachtet werden«. Welchen? »Eine von ihnen [»Es gibt keinen Zwang in der Religion«: Sure 2,256] legt kategorisch fest, dass jeder Versuch, Ungläubige zwangsweise zu bekehren, verboten ist – was die Möglichkeit ausschließt, dass die Muslime verlangen oder erwarten, dass ein besiegter Feind als Preis für Immunität den Islam annehmen solle« (Asad, 334f.). Das entspricht der Logik von 9,5. Denn wäre Zwangsbekehrung angeordnet, könnten Muslime den Krieg gar nicht beenden, solange der Feind sich nicht zum Islam bekehrt hätte. Entsprechend wäre auch *Sure 9, 29* auszulegen. Auch in diesem Fall gestattet der Koran Kriegsführung »nur zu Selbstverteidigung« (Asad, 335). Verse wie diese müssen also, so *Muhammad Asad*, »im Zusammenhang mit der eindeutig festgelegten Qur'anischen Regel gelesen werden, dass Krieg nur zur Selbstverteidigung erlaubt« ist. »Mit anderen Worten«, so der Koranausleger, »die obige Anweisung zu kämpfen ist nur relevant im Falle einer gegen die muslimische Gemeinschaft oder den Staat begangenen Aggression oder angesichts einer unmissverständlichen Bedrohung ihrer Sicherheit: eine Ansicht, die von dem großen muslimischen Denker Muhammad 'Abduh geteilt wurde« (Asad, 341).

Dasselbe gilt von *Sure 2,190f.* Auch diese Verse legitimieren nicht blinde Gewaltverherrlichung und hemmungslose

Kriegswut, sondern müssen als zeitlich bedingte Reaktion des Propheten auf den Vernichtungskampf gegen seine und seiner Gemeinde Feinde aus den heidnischen und jüdischen Stämmen von Mekka bzw. Medina verstanden werden. Der Kampfaufruf dient auch hier der *Selbstverteidigung von Muslimen*, die offensichtlich vorher von ihren Feinden aus ihren Häusern mit Gewalt vertrieben und militärisch bekämpft worden waren. Überdies werden Muslime in 2,190 aufgefordert, »nicht widerrechtlich« zu handeln, sondern »auf Gottes Wegen« zu kämpfen. Es gibt also klare Grenzen und Regeln für Gewaltanwendung, die laut Koran in einem Verteidigungskrieg eingehalten werden müssen.

Selbstverteidigung und Einhalten von Regeln bei Gewaltanwendung heißen die Schlüsselworte auch zum Verständnis anderer »Gewaltstellen« im Koran. Noch einmal Asad: »Dass dieses frühe, grundlegende Prinzip der Selbstverteidigung als die einzig mögliche Rechtfertigung für Krieg im Quran durchweg aufrechterhalten wurde, zeigt sich an Sure 60,8 wie auch an dem abschließenden Satz von Sure 4,91, die beide zu einem späteren Zeitabschnitt als der obige Vers gehören«.(Asad, 74). In der Tat heißt es in Sure 60,8f. (Md):

> Gott untersagt euch nicht, zu denen gütig zu sein und die gerecht zu behandeln, die euch nicht der Religion wegen bekämpft und euch nicht aus euren Häusern vertrieben haben. / Gott liebt die, die gerecht handeln. / Gott untersagt euch nur, die zu Freund und Beistand zu nehmen, die euch in der Religion bekämpft, euch aus euren Häusern vertrieben und bei eurer Vertreibung geholfen haben. Die sie zu Freund und Beistand nehmen, die tun Unrecht.

Und Sure 4,91 (Md):

> Wenn sie sich nicht von euch fernhalten, euch nicht Friedfertigkeit zusichern und ihre Hände nicht zurückhalten, dann greift sie und tötet sie, wo ihr sie trefft! Über die haben wir euch deutliche Macht verliehen.

Ähnlich in der letzten Sure vor dem Tod des Propheten:

Die Vergeltung für die, die Gott und seinen Gesandten
bekämpfen und zum Unheil im Land herumeilen, ist,
dass sie getötet oder gekreuzigt, dass ihnen wechselseitig
Hände und Füße abgehackt oder dass sie aus dem Land
vertrieben werden. Das ist für sie Schande im Diesseits,
und im Jenseitig-Letzten bekommen sie mächtige Strafe.
(Sure 5,33)

Mit einem Wort: Gegen Gegner des Islams, wenn sie gegen
Muslime kämpfen, ist militärischer Kampf legitim.

Soweit der Befund im Koran. Ob Mohammed selber sich in
seinen zahlreichen bewaffneten Konflikten zu medinensischer Zeit an das im Koran Niedergelegte gehalten hat, ist in der
Forschung umstritten. Die Berichte in den späteren islamischen Chroniken sind oft widersprüchlich, uneinheitlich und
mehrdeutig und damit historisch schwer zu verifizieren. Viel
an Apologie ist in dieser Frage auf muslimischer Seite im
Spiel, auf westlich-christlicher Seite viel an Polemik. Werden
auf muslimischer Seite alle Kriegshandlungen Mohammeds
als Selbstverteidigung verharmlost, um sein Bild makellos zu
halten, so wird auf westlich christlicher Seite der Prophet oft
als rücksichts- und gnadenloser Kriegstreiber dargestellt, um
ihn und seine Botschaft moralisch zu diskreditieren (Einzelheiten zur Differenzierung: *H. Küng*, Der Islam, 2004, 160–166;
703–719) Sicher ist ein Doppeltes. *Erstens*: In Medina ist Mohammed nicht mehr ein verfolgter Prophet, sondern auch ein
Staatsmann, Heerführer und Schlachtenlenker. Und *zweitens*:
Als Mann des 7. Jahrhunderts hat Mohammed Kriege nach
Art des 7. Jahrhunderts geführt. Wie auch anders? Ein glü-
hender Verteidiger von Gewaltlosigkeit ist Mohammed nun
einmal nicht gewesen. Hier gleicht er mehr Mose als Jesus.
Das eklatanteste Beispiel ist die Bekämpfung der drei jüdischen Stämme in Medina. Im Fall des Stammes der Quraiza
sollen auf Mohammeds Befehl etwa 600 Männer an einem
Tage abgeschlachtet und Frauen und Kinder als Sklaven unter
die Muslime verteilt worden sein (Details: H. Küng, Der Islam, 2004, 152–166). Das wird auch unter muslimischen Theo-

logen heute kritisch diskutiert (*A. Falaturi*, in: Der Islam im Dialog, 1996, 75–97; *Y. Sarikaya*, in: Muhammad, 2014, 15–36). Ist doch das *heutige* Problem nicht die Praxis des Propheten damals, sondern Menschen, die heute noch ein archaisches Verhalten des 7. Jahrhundert meinen unter Berufung auf den Propheten rechtfertigen zu können.

Kritisch wird dabei auch die Quellenlage diskutiert, und diese Diskussion bringt vieles, was für das Mohammed-Bild im Blick auf die Behandlung der jüdischen Stämme als »gesichert« galt, noch einmal in die Schwebe, ja stellt einiges sogar infrage. Sie zeigt, wie sehr angeblich eindeutige Werteurteile auf einer keineswegs eindeutigen historischen Quellenbasis beruhen und vielfach dem Wunschdenken der jeweiligen Interpreten entspringen. Ich verweise auf den informativen Beitrag des in Stuttgart tätigen muslimischen Pädagogen *Hakan Turan* »Über die militärischen Konflikte des Propheten mit den Juden von Medina«, der sich seinerseits auf die Forschungen des heute in Münster tätigen deutschen Islamwissenschaftlers *Marco Schöller* stützt: »Exegetisches Denken und Prophetenbiographie. Eine quellenkritische Analyse der Sira-Überlieferung zu Mohammeds Konflikt mit den Juden« (1998). Gleichwohl aber ist die Tatsache nicht zu leugnen, dass in Mohammeds Nachfolge schon die ersten Kalifen keineswegs bloße Verteidigungs-, vielmehr Expansions- und Eroberungskriege geführt haben, in deren Verlauf der Herrschaftsbereich des Islam im Zeitraum von nur etwa 100 Jahren von Spanien im Westen über ganz Nordafrika und die Arabische Halbinsel bis an die Grenzen Indiens reichen sollte. Ein in der Religionsgeschichte beispielloser Vorgang der Expansion.

Das räumen selbstkritisch heute auch Muslime ein. »Innerhalb der klassischen islamischen Theologie« seien Positionen zu finden, »die den Dschihad als Angriffskrieg gegenüber Nichtmuslimen rechtfertigen«, schreibt *Mouhanad Khorchide* und macht auf die Konsequenzen für heute aufmerksam: »Die Position der heutigen muslimischen Extremisten, Angriffskriege religiös zu begründen, um Menschen den Islam aufzuzwingen, ist eine Position, die in der Tradition bei hoch anerkannten Theologen wiederzufinden ist« (Gott glaubt an den Menschen, 2015, 176.179 mit zahlreichen Belegen, S. 179–187). Die Befürwortung von kriegerischer Gewalt ist also Teil der klassischen islamischen Tradition und kann entsprechend jeweils neu politisch instrumentalisiert werden. Zugleich aber macht Khorchide innerislamisch auf Gegenpositionen aufmerksam: »Das heißt natürlich nicht, dass solche Positionen heute zu akzeptieren wären. Eine ganze Reihe zeitgenössischer muslimischer Gelehrter lehnt viele dieser gewaltbejahenden Ansätze strikt ab. So richten sich die meisten Gelehrten von drei der vier sunnitischen Rechtsschulen (hanafitische, malikitische und hanbalitische) gegen ein Verständnis des Dschihad im Sinne eines Angriffskriegs, den sie nur als Verteidigung muslimischer Gebiete legitimiert sehen, die angegriffen werden und nur durch einen Krieg verteidigt werden können« (Gott glaubt an den Menschen, 2015, 176 mit zahlreichen Argumenten, S. 176–179).

Wir können diese Diskussion hier nicht weiter verfolgen. Dass in Sachen Religion und Gewalt auf allen Seiten (Judentum und Christentum inklusive) noch viel an Aufklärungsarbeit geleistet werden muss, steht außer Frage. Selbstkritische Muslime sind dazu bereit, so der schon zitierte Imam *Benjamin Idriz*. Als Muslim fordert er, »den Korantext des 7. Jahrhunderts mit dem Geist und der Sprache unserer Tage zu lesen« und sich »auf diejenigen Verse zu konzentrieren, die von universeller Bedeutung« seien. Was Muslime heute bräuchten sei »ein freies Denken, wofür wiederum eine neue Sprache entwickelt werden« müsse und diese Sprache hätte »vernunftbetont, menschenzentriert und zeitgemäß zu sein«. Eine »Reform« sei »vonnöten, ein bestimmtes Verständnis des Islam ein für alle Mal zu verabschieden«, eine »Reform in unseren eigenen Köpfen«, »nicht, um eine neue Religion zu schaffen, sondern einen neuen Zugang zur Religion« (Grüß Gott, Herr Imam, 2010, 65f.)

Ignoriert man aber geschichtlich-kontextuelles Denken, bieten bestimmte Koranpassagen aus medinensischer Zeit, wenn man sie isoliert, »Anknüpfungspunkte für die heutige Gewalt im Islam«, schreibt auch *Abdel-Hakim Ourghi*. Auch er ist entschieden der Meinung: »Diese radikalen Koraninhalte dürfen nicht mehr verharmlost und ignoriert werden. Der interreligiöse Dialog ist zum Scheitern verurteilt, solange die Muslime sich nicht deutlich dagegen positionieren.« Entsprechend schlägt auch dieser muslimische Theologe eine *geschichtliche Koranauslegung* vor, die es verbietet, solche Aussagen einfach eins zu eins in die Gegenwart zu übertragen. »Mit Blick auf den Koran reicht es nicht aus«, schreibt Ourghi, »über Toleranz, Barmherzigkeit und Liebe im Koran zu sprechen, auch wenn sie dort ganz wichtig und fundamental sind. Wir müssen auch die unangenehmen Aspekte in den kanonischen Quellen kritisieren, um das Klima für eine angemessene Interpretation des Islam zu schaffen. Es geht darum, den Koran als Text zu historisieren, ihn in der damaligen Situation zu verstehen, dann aber auch im Blick auf heute mit diesem Wissen kritisch umzugehen. Man muss die Koranpassagen, die zur Gewalt aufrufen, erst einmal geschichtlich verorten, sie reflektieren und sich mit der Frage beschäftigen, wie man die daraus erwachsenen Schwierigkeiten lösen kann. Es ist eine zentrale Aufgabe, in einer Kultur des Dialogs auch über sich selbst und seine eigene Geschichte nachzudenken. Das ist gerade nicht gegen den Islam gerichtet, sondern eine unabdingbare Voraussetzung für eine zeitgenössische Reformlektüre jenseits politischer Interessen« (Herder-Korrespondenz 69, 2015, H. 3).

Aus all dem folgt: *Eine dilettantische Eins-zu-eins-Übertragung bestimmter koranischer »Stellen« von damals ins Heute kann tödliche Folgen haben, zumal dann, wenn sich der Auslegungsdilettantismus mit religiöser Verblendung paart und man dem Wahn verfallen ist, man selber sei ein auserwähltes Werkzeug der göttlichen Strafe an Ungläubigen. Diese Anmaßung ist Gotteslästerung.* Als ob der Koran Mord an unschuldigen Menschen erlaube.

Als ob Mord von Muslimen an unschuldigen Muslimen gott-
gefällig wäre. In den Twin Towers in New York sind am 11.
September 2001 auch unschuldige Menschen muslimischer
Herkunft ermordet worden. Der Terror hat auch unter Muslimen gewütet, ob in Bagdad, Ankara oder Lahore, ob in Syrien, im Jemen, im Irak oder in Nigeria. Als ob es nicht im
Koran durchgängig hieße: »Tötet keinen Menschen, den Gott
für unantastbar erklärt hat, es sei denn nach Recht. Wer mit
guter Tat kommt, der bekommt zehnmal so viel. Wer aber mit
schlechter, dem wird nur mit Gleichem vergolten« (Sure
6,151.160: Mk III). Oder ebenfalls spätmekkanisch: »Gott gebietet Gerechtigkeit, das Gute zu tun und den Verwandten zu
geben. Er untersagt das Schändliche, das Verwerfliche und
die Gewalttat« (Sure 16,90). Und in den chronologisch letzten
Suren des Koran heißt es besonders eindrücklich: »Wenn einer jemanden tötet, dann ist das, als ob er die Menschen allesamt tötet. Wenn aber einer jemandem Leben schenkt, dann
ist das, als ob er den Menschen allesamt Leben geschenkt
hätte« (Sure 5,32: Md). Das sind nicht einzelne »Stellen«, herausgepickt in verharmlosender Absicht, das ist der *cantus firmus* des Koran.

Muslime wider den Missbrauch ihrer Religion

Man kann freilich Verführer und Ideologen nicht daran
hindern, sich ihr Christentum, ihr Judentum oder ihren Islam
zurechtzuzimmern. Wohl aber kann man zu verhindern
trachten, dass ihr Machwerk von »Religion« Allgemeingültig-
keit erlangt. Man kann ihren Totalitätsanspruch entzaubern,
ihren Monopolisierungswahn entlarven. Wodurch? Indem
Autoritäten in diesen Religionen aufstehen und sich öffentlich äußern: Dieses »Fabrikat« von Religion fördert nicht das
Werk Gottes, sondern das des Widersachers Gottes, das des
Teufels. Diese Fratze von »Religion« vertritt nicht das, was
wir aus unserer großen Traditionen und aus unseren verantwortlich ausgelegten Heiligen Schriften vernehmen. Eine

nach verbindlichen hermeneutischen Regeln sich vollziehende geschichtliche Koranauslegung ist das beste Gegenmittel gegen eine ungeschichtliche, aktuell vordergründige Instrumentalisierung bestimmter Koranstellen im Machtkampf um Staaten oder Territorien.

Immer hat es in der Geschichte der Religionen ein Ringen um die richtige Auslegung der Heiligen Schriften gegeben, einen Streit der Meinungen und Interessen. Ohne sie wäre weder die Botschaft eines *Franz von Assisi* denkbar noch die Reformation eines *Martin Luther*, ohne sie wären in der Welt des Islam nicht innovative Strömungen wie Mystik oder Philosophie denkbar. Immer wieder sind Menschen in den Religionen aufgestanden und haben verurteilt, was sie an Missbrauch ihrer Religion wahrgenommen haben: prophetischer Protest gegen Hass, Gewalt, Mord und Terror im Namen Gottes. Wer »Gott ist groß« ruft und dabei unschuldige und wehrlose Menschen ermordet, begeht kein gottgefälliges Werk, sondern eine blasphemische Schändung des Gottesnamens. Nicht möglich also ist eine rationale Widerlegung bestimmter Bilder einer Religion, wohl aber prophetischer Protest auf der Grundlage der Kernbotschaft, wie sie durch verantwortliche Auslegung erhoben wird. Radikale Splittergruppe können sich zwar ihren Islam auf eigene Faust konstruieren, aber im Namen »des Islam« sprechen sie nicht. Nicht zufällig hat *Ahmad al Tayyeb*, Großimam der Azhar-Universität in Kairo, im März 2016 in einem F.A.Z.-Interview darauf hingewiesen: »Bei der Wahl der Leute und Institutionen, die im Namen des Islam sprechen, muss man genau hinsehen. Wer die Predigtkanzel besteigt, muss den richtigen Islam kennen, so wie ihn Allah zu den Propheten gesandt hat: als Barmherzigkeit für die ganze Welt – für Muslime und Nichtmuslime« (F.A.Z. vom 29. März 2016). Aus gegebenem Anlass: Durch Terroranschläge waren im März 2016 über 30 Unschuldige in Belgiens Hauptstadt Brüssel von Leuten ermordet worden, die sich als Muslime bezeichnen. Ihre Verbrechen hatten sie im Namen ihres Islam-Konstrukts begangen. In der islamischen Welt jedoch sind mittlerweile *Autoritäten aufgestanden* und haben ihre Religion vor ideologisch Verführten in Schutz genommen, die ohne jedes Mitleid, jede Scham und Reue mit Mordtaten, Entführungen, Terroranschlägen oder Vertreibungen den Islam schänden und sich damit gegen Gott versündigen.

Das Dokument der 138 (2007)

Ich erinnere an einen epochalen Text, der schon im *Oktober 2007* veröffentlicht wurde: das *»Dokument der 138«* Über Hundert muslimische Autoritäten aus aller Welt und allen islamischen Rechtsschulen nehmen darin Schlüsselaussagen des Koran und des Neuen Testamentes auf und erklären, auch im Islam stünde das *Doppelgebot der Liebe im Zentrum des Glaubens: Gottesliebe und Nächstenliebe.* Eine geschichtlich beispiellose Stellungnahme von »offizieller« islamischer Seite, die es so seit den Zeiten des Propheten noch nicht gegeben hat. Wörtlich heißt es darin:

»Die Suche nach Gemeinsamkeiten zwischen Muslimen und Christen ist nicht einfach eine Frage des höflichen ökumenischen Dialogs zwischen ausgewählten religiösen Führern. Das Christentum und der Islam sind die größte bzw. die zweitgrößte Religion in der Welt und in der Geschichte. ... Wenn Muslime und Christen nicht miteinander in Frieden leben, kann es auf der Welt keinen Frieden geben. Angesichts der schrecklichen Waffen auf der Welt, angesichts der nie zuvor dagewesenen Verflechtung zwischen Muslimen und Christen kann keine Partei einseitig einen Konflikt gewinnen, in den mehr als die Hälfte der Weltbevölkerung involviert sein würde. Deshalb geht es um unsere gemeinsame Zukunft. Vielleicht steht sogar das reine Überleben der Welt auf dem Spiel.« (Text unter: www.acommonword.org).

Die weitere Diskussion dieses wahrhaft einzigartigen Dokuments ist weiter zu verfolgen in dem höchst informativen Diskussionsband: »A Common Word. Muslims and Christians on Loving God and Neighbor«, hg. v. *Miroslav Volf, Ghazi bin Muhammad* u. *Melissa Yarrington*. Mit einem Vorwort von *Tony Blair* (2010).

Der Brief an al-Bagdadi und ISIS (2014)

Ich erinnere ferner an den großen, 23 Seiten umfassenden »*Offenen Brief an al-Baghdadi und ISIS*« vom *September 2014*. 120 Autoritäten aus islamischen Welt haben ihn unterschrieben. Sie entzaubern darin buchstäblich den selbsternannten Kalifen und seine Schreckenstaten, indem sie in Erinnerung rufen, dass es verantwortliche und allgemein akzeptierte Regeln bei der Koranauslegung im Blick auf »Rechtsurteile« gibt. Ein »Herauspicken« einzelner Stellen ohne Berücksichtigung des gesamten Koran und der normativen Aussprüche des Propheten (»Hadithe«) ist verboten. In nicht weniger als 24 Punkten (mit ausführlichen Begründungen) wird die Praxis des IS verurteilt. In dem Brief heißt es unter anderem:

»1. Es ist im Islam verboten, ohne die dafür jeweils notwendige Bildung und Kenntnis zu haben, *fatwā* (Rechtsurteile) zu sprechen. Sogar diese Fatwās müssen der islamischen Rechtstheorie, wie sie in den klassischen Texten dargelegt wurde, folgen. Es ist ebenfalls verboten, einen Teil aus dem Koran oder eines Verses zu zitieren, ohne auf den gesamten Rest zu achten, was der Koran und die Hadithe über diese Angelegenheit lehren. Mit anderen Worten gibt es strikt subjektive und objektive Vorbedingungen für Fatwās. Bei der Sprechung einer Fatwā, unter Verwendung des Korans, können nicht »die Rosinen unter den Versen herausgepickt« werden, ohne Berücksichtigung des gesamten Korans und der Hadithe.

3. Es ist im Islam verboten, Scharia-Angelegenheiten zu stark zu vereinfachen und festgelegte islamische Wissenschaften zu missachten.

5. Es ist im Islam verboten, bei der Rechtsprechung die Wirklichkeit der Gegenwart zu missachten.

6. Es ist im Islam verboten, Unschuldige zu töten.

7. Es ist im Islam verboten, Sendboten, Botschafter und Diplomaten zu töten; somit ist es auch verboten, alle Journalisten und Entwicklungshelfer zu töten.

8. Jihad ist im Islam ein Verteidigungskrieg. Er ist ohne die rechten Gründe, die rechten Ziele und ohne das rechte Benehmen verboten.

9. Es ist im Islam verboten, die Menschen als Nichtmuslime zu bezeichnen, außer sie haben offenkundig den Unglauben kundgetan.

10. Es ist im Islam verboten Christen und allen »Schriftbesitzern« – in jeder erdenklichen Art – zu schaden oder sie zu missbrauchen.

11. Es ist eine Pflicht, die Jesiden als Schriftbesitzer zu erachten.

12. Die Wiedereinführung der Sklaverei ist im Islam verboten. Sie wurde durch universellen Konsens aufgehoben.

13. Es ist im Islam verboten, die Menschen zur Konvertierung zu zwingen.

14. Es ist im Islam verboten, Frauen ihre Rechte zu verwehren.

15. Es ist im Islam verboten, Kindern ihre Rechte zu verwehren.

16. Es ist im Islam verboten, rechtliche Bestrafungen sowie Körperstrafen ohne Verfolgen eines korrekten Prozedere, welches Gerechtigkeit und Barmherzigkeit versichert, auszuführen.

17. Es ist im Islam verboten, Menschen zu foltern.

18. Es ist im Islam verboten, Tote zu entstellen.

21. Bewaffneter Aufstand ist im Islam in jeglicher Hinsicht verboten, außer bei offenkundigem Unglauben des Herrschers und bei Verbot des Gebets.

22. Es ist im Islam verboten, ohne den Konsens aller Muslime ein Kalifat zu behaupten« (Brief an al-Bagdadi, Internet-Dokument).

Das Manifest vom Brandenburger Tor (2015)

Ich erinnere ferner an eine für Deutschland noch gewöhnungsbedürftige Szene. Nach dem Attentat auf ein Pariser Satire-Blatt im *Januar 2015* demonstrierten vor dem Brandenburger Tor in Berlin Vertreter des Judentums, des Christentums und des Islam gemeinsam gegen den Terror im Namen Gottes. Zugleich hatten sie nicht zufällig in der »Bild«-Zeitung ein Manifest unter dem Titel »*Im Namen Gottes darf nicht getötet werden*« veröffentlichen lassen. Es hat den Wortlaut:

»Im Namen von Millionen Christen, Moslems und Juden in Deutschland verurteilen wir den Terrorangriff von Paris und trauern um die Opfer.

Die Morde sind ein Angriff auf die Freiheit des Denkens, des Glaubens und unserer gemeinsamen Werte von Toleranz und Nächstenliebe, den wir zutiefst verabscheuen.

Im Namen Gottes darf nicht getötet werden!

Bibel, Tora und Koran sind Bücher der Liebe, nicht des Hasses. Jeder Christ, Jude und Moslem sollte am heutigen Freitag in der Moschee, am Sabbat in der Synagoge und am Sonntag in seiner Kirche für die Opfer von Paris beten.

Für Verständigung, Frieden und Freiheit.

Wir verurteilen jede Form von Gewalt im Namen der Religionen. Wir kämpfen für Toleranz gegenüber Andersgläubigen und auch gegenüber jenen, die unseren Glauben an Gott nicht teilen.

Wir werden auch nicht dulden, wenn angesichts der schrecklichen Taten in Paris Hass gegen Anhänger einer Religion geschürt wird, die für den Terror missbraucht wird und wurde.

Hass ist keine Antwort auf Hass. Und Intoleranz keine Antwort auf Intoleranz.

Nur gemeinsam können wir unsere Werte und unseren Glauben gegen radikalisierte Minderheiten schützen.

Christen, Juden und Moslems vereint der Glaube an die Nächstenliebe, an unsere Verantwortung vor Gott und an die Verständigung zwischen allen Menschen.

Wir werden nicht zulassen, dass Fanatismus, Terror und Gewalt diese gemeinsamen Werte zerstören« (»Bild« vom 9. Januar 2015).

Die Marrakesch-Erklärung (2016)

Und auch dies ist wichtig: Im *Januar 2016* wird eine *Marrakesch- Erklärung* veröffentlicht, unterzeichnet von über 250 muslimischen Wissenschaftlern und Intellektuellen aus über 120 Ländern (Dokument über Internet einsehbar). Auch diese Erklärung ist eine Reaktion auf die Gräueltaten, die eine Religion wie den Islam schänden und ihm in der Weltöffentlichkeit schweren Schaden zufügen. Verstanden haben die unterzeichnenden islamischen Autoritäten offenbar, dass man im Namen der großen ethischen und rechtlichen Tradition des Islam diesem Missbrauch entgegentreten muss, wenn Extremismus, Chaos, Gewalt und Terror die moralische Glaubwürdigkeit des Islam nicht noch mehr erschüttern sollen.

Die Erklärung knüpft an bei der »Charta« oder auch »Gemeindeordnung« von Medina, ein Schlüsseldokument im Leben des Propheten. Mohammed war nach zwölf Jahren Unterdrückung in Mekka im Jahr 622 nach Medina als Schlichter von Stammesrivalitäten gerufen worden. Politisch klug lässt er einen Vertrag ausarbeiten, der das Zusammenleben der verschiedenen Stämme rechtlich verbindlich regelt. Die Charta hat also eine wichtige Funktion für den Zusammenhalt der Stämme als einer einzigen Gemeinschaft (»umma«) im Zeichen des neuen Glaubens. Wichtig auch: Da es in Medina drei jüdische Stämme gibt, werden diese in die Charta mit einbezogen. Rechte und Pflichten werden festgelegt. Mit der Folge: Zu Anfang in Medina hat der Prophet Juden in ihrem Glauben respektiert und in ihrer Religionsausübung toleriert. Das dürfte das Signal für heute sein, wenn man sich auf die »Charta von Medina« beruft: Einheit der umma und Schutz von Rechten Andersglaubender in muslimischen Mehrheitsgesellschaften.

Grundlage allerdings für ein modernes Verständnis von Religionsfreiheit kann die historische »Charta« kaum sein. Denn hier geht es bestenfalls um Duldung von Andersglaubenden. Deshalb ist es bemerkenswert, dass in der Marrakesch-Erklärung auch auf die Universale Menschenrechtserklärung der Vereinten Nationen Bezug genommen wird, die ein modernes Religionsfreiheitsverständnis voraussetzt. Die entscheidende Aussage lautet, dass die Zusammenarbeit verschiedener religiöser Gruppen »über wechselseitige Toleranz« hinausgehen muss, indem man den »vollen Schutz für die Rechte und Freiheiten allen religiösen Gruppen in zivilisierter Form« gewährt. Ein Satz, der gegen die himmelschreienden Praktiken des IS gerichtet ist, Christen und andere Minoritäten zu vertreiben oder gar zu töten.

Was ist all diesen Initiativen und Stellungnahmen gemeinsam? Gemeinsam ist: Menschen in ihren jeweiligen Glaubensgemeinschaften haben ihre Stimme dagegen zu erheben begonnen, dass ihre Religion zu Verbrechen benutzt wird. Der Koran bietet für Muslime keinen Freibrief für Mord, auch wenn Extremisten ihren Terror gegen »Ungläubige« mit Berufung auf bestimmte Koranverse meinen rechtfertigen zu können. Doch alle Betroffenen wären noch glaubwürdiger, wenn sie selbstkritischer mit ihren eigenen Heiligen Schriften umgingen. Sätze wie »Bibel, Tora und Koran sind Bücher der Liebe, nicht des Hasses«, sind in dieser Pauschalität falsch. Es gibt, ich sagte es, in Bibel und Koran Aussagen, die Gewalt, Krieg und Hass im Namen Gottes rechtfertigen. Gutgemeinte Sätze wie: Der Terror hat nichts mit dem Islam zu tun, sind so abwegig, weil geschichtsvergessen wie der Satz, die Kreuzzüge hätten nichts mit dem Christentum zu tun. Terror und Krieg gegen Ungläubige sind nun einmal im Namen eines bestimmten Fabrikats von Islam (oder des Christentums) gerechtfertigt worden. Gott sei es geklagt.

Das erkennen heute auch selbstkritische Muslime: »Der Islam hat mit dem islamistischen Terror zu tun. Auch die Extremisten sind Muslime. Sie beten in Moscheen, erkennen den Koran und die Tradition des Propheten als kanonische Schrift an. Sie begründen ihre Taten mit dem Koran. Alles andere ist eine naive Betrachtung und entspricht frommem Wunschdenken, mit dem man sich die Dinge schönredet« (*A.-K. Ourghi*, in: Herder-Korrespondenz 69, 2015, H. 3). Die Konsequenz aus all dem kann nur lauten: Die jeweiligen Gläubigen müssen in wechselseitigen Bildungsanstrengungen geschult werden, um ohne alle Schönfärberei und Ausblendung von Unbequemem die jeweiligen Heiligen Schriften so auszulegen, dass sie *in ihrer zentralen Botschaft* in der Tat zu Büchern der Liebe und Barmherzigkeit Gottes und nicht des Hasses und der Gnadenlosigkeit werden. Selbstkritik ist ein glaubwürdiger Weg zum Frieden. Hier ist dem Paderborner katholischen Theologen *Hubert Frankemölle* zuzustimmen, wenn er daran erinnert:»Das Friedenspotential aller heiligen Schriften wäre in heutiger Zeit und in heutigen Gesellschaften im Bemühen um ein gemeinsames Ethos zu implementieren. ›Abraham‹ mit seinem Glauben an den einen, einzigen Gott als Schöpfer der Welt könnte in der Tat ein Bindeglied zwischen den monotheistischen Religionen werden – nicht als Identifikationsgestalt, wohl jedoch als Vision eines gemeinsamen Ethos der drei monotheistischen Weltreligionen in Kooperation mit anderen Weltreligionen sowie mit Agnostikern und Atheisten unter Anerkennung ihrer jeweiligen ›Glaubensüberzeugungen‹« (Vater im Glauben?, 2016. 497).

Die künftig *entscheidende Aufgabe also besteht darin,* konkret zu zeigen, dass die existierenden Gewaltaussagen in den Heiligen Schriften *geschichtlich-kontextuell verstanden* werden müssen. Das umfasst die Berücksichtigung von drei verschiedenen Kontexten:

(1) den Kontext der jeweiligen Zeitgeschichte. Stichwort: Herausforderung und Antwort. Gewaltaussagen sind als Reaktion auf Vorgänge des 7. Jahrhunderts zu verstehen. Eine eins zu eins Übertragung bestimmter Stellen ins Heute ist nicht nur verantwortungslos, sie kann tödliche Folgen haben.

Wer ohne jegliche hermeneutische Arbeit einen Text des 7. Jahrhunderts als »Gottes Wort« mit der Gegenwart kurzschließt, vergreift sich an »Gottes Wort«;

(2) den Kontext der Aussagen mit ihren jeweiligen Selbsteinschränkungen. Stichwort: Selbstverteidigung, Regeln für die bewaffnete Auseinandersetzung und grundsätzliche Friedensbereitschaft;

(3) den Kontext des gesamten Buches. Stichwort: Kernbotschaft. Die entsprechenden Einzelstellen müssen von der Kernbotschaft der Heiligen Schriften her verstanden und nicht umgekehrt, die einzelne Aussagen zum Kern gemacht werden. Um die entsprechenden Gewichtungen vornehmen zu können, sind genaueste Kenntnisse der jeweiligen Schriften genauso unerlässlich wie das Wissen um verbindliche Regeln der Textauslegung. In der Tat: »Bei der Sprechung einer Fatwā, unter Verwendung des Korans, können nicht ›die Rosinen unter den Versen herausgepickt‹ werden, ohne Berücksichtigung des gesamten Korans und der Hadithe.«

4. Mekka: Ein neuer Glaube kämpft um seine Durchsetzung

Was muss man wissen von der ursprünglichen Verkündigungssituation in Mekka des Jahres 610? Mit welchen Menschen haben wir es zu tun? Mit welchen Prägungen, welchem Vorwissen, welchem Milieu? Wir steuern direkt auf die uns am meisten interessierende Frage zu. Eine Skizze muss hier genügen. Es geht darum, die in den folgenden Teilen dieser Studie präsentierten koranischen Texte geschichtlich einordnen zu können.

Ein städtisch-multireligiöses Milieu

Der Koran ist voll von Erzählungen, die Juden und Christen auch aus ihren Überlieferungen kennen, seien sie biblischer oder außerbiblischer Herkunft. Auffällig ist dabei schon rein äußerlich: Viele Stoffe werden groß ausgebreitet, oft aber wird auch nur äußerst knapp auf sie angespielt. Verweise genügen offenbar, Fingerzeige sind meist genug. Nehmen wir als kleines Beispiel Sure 53, frühmekkanisch. Sie umfasst 62 Verse. Nach einer Serie von Schwurformeln, Verweisen auf das von Gott bestimmte Ende und Warnungen vor sozialer Gleichgültigkeit erfolgt plötzlich ohne weitere Erläuterung eine Anspielung auf die »Blätter« von Mose und Abraham (53,36f.) und wenig später als Warnung vor Gottes strafender Vernichtung ein äußerst knapper Hinweis auf »Noachs Volk«, die »ganz ungerecht und gesetzlos gehandelt« habe (Sure 53,52). Was sollten wohl die Hörer damit angefangen, wenn sie nicht vorher genau wüssten, wer Abraham, Mose und Noach waren?

Woraus wir (mit der heutigen Koran-Forschung) schließen können: Mohammeds Adressaten hören diese Geschichten nicht zum ersten Mal. Sie sind in Mekka offensichtlich im Umlauf, obwohl wir auf Grund mangelnder Dokumente nicht wissen, wie häufig und seit wann. Der Koran ist nun einmal unsere Hauptquelle zur Rekonstruktion des Profils der Erstadressaten. Das aber verrät zumindest so viel: Woher auch immer der Prophet selber sein Wissen bezogen haben mag (durch direkte Offenbarung, auf seinen Reisen, bei Begegnungen mit Juden und Christen oder auf andere Weise?), die sog. Prophetengeschichten werden durch ihn so vermittelt, dass wir bei den Erstadressaten ein Doppeltes voraussetzen können. *Erstens:* ein Wissen um ihren Inhalt und Duktus und *zweitens:* ein Wissen um ihre jüdische und christliche Herkunft. Adam, Noach, Mose, Abraham, Jesus? Was immer die Zuhörer in Mekka im Detail gewusst haben werden, das eine dürften sie gewusst haben: Diese Überlieferungen stammen nicht aus ihrer Tradition. Sie kommen von woanders, von weit her. Insofern hat der Göttinger Islamwissenschaftler *Tilmann Nagel* recht mit seiner Beobachtung, dass Mohammed im Koran »die einzelne ›biblische‹ Erzählung keineswegs in einer stimmigen Reihenfolge darbietet, wie es nötig wäre, wenn er Zuhörer mit dem Stoff vertraut machen wollte, denen er völlig fremd ist. Vielmehr wird die Kenntnis der betreffenden Geschichte vorausgesetzt, und Mohammed greift nur die Züge auf, die ihm im Augenblick zur Verdeutlichung seiner Botschaft und seiner eigenen Lage nützlich erscheinen. Viel eher ist davon anzunehmen, dass jene Geschichten zum Allgemeingut gehörten und einen Teil des Weltbildes der Mitmenschen ausmachten« (Der Koran und sein religiöses und kulturelles Umfeld, 2010, XIII).

Dies aber mag umso erstaunlicher sein, als es zur Zeit der Entstehung des Islam eine Bibelübersetzung ins Arabische nicht gegeben hat. Das gilt auch für das Neue Testament, das zu Mohammeds Zeit nur in griechischer und syrisch-aramäischer Fassung vorliegt. Plausibel erscheint von daher nach wie vor die Schlussfolgerung des katholischen Exegeten *Joachim Gnilka*: »Wenn wir uns die biblischen Texte [im Koran] ansehen, vermitteln sie den Eindruck, dass Mohammed sie nicht als schriftliche Texte, sondern als mündlich vorgetragene Überlieferungen kennen lernte und – wesentlich neu geprägt – weitergab« (Bibel und Koran, 2004, 60). Schon aus diesem Grund ist eine Eins- zu-eins-Übertragung von biblischen Geschichten in den Koran auch gar nicht zu erwarten. Der Gemeinde dürften solche Überlieferungen also nicht in einer textlich fixierten, sondern in einer fließenden, mündlich-narrativen Gestalt bekannt gewesen sein. Dafür spricht auch *zum einen* die hohe Variabilität der Überlieferungen durch den ganzen Koran hindurch, ihre Um- und Weiterdeutungen, *zum anderen* die oft bloßen Anspielungen, bewussten Aktualisierungen und gezielten inhaltlichen Neudeutungen im Geist einer korantypischen Theozentrik und Prophetologie. Das alles lässt auf mündliche Überlieferung schließen, was im Kontext einer oralen, narrativen Kultur auch keine Überraschung ist. Was freilich nicht ausschließt, so *Sidney H. Griffith* in seiner Untersuchung »The Bible in Arabic« (2013), dass Biblisches in arabischer Sprache vorkoranisch zwar »mündlich zirkuliert«

ist, dass es aber vor allem im liturgischen Rahmen »geschriebene biblische Texte« gegeben haben mag in Synagogen, Kirchen oder Klöstern (S. 2).

Wann, wie und von wem aber die Gemeinde diese Überlieferungen übermittelt bekommen hat, ist bis heute in der Forschung ungeklärt. Jedenfalls nicht von arabisch sprechenden jüdischen oder christlichen Gemeinden. Die hat es in Mohammeds Heimatstadt Mekka nicht gegeben – im Gegensatz dann zu Medina, wo drei jüdische Stämme ein beträchtliches politisches, gesellschaftliches und ökonomisches Gewicht haben und wir synagogale Strukturen, gelehrtes Personal und liturgische Praktiken voraussetzen können. Immerhin aber ist Mekka ein wichtiger Handelsplatz und Wallfahrtsort mit der Ka'ba als Zentrum, so sehr der Ort abseits der großen Fernhandelsrouten gelegen haben mag. Aber isoliert von der übrigen antiken Welt ist Arabien nicht. In Mekka ist man auf Grund von Handelsbeziehungen mit anderen Ländern vernetzt und so auch mit anderen Religionen in Kontakt. Man liegt in der Interessensphäre von Byzanz im Nordosten, Persien im Osten und Abessinien jenseits des Roten Meeres auf afrikanischem Boden. Schon das lässt Abstand von lange gehegten Vorstellungen nehmen, der Koran sei gleichsam in einem kulturellen Vakuum entstanden, buchstäblich im leeren Raum der »Wüste«. Das wird auch durch die Tatsache widerlegt, »dass im Koran zu Hörern gesprochen wird, die mit zahlreichen Begriffen, Vorstellungen und Erzählungen der biblischen Tradition vertraut sein müssen« (S. 37), so auch *Nicolai Sinai* in seiner Schrift »Die heilige Schrift des Islam« (2012). Das Wissen der Hörer ist also vernetzt mit dem Wissen der kulturellen und religiösen Umwelt ihrer Zeit.

In der heutigen Forschung hat man denn auch zwei traditionelle Vorstellungen vom vorislamischen Milieu in Mekka aufgegeben. In *westlichen Kreisen* herrschte lange die Vorstellung vor, Mekka sei lediglich ein Art verschlafener Karawanenposten von Beduinensippen gewesen, kulturell ein weitgehend leerer Raum, typisch für eine Wüstengesellschaft eben. Strukturell ähnlich in muslimischer Darstellung. Die Zeit vor dem Islam hat man als »Zeit der Unwissenheit« (arab.: *dschahiliyya*) abgetan. Ahnungslos in der Finsternis des »Heidentums« hätten die Menschen auf der Arabischen Halbinsel existiert, Götzen hätten sie angebetet, nach einer laxen Moral gelebt. Erst Mohammed habe mit den koranischen Offenbarungen dieser »Zeit der Unwissenheit« ein Ende bereitet und die lichte und klare Religion des Islam begründet, beruhend auf der dreifachen Erfolgsformel: Monotheismus plus Ethik plus Gemeinde.

Beide Vorstellungen vom vorislamischen Mekka gelten in der neueren westlichen und auch islamischen Geschichtsdarstellung als überholt, sind als Produkte interessegeleiteter Geschichtskonstruktion durchschaut. So geht man in der *westlichen Forschung* heute von einer »beachtlichen städtischen Kultur« aus und versteht Mekka eher als »städtische Metropole«: »Die ganz ›städtisch‹ geprägte Kaufmannsmentalität wie auch die Geringschätzung der ›Wüstenaraber‹ [sprich: »Beduinen«, vgl. Sure 9,97–99] im Koran weisen in dieselbe Richtung«, schreibt der in Münster lehrende Islamwissenschaftler *Marco Schöller*. »Nichts wäre also abwegiger, als die Entstehung des Islams vor dem Hintergrund der Beduinen- und Wüstenromantik des 19. Jahrhunderts zu konzipieren. [Ernest] Renans [französischer Schriftsteller und Orientalist: 1823–1892] Rede vom ›Monotheismus der Wüste‹ oder Nietzsches Phantastereien – ›Der Gott Mahomets die Einsamkeit der Wüste, fernes Gebrüll des Löwen, Vision eines schrecklichen Kämpfers [SW Bd. 8, hg. v. G. Colli und M. Montinari, 1980, 28f.] – sind aus heutiger Sicht obsolet« (Mohammed, 2008, 24).

Ähnlich die Berliner Islamwissenschaftlerin *Gudrun Krämer*, die 2005 erstmals eine kompakte Gesamtdarstellung der »Geschichte des Islam« vorgelegt hat: »Mekka hatte Anteil an der städtischen, von Kaufleuten geprägten Kultur des Vorderen Orients, blieb unter den besonderen Bedingungen Arabiens allerdings abhängig von den kriegerischen Kamelnomaden, die die innerarabischen Handelswege kontrollierten. Die Mekkaner waren – das sollte sich später als wichtig erweisen – wehrhaft, ihr Handel war bewaffnet. Mit wenigen Ausnahmen scheinen sie dem Stamm der Quraish angehört zu haben, der von einer Versammlung der Clanführer ›regiert‹ wurde. Die mekkanische Gesellschaft wies ohne Zweifel soziale Unterschiede auf, sie kannte bessere und schlechtere Sippen, Arme und Reiche, Freie und Sklaven, doch gibt es keine Hinweise auf besonders ausgeprägte soziale Spannungen oder gar Klassengegensätze« (Geschichte des Islam, 2008, 21).

Auch *muslimische Wissenschaftler* gehen heute davon aus, dass »die religiöse Welt der vorislamischen Araber weitaus vielschichtiger« (S. 25) gewesen ist, als die traditionelle muslimische Darstellung wahr haben will. So der iranisch-amerikanische Islamwissenschaftler *Reza Aslan* in seinem lesenswerten Buch »Kein Gott außer Gott« (engl.: 2005; dt.: 2006). Schon das Wort »Heidentum« sei ein »herabwürdigender Pauschalbegriff«, meint er zurecht (ebd.). Dabei strebe die »Heidentum« genannte Religionsgestalt »weder nach Universalismus« noch erhebe sie »einen moralischen Absolutheitsanspruch«; es gäbe keine »heidnische Orthodoxie« oder »heidnische Heterodoxie«, keine Priester und keine heidnischen Schriften. Was gerade nicht bedeute, dass man eine »primitive Götzenverehrung« praktiziert habe. Im Gegenteil gebe es Grund zu der Annahme, »dass die Beduinen des vorislamischen Arabiens eine reiche und vielgestaltig religiöse Tradition« gepflegt hätten (S. 26). Das dürfte auch mit Einflüssen »von außen« zu tun gehabt haben: mit den Lehren des Zoroastrismus (beheimatet im Sassanidenreich, dem zweiten persischen Großreich der Antike), des Christentums oder des Judentums. Sie widerlegten, meint Aslan, die unter Muslimen immer noch weit verbreitete Ansicht, »Religionen entstünden in einem kulturellen Vakuum«. Doch nichts sei weniger richtig als das. Aslan wörtlich: »Religionen sind stets untrennbar

mit dem sozialen, spirituellen und kulturellen Umfeld verbunden, aus dem heraus sie wachsen und gedeihen«. Im Fall
Mohammeds heißt das: »Wie viele Propheten vor ihm bean-
spruchte auch Muhammad nie, eine neue Religion gegründet
zu haben. Nach eigenem Bekunden war seine Botschaft ein
Versuch, die herrschenden Glaubensvorstellungen und kulturellen Praktiken des vorislamischen Arabien zu reformie-
ren und so dem arabischen Volk den Gott der Juden und
Christen nahezubringen [...] Es kann daher nicht überraschen, dass Muhammad als junger Mann von den religiösen
Verhältnissen im vorislamischen Arabien beeinflusst war. So
einzigartig und göttlich inspiriert die islamische Bewegung
auch ist, ihre Ursprünge liegen unzweifelhaft in der multiethnischen und multireligiösen Gesellschaft, in der Muhammad
aufwuchs« (ebd., 37f.).

Wer waren die Anhänger Mohammeds?

Wer aber sind die Anhänger Mohammeds in den ersten
Jahren gewesen? Wie muss man sich die Menschen vorstellen,
welche die Urgemeinde in Mekka bilden, deren Zahl anfangs
die dreißig kaum überschritten und bis zur Hidjra nicht mehr
als 70 Personen umfasst haben dürfte? Schon der große schot-
tische Islamwissenschaftler *William Montgomery Watt* (1909–
2006), Verfasser islamwissenschaftlicher Standardwerke und
langjähriger Professor an der Universität Edinburg, hat in seiner »Kurzes Geschichte des Islam« (engl.: 1999; dt.: 2002) darauf hingewiesen: »In den frühen Jahren waren die Mehrzahl
der Gefolgsleute Mohammeds junge Männer aus den wohlhabenden und mächtigen Familien und Sippen – jüngere Brüder, Söhne oder Vettern der wichtigsten Händler« (Kurze Geschichte des Islam, 15).

Watt kann sich durch den Freiburger Islamwissenschaftler
und Publizist *Ludwig Ammann* bestätigt sehen. In seiner die
heutige Forschung kritisch aufarbeitenden kompakten Schrift
über die »Geburt des Islam« (2001) erkennt er zwar an, dass

Mohammeds Predigt die Macht- und Wirtschaftsinteressen des »Kult- und Handelszentrums« Mekka radikal infrage gestellt habe, so dass der Widerstand der Herrschenden »schlicht selbstverständlich« gewesen sei. Zugleich aber müsse man sich von einer verengten soziologischen Sicht hüten, »die frühesten Anhänger« des Propheten seien »die Armen und Unterdrückten« gewesen. Stattdessen? »Die Bekehrten stammen vielmehr, wie die Liste der ersten 45 Muslime zeigt, aus allen Sippen und Schichten. Manche sind junge Männer aus den einflussreichsten Familien, nämlich die Söhne und jüngeren Brüder der reichen Kaufleute, andere gehören mittleren Clanen an. Die gern angeführten Schwachen sind wenige. Sie gelten als schwach, weil sie als Fremde, Sklaven und Schutzbefohlene Abhängige minderen Rechts sind [...] Wenn ein soziologisches Merkmal die Aufnahme der revolutionären Botschaft vor allem anderen begünstigt hat, dann ist es das Alter der fast durchweg Dreißigjährigen: die jugendliche Aufgeschlossenheit für Neues« (S. 48f.). Nicht zufällig spricht denn auch ein muslimischer Theologe von heute, der in Frankfurt am Main lehrende *Mark Chalil Bodenstein*, in Analogie zu *Albert Camus'* berühmtem Traktat »Der Mensch in der Revolte« (1953) von Mohammed als »Prophet in der Revolte«, einer Revolte gegen das ökonomisch-politische Establishment seiner Zeit (Muhammad, 2014, 37–50) und verweist dabei auf innermuslimische Entwürfe zu einer sozialkritischen Theologie in Analogie zur lateinamerikanischen christlichen Befreiungstheologie, wie sie etwa der südafrikanische Muslim *Farid Esack* vorgelegt hat (Qur'an, Liberation and Pluralism, 1997; The Qur'an. A User's Guide, 2005).

Angelika Neuwirth geht bei ihrer Koranauslegung noch einen Schritt weiter und spricht von »spätantik Gebildeten«, mit denen Mohammed es während seiner Zeit in Mekka zu tun gehabt habe. Die Hörerschaft habe in dieser Zeit »neben paganen Anhängern des örtlichen Kultus vor allem aus monotheistisch orientierten, wenn auch konfessionell nicht gebundenen Hörern« bestanden, »deren religiöses Wissen als

Teil der Bildung der lokalen Eliten Gemeingut gewesen sein dürfte« (NKTS, 26) Der Grund zu dieser Annahme? Da der Koran selber auch in dieser Hinsicht wenig konkrete Hinweise enthalte, sei als *Vergleichsmaterial die altarabische Poesie und Epik* bei den im Raum Mekka lebenden Stämmen in Anschlag zu bringen: »Nichts zwingt dazu, das Milieu des Koran als einen kulturell unerschlossenen Raum anzusehen. Zwar ist das kulturelle und soziale Szenario des peripher gelegenen Hedschas [Arabische Halbinsel] erst dabei erforscht zu werden, doch zeichnet bereits die erhaltene Literatur, vor allem der Poesie und Prosa-Heldengeschichten, nicht nur für die städtischen Zentren das Bild einer Gesellschaft, deren sprachliche Sensibilität und literarische Bildung alle Klischees von einem ›leere Hedschas‹ widerlegen« (NKTS, 186).

In der Tat ist der ganze Stolz altarabischer Kultur ihre Dichtung gewesen (Einzelheiten: W. *Walther*, Kleine Geschichte der arabischen Literatur, 2004, 10–49). Wir kennen Gedichtsammlungen aus vorislamischer Zeit (»Diwane«), wir kennen vor allen die später berühmten Mu'allaqat (»die Aufgehängten«), große Oden, die ihren Namen den Sieben Gedichten verdanken, die an einem so zentralen Ort wie der Ka'ab aufgehängt sind, sprachlich und formal das Beste, was die vorislamische Poesie zu bieten hat. Und diese Poesie ist noch stärker als die Religion ein alle Araber einiges Band. Denn gepriesen werden hier vor allem »die Tugenden der Männlichkeit, der Tapferkeit und Gastfreundschaft«. Unterstrichen wird der »Wert individueller und kollektiver Ehre, die Bedeutung von Stammesgeist und Solidarität, aber auch die Größe individueller Bewährung. Alles in allem bringt sie eine ganz eigene, sozial wie kulturell bedeutsame Verbindung von Gemeinschaftsbindung und Eigensinn zum Ausdruck, die auch unter islamischem Vorzeichen ihre Bedeutung behalten sollte« (G. *Krämer*, Geschichte des Islam, 2008, 17).

Aus all dem folgt: Wir dürften es in Mekka kulturell mit einem eher städtischen, religiös mit einem pluralen und soziologisch mit einem gemischten Milieu zu tun haben. Bedingt durch blühenden Handel und regelmäßige Wallfahrten wird es gerade auch im Bereich der Religion »einen regen Gedankenaustausch« gegeben haben, wie der Berliner evangelische Theologe *Klaus-Wolfgang Tröger* zusammenfasst: »Außerdem war Mekka zu dieser Zeit von mehreren Orten mit jüdischer Bevölkerung umgeben. Jüdisches Gedankengut ist also bekannt gewesen«. Mehr noch: Unter den durch Mekka durchziehenden Händlern und Pilgern dürften auch Christen gewesen sein: »In der Ka'ba soll es u.a. Bildnisse von Abraham und sogar von Maria mit Jesus gegeben haben, was auf einen multireligiösen Kultort zu dieser Zeit weist. Zudem lebten nicht wenige Christen als Sklaven oder Freigekaufte, Handwerker und Händler in Mekka, auch in Mohammeds Umgebung [darunter Waraqua ibn-Asad, ein Cousin von Mohammeds Frau Chadidscha und Bilal, ein konvertierter äthiopischer Christ; später die Koptin Maria]. Es waren vielfach Fremde, keine Araber. Jedenfalls ist mit jüdischem und christlichem Einfluss auf die Bevölkerung Mekkas zu rechnen. Es wird dort auch Perser zoroastrischen und manichäischen Glaubens gegeben haben. In diese multikulturelle Situation hinein kam Mohammeds Botschaft« (Bibel und Koran, 2008, 31). Und diese Botschaft enthält von Anfang bis Ende drei Kernelemente: 1. Gott ist der Schöpfer allen Lebens und Herr über den Tod. 2. Am »Jüngsten Tag« weckt Gott die Toten wieder auf, um sie zur Rechenschaft über ihr Leben zu ziehen und 3. Gericht über sie zu halten mit doppelten Ausgang.

Sehen wir genauer zu.

Kernbotschaft I: Die Schöpfungswerke sind Zeichen Gottes

Ein erstes Grundmuster schon der frühen mekkanischen Suren lautet: Der Mensch möge bedenken, aus welchem Stoff er »erschaffen« sei. Er sei »aus sich ergießendem Wasser, das zwischen Lende und Rippen« herauskomme, geschaffen, heißt es etwa in Sure 86,6f.: Mk I. Das müsste man ja nicht erinnern, wäre das den Adressaten selbstverständlich. Doch immer wieder neu wird dieses Schöpfungsbewusstsein beim Menschen eingeklagt, oft auch unter Verweis auf die den Menschen direkt umgebende Welt:

> Schauen sie denn nicht die Kamele, wie sie erschaffen sind,
>
> den Himmel, wie er emporgehoben ist,
>
> die Berge, wie sie aufgerichtet sind,
>
> und die Erde, wie sie ausgebreitet ist?

heißt es in Sure 88, 17–19: Mk I. An anderer Stelle ähnlich. Ein anderer Fingerzeig wider die Schöpfungsvergessenheit:

> Der Mensch schaue seine Nahrung an:
>
> dass wir das Wasser reichlich ausgießen,
>
> dann die Erde spalten
>
> und Korn auf ihr wachsen lassen,
>
> Rebstöcke und Kräuter,
>
> Ölbäume und Palmen,
>
> dicht bewachsene Gärten,
>
> Früchte und Gras
>
> zur Nutznießung für euch und euer Vieh.
>
> *(Sure 80, 24–32: Mk I)*

Wahres Schöpfungsbewusstsein aber erzeugt Schöpfungsdankbarkeit. Sie findet im Koran ihren Ausdruck in einem preisenden, an Psalmverse erinnernden, zum Gebet aufrufenden Text:

> Preise den Namen deines höchsten Herrn,
>
> der erschafft und formt,
>
> der zumisst und führt,
>
> der die Weide hervorbringt
>
> und zu grauer Spreu macht!
>
> Wir werden dich vortragen lassen und du wirst nicht vergessen,
>
> außer wenn Gott es will. [...]
>
> Gut ergeht es dem, der sich läutert,
>
> der des Namens seines Herrn gedenkt und betet.

Aber nein, ihr zieht das diesseitige Leben vor.

Das Jenseitig-Letzte aber ist besser und beständiger.

(Sure 87, 1–7; 14–17: Mk I)

Zugleich aber wird in der koranischen Verkündigung die Schöpfungstheologie gleichsam konsequent zu Ende gedacht, und zwar in doppelter Hinsicht. *Zum einen* ist Gott als der Schöpfer stets auch der *Erhalter und Bewahrer seiner Schöpfung*. Er ist keineswegs nur am Anfang aktiv, um sich dann zurückzuziehen und seine Schöpfung sich selbst zu überlassen. Er ist und bleibt stets *in der Welt präsent*: »Und er kennt, was auf dem Festland ist und im Meer. Kein Blatt fällt, ohne dass er es kennt, kein Korn ist in den Finsternissen der Erde, nichts Feuchtes und nichts Trockenes, das nicht in deutlicher Schrift stünde« (Sure 6,59: Mk III). Entsprechend ist Gott stets auch *dem Menschen nahe:* »Wir haben den Menschen erschaffen«, kann es in Sure 50,16: Mk III heißen, »und wissen, was ihm seine Seele einflüstert. Wir sind ihm näher als die Halsschlagader.«

Zum anderen ist Gott auch der Schöpfer am Ende der Zeiten, wenn er als Richter Menschen zur Verantwortung und Rechenschaft zieht. So kommt es zu einer Mohammeds Predigt charakteristischen Trias: Schöpfung am Anfang – Auferweckung der Toten – Gericht über Getanes und Unterlassenes mit doppeltem Ausgang: Strafe in der Hölle und Belohnung im Paradies: »Die Frommen sind im Glück, / die Niederträchtigen aber im Höllenbrand, / in dem sie brennen am Tag des Gerichts« (Sure 82,13–15: Mk I). Der Koran geht also von einer *doppelten Schöpfermacht Gottes* aus: Gott ist Herr über das Leben und Herr über den Tod. Entsprechend sollten Menschen bedenken, aus welchem Stoff sie »erschaffen« seien, hatte es in Sure 86,6f. geheißen, um gleich anschließend die Verse folgen zu lassen: »Gott hat die Macht, ihn zurückzubringen. / Am Tag, da die Geheimnisse geprüft werden«. Oder: »Wie undankbar ist er! / Woraus hat er (Gott) ihn erschaffen? Aus einem Tropfen hat er ihn erschaffen, ihm sein Maß gesetzt, / dann ihm den Weg leicht gemacht. / Dann lässt er ihn sterben

und bringt ihn ins Grab. / Dann, wenn er will, erweckt er ihn«
(Sure 80, 17–22: Mk I). Wir bekommen die zweite Kernbotschaft der koranischen Verkündigung in den Blick.

Die Kernbotschaft II: Gott hat Macht über Leben und Tod

Nach allem, was schon die frühen Suren ebenfalls erkennen lassen, ist die Stoßrichtung der prophetischen Verkündigung in mekkanischer Zeit vor allem gegen das polytheistische »Heidentum« gerichtet, das zugleich aber die Lebensform
der Mächtigen und Vermögenden ist. Grundlage: die Ankündigung einer eschatologischen Rechenschaft und damit der
Konfrontation der Menschen mit Gottes Gericht! Die Reichen
und Selbstzufriedenen müssen sich anhören:

> Der Eifer nach mehr lenkt euch ab,
> bis ihr die Gräber besucht.
> Nein, ihr werdet erfahren!
> Noch einmal:
> Nein, ihr werdet erfahren!
> Nein, wenn ihr nur sicher wüsstet!
> Ihr seht gewiss den Höllenbrand!
> Noch einmal:
> Ihr seht ihn gewiss mit sicherem Auge.
> Noch einmal:
> An jenem Tag werdet ihr gewiss über das Wohlleben be-
> fragt.
> *(Sure 102; Mk I)*

Oder noch deutlicher:

> Weh jedem Lästerer und Verleumder,
> der Vermögen zusammenbringt und zählt!
> Er meint, sein Vermögen hätte ihn unsterblich gemacht.
> Nein, er wird gewiss in die Zertrümmerung geworfen.
> Woher willst du wissen, was die Zertrümmerung ist?
> Gottes angefachtes Feuer,
> das über die Herzen lodert.

Es liegt auf ihnen, geschlossen,
in gestreckten Säulen.
(Sure 104: Mk I)

Das Stechende, Bissige, Provozierende dieser Botschaft? Das
ist in der Tat der Glaube an eine Auferweckung der Verstorbenen aus dem Tod und damit verbunden der Glaube an ein
Gericht Gottes über die Taten, Nichttaten und Untaten der
Menschen, die Konfrontation mit dem möglichen »Höllenbrand«, dem Feuer, das Gott den unbekümmerten, sozial Un-
empfindlichen androht, wenn sie ihre Grundhaltung und
-praxis nicht ändern. Denn in den Stämmen und Clans von
Mekka glaubte man zwar an einen Hoch-Gott namens Allah.
Er wird als Schöpfer der Welt betrachtet, als Spender des Re-
gens, als Erhalter des Lebens, als Vertragsbürge und Moral-
wächter. Aber zugleich glaubt man auch an drei »Töchter«
Allahs, die Hauptgöttinnen Westarabiens (vgl. Sure 53,19–25:
Mk I):an *Manat*, die Göttin des Schicksals und des Todesge-
schicks; sie hatte ihre Kultstätte nahe Jathrib/Medina; an *al-
Lat*, die Göttin der Hirten und Karawanenführer, die vor al-
lem in der Stadt Ta'if verehrt wurde, sowie an *al-Uzza*, deren
Name so viel bedeutet wie »die Starke, die Gewaltige«, deren
Baumheiligtum sich in der Nähe Mekkas befand.

Nur an das eine glaubte man in Mekka nicht: an eine Auferweckung aus dem Tod und an ein Leben nach dem Tod.
»Sie sagen«, spiegelt der Koran, »Es gibt nur unser diesseiti-
ges Leben. Wir sterben und leben. Nur die Zeit vernichtet
uns« (Sure 45,24: Mk III). Oder: »Sie sagen: Werden wir etwa,
wenn wir gestorben und Staub und Knochen sind, auferweckt? Das ist uns und unseren Vätern schon früher versprochen worden. Das ist nur das Gefabel der Früheren« (Sure
23,82f.: Mk II).

Folgt man noch einmal der Analyse von *Ludwig Ammann*,
so kann man davon ausgehen, dass die Rede von einer »Auferweckung der Toten« zu einer »völlig neuen Antwort auf die
Sinnfrage« im altarabischen Mekka geführt haben muss: »Es
gibt ein jenseitiges Leben«! Und da man daran in Mekka nicht

geglaubt hat, nimmt der Koran dafür »fremde Angebote in Anspruch«, will sagen: schließt sich die Verkündigung des Koran an schon *biblisch bezeugte Vorstellungen* an: »Die Vorstellung vom Nachleben verbindet sich mit der Botschaft vom Jüngsten Gericht, die Gott zum Richter über irdische Taten erhebt. Das greift – anknüpfend an die bereits vorhandene Vorstellung von Gott als Wächter über die Moral – den Juden und Christen geläufigen Gerichtsgedanken auf. Die neue Höllendrohung entwertet die diesseitigen Freuden, die hedonistische Antwort auf die Sinnfrage gilt nun als Sorglosigkeit, Spiel und Spaß müssen dem Ernst weichen. Die Aussicht der Verdammung dürfte die Nachfrage der Angesprochenen gedämpft haben« (Die Geburt des Islam, 2001, 38).

Eine noch harmlose Umschreibung dafür, womit der Verkünder in Mekka konfrontiert gewesen sein dürfte. In einer auf Gewinn und Wohlstand bedachten Handelsstadt wie Mekka ist eine Gerichts- und Höllenpredigt die dreiste Botschaft eines störenden Mahners, den niemand gerufen hat und niemand hören will. Schon gar nicht will man das von einem Angehörigen des Stammes der Quraisch hören, der Mohammed ist. Denn die Quraisch verdienen ja an der Organisation von Handelskarawanen, die Lederwaren, Wollkleidung und andere Tierprodukte ins südliche Syrien einführen. Außerdem sind sie noch die Hüter und Beschützer der Ka'ba, jenes würfelförmigen Heiligtums, das seit Menschengedenken Ziel und Zentrum jährlicher, auch finanziell höchst einträglicher Pilgerfahrten ist. Bisher hatte es ja auch gereicht, »Religion« vor allem als Vollzug bestimmter Riten an konkreten Heiligtümern zu praktizieren (im Zentrum Steine oder Felsbrocken, welche diverse Gottheiten repräsentieren), Religion also vor allem als Kultpraxis zu begreifen, ohne sich groß den Kopf über das Wesen der Götter oder die Begründung der Sittlichkeit zu zerbrechen. Religion bei den alten Arabern? »Kein Glaubenssystem, kein Ort der Reflexion, sie ist im Grunde nicht mehr als ein käuflicher Nothelfer«, so Ammann (S. 33). Und da fordert dieser selbsternannte Prophet auf einmal die persönliche Anerkennung bestimmter Glaubensaussagen, darunter die der Einzigkeit Gottes (gegen die Vielgötterei), der Auferweckung der Toten zum Endgericht (gegen die Diesseitsverhaftetheit) und obendrein noch eine neue Moral. Sittlichkeit? Sie soll jetzt theozentrisch begründet und gefordert sein? Das Problem aber?

Kernbotschaft III: Gericht mit doppeltem Ausgang

Nach dem Weltbild der alten Araber bewegt sich die Welt in einem ewigen Kreislauf von Leben und Tod, Entstehen und Vergehen. Dem setzt Mohammed – ganz analog zu biblischer Verkündigung – ein konsequentes geschichtliches Denken entgegen und bricht damit das zyklische Zeitverständnis auf: Die Welt ist geschaffen und von ihrem Schöpfer auf ein Grundziel hin ausgerichtet. Nicht ewiges Werden und Vergehen ist Mohammeds Botschaft, sondern Bekehrung und Gericht, Entscheidung hier und jetzt. »Froh war er inmitten seiner Leute. / Er meinte, es würde nie anders. / Gewiss doch! Sein Herr hat ihn durchschaut« (Sure 84,13–15: Mk I). Aus dieser Sorglosigkeit rüttelt Mohammed mit seiner Predigt auf. Zu Konsequenzen sollte das führen, insbesondere bei denen, die ihre Mitmenschen betrügen: »Weh denen, die das Maß mindern, / die, wenn sie sich von den Menschen zumessen lassen, volles Maß wollen, / die aber, wenn sie ihnen zumessen oder abwägen, weniger geben! / Rechnen die nicht damit, dass sie auferweckt werden/ zu einem mächtigen Tag, / am Tag, da die Menschen vor dem Herrn aller Welt stehen?« (Sure 83,1–6: Mk I).

Keine Frage: Das Gerichtsmotiv ist im Koran ubiquitär. Das Motiv vom Richtergott, der am »Tag der Scheidung« (Suren 78,17: Mk I; vgl. 37,21: Mk II; 44,40: Mk II) eine »Abrechnung« vornimmt (Sure 38,35: Mk II) und die guten und die bösen Taten gegeneinander abwägt. Auch das Höllenmotiv ist stark vertreten und wird zum Teil mit grausigen Bilden schonungslos realistisch ausgestaltet. Ein Feuer lodert hier, das die Haut versenkt (Suren 70,15f.: Mk I; 74,27–29: Mk I), das »Gesicht verbrennt« und die »Zähne darin fletschen« macht (23,104: Mk II). Ja, wer zur Hölle verurteilt ist, sieht sich gezwungen, einen »heißen Sud«, eine »Ekelbrühe« zu trinken. »Kein Willkommen. Sie brennen im Feuer« (Sure 37,67: Mk II; 38,55–59: Mk II)! So liest man es immer wieder im Koran.

Aber zugleich trifft man auch auf das Gegenbild, genauso detailliert und anschaulich ausgemalt: das Bild vom Paradies, das die wahrhaft Gläubigen und verantwortlich Lebenden erwarten dürfen. Dieses Paradies wird im Bild des Gartens veranschaulicht. Er sei – fasst *Bernhard Maier* treffend zusammen (Koran-Lexikon, 2001, 130–132) – in seiner Ausdehnung so weit wie Himmel und Erde (Suren 3,133: Md; 57,21). In seinem Inneren erwarteten die Gläubigen beständiger Schatten (Suren 56,30: Mk I; 77,41: Mk I; 36,56: Mk II; 76,14: Mk II; 36,56: Mk II; 76,14: Mk II; 13,35: Mk III), Bäche mit Wasser, Milch, Wein und Honig (Suren 83,25–28: Mk I; 47,15: Md), allerlei Früchte und Fleisch (Suren 52,22: Mk I; 55,68: Mk I; 56,20f.: Mk I), Ruhebetten, Kissen und Teppiche (15,48: Mk II; 18,31: Mk II, 44,53: Mk II u. ö.) sowie Zelte mit »Paradiesjungfrauen« (Sure 55,72: Mk I). Mehr noch: Im Paradies können sich die Gläubigen der Gesellschaft ihrer Eltern, Gatten und Kinder erfreuen, insofern auch sie gläubig gewesen sind (Suren 52,21: Mk I; 36,56: Mk II; 13,23: Mk III; 40,8: Mk III). Sie sind mit goldenen Armreifen und Perlen geschmückt und tragen Kleider aus Seide und Brokat (Sure 18,31: Mk II u. ö.), haben alles, was sie wollen (Suren 16,31: Mk III; 50, 35: Mk II), brauchen weder Mühsal noch Ermüdung zu ertragen (Suren 15,48: Mk II; 35,35: Mk III) und loben Gott für seine Huld und Rechtleitung (Suren 7,43: Mk III; 10,10: Mk III u. ö.). In der späten Sure 22 hat sich dies alles zu diesem Doppel-Bild verfestigt:

Denen, die ungläubig sind, sind Kleider aus Feuer zugeschnitten. Über ihren Kopf wird heißer Sud gegossen. Dadurch wird das, was sie im Bauch haben, zum Schmelzen gebracht und die Haut.

Für sie gibt es Knüppel aus Eisen.

Sooft sie vor Kummer dort herauskommen wollen, werden sie dahin zurückgebracht.

»Kostet die Feuerstrafe!«

Gott führt die, die glauben und gute Werke tun, in Gärten, in denen unten Flüsse fließen. Darin sind sie geschmückt mit Armreifen aus Gold und Perlen und ihr Kleid ist Seide.

Geführt werden sie zu gutem Wort und zum Weg des Lobenswürdigen.

(Sure 22,19–24: Md)

Auf weitere Details und Hintergründe einzugehen, ist hier nicht der Ort (ich verweise auf: Art. »Hell and Hellfire«, in: EQ 3, 413–419 und Art. »Paradise«, in: EQ 4, 12 – 20 sowie auf: *T. Nagel*, Der Koran, 1991, 184–199).

Hier ist mir nur noch eine Unterscheidung wichtig. So sehr uns »Kindern der europäischen Aufklärung« *heute* dieses im Koran durchgängig immer wieder neu eingeschärfte Doppelbild befremdet, so sehr muss um der geschichtlichen Gerechtigkeit willen klargestellt werden: *Mohammed ist ebenso wenig wie Jesus ein Höllenprediger.* Bevor insbesondere Christen allzu schnell werten, sollten sie nicht vergessen oder verharmlosen: Auch in Jesu Predigt ist vielfach vom Gericht und der Hölle die Rede. Wer das *Markusevangelium* kennt, kann ja eine Warnung vor Verführung aus Jesu Mund nicht übersehen:

Wenn dich deine Hand zum Bösen verführt, dann hau sie ab; es ist besser für dich, verstümmelt in das Leben zu gelangen, als mit zwei Händen in die Hölle zu kommen, in das nie erlöschende Feuer. Und wenn dich dein Fuß zum Bösen verführt, dann hau ihn ab; es ist besser für dich, verstümmelt in das Leben zu gelangen, als mit zwei Füßen in die Hölle geworfen zu werden. Und wenn dich

dein Auge zum Bösen verführt, dann reiß es aus; es ist
besser für dich, einäugig in das Reich Gottes zu kommen,
als mit zwei Augen in die Hölle geworfen zu werden, wo
ihr Wurm nicht stirbt und das Feuer nicht erlischt
[Jes 66,24]. *(Mk 9, 43–47)*

Eine Passage, die ihre Parallele auch im Matthäusevangelium
gefunden hat (Mt 18,8f.). Gerade in diesem Evangelium ist an
zwölf bzw. sechs Stellen von Gericht und Hölle die Rede. So
wird in der matthäischen Bergpredigt (Kap. 6–8) keineswegs
nur von Gewaltlosigkeit und Feindesliebe gesprochen, sondern auch davon:

> Jeder, der seinem Bruder auch nur zürnt, soll dem Ge-
> richt verfallen sein ..., wer aber zu ihm sagt: Du (gottlo-
> ser) Narr, soll dem Feuer der Hölle verfallen sein ... Und
> wenn dich deine rechte Hand zum Bösen verführt, dann
> hau sie ab und wirf sie weg! Denn es ist besser für dich,
> dass eines deiner Glieder verlorengeht, als dass dein gan-
> zer Leib in die Hölle kommt. *(Mt 5,22.30; vgl. auch Mt
> 10,28; 23,15; 23,33)*

Kurz: *Auch in der »christlichen« Hölle brennt ein Feuer.*

Was aber ist der Unterschied zwischen einem Höllenwar-
ner und einem Höllenprediger, einer Gerichtsdrohung und
einer Gerichtswarnung? Höllenprediger und Gerichtsdroher
haben das Motiv »Höllenausgang« gewissermaßen verselbst-
ständigt. Sie finden eine beinahe sadistische Lust darin, dem
sündigen Menschen einen endzeitlichen Qualort in Aussicht
zu stellen, in der offenen oder geheimen Erwartung, dass es
(verdientermaßen) auch so kommt und kommen muss. Ein
Warner dagegen will im Grunde keine Bestätigung, sondern
sucht das Dementi. Denn er zielt primär auf Besinnung,
Selbstkritik, Umkehr, Neuanfang der Menschen und kündigt
nur in letzter Konsequenz die Strafe an, die dann dem gerechten Urteil Gottes entspricht. Ziel einer Warnung also ist die
Einsicht und die Reue des sündigen Menschen, der dann auch
Gottes Vergebung und Barmherzigkeit gewiss sein kann entsprechend *diesem* Koranwort, das für viele steht: »Die aber

Missetaten begehen und danach umkehren und glauben – /
Dein Herr ist danach voller Vergebung und barmherzig«
(Sure 7,153: Mk III; vgl. auch 7,156: Mk III; 19,59f: Mk II).

Konsequenzen für ein sozial verantwortliches Leben

Dass eine Gerichtsbotschaft in das mekkanische Milieu
einbrechen musste wie ein Meteorit, ist leicht vorstellbar. Mohammed sieht offensichtlich einen engen Zusammenhang
zwischen polytheistischen Praktiken und moralischer Laxheit,
zwischen religiöser Gewohnheit und sozialer Gleichgültigkeit. Die Reichen bereichern sich – auch mit Hilfe der Religion, und die Armen geraten immer mehr an den Rand – trotz
aller Religion. Der Angriff auf polytheistische Praktiken ist
also keine religiöse Reinigungsmaßnahme allein. Er ist im
Kontext Mekkas ein Politikum ersten Ranges. Er bedeutet
nicht bloß Minderung des finanziell einträchtigen Kultes an
der Ka'ba, sondern faktisch dessen Einstellung. Denn mit seinem Bekenntnis zu dem einen und einzigen Gott erklärt Mohammed, »dass« – so noch einmal *Reza Aslan* – »der Gott des
Himmels und der Erde keine Vermittler brauchte, sondern
von jedermann direkt angerufen werden konnte. Und damit
waren die Götterbilder im Heiligtum, ja das Heiligtum selbst,
als Wohnsitz der Götter überflüssig. Und wenn die Ka'ba
überflüssig war, gab es keinen Grund mehr, warum Mekka
weiterhin als religiöses und wirtschaftliches Zentrum des
Hedschas gelten sollte« (Kein Gott außer Gott, 2006, 65). Das
hat kultische und soziale Folgen.

Die *kultischen*? Der Gott, den Mohammed verkündet, ist
nicht mehr mit einigen Gewohnheitsriten oder -opfern abzu-
speisen, er verlangt Gottes-*Dienst,* wörtlich verstanden. Will
sagen: Hingabe und Unterwerfung, »*islam*« eben. Sie finden
ihren ethischen Ausdruck in Solidarabgaben für die Armen
und Schwachen sowie ihren spirituellen Ausdruck in der täglichen Gebetspraxis. »Von Anfang an«, so *William Montgomery*

Watt, »scheinen die Muslime mit Muhammad zusammen gebetet und das vorgeschriebene Ritual (arab.: *salāt*) vollzogen zu haben; dies umfasste die Niederwerfung und das Berühren des Bodens mit der Stirn im Bewusstsein der Allmacht Gottes und der eigenen Nichtigkeit vor seinem Angesicht« (Kurze Geschichte des Islam, 2002, 17). Gerade aber die Niederwerfung im Gebet, darauf hat *Gudrun Krämer* hingewiesen, »war den Arabern als erniedrigender Brauch *anderer* Religionen und Völker bekannt und so anstößig, dass sie, selbst als sie sich später bekehrten, nicht selten um Befreiung von dieser Pflicht baten« (Geschichte des Islam, 2008, 22f.). Diese neuen kultischen Praktiken einen also nicht länger die Clan-Gesellschaft, sie polarisieren, sie trennen und stiften zugleich eine neue Identität nach innen.

Und die *sozialpolitischen Folgen*? Mohammeds Predigt, götterstürzend und tabuverletzend, sozialreformerisch und gleichmacherisch, ist nichts weniger als eine *Infragestellung der bisherigen Solidaritätspraxis auf der Basis der Sippen, Clans und Stämme.* Mohammeds Eintreten für die Unterordnung unter den einen und einzigen Gott bedroht – so *Hans Küng* treffend – »den ganzen Kult und Kommerz rund um die Ka'ba, nicht nur die dortige Verehrung anderer Götter oder Göttinnen, sondern auch den Wallfahrtsbetrieb, den Markt und damit Mekkas Finanz-und Wirtschaftssystem, Mekkas Außen- und Handelspolitik, alle bestehenden religiös-sozialpolitischen Institutionen, ja, die ehrwürdige Tradition, die innere Einheit und das äußere Prestige des Stammes überhaupt. Hier steht ein Einzelner mit einer kleinen Gruppe im Gegensatz zum ganzen Stamm« (Der Islam, 2004, 143).

Kurz: Die koranische Botschaft untergräbt die gewachsenen Solidarbindungen, welche die innerlich plurale, nach Stämmen differenzierte Gesellschaft im alten Arabien bisher zusammengehalten hat. Nicht ernst genug kann man nehmen, was hier im Kontext einer Stammesgesellschaft passiert ist. Menschen, die zu den Wohlhabenden und Mächtigen gehören, erfahren auf einmal die Bedeutungslosigkeit ihrer

Existenz. Der Sinn ihres Daseins? Nicht länger »die Akkumulierung von Reichtum und Macht«, so noch einmal *William Montgomery Watt*. Die wohlhabenden Händler sind nicht mehr länger »so reich, wie sie meinten, da es über allem einen allmächtigen Gott gab. Sinn erhielt das Dasein durch ein aufrechtes Leben, so wie Gott es von den Menschen erwartete. Es überrascht daher nicht, dass viele Leute, insbesondere junge Männer, begeisterte Muslime wurden« (Kurze Geschichte des Islam, 2002, 18). Für sie zählen jetzt nicht mehr uralte Einheitsbande wie Blutsverwandtschaft oder Familien-, Sippen-, Clan- und Stammesbindungen, sondern ein neuer Glaube, der eine neue Gemeinschaft stiftet, eine alternative geistige Familie schafft, eine neue Solidargemeinschaft wachsen lässt und zwar ausschließlich jetzt auf religiöser Grundlage. Unter anderem im Spiegel der Noach-Überlieferungen werden wir auf dieses Phänomen treffen (Dritter Teil, Kap. II/ 4).

Kein Wunder also, dass die Situation in Mekka für die muslimische Ur-Gemeinde immer unhaltbarer wird. Gegen Mohammeds Clan wird ein Heirats- und Handelsboykott verhängt, was im Klartext heißt: Es gibt keine zukunftsweisenden sozialen Kontakte mehr, kein Austausch von Nahrungsmitteln. Der Bann bleibt zwei Jahre in Kraft (616–618) und hat einige Muslime finanziell ruiniert, andere in den Tod getrieben. Besonders schwer wiegt dabei, dass 619, nach Aufhebung des Boykotts, Mohammeds Onkel und bisheriger Patron *Abu Talib* verstirbt. Ohne einen Beschützer, der den strengen Fehdegesetzen Arabiens entsprechend den eigenen Tod rächen würde, kann man ungestraft umgebracht werden. Man ist vogelfrei. Mohammed hat größte Mühe, überhaupt einen Stammesführer zu finden, der bereit ist, ihm die notwendigen Schutzgarantien zu geben. Er ist jetzt ohne jegliche politische Basis und gewinnt kaum noch neue Anhänger. Doch der von ihm gebotenen brisanten Mischung aus Religions- und Sozialkritik tut dies keinen Abbruch. Im Gegenteil.

Wie die Propheten und der Prediger aus Nazaret

Sure 90 aus frühmekkanischer Zeit zeigt das höchst eindrucksvoll. Auf dichtestem Raum sind die Kernstücke koranischer Verkündigung versammelt: Schöpfungserinnerung,
ethische Konsequenzen und Gerichtswarnung. Angesprochen wird hier jemand, der »ein gewaltiges Vermögen verschwendet« hat (Sure 90, 6: Mk I) und dabei noch glaubt, ihn
habe »niemand gesehen« (90, 7). Einem Irrtum ist er erlegen.
Seine Sicherheit ist bloße Selbsttäuschung, mag seine Ver-
schwendungssucht auch »Zeichen der im altarabischen Be-
duinentum als Tugend gefeierten Todesverachtung« sein,
wozu es in der altarabischen Poesie genügend Belege gibt
(NKK 1, 247).

Diesem beduinisch-heroischen Ideal wird mit Argumenten aus der biblischen Tradition begegnet, zunächst mit einer
an Psalmtexten orientierten Erinnerung an Gottes Schöpfung:
»Haben wir ihm nicht zwei Augen geschaffen, / eine Zunge
und zwei Lippen / und ihn die zwei Wege geführt?« Dann
folgt eine Art Tugendkatalog mit präzisen ethischen Konsequenzen: »Woher willst du wissen, was der steile Weg ist? /
Die Befreiung eines Sklaven / oder an einem Tag der Hungersnot die Speisung / einer verwandten Waise / oder eines
Armen im Elend« (Sure 90,12–16: Mk I). Das Ganze schließt
mit einer eschatologischen Lohn – Strafe – Sequenz. Hat man
den Selbstlosigkeit erforderten »Steilweg« beschritten, gehört
man zu denen, »die glauben, einander zur Standhaftigkeit
mahnen und zur Barmherzigkeit. / Das sind die zur Rechten.
/ Die aber, die nicht an unsere Zeichen glauben, sind die zur
unheilvollen Seite. / Feuer liegt auf ihnen, geschlossen«
(90,17–20). Der »steile Weg« also ist »nichts anderes als die
Erbringung von Entbehrung fordernden sozialen Leistungen
wie Freikauf eines Sklaven und Versorgung mittelloser Verwandter sowie desolater Armer« (NKK 1, 248).

Eine solche Predigt musste in Mekka so klingen als würde
den Kaufmanns-Clans *erstens* die bisherige Geschäftsgrund-
lage und *zweitens* der gewohnte Stammes-Ehrenkodex unter-

graben. Mag man zu Lebzeiten auch noch so viel Vermögen aufhäufen und sich damit für unsterblich halten, am Tag des Gerichts ergeht man dem »Feuer« nicht. Und Gottes Kriterien sind nicht die in der altarabischen Poesie besungen Lebensideale: Todesverachtung, Erwerb von Ruhm durch heroische Tapferkeit und Freigiebigkeit. Der von Mohammed verkündete Gott fordert neue, andere Ideale: schöpfungsbewusstes Denken, Gottesfurcht und verantwortliche Lebensführung in der Erwartung des doppelten Endgerichts, kurz: soziale Empathie und Solidarität: »Was meinst du von dem, der das Gericht leugnet?«, heißt es auch in Sure 107,1–3, ebenfalls schon frühmekkanisch. »Das ist der, der die Waise zurückstößt / Und nicht zur Speisung des Armen anhält. / Weh den Betenden / die beim Gebet achtlos sind, / gesehen werden wollen / und Unterstützung verwehren« (ähnlich 89,17–20: Mk I). Solche Ideale kontrastieren sichtlich mit dem überkommenen Weltbild vieler Adressaten in Mekka, konvergieren aber auch stark mit prophetischen Botschaften des Alten Israel und der Predigt Jesu. Machen wir kurze Stichproben.

Man lese die genannten Verse der Suren 107 und 89 einmal zusammen mit Worten des *Propheten Maleachi:* »Ich komme herbei, um euch zu richten, schon bald komme ich und trete als Zeuge auf ... gegen alle, welche die Tagelöhner, Witwen und Waisen ausbeuten« (3,5) oder mit Sprüchen des *Propheten Amos:* »Hört dieses Wort, ... die ihr die Schwachen unterdrückt / und die Armen zermalmt« (4,1). Man lese Sure 83,1–6, wo vom Messbetrug an Menschen die Rede ist und von der Gerichtsvergessenheit, mit Sätzen von Amos wie diesen: »Hört dieses Wort, die ihr die Schwachen verfolgt und die Armen im Lande unterdrückt ... Wir wollen den Kornspeicher öffnen, das Maß kleiner und den Preis größer machen und die Gewichte fälschen... Beim Stolz Jakobs hat der Herr geschworen: Keine ihrer Taten werde ich jemals vergessen« (8,4f.7). Ebenso erinnert vieles an sozialethischen Imperativen im Koran an Jesu Doppelgebot der Liebe (Mk 12,28–31; Mt 22,36–39; Lk 10,25–28), an seine Worte über Reichtum und Nachfolge

(Mt 19,20–26) und seine Kriterien beim Weltgericht: die Werke der Barmherzigkeit anderen Menschen gegenüber (Mt 25,31–46).

Auch das im Koran beschworene *Szenario des Weltgerichts* sieht sich bis in die Bildersprache hinein im Neuen Testament vorgeprägt. Von einem apokalyptischen Erdbeben beim Endgericht und davon, dass die Erde ihre Toten wieder freigibt wie in Sure 99,1–2: Mk I beschrieben, ist bereits in der Offenbarung des Johannes die Rede (11,13; 20,13). Wenn in Sure 81,1: Mk I eine endzeitliche Verfinsterung der Sonne angekündigt ist, so entspricht dies Offenbarung 6,12, und das in Sure 81,10 beschriebene Aufschlagen von Tatenregistern durch Gott beim Jüngsten Gericht (»Und wenn die Blätter entfaltet werden ...«) findet sich ebenfalls in Offenbarung 20,12: »Ich sah die Toten vor dem Thron stehen, die Großen und die Kleinen. Und die Bücher wurden aufgeschlagen; auch das Buch des Lebens wurde aufgeschlagen. Die Toten wurden nach ihren Werken gerichtet, nach dem, was in den Büchern aufgeschrieben war«. Selbst die Vorstellung, dass das Weltende und die Auferweckung der Toten durch einen Posaunenstoß eingeleitet werden, teilt der Koran mit dem Neuen Testament. Man vergleiche Sure 69,13: Mk I »Wenn dann ein einziges Mal die Trompete geblasen wird« (ähnlich 74,8: Mk I und 78,18: Mk I), mit Aussagen des Apostels Paulus im ersten Brief an die Thessalonicher (4,16) und im ersten Korintherbrief: »Die Posaune wird erschallen, die Toten werden zur Unvergänglichkeit auferweckt« (15,52). *Nicolai Sinai* hat überdies darauf hingewiesen, »dass die genannten Motive auch in nachbiblischen christlichen Texten wie den syrischen Dichtungen *Ephrems* (gest. 373) und *Jakobs von Sarug* (gest. 521) wiederholt und variiert werden, so dass der Koran hier keineswegs speziell auf neutestamentliche Schriften anspielen muss« (Die heilige Schrift des Islam, 2012, 82f.).

Mohammed – der angefeindete Prophet

Und das Establishment von Mekka? Es wehrt sich gegen den unbequemen Warner mit Ablehnung der Botschaft und Verfolgung von dessen Anhängern. Und gerade die biblischen Geschichten im Koran lassen etwas von diesem dramatischen Kampf um die Durchsetzung der koranischen Botschaft erkennen. Von einer Erfolgsgeschichte des Propheten kann in den ersten zwölf Jahren zu Mekka keine Rede sein. Im Gegenteil. In Mekka werden die Muslime verfolgt, einige sogar verlieren ihr Leben. Jegliche Form militärischer Verteidigung ist ihnen untersagt, was erklärt, das es in der mekkanischen Periode keine Aufrufe zu Kampf und Krieg gibt. Eine prekäre Lage zwischen Leben und Tod, so dass die muslimische Urgemeinde sich sogar gezwungen sieht, Möglichkeiten für ein Exil in Äthiopien beim dortigen christlichen Herrscher zu sondieren.

Viele Suren lassen denn auch ein ständiges Hin und Her zwischen Akzeptanz und Ablehnung erkennen, zwischen Glauben und Unglauben, Vertrauen und Verlachen, Beschwörung und Spott. Im Koran wird das alles nicht verschwiegen oder zugunsten eines heilen Prophetenbildes wegretouchiert. Im Gegenteil: In einer erstaunlich großen Anzahl von Belegen wird schonungslos gezeigt, wie sehr der Prophet angezweifelt, angefochten, ja angefeindet gewesen sein muss. Denn stets aufs Neue sieht sich Mohammed mit seiner Gerichtsbotschaft von den Wohlhabenden in seiner Umgebung mit der Auskunft abgetan: »Wir haben mehr Vermögen und Kinder und werden gewiss nicht gestraft« (Sure 34,35: Mk III). Stets aufs Neue werfen die Traditionalisten ihm vor, es wolle die Menschen »nur von dem abhalten«, dem die »Väter stets dienten« (34,43: Mk III). Stets auf Neue wird seine Botschaft als »Zauber«, als »Lüge«, als »Besessenheit« abqualifiziert (34,43–46: Mk III), ja als seine bloße Erfindung abgetan (Sure 11,13: Mk III). Und stets aufs Neue sieht sich der Verkünder herausgefordert, den göttlichen Ursprung seiner Botschaft zu beglaubigen. Und da er dies mit »menschlichen« Mitteln nicht kann, ist er in den

Augen seiner Gegner ein Versager und Aufschneider, jedenfalls ein angemaßter »Prophet«, der keinen Glauben verdient. »Sie sagen«, heißt es besonders bedrückend in Sure 17 (Mk II):

> Wir werden dir nicht glauben, bis du uns aus der Erde
> eine Quelle hervorbrechen lässt
> oder einen Garten mit Palmen und Rebstöcken bekommst und mitten aus ihm gewaltige Flüsse hervorbrechen lässt.
> oder den Himmel, wie du behauptest hast, in Stücken
> auf uns fallen lässt oder Gott und die Engel bringst
> oder ein prunkvolles Haus bekommst
> oder in den Himmel steigst.
> Wir werden aber nicht an deinen Aufstieg glauben, bis
> du uns eine Schrift herabsendest, die wir vortragen.«

Sag:

> »Gepriesen sei mein Herr! Bin ich anderes als ein
> Mensch, ein Gesandter?« […]

Sag:

> »Gäbe es auf der Erde Engel, die ruhig umhergingen,
> dann hätten wir ihnen vom Himmel einen Engel als
> Gesandten hinabgeschickt.«

Sag:

> »Gott genügt als Zeuge zwischen mir und euch.«
> (Sure 17,90–93;95f.)

»*Gott genügt*«: In der Tat kann Mohammed den Erwartungen an einen Propheten in Mekka das allein entgegenhalten. Er ist kein göttlicher oder halbgöttlicher Wundertäter, der sich mit Schauwundern beglaubigen könnte. Er kann den Himmel nicht bewegen, kein Prachthaus beibringen noch in den Himmel aufsteigen oder eine Schrift vom Himmel holen, welche man dann in Mekka beeindruckt würde lesen können. Solche Erwartungen weist Mohammed von sich. Er ist und bleibt »nur ein Mensch«. Entsprechend kann er sich nur auf das »Gott allein« berufen und seine in Bruchstücken geoffenbarte Botschaft als Koran vortragen – auf volles Risiko: »Wir haben ihnen [den Menschen in Mekka] keine Schriften gegeben, die sie hätten studieren können, und vor dir keinen Warner zu ihnen gesandt ... Sag: Ich ermahne euch nur zu dem einen: dass ihr euch zu zweit und einzeln vor Gott stellt und dann nachdenkt. / Euer Gefährte ist nicht von einem Dschinn besessen. Er ist euch nur ein Warner, bevor harte Strafe kommt« (34,46).

In diesem Kampf um Anerkennung als *von Gott legitimierter* Gesandter spielen jüdisch-christliche Überlieferungen eine wichtige Rolle. Kann man hier doch auf eine breite Tradition von Prophetenschicksalen zurückblicken. Schon dem Tübinger Islamwissenschaftler *Rudi Paret* war bei der Analyse der biblischen Gestalten im Koran aufgefallen, dass sie meist aus der zweiten und dritten Periode von Mekka stammen, will sagen aus »Jahren, in denen Mohammed einen verbissenen, schier aussichtslosen Kampf gegen den Unglauben seiner mekkanischen Landsleute geführt hat. Das ist kein Zufall. In keinem anderen Abschnitt seines Lebens, weder im Anfangsstadium seiner prophetischen Verkündigung noch in den Jahren nach der Hidjra, hätte er ein so unmittelbares, lebendiges Verhältnis zur Geschichte von Noach und der Sintflut, von Abraham und dessen angeblichem Kampf gegen den zeitgenössischen Götzendienst, von Lot und dem Untergang von Sodom und Gomorrha sowie von Mose und seiner Auseinandersetzung mit Pharao finden können« (Mohammed und der Koran, 1985, 94). Das wollen wir uns am konkreten »Material« genauer ansehen (Zweiter bis Sechster Teil).

5. Medina: Ein Glaube wird eine neue Religion

Klar ist bis hierher: Im multikulturellen – multireligiösen Milieu von Mekka und dann von Medina hat es der Prophet mit drei widerständigen Adressatenkreisen zu tun: einem altarabischen Polytheismus, einem monotheistischen Judentum und verschiedenen Gruppen von Christen (Einzelheiten: *S. H.*

Griffith, The Bible in Arabic, 2013, Kap. I: The Bible in Pre-Islamic Arabia). Dabei legt Mohammed anfangs in mekkanischer Zeit den Zweifelnden und Glaubensunfähigen gegenüber noch eine bemerkenswerte Toleranz an den Tag. Bemerkenswerte Verse aus mittel- und spätmekkanischer Zeit belegen das: »Sag: ›Die Wahrheit ist von eurem Herrn. Wer da will, möge glauben, und wer will, ungläubig sein‹« (Sure 18,29) oder: »Wenn dein Herr wollte, würden allesamt auf der Erde glauben. Zwingst du denn die Menschen, dass sie gläubig werden?« (Sure 10,99).

Mohammeds »Unabhängigkeitserklärung«

Auch Christen und Juden gegenüber ist der Prophet anfangs eher noch als werbender aufgetreten, überzeugt davon, dass seine Predigt zwar von den polytheistischen »Heiden« in Mekka abgelehnt wird, am ehesten aber von Juden und Christen akzeptiert werden würde. Sie verwerfen ja einen Vielgötterglauben so wie er. So erklären sich für die Zeit in Mekka *erstens* bewusste Anspielungen und Anknüpfungen an allgemein bekanntes und geteiltes monotheistisches Traditionsgut, wie wir sahen (Monotheismus, Auferweckung der Toten, Endgericht, soziale Empathie), insbesondere an Überlieferungen aus den Patriarchenerzählungen der Hebräischen Bibel, gemeinsames Überlieferungsgut von Juden und Christen. Sie sind ja auch am ehesten noch universalisierbar, weil nicht legalistisch festgelegt. So erklärt sich *zweitens* das erstmalige Aufgreifen der Geschichte Jesu und Marias (Sure 19: Mk II): die Geschichten von seiner Geburt und seinem göttlichen Ursprung, zusammen mit der Geschichte des Johannes (arab.: *Yaḥyā*), den Christen »den Täufer« nennen, und der Verkündigung an Maria. So erklärt sich *drittens* die Ausrichtung der Gebete auch der muslimischen Gemeinde hin auf Jerusalem im Wissen darum: Jerusalem ist zwar Hunderte von Kilometern von Mekka entfernt, ist aber das Zentrum der jüdisch-christlichen »Heilsgeschichte«, an die der Prophet mit der koranischen Verkündigung bewusst anschließt. Und so erklärt sich schließlich *viertens* die Übernahme von Fastenübungen (jüdisch: am »Versöhnungstag) und des Wochengebets (jüdisch: am Sabbat). Die Schlussfolgerung hat von daher viel für sich, dass Mohammed, schmerzlich zurückgewiesen von den Etablierten seiner Heimatstadt, am ehesten noch bei Juden und Christen glaubte Verbündete für seine neue Botschaft von dem einen Gott, dem Schöpfer, Erhalter und Richter, finden zu können.

Doch diese Hoffnung trügt. Im Jahre 622 als Schlichter von Stammesfehden nach Jathrib gerufen (später *Medinat an-Nabi*, Stadt des Propheten, kurz: Medina genannt), sieht sich der Prophet gerade bei den dort ansässigen jüdischen Stämmen in seinem Anspruch abgewiesen. Es sind drei Stämme: die Kainuka, die Kuraiza und die Nadir, zusammen etwa 36 000 bis 42 000 Juden. Noch in spätmekkanischer Zeit hatte Mohammed seine Anhänger auffordern lassen: »Streitet mit den Leuten der Schrift«, sprich: Juden und Christen, »nur auf die beste Art« und sagt: »Wir glauben an das, was zu uns und zu euch herabgesandt wurde. Unser Gott und eurer ist einer. Wir sind ihm ergeben« (Sure 29, 46: Mk III). Aber schon in Sure 2, die als die erste aus der Zeit von Medina gilt, ändert sich der Ton. Er ist der maßlosen Enttäuschung des Propheten geschuldet. Direkt werden die medinensischen Juden jetzt in der Rückprojektion als »Kinder Israels« gespiegelt und damit herausgefordert, ja aufgefordert, »an das zu glauben«, was ihm, dem Propheten, »hinabgesandt« wurde, um »zu bestätigen«, was schon vorliege. Doch die Enttäuschung schwingt schon mit: »Seid nicht die ersten, die nicht daran glauben! Verkauft nicht meine Zeichen zu einem geringen Preis. Mich, nur mich fürchtet!« (Sure 2,41). Dabei dient die ausführliche Anprangerung der angeblichen Ungläubigkeit und Halsstarrigkeit der einstigen »Kinder Israels« der Spiegelung aktueller Probleme: der Resistenz medinensischer Juden gegenüber der Verkündigung des Propheten. Die Topoi also, deren der Koran sich bei seiner Kritik an den Juden bedient, sind nicht originell. Insofern besteht gerade für christliche Leser »wenig Anlass für Selbstgerechtigkeit«. *Nicolai Sinai* hat darauf zurecht hingewiesen: »Die mehrfach wiederholten Vorwürfe der Kalbsverehrung [»Goldenes Kalb« Ex 32] und des Prophetenmordes (siehe etwa 2,51; 2,61 und 2,91f. sowie 4,153 und 4,155) etwa finden sich auch in der Rede des Stephanus vor dem Hohen Rat (Apg 7,41 und 7,52)« (Die heilige Schrift des Islam, 2012, 100).

Mohammed zieht aus diesen Erfahrungen Konsequenzen und tut einen weiteren entscheidenden Schritt. Hatte er vorher seinen Anhängern befohlen, sich im Gebet gen Jerusalem zu verneigen und sich in ihren Gebets- und Fastengewohnheiten an die jüdische Tradition anzulehnen, so nimmt er nun eine buchstäblich richtungsweisende Veränderung vor, deren religionspolitische Wirkungen nicht hoch genug veranschlagt werden können. Von jetzt ab gilt die Gebetsrichtung (arab.: *qibla*) aller Muslime Mekka und hier der »unantastbaren Moschee« (Sure 2,142–145). Die Überlieferung datiert sie auf den Anfang des Jahres 624. Die britische Religionswissenschaftlerin *Karen Armstrong* übertreibt wohl nicht, wenn sie diesen Wechsel der *qibla* eine »Unabhängigkeitserklärung« der Muslime nennt (Kleine Geschichte des Islam, 2001, 33). Und nachdem sich auch das politisch-militärische Geschick Mohammeds günstig zu wenden beginnt (seine überlegenen mekkanischen Gegner kann er in einer ersten entscheidenden Schlacht bei Badr im März 624 schlagen: vgl. Sure 3,123–127: Md), muss Mohammed auch keine politischen Rücksichten mehr auf die jüdischen Stämme nehmen.

Der Bruch mit den jüdischen Stämmen

In der Tat sollte es bitter ernst werden im Verhältnis der Muslime zu den alteingesessenen Juden Medinas. Es kommt zu einer Tragödie, die bis heute eine traumatische Wunde im Verhältnis Muslime – Juden bildet. Darüber ist viel geschrieben worden. Wir beschränken uns auf das für unser Thema

Unverzichtbare (Einzelheiten: *A. Th. Khoury,* Muhammad, 2008, 94–114. *S. H. Griffith,* The Bibel in Arabic, 2013, 9–11. *I. Lang,* Intertextualität, 2015, 156–171). Und da ist zumindest dies festzuhalten: Anfangs (zweite Hälfte 623) hatte Mohammed noch eine politisch kluge »Gemeindeordnung« erlassen und hier auch das Zusammenleben mit der jüdischen Bevölkerungsgruppe geregelt. Sie können ihre Religionspraxis weiter ausüben, haben Rechte und Pflichten insbesondere bei kriegerischen Anlässen. Wir haben schon im Zusammenhang der Marrakesch-Erklärung 2016 davon gesprochen (Erster Teil, Kap. 3). Kriegerische Anlässe drohen denn auch stets aufs Neue, da die Mekkaner Mohammed seinen Wechsel nach Medina nicht verzeihen. Wie auch anders? »Im vorislamischen Arabien galt der Stamm als heilig. Den eigenen Blutsverwandten den Rücken zu kehren, war unerhört, es galt geradezu als blasphemisch; und die Quraisch konnten das nicht hinnehmen. Sie schworen sich, die *umma* in Jathrib auszulöschen«, so *Karen Armstrong* (Kleine Geschichte des Islam, 2001, 28). Mohammed also hatte mit einer erbitterten Feindschaft von Seiten der Mekkaner zu rechnen. Entsprechend kommt es in den nächsten Jahren zu verschiedenen Waffengängen. Aber von einer grundsätzlichen Feindseligkeit gegen »die Juden« im Kollektiv kann anfangs in Medina noch keine Rede sein.

Doch die Hoffnungen des Propheten auf die Organisation eines monotheistischen Bündnisses gegen Mekka erweisen sich je länger desto mehr als trügerisch. Die Judenschaft Medinas denkt nicht daran, den Prophetenanspruch Mohammeds anzuerkennen weder politisch im Kampf gegen Mekka noch religiös durch Konversion zum Islam. Im Gegenteil: Der Koran selbst lässt erkennen, dass die Judenschaft in Medina auf Mohammeds Anspruch ähnlich reagiert haben muss wie die »Heiden« in Mekka: mit Spott und Ablehnung nämlich. Was brauchen wir einen neuen Propheten? »Zu uns ist kein Freudenbote und kein Warner gekommen!« (Sure 5,19: Md). Wie auch anders? Die Prophetie gilt im Judentum längst als erloschen. Mohammed ein neuer Mose? Welche Anmaßung! Der Verkünder seinerseits reagiert auf diese Ablehnung *erstens* mit einer konfrontativen Gegenbehauptung: »Ihr Leute der Schrift, unser Gesandter ist zu euch gekommen, um euch in einer Epoche ohne Propheten Klarheit zu schaffen, damit ihr nicht sagt: ›Zu uns ist kein Freudenbote und kein Warner gekommen.‹ Zu euch ist doch ein Freudenbote und ein Warner gekommen« (Sure 5,19: Md) Und er reagiert *zweitens* mit Verstärkung seiner Kritik am Verhalten der jüdischen Zeitgenossen. Wir haben dies schon kurz angedeutet (Erster Teil, Kap. 1: Massive Kritik an bisheriger Bibelauslegung): Sie hätten zwar die Tora als Rechtleitung bekommen (17,2: Mk II; 5,43f.: Md), Jesus habe sie sogar bekräftigt (61,6: Md), aber sie hätten die Schrift verfälscht, Gottes Wort entstellt, hätten vor allem Hinweise aus der Schrift geheim gehalten, die auf das Erscheinen Mohammeds hindeuten würden. »Ihr Leute der Schrift«, heißt es jetzt an die Adresse der Juden, »unser Gesandter ist zu euch gekommen, um euch vieles von dem, was ihr von der Schrift verheimlicht habt, und vieles zu erlassen. / Licht und deutliche Schrift sind von Gott zu euch gekommen« (Sure 5,15: Md). Es ist ein Kampf um die Schlüsselfrage für Mohammed schlechthin. Und sie wird mit der medinensischen Judenschaft ausgetragen: Geht seine Botschaft nicht doch über die von Moses hinaus? Ist Mohammed nicht doch der neue Moses? Ist der Koran nicht wirklich die bessere Tora? Sind Juden und Christen vielleicht doch nicht die wahren »Gottes Kinder und seine Lieblinge«? Denn: »Warum straft er euch dann für eure Sünden?« (5,18: Md)

Wir Koran-Leser werden Zeugen dieses Kampfes um die Durchsetzung der koranischen Botschaft vor allem *im Spiegel der Mose-Suren* und dann der *Johannes-Maria-Jesus-Suren* (Vierter und Sechster Teil unserer Studie). Das leuchtet unmittelbar ein, wenn man sich klarmacht: Hatte der Prophet in Mekka »paganen oder lax monotheistischen Gegnern gegenüber gestanden«, so *Angelika Neuwirth,* und waren dort »biblische Traditionen Teil eines allgemein zugänglichen Wissens gewesen«, so treten in Medina nun »die legitimen Erben der Bibel – Juden und Christen – selbst in Erscheinung, um ihr Monopol auf die Exegese der biblischen Tradition einzuklagen. Debatten mit ihnen haben Spuren im Koran hinterlassen« (Bibel und Kirche, 69, 2014, 136). Genauer noch: Im Unterschied zu Mekka wird Mohammed in Medina auf gelehrte Christen und traditionskundige Juden getroffen sein. In Sure 3,79: Md werden »Rabbiner« ausdrücklich erwähnt. Das hatte Konsequenzen: »Was in Mekka noch als allgemein zugängliches monotheistisches Traditionsgut im Umlauf gewesen war, wurde in Medina zum Streitobjekt, insofern die biblischen und nachbiblischen Traditionen nun von ganz konkreten Interpretationsgemeinschaften, repräsentiert durch gelehrte Juden und Christen, als ihr Monopol reklamiert wurden, gegenüber denen sich die neue Gemeinde behaupten musste« (NKTS, 27). Entsprechend werden die früheren Texte neu gelesen und kritisch in Auseinandersetzung mit gelehrten Repräsentanten des Judentums zugespitzt (s. Vierter Teil, Kap, II/5. Sechster Teil, Kap. I/4, II/ 2 u. III/ 3).

Zugleich aber lassen die späten Suren gegenüber den »Leuten der Schrift« immer auch ein *Bemühen um Differenzierung* erkennen. Nicht alle Juden und Christen werden über einen Kamm geschoren. Man lese einmal Sure 3 am Stück, und man wird ständig schwankende Urteile entdecken: Einerseits – Andererseits. *Einerseits* die Kritik an den »Leuten der Schrift«: sie sind untereinander »uneins geworden« (3,19), kehren sich von der Schrift ab (3,23), glauben nicht an Gottes Zeichen und leiten sich selbst in die Irre, ohne es zu merken (3,69). Aber zugleich richtet sich die massive Kritik in der Regel nicht pauschal an Juden oder Christen, sondern an eine »Gruppe von den Leuten der Schrift« (3,72). Denn nur »ein Teil von ihnen verdreht bei der Schrift die Zunge« (3,78). Zwar werden »die Leute der Schrift« immer wieder kollektiv beschworen, es wäre »besser für sie« (3,110) so zu glauben wie Muslime glauben. Zugleich aber gilt: »Sie sind nicht gleich. Unter den Leuten der Schrift gibt es eine aufrechte Gemeinschaft. Sie tragen Gottes Zeichen in den Nachtzeiten vor und werfen sich dabei nieder. Sie glauben an Gott und den Jüngsten Tag, gebieten das Rechte, untersagen das Verwerfliche und eifern um die guten Dinge. Die gehören zu den Rechtschaffenen. Was sie an Gutem tun, das wird ihnen nicht abgesprochen werden. Gott kennt die Gottesfürchtigen« (Sure 3,113–115: Md; ähnlich: 3,64; 4,123–125: Md).

Die Lage der Christen im Umfeld des Koran

Tatsache ist aber zugleich: In den medinensischen Suren werden wir Zeugen auch einer immer klareren, man könnte sagen immer schneidenderen Abgrenzung zu damaligen Bekenntnissen von Christen, insbesondere zu Bekenntnissen (sei sie orthodoxen oder heterodoxen Ursprungs) zu Jesus als dem ungeschaffenen, wesensgleichen Sohn Gottes und menschgewordenem himmlischen Erlöser sowie zu einem »dreifaltigen« Gott (Trinität). Auf Einzelheiten im Blick auf die Präsenz von Christen auf der Arabischen Halbinsel oder auf orthodoxe oder heterodoxe Einflüsse auf die koranische Christologie können wir hier nicht eingehen. Reichhaltiges Material bieten: *S. H. Griffith*, Art. »Christians and Christianity«, in: EQ 1, 2001, 307–316; *J. Gnilka*, Die Nazarener und der Koran. Eine Spurensuche, 2007; *A. Th. Khoury*, Muhammad, 2008, 115–136; *K.-W. Tröger*, Bibel und Koran. Was sie verbindet, was sie unterscheidet, 2008, 229–254; *S. H. Griffith*, The Bible in Arabic, 2013, 11–41).

Wir halten hier nur so viel fest. Anfang des 7. Jahrhunderts war nach fünf gesamtkirchlichen Konzilien: Nikaia (325), Konstantinopel I (381), Ephesus (431), Chalcedon (451) und Konstantinopel II (553) die christologische, mariologische und trinitätstheologische Bekenntnisbildung abgeschlossen, ohne dass der Christenheit Spaltungen erspart geblieben wären. Wir kennen solch zerstrittene, heterodoxe kirchliche Gruppen unter Namen wie Melkiten, Nestorianer oder Monophysiten. Sie vertreten allesamt unterschiedliche Christologien und Mariologien, die sich von der konziliaren Orthodoxie der byzantinischen Reichskirche unterscheiden. So war etwa aus Protest gegen die chalkedonensische Orthodoxie Ende des 6. Jahrhundert die *syrisch*-orthodoxe Kirche (auch »Jakobiten« genannt) entstanden, welche die ohnehin vorhandenen ethnischen Gegensätze zwischen Syrern und Griechen noch verstärken sollte. Denn im Unterschied zur griechischsprachigen byzantinisch-orthodoxen Reichskirche bedienen sich die syrischen Monophysiten des Syrischen, das sich bereits im frühen dritten Jahrhundert zu einer christlichen Literatursprache entwickelt hatte. Davon Zeugnis gibt *Ephrem* (um 306–373), genannt *»der Syrer«*, einer der bedeutendsten Schriftsteller und theologischen Lehrer der Alten Kirche. Im Unterschied zur »Zwei-Naturen-Lehre« des Konzils von Chalkedon (Jesus Christus »wahrer Gott« und zugleich »wahrer Mensch«, ungeteilt und unvermischt in der einen Person) vertritt die syrisch-orthodoxe Kirche einen Monophysitismus, demzufolge Jesus Christus nur eine Natur hat, eine göttliche nämlich.

Ohne auf Einzelheiten einzugehen, halten wir hier nur grundsätzlich fest: Was immer Mohammed von Christen präzise erfahren haben mag, er hatte es mit einer in ihrem Gottes-, Christus- und Marienbild gespaltenen, zerstrittenen Christenheit zu tun. Der Koran spiegelt das in aller Deutlichkeit, ohne bestimmte Gruppen namhaft zu machen. Ein weiteres Indiz dafür: Obwohl das spätantike Arabien außerhalb der oströmisch-byzantinischen und persisch-sassanidischen Reichsgrenzen liegt, ist es »doch auf vielfältige Weise in die spätantike Ökumene eingebunden« (*N. Sinai*, Die heilige Schrift des Islam, 2012, 38). Dabei ist der Prophet politisch gegenüber Christen in einer grundsätzlich anderen Lage als gegenüber Juden. Juden sind durch ihre starke gesellschaftliche und ökonomische Präsenz in Medina auch militärisch eine Bedrohung und werden entsprechend behandelt, wie wir hörten. Christen dagegen, im Koran *Naṣārā* (»Nazarener«) genannt, sind gewiss »außenpolitisch« ein Machtfaktor, ist doch die Arabische Halbinsel von christlichen Herrschaftsgebieten umgeben. Im Nordwesten liegt ein römisch-byzantinisch geprägtes Territorium. Es reicht von Ägypten über Palästina bis nach Syrien. Im Nordosten liegt das große oströmische Kernland mit der Hauptstadt Byzanz, im Fernen Westen schließlich auf afrikanischem Boden dem Roten Meer gegenüber das Reich von Aksum (heutiges Äthiopien) mit einem christlichen Herrscher an der Spitze, dem Negus. Doch im Umkreis von Mekka und Medina sind Christen eine unbedeutende Minderheit. Innenpolitisch sind sie kein Machtfaktor, der ernstgenommen werden müsste. Und da es eine christliche Gemeinde weder in Mekka noch in Medina gegeben hat, dürften dem Propheten Christen bestenfalls als Einzelpersonen bekannt gewesen sein. Darauf jedenfalls deutet eine Aussage in der letzten Sure hin:

»Du findest gewiss, dass die Juden und die, die (Gott) Partner beigeben, zu denen, die glauben, am feindlichsten sind. Und du findest gewiss, dass denen, die glauben, die in Liebe am nächsten stehen, die sagen: / ›Wir sind Christen.‹/ Denn unter ihnen sind Priester und Mönche und sie sind nicht hochmütig« (Sure 5, 82: Md).

Zugleich ist der Prophet in Medina offensichtlich bemüht, mit christlichen Gemeinschaften zu einer vertraglich festgestellten Vereinbarung zu kommen. Beispiel dafür ist die Verständigung mit einer Gesandtschaft von Christen aus dem nordjemenitischen Nadjran, im Südwesten der Arabischen Halbinsel gelegen. Seit der christliche Herrscher des Reichs von Aksum mit byzantinischer Unterstützung Anfang des 6. Jahrhunderts Südarabien erobert hatte, gibt es hier eine starke christliche Gemeinde mit einem Bischof an der Spitze. Die Sache, um die es offensichtlich geht, spiegelt uns in stilisierter Form Sure 3,59–64: Md, die unter dem Stichwort »Gemeinsames Wort« bis heute einige Berühmtheit erlangt hat. Zwar ist die Datierung nicht genau gesichert: War es vor der Schlacht von Badr (März 624) oder erst spät um das Jahr 630? Fest steht: Unter dem Eindruck des sich ausbreitenden Islam sieht sich diese Kirche offensichtlich in ihrer Glaubensfreiheit bedroht. Mit dem Propheten will man eine Klärung direkt herbeiführen, ohne Absicht freilich, der koranischen Botschaft zu folgen. Entsprechend kommt es zu Streitgesprächen über die Person Jesu Christi. Sie enden ohne Konsens. Die streng theozentrische Botschaft des Koran können diese Christen nicht akzeptieren, obwohl sich Mohammed offenbar große Mühe gibt, eine Verbindung zum Gottes- und Jesus-Bild der Muslime herzustellen. Umgekehrt sieht Mohammed selber bei der orthodoxen Christologie seinerseits keinen Spielraum für Konsens.

»Ihr Leute der Schrift«, so muss er diese Christen beschworen haben, »kommt zu einem zwischen uns und euch gemeinsamen Wort: dass wir nur Gott dienen, ihm nichts zum Partner geben und nicht außer Gott noch einander zu Herren nehmen« (Sure 3,64: Md). So hatte der Prophet das Kernelement seines Gottesverständnisses noch einmal zusammengefasst und dann sein Jesus-Bild mit dem Vers konkretisiert: »Mit Jesus ist es bei Gott wie mit Adam: Er schuf ihn aus Staub. Dann sagte er zu ihm: ›Sei!‹, und da ist er« (Sure 3,61). Damit hatte der Prophet ja zumindest den *theozentrischen Ursprung* Jesu bejaht. Jesus ist nicht wie irgendein Mensch, sondern direkt *creatura Dei*. Doch die Christen lassen sich offensichtlich nicht überzeugen. (Immerhin hatten ja auch die als Ketzer durch das Konzil von Nikaia 325 verurteilten Arianer eine Erschaffenheit des Gottessohnes durch Gott in der Zeit vertreten und damit eine Wesensgleichheit von Vater und Sohn verworfen. Anders hatten sie die Einheit Gottes gefährdet gesehen: Nur Gott, der Vater, sei ursprungslos-ewig, der Sohn »nur« dessen Abbild.) Umgekehrt aber können die Muslime ihrerseits genau jenes Kernelement der kirchlichen Christologie nicht akzeptieren: die Wesensgleichheit von Vater und Sohn, den Glauben an ihn als ungeschaffen-ewigen, mit Gott wesensgleichen Sohn Gottes. Am Ende der Verhandlungen aber steht ein Vertrag, der unveräußerliche Rechte und Pflichten festlegt. Den Christen von Nadjran wird gegen eine jährliche Tributzahlung weitgehende politisch-religiöse Autonomie zugestanden. Damit hatte Mohammed auch hier mit einem Prinzip seiner Religionspolitik ernstgemacht, das er zu Beginn seiner Tätigkeit in Medina in dem Satz zusammengefasst hatte: »Es gibt keinen Zwang in der Religion« (Sure 2,256). Das schließt Duldung der »Leute der Schrift« und zugleich Tributzahlungen unter islamischer Herrschaft ein.

Scharfe Abgrenzung: Kreuz, Gottessohnschaft, Trinität: Sure 4

Doch politisch motivierte Verträge zum Zusammenleben sind das eine. Das andere sind bleibende Differenzen in Fragen des Glaubens. Und da fällt in wichtigen medinensischen Suren auf, wie scharf sich der Prophet jetzt in Sachen Christologie und Trinität abgrenzt. Denn es finden sich vor allem in den Suren 2, 9 und 5 unter den insgesamt 717 Versen, die ansonsten eine Fülle von Regeln, Anweisungen und Vorschriften für das Verhalten der muslimischen Gemeinde im Alltag enthalten, auch einige, in denen sich die Spannungen mit Christen seiner Zeit abbilden. Die positiven Aussagen über Maria und Jesus (in Sure 3,33–59 und 5,110–120) werden wir im Sechsten Teil dieser Studie ausführlich betrachten. Hier wollen wir im zeitgeschichtlichen Kontext auf Konflikte und Abgrenzungen achten.

Und da gilt es zunächst zu sehen, dass Muslime gegenüber den Wahrheitsansprüchen von Juden und Christen in der Defensive sind. Schon *Sure 2*, die erste medinensische, lässt das erkennen: »Nur wer Jude oder Christ ist, geht in den Garten« (2,111), womit der endzeitliche Paradiesgarten gemeint ist. So oder ähnlich wird es aus dem Mund von Christen oder Juden Muslimen gegenüber geklungen haben. Oder noch direkter: »Seid Juden oder Christen, dann werdet ihr geführt« (2,135). »Geführt« im Sinne von »von Gott recht geleitet«. Der Druck auf Muslime also ist enorm, entweder zum

Judentum oder zum Christentum überzutreten. Der Prophet weiß: »Weder die Juden noch die Christen werden mit dir zufrieden sein, bis du ihrer Religionsgemeinschaft folgst« (Sure 2,120). Von diesem Druck aber scheint sich der Prophet – durch immerhin 90 Suren während seiner Zeit in Mekka gestärkt – in Medina jetzt durch Gegenangriffe frei gemacht zu haben. *Zum einen* durch seine Beobachtung, dass *Juden und Christen untereinander* nicht gerade einig sind, sondern *im Streit miteinander liegen.* Wie soll man sich da für eine Religion entscheiden? »Die Juden sagen«, heißt es im Koran über die wechselseitigen Vorwürfe, »›Die Christen haben keinen Boden unter den Füßen‹, und die Christen sagen: ›Die Juden haben keinen Boden unter den Füßen‹« (Sure 2,113). Was immer das inhaltlich heißen mag, diese Bildersprache signalisiert Befremden, Abgestoßensein von Religionen, die einerseits »doch die Schrift vortragen«, andererseits aber beide offenbar nicht wirklich über Gott Bescheid wissen. Da hält man sich am besten fern und überlässt es Gott selbst, »am Tag der Auferstehung zwischen ihnen über das zu entscheiden, worin sie stets uneins gewesen sind« (Sure 2, 113).

Darüber hinaus enthalten die *Suren 4 und 5* drei wiederkehrende Aussagen, Herzstücke christlich-kirchlichen Glaubens betreffend.

(1) Da ist *zum einen* in *Sure 4,157–159* die strikte Zurückweisung, dass Jesus einen Tod am Kreuz gestorben ist. Eine Kreuzigung Jesu hat überhaupt nicht stattgefunden, heißt es an dieser entscheidenden Stelle. Die Juden haben sich das entweder nur eingebildet oder einen anderen Gekreuzigten mit Jesus verwechselt. Gott jedenfalls hat diesem seinem Gesandten einen solchen Schandtod erspart und ihn vorher zu sich genommen. Das stellt mit einem Schlage *jede christliche theologia crucis infrage* und damit die christliche Lehre von der Erlösung und der stellvertretenen Sühne Jesu für die Sünden anderer Menschen durch sein Leiden und Sterben am Kreuz. Zweifellos ein Herzstück christlicher Theologie und Soteriologie, wie es insbesondere der Apostel Paulus vertreten hat

(vgl. Röm 5,6–11; 1 Kor 1,17–31). Mehr dazu im Sechsten Teil, Kap. III/3.

(2) Da ist *zum zweiten* die ebenso entschiedene Zurückweisung der *Gottessohnschaft Jesu*. Damit ist auch die Vorstellung einer *Menschwerdung Gottes, einer Inkarnation des Wortes Gottes im Menschen Jesus* abgewiesen (Joh 1,14). Welche christliche Lehre welcher christlichen Gruppe im Koran genau angesprochen ist, ist nicht klar. Dazu sind die Angaben zu allgemein. Sicher ist, dass eine wie auch immer im Einzelnen zu bestimmende Entwicklung des christologischen Dogmas vorausgesetzt wird, demzufolge vor allem *Jesu Gottheit* affirmiert und seine Menschheit marginalisiert wird. Entscheidend sind hier die Beschlüsse des Konzils von Chalkedon im Jahre 451. Hier war es – im Kontext der Machtkämpfe zwischen den Patriarchaten von Konstantinopel und Alexandrien über den kirchlichen Primat im Orient – zu erbitterten Auseinandersetzungen vor allem zwischen dem Patriarchen von Konstantinopel *Nestorius* und der hinter ihm stehenden Schule von Antiochien und dem Patriarchen von Alexandrien *Kyrill* und der hinter diesem stehenden Schule von Alexandria gekommen. Kyrill, der als skrupelloser Machtpolitiker gilt, hatte schon auf dem Konzil von Ephesus 431 für Maria die Formel von der »Gottesgebärerin« (statt: »Christusgebärerin«) durchgesetzt. Auch in der Christologie will er eine völlige Einheit und Gottheit der Person Christi durchsetzen. Das »Wort Gottes« (»Logos«) habe die menschliche Natur nur wie ein Kleid angenommen, ja, die menschliche Natur sei in der göttlichen gewissermaßen untergegangen, so dass nur eine einzige, die göttliche Natur Christi übriggeblieben sei. Von daher spricht man von einem »Monophysitismus« in der Christologie und meint damit eine Überbetonung der Gottheit Christi. Nestorius und seine Schule dagegen vertreten keine substantielle Einheit, sondern halten an einem Unterschied von göttlicher und menschlicher Natur in Jesus Christus fest. Die volle Menschlichkeit Christi schien ihnen nur so gewährleistet.

Das Konzil von Chalkedon im Jahre 451 schafft auf Intervention des byzantinischen Kaisers einen Kompromiss. Ich habe es eingangs schon angedeutet: Nach *reichskirchlich-orthodoxer* Lehre muss Jesus Christus als eine (göttliche) Person in zwei Naturen verstanden werden (»Zwei-Naturen-Lehre«), einer göttlichen und einer nach der Inkarnation menschlichen, die ungetrennt und zugleich unvermischt in der einen Person existieren. Christus ist »*vere deus*« und zugleich »*vere homo*«: »wahrer Gott« *und* zugleich »wahrer Mensch«, wie die später berühmte Formel des Konzils von Chalkedon (451) lautet. Damit war der Monophysitismus zwar verworfen, aber heterodoxe christliche Gruppen vor allem in Syrien (aber auch die Kopten in Ägypten, später die armenische und georgische Kirche) halten an der monophysitischen Lehre fest, derzufolge Jesus Christus nur eine einzige Natur besessen habe, eine göttliche nämlich. Ohnehin gehen die christologischen Streitigkeiten unter den verschiedenen Kirchen auch nach Chalkedon noch jahrhundertelang weiter. Ja, Ende des 5., Anfang des 6. Jahrhunderts sollte es zu einer ersten, 35 Jahre dauernden Kirchenspaltung von West- und Ostkirche kommen. Vulgärtheologische Popularisierung tut ein übriges und hat Jesus oft genug ohne alle Differenzierung zum »Gott« auf Erden erklärt mit der Folge, dass es im praktisch gelebten Christentum faktisch zwei »Götter« gibt: einen Gott-Vater und einen Gott-Sohn.

Welche konkrete »Spielart« von Christologie in der koranischen Polemik getroffen ist, lassen wir offen. Über einen entscheidender Punkt freilich herrscht kein Zweifel, was der Koran und seither jede islamische Theologie wiederholt: Jesus ist nicht Gott! *Navid Kermani* hat das in seinem Buch über das Christentum (2015) noch einmal deutlich gemacht und daran die interessante Spekulation geknüpft: »Selbst die *shahada*, das muslimische Glaubensbekenntnis, muss man auch als unmittelbare Reaktion auf die Trinität verstehen: Es gibt keinen Gott außer Gott selbst. Hätte es den Islam gegeben, wenn auf dem Konzil [von Nikaia 325], auf dem heftig gestritten wurde, der Arianismus sich durchgesetzt hätte? Oder, früher schon, im zweiten Jahrhundert: wenn das Thomas-Evangelium, das sich gegen die Trinität wendet, nicht vom Johannes-Evangelium verdrängt worden wäre? Die Offenbarung des Korans, die sich vielfach auf die Bibel und gerade auf das Neue Testament mitsamt den Apokryphen bezieht, wird die theologischen Debatten innerhalb des Christentums kaum ignoriert haben« (Ungläubiges Staunen, 2015, 90).

In der Tat ist dem Propheten nicht entgangen, wie zerstritten die christlichen »Parteiungen« untereinander sind. Und mit dem Glauben an einen mit Gott wesensgleichen Gott-Sohn sieht der Koran das Wichtigste verletzt, um das sich die ganze Verkündigung von Anfang bis Ende dreht: die Einheit Gottes, den strikten Mono-Theismus. Solche Bekenntnisse schreiben Gott »ein Kind« zu, stellten ihm einen »Partner« an die Seite. Für den Koran ist das inakzeptabel. Einspruch ist geboten – um Gottes willen. Warum? Weil damit eine Grenze überschritten ist. Entsprechend unmissverständlich fallen in Sure 4: Md Mahnung und Warnung aus:

»Ihr Leute der Schrift, geht in eurer Religion nicht zu weit und sagt über Gott nur die Wahrheit! Christus Jesus, der Sohn Marias, ist Gottes Gesandter, sein Wort, das er Maria entbot, und Geist von ihm, so glaubt an Gott und seine Gesandten! Sagt nicht ›drei‹! Hört auf! Das ist besser für euch. Gott ist ein einziger Gott. Gepriesen sei er! Dass er ein Kind hätte! Ihm gehört, was in den Himmeln und auf der Erde ist. / Gott genügt als Sachwalter / Christus wird es nicht abweisen, Diener Gottes zu sein« (Sure 4, 171f.).

Man muss diesen Text mit »christologisch« geschulten Augen lesen, orthodox oder heterodox, dann werden dessen Schlüsselworte zu Kampfbegriffen. Zunächst aber wollen wir auch hier die theozentrische Tiefendimension der Erschaffung und Sendung Jesu registrieren. Genauso wie in Sure 3,59 – die Parallele mit Adam – wird kein Zweifel daran gelassen, dass *Jesu Ursprung in Gott selbst liegt*. Affirmiert ist damit ein weiteres Mal: Jesus ist nicht wie jeder Mensch ein Menschengeschöpf, sondern explizit *Gottes* Geschöpf. Nicht irgendjemandes Gesandter, sondern *Gottes* Gesandter, nicht irgendeines Wesens »Wort«, sondern *Gottes* Wort. Aus ihm spricht nicht irgendein Geist, sondern *Gottes* Geist. Das gibt Jesus im Koran eine hervorragende Stellung, die Christen freilich gerne verächtlich abtun: Jesus sei im Koran ja »nur« irgendeiner der vielen Propheten. Statt zu sehen: Jesus ist einer der Gesandten *Gottes*, ins Leben gerufen durch *Gottes* Willen und Wort. Das alles kann im Koran bejaht werden, ohne dass Jesus zu einem göttlichen oder halbgöttlichen Wesen neben Gott würde, zu einer Art göttlichem »Kind« oder »Partner« gleichen Wesens mit Gott. Damit ist der Einspruch von Sure 4,171f. gegenüber dem christologischen Dogma des Konzils von Nikaia eklatant, namentlich gegen das nachmals berühmte »homoousios« von Nikaia: die »Wesensgleichheit« des Sohnes mit Gott, dem Vater, »das Gott von Gott«, das »wahrer Gott vom wahren Gott, gezeugt, nicht geschaffen«. Ja, Jesus *selber* wird in den Versen von Sure 4 dafür beansprucht, nichts anderes sein zu wollen als ein »Diener« Gottes: als *Diener* Gott untergeordnet, aber als Diener *Gottes* zugleich dessen Werk vollbringend.

Dass aber der Gottessohn-Titel für Jesus im Koran von Anfang bis Ende vermieden wird, dürfte seine Gründe auch in den Erfahrungen des Propheten mit dem altarabischen Polytheismus gehabt haben, wie er in seiner Heimatstadt Mekka zum Alltag gehörte. Der Tübinger Islamwissenschaftler *Rudi Paret* dürfte hier in die richtige Richtung gewiesen haben: »Die Lehre von der Gottessohnschaft Jesu wird mit derselben Begründung abgelehnt wie die heidnischen Vorstellungen von den Töchtern Allahs: Gott war immer darüber erhaben, sich Kinder zu nehmen (Sure 19,34f.)« (Mohammed und der Koran, 1985, 142). Anders gesagt: *Die Resistenz gegen den Gottessohn-Titel im Fall von Jesus erklärt sich vom polytheistischen Erfahrungshintergrund des Koran her.* Das nizänische »gezeugt, nicht geschaffen« oder die monophysitisch verstandene Gottheit Christi mussten in muslimischen Ohren wie die Bestätigung einer ihnen sattsam bekannten Glaubensgewohnheit klingen, bei der Götter – *horribile dictu* – ganz selbstverständlich Söhne und Töchter zeugen können. Gott aber »hat nicht gezeugt und ist nicht gezeugt worden«, hatte es schon in der frühmekkanischen Sure 112 klar und entschieden geheißen. Wenn Christen also zu einem unerschaffenen, gottgleichen Gottessohn beten und ihn im Gottesdienst kultisch verehren, sind sie aus koranischer Sicht faktisch den Ungläubigen gleich, und »Ungläubige« sind für den Koran die im Heidentum verbleibenden Polytheisten. Nicht zufällig heißt es denn auch in Sure 9: »Die Christen sagen: ›Christus ist Gottes Sohn.‹ / Das ist ihr Wort in ihrem Mund. Sie gleichen sich den Worten derer an, die schon früher ungläubig waren. / Gott bekämpfe sie! / Wie sind sie belogen!« (Sure 9, 30: Md).

(3) Entsprechend musste dann auch die Polemik gegen die *Rede von »drei« in Gott* ausfallen, die in der letzten Sure des Koran verschärft wird. Zunächst werden in Sure 5 die christologiekritischen Aussagen aus der voraufgegangenen Sure 4 noch einmal bekräftigt, wiederum unter Berufung auf Christus selbst: »Ungläubig sind, die sagen: / ›Gott, er ist Christus, der Sohn Marias.‹ / Christus sagte: / ›Ihr Kinder Israels, dient Gott, meinem und eurem Herrn!‹ / Wer Gott Partner beigibt, dem versagt Gott den Garten. Seine Heimstadt ist das Feuer. / Die Unrecht tun, haben keine Helfer« (5,72: Md). Dann wird die christliche Rede vom »dreifaltigen« Gott ins Visier genommen, so wie der Prophet sie offensichtlich verstanden hat: »Ungläubig sind, die sagen: / ›Gott ist der Dritte von dreien.‹ / Kein Gott ist außer einem einzigen. Wenn sie mit dem, was sie sagen, nicht aufhören, trifft gewiss die unter ihnen, die ungläubig sind, schmerzhafte Strafe« (Sure 5, 72f.). So seltsam die Wendung »Gott ist der Dritte von dreien« sein mag, eine Anspielung auf die »Trinität« ist unverkennbar. *Muhammad Asad* übersetzt denn auch: »Siehe, Gott ist der Dritte einer Trinität.« Aber erst Sure 5,116 lässt erkennen, was im Koran unter »Trinität« genau verstanden wird: »Als Gott sagte: / ›Jesus, Sohn Marias, hast du etwa zu den Menschen

gesagt:/ Nehmt euch außer Gott noch mich und meine Mutter zu Göttern!‹?« Eine Frage, die der koranische Jesus selbstverständlich entschieden dementiert. Womit ein Doppeltes klar ist: Der Koran unterstellt *erstens* der christlichen Rede von drei »Personen« in Gott einen Drei-Götter-Glauben, versteht unter Trinität also einen Tri-Theismus und hält *zweitens* die »drei in Gott« für eine Art göttlicher Familie: mit einem Gott-Vater, einer Gott-Mutter (Maria) und einem Gott-Sohn (Jesus).

Aus diesem Befund folgt, wie *S. H. Griffith* zusammenfasst: »Zwei Dinge sind bei der koranischen Einschätzung der traditionellen christlichen Lehre sehr klar: die Sicht, dass die Lehren der Trinität und der Inkarnation falsch sind und Christen, indem sie auf ihnen bestehen, maßlos übertreiben und in ihrem Bekenntnis über die Grenzen der in den Heiligen Schriften gefassten Wahrheit hinausgehen. Aus koranischer Perspektive besteht die Übertreibung darin, mehr über Gott und Jesus zu sagen als die Tora und das Evangelium einen zu sagen berechtigen. Mehr noch: Der Koran deutet an, dass die Übertreibung höchstwahrscheinlich von der Tendenz auf Seiten einiger christlicher Lehrer herkommt, ›den Gelüsten von Leuten‹ zu folgen, ›die schon früher irregegangen sind, viele irregeleitet haben und vom rechten Weg abgeirrt sind‹ (Sure 5,77)« (EQ 1, 312. Eigene Übers.).

Für den Dialog heute folgt daraus: Es muss auf der Basis des Neuen Testamentes überprüft werden, ob es ein Verständnis von Gottessohnschaft Jesu gibt, das sich nicht dem Verdacht aussetzt, einem Rückfall in einen Di- oder gar Tritheismus Vorschub zu leisten. Das sollte umso leichter fallen, als die koranische Polemik aus christlicher Sicht zu Recht gegen einen Di- und Tritheismus gerichtet ist. Christen können ihr nur lebhaft zustimmen, da sie weder das neutestamentliche Gottessohn-Verständnis noch die orthodoxe kirchliche Trinitätslehre trifft. Wir werden darauf im Sechsten Teil dieses Buches noch einmal zu sprechen kommen. Hier nur so viel: Die kirchliche Trinitätslehre hat *erstens* sich stets abgegrenzt von einem plump anthropomorphen Bild von göttlicher »Person« als »Persönlichkeit«; gemeint sind »Hypostasen«, »Seinsweisen« Gottes. *Zweitens* hat sie bei aller Unterschiedenheit der »göttlichen Personen« immer zugleich an der Einheit Gottes festgehalten, an der *einen* »Natur« Gottes (bei Strafe der Aufspaltung Gottes). Und sie hat *drittens* die drei göttlichen »Personen« als Einheit und Verschiedenheit von Vater, Sohn und Geist bekannt. Daraus folgt: Der Koran trifft mit seiner Vorstellung von einer Art göttlicher Familie »im Himmel« und mit seiner Polemik dagegen nicht die kirchlich-orthodoxe Lehre, sondern ein völlig verzerrtes und damit sachlich falsches Verständnis von christlicher »Trinität«. Gründe genug also, im Dialog von Christen und Muslimen dieses Thema aufzugreifen und das komplexe Verhältnis von Monotheismus und Trinität im Lichte der christlichen Ur-Kunde und der koranischen Einsprüche sachlich adäquat neu zu reflektieren.

Militärische Konfrontation mit Christen: Sure 9

Doch auf Lehrfragen allein bleibt der Konflikt des Propheten in Medina mit Christen nicht beschränkt. »Gott bekämpfe sie«, hatte es in Sure 9, einer ganz späten aus medinensischer Zeit, geheißen. *Sure 9* gilt als die vorletzte geoffenbarte Sure überhaupt. Ihr folgt nur noch Sure 5. Und der kämpferische Ton kommt nicht von ungefähr. Er spielt auf eine geschichtlich-politische Situation gegen Ende des Lebens des Propheten an, in der die Auseinandersetzung mit Christen sich auch militärisch zugespitzt hatte. Entsprechend schrill ist die Polemik. Die entscheidenden Verse lauten:

> Bekämpft die, die nicht an Gott und den Jüngsten Tag glauben, nicht verbieten, was Gott und sein Gesandter verboten haben, und nicht die wahre Religion befolgen – unter denen, denen die Schrift gegeben worden ist -, bis sie unterlegen und den Tribut aushändigen.
> Die Juden sagen:
> »Esra ist Gottes Sohn.«

und die Christen sagen:

»Christus ist Gottes Sohn.«

Das ist ihr Wort aus ihrem Mund. Sie gleichen sich den Worten derer an, die schon früher ungläubig waren.

Gott bekämpfe sie!

Wie sind sie belogen.

Sie haben sich außer Gott ihre Gelehrten und Mönche zu Herren genommen und Christus, den Sohn Marias. Sie sind aber nur geheißen, einem einzigen Gott zu dienen.

Kein Gott ist außer ihm.

Gepriesen sei er, fern dem, was sie als Partner beigeben!

Sie wollen Gottes Licht mit ihrem Mund auslöschen. Gott will beharrlich sein Licht vollenden, auch wenn die Ungläubigen das verabscheuen.

Er ist es, der seinen Gesandten mit der Führung und der wahren Religion gesandt hat, damit er sie über alle Religion siegen lasse, auch wenn die, die (Gott) Partner beigeben, das verabscheuen.

Ihr, die ihr glaubt, viele Gelehrte und Mönche verzehren trügerisch das Vermögen der Menschen und halten von Gottes Weg ab. Denen, die Gold und Silber horten und es nicht auf Gottes Weg spenden, verkünde schmerzhafte Strafe!

(Sure 9,29–34)

Ein Kampf- und Siegespathos ist in diesen Versen unüberhörbar, theozentrisch motiviert. »*Gott* will … vollenden.« Die Religion seines Gesandten soll »über alle Religion siegen«! Man kann das, wie der Göttinger Islamwissenschaftler *Tilmann Nagel* in seiner monumentalen Mohammed-Biographie, »eine unversöhnliche Kampfansage« an alle Andersglaubenden nennen (Mohammed, 2008, 450). Auffallend ist in der Tat vor allem, dass der Vorwurf, »nicht die wahre Religion zu befolgen«, jetzt unterschiedslos an Juden und Christen gerichtet ist, konkretisiert durch die merkwürdige Parallelisierung Esra – Christus. Ausgerechnet Esra (arab.: *'Uzair*), der Wiederhersteller des theokratischen, toratreuen Judentums nach dem Babylonischen Exil (Einzelheiten im biblischen Buch Esra), soll »vergottet« worden sein in einer Religion, die stolz ist auf ihren strengen Monotheismus? *Heinrich Speyer* hat in seiner bahnbrechenden Studie über »Die biblischen Erzählungen im Koran« auch hier für mehr Klarheit gesorgt und jüdische Quellen namhaft gemacht, die eine Ähnlichkeit mit Sure 9,30 aufweisen. So zeigen Belege im Talmud etwa, dass Esra im Judentum religiöse Verehrung genoss. Das nichtkanonische 4. Esrabuch (14,9) kennt eine Überlieferung »wonach Esra den Menschen entrückt werden und bei Gottes Sohn sitzen soll. Auch die Apokalypse des Esra (1,7) lässt Esra in den Himmel aufgenommen werden. Vielleicht hat Mohammed auch von einer jüdischen oder jüdisch-christlichen Sekte gehört, die Esra in ähnlicher Weise verehrte wie Melchisedek« (Die biblischen Erzählungen, Neuausgabe 1961, 413).

Dass Christus von seinen Anhängern »vergottet« wurde, ist, wie wir sahen, in der späten Phase von Mohammeds Wirken ein Standardvorwurf. Dieser Vorwurf wiegt schwer genug. In Sure 9,31 aber wird er noch einmal dadurch gesteigert, dass Christen sogar ihren »Gelehrten und Mönchen« einen gottgleichen Status gegeben hätten, Mönchen und Gelehrten, die in 9,34 auch noch der Vermögensverschwendung auf Kosten von Menschen beschuldigt werden. Christliches, möglicherweise auch jüdisches »Kernpersonal« ist damit theologisch und moralisch zugleich diskreditiert. Bei *Bobzin* heißen »die Gelehrten« anspielungsreich »Schriftgelehrte«, bei *Asad* direkt »Rabbiner«, eine Übersetzung, die sich am Parallelvorwurf in Sachen Vergottung Jesu orientiert. Die Polemik verfolgt offensichtlich ein zeitaktuelles, propagandistisches, politisches Interesse. Wenn Juden und Christen derart in engste Nähe zum so verachteten und bekämpften Heidentum gerückt werden, motiviert das die Anhänger des Propheten zur Unterwerfung christlicher Mächte, nachdem durch die Ausschaltung der jüdischen Stämme das Judentum als politischer Machtfaktor auf der Arabischen Halbinsel nicht mehr relevant ist. Noch aber sind nicht alle Araber in einer geschlossenen Glaubensgemeinschaft (arab.: *umma*) vereint, solange einige arabische Stämme im Nordwesten der Arabischen Halbinsel unter byzantinischer Herrschaft (Ägypten, Palästina, Syrien) christlich sind.

Genau das aber ist in seinen späten Jahren des Propheten Ziel, dem er durch eine kühne Friedensinitiative gegenüber seiner Heimatstadt Mekka ein großen Stück näher gekommen ist. Nach kriegerischen Auseinandersetzungen mit wechselndem Kriegsglück (die Schlachten von Badr 624, von Uhud 625, von Medina 627, genannt »der Grabenkrieg«) hatte der *Vertrag von al-Hudaibija* im Jahr 628 die Wende gebracht. Mit etwa 1000 Freiwilligen hatte der Prophet waffenlos einen Pilgergang nach Mekka angetreten und die herrschenden Quraisch, Wächter des Schreins der Ka'ba, durch diese friedliche Demonstration »moralisch« zum Nachgeben und zum Abschluss eines Vertrags gezwungen. Viele Stämme schließen sich jetzt einem Bündnis mit Mohammed an. So kann er zwei Jahre später mit einer großen Armee auf Mekka losmarschieren, nachdem die Mekkaner den Vertrag gebrochen hatten. Von der Übermacht beeindruckt, öffnen ihm die Mekkaner die Tore der Stadt. Ohne einen Blutstropfen vergießen zu müssen, ist Mohammed jetzt auch Herrscher über seine Heimatstadt Mekka. Ja, mit dem Jahr 630 ist er der mächtigste Mann in ganz Arabien.

Aber zur endgültigen Erfüllung seines Traums von einer geeinten *umma* fehlen noch die arabisch-christlichen Stämme. Man datiert denn auch in der Forschung die Verse 9,29–34 auf die Zeit nach 629, als Mohammed große Teile der Arabischen Halbinsel unter seiner Führung vereint hatte, die Ganzkontrolle aber bisher an den christlichen Territorien im Norden gescheitert war. Jetzt riskiert er kriegerische Auseinandersetzungen mit christlichen Stämmen und Truppenkontingenten im byzantinischen Grenzgebiet, näherhin im Norden bei Tabuk, einer kleinen Festung schon auf byzantinischem Gebiet, heute im Nordwesten Saudi-Arabiens gelegen. »Bekämpft sie ... bis sie unterlegen den Tribut auszahlen« (9,29): diese Parole wird nun auch gegenüber den arabischen Christen seiner Zeit die politische Richtschnur. Wie ist dieser Vorgang zu bewerten?

Tilmann Nagel vertritt in seiner Mohammed-Biographie in diesem Zusammenhang die Ansicht, »dass Mohammed das Christentum in jenen Jahren als etwas besonders Unliebsames, Störendes zu begreifen« begonnen habe. Ja, »in den Quellenzeugnissen, die die Überlieferung in jene letzten Jahre Mohammeds einordnet«, erscheine »das Christentum als eine törichte Spielart des Unglaubens« (Mohammed, 2008, 436). »*Das*« Christentum? Da ist *Theodor Khoury* etwas weniger pauschal in seinem Urteil und spricht überzeugender von bestimmten Christen, die der Prophet vor Augen gehabt haben muss, darunter, wie wir hörten, »Gelehrte und Mönche«. Allerdings ist auch Khoury der Meinung, Mohammed habe sich »erst unter dem Druck der politischen Umstände« zu einer »härteren Behandlung der Christen« bereitgefunden. Seinem »Wunschtraum«, die »islamische Vorherrschaft über das ganze arabische Territorium«, hätten jetzt nur noch die Christen entgegengestanden, insofern ganze arabische Stämme christlich sind. Wie auch anders aus Mohammeds Sicht? Christen stellen »den Glauben der Muslime infrage« und gefährden »die Einheit der Gemeinschaft«. Wörtlich fasst Khoury zusammen: »Ein Feldzug gegen die Christen in Nordarabien (629) brachte jedoch nur Misserfolge, die Mohammed irritierten. Seine Äußerungen wurden heftiger und sein Ton aggressiver. Auch deutliche Drohungen fielen. Schließlich kam der Befehl, alle Nichtmuslime – Heiden, Juden und Christen – zu unterwerfen (9,29.33). Um seine Absichten durch Taten zu verdeutlichen, führte Mohammed 630 bis 631 einen siegreichen Feldzug gegen die Christen im Norden: Er nahm die Oasen Tabuk, Dumat al-Djandal und Tayma' ein. Ayla (das heutige 'Aqaba) verhandelte mit ihm: Die Klausen dieser ersten Kapitulation [eines christlichen Herrschers] scheinen den zukünftigen Eroberern Syriens als Modell für die von ihnen immer wieder vorgeschlagenen Friedensverträge gedient zu haben« (Muhammad, 2008, 124).

Bleibender Zwiespalt im Verhältnis zu Christen: Sure 5

Aber Sure 9 ist nicht das letzte Wort des Koran. Es folgt Sure 5 mit noch einmal 120 Versen. Und es ist, als wäre in diese letzte Sure alles an Ambivalenz eingegangen, die der Koran gerade in seiner späten Phase Christen gegenüber an den Tag legt. Von einer Aufforderung zu einem »gemeinsamen Wort« wie gegenüber den Christen von Nadjran in Sure 3,64 ist jetzt nicht mehr die Rede, aber auch nicht von einer Pauschalverurteilung. Das ist der Befund, mit dem der Koran seine Leser und Hörer entlässt: einerseits – andererseits.

Einerseits kommt es zu *wiederholten Vorwürfen und Anschuldigungen* Christen gegenüber. Sie haben zwar »ihre Verpflichtung« von Gott »entgegengenommen, haben aber Teile daraus »vergessen« mit der Folge, dass Gott »unter ihnen Feindschaft und Hass erregt bis zum Tag der Auferstehung« (5,14). Wiederholt wird auch der Vorwurf der Vergottung Jesu, was Christen den Ungläubigen gleichmacht: »Ungläubig sind die, die sagen: ›Gott, er ist Christus, der Sohn Marias.‹« (5,17), ein Vorwurf, der im Verlauf dieser Sure noch einmal massiv verstärkt wird: 5,72–77 mit der noch einmal eingeschärften Warnung, nicht »in eurer Religion wahrheitswidrig zu weit zu gehen« (5,77).

Neu in Sure 5 ist die *Warnung vor Verführung und Glaubensabfall* sowie die *Drohung mit Kontaktsperre, ja mit Vernichtung im Kampf*. Klar ist in 5,49 die Sorge artikuliert, Muslime könnten durch Andersglaubende »weggelockt« werden von dem, »was Gott herabgesandt« hat. Nur wenig später werden solche Ungläubigen als Juden und Christen identifiziert und als Leute, »die eure Religion zu Scherz und Spiel nehmen« (5,57). Wenn Muslime zum Gebet riefen, nähmen sie es »zu Spiel und Scherz«, lesen wir in Sure 5,58. Es ist die *Angst vor Glau-*

bensabfall in der noch jungen muslimischen Gemeinde, die hinter solchen Versen steht. Sie wird in 5,54 auch unmissverständlich angesprochen, was alles völlig unnötig wäre, hätte der Prophet nicht Erfahrungen dieser Art machen müssen: Durch Freundschaftsbeziehungen mit Juden und Christen haben Muslime ihren Glauben nicht mehr ernstgenommen und sind »abtrünnig« geworden. Entsprechend direkt sind *Mahnung und Warnung:* »Ihr, die ihr glaubt«, heißt es in 5,51, »nehmt euch nicht die Juden und die Christen zu Freund und Beistand! Das sind sie untereinander. Wer unter euch sie zu Freund und Beistand nimmt, gehört zu ihnen.« Mehr noch und schlimmer: Im Zusammenhang einer kämpferischen, sprich: militärischen Auseinandersetzung mit Juden und Christen lässt der Koran – gewissermaßen unter der Bedingung der Selbstverteidigung – »Vergeltung« zu. Hier aber ist die göttliche Anweisung in ihrer Brutalität und Gnadenlosigkeit kaum zu überbieten:

»Die Vergeltung für die, die Gott und seinen Gesandten bekämpfen und zum Unheil im Land umhereilen, ist, dass sie getötet oder gekreuzigt, dass ihnen wechselseitig Hände und Füße abgehackt oder dass sie aus dem Lande vertrieben werden. Das ist für sie Schande im Diesseits, und im Jenseitig-Letzten bekommen sie mächtige Strafe. / Außer denen, die umkehren, bevor ihr euch ihrer bemächtigt. So wisst: / Gott ist voller Vergebung und barmherzig« (Sure 5, 33f.).

Aber auch hier beachte man den Vorbehalt: *Wenn* sie ... bekämpfen und Unheil verbreiten ...

Andererseits aber gibt es in derselben Sure ganz andere Aussagen über Christen oder zum Verhältnis von Juden, Christen und Muslimen. Es sind im Wesentlichen drei positive Aussagen:

(1) Christen und Juden werden zwar immer wieder aufgefordert, den Koran anzunehmen, aber sie werden dazu nicht gezwungen, auch dann nicht, wenn sie militärisch-politisch unterworfen sind. Christen und Juden haben einen eigenen »heilstiftenden« Glauben, daran hält der Koran bis zum Ende

fest: »Die glauben, die Juden, die Sabier und die Christen –
die an Gott und den Jüngsten Tag glauben und Gutes tun -,
die befällt nicht Furcht und die sind nicht traurig« (Sure 5,69).

(2) Dass es verschiedene Religionen in der einen Menschheit gibt, ist im Koran ein Faktum, das nicht infrage gestellt
wird. Im Gegenteil: Der empirisch existierende religiöse Plu-
ralismus ist gottgewollt. Denn, so die Argumentation im Koran, wenn Gott eine Einheitsreligion gewollt hätte, hätte er
sie geschaffen oder durchgesetzt. Es ist aber anders: »Für jeden von euch«, Juden, Christen und Muslime, »haben wir
Richtung und Weg geschaffen. Wenn Gott gewollt hätte,
hätte er euch zu einer einzigen Gemeinschaft gemacht. Doch
er will euch in dem, was er euch gegeben hat, prüfen. So
wetteifert um die guten Dinge. Zu Gott kehrt ihr allesamt zurück. Da tut er euch kund, worin ihr stets uneins gewesen
seid« (5,48). Will sagen: Auch in später, konfliktträchtiger
Zeit werden im Koran Juden, Christen und Muslime keineswegs grundsätzlich in eine gewaltsame Auseinandersetzung
getrieben. Wenn eine solche Auseinandersetzung in einer
konkreten geschichtlichen Situation geführt werden muss,
darf sie aus Gründen der »gerechten Vergeltung für jene, die
Krieg führen gegen Gott und seinen Gesandten« (so *Asad* in
seiner Übersetzung von 5,33) geführt werden. Grundsätzlich
aber geht der Koran mit 5,48 von einer faktischen, das heißt
von Gott zugelassenen Pluralität verschiedener Religionen
aus und fordert von ihren Anhängern einen »Wettstreit um
das Gute« (Einzelheiten in meinem Buch zu Lessings »Nathan«, der diese koranische Wendung zur Pointe in seiner
Ringparabel gemacht hat: *K.-J. Kuschel*, Im Ringen um den
wahren Ring, 2011, Teil IV u. V; s. auch Prolog).

Wie sehr in medinensischer Zeit Heterogenes unvermittelt
nebeneinander stehen, ja wie sehr das Grundsätzliche immer
wieder auch vom Einzelnen her noch einmal anders gesehen
werden kann, zeigen die entsprechenden Verse in den späten
Suren 60 und 5. In Sure 60,8f. erscheint der Umgang mit Andersglaubenden für Muslime bejaht: »Gott untersagt euch

nicht, zu denen gütig zu sein und die gerecht zu behandeln, die euch nicht der Religion wegen bekämpft und euch nicht aus euren Häusern vertrieben haben. / Gott liebt die, die gerecht handeln.« In Sure 5,82 wird zwischen Juden und Christen sogar differenziert. Eine bemerkenswerte Passage, wenn wir bedenken, dass unmittelbar in derselben Sure Vorwürfe an die Adresse von Christen vorausgehen, Christus vergottet zu haben. Wir haben das soeben angesprochen. Auch die Warnung, es in Sachen Religion »nicht wahrheitswidrig zu weit zu treiben«, verbunden mit einer Warnung vor Freundschaften, für die es für manche schon zu spät sei. »Frevler« werden sie genannt: »Wenn sie an Gott und den Propheten geglaubt hätten«, heißt es in 5,81, »und an das, was zu ihm herabgesandt worden ist, hätten sie sie nicht zu Freund und Beistand genommen. Aber viele unter ihnen sind Frevler.« Und unmittelbar im nächsten Vers: »Du findest gewiss, dass die Juden und die, die (Gott) Partner beigeben, zu denen, die glauben, am feindlichsten sind. Und du findest gewiss, dass denen, die glauben, die in Liebe am nächsten stehen, die sagen: ›Wir sind Christen.‹ Denn unter ihnen sind Priester und Mönche und sie sind nicht hochmütig« (Sure 5,82).

Auch *Mönche?* Wir registrieren, dass das Bild vom christlichen Mönchtum hier gänzlich positiv ist, nachdem es in der voraufgegangen Sure 9,31 und 34 von Christen noch geheißen hatte, sie hätten ihre Mönche vergottet oder Mönche hätten »trügerisch das Vermögen der Menschen« verzehrt (Einzelheiten: *S. H. Griffith*, Art. »Monasticism and Monks«, EQ 3, 405–407). Dem entspricht auch die Aussage über das christliche Mönchtum in der etwas früher anzusetzenden, aber ebenfalls noch medinensischen Sure 57: »Wir sandten Noach und Abraham und schufen unter ihren Nachkommen die Prophetie und die Schrift. Da wurden manche unter ihnen geführt. […] Dann ließen wir ihnen unsere Gesandten folgen, auch Jesus, den Sohn Marias. Wir gaben ihm das Evangelium und schufen im Herzen derer, die ihm folgten, Milde, Barmherzigkeit und Mönchtum« (Sure 57,26f.).

Wir registrieren: Die gottgewollten Wirkungen des Evangeliums Jesu sind dieser Sure zufolge »Milde« und »Barmherzigkeit« sowie eine gottergebene Lebensform wie das Mönchtum!

Wir registrieren ferner, dass in Sure 5 einerseits vor Freundschaften mit Christen gewarnt wird, sie könnten Muslime zur Apostasie verführen und hätten das sogar schon getan, andererseits aber mit Anerkennung von Christen gesprochen wird, die Muslimen »in Liebe am nächsten« stünden. Registrieren, dass einmal zur Vergeltung an Christen aufgefordert wird, wenn sie Gott und seinen Gesandten bekämpfen, ja zum Massaker an ihnen, zum anderen zu einem Wettstreit um das Gute. Ein solches *gleichzeitiges Nebeneinander heterogener Elemente zeigt einmal mehr, dass der Koran nicht wie ein stringent aufgebautes Lehr- oder Gesetzbuch gelesen werden darf, sondern situativ-kommunikativ und kontextuell-geschichtlich ausgelegt werden muss.* In Sachen Judentum und Christentum bekommen wir nirgendwo einen geschlossenen, systematisch durchdachten theologischen und juristischen Traktat geliefert, sondern Verhaltensweisen in einem bestimmten geschichtlichen Kontext mit einigen unveräußerlichen theologischen Eckpunkten und Vorbehalten. Das betrifft vor allem die Anerkennung des Koran und seines Gesandten und die Verwerfung jeder »Beigesellung« im Gottesbild.

6. Mekka, Jerusalem und zurück: Überbrückte Welten

Wir müssen all diese politischen Rahmenbedingungen und inhaltlichen Aussagen zu Juden und Christen vor Augen haben, wenn wir in den folgenden Teilen dieser Studie an ausgewählten Beispielen koranische Überlieferungen verstehen wollen, die sich mit jüdisch-christlichen überschneiden. Sie ziehen sich häufig durch den ganzen Koran über gut 20 Jahre hin und sind von der oft dramatischen Geschichte rund um die Städte Mekka und Medina mit bestimmt. Noch in Sure 5 begegnen wir Anspielungen auf Mose (5,20–26), gleich anschließend in 5, 27–32 auf die Geschichte von den »zwei Söhnen Adams« (*bibl.*: Kain und Abel) und ganz am Ende auf eine bemerkenswerte Jesus-Überlieferung (5,110–120), bei der es um die Herabsendung eines Tisches vom Himmel geht (Einzelheiten: *K.-J. Kuschel*, Festmahl am Himmelstisch, 2013, 121–147). All diese Überlieferungen im Koran sind für uns nicht nur unter intertextuellem Interesse von Bedeutung (Bibel-Koran-Vergleich), sondern auch unter intratextuellem, verändern sich diese Prophetengeschichten genannten Überlieferungen doch auch *innerhalb* des koranischen Textkorpus. Wir praktizieren in den folgenden Teilen also Methoden einer inter- und intratextuellen Auslegung.

Die chronologische Abfolge der Suren

Bei der Auslegung der Suren gehen wir, gemäß unserer Selbstverpflichtung auf eine vorkanonische Lektüre, streng chronologisch vor und stützen uns auf eine zeitliche Ordnung der Suren, und zwar auf der Basis des bahnbrechenden Werkes des ab 1872 in Straßburg lehrenden Orientalisten *Theodor Nöldeke* (1836–1930). Es war schon 1860 unter dem Titel »Geschichte des Qorāns« erschienen. Dieses Werk wurde von seinem zunächst ab 1901 in Gießen, dann ab 1914 in Königsberg lehrenden Schüler *Friedrich Schwally* (1863–1919) »völlig umgearbeitet«. Ein erster Band erschien 1909 unter dem Titel: »Geschichte des Qorāns von Theodor Nöldeke, Teil 1: Über den Ursprung des Qorāns«, ein zweiter Band 1919 unter dem Titel »Die Sammlung des Qorāns, mit einem literaturhistorischen Anhang über die mohammedanischen Quellen und die neuere christliche Forschung«. Dieses Standardwerk ist in der Forschung nicht unumstritten. Wie könnte es anders sein, beruht doch die hier vorgeschlagene Surenchronologie und Korangenese letztlich nicht auf Beweisen, sondern auf Hypothesen. Das kann nicht deutlich genug betont werden und ist in seinen Folgen Gegenstand kontroverser Auseinandersetzung auch in der heutigen nichtmuslimisch-westlichen Koranforschung (Eine kritisch-verwerfende Evaluation bei: *K.-F. Pohlmann*, Die Entstehung des Korans, 2012). Die auf Nödelke/Schwally aufbauende heutige Koranforschung aber weiß sich ihrerseits argumentativ zu behaupten und tragfähige Resultate zu erzielen. (Eine kritisch-konstruktive Evaluation bei: *N. Sinai*, Die heilige Schrift des Islam, 2012, 61–71).

Dabei unterscheiden Nöldeke/Schwally, den Vorgaben arabischer Gelehrter folgend, zunächst ganz klassisch zwischen mekkanischen und medinensischen Suren, also zwischen solchen, die vor der Hidjra (622), und solchen, die nach ihr verkündet worden sind, nehmen aber innerhalb der mekkanischen Periode noch weitere innere Differenzierungen vor – und zwar nach thematischen, stilistischen und lexikalischen Kriterien. Außerdem geht die heutige Koranforschung von Einschüben aus späteren in frühere Suren aus, deren Zeitpunkt freilich umstritten ist. Gehen diese noch auf den Propheten Mohammed zurück (so zum Beispiel *A. Neuwirth*, *N. Sinai*) oder sind spätere Redaktoren am Werk gewesen (so *K.-F. Pohlmann*, Die Entstehung des Korans, 2012, 51–54)? Wie immer. Klar scheint zu sein: In bestimmten mekkanischen Suren sind den veränderten Bedingungen in Medina gemäß medinensische Einschübe vorgenommen worden (Einzelheiten: *T. Nagel*, Medinensische Einschübe, 1995. *N. Sinai*, Fortschreibung und Auslegung, 2009). Dies ist auch von offizieller islamischer Seite eingeräumt worden. Seit 1923 hatte es als maßgebliche Textausgabe des Koran den sogenannten »Kairiner Koran« gegeben, der auf Veranlassung von König Fuad von einem Gremium von Azhar-Gelehrten erarbeitet und 1923 in Kairo erstmals gedruckt worden war. 1962 wird von einem »Ausschuss zur Überprüfung der Koranexemplare«, einem Gremium eben derselben Al-Azhar-Universität in Kairo, ein Hinweis in die Koranausgabe aufgenommen. Ausgewiesen wurden nicht nur wie üblich die Suren als Ganze mit dem Zusatz (in Mekka, in Medina), »vielmehr wurde in nahezu allen mekkanischen Suren eine Reihe von einzelnen aufgeführten Versen als Einschübe aus medinensischer Zeit bestimmt« (T. Nagel, Einschübe, 1995, 14).

Nach Nöldeke/Schwally kann man innerhalb der Periode von Mekka (610–622) noch einmal drei Abschnitte unterscheiden:

(1) *Mk I:* Die Zeit zwischen 610 und 615 mit 48 Suren. Ihre Form ist knapp, zwischen fünf und sechzehn Silben pro Vers und einer auffällig hohen Frequenz von Reimwechseln. Der Stil ist hochrhetorisch, prophetisch-leidenschaftlich, mit Schwurformeln am Anfang und mit kühnen, dramatischen Bildern insbesondere vom Weltende, eine Verkündigung, in der sich Gott als Mohammeds »Herr« (*arab.:* rabb) zu erkennen gibt.

(2) *Mk II:* Die Zeit zwischen 615–620: 21 Suren. Charakteristisch dafür sind der jetzt länger ausgreifende Stil der Rede, der ruhigere Rhythmus der Verse (13 bis zu 60 Silben pro Vers) und eine Verkündigung, die jetzt häufig auf Beispiele aus der Natur und der biblischen Geschichte lehrhaft-didaktisch zurückgreift. In diesem Zeitraum spricht Gott von sich als der »Allerbarmer« (*arab.:* ar-raḥmān).

(3) *Mk III:* Die Zeit von 620–622: 21 Suren. Der dritte mekkanische Abschnitt ist charakterisiert durch noch längere Verse, einen ausgeprägten Predigtstil, zahlreiche Wiederholungen und einen monotoner werdenden Endreim. Nunmehr nennt sich Gott »Allāh«.

(4) *Md:* Für die Zeit in Medina 620–632 werden weitere 24 Suren angenommen. Stilistisch sind dies weit ausgreifende Erläuterungen mit einer Vielzahl gesetzlicher Bestimmungen und ritueller Vorschriften. Einzelverse können bis zu 70 Silben enthalten. Die meisten Suren weisen einen Monoreim und nur zwei verschiedene Reimtypen auf. Thematisch stehen die Auseinandersetzungen mit Judentum und Christentum, detaillierte Rechtssetzungen und militärische Konflikte mit den mekkanischen »Ungläubigen« im Zentrum. All diese schon von Nöldeke/Schwally gemachten genauen Beobach-

tungen am Text und seiner Formung bestärken auch heutige Koranforscher in der Einsicht, »dass dem koranischen Korpus bei all seiner stilistischen und thematischen Heterogenität gewisse auffallende Regelmäßigkeiten und Korrelationen eignen, die sich durch die Annahme einer literarischen Entwicklung elegant erklären lassen« (*N. Sinai*, Die heilige Schrift des Islam, 2012, 66 mit weiteren Belegen, 68–70).

Was der Koran unter Propheten versteht

Prophetie ist eines der großen Themen im Koran (Einzelheiten: *A. Th. Khoury*, Der Koran, 2005, 117–199 und die neueren Sammelbände »Prophetie in Islam und Christentum«, hg. v. *K. v. Stosch* und *T. Isik* sowie »Die Boten Gottes«, hg. v. *A. Middelbeck-Varwick* u. a., beide 2013). Man lese nur Sure 21 aus der zweiten Periode von Mekka, die nicht zufällig den Titel »Die Propheten« (arab.: *al-Anbiyā'*) trägt, und man wird eine Ahnung bekommen von der Fülle des hier präsentierten Prophetentableaus. Dabei ist der Sprachgebrauch zunächst klärungsbedürftig. Bei »Propheten« (hebr. und arab.: *nabi*) denkt der Bibelkundige automatisch an die Schriftpropheten des Alten Israel: an die vier »Großen Propheten« Jesaja, Jeremia, Ezechiel und Daniel sowie die zwölf »Kleinen Propheten« von Hosea und Amos bis Sacharja und Maleachi. Im Koran anders. Da trifft man unter den genannten »Propheten« auffälligerweise gerade nicht die biblischen Schriftpropheten mit Ausnahme von Jona (arab.: *Yūnus*, Sure 10: Mk III), sondern ein ganzes Tableau unterschiedlichster Figuren, darunter biblische und nichtbiblische, 25 an der Zahl, die mit Namen genannt sind. Unter den biblisch bekannten fallen die Namen von Adam, Noach und Henoch bis hin zu Jesus oder Zacharias ins Auge. Mit ihnen allen hat Gott dem Koran zufolge ausdrücklich eine »strenge Verpflichtung« (*Paret, Zirker*), einen »festen Bund« (*Bobzin*) geschlossen (Sure 3,81: Md; 33,7: Md).

Unter den Propheten aber gibt es im Koran von Gott besonders *Gesandte* (arab.: *rasūl*), Menschen also, welche zwar dieselbe Botschaft wie die sonstigen Propheten vertreten, die aber in einer besonderen Beziehung zu einer jeweils ganz bestimmten Gemeinschaft stehen und beim Gericht Gottes über die Mitglieder dieser Gemeinschaft als Zeugen aussagen werden (Sure 10,47: Mk III; 16,36: Mk III; 16,84.89: Mk III; 28,75: Mk III; 4,41: Md). Unter diesen sind im Koran von Gott noch diejenigen besonders ausgezeichnet worden, die einem bestimmten Volk eine Offenbarungsschrift gebracht haben: *Mose* den Juden die Tora, *Jesus* den Christen das Evangelium, *Mohammed* den Arabern den Koran, hinzu kommt *David*, dem der Psalter anvertraut wurde (Suren 17,55: Mk II; 4,163: Md). Zwar ist der Sprachgebrauch Prophet – Gesandter im Koran nicht immer streng einheitlich. Doch kann man sich in etwa den koranischen Befund mit der Faustformel klarmachen: Alle Gesandten sind Propheten Gottes, aber nicht alle Propheten sind Gesandte Gottes so wie im Fall von Jesus im Neuen Testament alle, die ihm nachfolgen, »Jüngerinnen und Jünger« Jesu sind, aber nicht alle Jünger_innen sind von ihm besonders erwählte »Gesandte«, Apostel (von *griech.*: apostolos).

Welche biblischen Gestalten im Koran?

Legt man eine chronologische Entwicklung zugrunde, fällt auf: In den ersten fünf Jahren von Mohammeds Verkündigung (Mk I: 610–615) gibt es nur in acht von 48 Suren Anspielungen auf biblische Personen, oft nur mit einem einzigen Wort oder in einem einzigen Satz: Anspielungen auf den *Pharao* aus der Mose-Geschichte beispielsweise (Suren 85,18; 73,15; 79,17; 69,9; 51,38f.), auf Noach und sein Volk (Suren 53,52; 51,46) oder allein auf Mose (Suren 79,15–25; 51,38). Die allererste Erwähnung von Figuren mit biblischem Hintergrund besteht in dem eher kryptischen Hinweis: »Das steht auf den früheren Blättern, den Blättern Abrahams und Mose« (87,18f.). Dem aber gingen bereits 18 Suren voraus. Grundthemen der mekkanischen Verkündigung (Schöpfung, Auferweckung, Gericht mit doppeltem Ausgang: Hölle – Paradies) sind bereits breit eingeführt, kommen ohne alle Anspielungen auf biblisch bekanntes »Material« aus (Einzelheiten auch bei: *S. H. Griffith*, The Bible in Arabic, 2013, Kap. 2: The Bible in the Arabic Qur'an).

Dieser äußerst karge Befund steht in signifikantem Gegensatz zu den Suren der *mittelmekkanischen Periode* (Mk II: 615–620). Denn die vorher nur in kurzen Anspielungen evozierten biblischen Geschichten treten nun, in mittelmekkanischer Zeit, in den Vordergrund. Biblische Geschichten bekommen breiten Raum und damit rücken biblische Szenarien mit Jerusalem als Zentrum in den Focus der muslimischen Urgemeinde in Mekka. Sie wird in Kontinuität mit dem Alten Gottesvolk gesehen. Die Botschaft des arabischen Propheten in Kontinuität mit den Propheten des Alten Israel. Das alles lässt besser nachvollziehen, warum wir im Koran in beinahe allen der 21 Suren der mittelmekkanischen Jahre auf judäochristliches »Material« insbesondere aus dem Buch Genesis treffen – weiterhin in kurzen Anspielungen, jetzt auch in langen, manchmal überlangen Passagen (zur ersten Orientierung: *J. Gnilka*, Bibel und Koran, 2004, 54–70). Fünf Hauptkomplexe schälen sich heraus:

(1) Der *Adam-Iblīs-Komplex:* Erschaffung und Sündenfall des ersten Menschen sowie Rebellion des Widersachers gegen Gott (vor allem 20,115–122; 15,26–42; 38,71–88; 17,61–65).

(2) Der *Noach-Komplex:* Auftritt eines Warners, Untergang eines verblendeten Volkes und Rettung der wahren Gläubigen vor Gottes Gericht (54,9–16; 26,105–122; 23,23–41). Sure 71 trägt den Namen Noach (*arab.:* Nūḥ) schon im Titel.

(3) Der *Abraham-Lot-Ismael-Komplex:* Entdeckung des einen und wahren Gottes; Kampf gegen Götzendiener; Errettung vor Gottes Strafgericht (vor allem 26,69–91; 21,51–73; 27,54–59). In medinensischer Zeit werden Abraham und Ismael der Bau der Ka'ba und die Begründung der Wallfahrt dorthin zugeschrieben (2, 124–132; 3, 95–97; 22, 26–29).

(4) Der *Mose-Aaron-Pharao-Komplex:* Widerstand gegen einen ungläubigen Gewaltherrscher und Empfang von Gottes Geboten (vor allem 44,17–39; 20,11–19; 26,10–68; 43,46–56).

(5) Der *Johannes-Maria-Jesus-Komplex:* Geisteszeugung und Geburt Jesu als Zeichen von Gottes Barmherzigkeit (vor allem 19,16–35; 43,57–64; 21,91; vgl. 3, 33–59).

Darüber hinaus kommt es in *mittel- und spätmekkanischer Zeit* immer wieder zu kurzen Anspielungen auf weitere biblisch vertraute Figuren: auf *Ijob* (38,41; 21,83) und Ismael (19,54; 21,85), auf die Könige *Saul* (2, 247–249), *David* und *Salomon* (38,26 u. 30–34; 21,78–81; 27, 15–37), auf *Davids* Kampf mit Goliat (2, 250f.), auf *Josef* samt seinem Vater *Jakob* (Sure 12) und auf *Jona* (vor allem 21, 87f.; 37, 139–148) sowie schließlich auf *Zacharias* und dessen Sohn *Johannes* (den biblischen »Täufer«: 19,2–15; 21,89f.; vgl. 3, 38–41), um nur die wichtigsten Personen zu nennen.

In der *dritten mekkanischen und in der medinensischen Periode* kommt es, wie wir hörten, zu Weiterdeutungen im Kontext neuer religionspolitischer Herausforderungen: direkte Begegnung und Konfrontation mit Juden und Christen. Mittlerweile hatte sich die prophetische Sukzessionskette in Argumentation, Rezitation und Predigt offensichtlich derart standardisiert, dass es in spätmekkanischer und medinensicher Zeit zu formelhaften Zusammenfassungen kommen kann, zu eigentlichen Prophetenlisten:

> Die glauben und ihren Glauben nicht im Unrecht durcheinanderbringen, erlangen Sicherheit und werden geführt.
>
> Das ist unser Argument, das wir Abraham gegen sein Volk gaben.
>
> > Wir erhöhen um Ränge, wen wir wollen.
> >
> > Dein Herr ist weise und wissend.
>
> Wir schenkten ihm Isaak und Jakob.
>
> > Jeden führten wir.
>
> Schon vorher führten wir Noach, von dessen Nachkommen David, Salomon, Ijob, Josef, Mose und Aaron –
> > So vergelten wir denen, die Gutes tun.
>
> Zacharias, Johannes, Jesus, Elija –
> > Jeder gehört zu den Rechtschaffenen.

Ismael, Elischa, Jona und Lot –

Jeden zeichneten wir aus vor aller Welt

und manche vor ihren Vätern, Nachkommen und Brüdern.

Wir erwählten sie und führten sie zu geradem Weg.

(Sure 6,82–87: Mk III)

Ja, die Identifikation mit dem Glauben der Propheten Israels
ist derart stark, dass es heißen kann:

Er [Gott] hat euch an Religion verordnet, was er Noach
anbefohlen hat, was wir dir offenbart und Abraham,

Mose und Jesus anbefohlen haben: Haltet die Religion
und spaltet euch nicht in ihr! *(Sure 42,13: Mk III)*

In *medinensischer Zeit* wird erneut daran erinnert und wieder-
holend eingeschärft:

Wir haben dir offenbart wie Noach und den Propheten
nach ihm. Wir offenbarten Abraham, Ismael, Isaak, Jakob,

den Stämmen, Jesus, Ijob, Jona, Aaron und Salomo, David gaben wir einen Psalter –

Gesandte, von denen wir dir schon früher erzählt haben und andere, von den wir dir nicht erzählt haben.

(Sure 4,163f.: Md)

All das werden wir uns in den folgenden Teilen genauer ansehen. Zweierlei ist dabei »unerlässlich«, schreibt der Göttinger Islamwissenschaftler *Tilmann Nagel,* »wenn man die biblischen Erzählungen des Korans und ihnen verwandte
Geschichten verstehen will: Man muss nach der Herkunft des
Stoffes fragen, und man muss untersuchen, wie dieser Stoff
auf die Lebenssituation und die Grundideen Muhammads
zugeschnitten, ›islamisiert‹ worden ist« (Der Koran, 1991, 68).
Um beides werden wir uns bemühen.

Statt Blutsbande spirituelle Vorfahren der Bibel

In der Tat werden biblische Geschichten im Koran nicht um ihrer selbst willen erzählt, sondern mit einem bestimmten Interesse neu belebt und neu gedeutet. Sie muten ja auch der muslimischen Urgemeinde einiges zu. Sie fordern heraus, sich aus dem vertrauten Arabien in eine andere Welt zu versetzen. Wie sollte das den Erstadressaten in Mekka einleuchten? Wissen sie um die theologische Bedeutung des »Heiligen Landes« im fernen Palästina? Kennen sie die hier angesiedelten Figuren? Kennen sie die Geschichten, welche in der Bibel sowie den jüdischen und kirchlichen Überlieferungen von Adam bis Jesus erzählt werden? Mekka, Jerusalem und zurück: Zugemutet wird der Ur-Gemeinde nichts weniger als ein spiritueller Transfer von einer Welt in eine andere. Sie ist nicht die ihre, diese Welt, doch deren Lebensrelevanz wird für sie derart transparent gemacht, dass sie sie ernst nehmen und auf sich beziehen können.

Die koranische Verkündigung wird man denn auch nur dann verstehen, wenn man sieht, welche Brücken über Räume und Zeiten hinweg sie zu schlagen versteht. Denn mit »der Annahme der biblischen Tradition anstelle ihres eigenen ›arabischen Wissen‹«, so *Angelika Neuwirth*, »wandte sich die Gemeinde von ihrer realen Welt ab und näherte sich einer Textwelt an, die nicht mehr genealogisch durch Blutsbande bestimmt war, sondern von der Erinnerung an spirituelle Vorfahren, die Israeliten, getragen wurde; eine biologische Genealogie machte damit einer schriftgestützten Platz. Indem sich die Gemeinde von der Ka'ba, dem Ort alter Blut involvierender Riten, nicht nur geistig, sondern auch physisch im rituellen Gebet abwandte, das jetzt Richtung Jerusalem gesprochen wurde, suchte sie Orientierung an einem ›Schrift-Heiligtum‹, dem Jerusalemer Tempel, der ihr vor allem in seiner nachbiblischen Bedeutung, als topographisches Zentrum des Heilsgeschehens, vertraut war« (Eine »europäische Lektüre des Koran«, 2008, 272).

Ausrichtung auf eine imaginäre sakrale Topographie

In der Tat verrät die Körpersprache viel. Dass Mohammed anfangs (in mittelmekkanischer Zeit) von seinen Gläubigen die Verneigung im Gebet nach Jerusalem verlangt hat, sagt sich leicht. Man muss sich aber klarmachen, was das für einen altarabischen Bewohner Mekkas zu Beginn des 7. Jahrhunderts bedeutet haben muss. Es geht über die Akzeptanz spiritueller Vorfahren hinaus auch um die *Ausrichtung auf eine exterritoriale sakrale Topographie,* die nicht die seine ist. Mehr noch: In mittelmekkanischer Zeit beginnt man in der muslimischen Urgemeinde nicht nur, sich im Gebet gegen Jerusalem zu verneigen, sondern sogar eine Traumentrückung des Propheten im Zuge eines Nachtgebetes von Mekka nach Jerusalem und dessen altem Tempel anzunehmen (Sure 17,1). Der Prophet aus Arabien versetzt nicht nur geistig und imaginär seine Gemeinde nach »Jerusalem«, er selber wird physisch an einen Ort versetzt, der das Zentrum der monotheistischen Welt ist, ein Vorgang von nicht zu unterschätzender symbolischer Bedeutung im Blick auf die voraufgegangenen Offenbarungsreligionen mit Mose und Jesus im Zentrum. Mit seiner nächtlichen Traumreise auf den Jerusalemer Tempelberg wird er aufgenommen in den Kreis der bereits vor ihm Berufenen. Mekka-Jerusalem und zurück.

Das ist umso bemerkenswerter, wenn man bedenkt, dass der jüdische Tempel zu dieser Zeit, zu Beginn des 7. Jahrhunderts, längst nicht mehr existiert und Jerusalem – nach der Teilung des Römischen Reiches im Jahr 395 zum oströmischen Reich gehörend – bis zur muslimischen Eroberung im Jahr 637 unter byzantinisch-christlicher Herrschaft steht. Mit der Ausrichtung ihrer Gebete nach Jerusalem aber, so noch einmal *Angelika Neuwirth,* »bringt die frühe Gemeinde des Verkünders jedenfalls symbolisch ihre Zugehörigkeit zur biblischen Tradition zum Ausdruck. Zugleich stellt die Orientierung nach Jerusalem eine deutliche Kehrtwendung gegenüber frühmekkanisch mehrfach betonten Privilegierung

Mekkas (Suren 90,1: Mk I; 95,3: Mk I; 105: Mk I; 106: Mk I) dar. Während in den frühen Suren, den Sinai ausgenommen, einzig Mekka namentlich Beachtung fand, findet man in den späteren mekkanischen Suren bis zur Hidjra keinerlei Verweise auf Mekka mehr, abgesehen von Sure 17,1, wo Mekka aber mit dem Jerusalemer Tempel kontextualisiert wird. Stattdessen wird das Gelobte Land als der Raum eingeführt, wo die biblischen Propheten gewirkt haben. Suren dieser Zeit kulminieren in dem oft wiederholten Appell, Beispielen zu folgen, die tief in die Geschichte der ›spirituellen Vorfahren‹, der Israeliten, zurückreichen. Jerusalem, repräsentiert durch seinen – physisch nicht mehr bestehenden – Tempel, nicht durch seine realen christlichen Kultstätten, ist das Zentrum des von der Schrift der *banu Isra'il* [der Kinder Israels] bestimmten Raumes. Alle Gebete gravitieren in Richtung Jerusalem als ihrer natürlichen Zielrichtung« (Koranforschung – eine politische Philologie?, 2014, 69f.)

Dann aber kommt es in Medina zu einer nochmaligen Wende. Die »Heilsgeschichte« wird aus dem Heiligen Land jetzt auf die Arabische Halbinsel zurückverlegt. Der ersten Wende von Mekka nach Jerusalem folgt eine zweite: *von Jerusalem nach Mekka bzw. Medina zurück.* Äußerlich wird dies durch die Änderung der Gebetsrichtung sichtbar, wie wir hörten. Innerkoranisch spiegelt sich der Richtungswandel in den medinensischen Texten wider. Der »nunmehr zentrale Protagonist ist nicht mehr Mose, sondern Abraham, der als Gründer des mekkanischen Heiligtums und als Stifter der Wallfahrt ins Relief gesetzt wird … Das mekkanische Heiligtum ist damit eine Stiftung Abrahams, die universal sein soll, sich aber heilsgeschichtlich mit dem Stammvater der Araber verbindet. Ihre Kultlegende korrigiert gewissermaßen die älteren Versionen einer Abraham und Isaak einbeziehenden Heiligtumstiftung, so dass sich hier von einer erneuten koranischen *counter-history,* nun zur vorher verfolgten biblischen, sprechen ließe« (NKTS, 232).

Zehn Voraussetzungen für einen Dialog Bibel – Koran

Es ist Zeit, die Fäden zu bündeln, Grundgedanken noch einmal zusammenzufassen und systematisch darzulegen, auf welchen Grundvoraussetzungen ein interreligiöser Dialog auf der Basis von Bibel und Koran beruhen muss, wenn er Sinn ergeben und gelingen soll. Folgende zehn Punkte scheinen mir als Leitlinien unverzichtbar:

(1) Ein Blick in die Geschichte zeigt, dass man die Heiligen Schriften Jahrhunderte lang nicht miteinander, sondern gegeneinander gelesen hat. Mit Selbstprofilierungsinteressen auf Kosten der je Anderen, mit Übertrumpfungsgelüsten und -strategien: Du glaubst an Deine Religion, ich an die wahre. Das darf man weder verharmlosen noch gar ignorieren. Die Dämonen der Vergangenheit leben noch. Immer noch werden die Heiligen Schriften und die normativen Traditionen so ausgelegt, dass man die Welt spaltet in die eine wahre Religion und die vielen irrigen, falschen Religionen. Exklusivitätsanspruch ist eine Konstante auf *allen* Seiten. Dagegen gilt es ein anderes Narrativ aufzumachen.

(2) Der Prophet Mohammed hat keine geschichtlich einzigartige Offenbarung verkündet, sondern eine, die sich selber einbettet in eine geschichtliche Abfolge von Offenbarungen und Offenbarungsschriften, die Gott bereits Juden und Christen anvertraut hat. Dass dies welt- und religionsgeschichtlich von allergrößter Bedeutung ist, wo Christen national wie global immer mehr Lebensräume mit Muslimen teilen und wirtschaftlich mit vom Islam geprägten Ländern in hohem Grade verflochten sind, haben viele noch nicht genügend begriffen. *Helmut Schmidts* Erkenntnisse (s. Prolog zu diesem Buch) haben Ungezählte auf allen Seiten, einschließlich der religiösen und politischen Eliten, noch vor sich: Die drei Heiligen Schriften, der Tanach, das Neue Testament und der Koran, sind engstens miteinander verflochten. Gerade der Koran als der zeitlich dritten Offenbarungsschrift stößt Überlieferungen von Juden und Christen nicht ab oder ignoriert

sie, sondern tritt mit ihnen in einen neuen, kreativen, das heißt von der eigenen Axiomatik gesteuerten Auslegungsprozess. Wer also die drei Heiligen Schriften nebeneinander legt, dem wird bei allen Unterschieden deren *innere Verwandtschaft* bleibend bewusst. Ist doch der Koran »sichtlich bemüht, an den Gott der Bibel anzuschließen«, so dass gilt: »Der Gott des Koran ist der Gott der Bibel. Besonders deutlich wird das im jeweiligen Verständnis der Erzählung von der Erscheinung Gottes im brennenden Dornbusch vor Mose. Auch dürfte ein etymologischer Zusammenhang zwischen dem biblischen Gottesnamen El und dem koranischen Gottesnamen Allah bestehen« (*J. Gnilka*, Bibel und Koran, 2004, 179). Entsprechend kann die Bibel *auch* als Teil der Vorgeschichte des Koran verstanden werden, so wie der Koran zu ihrer Nachgeschichte gehört und als Teil ihrer Auslegungs- und Wirkungsgeschichte zu betrachten ist. Daraus folgt:

(3) Muslime, Christen und Juden teilen Überlieferungen miteinander, die sie mit Angehörigen anderer Religionen nicht teilen – nicht mit Hindus und Buddhisten, nicht mit Konfuzianern und Taoisten. Das ist keine Wertung, sondern eine Feststellung, aus der folgt: Juden, Christen und Muslime bilden eine besondere Glaubensgemeinschaft von Monotheisten nahöstlichen Ursprungs und prophetischen Charakters. Machen wir uns das noch einmal an einem kleinen Gedankenexperiment klar: Einem Muslim muss ich als Christ nicht lange erklären, wer Noach, Abraham oder Mose war. Denn der Koran erzählt von Nūḥ, Ibrāhīm und Mūsā genauso – in seiner eigenen Deutung selbstverständlich (s. Prolog und den Dritten und Vierten Teil). Einem Muslim muss ich auch nicht erklären, wer Josef war, denn eine der schönsten Suren des Koran, Sure 12, erzählt seine Geschichte rund um Vater Jakob und seine Brüder: die Geschichte des Yūsuf – in koranischer Auslegung natürlich (mehr dazu im Fünften Teil dieses Buches). Einem Muslim muss ich nicht erklären, wer Hiob, David, Salomo und Jona waren, denn Aiyūb, Dā'ūd, Sulaimān und Yūnus kommen im Koran vor – in koranischer Lesart,

wie sonst? Buddhisten und Hindus, Konfuzianern und Taoisten müsste ich das alles erklären. Sie teilen mit Juden, Christen und Muslimen diese Überlieferungen nicht. Umso stärker könnten Brücken über die Religionsgrenzen hinweg geschlagen werden! In der Vergangenheit aber hat das oft genug zu polemischer Abgrenzung und gegenseitiger Rechthaberei geführt. Besserwisserei und Rechthaberei aber ist das Gegenteil von Dialog. Sie ersticken die Kommunikation, bevor sie richtig begonnen hat.

(4) Lange Zeit hat unter Juden, Christen und Muslimen die Vorstellung geherrscht, die jeweiligen Heiligen Schriften und normativen Überlieferungen *genügten sich selbst*. Für orthodoxe Juden findet die Tora in Mischna und Talmud ihre weitere Deutung und Auslegung. Neues Testament und Koran sind theologisch ohne Belang, entsprechend für jüdisches Glauben und Leben ohne Interesse. Für Christen erklärt das Neue Testament, was im Alten »heilsgeschichtlich« von Bedeutung ist, der Koran als nachchristliche Offenbarungsschrift dagegen ist für sie theologisch ohne Bedeutung, es sei denn zur Abwehr und Widerlegung. Für Muslime sind Tora und Evangelium im Koran aufgehoben. Ein gläubiger Muslim braucht sich um sie nicht zu kümmern. Wer an den Koran glaubt, glaubt auch an »Tora« und »Evangelium«, ist doch im Koran zu finden, was die zentrale Botschaft aller vorausgegangenen Schriften ist, jetzt auch noch in einer reinen und endgültigen Form. Diese *Haltung wahrheitsüberlegener Selbstzufriedenheit* stiftet keinen Dialog, macht ihn unmöglich. Selbstzufriedenheit auf welcher Seite auch immer ist Dialogverweigerung. Wie auch anders? Wer von seiner Heiligen Schrift glaubt, es sei »alles gesagt«, ist nicht an Dialog interessiert. Mehr noch: Wer von Andersglaubenden Unterwerfung unter den eigenen Wahrheitsanspruch erwartet oder verlangt, lädt nicht zum Austausch ein, sondern stößt zurück. Der will bestenfalls Selbstbestätigung durch Andere. Wer seine eigenen heiligen Schriften zur exklusiven Norm macht, will nichts lernen von Anderen, kein Gespräch auf Augenhöhe und keine

Selbstbefragung, der will Bekehrung von Un- oder Andersgläubigen. Wer in seiner Heiligen Schrift die anderen »aufgehoben« glaubt, braucht sich um je andere Lesarten, Perspektiven und Glaubenszeugnisse nicht zu kümmern, der erstarrt in religiöser Selbstgenügsamkeit und monologischer Selbstzufriedenheit. Kurz: Wer in traditioneller Manier die anderen Heiligen Schriften heute noch als »verfälscht«, »verzerrt« oder »defizitär« abqualifiziert oder dem Gegenüber bis heute Unterschlagungen von Wahrheiten unterstellt, ist kein Partner im Dialog.

(5) Grundvoraussetzung für den Dialog ist die *Respektierung des Selbstverständnisses* des jeweiligen Partners sowie die Bereitschaft und Fähigkeit, sich durch das andere Glaubenszeugnisse in der Gotteserkenntnis bereichern, im Glauben vertiefen oder durch Gegenerkenntnisse infrage stellen zu lassen. Nur so hört Glauben auf, Besitz zu sein. Nur so bleibt Glauben »Glauben«: ein auf Vertrauen gegründetes »Auf-dem-Weg-Sein« vor Gott im Wissen um das Risiko des Vertrauens; man könnte einer Täuschung erlegen sein. Aber erst diese Grundhaltung der Selbstrelativierung vor Gott schafft die nötige Disposition im Gegenüber, nicht einer missionierenden Propagandaveranstaltung ausgesetzt und aufgesessen zu sein, sondern einem ehrlichen Dialog.

(6) Zu einem gelingenden Dialog gehört die *Dankbarkeit* den anderen Glaubensgeschwistern gegenüber. Dankbarkeit von jüdischer Seite, dass die Hebräische Bibel der Mutterboden zweier anderer großer Geschwisterreligionen werden konnte. Dankbarkeit von christlicher Seite Juden gegenüber für die Überlieferungen der Hebräischen Bibel, ohne welche weder die Person Jesu noch die Selbstbehauptung der urchristlichen Gemeinde noch die Verkündigung an die Völkerwelt denkbar gewesen wäre. Dankbarkeit aber auch Muslimen gegenüber, welche die Botschaft vom Gott Abrahams, Moses und Jesu an andere Völker weitergegeben und so buchstäblich bis an die Enden der Erde getragen haben. Dankbarkeit schließlich von muslimischer Seite für die Tatsache, dass im

Koran an die Schriften angeknüpft wird, die Juden und Christen von Gott zuvor anvertraut worden waren. Haben doch Muslime mit dem Koran ein Buch vor sich, das sie den »Leuten der Schrift« mitverdanken. Aus diesem Geist respektvoller Dankbarkeit kann ein fruchtbarer interreligiöser Austausch über Bibel und Koran entstehen, über ihre Asymmetrien genauso wie über ihre inneren Verbindungen. Ich schließe mich dem an, was *Shaikh Abdullah bin Mohammed al Salmi,* Religionsminister des Sultanat Oman, 2011 geschrieben hat: »Der Islam hat für seine Anhänger Maßstäbe in Bezug auf den respektvollen Umgang mit Christen als ihresgleichen und Partner in einer neuen Ära gesetzt. Muslime sollten nicht vergessen, dass Christen ihnen die Schrift vererbt haben und dass manche von ihnen sich als Vorläufer bei der Vollbringung guter Taten erwiesen haben« (Religiöse Toleranz, 2015, 83)

(7) Zur Respektierung des Selbstverständnisses des je Anderen gehört die *Bereitschaft zur Selbstkritik und zum Hören auf die Grundbotschaft des je Anderen.* Gehört auch Selbstkritik an einer Polemik von einst, die Nichtmuslimen ein *beschränktes oder gar verkehrtes Schriftverständnis* zur Last gelegt hat. Selbstkritik an einer Praxis *massiver Vorwürfe* insbesondere gegen die jüdische Schriftauslegung: wissentliche Entstellung von Gottes Wort (Sure 2,75–79: Md), Sinnverrückung einzelner biblischer Worte (Sure 5,13; 4,46: Md), Wortvertauschung (Sure 2,59: Md), Schriftverdrehung (Sure 3,78: Md). Das stellt die Authentizität und Vertrauenswürdigkeit der Heiligen Schriften der Anderen massiv infrage und verhindert kommunikativen Austausch. Hier hilft nur jeweils eine geschichtlich-kontextuelle Bibel- und Koranhermeneutik. Wer an solcher Polemik heute noch festhält, als sei sie nicht der Situation der muslimischen Gemeinde im ersten Drittel des 7. Jahrhunderts geschuldet, wer also nicht bereit ist, die geschichtlichen Veränderungsprozesse in den Religionen zur Kenntnis zu nehmen, ist kein Partner im Dialog.

(8) So wie der Koran nicht von der Bibel, so ist auch die Bibel nicht vom Koran her zu bewerten. Jede Heilige Schrift hat

den *Anspruch, aus sich selbst heraus verstanden* zu werden. Die Bibel ist nicht für den Koran, und der Koran ist nicht für die Bibel Maßstab der Auslegung. Entsprechend hat »ein Vergleich von Koran und Bibel zu beachten«, so *Klaus-Wolfgang Tröger* zu Recht, »dass nur das verglichen wird, was tatsächlich in den Texten (und Kontexten) steht, nicht das, was erst hineingelesen wird. [...] Es kommt darauf an, vermutete Gemeinsamkeiten von Koran und Bibel von ihrer jeweiligen Schriftmitte her genau zu betrachten, um festzustellen, ob wirklich dasselbe gemeint ist und welche Funktion ein Begriff oder eine Aussage im Ganzen einer heiligen Schrift hat, damit nicht Nähe konstatiert wird, wo vielleicht gar keine ist. Unterschiede und Differenzen sind ohnehin klar zu benennen« (Bibel und Koran, 2008, 97). Denn in letzter Konsequenz kann man nicht gleichzeitig an die Botschaft von Bibel oder Koran glauben, dazu hat jede Schrift ihre eigene unverwechselbare Mitte. Sowohl der Tanach wie das Neue Testament wie der Koran fordern zu einer verantwortlichen Glaubensentscheidung heraus, sich auf die jeweilige Kern-Botschaft einzulassen.

(9) Wer das alles beachtet, dem/der kann gelingen, in Begegnung und Austausch das zu verwirklichen, was der Koran selber gefordert hat: einen *Streit unter Juden, Christen und Muslimen um das Verstehen der Wahrheit Gottes, aber auf die »beste Art«*, will sagen: nicht in Überheblichkeit und Rechthaberei, sondern im Wettstreit um das je bessere, tiefere Verständnis der Botschaft des einen Gottes, dem alle drei sich »ergeben«, will sagen: ihr Leben und Sterben anvertraut haben: »Streitet mit dem Volk der Schrift nur auf die beste Art – außer mit denen, die Unrecht tun – und sagt: ›Wir glauben an das, was zu uns und zu euch herabgesandt worden ist. Unser Gott und euer ist einer.‹ Wir sind ihm ergeben« (Sure 29,46: Mk III).

(10) Bei Studium und Auslegung von Bibel und Koran sind Juden, Christen und Muslime auf *wechselseitige Verstehenshilfe* angewiesen. Ohne Bibelkenntnisse kein Koranverständnis und kein Koranverständnis ohne die *relecture*, die

der Koran von biblischen und außerbiblischen Überlieferung vornimmt. »Der Koran ist und bleibt auf die Bibel bezogen und baut auf sie auf«, schreibt der Tübinger Religionswissenschaftler *Stephan Schreiner* zu Recht, »Ihn zu verstehen setzt biblisches Vorwissen voraus. Viele biblische Erzählungen sind im Koran soweit verkürzt, dass sie ohne Kenntnis ihres biblisch-nachbiblischen Ursprungs nicht erfassbar sind. Die Kenntnis der biblischen Überlieferung leistet hier die notwendige Verstehenshilfe« (Bibel und Kirche 69, 2014, 144). In der Tat: Schon der Prophet selber hatte sich sagen lassen müssen: »Wenn du über das, was wir zu dir hinabgesandt haben, in Zweifel bist, dann frage die, die schon vor dir die Schrift vorgetragen haben!« (Sure 10, 94: Mk III). Und an anderer Stelle ähnlich: »Wir sandten schon vor dir nur Männer, denen wir offenbarten – / So fragt die Leute der erinnernden Mahnung, wenn ihr es nicht wisst« (Sure 16, 43: Mk III). Was wir folglich künftig brauchen, ist eine Bibelwissenschaft, die im Koran eine *relecture* der Bibel erkennt und sie entsprechend in ihre Auslegungsgeschichte einbezieht, aber wir brauchen auch eine Koranwissenschaft, welche die Bibel und ihre Auslegungsgeschichte als integralen Bestandteil der koranischen Überlieferungsgeschichte begreift.

Interreligiös vernetztes Denken einüben

Zu einer verantworteten Glaubensentscheidung anzuleiten, ist Grundabsicht dieses Buches. Denn verantwortet ist eine Glaubensentscheidung dann, wenn sie auf der Basis umfassenden Wissens beruht. Dafür muss man bereit sein, sich in die komplexe Welt der Ur-Kunden von Judentum, Christentum und Islam hineinziehen zu lassen. Geschieht das, dann beginnen die uralten Texte wieder neu zu sprechen, dann lassen sich Gesprächsfäden knüpfen und wechselseitig Dialoge eröffnen. Zu all dem will diese Studie verleiten. Sie will Lernprozesse anstoßen mit Konsequenzen für die Praxis und so ein interreligiös vernetztes Denken einüben und interreligiös vernetztes Handeln anstoßen. Denn worauf es im Verhältnis Christen-Muslime ankommt, lässt sich mit der Erklärung des Zweiten Vatikanischen Konzils »Über das Verhältnis der Kirche zu den nichtchristlichen Religionen« (1965) als Mühen um »gegenseitiges Verständnis« bezeichnen. Gelingt dies, würde sich nicht endlos wiederholen, was *Helmut Schmidt* in seinem langen Leben mit zunehmendem Unmut beobachtet hat:

»Viele Rabbiner, Priester und Pastoren, Mullahs und Ayatollahs und Bischöfe verschweigen ihren Gläubigen die gemeinsame Botschaft. Viele lehren im Gegenteil, über andere Religionen abfällig und ablehnend zu denken. Wer dagegen ernsthaft Frieden zwischen den Religionen will, muss religiöse Toleranz und Respekt predigen. Ob die Zuhörer in einer Synagoge, in einer Kirche oder in einer Moschee versammelt sind [...]: Sie sollten begreifen, dass die Menschen, die einer anderen Religion anhängen, ähnlich gläubig sind wie sie selber; sie sind Gott so nah und so fern wie sie selbst. Auch wenn ihre Gebete, ihre Traditionen, Gebräuche und Sitten sich von den unsrigen noch so stark unterscheiden, haben sie Anspruch auf den gleichen Respekt, den wir für uns selbst wünschen« (Vorwort *J. Sadat*, Meine Hoffnung auf Frieden, 2009, 13).

In der Tat wäre viel erreicht, wenn dieses Buch dazu beitragen würde, dass interreligiös vernetztes Denken, Denken also mit Rücksicht auf die Perspektive des je Anderen, Konsequenzen für die Praxis hätte. Ich frage:

Was würde es bedeuten, wenn wir eine Generation von *Pfarrerinnen und Pfarrern, Religionslehrerinnen und Religionslehrern* bekämen, der es selbstverständlich wäre, mit Juden und Muslimen »auf Augenhöhe« den Dialog zu führen, weil sie sich in der Hebräischen Bibel, im Neuen Testament und im Koran, in Geschichte und Theologie von Judentum, Christentum und Islam gleichermaßen auskennen?

Was würde es bedeuten, wenn *Rabbinerinnen und Rabbiner* so ausgebildet würden, dass das Studium von Christentum und Islam organischer Teil ihres Studiums wäre?

Was würde es bedeuten, wenn wir eine Generation von *Mullahs und Hodschas* bekämen mit Kompetenz in der Geschichte von Judentum und Christentum, mit Leidenschaft für das trilaterale Gespräch, mit Visionen für eine ökumenische Zukunft von Juden, Christen und Muslimen in Europa?

Nicht auszudenken, was dies für die Gemeinden vor Ort bedeutete, wenn ihre jeweiligen Vorsteherinnen und Vorsteher geschult würden in der gegenseitigen Auslegung von Hebräischer Bibel, Neuem Testament und Koran. Die praktischen Konsequenzen des trilateralen Denkens für die Welt der Schule und die pädagogisch-didaktische Arbeit hat jüngst konzeptionell eindrucksvoll und anschaulich-detailreich beschrieben der Augsburger Religionspädagoge *Georg Langenhorst* in seinem Buch »Trialogische Religionspädagogik. Interreligiöses Lernen zwischen Judentum, Christentum und Islam (2016). Ich verweise gerne noch einmal darauf. Ebenso auf frühere Arbeiten aus der französisch- und englischsprachigen Welt, die sich – alte Pfade apologetisch-polemischer Bibel-Koran-Vergleichsliteratur verlassend – schon früh ebenfalls um ein »gegenseitiges Verstehen« von Christen und Muslimen gemüht haben. Sie seien exemplarisch als Initiativen genannt, die Nachahmung auch in Deutschland finden sollten. Die Zeit ist überreif dafür.

Ich denke zum Beispiel an eine französische christlich-muslimische Forschergruppe, die 1987 erstmals mit der Studie »Ces Ecritures qui nous questionnent: Le Bible et le Coran« an die Öffentlichkeit getreten ist (Engl. Ausgabe: The Challenge of the Scriptures. The Bible and the Qur'an, New York 1989). Ich denke an wichtige Arbeiten des kanadischen christlichen Theologen *Brian Arthur Brown* wie »Noah's Other Son. Bridging the Gap between the Bible and the Qur'an, New York-London 2007 oder »Three Testaments. Torah, Gospel and Quran«, New York-Toronto-Plymouth 2012. Ich denke weiterhin an ein spannendes Unternehmen des britischen christlichen Islamwissenschaftlers *Colin Chapman* wie »The Bible Through Muslim Eyes and a Christian Response« (Cambridge 2008), geschrieben in der Hoffnung, dass »eines Tages« ein »Muslim in Großbritannien ein ähnliches Buch mit dem Titel schreiben wird: ›Der Koran in christlichen Augen – und eine muslimische Antwort‹«. Ich denke an den Band, der als Antwort auf das 2007 veröffentlichte, bahnbrechende, ja geradezu sensationell zu nennende »A Common Word«-Dokument der 138 muslimischen Gelehrten herausgegeben wurde (mehr dazu im Ersten Teil, Kap. 3): *Miroslav Volf, Ghazi bin Muhammad* und *Melissa Yarrington:* »A Common Word: Muslims and Christians on Loving God and Neighbor« (Grand Rapids/Mi.-Cambridge 2010). Ich denke auch an das weiterführende Projekt der amerikanischen christlichen Theologin *Barbara J. Hampton* »Reading Scripture Together. A Comparative Qur'an and Bible Study Gide« (2014). Und ich denke nicht zuletzt an viele kleine Initiativen in einigen Städten Deutschlands (Erlangen allen voran). Junge Menschen haben ein »Café Abraham« organisiert und damit Raum geschaffen für Begegnung, Solidarität und Austausch von Juden, Christen und Muslimen vor Ort (Stichwort bei Google: »Café Abraham«).

Entsprechend ist auch dieses Buch dem verpflichtet, was der große jüdische Gelehrte *Abraham Joshua Heschel* (1907–1972) schon in den 1960er Jahren als sein Vermächtnis hinterlassen hat: »Keine Religion ist eine Insel. Wir alle sind miteinander verbunden. Verrat am Geist auf Seiten eines von uns berührt den Glauben aller. Ansichten einer Gemeinde haben Folgen für andere Gemeinden. Religiöser Isolationismus ist heute eine Illusion« (Keine Religion ist ein Eiland, 1998, 326). Daraus folgt: Juden, Christen und Muslimen können nicht länger in religiöser Selbstzufriedenheit erstarren. Sie sind in dieser Weltstunde mehr denn je herausgefordert, vor Gott über den Sinn der Gleichzeitigkeit ihrer Existenz nachzudenken und praktische Konsequenzen daraus zu ziehen (Zu Heschel: *K.-J. Kuschel*, Leben ist Brückenschlagen, 2011, Teil X).

In der Tat ist auch dieses Buch geschrieben in der Hoffnung, dass immer mehr Juden, Christen und Muslime ihre jeweiligen Heiligen Schriften gemeinsam zu lesen beginnen. Dafür hat schon Ende der 1990er Jahre der um den Dialog hochverdiente muslimische Gelehrte *Abdoldjavad Falaturi* geworben, von 1974 bis 1993 Professor für Islamwissenschaft an der Universität Köln: »Inhaltlich gesehen stoßen wir immer wieder auf Zeugnisse der Verbundenheit dieser drei Heiligen Schriften«, schreibt er, um daraus zu folgern: »Den Muslimen wird ein neuer Weg zum Verständnis des Koran eröffnet, wenn sie eine genaue Analyse der gleichartigen biblischen Passagen vornehmen. Nach meiner Überzeugung wird auch den Juden und den Christen eine neue Möglichkeit zum Verständnis ihrer eigenen Schriften dargeboten, wenn sie sich, über jegliche Apologetik hinaus, auf eine sachliche Zuwendung zum Koran einlassen« (Zusammenhänge zwischen Koranexegese und Bibelinterpretation, 1997, 110). Zu prüfen also sei, fordert Falaturi, »ob nicht eine von Apologetik freie, sachliche Beschäftigung mit dem Koran, in dieser seiner ernsthaften Beziehung zum Alten und Neuen Testament, eine neue Phase der Verbindungen zwischen den Anhängern der drei Religionen einzuleiten vermag« (Ebd., 112).

Und dies mit wachsendem Bewusstsein: Was in der einen Religion geschieht, geht alle anderen an. Hat doch die geschichtliche Existenz und Persistenz von Judentum, Christentum und Islam nicht nur eine kulturelle, soziale, politische und ökonomische, sie hat eine theozentrische Dimension! Dieser eine Gott Abrahams, Isaaks, Jakobs, Jesu und Mohammeds lässt sich in dieser einen Menschheit bezeugen durch drei Glaubensgemeinschaften aus der Wurzel Abrahams. Anlass genug, dass Juden, Christen und Muslime ihre eigene Geschichte immer wieder neu selbstkritisch lesen im Lichte des je größeren Gottes, der sich von keiner von Menschen gemachten religiösen Tradition und Institution in seiner Freiheit und Größe fassen lässt. »Um Gott zu lieben«, schreibt der um das trilaterale Gespräch verdiente Präsident der »International Union for Intercultural and Interfaith Dialogue and Peace Education«, der langjährige Berater des Großimams der

Kairoer Al-Azah-Universität für interreligiösen Dialog, Dr. *Aly El-Samman,* »Um Gott zu lieben, müssen wir einander lieben. Wir müssen ebenso danach streben, die Kluft zwischen den drei großen Religionen unserer Zeit zu schließen. Obwohl sie sogar alle aus derselben Welt kommen, kann das nur getan werden, wenn wir demütig und mutig genug sind, zuzugeben, dass keine Religion ein Monopol auf Glauben, dass keine Religion ein Monopol auf das Wort Gottes und keine Religion ein Monopol darauf hat zu entscheiden, wo jemand in den Augen Gottes steht« (Three Windows on Heaven, 2013, 10. Eigene Übers.).

Der Auftrag an Juden, Christen und Muslimen in der heutigen Weltstunde lautet: stärkeres Wahrnehmen der Präsenz des je Anderen, Kennenlernen-Wollen von Wurzeln und Wirklichkeiten, Einladen und Teilnehmen, kurz: ein interreligiös vernetztes Denken, Glauben und Handeln.

Zweiter Teil
Adam: Gottes Risiko Mensch

> »O ihr Leute, Gott sagt: ›O Ihr Menschen, wahrlich, Wir
> haben euch geschaffen von einem Männlichen und einem
> Weiblichen und haben euch zu Völkerschaften und Stäm-
> men gemacht, so dass ihr einander kennt. Wahrlich, der
> Edelste unter euch vor Gott ist der Gottesfürchtigste von
> euch‹ (Sure 49,13). Ein Araber ist nicht vorzüglicher als
> ein Nichtaraber, noch ein Nichtaraber vorzüglicher als
> ein Araber; ein Schwarzer ist nicht vorzüglicher als ein
> Weißer, noch ein Weißer vorzüglicher als ein Schwarzer,
> außer durch Frömmigkeit. Die Menschen stammen von
> Adam, und Adam ist aus Staub. Wahrlich, jedes Privileg,
> sei es [aufgrund von] Blut oder Besitz, ist unter diesen
> meinen Füßen [d. h. ausgelöscht].«
>
> *Aus der »Abschiedspredigt« des Propheten Mohammed im Jahre 632*

Ursätze klingen uns aus dem Text entgegen, eherne Sätze, die
haften bleiben, wenn man sie einmal gehört hat: »Im Anfang«!
»Im Anfang schuf Gott Himmel und Erde«, lautet ein solcher
Satz. Oder ein anderer: »Dann sprach Gott: Lasst uns den
Menschen machen als unser Abbild, uns ähnlich«. Dann geht
es um eine Schlange und einen Fruchtbaum in der Mitte des
Paradieses, von dem man nicht essen darf. Ein Tabu. Und die-
ses Tabu tritt ein Drama los: Adam kann der Schlangen-Versu-
chung nicht widerstehen und verfällt der Verführung durch
Eva, selber eine durch die Schlange verführte Verführerin.
Und dann noch einmal ein großer Satz aus Gottes Mund: »Wo
warst du, Adam«? Er tönt durch die Jahrtausende. Und die
Konsequenzen des Tabubruchs? Sie sind schrecklich: Statt
Symbiose mit Gott Ursünde, Vertreibung aus dem Paradies,

Erkenntnis von Nacktheit und Scham, Mühsal der Lebensführung. »Verflucht der Ackerboden« Adams wegen. »Unter Mühsal wirst du von ihm essen alle Tage deines Lebens. Dornen und Disteln lässt er dir wachsen und die Pflanzen des Feldes musst du essen. Im Schweiße deines Angesichts sollst du dein Brot essen, bis du zurückkehrst zum Ackerboden; von ihm bist du ja genommen. Denn Staub bist du, zum Staub musst du zurück« (Gen 3,17–19).

I. Adam und die Schöpfung: Biblische Bilder

Es ist etwas Seltsames um die Adam-Überlieferungen der Hebräischen Bibel: Sie gehören dem Volk Israel und sind Erbe der Menschheit zugleich, partikular *und* universal. Ihre Wirkung? Unermesslich. Auch im Arabien des 7. Jahrhunderts tauchen sie auf. »Adam und Eva, Kain und Abel, Noach und die Flut, Babel und sein Turm« – schreibt der damalige britische Oberrabbiner *Jonathan Sacks* – in seinem wegweisenden Buch »The Dignity of Differenz« (2002) »sind Archetypen der Menschheit als solche« (S. 54). Die Bibel beginne nicht mit einem Volk. Sie beginne damit, Geschichten über die Menschheit als Ganze zu erzählen.

1. Ein polyphones Testament

Auch der Koran kennt wie das Neue Testament zahlreiche »Adam«-Texte. Um ihre Funktion zu verstehen, müssen jüdische und christliche Leser sich von vertrauten Denkmustern freimachen. In den Büchern Genesis und Exodus, werden die großen Stoffe in einer zeitlichen Abfolge und thematischen Ordnung präsentiert: Schöpfung – Vernichtung – Bundesschlüsse – Auszug aus Ägypten – Volkwerdung – Gesetzgebung am Sinai. So vergewissert man sich in Israel seiner Erwählung und Verpflichtung durch Gott, seinem Auftrag in der Schöpfung und seiner Stellung unter den Völkern. Genauer: Vergewissert man sich seiner eigenen Ur-Geschichte so, dass *vor* der Selbstbesinnung auf die besondere Erwählung des eigenen Volkes nachgedacht wird über die Bestimmung der Menschheit als Ganzer. Nachdenken mit weltgeschichtlichen Folgen.

»Adam« – Ur-Mensch, jeder Mensch

Wann immer die einzelnen Überlieferungen der Genesis entstanden und zusammengestellt worden sein mögen (spätestens um 400 v. Chr. liegen die Überlieferungen als Gesamtkomposition vor), mit der Entscheidung für das Buch Genesis haben Israels Theologen sich dafür entschieden, »in ihren Konzeptionen der Urgeschichte Menschheitstraditionen aufzugreifen, die älter als Israel sind. Sie wollten, dass diese Traditionen in der Jahwe-Gemeinde gehört und bedacht werden« (*H. Halbfas*, Die Bibel, 2001, 41). In der Tat betreffen die Erzählungen der Urgeschichte weder Israel allein noch bloß eine abgeschlossene fern-vergangene Ur-Zeit. Die Erzählungen sind »Geschichten eines ›mitlaufenden Anfangs‹, der jeder Zeit gleichzeitig bleibt« (Ebd., 41). Denn »Adam«, so sehr er in den Erzählungen als Einzelwesen erscheint, ist gerade nicht als individuelle Person konzipiert. Adam ist nicht der erste Mann oder gar der erste Jude. Im hebräischen Wort »Adam« (*haAdam*) steckt das Wort »adama«, Erdkrume! Mit »Adam« gemeint ist also wörtlich der Erdling, der Mensch überhaupt und damit die »eigentliche Idee der Menschheit«, die »Idee des Menschlichen schlechthin«, wie der Jerusalemer Literaturwissenschaftler *Stéphan Mosès* schreibt (Eros und Gesetz, 2004, 13). In den Ur-Kunden von Christen und Muslimen ist dies nicht anders. »Adam« Ur-Mensch, jeder Mensch. Kein Mensch ist wie ein anderer, doch wir alle gleichen »Adam«.

Lesen mit literarischem Blick

Und die »Adam«-Texte der Genesis selber? Zwei gibt es von ihnen (Gen 1,1–2,4a; Gen 2,4b-25), und im Abstand der Jahrtausende kommen sie uns vor wie statische Monumente. Ein genauer, literarisch geschulter Blick aber macht nicht nur Unterschiede sichtbar, sondern auch Spannungen, Kontraste, Brüche. So kommen sie uns näher. Indem man in Israel beide Versionen in das eine Buch des »Kanons« (der Sammlung verbindlicher Überlieferungen), aufnimmt, lässt man Generation für Generation teilnehmen an einem gerade noch nicht verfestigten, sondern noch lebendigen *Suchprozess* der Selbstvergewisserung über den Anfang aller Dinge.

In der Geschichte der Bibelauslegung wurden die Differenzen freilich erst im frühen 18. Jahrhundert kritisch freigelegt. Ein kluger französischer Forscher hatte beobachtet, dass die beiden Schöpfungserzählungen schon deshalb nicht aus einem Guss sein können, weil hier zwei völlig verschiedene Gottesnamen gebraucht werden: *Elohim* und *Jahwe*. In der alttestamentlichen Forschung werden seither beide Berichte verschiedenen Überlieferungssträngen zugeschrieben: der elohimhaltige (Gen 1,1 – 2,4a) läuft unter dem Kennzeichen »P«, Chiffre für Priesterschrift, vermutlich entstanden in (Tempel und Kult verpflichteten) priesterlichen Kreisen Israels während und nach dem babylonischen Exil (586–538 v. Chr.). Für die andere, nichtpriesterliche Überlieferung benutzt man das Kennzeichen »J«, Chiffre für den unabhängig, möglicherweise früher, entstandenen »jahwistischen« Schöpfungsbericht. Beide Überlieferungen sind Bestandteile des einen Kanons. Das hat Konsequenzen.

Denn die Kanonentscheidung Israels (Ende des 1. Jahrhunderts n. Chr.) ist eine Entscheidung nicht für Monoperspektivität, sondern für Vielstimmigkeit, ist Ausdruck einer inneren Pluralität von Erfahrungen und Konzepten im Blick auf Mensch und Menschheit. Polyphonie ist gewollt. Will, sagen: Die Vielstimmigkeit ist nicht einfach – so der frühere Münsteraner Alttestamentler *Erich Zenger* – »die (leider) unvermeidbare Folge der Tatsache, dass dieses Opus eine so komplexe und lange Entstehungsgeschichte hat; zumindest wäre es ja möglich gewesen, dass eine glättende Schlussredaktion eine ›Einheit‹ hergestellt hätte (wie wir dies z. B. bei Konzilsdokumenten oder Papstenzykliken kennen). Auch die Tatsache, dass hier so unterschiedliche Formen, Motive und Kompositionstechniken verwendet werden, muss eine fundamentale ›Einheitlichkeit‹ nicht von vornherein ausschließen. Nein: Die komplexe und kontrastive Gestalt des Tanach/Ersten Testaments ist zum größten Teil ausdrücklich gewollt. Dass und wie die Töne, Motive und Melodien, ja sogar die einzelnen Sätze dieser polyphonen Symphonie, miteinander streiten und sich gegenseitig ins Wort fallen, sich ergänzen und bestätigen, sich widersprechen, sich wiederholen und sich variieren – das ist kein Makel und keine Unvollkommenheit dieses Opus, sondern eine intendierte Klanggestalt, die man hören und von der man sich geradezu berauschen lassen muss, wenn man sie als Kunstwerk, aber auch als Gotteszeugnis erleben will« (Einleitung in das AT, 1995, 19). Das ist treffend gesagt. Und so lesen wir die beiden Überlieferungen mit literarisch geschärftem Blick, lesen sie mit Sensibilität für narrative Bauelemente und kontrastierende Motive, lesen sie vor allem im Vergleich, Punkt für Punkt. Wir werden Überraschungen erleben.

2. Kontrastive Bilder vom Menschen

Das von den biblischen Schöpfungserzählungen vorausgesetzte Weltbild trägt noch deutlich Spuren mythologischen Denkens, ist Ausdruck einer archaisch-vorwissenschaftlichen Vorstellungswelt. Es wäre absurd, solche Geschichten mit den Erkenntnissen heutiger wissenschaftlicher Kosmo- und Anthropogenese zu konfrontieren. Ihr Wahrheitsgehalt liegt nicht auf der Ebene der Fakten, sondern auf der Ebene von Erfahrungen des Menschen mit sich und der Schöpfung.

Dem Chaos abgetrotzte Ordnung: Schöpfungsbericht I

Doch gerade weil es nicht um veränderbare Fakten-, sondern um grundsätzliche Sinn-Fragen geht, ist auch uns im Abstand der Jahrtausende das Verhalten der biblisch ersten Menschen nicht einfach fremd. Geschildert werden sie ja nicht als evolutionsgeschichtliche Frühmenschen, als Hominiden, mit einer archaischen Triebhaftigkeit, einer auf Laute reduzierten Sprache und einer hordenhaft zusammengerotteten Lebensform. Sie sind uns ähnlich. Partiell erkennen wir uns in ihnen wieder. Insbesondere in Krisensituationen reagieren sie so, wie auch wir uns oft genug zu verhalten pflegen: mit Ausflüchten und Ausreden.

Doch von Krise kann im ersten Schöpfungsbericht (P) nicht die Rede sein. Das Chaos wird hier vorausgesetzt, um an dessen Stelle die große Ordnung Gottes zu setzen. Das Chaos ist der stets präsente Horizont. Als diese Schöpfungserzählung in priesterlichen Kreisen erinnernd aufgeschrieben wird, hatte man als Bewohner Judas die größte geschichtliche Katastrophe gerade hinter sich: die Zerstörung des Jerusalemer Tempels 586 v. Chr. durch die Babylonier und die Verschleppung der Eliten nach Babylon, Beginn eines fünfzigjährigen Exils. Solche Katastrophenerfahrungen sind die Folie, auf welcher die priesterliche Schöpfungstheologie verstanden werden muss. Sie hat bei aller Geschlossenheit eine kommunikative Wirkung nach außen, einen Lebensbezug. Welchen?

Politisch und religiös machtlos ist Israel im Exil geworden. Könige und Götter der fremden Völker scheinen zu triumphieren. Politisch und religiös ist man am Nullpunkt. Wie in dieser Zeit als Volk seine Identität bewahren? Seinen Glauben an die Zukunft? Man tut dies in priesterlichen Kreisen dadurch, dass man angesichts der großen Zäsur Gott größer zu denken beginnt: größer als die Tempel, größer auch als die anderen Götter und Göttinnen ringsum. Der Gott, an den Israel sein Schicksal hängt, ist der Schöpfer von Erde *und* Himmel. Seine Macht ist unbegrenzt. Sie wirkt auch jenseits der menschlich gesetzten Grenzen von Geschlecht, Nation und Religion. Der Schöpfungsbericht priesterlicher Kreise mit dem Gottesnamen Elohim spricht denn auch von nichts anderem als von der Größe und der Macht des Schöpfergottes und damit vom Kosmos: der dem Chaos abgetrotzten Weltordnung Gottes. Er hat für die Adressaten deshalb eine Trost- und Stärkungsfunktion.

Die Form folgt auch hier dem Inhalt. Die Größe der Sache spiegelt sich in der Art des Erzählens. Vor uns liegt eine streng durchgeführte *Komposition* im Schema von sieben Tagen. Kunstvoll wird jede Einheit mit wiederkehrenden Formeln eingeleitet und abgeschlossen, was den stilistischen Formwillen verrät: »Dann sprach Gott«, »Es wurde Abend und Morgen«. Logisch stringent durchgeführt ist der Ablauf der Erzähleinheiten. Alles wie durchdacht, wie planhaft gefügt: zunächst die Scheidung von Licht und Finsternis (erster Tag), dann konsequenterweise die Trennung von Himmel und Erde (zweiter Tag). Und auf die Erde bleibt jetzt alles konzentriert. Es kommt zur Scheidung von Wasser und Land (dritter Tag) sowie zur Scheidung von Tag und Nacht (vierter Tag), denn diese Scheidungen sind die unabdingbare Voraussetzung für die Erschaffung von Lebewesen auf der Erde: zunächst die der See-, dann die der Himmelstiere (fünfter Tag), schließlich die der Landtiere und des Menschen, dem die Herrschaft über die Erde und die Tiere (nicht über die Mitmenschen!) anvertraut wird (sechster Tag). Stringent folgt das Eine aus dem Anderen. Eine strenge Komposition, zusammengehalten von einer großen »Idee« (Schöpfungs-*Ordnung*) gipfelnd in einem großen Ziel: nicht etwa in der Erschaffung des Menschen als angeblicher »Krone der Schöpfung«, sondern des siebten Tags als Tag der Ruhe Gottes, den Gott für »heilig« (Gen 2,3) erklärt. Ziel der priesterlichen Schöpfungserzählung ist nicht der Mensch, sondern der Sabbat als Ruhezeit Gottes und Ruhezeit des Menschen für Gott.

Vom Umgang mit dem Chaos:
Schöpfungsbericht II

Wie anders der *zweite, der jahwistische* Schöpfungsbericht
(J)! Eine locker gefügte, lebendig erzählte Geschichte liegt vor
uns. Statt formstrenger Komposition ein unbekümmertes, fri-
sches Drauflos-Erzählen: »Zur Zeit, als Gott, der Herr, Erde
und Himmel machte, gab es auf der Erde noch keine Feld-
sträucher und wuchsen noch keine Feldpflanzen; denn Gott,
der Herr, hatte es auf die Erde noch nicht regnen lassen, und
es gab noch keinen Menschen, der den Ackerboden bestellte;
aber Feuchtigkeit stieg aus der Erde auf und tränkte die ganze
Fläche des Ackerbodens« (Gen 2,4b-6).

Das klingt anders als: »Erster Tag«, »zweiter Tag«, »dritter
Tag« ... Mit der Erwähnung von »Feldsträuchern« und »Feldpflanzen« (die es noch gar nicht gibt) fängt alles an. Ein solches Erzählen macht sich keine Gedanken über einen streng
geordneten Schöpfungsplan, über Voraussetzungen, damit
überhaupt etwas wachsen kann, sieht man von der Erwähnung von Regen und Feuchtigkeit einmal ab. Dass Gott »Himmel und Erde machte«, wird als so selbstverständlich vorausgesetzt, dass es nur nebenbei erwähnt werden muss. Dann
folgt schon die Erschaffung des Menschen, übergangslos,
ohne Warum und Wozu: »Da formte Gott, der Herr, den Menschen aus Erde von Ackerboden und blies in seine Nase den
Lebensatem. So wurde der Mensch zu einem lebendigen Wesen« (Gen 2,7).

Aber nachdem der Mensch nun einmal da ist, muss er versorgt werden. Deshalb braucht es im zweiten Bericht einen
Garten »in Eden, im Osten« (Gen 2,8). Und von diesem seinem Garten scheint der Erzähler so fasziniert, dass er sich zunächst dessen Ausstattung hingibt (Gen 2,10–14). Plötzlich
wird er detailverliebt. Vier Ströme gibt es da: Pischon, Gihon,
Tigris, Euphrat. Ein Land wie Hawila, wo Gold vorhanden
ist. Und der Erzähler vergisst nicht hinzuzufügen, als hätte er
persönliche Erfahrung mit Goldhandel: »Das Gold jenes Landes ist gut; dort gibt es auch Bedelliumharz und Karniol-

steine«. Ja, als müsse er sich in seiner »Begeisterung« an dieser Stelle selbst unterbrechen, kommt er jetzt wieder auf sein Thema zurück: das Schicksal des soeben erschaffenen und in den Garten versetzten Menschen. Denn dieser »Garten« ist kein Schlaraffenland, wo die Früchte wie von selbst Menschen in den Mund fielen. Er ist ein Arbeitsbereich. Er muss bebaut und gehütet werden (Gen 2,15). Und: Er ist nicht ungefährlich. Er enthält eine Falle.

Denn der Jahwist ist in seinem Schöpfungsbericht im Gegensatz zum priesterschriftlichen nicht mit der Frage beschäftigt, wie aus Chaos Kosmos wird, sondern mit der Frage, wie das vorhandene, nicht zu leugnende Chaos für den Menschen bewältigbar ist. Ja, seine Erzählung gestaltet der Jahwist so, dass von Anfang an mehr Fragen aufgeworfen als beantwortet werden. Da gibt es diesen von Gott geschaffenen Garten. Und mitten in diesem Garten stehen zwei wundersame Bäume: ein »Baum des Lebens« und ein »Baum der Erkenntnis von Gut und Böse« (Gen 2,9). Wer von den Früchten des Letzteren kostet, gewinnt zwar die entsprechenden Erkenntnisse, muss gleichzeitig aber sterben (Gen 2,16f.). Mehr noch: In diesem Garten geht nicht nur Gott ein und aus und spricht mit dessen Bewohnern. In diesem Garten gibt es offensichtlich auch sprechende Tiere. Eine Schlange etwa, die sich den Garten-Bewohnern mitteilt, sie verlockt, verführt, ins Verderben zieht.

Warum aber ist das alles so, wie es ist? Warum muss es diese Bäume überhaupt geben? Einen Lebensbaum, den man – wie wir später erfahren (Gen 3,22) – nicht anrühren darf? Einen Erkenntnisbaum, der zum Tode führt? Warum muss Gott einen solchen Tabu-Baum wollen? Es ist ja sein Garten, den er für den Menschen geschaffen hat! Warum muss er eine Schlange wollen, »schlauer als alle Tiere des Feldes«? Eine Kreatur, die ausdrücklich ebenfalls ein Geschöpf Gottes ist (3,1). Warum ein Gottes-Geschöpf, das so viel Unheil anrichtet, dass am Ende ein Bruch zwischen Gott und Mensch stehen wird? Erklärt bekommen wir es nicht. Über die Motive Gottes schweigt sich der zweite Bericht aus. Über die Folgen für den Menschen keineswegs.

Welch ein Kontrast zum Menschenbild des ersten Schöpfungsberichtes (P). In glänzendstem Licht erscheint der Mensch hier: Ebenbild Gottes, königlicher Herrscher über Erde und Tiere. Die Priesterschrift kennt den Menschen nur in seiner höchsten Vollendung. Ihr Menschenbild ist ein statisch-hoheitliches. Wie anders dagegen das Menschenbild des Jahwisten:

- »*Abbild Gottes*«? Keineswegs! Gewiss: Aus Erde hat Gott den Menschen geformt und ihm seinen »Lebensatem« durch die Nase geblasen (Gen 2,7). Daraus aber folgt für eine besondere Stellung des Menschen in der Schöpfung nichts.

- Auch die Frau »*Abbild Gottes*« (Gen 1,27)? Mitnichten! Die Frau ist lediglich Material aus dem Urmenschen (Gen 2,21f.).

- Herrschaftsauftrag für den *königlichen Menschen* (Gen. 1,28f.)? Von wegen! Nur den Namen darf der Mensch den Tieren geben (Gen 2,19f.).

- Der *Mensch in höchster Vollendung* (Gen 1)? Im Gegenteil. Kaum ist er in männlicher und weiblicher Ausgabe auf der Welt, kommt es zum Bruch: Sündenfall und Paradiesvertreibung als Quittung für die Verführbarkeit des Menschen zur Sünde (Gen 3). Künftiges Los: Schmerzen, Mühsal, Arbeit, Sterblichkeit.

Welch ein Kontrast zum ersten Bericht. Keine Rede dort von Sündenfall, Vertreibung, Verfluchung, Mühsal und Sterblichkeit. Während im Bericht der Priesterschrift alles »sehr gut« ist, was Gott geschaffen hat, alles »vollendet«, kann im zweiten Bericht Gott selbst erklären: »Es ist nicht gut, dass der Mensch allein bleibt. Ich will ihm eine Hilfe machen, die ihm entspricht« (2,18). Gott korrigiert sich, setzt bei der Schöpfung des Menschen noch einmal an! Doch bevor es dazu kommt, wieder eine Unterbrechung. Die »Tiere des Feldes und alle Vögel des Himmels« (2,19) werden von Gott zuerst geschaffen und anschließend dem Menschen zur Namensgebung zugeführt. Erst dann folgt die Erschaffung des zweiten Menschen, und zwar aus der Rippe des ersten. Rätselhaft das Ganze, nicht ohne Ironie erzählt, wie der amerikanische Literaturwissenschaftler *Harold Bloom* beobachtet hat: »Am rätselhaftesten erscheint J, wenn sie Jahwe eine ›Betäubung auf den Menschen‹ fallen lässt (*tardemah* heißt es im Original, was für einen sehr tiefen Schlummer, für eine Art Ohnmacht steht – immerhin soll Adam ja von Jahwe operiert werden). Augenfällig (und ironisch) ist, dass Jahwe beim zweiten Anlauf etwas Schöneres gelingt. Der Mann wurde aus dem Staub der Erde gemacht, die Frau aber aus einem Leben-Atmenden, weshalb sie auch schon vom ersten Augenblick an beseelt ist« (Genius, 2004, 173).

Doch die Probleme verschärfen sich jetzt erst recht. Zwar jubelt Adam noch über seine »Mennin«, wie Luther Gen 2,23 plastisch übersetzt, weil sie »vom Manne genommen« sei und mit ihm »ein Fleisch« werden wolle. Doch kaum ist der Jubel verklungen, kommt es schon zu einem Drama zwischen Mann und Frau, ja zwischen Gott und seinen beiden Menschen-Geschöpfen: Verführung und Sündenfall unter Einfluss der Schlange, Vertreibung aus dem Paradies. Die paradiesische Gemeinschaft mit Gott ist ein für alle Mal zerbrochen. Ein Riss geht seither durch die Schöpfung (Paradies – Erde), ein Bruch des Misstrauens zwischen Schöpfer und Geschöpf.

3. Kontrastive Bilder von Gott

Welch ein Kontrast schließlich im *Gottesbild* beider Berichte. Auch hier achten wir auf die Art des Erzählens und die Details des Erzählten.

Polyphonie ohne Harmonie

In priesterlichen Kreisen Israels stellt man sich Gottes Gottsein offensichtlich so vor: distanziert von der Welt, streng reduziert auf Elementares, auf Wort und Tat. Nur ja nicht zu viel an Menschenähnlichkeit. Nur ja Größe gewahrt, Hoheit. Von Gott erfahren wir deshalb nicht mehr als das: Er spricht, er schafft. Und was er bespricht, das schafft er auch. Und was er schafft, ist allemal gut (Gen 1,3). So geht es sechsmal in strenger Abfolge weiter. Es ist ein Gottesbild, das sich in Herrscherkategorien ausdrückt: Wollen-Geschehen, Befehl-Ausführung, Nichts-Sein, Chaos-Kosmos.

Beim Jahwisten anders. Da sieht man Gott wie eine menschenartige Gestalt, »Erde vom Ackerboden« nehmen, einen Garten anlegen, den Menschen hineinsetzen und im Garten lustwandeln, als hätte Gott einen Körper, als hätte er Ohren, Hände und Füße. Mit dem Menschen kommuniziert er ganz selbstverständlich, einmal respektvoll (wie bei der Namensnennung der Tiere), ein anderes Mal strafend (wie bei der Vertreibung aus dem Paradies), ein drittes Mal fürsorglich ausstaffierend (Röcke aus Fellen für Adam und Eva). Ein Gott, der töpfert und schneidert, ein Gott, der eifersüchtig ist und den Menschen beim Sündigen erwischt. Wenn das keine Ironie ist! Man muss *Harold Bloom* nicht alles glauben, aber seine Anmerkungen zum Gottesbild bei J. sind geistreich: »J's überraschendste Figur ist weder Abraham noch Jaakob oder MOscheh, ja nicht einmal Josef, dessen Porträt ich für das Surrogat von König David halte. Ihr überraschendster Charakter ist bestürzenderweise Jahwe selbst: Gott, nicht nur als literarische Figur, sondern ganz und gar unvergesslich Gott. Auch wenn J's Jahwe nun schon seit fast drei Jahrtausenden als Skandal empfunden wird, weil er so menschlich, allzu menschlich ist, scheue ich erneut jede Empörung« (Genius, 2004, 171).

Wir bündeln die Detailbeobachtungen und folgern: *Die Priesterschrift kennt den göttlichen Auftrag des Menschen, der Jahwist das Drama des Menschen mit Gott. P erzählt von der Größe*

des Menschen, J von seinem Fall. P erzählt vom Menschen als Part-
ner Gottes, J vom Menschen als »Risiko« Gottes. P kennt die kon-
struktive Seite der Sexualität: Fortpflanzung, J die destruktive:
Verbieten, Verführen, Verjagen. P sieht den Anfang der Mensch-
heitsgeschichte im Lichte der Harmonie und Synergie, J. im Zwie-
licht des Scheiterns. Bei P am Ende der Schöpfungswerke die
große Ruhe auf Seiten Gottes, der »geheiligte« Tag Sabbat, bei J die
große Unruhe auf Seiten des Menschen: Flucht und Austreibung.
Bei P. partizipiert Gott wissentlich am Wissen des Menschen bei der
Tierbenamung, J. erzählt von einer Rivalität zwischen Gott und
Mensch.

Gottgewolltes Risiko Mensch

Beide Berichte bewahrt der Kanon der Hebräischen Bibel
auf. Indem man sich in Israel nach dem Exil für beide entscheidet, zeigt man Mut zu einem Realismus, der um die
grundsätzliche Doppelgesichtigkeit allen Menschseins weiß:
der Mensch als »Ebenbild« Gottes und *so* »Stellvertreter« Gottes auf Erden, ausgestattet mit göttlichem »Lebensatem«. Und
derselbe Mensch Gottes Risiko, das prekäre, das riskante Wesen, das Gottes erste Schöpfung zum Scheitern bringt. Davon
wird die Noach-Geschichte erzählen. Das eine in der Hebräischen Bibel nicht ohne das andere. Von Anfang wird der
Mensch als Zwitterwesen wahrgenommen: ausgestattet mit
dem Höchsten (»Abbild Gottes«, »Gottes Lebensatem«), verurteilt zum Niedrigsten: »Staub bist du, zum Staub musst du
zurück«. Immer beides nebeneinander: souveränes Wissen
um die Dinge auf Erden und die Gier nach mehr. Segen Gottes und die Sucht, sein zu wollen wie Gott. Paradiesische Un-
schuld und erbärmliches Versagen. Geschenkte, ungebrochene »paradiesische« Lebensfreude und Verurteilung zu
Mühsal, Schmerzen und Schweiß, verurteilt zum Wissen um
die eigene Sterblichkeit.

Deutlich ist: Die Adam-Eva-Erzählungen lösen nicht das
Rätsel Mensch, sie erzählen von ihm, und zwar so, dass auch

wir uns, im Abstand der Jahrtausende, mit Grundzügen unseres Menschseins wiedererkennen. Verwandt kommen die ersten Menschen uns vor, »allein schon wegen der beträchtlichen Kunst der Ausreden« (*K. Flasch*, Adam und Eva, 2004, 17). Als es ernst wird, schiebt Adam die Schuld auf Eva, Eva die Schuld auf die Schlange. Auch wegen des Drangs des Mannes nach der Frau (Gen 2,23f.). Ein Drama eigener Art. Auch wegen anthropologischer Konstanten wie Neugierde, Reiz der Grenzüberschreitung, Verführbarkeit zur Sünde, Probleme mit Nacktheit und Scham.

Aber diese Geschichten reden auch von des Menschen Verantwortung als Gottes Geschöpf: »Wer an Adam und Eva glaubt, wird auch glauben, dass, wer Gottes Verbote nicht achtet, mit den verhängnisreichsten Folgen zu rechnen hat. Und wer glaubt, dass Adam und Eva die Ureltern der Menschheit sind, der wird sich auch überzeugen lassen, dass es, wenn es auf Erden zugeht, wie es nun einmal zugeht, nicht Gottes Schuld, sondern die Schuld des ungehorsamen Menschen ist« (*H. P. Schmidt*, Schicksal, 2005, 21f.) In der Tat: Nicht ein blindes Schicksal herrscht in beiden Schöpfungsberichten, undurchschaubar und tückisch. Was dem Menschen widerfährt, ist nicht Schicksal, sondern Folge von Entscheidung. Dass der Mensch künftig als ein aus dem Paradies Vertriebener lebt, ist nicht ein dunkles Fatum, sondern Ergebnis seines Handelns, genauer: seines Versagens. Das ist kein Trost, aber eine wichtige Feststellung mit Konsequenzen für das Gottes- und Menschenbild der Hebräischen Bibel.

Und der Koran? Was sagt er zu Fragen der Erschaffung der Welt und des Menschen?

II. Adam und die Schöpfung: Koranische Bilder

Wer die Rede von der Erschaffung des Menschen und der Welt im Koran aufsucht, wird im Vergleich zur Bibel ohne Mühe zahlreiche Ähnlichkeiten feststellen. Hier wie dort ist die Vorstellung, dass Gott ausnahmslos alles erschaffen hat, ein zentraler Bestandteil des koranischen Gottesbildes: Finsternis *und* Licht (Sure 6,1: Mk III), Tag *und* Nacht (Suren 3,190; 2,164: beide Md), Himmel *und* Erde (Suren 6,1; Mk III; 2,117.164; 3,190f.: beide Md u. ö.), das erste Menschenpaar (4,1: Md) und jeden einzelnen Menschen (86,5–7: Mk I; 96,1f.: Mk I u. ö.). Ja, so umfassend ist im Koran der Schöpfungsbegriff, wie wir hörten (Erster Teil, Kap. 4), dass auch noch die erwartete Auferstehung des Menschen aus dem Tod als Wiederholung der Schöpfung bezeichnet werden kann (Suren 21,104: Mk II; 10,4.34: Mk III), so wie es in Sure 85,13 (Mk I) heißt: »Er bringt neu hervor und bringt wieder.« Wir werden im Einzelnen darauf zu sprechen kommen.

Zugleich aber präsentiert der Koran seine Erzählung von der Schöpfung nirgendwo als thematischen Block, wie es die Bibel tut. Nirgendwo findet sich zusammenhängend eine Wiederholung des Sieben–Tage-Werks am Beginn der Weltschöpfung. Warum auch? Im Koran ist die jüdisch-christliche Schöpfungsgeschichte als derart selbstverständlich vorausgesetzt, dass sie von vornherein zum Gestaltungs-»Material« für die Verkündigung der Kernbotschaft wird, wozu auch die Sieben–Tage-Ordnung gehören kann, die gelegentlich erwähnt wird (Suren 7,54; 10,3; 11,7: alle Mk III u. ö.). Alles dient einem bestimmten Zweck, genauer: ist Mittel zur Demonstration eines großen Doppelthemas: Gott in seinem souveränen Schöpfertum; der Mensch im Irrtum über sich selbst, in Schöpfungsvergessenheit und Undankbarkeit dem Schöpfer gegenüber, aber auch in seiner gottbejahten, gottgewollten Stellung.

1. Grundthema: Stolz und Sturz des Menschen

Machen wir uns klar: Der Koran verdankt seine Entstehung wie die Hebräische Bibel einer krisenhaften Erinnerung an Gottes ursprüngliche Absicht mit den Menschen. Sein gesellschaftlicher Kontext ist ebenfalls eine Zeit des Umbruchs. Die prophetische Verkündigung reagiert auf sie. Der Prophet hatte es in seiner Stammesgesellschaft mit massenhaftem Götzenglauben und sozialer Kälte zu tun. Hier fühlt er sich herausgefordert, und sein Kampf gilt von vorneherein einer Doppelfront: religiös gesprochen der Selbstüberschätzung und Selbsttäuschung seiner Zeitgenossen, sozial gesprochen der Gleichgültigkeit und Unempfindlichkeit in einer Klassengesellschaft. Wir haben im Ersten Teil schon davon gesprochen (Erster Teil, Kap. 4) und beschränken uns hier im Kontext der Schöpfungstheologie auf das Nötigste.

Gericht über die Reichen und Gewissenlosen

Ein Blick in die ersten Suren aus *frühmekkanischer Zeit* (610–615) lässt bereits ein Doppeltes erkennen: Kritik an den sozialen Verhältnissen, die durch eine Gerichtswarnung erhärtet wird. Will sagen: durch Rückgriff auf eine Zeit, die noch kommt und über die allein Gott entscheidet, wenn er zum Gericht erscheinen wird. Abstrakt formuliert: In den frühesten mekkanischen Suren ist die Sozialkritik eng mit der Eschatologie verkoppelt:

> Was meinst du von dem, der das Gericht leugnet?
> Das ist der, der die Waise zurückstößt
> und nicht zur Speisung der Armen anhält.
> Weh den Betenden,
> die bei ihrem Gebet achtlos sind,
> gesehen werden wollen
> und Unterstützung verwehren!
> *(Sure 107: Mk I)*

Fürsorge den elternlosen Kinder gegenüber! Versorgung der Armen! Das sind nur zwei konkrete Beispiele, an denen der Prophet im Namen Gottes seiner gewissenlosen Gesellschaft den Spiegel vorhält. Eine schonungslose, unbequeme, provozierende Botschaft vor allem an die Adresse der Reichen und Mächtigen, die nicht nur gewissenlos sind, sondern in der Verblendung leben, ihr Vermögen habe sie »unsterblich« gemacht (Sure 104: Mk I). Ihnen wird ein »Feuer« der Vernichtung angedroht, das Gott selbst anfachen wird. Die Bildersprache für das Gericht in den frühen Suren ist hochdramatisch (Erster Teil, Kap. 4). Selbst im Abstand der Jahrhunderte kann man noch ahnen, welche Wirkung sie in der Gesellschaft Mekkas damals erzielt haben mag:

> Am Tag, da die Menschen wie zerwirbelte Motten sind
> und die Berge wie zerzauste Wolle.
> Wessen Waagschalen dann schwer sind,
> der lebt zufrieden.
> Wessen Waagschalen aber leicht sind,
> dessen Mutter ist ein Abgrund.
> Woher willst du wissen, was das ist?
> Heißes Feuer.
> *(Sure 101, 4–11: Mk I)*

Warum aber ist das so? Was ist es mit dem Menschen, dass er sich so entwickeln konnte? Wieso diese Gottvergessenheit, diese soziale Kälte? Die Gründe dafür liegen wie für die Hebräische Bibel auch für den Koran bei den Anfängen der Schöpfung. Von Anfang an gibt es dieses Doppelgeschick des Menschen: höchste Würde, tiefster Fall! Von Anfang an ist der Mensch ein zutiefst gespaltenes Wesen. Die prophetische Botschaft setzt also nicht irgendwo, sondern buchstäblich radikal an: bei den Ursprüngen von Schöpfung und Mensch. Die Eschatologie berührt auch in den frühen Suren schon die Protologie. »Adam« rückt in den Blick. Ur-Mensch, jeder Mensch!

Beschwörende Erinnerungsarbeit: Sure 95

In den Suren der ersten Periode von Mekka taucht zwar der Name Adam nicht auf, wohl aber bereits die künftig mit Adam verbundene Sache: *Erschaffung und Fall des ersten Menschen.* In der nur acht Verse umfassenden Sure 95 heißt es:

Beim Feigen- und Ölbaum,

beim Berg Sinai

und bei diesem sicheren Ort!

Wir haben den Menschen in schönster Gestalt geschaffen und dann wieder zum Allerniedrigsten gemacht.

Außer denen, die glauben und gute Werke tun. Die bekommen unbegrenzten Lohn.

Was lässt dich noch das Gericht leugnen?

Ist nicht Gott der weiseste derer, die entscheiden?

(Sure 95,1–8)

»In schönster Gestalt geschaffen«: Sure 95 ist für uns von besonderer Bedeutung, weil zwei Motive uns erstmals im Koran begegnen. *Zum einen* ist es im Zug der für viele Sureneingänge typischen Schwurformeln die »erstmalige Erwähnung eines biblisch-heilsgeschichtlichen zentralen Ortes« wie des »Berges Sinai« als »Emblem göttlicher Selbstmitteilung« (NKK 1,187) und so »erstmalig eine Anspielung auf den Offenbarungsort Sinai und damit auf die mit Mose verbundene biblische Heilsgeschichte« (NKK 1, 190). Die koranische Gottesrede nimmt gewissermaßen von Anfang an die biblische auf und knüpft daran an. Signalisiert ist damit: So wie am Sinai Gott geredet hat, so redet er auch jetzt, hier in Mekka. Darauf verweist Vers 3. Und so wie sich Gott schon in der jüdisch-christlichen Überlieferung als Offenbarer und Schöpfer gezeigt hat, so tut er es jetzt wieder: »bei diesem sicheren Ort«. Dabei geben uns Hinweise auf die Schöpfungspotenz Gottes die schon in der Schwurformel eingesetzten Fruchtbäume: Feigenbaum und Ölbaum. Wie gewollt das ist und wie gezielt sie in den Raum des biblischen Offenbarungsgeschehens verweisen sollen, also auf eine biblisch bezeugte Landschaft »außerhalb der lokalen Realität« (NKK 1, 193) der

koranischen Adressanten, wird durch die Tatsache unterstrichen, dass beide Baumarten auf der Arabischen Halbinsel gar nicht heimisch sind.

Ein *zweites erstmaliges Merkmal* der koranischen Botschaft kommt hinzu. Die Gerichtsrede wird hier mit der Schöpfungsrede verknüpft. Vorausgegriffen also wird hier nicht wie in den bisherigen frühmekkanischen Suren auf die Endzeit, vorgegriffen wird auch auf die Vorzeit: auf Gottes Schöpfungshandeln am Beginn der Zeit, als er den Menschen überhaupt erst geschaffen hat. Damit ist Sure 95 »zugleich der früheste Korantext, der das neu zu vermittelte lineare Zeitverständnis« poetisch gestaltet (NKK 1, 191). Wir erinnern uns (Erster Teil, Kap. 4). Die altarabische Gesellschaft ist mit einem zyklischen Zeitverständnis vertraut: im Schema von »stirb und werde«, Leben und Vergehen, Aufgang und Untergang. Dem setzt der Koran jetzt ein lineares Zeitverständnis entgegen und nimmt damit das Zeitverständnis auf, das auch in biblischen Überlieferungen etwa der Psalmen breit bezeugt ist. Konkret heißt das: »Gott setzt die zyklische Zeit außer Kraft, nach welcher das Ende des Menschen mit dem Tod eintritt, indem er die Zeit linear zurück in die Präexistenz (»wir schufen« V 4) und dann nach vorn in die Ewigkeit (»Gericht« V 7) hinein verlängert. Eine ›heilsgeschichtliche Zeit‹, eine eschatologisch determinierte Zeit des Menschen hat mit dieser Belehrung begonnen, sie verläuft im Gegensatz zu seiner schöpfungsbedingten natürlichen Lebenszeit nicht zyklisch und entschärft so die Bedrohlichkeit des mit der Vollendung des Zyklus gegebenen physischen Endes« (NKK 1, 194).

»*In schönster Gestalt geschaffen*« – »*zum Allerniedrigsten gemacht*«! Sure 95 besticht auch dadurch, dass auf kleinstem Raum, in buchstäblich zwei Versen und so auf knappstmögliche Weise »alles gesagt« ist, was man als Mensch im Blick auf das Schöpfungshandeln Gottes wissen muss. Den Adressaten gegenüber, seien sie zweifelnd, verleugnend oder schon gläubig, *wird Erinnerungsarbeit* getrieben, beschwörende Erinnerungsarbeit: »Gott hat doch einst …«! Das erklärt den Einsatz von Schwurformeln. Kommunikationstheoretisch gesprochen sind Elemente einer höchst intensiven, das heißt auf Wirkung berechneten Sprecher-Hörer-Interaktion erkennbar. Sie dramatisieren die Rede, schaffen sich Autorität und erzwingen Aufmerksamkeit und Ernsthaftigkeit. Woran aber genau sollen die Adressaten sich erinnern? Wovor werden sie in derart dramatischer Verknappung gewarnt?

Erinnert werden sollen die Adressaten zum einen daran, dass Gott dem Menschen nichts vorenthalten hat. In »schönster Gestalt« hat er ihn geschaffen. »Hand« hat Gott persönlich angelegt, so wichtig ist ihm die Existenz dieses besonderen Geschöpfs.

Erinnert werden sollen die Adressaten zum zweiten an das Schicksal des Menschen von Anfang an: In »schönster Gestalt« geschaffen, »zum Allerniedrigsten« hinabgestoßen! Gott ist zu beidem fähig, jederzeit wieder, damals wie heute. Deshalb die Warnung an die Leugner von Gottes Gericht. Sie spekuliert auf Einsicht. Weil Gott schon einmal höchste Höhe und tiefsten Fall des Menschen bewirkte, kann er dies auch jetzt tun – im Gericht über des Menschen Taten und Untaten.

Dramatisches Menschenbild: Sure 82

Die Erinnerung also an Erschaffung und Fall des ersten Menschen dient im Koran von Anfang an der Neuorientierung des Menschen in Gegenwart und Zukunft. Dient dem Bewusstsein, dass Menschen sich vor Gott zu verantworten haben. Am Fall des ersten Menschen ist bereits beides ablesbar: Glanz *und* Elend, Höhe *und* Tiefe, Schönheit *und* Verfall, Stolz *und* Sturz. Beide Erfahrungen haben Gott und Mensch gegenseitig gemacht. Wer das ernst nimmt, wird für sein Leben Konsequenzen ziehen.

Auch in *Sure 82*, ebenfalls noch aus der ersten Periode von Mekka, ist dieser Zusammenhang von Anfang und Ende, Schöpfung und Gericht herausgestellt. Aber hier fällt ein Ausdruck, der der biblischen Gottesebenbildlichkeitsaussage in Gen 1,26 nahe kommt, wenn es heißt, dass Gott den Menschen nach einer von ihm gewollten »Gestalt« oder »Form« geschaffen habe:

> Wenn der Himmel zerbrochen wird,
> die Sterne zerstreut,
> die Meere aufgerissen
> und die Gräber aufgewühlt werden,
> erfährt man, was man vorher getan und was man aufgeschoben hat,
>> Mensch, was hat dich im Blick auf deinen edlen Herrn betört,
>> der dich erschaffen hat, dann gebildet, dann ebenmäßig geformt,
>> dich erstellt hat, in welcher Gestalt er wollte?
>> Nein, aber nein, ihr leugnet das Gericht.
>
> *(Sure 82,1–9: Mk I)*

Wieder treffen wir im Koran auf eine rhetorisch höchst dramatische Bildersprache: Gottes Gericht imaginiert als ein kosmisches Ereignis. Der Himmel? Einst das Stabilste, jetzt in Teile zerbrochen. Die Sterne? Einst bewegten sie sich nach uralten Gesetzen, unerschütterbar in ihren Bahnen. Jetzt sind sie chaotisch aufgelöst. Die Meere? Sie schienen doch ein für alle Mal ihr Grenzen gefunden zu haben. Auf einmal sind sie aus den Fugen, werden durch Überflutung eine Macht der Zerstörung. Und dann die Gräber, Orte der Ruhe? Aufgewühlt, aufgebrochen werden sie sein, wenn die Toten zum Gericht gerufen werden. Die Bildlogik in diesen vier Versen ist überall dieselbe: Wenn Gott zum Gericht ruft, wird das Gewohnte verkehrt, das Vertraute aufgelöst, das Gewisseste erschüttert, das bisher Zuverlässige abgründig. Und diese Bildlogik unterstreicht nur die Pointe der ganzen Sure: Der Mensch täuscht sich über die Stabilität seiner Welt, die Zuverlässigkeit seiner Ordnung, die Verlässlichkeit der Gesetze und seien es die Gesetze der Gestirne. Nichts besteht auf Dauer, wie stabil es auch zu sein scheint. Himmel nicht, Sterne nicht, Meere nicht.

Christliche Hörer erinnert das kosmische Szenario von Sure 82 an ein Jesus-Wort in den synoptischen Evangelien.

Die Endzeit als Zeit des kosmischen Zusammenbruchs war schon hier beschrieben worden:

> Aber in jenen Tagen, nach der großen Not, wird sich die Sonne verfinstern, der Mond wird nicht mehr scheinen; die Sterne werden vom Himmel fallen, und die Kräfte des Himmels werden erschüttert werden. Dann wird man den Menschensohn in den Wolken des Himmels kommen sehen ...«
>
> *(Mk 13,24–26; Mt 24,29–31; vgl. Lk 21,25–27)*

Aber die Pointe von Sure 82 ist eine andere. Hier erscheint nicht eine Erlöserfigur wie der Menschensohn am Ende der Zeiten, hier wird der Mensch direkt mit dem Gericht Gottes konfrontiert. Und dieses Gericht ist nicht ein dumpfer Ort der Verdammnis, sondern zunächst ein Ort der Erkenntnis. Nicht ein Ort undurchschaubarer Verwerfung, sondern ein Ort der Aufklärung und zwar nicht für eine kollektive Masse, in welcher der Einzelne anonym bliebe, sondern für jeden Einzelnen persönlich. Jede Seele »weiß« jetzt, wie *Angelika Neuwirth* Vers 5 übersetzt, »was sie getan und was sie unterlassen hat«. Macht man sich das als Hörer von Sure 82 klar, worüber man als Mensch am Ende von Gott aufgeklärt wird, erklärt sich auch die erstaunte Rückfrage nach dem, was Gott von Anfang an für den Menschen getan hat. Gottvergessenheit und Undankbarkeit? Sie müssten eigentlich unbegreiflich sein. Doch Menschen haben sich oft genug »betören« lassen, will sagen: in Verblendung ihre Erschaffenheit durch Gott verdrängt. Sie sind Selbsttäuschungen erlegen, indem sie auf die Verlässlichkeit ihrer Welt vertrauten. Diese aber wird im Gericht buchstäblich erschüttert, aus den Angeln gehoben werden. Was später zu einem »koranischen Topos« wird (Verblendung durch täuschende Wahrnehmung) »begegnet hier zum ersten Mal« (NKK 1, 285).

Die Einzelaufzählung der Vorleistungen Gottes in Vers 7 soll den Druck des Vorwurfs erhöhen. Gott hat den Menschen nicht nur allgemein geschaffen, sondern auch gebildet und ebenmäßig geformt. Auch dieses Motiv begegnet in anderen

Suren der Zeit: die gute physische Ausstattung des Menschen als Begründung für seine soziale Verantwortung (Sure 90, 8f.: Mk I). Umso unverzeihlicher eigentlich die Undankbarkeit dem Schöpfergott gegenüber, das ist der Tenor von Sure 82. Ihre rhetorische Strategie zielt somit auf Aufklärung über den Zusammenhang von Eschaton und Proton und so entschieden auf eine veränderte Grundhaltung zum Leben hier und jetzt. Sie setzt einen Hörer voraus, der durch die koranische Botschaft aufgeklärt wurde, aber immer noch nicht begriffen hat, wie es um seine Lage steht: »Nein, aber nein, ihr leugnet das Gericht« (Sure 82,9: Mk I) und damit auch, können wir jetzt hinzufügen, die eigene Geschöpflichkeit. Die Folge? Täuschung des Menschen über seine Lage und verblendete Undankbarkeit gegenüber Gott.

2. Schon der erste Mensch – verführt und vertrieben: Sure 20

Direkt als Figur taucht Adam erstmals in Sure 20 aus der *zweiten Periode von Mekka* auf. Zunächst deutet nichts auf ihn hin. Plötzlich wird an seine Geschichte erinnert. So ist es oft im Koran. Wenn biblische oder andere Figuren »eingespielt« werden, dann nie im Stil langatmiger Informationen oder detailfreudiger Einführung, sondern mit rhetorischen Stilmitteln, die wir heute etwa aus dem *Bibliodrama* kennen.

Wie damals so heute

Ausgangspunkt im Koran ist auch hier wie so häufig eine *Kampfsituation:* das Ringen zwischen Glaube und Unglaube. Deshalb kommt es in Sure 20, bevor die Rede auf Adam kommt, zunächst zur Erinnerung daran, dass der Koran herabgesandt wurde für die Gottesfürchtigen – durch den Schöpfer von Himmel und Erde, durch den Gott also, dem die ganze

Welt gehört, ja vor dem auch »das Geheime« nicht verborgen bleibt (20,7). Bekräftigt wird also noch einmal derselbe Grundgedanke, der sich durch alle Suren des Koran zieht: »Gott – kein Gott ist außer ihm. Er hat die schönsten Namen« (20,8).

Dann folgt der Verweis auf eine andere biblische Kampfgeschichte: die von Mose mit dem Pharao. Sie wird in Sure 20 eingangs in rund 90 Versen (20,9–98) relativ breit präsentiert. Das wird uns im Vierten Teil dieses Buches beschäftigen. Aber schon die Mose-Geschichte wird nicht langatmig ausgebreitet, sondern sofort dramatisch mit einem mehrstimmigen Figurentableau ausgelegt und für die Hörersituation zugespitzt: »Ist die Geschichte von Mose zu dir gekommen?« Mit einer solch überfallartigen Frage sollen die Zuhörer gepackt werden, und zwar so, dass sie die alten Geschichten auf sich selbst beziehen. Woraus folgt: *Erinnerndes Denken im Koran ist strukturanaloges Denken, Denken in Entsprechungen: wie damals – so heute. Strukturanaloges Denken hat die Funktion, den Adressaten klarzumachen, dass es beim Rückgriff auf die ihm bekannten Geschichten um ihre Geschichte geht, bei der rhetorisch-dramatisch imaginierten Szene um ihre Situation.*

Der Hörerkreis ist mit der Mosegeschichte in Sure 20 sensibilisiert, auf »Geschichten« zu hören, »von dem, was früher geschah« (20,99). Man könnte sagen: Die Konfliktgeschichte um Mose, den Pharao und Moses Bruder Aaron hat eine dramatisch aufgeladene Situation geschaffen. Wie dramatisch, zeigt die Passage, die unmittelbar vor der Adam-Geschichte in Sure 20 zu lesen ist:

> So haben wir ihn hinabgesandt als arabischen Koran. Wir haben in ihm manche Drohung dargelegt.
>
> Vielleicht werden sie gottesfürchtig oder er bringt ihnen neu erinnernde Mahnung!
>
> Erhaben ist Gott, der wahre König! Übereile dich nicht mit der Rezitation – dem Koran –, bevor die Offenbarung ganz an dich ergangen ist, und sag:
>
> »Herr, mehre mein Wissen!«
>
> *(Sure 20,113f.: MK II)*

So sehr steht der Prophet offensichtlich unter Spannung, dass er von Gott die Mahnung empfängt, sich mit dem Koran nicht zu »übereilen«, das heißt ihn nicht vorzutragen, bevor die Offenbarung abgeschlossen ist. Spannung ist damit aufgebaut. Spürbar ist eine Atmosphäre des Drängens. Sie vermittelt sich den Adressaten durch rhetorische Stilmittel wie Schwüre, Beschwörungen, Appellationen, Warnungen, Verheißungen, Versprechungen. Und zu dieser Spannung trägt auch die blitzartige Evokation bei.

Auch die *Adam-Geschichte* wird in Sure 20 nicht erst lang und breit eingeführt und quellenmäßig erklärt, sondern von vornherein in die Situation der Hörer eingebracht. Unmittelbar im Anschluss an Vers 20,114 (»Und sag: Herr! mehre mein Wissen!«) wird ohne weitere Überleitung auf Adam Bezug genommen. Von einem Vers auf den anderen ist er da. Ein neuer Raum wird aufgerissen, tiefer noch als der Raum, in dem die Reinszenierung des Mose-Pharao-Dramas ablief. Das ist jetzt keine Geschichte mehr von dem, »was früher geschah«, das ist jetzt Rückgriff auf die Ur-Geschichte schlechthin, die Ur-Zeit:

> Wir verpflichteten früher Adam. Doch er vergaß es und
> wir fanden bei ihm keine Entschlossenheit.
> *(Sure 20,115: Mk II)*

Was also sollen Menschen begreifen, wenn an Adam und seine Geschichte erinnert wird? Knapper und pointierter kann man es kaum sagen: Gottvergessenheit und keine Entschlossenheit, sich an Gottes Weisung zu halten.

Menschsein als nachparadiesische Existenz

Unmittelbar im Anschluss daran folgt die Geschichte von der Engelsanbetung, die künftig zum festen Bestandteil der Adam-Texte des Koran gehören wird. Ein spezielles Dramolett ist dafür vorgesehen. Die beteiligten Personen in dieser Dialogskizze mache ich durch Kursivierung kenntlich:

Als *wir [Gott]* zu den *Engeln* sagten:

>»Werft euch vor *Adam* nieder!«

Da warfen sie sich nieder, außer *Iblīs.* Er weigerte sich. Da sagten wir:

>»Adam, der ist dir und deiner *Frau* feind. Er soll euch nicht aus dem Garten vertreiben, sonst wirst du trostlos. In ihm brauchst du nicht zu hungern und nicht nackt zu sein, nicht zu dürsten und nicht unter der Sonne zu leiden.«

Da flüsterte ihm der *Satan* ein:

>»Adam, soll ich dir den Baum des ewigen Lebens weisen und eine Herrschaft, die nicht vergeht?«

Da aßen sie beide davon, ihre Scham wurde ihnen offenbar und sie begannen sofort, Blätter des Gartens über sich zusammenzuheften. Adam war gegen seinen Herrn aufsässig. Da irrte er ab.

Dann erwählte ihn sein Herr, kehrte sich ihm wieder zu und führte ihn.

Er sagte:

>»Geht beide hinunter, allesamt! Die einen unter euch sind den anderen Feind. Wenn dann von mir Führung zu euch kommt, wer dann meiner Führung folgt, der geht nicht irre und ist nicht trostlos.«

(Sure 20,116–123: Mk II)

Wir erkennen hier erstmals das, was wir im Ersten Teil den polyphon-dramatischen Charakter vieler Koran-Suren genannt haben. Imaginiert wird ja in Sure 20 eine Szene ohne allen Raum, ohne alle Zeit. Überflüssige Realitätsdetails werden weggelassen, können weggelassen werden. Die Hörer verstehen offenbar auch ohne lange Erklärungen, wohin sie imaginär versetzt werden: »Als wir zu den Engeln sagten …« Urgeschichte, erzählt als wäre es heute, als sei man unmittelbar dabei. Diese rhetorische Strategie ist der koranischen Sprecher-Hörer-Situation geschuldet: Überfallartig sollen die Adressaten »gepackt« und wie in ein schon laufendes Gespräch hineingezogen werden. Die narrative Verknappung stimuliert geradezu die Imagination der Hörer, lässt Raum und Zeit verschmelzen. Geführt wird dieses Gespräch von nicht weniger als sechs Figuren (oder Figurengruppen): Gott, Engel, Iblīs, Adam, seine Frau (die biblische Eva), Satan. Rasant die Wechselrede zwischen ihnen, auf kürzeste Gesprächsführung verknappt: »als wir …«, »da warfen sie …«, »da sagten wir …«, »da flüsterte ihm …«, »da aßen sie …«, »dann erwählte ihn …«. Blitzartiges Umschalten von einer Figur auf die andere. Die rhetorische Kraft dieses Mikrodramas ist unverkennbar und dramaturgisch bewusst eingesetzt.

Dass hier in Sure 20,115–123 inhaltlich starke Parallelen zur Adam-und-Eva-Geschichte des »jahwistischen« Schöpfungsberichts der Hebräischen Bibel (Gen 3) vorliegen, ist mit Händen zu greifen: Leben in einem »Garten« (Gen 2,8), Präsenz eines »Baum des (ewigen) Lebens« (Gen 2,9), Satansversuchung mit Ewigkeitsversprechen (Gen 3,5), Schambedeckung mit Blättern des Gartens (Gen 3, 7), Vertreibung aus dem Garten (Gen 3,23f.). Aber auch Differenzen sind unübersehbar. Im Koran gibt es weder hier noch anderswo eine eigene Schöpfungserzählung für die Frau (wie in Gen 2,21–23). Nur an zwei Stellen wird wie beiläufig (und selbstverständlich) auch die Erschaffung einer »Partnerin« für Adam aus ihm erwähnt (Sure 4,1: Md = Gen 2,22) oder noch präziser einer »Ehefrau« (Sure 7,189: Mk III). Andererseits belastet der Koran auch nicht wie die Genesis einseitig die Frau als »Einfallstor« der Sünde wie in Gen 3,6. Objekt der Verführung und Täter der Sünde ist in erster Linie Adam, Sünder sind ganz selbstverständlich Mann und Frau zusammen: »Da aßen sie beide …«, heißt es in Sure 20,121. Beide tragen denn auch die Folgen der Sünden: »Geht beide hinunter, hier weg …« (Sure 20,123). Auch kennt der Koran nicht die Schlange als Medium der Verführung (wie in Gen 3,1–4) und damit auch keine Verfluchung der Schlange (wie in Gen 3,14f.).

Im Vergleich zu Sure 95 fällt auf, dass das Motiv, der Mensch sei »in schönster Gestalt« geschaffen, hier, in Sure 20, nicht noch einmal aufgenommen wird. Ja, von einer Erschaffung des ersten Menschen (wie in Sure 95,4 oder in 82,7: beide Mk I) ist hier überhaupt keine Rede. Adam existiert bereits, bevor die Aufforderung an die Engel in Sure 20,116 erfolgt. Wohl aber wird in Sure 20 das Motiv aus Sure 114,4 (Mk I) aufgenommen, dass der Mensch Einflüsterungen des Bösen ausgesetzt sei. Jetzt wird Satan direkt als eine Figur genannt und von der des Iblīs unterschieden. Die Beziehung Iblīs-Satan ist hier noch unklar. Klar ist hier nur so viel: Satan ist der Verführer, der den ersten Menschen gegen Gott »aufsässig« macht. Iblīs ist der Widersacher Gottes und des Menschen – und zwar durch seine Weigerung, Gottes Niederwerfungsanordnung Folge zu leisten. Noch aber kann man aus dem Text nicht erkennen, wieso die Engel von Gott überhaupt aufgefordert werden konnten, sich vor Adam niederzuwerfen.

Der Koran beschränkt sich an dieser Stelle noch auf Andeutungen, weil er hier, in Sure 20, eine andere Pointe verfolgt, die ihrerseits biblische Parallelen hat: *Von Anfang der Schöpfung an (und damit grundsätzlich) soll die Verführbarkeit zur Sünde und die damit von Anfang an gegebene Entfremdung des Menschen von Gott bewusst gemacht werden. Durch Verweis auf die ersten Menschen wird gleichsam eine erste »anthropologische Konstante« menschlichen Verhaltens offengelegt: Obwohl im Garten lebend, sind Menschen dem Widergöttlichen zugänglich. Warum? Dauerhaft erschien doch das Glück des Menschen mit Gott: kein Hunger, keine Nacktheit, kein Durst, keine Hitze. Gewarnt war der Mensch vor dem »Feind«. Adam aber verfällt der Versuchung. Warum Menschen aber überhaupt verführbar sind, sein müssen: Mit diesem anthropologischen Rätsel lässt der Koran seine Adressaten so allein wie die Juden und Christen gemeinsame Bibel.*

Pädagogisch dient die Erinnerung an die Urgeschichte der Warnung: »Aufsässigkeit« (Sure 20,121) gegen Gott zieht Strafe nach sich, wobei die deutsche Wortwahl »aufsässig« misslich ist. Sie klingt allzu sehr nach spießiger Pubertätspsychologie. Andere Übersetzungen wählen »Trotz« (Rückert, Bobzin), »Ungehorsam« (Khoury) oder »Widerspenstigkeit« (Paret). Die Folgen der »Widerspenstigkeit« jedenfalls sind schwerwiegend: ein Zustand dreifacher Entfremdung: *Neben die Gottesentfremdung (Vertreibung aus dem Paradies) tritt die Selbstentfremdung von ursprünglicher Natürlichkeit (Schamentdeckung) sowie die soziale Entfremdung (ein Mensch künftig des anderen Feind). Eine zweite »anthropologische« Konstante wird sichtbar: Schon am Anfang der Schöpfung hat Gott »Widerspenstigkeit« bestrafen müssen. Von Anfang an ist Gott gezwungen, das vom Menschen selbst produzierte Unglück zu ahnden.*

Zynisch ist das nicht gemeint im Sinne von: So ist es und so bleibt es, sondern pädagogisch: Wer sich diese Zusammenhänge am Ur-Modell »Adam« bewusst macht, wird sein Verhalten hier und jetzt ändern! Für Bibel und Koran gilt: *Menschliches Leben ist ein für alle Mal gekennzeichnet durch einen Bruch zwischen ursprünglich paradiesischer und jetziger nachparadiesischer Existenz. Menschsein heißt leben in nachparadiesischem Zustand.*

Die Freiheit der Gnade Gottes

Achten wir auch auf das Gottesbild in Sure 20. In 20,122 ist ausdrücklich gesagt, dass Gott sich Adam trotz dessen Widerspenstigkeit wieder gnädig zugewandt und ihn recht geleitet habe. Gott begnügt sich offensichtlich hier, an dieser Stelle, mit der Erkenntnis der »Scham« des Menschen, bevor er ihn wieder erwählt. Der Koran kennt, anders als die Genesis, abgesehen von der Vertreibung aus dem »Garten«, keine Strafe für das Menschenpaar: weder für die Frau (Androhung einer Schmerzensgeburt und Beherrschung durch den Mann: Gen 3,16) noch für den Mann (Fluch über den Ackerboden, Mühsal und Schweiß bei der Existenzsicherung: Gen 3,17–19). Im Gegenteil: In Sure 20 erfolgt die Wende von der Sünde gegen Gott zur Erwählung und Rechtleitung durch denselben Gott ganz abrupt. Nicht mehr als drei Sätze sind dafür nötig:
– »Adam war gegen seinen Herrn aufsässig.«
– »Da irrte er ab.«

– »Dann erwählte ihn sein Herr, kehrte sich ihm wieder zu und führte ihn.«

Dieser abrupte Wechsel von Sünde und Annahme, Gottesferne und Gottesnähe, Gottesentfremdung und Gotteserwählung ist charakteristisch für die Theologie des Koran, der damit die souveräne *Freiheit Gottes* wirksam sein lässt. Diese Freiheit ist die Freiheit des Schöpfergottes. Er schafft die Welt und den Menschen »voraussetzungslos«, »ungezwungen«, »ungeschuldet«. Und in derselben Freiheit kann er denselben Menschen, der sich dem Bösen geöffnet hat, auch wieder annehmen, erwählen und rechtleiten. Es ist die Freiheit seiner Gnade. Daraus folgt: *Bibel und Koran kennen eine Ur-Sünde, die Sünde des ersten Menschenpaares, eine »Erbsünde« kennen sie nicht. Diese wird erst unter dem Einfluss der Theologie Augustins in die christliche Tradition eingeführt und entfaltet von hier aus eine zutiefst problematische Wirkung* (Einzelheiten: U. Baumann, Erbsünde? 1970).

3. Von der »Göttlichkeit« des Menschen: Sure 15

Betrachtet man die weitere Surenfolge, fällt auf, dass bereits in der übernächsten Sure der zweiten Periode von Mekka, *Sure 15*, die Adam-Geschichte weiter entfaltet wird. Lag der Schwerpunkt in Sure 20 auf dem Ende der Adam-Geschichte (Sündenfall, Vertreibung), so liegt er jetzt in Sure 15 stärker auf deren Anfang. Das Adam-Bild des Koran gewinnt noch einmal schärfere Konturen.

Wesen mit Gottesgeist

Zum Beispiel durch die Frage, die in Sure 20 ausgespart worden war. Wie ist »Adam« ins Leben getreten? Wie muss man sich genauer die Erschaffung des ersten Menschen vorstellen? Warum werden die Engel als Personal der himmlischen Sphäre überhaupt aufgefordert, sich ausgerechnet vor dem Menschen zu verneigen? Was macht das für Sinn? Antworten gibt Sure 15. Der Adam-Text hier hat zwei klar erkennbare Teile. Der eine handelt von *Erschaffung und Ausstattung des Menschen*:

> Wir haben den Menschen aus Ton erschaffen von formbarem Schlamm, vorher die Dschinn aus dem Feuer des glühenden Windes.
>
> Als dein Herr zu den Engeln sagte:
>> »Ich erschaffe einen Menschen aus Ton von formbarem Schlamm.
>>
>> Wenn ich ihn dann geformt und ihm von meinem Geist eingeblasen habe, dann fallt vor ihm nieder!«
>
> Da warfen sich die Engel allesamt nieder, außer Iblīs. Er weigerte sich, zu denen zu gehören, die sich niederwerfen.
>
> *(Sure 15, 26–31: Mk II)*

Der erste Mensch – geformt aus feuchter Tonmasse! Andere Suren sprechen im selben Zusammenhang von »Staub« (Sure 3,59: Md) oder »Ton wie Töpferware« (Sure 55,14: Mk I). Die theozentrische Pointe ist jedes Mal dieselbe: Es ist Gott selbst, der den Menschen nicht nur durch sein Wort, sondern direkt »mit den Händen« (Sure 38,75: Mk II) schafft. Der erste Mensch jedenfalls tritt im Koran ins Leben ohne menschliche Zeugung, ohne Vater und ohne Mutter, allein durch Gottes Schöpfertat. Nur im Fall von Jesus wird dies für den Koran ähnlich sein, wie wir im Ersten Teil schon hörten: »Mit Jesus ist es bei Gott wie mit Adam: Er erschuf ihn aus Staub. Dann sagte er zu ihm: ›Sei!‹, und da ist er« (Sure 3,59: Md). Nur dass Jesus dann durchaus noch eine Mutter brauchen wird, um ihn auf die Welt zu bringen. Selbst das ist beim koranischen Adam nicht nötig, und das hat Folgen für das *koranische Menschenbild*. Wir können vier grundlegende Einsichten formulieren, die dem biblischen Menschenbild in der Sache entsprechen:

(1) Der erste Mensch und damit der Mensch überhaupt verdankt sein Leben nicht irgendeinem blinden Schicksal, sondern einem freien, persönlichen Schöpfungsakt Gottes. Das zeichnet den Menschen vor allen anderen Geschöpfen aus. Erinnert wird damit im Koran nicht an irgendeine charakterliche Eigenschaft oder biologische Qualität des Menschen, sondern an Menschsein schlechthin. Menschsein ist Geschaffensein durch Gott!

(2) Der theozentrisch ausgerichteten Anthropologie entspricht im Koran ein personaler Monotheismus: Gott ruft den Menschen durch sein schöpferisches Wort in ein unmittelbares Verhältnis zu sich. Gott ist nicht allgemein und einmalig des Menschen Schöpfer, er bleibt es durch dessen ganze Existenz hindurch als des Menschen Leiter und Richter. Als Geschöpf Gottes existiert der Mensch somit ein für alle Mal im dauernden persönlichen Gegenüber zu Gott. Die Beziehung zu seinem Schöpfer ist somit nicht irgendeine der vielen Dimensionen, sondern die Grundbestimmung des Menschen schlechthin.

(3) Die krude Materie bedarf der Verlebendigung durch den Geist. Sure 15,29 zufolge wird der Mensch (analog Gen 2,7) erst dann Mensch, wenn Gott ihm seinen Geist eingeblasen hat. Körper und Geist, Staub und »Seele« müssen zusammenkommen, damit die Kreatur den Namen »Mensch« verdient. Form und Format verdankt der Mensch Gott allein. Dieser beruft ihn nicht nur zu seinem Gegenüber, sondern gibt ihm Anteil an seiner Lebensenergie. Gott teilt seinen Geist mit seinem Geschöpf.

(4) Indem Gott den Menschen ohne menschlichen Anteil direkt und persönlich ins Leben treten lässt und mit ihm seinen Geist teilt, ist der Mensch wie in der Hebräischen Bibel so im Koran das im eigentlichen Sinn gottgewollte und gottausgestattete Wesen. Ein Rang, der die Aufforderung an die Engel jetzt erst richtig begreiflich macht, diesem Wesen mit Gottesgeist quasigöttliche Verehrung zukommen zu lassen.

Rebellion und Vertreibung des Teufels

Harmlos ist das alles nicht. Harmonisch schon gar nicht. Im Gegenteil. Eine dramatische Situation ist entstanden, kaum dass der Mensch existiert. Daran ließ schon Sure 20 mit ihren *dramatis personae* keinen Zweifel. Auch in Sure 15 gerät der Mensch in eine prekäre Situation. Geisterwesen sind schon vor ihm da, aus Feuer geschaffen. Engel ebenfalls. Auch *Iblīs* existiert. Dem imaginierten Szenario zufolge betritt der neugeschaffene Mensch also nicht einen leeren Raum, sondern einen besetzten. Wie besetzt, zeigt die Tatsache, dass das neue Geschöpf zwar nicht für die Engel, wohl aber für Iblīs eine Herausforderung ist. Die Fortsetzung der Adam-Szene in Sure 15 mit dem *zweiten Teil* könnte denn auch dramatischer nicht sein. Noch einmal Rede und Widerrede in rasantem Wechsel:

> Er (Gott) sagte:
>> »Iblīs, was ist mit dir, dass du nicht zu denen gehörst, die sich niederwerfen?«
> Er sagte:
>> »Ich werfe mich keinesfalls vor einem Menschen nieder, den du aus Ton erschaffen hast von formbarem Schlamm.«
> Er sagte:
>> »So geh hinaus, hier weg! Gesteinigt sollst du sein! Auf dir liegt der Fluch bis zum Tag des Gerichts.«
> Er sagte:
>> »Herr, so gewähre mir Aufschub bis zu dem Tag, da sie auferweckt werden!«
> Er sagte:
>> »So gehörst du zu denen, denen Aufschub gewährt wird bis zum Tag der festgesetzten Zeit.«
> Er sagte:
>> »Herr, weil du mich irregeführt hast, spiegle ich ihnen gewiss auf der Erde Schönes vor und führe sie allesamt irre, außer deinen auserkorenen Diener unter ihnen.«

Er sagte:

»Das ist für mich ein gerader Weg.

Über meine Diener hast du keine Macht, außer über
die, die dir folgen unter den Verirrten.«

(Sure 15,32–42; vgl. 38,71–83: beide Mk II)

Im Gegensatz zu Sure 20 hat Iblīs hier seinen großen Auftritt.
Jetzt wird ihm im Koran eine eigene Rolle zugeteilt. Und was
für eine! Dreimal geht es zwischen Gott und ihm hin und her.
Und weil am Ende Iblīs der Verführer sein darf, wird begreiflich, warum er von manchen muslimischen Kommentatoren
mit dem Satan identifiziert wird. In *Iblīs* steckt vermutlich das
griechische Wort für Teufel: *diabolos*. Die Funktion dieser ur-
zeitlichen Szene ist klar: Die Engel sowie Iblīs sind bewusst
eingesetzte Kontrastfiguren, um von vornherein die *prekäre
Stellung des Menschen in Gottes Ordnung* zu spiegeln. Drei Momente scheinen mir entscheidend:

*(1) Mit der Figur des Iblīs ist im Koran dokumentiert, dass der
Mensch von Anfang seiner Existenz an infrage gestellt ist. Infrage
dadurch, dass Iblīs die Geistpräsenz im Menschen nicht wahrhaben
will und damit den Menschen auf seine Materie reduziert.*

Iblīs spiegelt somit diejenige Auffassung vom Menschen
wider, die nicht erkennen kann oder will, dass der Mensch
Göttliches in sich trägt. Er steht für eine von Anfang an gegebene Versuchung des Menschen, sich auf das Materielle zu
reduzieren und den göttlichen Geist in sich zu vergessen. Ein
Zweites kommt hinzu:

*(2) Der Dialog mit Iblīs zeigt, dass von Anfang der Schöpfung
an nicht nur der Mensch, sondern auch Gott wegen des Menschen
infrage gestellt ist. Die dramatische Szene zeigt keinen unangefoch-
tenen, sondern einen herausgeforderten Gott.*

Mehr noch: Iblīs fordert Gott nicht nur heraus, er verhandelt sogar mit Gott. Ihm gelingt es, Gott einen »Aufschub«
abzuschwatzen und seine fällige Strafe (Steinigung) hinaus-
zuschieben bis zum Tag des Gerichts. Das ist weniger harmlos, als es klingt. Das hat üble Folgen, vor allem für die Menschen. Denn Iblīs, dem Widersacher Gottes, ist es gelungen,

Gott ein Interesse an seiner irdischen Existenz und seinen üblen Wirkungen einzureden. Mit Sure 15,36 ist der abgründige Gedanke zumindest angedeutet: Nicht nur der Mensch, sondern auch Gott wird vom Teufel versucht, nicht nur der Mensch, sondern auch Gott gibt dem Teufel nach. Gott lässt ihn gewähren. Deshalb gilt ein Drittes:

(3) Iblīs hat mit Gottes Zustimmung die Freiheit, den Menschen unablässig Versuchungen auszusetzen – bis zum Tag der Auferweckung, zum Tag des Gerichts. Die Wende von Sure 15,26–31 zu 15,39 könnte dramatischer nicht sein. Soeben noch von Gott gewollt und von den Engeln quasigöttlich verehrt, wird mit Zustimmung desselben Gottes der Mensch zu einem teufelsversuchten, irregeführten und gefährdeten Wesen. Die Pointe von Sure 15 lautet: Gott setzt das von ihm gewollte und ausgestattete Wesen dem Risiko der Gottentfremdung aus.

Warum aber verweigert *Iblīs* die Huldigung für das von Gott souverän und direkt gewollte Wesen Mensch? In Sure 15 hatten wir uns mit der Auskunft zu begnügen, dass Iblīs sich doch nicht vor einem Menschen niederwerfen könne, der »aus Ton von formbarem Schlamm« geschaffen sei. Mehr wird nicht gesagt. Ganz plausibel aber ist das nicht. Denn wenn jemand von *Gott* geschaffen wurde und Gott obendrein noch zur Huldigung dieses seines Geschöpfes auffordert, welche Rechtfertigung soll dann noch eine Weigerung haben?

4. Die Signatur adamitischer Existenz: Sure 7

An diesem Punkt wird *Sure 38* präziser, die übernächste nach Sure 15 aus der zweiten Periode von Mekka. Nachdem wiederum von der Aufforderung Gottes die Rede war, dass alle Engel sich vor dem Menschen niederzuwerfen hätten, wird der Grund für Iblīs' Verweigerung von Gott direkt benannt: »Bist du hochmütig oder gehörst du zu den Überheblichen?« Wieder kommt es zu einer Gegenrede, bei der *Iblīs* seine frühere

Aussage psychologisch präzisiert: »Er sagte: ›Ich bin besser als er. Mich hast du aus Feuer erschaffen, ihn aber aus Ton‹« (Sure 38,76: Mk II). Zur Verachtung gegenüber den Menschen tritt hier die Überheblichkeit.

Jüdische Parallelen

Dieses Überheblichkeitsmotiv taucht nun auch in *Sure 7* wieder auf, geoffenbart am Ende der dritten Periode von Mekka. Mit ihr scheint sich die Adam-Geschichte im Koran zu einem Ganzen gerundet zu haben. Die bisherigen Teile der Adam-Geschichte sind hier vereint:

- Teil I: Sure 7,11 (entsprechend Sure 20,116): Erschaffung und Ausstattung des Menschen; Aufforderung Gottes an die Engel zur Niederwerfung vor Adam; Vollzug der Engel und Verweigerung des Iblīs.
- Teil II: Sure 7,12–18 (entsprechend Sure 15,32–42): Dialog, Funktion und Schicksal des Iblīs.
- Teil III: Sure 7,19–25 (entsprechend Sure 20,122f): Adams und »Evas« Versuchung, Vertreibung, Vergebung. Die Gesamtkomposition liest sich so:

> Wir haben euch erschaffen und dann gestaltet. Dann sagten wir zu den Engeln:
>> »Werft euch vor Adam nieder!«
> Da warfen sie sich nieder, außer Iblīs. Er gehörte nicht zu denen, die sich niederwarfen.
> Er (Gott) sagte:
>> »Was hindert dich, dich niederzuwerfen, wenn ich es dir gebiete?«
> Er sagte:
>> »Ich bin besser als er. Mich hast du aus Feuer erschaffen, ihn aber aus Ton.«
> Er sagte:
>> »So geh hinunter, hier weg! Dir kommt es nicht zu, hier hochmütig zu sein. So geh hinaus! Du gehörst zu den Unterlegenen.«

Er sagte:

»Gewähre mir Aufschub bis zu dem Tag, da sie auferweckt werden!«

Er sagte:

»Du gehörst zu denen, denen Aufschub gewährt wird.«

Er sagte:

»Weil du mich irregeführt hast, lauere ich ihnen gewiss auf deinem geraden Weg auf.

Dann komme ich ihnen von vorn und hinten, von rechts und links. Die meisten von ihnen findest du nicht dankbar.«

Er sagte:

»Geh hinaus, hier weg, verabscheut und verstoßen! Wer von ihnen dir folgt – gewiss fülle ich mit euch allesamt die Hölle«.

»Adam, bewohne den Garten, du und deine Frau! Esst, von wo ihr wollt, naht euch aber nicht diesem Baum, sonst gehört ihr zu denen, die Unrecht tun!«

Da flüsterte der Satan ihnen ein, um ihnen aufzudecken, was ihnen von ihrer Scham verborgen war:

»Euer Herr hat euch diesen Baum nur untersagt, damit ihr nicht zu Engeln werdet oder zu denen gehört, die ewig leben.«

Und er schwor ihnen:

»Ich gehöre zu denen, die euch gut raten.«

Da ließ er sie durch Trug zu Fall kommen. Als sie dann von dem Baum gekostet hatten, wurde ihnen ihre Scham offenbar und sie begannen sofort, Blätter des Gartens über sich zusammenzuheften.

Ihr Herr rief ihnen zu:

»Habe ich euch nicht jenen Baum verwehrt und euch gesagt:

›Der Satan ist euch deutlich feind‹?«

Sie sagten:

>Herr, wir haben uns selbst Unrecht getan. Wenn du uns nicht vergibst und dich unser erbarmst, gehören wir gewiss zu den Verlierern.«

Er sagte:

>Geht hinunter! Die einen von euch sind den anderen feind. Ihr habt aber auf der Erde eine Weile Stätte und Nutznießung.«

Er sagte:

>Auf ihr lebt ihr, auf ihr sterbt ihr und aus ihr werdet ihr hervorgebracht.«

(Sure 7,11–25: Mk III)

Zu diesem Szenario gibt es bemerkenswerte Parallelen zur jüdischen Tradition, findet sich doch das koranische Motiv von Neid, Rebellion und Vertreibung des Teufels gerade auch in jüdisch-rabbinischen Quellen. Was die Hebräische Bibel in Genesis 3 nur skizziert hatte, erscheint dann in der nachbiblisch-jüdischen Tradition dramatisch ausgebaut. Warum auch nicht? Aus dem Paradies waren ja beide vertrieben worden, Adam und der Teufel. Naheliegend, dass beide noch einmal konfrontiert werden, nachzulesen in einer Schrift aus dem hellenistisch-jüdischen Milieu des 2. Jahrhunderts nach Christus unter dem Titel »Leben Adams und Evas« (in: Jüd. Schriften in hell.-röm. Zeit, Bd. 2, Gütersloh 1999, 738 – 870).

Wir schlagen in dieser Schrift nach und werden Zeugen eines erregten Disputs *zwischen dem ersten Menschenpaar und dem Teufel*. An seinem Schicksal sei Adam schuld, protestiert der Teufel. Als Adam geformt worden sei, sei er vom Angesicht Gottes verstoßen und aus der Gemeinschaft der Engel fortgeschickt worden. Als Gott aber Adam seinen Lebenshauch eingeflößt und ihn damit zum Ebenbild seiner selbst gemacht habe, habe er alle Engel aufgefordert, das Ebenbild Gottes anzubeten. Auch ihn! Warum aber sollte er, der Teufel, jemand anbeten, der geringer und später entstanden sei als er selbst? Immerhin sei er *vor* Adam erschaffen worden! Eigentlich müsse dieser *ihn* anbeten. Gott sei daraufhin zornig geworden und habe ihn mitsamt seinen Engeln weit fortgeschickt.

Welch eine Szene! Sie zeigt: *Es gehört zur gemeinsamen »semitischen Religionstradition«, dass mit der Erschaffung des Menschen eine Dramatik in die Schöpfungsordnung hineinkommt. Erschaffung und Ausstattung des Menschen erfolgen nicht in einem machtfreien Vakuum. Der Mensch tritt in ein Kräftefeld. Von Anfang an ist damit nicht nur der Mensch, von Anfang an ist auch Gott wegen des Menschen herausgefordert. Jüdisch-christliche und muslimische Traditionen kennen den Mensch als Risikofaktor der Schöpfung: ein Risiko für Gott und ein Risiko für die übrigen Geschöpfe. Das Motiv der Satansrebellion hat exakt diese Funktion. Es illustriert auf dramatische Weise einen Riss in der Schöpfungsordnung: zwischen Gott und Teufel einerseits sowie zwischen dem Teufel und dem Menschen andererseits.*

Gottesentfremdung ohne Gotteszynismus

Warum aber wird in Sure 7 überhaupt noch einmal von Neid, Rebellion und Vertreibung des Iblīs erzählt? Ja, warum ist in Sure 7, mit 206 Versen eine der längsten Suren des Koran aus der dritten Periode von Mekka, die Adam-Geschichte so programmatisch an den Anfang gestellt? Weil in dieser Sure deutlicher als zuvor zwei große Motive koranischer Schöpfungstheologie herausstellt werden: Verantwortung des Menschen vor Gott sowie Unerbittlichkeit des Sterbenmüssens. Verdichtet also erscheint hier ein Grundmotiv koranischer Anthropologie, dessen Realismus immer wieder aufhorchen macht: *Undankbarkeit des Menschen gegenüber Gott.* So beginnt Sure 7 einmal mehr mit einer Selbstcharakterisierung des Koran als »erinnernde Mahnung an die Gläubigen« und zugleich mit einer realistischen Einsicht in die Grenzen dieser Mahnung: »Wie wenig lasst ihr euch mahnen!« Wie wenig, obwohl doch Warnzeichen Gottes unübersehbar sein müssten. Wie wenig, obwohl doch die Taten des Menschen im Gericht einst gewogen werden, obwohl Gott doch den Menschen »auf der Erde Macht verliehen« und für sie »Unterhalt geschaffen hat«. Ernüchternd aber ist die Erkenntnis: »Wie wenig dankt ihr!« (7,10). Und dann folgt unmittelbar im Vers darauf noch einmal die Adam-Geschichte (7,11–25).

Erstmals taucht in Sure 7 im Zusammenhang mit dem Vertreibungs- das *Sterblichkeitsmotiv* auf. Nachparadiesisches Leben steht jetzt ein für alle Mal unter dem Diktat des Sterben-Müssens. Parallelen zur Hebräischen Bibel sind hier noch stärker als zuvor mit Händen zu greifen, denn im Unterschied zu Sure 15 und parallel zu Sure 20 wird jetzt auch hier, in Sure 7, 18 das aus Genesis 2,16f. bekannte *Baum-Tabu* eigens erwähnt. Wichtig aber: Im Unterschied zu Sure 20,120 wird in Sure 7,19 von Gottes Tabu gesprochen. Wie im jahwistischen Schöpfungsbericht lassen sich Adam und »Eva« durch die Schlange verführen, wider Gottes ausdrückliches Verbot zu handeln und vom Fruchtbaum zu essen. In Sure 20,120 war davon noch nicht die Rede, bestenfalls indirekt, stellt doch Satan Adam und dessen Frau einen »Baum des ewigen Lebens« und ewige Herrschaft in Aussicht, in diesem Sinne also »Göttlichkeit«. Wichtig auch: Im Unterschied zu Sure 20 wird jetzt in Sure 7,24f. von der Flüchtigkeit (»auf der Erde eine Weile«) und Sterblichkeit menschlichen Lebens gesprochen (»auf ihr lebt ihr, auf ihr sterbt ihr«) – auch dies eine ausdrückliche Parallele zum jahwistischen Schöpfungsbericht (Gen 3,19).

Für das *biblisch-koranische Menschenbild* ergibt sich daraus eine wichtige Schlussfolgerung: In »Adam« und seinem Schicksal soll man in der Gemeinde die Grundbedingungen des Menschseins wiedererkennen. *Alles* menschliche Leben trägt *adamitische Signatur. Will sagen: Menschliches Leben ist ein für alle Mal »adamitisch« gezeichnet: durch Gottentfremdung (Vertreibung aus dem Paradies), Selbstentfremdung (Schamentdeckung) und soziale Entfremdung (»die einen des anderen Feind«) einerseits und andererseits durch Endlichkeit (die Erde ist nur «für eine Weile« Ort des Lebens) und Sterblichkeit (»auf ihr lebt ihr, auf ihr sterbt ihr«).*

Aber im Unterschied zum jahwistischen kennt der koranische Schöpfungsbericht in Sure 7 nach dem Sündenfall die Reue des Menschen und einen Appell an Gottes Erbarmen.

Das ist in Sure 7 eine wichtige Konkretisierung gegenüber Sure 20,122f. Dort erfolgte, wie wir hörten, der Umschlag von Aufsässigkeit des Menschen und Erwählung durch Gott abrupt. Von »Reue« als »Vorleistung« dort keine Rede, wird in Sure 20 ja auch weniger eine moralische als eine theozentrische Pointe geliefert: die Freiheit Gottes zur Gnade. In Sure 7 ist das anders. Hier erbitten die ersten Menschen förmlich Gottes Gnade und Barmherzigkeit, *nachdem* sie bereut haben (7,23).

Daraus folgt für das koranische Menschen- und Gottesbild: *Die Verwerfung des Menschen durch Gott ist nicht endgültig. Anthropologischer Realismus kippt nicht um in Gotteszynismus. Die Sünde ist kein ewiger Fluch über den Menschen, kein unentrinnbares Verhängnis. Um sie zu überwinden, bedarf der Mensch nicht der Erlösung durch einen Fremden, sondern der Ausrichtung, der Rechtleitung. Er bekommt sie durch Gottes Wort im Koran. Demzufolge kann nach dem Schuldeingeständnis der Mensch Gottes Vergebung vertrauen. Der Schöpfer bleibt trotz aller Verführbarkeit des Menschen zur Sünde der entschieden menschenvertrauende Gott.*

Was heißt: Menschen sind »Kinder Adams«?

Soviel ist bis hierher klar: Wenn es um Adam und dessen Frau geht, werden wie in der Hebräischen Bibel so auch im Koran anthropologische Grundfragen behandelt. Die Fortsetzung der Adam-Geschichte in Sure 7 weist deshalb nicht zufällig eine besondere Höreradresse auf: *»Kinder Adams«.* Mehrfach in den folgenden Versen wird diese Anrede wiederholt:

> Ihr Kinder Adams, wir senden auf euch Kleidung hinab, die eure Scham bedeckt, und Prachtgewänder. Die Kleidung der Gottesfurcht aber, die ist besser.
> Das gehört zu Gottes Zeichen
> Vielleicht lassen sie sich mahnen!
> Ihr Kinder Adams, der Satan soll euch doch nicht verführen, wie er eure Eltern aus dem Garten vertrieb, wobei er

ihnen ihre Kleider auszog, um sie ihre Scham sehen zu lassen. Er sieht euch, er und seine Sippschaft, wie ihr sie nicht seht. Wir haben die Satane denen zu Freund und Beistand gemacht, die nicht glauben.

(Sure 7,26f.: Mk II)

»*Kinder Adams*« ist gleichsam die formelhafte Zusammenfassung der gesamten anwendungsorientierten Warn- und Erinnerungsstrategie von Sure 7. In »Adam« und »Eva« sollen die Adressaten ihre Eltern und sich selbst als deren Nachkommen erkennen. Enger kann man die Urgeschichte von einst mit der Geschichte von heute kaum verklammern. Deutlicher kann man nicht machen, dass mit Adam und seiner Frau nicht bloß Vergangenes aus »uralten Zeiten« erzählt, sondern die Situation hier und heute gedeutet werden soll: Schaut auf »eure Eltern«! Nackt waren sie nach ihrer Vertreibung. Schaut auf die Verführten damals! Ihr habt Kleidung, die eure Scham bedeckt, Prachtgewänder gar. Und damals – die Eltern? Gottlosigkeit – Schamlosigkeit! Wer das begreift, weiß um Menschsein als »adamitische Existenz«.

Damit ist vollends umrissen, was für den Koran »*adamitische Existenz*« jedes Menschen bedeutet: *Wer sich – Mann oder Frau – als »Kind Adams« erkennt, erinnert sich an das Schicksal »Adams«. »Kind Adams« zu sein, heißt gezeichnet sein, heißt, das Schicksal Adams vor Augen zu haben und erinnert zu werden: an die Geistpräsenz Gottes im Menschen; an die Verführbarkeit des Menschen zur Sünde; an das Schicksal der Gottesverwerfung; an die Sterblichkeit; an Gottes Bereitschaft zur Vergebung und zur Auferweckung aus dem Tod. In diesem gemeinsamen Ursprung und dieser gemeinsamen Signatur liegt der Grund für die Gleichheit aller Menschen. Wer von »Adam« her denkt, denkt menschheitlich, übergeschichtlich, transkulturell, der denkt an Grundbedingungen von Menschsein schlechthin.*

Zur Frage von Ursprung, Gleichheit und Verantwortung aller Menschen gibt es in Sure 7 eine besondere Stelle, die noch eigens unserer Aufmerksamkeit bedarf:

Als dein Herr aus den Kindern Adams, aus ihrem Rü-
cken, ihre Nachkommen nahm und sie gegen sich selbst
zeugen ließ.
>Bin ich nicht euer Herr?‹
Sie sagten:
»Gewiss doch! Wir bezeugen es.«
Damit ihr am Tag der Auferstehung nicht sagt:
»Darauf haben wir nicht geachtet«
(Sure 7,172: Mk II)

Vor uns liegt eine unter Muslimen vieldiskutierte und im Ergebnis folgenreiche Aussage. Was ist gemeint? Offensichtlich
eine Aussage über die Vorzeit der Schöpfung. Gott hat aus
den Kindern Adams Nachkommen geschaffen und schon
durch sie – gewissermaßen vor aller Zeit – seine Gottheit bezeugen lassen. Das hieße, dass von Anfang der Schöpfung an
Menschen in der (aus islamischer Sicht) richtigen Weise Gott
verehrt hätten. Warum ist das so wichtig? Warum wird das in
Sure 7,172 ausdrücklich erwähnt? Weil diese Erinnerung der
Alibi-Prophylaxe dient. Kein Mensch soll am Tag der Auferstehung sich mit der Ausrede dem Gericht entziehen können,
er habe von der Verehrung des wahren Gottes nichts gewusst.

In der islamischen Diskussion (Einzelheiten: *R. Gramlich,
Der Urvertrag*, 1993, 205–230) wird dies in der Tat so gesehen,
ja auf der Basis von Sure 7,172 sogar von einem vorzeitigem
Bund, einem *Urbund (arab.:* mīthāq*) oder Urvertrag,* gesprochen, den Gott allen Nachkommen Adams auferlegt habe.
Der Koran hätte damit das natürliche Streben eines jeden
Menschen nach Gott, gleichsam die naturgegebene Veranla-
gung *(arab.:* fitra*)* des Menschen zum rechten Glauben an
Gott, bezeugt und das mit der Folge, dass »Islam« als Grundhaltung gewissermaßen zur Grundausstattung eines jeden
Menschen gehört. »Dieser neue Bund«, so *Angelika Neuwirth,*
»ist ein Bund der Transzendenz, wie er universaler nicht sein
könnte – er ist außerhalb der Geschichte, in der Präexistenz,
geschlossen und gilt für alle Nachkommen Adams, ob gläubig oder nicht. Sie alle sind von Gott angesprochen und durch

ihre bereits vor ihrer Geburt abgegebene Bereitschaftserklärung gewissermaßen von Natur aus zum Monotheismus bestimmt« (NKST, 668f.) Sure 7,172 in Verbindung mit Sure 30,30 hat denn auch unter Muslimen zu der weitverbreiteten Auffassung geführt, der Islam sei gewissermaßen die »natürliche«, die Ur-Religion eines jeden Menschen:

> »So richte dein Gesicht auf die Religion als ein aus innerstem Wesen Glaubender gemäß der Natur, in der Gott die Menschen erschaffen hat!
> Bei Gottes Schöpfung gibt es keine Änderung. Das ist die rechte Religion.«
> *(Sure 30,30: Mk III)*

Ob die genannten Koranstellen eine solch weitreichende Deutung »hergeben«, lassen wir undiskutiert. Sicher ist: Die Vorstellung einer von Urzeiten an geltenden Bestimmung des Menschen zum Bundes- und Vertragspartner Gottes hat in der islamischen Tradition den Menschen unter allen Geschöpfen noch einmal hervorgehoben, zumal wenn man Sure 7,172f. in Verbindung liest mit Sure 33,72 (Md). Denn hier ist die Rede davon, dass Gott nach Abschluss des Schöpfungswerkes dem Himmel, der Erde und den Bergen eine Art »Treuhänderschaft« (*arab.*: al-Alāma) angeboten habe. Während diese sich geweigert hätten, diese Treuhänderschaft zu übernehmen, habe der Mensch sie auf sich genommen. Die Interpretation dieser Stelle ist unter Muslimen zwar umstritten, der katholische Theologe *Andreas Renz* aber kann den Konsens so zusammenfassen: »Einig aber sind sie [die Muslime] sich in der Auffassung, dass damit etwas gemeint ist, das den Menschen gegenüber allen anderen Geschöpfen auszeichnet: Während alle anderen Geschöpfe sozusagen unfreiwillig Gott dienen, liegt die einzigartige Aufgabe des Menschen darin, sich in Freiheit für oder gegen Gott zu entscheiden. Dies ist eine Aufgabe, die ihn letztlich über die Engel stellt, wenn er sie erfüllt, die ihn aber auch tiefer als die niedrigsten Geschöpfe fallen lassen kann, wenn er versagt. Damit ist bereits die Brücke geschlagen zu einem weiteren wichtigen koranischen Begriff, der für die islamische Anthropologie von zentraler Bedeutung ist, nämlich der Begriff *khalīfa*« (»Abbild Gottes« – »Stellvertreter Gottes«, 2002, 237f.). So ist es. Und wir nehmen diesen Schlüsselbegriff koranischer Anthropologie jetzt unsererseits in den Blick.

5. Der Mensch als Stellvertreter Gottes: Sure 2

Der Ausdruck *khalīfa* tritt uns erstmals in Sure 2 entgegen. Es ist die längste Sure des Koran. Sie eröffnet die Offenbarungen in Medina und spiegelt eine völlig neue Lage des Propheten wider. Wir haben im Ersten Teil, Kap. 4 einiges Wichtige dazu schon gesagt.

Was in Medina anders wird

In der Tat war die Situation Mohammeds und der muslimischen Urgemeinde in Mekka immer unhaltbarer geworden. Von Anfang seines öffentlichen Auftretens an hatte der Prophet aus der Defensive heraus verkünden, argumentieren, appellieren und aufrütteln müssen. Und Defensive heißt: Der Prophet spricht von Anfang an gegen eine Wand aus Skepsis, Ablehnung, Leugnung, Verdrängung, Verspottung und Gegenbeschuldigung durch seine Widersacher. Das mekkanische Establishment denkt nicht daran, diesen unbequemen Mahner und Warner mit seiner penetranten Gerichtspredigt zu akzeptieren. Ich verweise auf das, was ich »zum Verhältnis Poet und Prophet« im Koran schon gesagt habe (Erster Teil, Kap 2: Mohammed ein Dichter?«). Die Gegenbeschwörung muss von daher ebenso stark sein.

Dies alles erklärt, warum die frühen Suren den Wahrheitsanspruch des Koran ständig mitthematisieren müssen. Nicht nur ist der Prophet von Anfang an ein Angegriffener, Abgelehnter, Verlachter; auch der Koran ist von vornherein ein umstrittenes, zurückgewiesenes, lächerlich gemachtes Buch (vgl. Erster Teil, Kap. 3: »Der Koran – die umstrittene Botschaft). Leicht vorstellbar, dass die Situation in Mekka auf Dauer immer unhaltbarer wird. Gegen Mohammeds Sippe wird ein Heirats- und Handelsboykott verhängt, was im Klartext heißt: Es gibt keine zukunftsweisenden sozialen Kontakte mehr, kein Austausch von Nahrungsmitteln. Der Bann bleibt zwei Jahre in Kraft (616–618) und hat einige Muslime finanziell ruiniert, andere in den Tod getrieben. Schwer wiegt auch, dass im Jahr 619, nach Aufhebung des Boykotts, Mohammeds Frau Chadidscha und sein Onkel und bisheriger Patron Abu Talib verstirbt, Anführer des Clans der Haschimiten. Ohne einen Beschützer, der den strengen Fehdegesetzen Arabiens entsprechend den eigenen Tod rächen würde, kann man ungestraft umgebracht werden, zumal Abu Talibs Nachfolger als Clanchef, Abu Lahab, Mohammed feindselig gegenübersteht. Mohammed hat denn auch größte Mühe, überhaupt einen Stammesführer zu finden, der bereit ist, ihm die notwendigen Schutzgarantien zu geben. Er ist jetzt ohne jegliche politische Basis und gewinnt kaum noch neue Anhänger.

Aus seiner aussichtslosen Lage in Mekka befreit den Propheten ein Angebot aus der 300 Kilometer nördlich von Mekka gelegenen Stadt Yathrib, später Medina genannt. Er wird gerufen, um dort Stammesrivalitäten zu schlichten. Ein Geschenk des Himmels! In kleinen Gruppen wandern die Muslime dorthin aus, was ihre soziale Lage eher noch verschärft. Welch ein Bruch denn auch mit der Tradition! Aussiedlung aus dem eigenen Stamm und Abbruch der natürlichen Beziehungen zum eigenen Clan – um eines neuen Glaubens willen! Ein unerhörter Vorgang. Die sogenannte *Hidjra* (Emigration, Auswanderung) ist kein harmloser Ortswechsel, sondern ein kritischer Wendepunkt. Noch zehn Jahre sind Mohammed in Medina beschieden, und in diesen zehn Jahren formt er eine neue religiöse Gemeinschaft. Er konstituiert den Islam als eigenständige Religion, und zwar sowohl im Blick auf den Ritus als auch auf die politisch-soziale Ordnung. Mohammed ist zum Führer einer Gruppe geworden, die nicht länger durch Blutsverwandtschaft, sondern durch einen gemeinsamen Glauben verbunden ist.

Zugleich übernimmt der Prophet jetzt auch die Rolle eines Staatsmannes, Gesetzgebers, politischen Führers und Feldherrn. Nicht dass Mohammed in Mekka »unpolitisch« gewesen wäre und erst in Medina vom »Propheten« zum »Staatsmann« sich entwickelt hätte – so ein vielgehätscheltes Klischee. Schon in Mekka hatte seine Botschaft einen eminent »politischen« Charakter, wie wir gehört haben. Aber das Politische musste nun mehr sein als Gesellschaftskritik. Es musste sich als Aufbau und Führung einer konkreten Gemeinde darstellen, der immer mehr Anhänger zulaufen. Dass dies die Botschaft auch *inhaltlich* verändern würde, leuchtet unmittelbar ein. *Hartmut Bobzin* hat in seiner lesenswerten knappen Darstellung des Lebens von Mohammed zu Recht darauf hingewiesen: »Nun stehen nicht mehr die eschatologischen Themen von Weltende und Gericht im Zentrum, sondern das ›diesseitige Leben‹, das nicht nur die kultische und politisch-soziale Organisation der Gemeinde umfasst, sondern auch die Auseinandersetzung mit Gegnern wie Christen und Juden, aber auch mit Widersachern in den eigenen Reihen« (Mohammed, 2002, 94).

Die Konstituierung einer eigenen religiösen Identität

Wir machen uns diese Auseinandersetzung insbesondere mit den Juden durch Vergleich der beiden Ecksuren klar: der letzten Sure aus der Zeit von Mekka, der Sure 13, sowie der ersten Sure aus der Zeit von Medina, der Sure 2. Sure 13,1–43 wird noch ganz bestimmt von den Grundthemen, die die gesamte Verkündigung von Mekka prägen:

– Erinnert werden die Ungläubigen an Gottes Schöpfertaten am Anfang der Welt.

- Gefolgert wird daraus, dass Gott, der die erste Schöpfung vollbrachte, nach dem Tod jedes Menschen eine »neue Schöpfung« hervorbringen wird: die Auferweckung von den Toten und die Zuführung zum Gericht.
- Erinnert wird daran, dass die Glaubenden belohnt, die Ungläubigen bestraft werden und dass Gott für diejenigen, die umkehren, bereit ist zur Vergebung.

All dies fasst noch einmal die Grundbotschaft von Mekka in Struktur und Inhalt zusammen.

»Zahnradartig« greift Sure 2, die erste in Mekka geoffenbarte Sure, hier ein. Sie umfasst statt 43 jetzt 286 Verse. Im *ersten Teil* (6–39) spiegelt sie noch einmal die Auseinandersetzung zwischen Glaube und Unglaube wider. Im *zweiten Teil* aber (2,40–141) kommt plötzlich ein völlig *neuer Adressat* hinzu: die »Kinder Israels«. Jetzt sind wir Leser Zeugen eines langen kritischen »Dialogs« mit Juden (dann auch mit Christen) in einer Weise, für die es in den Suren von Mekka keine Parallele gibt. Im Ersten Teil (Kap. 5) haben wir das Nötigste dazu schon gesagt. Die entscheidende Passage (2,87–90) macht überdeutlich, welche Erwartungen der Prophet mit den Juden verbindet und wie er die Situation nun kritisch-selbstkritisch einschätzen muss. Ja, immer deutlicher wird Mohammed im Verlauf seiner Auseinandersetzung mit den Juden Medinas klar geworden sein: Die religiöse Botschaft, die er vertritt, ist mit dem Judentum und Christentum doch nicht vereinbar. Hatte er in der mekkanischen Phase noch geglaubt, nur eine reinere Form des Judentums zu vertreten, jedenfalls eine Form des Glaubens, die mit dem Judentum kompatibel ist, so geht Mohammed jetzt immer stärker zu einer Abgrenzung seiner religiösen Botschaft von Judentum (und Christentum) über, ohne beiden ihren Wahrheitsanspruch völlig zu bestreiten. Aber klar ist: In Medina wird aus der prophetischen Sache jetzt immer stärker eine eigene Religion auf der Basis einer eigenen gesetzlichen Ordnung für eine eigene Glaubensgemeinschaft, die sich jetzt in Medina ganz anders zu organisieren beginnt.

Die Menschenskepsis der Engel

Für uns wichtig: Teil der Auseinandersetzung mit in Medina ansässigen jüdischen Stämmen ist die nochmalige Erinnerung an die Erschaffung Adams. Diese Adam-Sure endet nicht zufällig mit der Adresse:»Ihr Kinder Israels, gedenkt der Gnade, die ich euch geschenkt habe!« (Sure 2,40). Vorher das uns vertraute Szenario mit einigen charakteristischen neuen Akzenten. Diese Akzente sind in dem Abschnitt 2,30–33 gesetzt. Die Fortsetzung in 2,34–37 enthält die uns vertraute Vertreibung von Iblīs sowie von Adam und seiner Frau aus dem Paradies. Hören wir hinein in Sure 2,28–33. Sie beginnt einmal mehr mit einer beschwörenden Erinnerung an die vielen Schöpfertaten Gottes, die er zugunsten des Menschen vollbracht hat, ohne dass Menschen daran glauben würden:

> Wie könnt ihr an Gott nicht glauben, wo ihr doch tot wart
> und er euch Leben geschenkt hat, dann euch sterben
> lässt, dann euch Leben schenkt und ihr dann zu ihm zu-
> rückgebracht werdet?
> Er ist es, der für euch alles erschaffen hat, was auf der
> Erde ist.
> Dann hat er sich zum Himmel aufgerichtet und ihn zu
> sieben Himmeln geformt.
> Er weiß alles.
> Als dein Herr zu den Engeln sagte:
> »Ich bestelle auf der Erde einen Statthalter.«
> Sie sagten:
> »Willst du auf ihr einen bestellen, der auf ihr Unheil
> stiftet und Blut vergießt, wo wir doch dein Lob prei-
> sen und deine Heiligkeit rühmen?«
> Er sagte:
> »Ich weiß, was ihr nicht wisst.«
> Er lehrte Adam alle Namen. Dann stellte er sie (die Krea-
> turen) den Engeln vor und sagte:
> »Nennt mir deren Namen, falls ihr wahrhaftig seid!«
> Sie sagten:

»Gepriesen seist du! Wir wissen nichts außer dem,
was du uns gelehrt hast.

Du bist der Wissende und Weise.«

Er sagte:

»Adam, nenne ihnen ihre Namen!«

Als er ihnen ihre Namen genannt hatte, sagte er (Gott)
»Habe ich euch nicht gesagt: Ich weiß das Verborgene
der Himmel und der Erde, was ihr offenlegt und was
ihr stets verschweigt?«

(Sure 2,28–33: Md)

Wieder ein Urzeitdialog mit den Engeln wie in den Suren 15,
20 und 7. Aber hier ist vieles anders. Hier ist nicht nur von
einer schönen Gestalt des Menschen die Rede, sondern vom
Menschen als *Gottes Statthalter*. Und hier unterwerfen sich die
Engel nicht wie üblich, hier widersprechen sie. Es ist, als sei
die Einsetzung des Menschen zum »Statthalter« Gottes für
die Engel eine derartige Provokation, dass selbst sie zu widersprechen wagen. Bisher hatten sie ja Gott stumm gehorcht. Im
Gegensatz zu Iblīs hatten sie sich stets auf Gottes Befehl vor
dem ersten Menschen niedergeworfen. Jetzt, nachdem der
Mensch so hochgehoben ist, leisten selbst die Engel Widerstand, ja, werden zu Menschenskeptikern.

Mehr noch: Die Engel gehen in ihrer Skepsis weiter, als
Iblīs je ging. Dieser hatte ja nur die Unterwerfung verweigert.
Die Engel stellen Gottes Absicht grundsätzlich infrage, den
Menschen überhaupt zu schaffen. Wozu braucht es ein We-
sen, das künftig so viel Unheil anrichten wird? Das kann nicht
in Gottes Interesse sein. Was soll ein Geschöpf, das auf Erden
Blut vergießen wird, statt wie die Engel Gottes Lob zu singen
und seine Heiligkeit zu preisen? Erstmals wird im Koran
nicht bloß die Existenz, sondern schon die Erschaffung des
Menschen zum Drama.

Aber wie zum Widerstand des Iblīs (»Leben Adams und
Evas«) gibt es auch zum *Motiv der Engelskepsis* eine bemer-
kenswerte Parallele in der *jüdischen Tradition*, und zwar im
Kontext rabbinischer Schriftauslegung, im Midrasch zum Bu-

che Genesis (Midrasch Bereschit rabba Par. 8–14). Immerhin ließ schon der in Genesis 1,26 benutzte Plural »lasst *uns* Menschen machen ...« und die Pluralbildung im Gottesnamen selbst (»*Elohim*«) darauf schließen, dass Gott bei der Erschaffung Adams von einem himmlischen Hofstaat umgeben ist und von ihm beraten wird. Der Midrasch macht daraus eine ganze Szene. Dramatischer Ernst ist hier gepaart mit Humor, Wucht mit Leichtigkeit. Die »Dienstengel« streiten über Sinn und Unsinn von Gottes Idee. Kontroverse Meinungen brechen auf:

- Er werde erschaffen, denn er wird menschenfreundlich (mildtätig) sein.
- Er werde nicht erschaffen, denn er wird sich der Lüge hingeben.
- Er werde erschaffen, denn er wird Gerechtigkeit üben.
- Er werde nicht erschaffen, denn es wird nur Streit und Zank entstehen.

Während die Dienstengel so noch miteinander streiten, kommt es zur Erschaffung des Menschen. »Was streitet ihr euch noch, der Mensch ist bereits erschaffen«, beendet Gott diesen einzigartigen Schöpfungsdisput (Die Tora in jüdischen Auslegung, hg. v. W. G. Plaut, Bd. 1, 1999). Diese Szene aus der Welt des rabbinischen Judentums findet im Koran in Sure 2,30 ihr Echo. Schon bei den Rabbinen war dies nicht ohne Humor erzählt: Gott muss seine eigenen Engel gewissermaßen vor ein *fait accompli* stellen, um die Erschaffung des Menschen überhaupt durchzusetzen. Als sei er des Streites überdrüssig, schafft Gott hinter dem Rücken seines Dienstpersonals Fakten. Die Erschaffung des Menschen also – eine Art Verzweiflungsakt des von seinen eigenen Engeln genervten Schöpfers? In jedem Fall spiegelt diese Szene das »anhaltende Erstaunen der Tora über den besonderen Stellenwert des Menschen in der Schöpfung wider, über seine einzigartigen geistigen Fähigkeiten, die die Spuren des Schöpfers tragen« (Ebd., 75).

Gott geht das Risiko Mensch ein

Dieses Erstaunen über Gottes Bereitschaft, das »Risiko Mensch« überhaupt einzugehen, treffen wir freilich nicht nur im Koran und bei den Rabbinen, es hat sich auch tief in das abendländische Bewusstsein eingesenkt. *Thomas Mann*, der in seinem großen Josephsroman-Projekt solche jüdischen Überlieferungen literarisch brillant zu verarbeiten wusste, beruft sich in einem seiner düstersten Texte zur Situation des Menschen im Zeitalter des Faschismus nicht zufällig auf das jüdische Motiv der Engelskepsis. In einer 1938 gehaltenen Rede zum Thema »Vom zukünftigen Sieg der Demokratie« heißt es wörtlich:

»Wir sind mit der Natur des Menschen, oder besser gesagt: der Menschen so ziemlich vertraut und weit entfernt, uns Illusionen über sie zu machen. Sie ist befestigt in dem Sakralwort ›Das Trachten des Menschenherzens ist böse von Jugend auf‹. Sie ist mit philosophischem Zynismus ausgesprochen in dem Wort Friedrichs II. von der ›verfluchten Rasse‹ – ›de cette race maudite‹. Mein Gott, die Menschen ... Ihre Ungerechtigkeit, Bosheit, Grausamkeit, ihre durchschnittliche Dummheit und Blindheit sind hinlänglich erwiesen, ihr Egoismus ist krass, ihre Verlogenheit, Feigheit, Unsozialität bilden unsere tägliche Erfahrung; ein eiserner Druck disziplinären Zwangs ist nötig, sie nur leidlich in Zucht und Ordnung zu halten. Wer wüsste diesem vertrackten Geschlecht nicht alle Laster nachzusagen, wer dächte nicht öfters völlig hoffnungslos über seine Zukunft und verstände es nicht, dass die Engel im Himmel vom Tage der Erschaffung an die Nase rümpften über den unbegreiflichen Anteil, den Gott der Herr an diesem fragwürdigen Geschöpfe nimmt?« (Essays, Bd. 4, hg. v. H. Kurzke/St. Stachorski, Frankfurt am Main 1995, 220).

Da wird im Koran ganz anders in Gottes Menschenvertrauen investiert. Denn die »Engelrebellion« in Sure 2 hat ja eine klar erkennbare Funktion: das *Motiv der Gottgewolltheit des Menschen* zu verstärken, ist doch das Ergebnis des Disputs im Koran der bewusste Entschluss Gottes, den Menschen zu schaffen – allen Einwänden der Engel zum Trotz, die sich schließlich dann doch vor den Menschen niederwerfen (Sure 2,34). Dass Gott aber das »Risiko Mensch« eingeht, zeigt, wie groß sein Vertrauen in den Menschen ist. Rücksichtslos konnten die Engel ausplaudern, wozu der Mensch nicht nur potentiell fähig ist, sondern was er künftig anrichten wird: Unheil stiften und Blut vergießen. Woraus folgt: *Die Problematik des Menschen als Unheil-Stifter in der Welt wird nicht verschwiegen. Das Adam-Drama in Sure 2 ist wiederum Ausdruck einer realistischen Anthropologie. Zeigt der Koran den Menschen als das entschieden gottgewollte Wesen, so umgekehrt den Schöpfer als den entschieden menschenvertrauenden Gott.*

»Statthalter Gottes«: Biblische und koranische Konvergenz

Konkretisiert wird dieses Menschenvertrauen Gottes durch die Aussage in Sure 2,30. Zum ersten Mal taucht hier im Koran der Gedanke auf, dass der Mensch nicht nur dadurch von Gott einen besonderen Rang bekommt, dass ihm Gottes »Geist« eingeblasen wurde, sondern auch dadurch, dass er von Gott als dessen *Statthalter auf Erden* eingesetzt wird. Das arabische Schlüsselwort hier heißt *»khalīfa«* und wird bei *Zirker* mit *»Statthalter«*, in anderen deutschen Übersetzungen mit *»Stellvertreter« (Rückert, Khoury, Bobzin)* Gottes wiedergegeben. *Rudi Paret* entscheidet sich für *»Nachfolger«*. Diese Übersetzung ist nicht nur philologisch möglich, sondern liegt auch in der Logik des Engelskepsis-Motivs. Schaltet Gott doch durch die Erschaffung des Menschen die Engel in ihrer Funktion faktisch aus. Wenn Gott also in Sure 2,30 zu den Engeln im Hinblick auf Adam sagt, er werde »auf Erden einen Nachfolger einsetzen«, ist das – so *Paret* – »vermutlich so zu verstehen, dass Adam (und mit ihm das Geschlecht der Menschen) künftig die Engel (oder ganz allgemein die Geister) als Bewohner der Erde ablösen solle. Dem würde die

Vorstellung zugrunde liegen, dass vor der Erschaffung des Menschen die Engel (oder Geister) als die einzigen vernunftbegabten Wesen existiert und (unter anderem auch) die Erde bevölkert haben« (Der Koran, Kommentar und Konkordanz, 1980, 16).

Doch ob »Nachfolger«, »Statthalter« oder »Stellvertreter«: *In der Sache dürften die Bedeutungen konvergieren. Der Mensch erweist sich als khalīfa dadurch, dass er eine hoheitliche Funktion gegenüber der Schöpfung ausübt. Diese besteht nach Sure 2,31–33 in der Nennung bzw. Vergabe der Namen aller Geschöpfe und Dinge.* Dabei konvergiert dieses Verständnis vom Menschen als Statthalter Gottes auf Erden auffälligerweise mit dem biblischen. Das wollte man lange nicht wahrhaben. Im Gegenteil. Man hat lange geglaubt, die biblische Rede von der »Gottesebenbildlichkeit« des Menschen (Gen 1,26 f.) gegen die koranische von der »Statthalterschaft« ausspielen zu können. In jüdisch-christlicher Tradition werde der Mensch doch, ist oft genug behauptet worden, sehr viel höher geschätzt. Während für Muslime der Mensch ja »nur« Statthalter Gottes sei (also in Abhängigkeit verbleibe), sei er in der jüdisch-christlichen Tradition ganz anders aufgewertet in seiner Freiheit und Unantastbarkeit. »Abbild« Gottes sei doch etwas ganz anderes als »Statthalter« Gottes! Während für den Koran »Gott in absoluter Transzendenz« verharre, würde er im christlichen Glauben uns Menschen »ein absolut Naher«, was erkläre, dass der Koran im Unterschied zur Bibel die Gottesebenbildlichkeit des Menschen »eben nicht übernehme« (so noch J. *Gnilka*, Bibel und Koran, 2004, 112f.).

Nach neueren exegetischen Arbeiten besteht freilich keinerlei Sachgrund mehr für ein Auseinanderdividieren beider Begriffe (Einzelheiten: K.-J. *Kuschel*, Juden-Christen-Muslime, 2007, 163–168). Sie konnten nachweisen: »*Abbild« Gottes* in Genesis 1,26f. heißt den Menschen bestimmen als »*Sachwalter*«, »*Stellvertreter*«, «*Repräsentanten*« oder »*Mandatar*« Gottes auf Erden. Daraus folgt, dass sich die im Buche Genesis bezeugte Rede vom Menschen als »*Abbild« Gottes* und die in Sure 2,30 bezeugte Rede vom Menschen als »*Statthalter*« *Gottes* nicht nur nicht ausschließen, sondern inhaltlich ergänzen. Mehr noch: Die islamische Rede vom Menschen als »Kalif Gottes auf Erden« ist eine sachgemäße Interpretation der »Abbild«-Rede der Genesis. Ein wichtiger Befund für den Dialog, den der Tübinger Judaist *Stefan Schreiner* überzeugend erhoben hat und der die gängigen, zu Stereotypen erstarrten Dualismen von christlichem und muslimischem Menschenbild überwinden hilft (Der Kalif Gottes auf Erden, 2003, 25–37). Die Rede vom »Stellvertreter« und vom »Abbild« sind nicht länger gegeneinander ausspielbar. Im Gegenteil. Schreiner kann ein Dreifaches zeigen:

(1) Der Koran vermeidet durch seine Wortwahl bei der Erschaffung des Menschen (»Statthalter«) bewusst anthropomorphe Missverständnisse und bietet »mit seiner Lesart eine Deutung, die nicht allein einen deutlich anti-anthropomorphistischen Zug aufweist, sondern den Gedanken der Gottesebenbildlichkeit des Menschen schon vom Begriff her ausschaltet. Überraschen kann dies freilich nicht, ist doch Gott nach koranischem Zeugnis schlechterdings nichts gleich (Sure 42,11)« (S. 30).

(2) Auch im Judentum gibt es eine auf Vermeidung des Anthropomorphismus zielende exegetische Tradition bei der Auslegung von Genesis 1,27. Schon die Rabbinen tun alles, um auch nur den Verdacht einer Körperlichkeit Gottes bei der Ebenbildlichkeitsaussage zu vermeiden.

(3) Auch in der muslimischen Auslegungstradition wird die Statthalterschaft (Sure 2,30) für den Menschen funktional gesehen: als ein gottentsprechendes Tun des Menschen in der Schöpfung. Der Mensch, Adam, erweist sich als »Kalif Gottes« dadurch, »dass er einen Auftrag Gottes ausführt, der ihm gleichsam hoheitliche Funktion gegenüber der Schöpfung zubilligt« (S. 35).

Aufgrund dieses Befundes ergeben sich bemerkenswerte *Konvergenzen* zwischen jüdisch-rabbinischer Schrift-, klassisch-muslimischer Koran- und christlich-alttestamentlicher

Bibelauslegung: Wenn der Mensch als »Abbild Gottes« nach klassisch-jüdischem und heutig-christlichem Schriftverständnis nichts anderes ist als »Statthalter«, »Repräsentant«, »Stellvertreter« oder »Mandatar« Gottes, dann ist der koranische Titel »Kalif« nicht nur nicht länger gegenüber der »Abbild«-Rede ausspielbar, dann ist die koranische »Stellvertreter«-Rede vielmehr die angemessenere, weil Anthropomorphismus von vornherein vermeidende Auslegung der »Abbild«-Rede. Der Koran lässt somit »keinen Zweifel daran, dass die Schöpfung dem Menschen nach seiner Verstoßung aus dem Paradies nur für eine zeitweilige Nutzung überlassen ist. In ihrer Nutzung aber hat er sich als der ›Kalif Gottes‹ zu erweisen (Sure 2,36; 7,24), und eben darin besteht seine Gottesebenbildlichkeit. So gesehen, bewegt sich die koranische Deutung der Gottesebenbildlichkeit des Menschen ganz auf der Linie der Hebräischen Bibel und ›bestätigt sie‹ (Sure 5,48) in der Lesart derer, die ›die Schrift zuvor gelesen haben‹ (Sure 10,94)« (Schreiner, ebd., 36f.)

Sure 2 nimmt damit eine erhebliche Erweiterung der Bedeutung des Menschen vor. War »der Mensch« in früheren Suren durch göttliche Geistpräsenz vor allen anderen Wesen ausgezeichnet, so ist er es jetzt in Sure 2 durch die Aufgabe, alle geschaffenen Dinge durch Namen zu bezeichnen. Eine *Parallele zur Hebräischen Bibel* fällt ins Auge:

> Gott, der Herr, formte aus dem Ackerboden alle Tiere des Feldes und alle Vögel des Himmels und führte sie dem Menschen zu, um zu sehen, wie er sie benennen würde. Und wie der Mensch jedes lebendige Wesen benannte, so sollte es heißen.
> *(Gen 2,19)*
> Er lehrte Adam alle Namen [...] er sagte: ›Adam, nenne ihnen ihre Namen!‹«
> *(Sure 2,31.33: Md)*

Eine Ur-Erinnerung ist in solchen Texten aufbewahrt. Eine Erinnerung daran, dass der Mensch sich von allen anderen Geschöpfen durch Sprache unterscheidet und damit durch die

Fähigkeit zu Begriffsbildung, Klassifikation, Distinktion. Im *rabbinischen Midrasch* ist dieses Motiv noch einmal glänzend ausgebaut:

> Als der Heilige, gepriesen sei er, den Menschen erschaffen wollte, erschuf er vorher eine Klasse von Dienstengeln und sprach zu ihnen: Ist es euer Wille, dass wir einen Menschen in unserem Ebenbild erschaffen? Diese fragten ihn: Herr der Welt, wie sind seine Handlungen? Er erwiderte ihnen: So und so sind seine Handlungen. Darauf sprachen sie zu ihm: Herr der Welt, *Was ist der Mensch, dass du seiner gedenkst, und das Menschenkind, dass du nach ihm schauest!* Da langte er mit seinem kleinen Finger zwischen sie und verbrannte sie. Ebenso geschah es auch mit der zweiten Klasse. Die dritte Klasse sprach zu ihm: Herr der Welt, was nützt es den Ersten, dass sie vor dir geredet haben; dein ist die ganze Welt, tue das, was dir auf deiner Welt zu tun beliebt. Als das Zeitalter der Sintflut und das Zeitalter der Spaltung heranreichten, deren Handlungen ausarteten, sprachen sie vor ihm: Herr der Welt, hatten die Ersten, die vor dir geredet, nicht recht!?
>
> *(Babylonischer Talmud, Synhedrin 38b. Dt.: L. Goldschmidt, Bd. 8, 1933, 609)*

Dieses Stück jüdischer Schriftauslegung aber zeigt deutlich auch den Unterschied zur koranischen Fassung der Namensgebung. Der Koran kennt keine partnerschaftliche Arbeitsteilung mit Gott bei der Benamung aller übrigen Geschöpfe. Der biblische Gott erlaubt den Menschen selbständiges Handeln, einen eigenen Willen und die dazu nötige Freiheit der Entscheidung (Gen 2,19f.). Im Koran dagegen (Sure 2,31) bleibt der Mensch abhängig von Gottes Beauftragung und ist nur das zu tun befähigt, was Gott ihn zuvor gelehrt hat. Der Göttinger Islamwissenschaftler *Tilmann Nagel* hat hier einen »folgenreichen Unterschied zwischen dem koranischen und dem biblischen Schöpfungsbericht« festgestellt: »Nicht als Stellvertreter Gottes, sondern in eigener Verantwortung muss der biblische Adam in der Schöpfung tätig werden; dazu verfügt er über den Verstand, der nicht allein dazu taugt, die Differenz zwischen Sein und Seinsollen auszugleichen. Der auf sich selber gestellte Mensch gebraucht den Verstand zur Fristung seines eigenen Daseins, und schwach und unvollkommen, wie er ist, wird er dabei Schuld auf sich laden; hier liegt die Wurzel der Erbsünde. Der *muslim* hingegen ist nicht mit ihr belastet, denn Gott sorgt für ihn, wie er ihm schon die Bürde der Benennung der Schöpfung, die Last des eigenverantwortlichen Umgangs mit ihr, abnahm« (Der Islam, 2001, 60).

Szenenwechsel, aber wir bleiben beim Thema: adamitisch-nachparadiesische Existenz des Menschen. Ja, wir spitzen das Thema noch einmal zu. Wir haben zu sprechen von der Erinnerung an den ersten Brudermord in Bibel und Koran.

6. Adams Söhne oder: der erste Brudermord

Bemerkenswert war schon in der Hebräischen Bibel, wie rasch sich das Drama adamitischer Existenz hatte verschärfen können. Die Paradies-Vertreibung war erst der Anfang gewesen. Der Jahwist erzählt unmittelbar danach eine noch abgründigere Geschichte. Adam und Eva bekommen zwei Söhne: Kain und Abel (Gen 4,1–16). Damit sind gerade einmal vier Menschen auf der Welt, aber schon liegt einer erschlagen am Boden. Der Bruder hat den Bruder erschlagen. Dessen Blut schreit zum Himmel, und der Brudermörder tut so, als wisse er von nichts. Dabei waren Adam und Eva ja noch direkte Gottesgeschöpfe. Kain und Abel dagegen sind die ersten Menschengeschöpfe. Was nachparadiesisch – adamitische Existenz konkret bedeutet, zeigen gerade sie: Mensch gegen Mensch, Bruder gegen Bruder. Und Gottes Rolle? Zunächst zum Koran.

Abgründige Geschichten in Bibel und Koran

Bereits in Sure 7 (Vers 189f.), entstanden Ende der dritten Periode in Mekka, ist einmal von einer Schwangerschaft Evas die Rede. Während sie das Kind im Leib trägt, flehen beide Eltern Gott an, ihnen ein gesundes Kind zu schenken. Gott gewährt diesen Wunsch. Mehr erfahren wir nicht. Weder etwas über den Namen des Kindes, noch über seine Geschichte. Die Pointe dieser Anspielung auf das erste Menschenpaar ist denn auch eine andere. Das Motiv der Undankbarkeit des Menschen gegenüber Gott wird hier noch einmal variiert. Denn Adam und dessen Frau erweisen sich an dieser Stelle Gott gegenüber keineswegs als dankbar, obwohl ihr Kind gesund auf die Welt kommt. Sie geben Gott »Partner« an die Seite, üben also Götzendienst, was für den Koran die Ursünde schlechthin ist.

Einen völlig anderen Charakter hat die Rede von »Adams Söhnen« in Sure 5, der letzten von Medina und damit der letzten Sure des Koran überhaupt. Hier spielt Eva keine Rolle. Zwar erfahren wir immer noch nichts über die Namen dieser Söhne, wohl aber über ihre Geschichte. Es ist weitgehend dieselbe Geschichte, welche die Hebräische Bibel von Kain und Abel erzählt. Die islamische Überlieferung hat ihnen die Namen »Hābīl« und »Qābīl« gegeben.

Halten wir beide Geschichten nebeneinander. Zunächst die koranische Version:

> Trag ihnen die Geschichte der zwei Söhne Adams wahrheitsgemäß vor!
>
> Als sie ein Opfer darbrachten.
>
> Da wurde es von dem einen angenommen, von dem anderen nicht. Der sagte:
>
> »Ich töte dich gewiss.«
>
> Er (der andere) sagte:
>
> »Gott nimmt nur von den Gottesfürchtigen an.
>
> Selbst wenn du deine Hand nach mir ausstreckst, um mich zu töten, ich strecke meine nicht nach dir aus, um dich zu töten.
>
> Ich fürchte Gott, den Herrn aller Welt.

Ich will, dass du meine und deine Sünde auf dich lädst und zu den Gefährten des Feuers gehörst. Das ist die Vergeltung für die, die Unrecht tun.«

Da stiftete ihn seine Seele an, seinen Bruder zu töten, und er tötete ihn. Da wurde er einer der Verlierer.

Da schickte Gott einen Raben, der in der Erde scharrte, um ihm zu zeigen, wie er die Leiche seines Bruders bedecken kann. Er sagte:

»Weh mir! Bin ich unfähig, zu sein wie dieser Rabe, dass ich die Leiche meines Bruders bedecke?«

Da wurde er einer derer, die bereuen.

Deshalb haben wir den Kindern Israels vorgeschrieben: Wenn einer jemanden tötet, ohne dass es Vergeltung wäre für einen anderen oder für Unheil auf der Erde, dann ist das, als ob er die Menschen allesamt getötet hätte. Wenn aber einer jemandem Leben schenkt, dann ist das, als ob er den Menschen allesamt Leben geschenkt hätte. Unsere Gesandten haben ihnen die klaren Zeugnisse gebracht.

Doch danach sind viele unter ihnen auf der Erde maßlos.
(Sure 5,27–32: Md)

Die biblische Version der Kain-und-Abel-Geschichte liest sich so:

Adam erkannte Eva, seine Frau; sie wurde schwanger und gebar Kain. Da sagte sie: Ich habe einen Mann vom Herrn erworben. Sie gebar ein zweites Mal, nämlich Abel, seinen Bruder. Abel wurde Schafhirte und Kain Ackerbauer.

Nach einiger Zeit brachte Kain dem Herrn ein Opfer von den Früchten des Feldes dar; auch Abel brachte eines dar von den Erstlingen seiner Herde und von ihrem Fett. Der Herr schaute auf Abel und sein Opfer, aber auf Kain und sein Opfer schaute er nicht. Da überlief es Kain ganz heiß, und sein Blick senkte sich. Der Herr sprach zu Kain: Warum überläuft es dich heiß, und warum senkt sich dein Blick?

Nicht wahr, wenn du recht tust, darfst du aufblicken; wenn du nicht recht tust, lauert an der Tür die Sünde als Dämon. Auf dich hat er es abgesehen, doch du werde Herr über ihn!

Hierauf sagte Kain zu seinem Bruder Abel: Gehen wir aufs Feld! Als sie auf dem Feld waren, griff Kain seinen Bruder Abel an und erschlug ihn. Da sprach der Herr zu Kain: Wo ist dein Bruder Abel? Er entgegnete: Ich weiß es nicht. Bin ich der Hüter meines Bruders? Der Herr sprach: Was hast du getan? Das Blut deines Bruders schreit zu mir vom Ackerboden. So bist du verflucht, verbannt vom Ackerboden, der seinen Mund aufgesperrt hat, um aus deiner Hand das Blut deines Bruders aufzunehmen. Wenn du den Ackerboden bestellst, wird er dir keinen Ertrag mehr bringen. Rastlos und ruhelos wirst du auf der Erde sein.

Kain antwortete dem Herrn: Zu groß ist meine Schuld, als dass ich sie tragen könnte. Du hast mich heute vom Ackerland verjagt, und ich muss mich vor deinem Angesicht verbergen; rastlos und ruhelos werde ich auf der Erde sein, und wer mich findet, wird mich erschlagen.

Der Herr aber sprach zu ihm: Darum soll jeder, der Kain erschlägt, siebenfacher Rache verfallen. Darauf machte der Herr dem Kain ein Zeichen, damit ihn keiner erschlage, der ihn finde. Dann ging Kain vom Herrn weg und ließ sich im Land Nod nieder, östlich von Eden.«
(Gen 4,1–16)

Befremdliche Geschichten, hier wie dort. *Ausgangspunkt* in jedem Fall: Eine überraschende Verwerfung des Opfers des einen der beiden Brüder durch Gott selbst. Schon dies rätselhaft. Gott selbst treibt durch sein Verhalten einen Keil zwischen die Brüder, grundlos, öffentlich. Was hatte Kain getan? Wieso hatte er das verdient? Hass steigt in ihm hoch. In der Hebräischen Bibel wird das noch eigens ausgesprochen: »Da überlief es Kain ganz heiß, und sein Blick senkte sich«. Im

Koran muss das schon nicht mehr erwähnt werden, so plausibel erscheint die Zwietracht zwischen den Brüdern: »Da wurde es von dem einen angenommen, von dem anderen nicht. Der sagte: ›Ich töte dich gewiss.‹« Unmittelbar nach dem Gottesentscheid der Vernichtungswunsch des einen Bruders gegen den anderen. Es bedarf in der Tat psychologisch nicht langer Erklärungen, um dies begreiflich zu finden.

Welche Rolle spielt Gott?

In der *Hebräischen Bibel* folgt zunächst ein Gespräch Gott-Kain. Dabei erklärt Gott nicht etwa den Grund für seine Verwerfung, sondern fordert Kain auf, den Dämon der Sünde nicht in sich einzulassen, ihm zu widerstehen, ihn zu beherrschen. Worauf Kain nicht, wie man erwarten könnte, entweder mit Einsicht reagiert oder mit Zorn gegen Gott, der ihn schließlich in diese Lage gebracht hat, sondern mit der Ermordung seines Bruders. Im *Koran* dagegen folgt nicht ein Gespräch Gott-Kain, sondern ein Gespräch Bruder-Bruder. Während der biblische Abel die ganze Szene über stumm bleibt, gibt der Koran ihm eine beachtliche Rolle. Für uns klingt das psychologisch plausibler.

Zunächst erscheint der koranische »Abel« als Muster von Gottesfurcht und Demut. Lieber lässt er sich töten, als dass er selber tötete. Gottes Gebot? Es gilt für ihn *unbedingt*. Doch schon im nächsten Satz wird das Verhalten dieses »Abel« rätselhaft. Er, der soeben noch als Muster an Demut und Gewaltlosigkeit erschien, scheint auf einmal seinen Bruder in die Rolle des Sünders förmlich zu drängen (»Ich will, dass du meine und deine Sünde auf dich lädst«) und ein Interesse daran zu haben, dass der Bruder ins Feuer der Hölle geht. Seltsamer Kontrast in »Abels« Verhalten, insbesondere deshalb, weil er überraschend auch von *seiner* Sünde spricht, die sein Bruder auf sich laden soll. Während also der biblische Abel ausschließlich das stumme, unschuldige Opfer seines Bruders ist, wird er im Koran auf eine zwiespältige Weise aktiv. Er erscheint so als eine psychologisch komplexere Figur, so rätselhaft jedenfalls wie in der Bibel sein Bruder »Kain«.

Die Geschichte handelt in beiden Fällen von einem Menschen, der Brudermord begeht, seine Schuld erkennt und Reue zeigt. In der Hebräischen Bibel erfolgt alles auf kürzestem Raum höchst dramatisch: Brudermord-Gottesfluch-Reue-Angst-Gottesschutz. Im Koran wird »Kains« Reue vorbereitet durch das überraschende Auftreten eines Raben, der dem Mörder zeigt, wie er die Leiche seines Bruders bedecken könnte. Diese Zwischenepisode mit dem Vogel (für die es in der jüdischen Auslegungstradition eine Parallele gibt: KKK 6, 80f.) nimmt die dramatische Wucht aus der Szene, lässt »Kain« Distanz gewinnen. Seine Reue ist damit besser vorbereitet, entsteht offensichtlich erst im Erschrecken darüber, dass er durch einen gottgesandten Raben den Umgang mit der Leiche seines Bruders lernen muss. Es ist als hätte »Kain« erst durch den Raben begriffen, dass sein Bruder als Leiche auf dem Boden liegt, als sei ihm erst durch das Verhalten des Vogels bewusst geworden, dass er einen Toten unter die Erde bringen muss.

Eine Exempelgeschichte zur Mordprophylaxe

Und doch ist die *Funktion dieser Geschichte* in Bibel und Koran völlig verschieden. Beide verfolgen eine je eigene theologische und anthropologische »Strategie«. In der *Bibel* endet die Geschichte auf eine erschreckende Weise offen. Eine offene Wunde, ein klaffender Abgrund. Zwar bereut der Mörder seine Tat, kennt seine Schuld. Aber das Faktum Brudermord bleibt: Kain, der erste Mörder, Abel das erste Opfer. Stumm und ohne ein Wort der Klage oder Anklage verlässt der biblische Abel die Welt.

Der (jahwistische) Genesis-Text lässt uns mit diesem »Rätsel Mensch« allein, allein auch mit einem Gott, dessen Verhalten ebenfalls rätselhafter nicht sein könnte. Der Brudermord geht ja auf seine Verwerfung zurück. Einen Keil hatte er zwischen die Brüder getrieben, die Mordlust mitverursacht, den Mörder zur Rede gestellt, seine Reue entgegengenommen und ihn mit einem Schutzzeichen versehen. Für *uns* ist die hier fraglos präsentierte Theozentrik der Hebräischen Bibel zutiefst fragwürdig. Unsere Fragen hat der jüdische Schriftsteller *Elie Wiesel* in seinem persönlichen Midrasch zu Kain und Abel formuliert:»Wir verstehen die beiden nicht, spüren aber dunkel, dass ihr Schicksal uns angeht. Was sie erleben, ist der erste Völkermord und mehr als das Modell für einen Krieg. Ihr Verhalten ist uns nicht fremd. Alles, was sie dazu treibt, nimmt unser eigenes Verhalten in sogenannten Extremsituationen vorweg. Im Grenzbereich konfrontieren sie uns mit einem doppelgesichtigen Wesen, das wir nicht anschauen können, ohne vor Angst zu zittern. Und Angst, das ist der Name für diese Geschichte. Eine grund- und ausweglose Angst, die keine Überwindung und keine Erlösung kennt. Kain und Abel stellen die ganze damalige Menschheit dar. Die Auswahl ist beschränkt auf Mörder oder Opfer. Das ist alles. Mörder oder Opfer. Zuschauer oder Zeugen gibt es nicht. Und Gott? Er ist Richter, Teilnehmer, Komplize« (Adam oder das Geheimnis des Anfangs, 1980, 47).

Der *Koran* verfolgt mit dieser Geschichte eine ganz andere Erzählstrategie. Nicht Theozentrik steht bei ihm im Vordergrund, sondern Anthropozentrik. Die Geschichte wird erzählt, um Gottes Gebot *unter Menschen* durchzusetzen. Sie ist eine moralische Exempelgeschichte, die sich gegen Mord ausspricht und zugleich Ausnahmen vom Tötungsverbot legitimiert. Bemerkenswert ist ja, dass der Koran sich an dieser Stelle auf ein Gebot an die»Kinder Israels« beruft. Zurückverwiesen wird also auf die Tora. Nicht zufällig. Denn so wie die Hebräische Bibel Ausnahmen vom Tötungsverbot kennt (vgl. Ex 21,12–17), so jetzt auch der Koran an dieser entscheidenden Stelle. Ausnahmen sind Wiedervergeltung und Unheilstiften auf Erden. Konkret kann man laut Sure 5,33 Vergeltung üben an denen, »die Gott und seinen Gesandten bekämpfen und zum Unheil im Lande umhereilen«.

Unschätzbarer Wert jedes menschlichen Lebens

Und doch sind die »Ausnahmen« vom Tötungsverbot hier gerade nicht das Entscheidende. Die entscheidende Pointe ist deutlich universalistisch. Im Koran liegt uns eine moralische Exempelgeschichte vor, ohne alles moralisierende Pathos erzählt, schlank, schnörkellos, fast lapidar. Eine Geschichte von schonungslosem Realismus: Von Urzeiten an sind Menschen zur Ermordung ihrer Mitmenschen fähig. Der Bruder ist imstande, den Bruder zu töten. Von Urzeiten an steckt im Menschen ein destruktives Aggressionspotential. Und weil dies so ist, bedarf es eines besonderen *kategorischen Imperativs*. Er lautet: *Erkenne dich selbst als Teil des Ganzen. Erkenne dein Menschenleben als Teil der Menschheit. Sieh dich als Teil eines Organismus.* Sieht man sich so, hat man begriffen: *Wer einen Mitmenschen tötet, tötet zugleich alle Menschen. Und umgekehrt: Wer einem Menschen das Leben schenkt, schenkt allen Menschen Leben. Bei aller Konzession an »Ausnahmen« ist doch klar erkennbar, dass der Koran an dieser Stelle den unschätzbaren Wert jedes menschlichen Lebens hervorhebt. Ein einzelner Mensch ist so wertvoll wie die gesamte Menschheit.*

Schon Rabbi *Abraham Geiger* hat in seiner Studie von 1833 »Was hat Mohammed aus dem Judenthume übernommen?« auf eine Parallele von Sure 5,32 zum Mischna-Traktat Sanhedrin aufmerksam gemacht:

»So finden wir es auch bei Kajin, der seinen Bruder erschlug, wie es heißt: *das Geblüt deines Bruders schreien*, es heißt nicht: *Das Blut* deines Bruders, sondern: *Das Geblüt* deines Bruders, sein Blut und das Blut seiner Nachfolge. Eine andere Erklärung: *das Geblüt deines Bruders*, es war nämlich auf Holz und Stein zerspritzt. Der Mensch wurde deshalb einzig erschaffen, um dich zu lehren, dass, wenn jemand *eine* israelitische Seele vernichtet, es ihm die Schrift anrechnet, als hätte er eine ganze Welt vernichtet, und wenn jemand *eine* israelitische Seele erhält, es ihm die Schrift anrechnet, als hätte er eine ganze Welt erhalten.« (Babylonischer Talmud, Sanhedrin 37a)

Und der katholische Exeget *Joachim Gnilka* hat seinerseits im Zusammenhang mit Adam sowie mit Kain und Abel auf eine wichtige »Übereinstimmung« zwischen Bibel und Koran hingewiesen. Beide lehren, so Gnilka, »dass die gesamte Menschheit in der Erschaffung Adams, das heißt, des Menschen, ihren gemeinsamen Ursprung erkennen soll. In Adam können wir erkennen, wie es um den Menschen beschaffen ist. Er ist sterblich. Er ist von der Erde genommen und kehrt zur Erde zurück. Er ist mit der Fähigkeit zu sprechen begabt und kann die Tiere benennen. Somit steht er an der Spitze der Schöpfung. Durch Verführung wurde er Gott gegenüber ungehorsam. So bleibt er ein vor Versuchung nicht gefeiter Mensch. Wenn der Koran auch die Geschichte von Kain und Abel übernimmt, deutet er die Solidarität der Menschheit im Guten und Bösen an: ›Wenn einer jemanden tötet …, soll es sein, als hätte der die ganze Menschheit getötet …‹« (Bibel und Koran, 2004, 180).

Mit Sure 5 kommt der Koran an sein Ende, das gleichzeitig auch das Ende des Propheten ist. Die islamische Tradition hält die Predigt Mohammeds bei der letzten Wallfahrt nach Mekka im Jahre 632 in Ehren. Sie ist als die »*Abschiedspredigt*« in die Geschichte eingegangen. An zentraler Stelle greift der Prophet nicht zufällig auf die Schöpfungsgeschichte zurück und darauf, welche Konsequenzen die Besinnung auf »Adam« hat:

»O ihr Leute, Gott sagt: ›*O Ihr Menschen, wahrlich, Wir haben euch geschaffen von einem Männlichen und einem Weiblichen und haben euch zu Völkerschaften und Stämmen gemacht, so dass ihr einander kennt. Wahrlich, der Edelste unter euch vor Gott ist der Gottesfürchtigste von euch*‹ (Sure 49,13). Ein Araber ist nicht vorzüglicher als ein Nichtaraber, noch ein Nichtaraber vorzüglicher als ein Araber; ein Schwarzer ist nicht vorzüglicher als ein Weißer, noch ein Weißer vorzüglicher als ein Schwarzer, außer durch Frömmigkeit. Die Menschen stammen von Adam, und Adam ist aus Staub. Wahrlich, jedes Privileg, sei es [aufgrund von] Blut oder Besitz, ist unter diesen meinen Füßen [d. h. ausgelöscht]« (zit. nach: *A. Schimmel*, Und Mohammed ist sein Prophet, 1981, 237).

Eine Botschaft »von gestern«? Wie wenig sie das ist, zeigt Dr. *Ali Gomaa*, in den Jahren 2003 bis 2013 Großmufti von Ägypten und damit einer der höchsten Würdenträger des sunnitischen Islam. Unter Berufung unter anderem auf Sure 49,13 (Md) definiert er die Beziehung von Muslimen und Nicht-Muslimen als eine, die auf »Integration und Kooperation gegründet« sei, insbesondere auf »Respekt vor gemeinsamen Werten und Ethiken, die von allen Religionen vertreten« würden: »Ihr Menschen«, heißt es ja ausdrücklich in Sure 49,13, »wir haben euch aus Mann und Frau erschaffen und euch zu Völkern und Stämmen gemacht, damit ihr einander kennt«. Mehr noch: Dass Nichtmuslime »fair und menschlich« behandelt werden müssen, werde, so *Ali Gomaa*, durch diesen Vers des Koran zusammengefasst: »Gott untersagt euch nicht, zu denen gütig zu sein und die gerecht zu behandeln, die euch nicht der Religion wegen bekämpft und euch nicht aus euren Häusern vertrieben haben. / Gott liebt die, die gerecht handeln« (Sure 60,8: Md).

Der Großmufti folgert daraus: »In vielen solcher Verse, präsentiert der Koran die Grundbegriffe, die in die Überlegungen einbezogen werden müssen, wenn man mit Anderen umgeht. Diese unterstreichen den Wert der Toleranz, die eng verbunden ist mit Vergebung und betonen das Übersehen von Fehlern, das Behandeln der Menschen mit Freundlichkeit und das Vollbringen guter Taten. Die Toleranz, die Muslime Anderen gegenüber zeigen, verdankt sich primär den Ideen und Fakten, die durch den Islam in die Herzen und Köpfe der Menschen eingegeben wurden. Zu den bedeutendsten dieser Ideen, die im Koran oft wiederholt werden, gehört, dass alle menschlichen Wesen durch Gott wertgeschätzt sind und dass die zwischen ihnen bestehenden Differenzen in Sachen Religion fundamental Gottes Willen entsprechen. Deshalb wird Muslimen gelehrt, weder über andere zu urteilen noch andere zu zwingen, ihren Glauben aufzugeben oder ihre Religion zu verletzen« (in: Three Windows on Heaven, hg. v. *Aly El-Samman*, 2013, 95f. Eigene Übers.).

Dritter Teil
Noach: Untergang und Neuanfang

»Differenz verschwindet nicht; sie erweitert die Sphäre menschlicher Möglichkeiten. Unsere letzte und beste Hoffnung ist es, die alte Geschichte von Noach nach der Flut zu erinnern und, in der Mitte unserer Hypermodernität, einen alten-neuen Ruf zu hören zu einem globalen Bund menschlicher Verantwortung und Hoffnung. Nur wenn wir die Gefahr des Wunsches, jeder möge derselbe werden, begreifen – derselbe Glaube auf der einen und dieselbe McWorld auf der anderen Seite -, werden wir den Zusammenprall der Zivilisationen, der geboren wird aus einem Gefühl der Bedrohung und Angst, verhindern. Wir werden lernen, mit Verschiedenheit zu leben, wenn wir dereinst die gottgegebene, weltbereichernde Würde der Differenz verstehen.«

Jonathan Sacks, Großrabbiner von Großbritannien,
in seinem Buch »The Dignity of Differenz« (2002)

Wir setzen ein zweites Mal die Spirale der Zeit in Bewegung, und in dieser Bewegung steigen wir auf eine Tiefe hinab, in der erstmals in der judäo-christlich-islamischen Glaubensgeschichte eine zweite Urfrage verhandelt wird: Warum will Gott nicht nur das Einzelwesen Mensch, warum will er die Menschheit als Gemeinschaft von Völkern?

I. Vernichtung und ein Bund mit der Schöpfung: Noach in der Bibel

Adam und Eva hatten drei Söhne. Abel wird ermordet, hat keine Zukunft. Kain, der Brudermörder, überlebt. Der Genesis gilt er als Erbauer einer ersten Stadt, als Ahnherr der Viehzüchter, der Musikanten und Schmiede. Kinder und Kindeskinder entstammen der Kain-Linie: Henoch, Irad, Mehujaël, Metuschaël und Lamech. Dann verliert die Genesis die Kain-Familie aus dem Blick (Gen 4,17–24). Adam und Eva aber zeugen noch einen dritten Sohn: Set. Und auf dessen Nachkommen ruht Gottes Segen. So will es die Priesterschrift (P), der wir diese Konstruktion verdanken. Geschlecht auf Geschlecht folgt in der Linie des Set: von Enosch bis Kenan, von Mahalalel bis Jered, von Henoch bis Metuschelach, von Lamech bis Noach. Dann kommt es zu einem Drama, das das Bruder-Drama um Kain und Abel in Dimensionen übertrifft: zu einem Unheilsdrama um die Schöpfung als Ganze. Im Zentrum Noach und dessen Familie. Weltdrama gespiegelt in einem Familiendrama.

1. Vom Brudermord zum Schöpfungsmord

Seltsam zu denken: Am Ursprung einer der großen Religionen der Menschheit, mit Auswirkungen auf Christentum und Islam, steht nicht nur ein Brudermord, steht ein Schöpfungsmord. Gerade einmal vier Menschen sind auf der Welt: Adam, Eva, Kain und Abel, schon liegt einer erschlagen am Boden. Das ist das eine. Und das andere? Es sind noch keine zehn Generationen gewachsen, da vertilgt der Schöpfer schon seine Schöpfung. Es reut ihn, was er geschaffen hat (Gen 6,7). Am Anfang der judäo-christlich-islamischen Gottesgeschichte steht ein Gott, der den Kosmos ordnet und ihn zerstört, der den Menschen vertraut und ihnen misstraut. Am Anfang eine

Selbstwarnung in Israel: Der Gott, der sich uns zeigt, ist ein Gott mit *allen* Eigenschaften: Zärtlichkeit kennt er und Zorn, Fürsorge und Vertilgung, Größe und Grauen.

Tief ist der Brunnen der Vergangenheit

Thomas Mann hat diese Menschheitszäsur in einzigartiger Weise beschrieben – im »Vorspiel« zu seinem vierbändigen Roman »Joseph und seine Brüder«, Auftakt des ersten Bandes unter dem Titel »Die Geschichten Jaakobs« (1933). Dem Menschenwesen als »Rätselwesen« will dieses Riesenepos nachspüren. Und wie spürt man dieser Rätselhaftigkeit konsequenter nach, als wenn man sich in die »Anfangsgründe des Menschlichen« versenkt, in die Geschichten, die »gänzlich unerlotbar« sind? Tief ist ja »der Brunnen der Vergangenheit«. »Unergründlich« könnte man ihn nennen!

Welch eine Geschichte denn auch, diese »Geschichte der großen Flut«. Der Schöpfer hatte mit ansehen müssen, dass »alles Fleisch, die Tiere nicht ausgenommen, seinen Weg in unbeschreiblicher Weise verderbt hatte, ja selbst die Erde Hurerei trieb und Schwindelhafer hervorbrachte, wenn man Weizen säte«, heißt es bei *Thomas Mann* (»Joseph und seine Brüder«, Bd. 1, 1983, 27). Geduld hat Gott der Herr geübt, lang, überlag. Dann kann er den Gräuel nicht mehr länger ertragen. Ein »Schwemmgericht« lässt er kommen. Doch in seiner »gewaltigen Gutmütigkeit (welche die Engel keineswegs teilten)« lässt er dem Leben ein »Hintertürchen«, in »Gestalt des verpichten Kastens, den Noach mit dem Getiere bestieg!« (Ebd., 27f.).

Eine mythische Geschichte von anno dazumal? Nicht nur. Wer sie erinnert, ist sich mit *Thomas Mann* bewusst, dass sie jederzeit wieder spielen wird, so wie sie vielfach immer schon gespielt hat:

»Die Sintflut [des Noach] spielte am Euphrat, aber in China spielte sie auch. Um das Jahr 1300 vor unserer Zeitrechnung gab es dort eine fürchterliche Ausschreitung des Hoang-Ho, die übrigens zur Regulierung des Stromes Anlass gab und in der die große Flut wiederkehrte, welche ungefähr tausendundfünfzig Jahre früher, unter dem fünften Kaiser, stattgefunden hatte und deren Noach Yau hieß, die aber, zeitlich genommen, noch lange nicht die wahre, die erste Sintflut war, denn die Erinnerung an diesen Originalvorgang ist den Völkern gemeinsam. Genau wie die babylonische Fluterzählung, die Josef kannte, nur eine Nachschrift älterer und immer älterer Originale war, ebenso ist das Fluterlebnis selbst auf immer entlegenere Urbilder zurückzuführen, und besonders gründlich glaubt man zu sein, wenn man als letztes und wahres Original das Versinken des Landes Atlantis in den Meeresfluten bezeichnet, wovon die grauenvolle Kunde in alle einst von dorther besiedelten Gegenden der Erde gedrungen sei und sich als wandelbare Überlieferung für immer im Gedächtnis der Menschen befestigt habe« (Ebd., 29).

Für immer im Gedächtnis der Menschheit. Eine traumatische Geschichte in der Tat. Schauen wir sie uns genauer an.

Noach als Idealbild des ersten Menschen

Dabei kommt uns entgegen, dass der erste Schöpfungsbericht aus derselben priesterschriftlichen Quelle stammt wie ein Großteil der Geschichten um Noach und dessen Söhne. Kompositorisch sind sie verklammert, und kompositorisch bilden sie zwei Stufen eines Dramas, das damit beginnt, dass die Priesterschrift in Genesis 1,26, wie wir wissen, den gottesebenbildlichen Menschen in einzigartiger Weise als Sachwalter für das Ganze der Schöpfungswelt eingesetzt hatte. »Bild Gottes« ist der Mensch, insofern er sich verantwortlich handelnd zu seinem Lebensraum samt den Lebewesen darin verhält. Selbst mit den Tieren pflegt er Gemeinschaft und schont sie durch unterschiedlichen Nahrungsgebrauch: Früchte und Samen für die Menschen, Gräser und Kräuter für die Tiere. So vermeiden Menschen und Tiere wechselseitiges Blutvergießen. Die Herrschaft des Menschen über die Tiere steht nach

Genesis 1,28 im Zeichen der Harmonie, unter dem Primat des Segens!

Und Noach? Wir hörten schon, dass Noach aus der Familie des dritten Adam-Sohnes stammt, einem Geschlecht, das nach Genesis 5,1 als gottesebenbildlich bezeichnet wird. Noach ist ganz offensichtlich von Anfang an als »urgeschichtliches Paradigma des gottebenbildlichen Menschen« konzipiert (*B. Janowski*, Die lebendige Statue Gottes, 2004, 205). Wieso? Weil Noach nach der Priesterschrift die zentrale Figur der Urgeschichte ist, der den Schöpfungssegen von Genesis 1,26–28 so weiterträgt, dass die nachsintflutliche Menschheit eine Zukunft erhält. Noach wird so zum Abbild des Schöpfergottes und zum Idealbild des ersten Menschen.

2. Gottes Reue über seine Schöpfung

Der erste Schöpfungsbericht der Genesis hatte nach dem sechsten Schöpfungstag mit Gottes Selbstzufriedenheit geendet. Gott schaut sich alles an, was er gemacht hat, und kann nicht anders als feststellen: »Es war sehr gut.« (Gen 1,31).

Noach bleibt stumm

In völligem Kontrast dazu steht die weitere Erfahrung des Schöpfers mit seiner Schöpfung. Je länger, desto mächtiger überwiegen Selbstzweifel, ja Abscheu. »Verdorben« sei die Erde, findet Gott, »voller Gewalttat«. Alle »Wesen aus Fleisch« lebten »verdorben« (Gen 6,10–12)! Im Schöpfer reift der Entschluss, seine Geschöpfe vom Erdboden wieder zu vertilgen. Schöpfungsreue schlägt um in Schöpfungsvernichtung. Ein Anfall von Gewalt und Zerstörungswut auf Seiten eines Gottes, der keine Grenzen zu kennen scheint. Man ahnt das Grauen, das sich unter einem lapidaren Satz wie diesem verbirgt: »Ich will nämlich die Flut über die Erde bringen, um alle Wesen aus Fleisch unter dem Himmel, alles, was Lebensgeist in sich hat, zu verderben. Alles auf Erden soll verenden.« (Gen 6,17)

Das wird ruhig und kalt gesagt. Für Noach ist das die Begründung, warum er eine Arche überhaupt errichten soll. »Ich will nämlich ...«! Kälter kann man kaum noch sprechen. *Alles* soll verdorben werden, alles *verenden!*

Nur Noach nicht! Nur er – so heißt es ausdrücklich – findet »Gnade in den Augen des Herrn« (6,8). Warum nur er? Das wird nicht gesagt. Nur der Grund wird angegeben: Noach allein habe unter seinen Zeitgenossen vor Gott »gerecht« gelebt (7,1). Noach allein, niemand sonst? Jedenfalls bekommt nur Noach von Gott den Auftrag, ein Schiff zu bauen, um ihn, seine Frau, seine Söhne und deren Frauen zusammen mit jeweils einem Paar aller Tierarten vor der Flut zu retten. Wiederum merkwürdig: Wortlos und gottergeben erfüllt der biblische Noach diesen Auftrag. Rückfragen an Gott hat er keine. Zu seinen Zeitgenossen, um deren Vernichtung er weiß, kein Wort der Warnung. Auch kein Wort zu Gott, keine einzige Rückfrage: Warum ich allein? Warum haben die Anderen keine Chance? Was mag in diesem Noach vorgehen? Daran ist die Genesis nicht interessiert.

Als nach 40 Tagen die Flut zurückgeht, betritt Noach zusammen mit den Geretteten wieder die Erde, baut Gott einen Altar und bringt Brandopfer dar. Gott lässt sich versöhnen, ausgedrückt in dem wunderbar archaischen Bild: Der Rauch des Brandopfers ist für Gott, ein »beruhigender Duft« (Gen 8,21). So über sein Riechorgan ruhiggestellt, in Reue und Zorn buchstäblich sediert, geht Gott eine erstaunliche *Selbstverpflichtung* ein, erstaunlich, weil Gott nach wie vor davon ausgeht, dass das »Trachten des Menschen« von Jugend an »böse« ist. Die Strafmaßnahme hat also keineswegs zu einer geläuterten, gottergebenen Menschheit geführt. Nachsintflutlicher theozentrischer Realismus – was den Menschen betrifft! Aber das Neue nach der Flut?

»Ich will künftig nicht mehr alles Lebendige vernichten, wie ich es getan habe. Solange die Erde besteht, sollen nicht aufhören Aussaat und Ernte, Kälte und Hitze, Sommer und Winter, Tag und Nacht« (Gen 8,21f.).

Von jetzt an kein Fluch mehr und keine Vernichtung. Es ist ein Versprechen Gottes *zu sich selbst*. Die höchste Form der Selbstverpflichtung also. Gott bindet sich an sich selbst! Der Rücknahme von Schöpfungsfluch und Schöpfungsvernichtung entspricht das Versprechen auf Schöpfungserhalt. Bis in den Wortlaut hinein wird jetzt der Fruchtbarkeitssegen von Genesis 1,28 wiederholt. Urschöpfung und Neuschöpfung sollen sich wenigstens in diesem Punkt entsprechen »Dann segnete Gott Noach und seine Söhne und sprach zu ihnen: Seid fruchtbar, vermehrt euch, und bevölkert die Erde!« (Gen 9,1)

Vor der Flut – nach der Flut

Vor der Flut – nach der Flut. Schauen wir uns genauer an, wie die Priesterschrift die Differenz beschreibt. »Vorsintflutlich« ein Bild der Harmonie: Sieben–Tage-Werk, Mensch als Abbild Gottes, königlicher Herrschaftsauftrag über die Tiere. Herrschen sollen die Menschen »über die Fische des Meeres, über die Vögel des Himmels, über das Vieh, über die ganze Erde und über alle Kriechtiere auf dem Land« (Gen 1,26) einer klaren Ordnung entsprechend, die gewaltsame Konflikte zwischen Mensch und Tier vermeiden hilft. Jetzt aber, nachsintflutlich? Zwar folgt wiederum ein Fruchtbarkeitssegen, jetzt aber unter dem Vorzeichen der Drohung. Alle Tiere der Erde leben künftig in »Furcht und Schrecken« vor den Menschen:

»Furcht und Schrecken vor euch soll sich auf alle Tiere der Erde legen, auf alle Vögel des Himmels, auf alles, was sich auf der Erde regt, und auf alle Fische des Meeres; euch sind sie übergeben. Alles Lebendige, das sich regt, soll euch zur Nahrung dienen. Alles übergebe ich euch wie die grünen Pflanzen« (Gen 9,2f.).

Ist damit die Ordnung der uranfänglichen Schöpfung gänzlich rückgängig gemacht? Diesseits von Eden harmonisches Leben mit den Mitgeschöpfen, jenseits von Eden »Furcht und Schrecken« für die Tiere? Sind die Mitgeschöpfe jetzt der willkürlichen Verfügungsgewalt des Menschen ausgeliefert? Ihre Tötung zu Nahrungszwecken ist jetzt ja erlaubt! Wir stehen vor dem ernüchternden Befund: Nach dem Weltbild der Priesterschrift kann Gott seine ursprüngliche, auf paradiesische Harmonie gegründete Welt-Ordnung nicht aufrechterhalten. Sein »Konzept« einer Welt, in der Mensch und Tier versöhnt sind, zerbricht – so der Alttestamentler *Jürgen Ebach* in seinem lesenswerten Buch »Noah. Die Geschichte eines Überlebenden« (2001) – »zerbricht an der Realität, an der selbstangemaßten Autonomie der Menschen, die zum Verlust paradiesischen Lebens führt, an der Gewalt, die nach Genesis 6 die ganze Welt erfasst hat« (Noah, 2001, 119)

Und wie reagiert Gott in dieser Erzählung? Wie ein enttäuschter Idealist. Das Scheitern seiner ersten Schöpfung hatte Vernichtungsgewalt bei ihm ausgelöst. Sein Werk war ja auch auf dramatische Weise ins Gegenteil umgeschlagen. Aus dem »Gott sah: Es war sehr gut« (Gen 1,31a) war ein »Gott sah: Sie war verderbt« (6,12a) geworden. Aus der idealen eine durch Gewalt pervertierte Welt. Aus einer Harmonie zwischen Mensch und Tier ein Kriegszustand. Aus friedlichem Zusammenleben »Furcht und Schrecken«. Ist damit aber die neue Verfügung des Menschen über Schöpfung und Tierwelt unbegrenzt? Schrankenlos? Der Willkür ausgesetzt? Und auch umgekehrt gefragt: Haben wir es künftig mit einem Gott zu tun, der jederzeit wieder imstande ist, sein sich selbst gegebenes Versprechen zu brechen und die eigene Schöpfung gänzlich der Vernichtung preiszugeben? Ist der Mensch in seiner Fähigkeit, »Furcht und Schrecken« zu verbreiten, noch regulierbar? Und ist Gott in seiner Zerstörungswut zur Selbstbegrenzung fähig?

3. Gebote für Mensch und Gott

Nach der Sintflut ist die Schöpfung zwar eine andere geworden, und doch dem Chaos ausgeliefert ist sie nicht. Zwar hat Gott dem Menschen jetzt »alles übergeben«, bindet den Menschen aber zugleich an eine Grundregel, die noch einmal zurückverweist auf die ursprüngliche Schöpfungsordnung: Herrschaft über die Tiere ohne Blutvergießen.

Töten ist Brudermord

Diesseits von Eden lebten Menschen und Tiere in Harmonie. Ich sagte es. Jenseits von Eden gilt das Prinzip von Fressen und Gefressen-Werden. Nach dieser biblischen Erzählung ist die postparadiesisch-nachsintflutliche Existenz ein Leben, das auf Töten basiert. In diese neue Realität hinein erlässt Gott ein entscheidendes Gebot: Töten unter Menschen bleibt tabu, Blutvergießen ist ein Sakrileg:

»Nur Fleisch, in dem noch Blut ist, dürft ihr nicht essen. Wenn aber euer Blut vergossen wird, fordere ich Rechenschaft, und zwar für das Blut eines jeden von euch. Von jedem Tier fordere ich Rechenschaft und vom Menschen. Für das Leben des Menschen fordere ich Rechenschaft von jedem seiner Brüder. Wer Menschenblut vergießt, dessen Blut wird durch Menschen vergossen. Denn: Als Abbild Gottes hat er den Menschen gemacht« (Gen 9,4–6).

Von Schrankenlosigkeit der Herrschaftsausübung kann also auch nachsintflutlich keine Rede sein. Es gibt bereits erste Grundgebote für die neue Menschheit, eine erste »Tora«. Das hier ausgesprochene Verbot des Blutgenusses zieht eine Grenze. »Blut« betrachtet man damals als Sitz des Lebens. Das ist der Grund, warum Menschen Tiere, die noch nicht ausgeblutet sind, nicht verzehren dürfen. Orthodoxe Juden und Muslime jedenfalls halten sich daran. Tiere müssen »geschächtet« werden, das heißt bei der Schlachtung gänzlich ausbluten können, bevor sie zum Verzehr freigegeben sind. In diesem Bluttabu kommt zum Ausdruck, dass Menschen zwar grundsätzlich Tiere töten und verzehren dürfen, dass ihnen die absolute Verfügung über das Tierleben aber nicht zusteht. Tierblut ist tabu. Und Menschenblut darf überhaupt nicht vergossen werden. Weder durch Tiere noch durch Menschen. Warum nicht? Die theozentrische Begründung ist charakteristisch für das Menschen- und Gottesbild der Priesterschrift: »Als Abbild Gottes hat er den Menschen gemacht«. Damit ist nicht mehr und nicht weniger gesagt: *Töten eines Menschen durch einen Menschen ist Brudermord und Gattungsmord. Schutz des Menschenlebens ist theozentrisch fundiert! Daraus folgen Grundgebote für die gesamte Menschheit, eine »Tora« für die Völker vor der Mose-Tora für Israel.*

Die Schriftgelehrten Israels haben denn auch nach der Zerstörung des zweiten Tempels durch die Römer auf der Basis von Gen 9,4–6 das Konzept von »noachidischen Geboten« entwickelt, die Gott nach der Flut der gesamten Menschheit aufgegeben hat, die somit für alle Menschen verpflichtend sind. Menschen aus der Völkerwelt sind damit nicht auf die 613 Gebote und Verbote Israels verpflichtet, um vor Gott bestehen zu können, »Anteil zu bekommen an der kommenden Welt«, wie der rabbinische Sprachgebrauch lautet. Niemand muss Jude werden, um »das Heil« zu erlangen. Nichtjuden werden nach den »noachidischen Gesetzen« beurteilt werden. Es sind nach rabbinischer Zählung sieben: Verbot von Götzendienst, Gotteslästerung, Blutvergießen, Unzucht, Raub, Essen von Fleisch eines lebenden Tieres, Gebot geordneter Rechtsprechung (Einzelheiten: *K.-J. Kuschel*, Juden-Christen-Muslime, 2007, Dritter Teil, Kap. III).

Gottes Bund mit der Schöpfung

Und Gott? Auch Gott verpflichtet sich auf Selbstbegrenzung. Er schließt einen förmlichen Bund mit seiner Schöpfung. Dabei meint »Bund« nicht etwa einen Vertrag im modernen Sinn zwischen zwei gleichwertigen Verhandlungspartnern, von jedem jederzeit kündbar. »Bund« ist eine theozentrische Kategorie, meint eine Selbstverpflichtung *Gottes*. Er geht sie in Freiheit ein, ist folglich nicht abhängig weder vom Verhalten noch vom Fehlverhalten des »Partners«. »Bund« also ist eine in Freiheit vollzogene Selbstbindung des Schöpfergottes, die weder von Zustimmung noch von Ablehnung des Menschen abhängig ist.

Bemerkenswert ist ohnehin, dass der Bund Gottes mit seiner Schöpfung von jeglicher Anthropozentrik frei ist. Nicht nur die Menschen und deren Nachkommen sind in den Bund eingeschlossen, sondern ausdrücklich auch *alle Lebewesen*, die nicht zufällig konkret benannt werden: Vögel, Vieh, Tiere des Feldes, kurz: alle Tiere der Erde, soweit sie durch die Arche gerettet wurden (Gen 9,10). Auch dies ist noch ein Reflex der ursprünglichen Schöpfungsordnung. »After Noah« ist auch ein neuer Blick auf die Tierwelt möglich, wie es die beiden britischen Theologe *Andrew Linzey* (christlicher Provenienz) und *Dan Cohn-Sherbok* (jüdischer Provenienz) eindrucksvoll in ihrem Buch beschrieben haben: »Animals and the Liberation of Theology« (1997). Ausgehend von der Bundesverpflichtung Gottes, die auch den Tieren gilt, plädieren sie für einen neuen, sensiblen, anthropozentrische Funktionalisierung überwindenden Umgang mit der Welt der Tiere. Verachtung der Tiere ist in letzter Konsequenz Selbstverachtung und Schöpfungsverachtung!

Als Zeichen seines Bundes setzt Gott einen *Bogen* in die Wolken (Gen 9,12–17). Bei diesem »Bogen« handelt es sich nicht in erster Linie um den uns als meteorologisches Phänomen bekannten »Regenbogen«, obwohl nicht auszuschließen ist, dass die Funktion dieser Passage *auch* eine erzählende Begründung dieses Naturphänomens ist. Entscheidend ist, dass vom hebräischen Wortlaut her zunächst an einen *Kriegsbogen* zu denken ist. Entsprechend der Logik des Abschnittes hat Gott nach der selbstgewollten Weltkatastrophe seinen Kriegsbogen weggehängt, hat nicht nur ab-, sondern umgerüstet und den Kriegsbogen in einen Regenbogen verwandelt. Das ist die eine Sinndimension dieser Rede vom »Bogen in den Wolken«. Die zweite betont stärker die bleibend aktive, kämpferische Seite Gottes. Gott hat seinen Bogen in die Wolken gehängt, nicht, damit er ein für alle Mal unbrauchbar ist, sondern weil er jederzeit darauf zurückgreifen will.

Freilich nicht mehr zum Zwecke der Vernichtung der Welt, sondern zum Kampf für deren Erhaltung. Dient doch der Bogen der Selbsterinnerung an die Bundesverpflichtung, die Gott mit der Schöpfung jetzt eingegangen ist. Denn immer wenn der Bogen in den Wolken erscheint, will Gott – so wörtlich – »des Bundes« gedenken, »der besteht zwischen mir und euch und allen Lebewesen« (Gen 9, 15) Noch einmal *Jürgen Ebach*: »In 1. Mose 9 setzt sich Gott ein solches Merkzeichen selbst. Damit trägt der ›Bogen in den Wolken‹ als Unterpfand künftiger Schonung von Mensch, Tier und Erde aber auch das Merkmal der gewesenen Katastrophe. Die ›Natur‹ ist nicht mehr ›heil‹, die Welt nicht mehr nur ›sehr gut‹, wie sie es am Ende von 1. Mose 1 war. Damit auch in der ›zweitbesten der möglichen Welten‹ ein Leben möglich ist, das zwar Gewalt enthält, jedoch nicht von Gewalt bestimmt ist, bedarf es, was Gott angeht, seines Gedenkens, und, was die Menschen angeht, der Einhaltung der Gebote, die in diesem ersten der biblischen Bundesschlüsse Noach und seine Nachkommen, d. h. allen Menschen aufgegeben sind. Dabei ist eine Bestimmung des Menschen unverändert erhalten geblieben: Der Mensch, eine jede, die, ein jeder, der Menschenantlitz trägt, ist Bild Gottes. Menschen sollen, wie es eins der ›zehn Gebote‹ bestimmt, keine Bilder Gottes machen. Nicht zuletzt sollen Menschen keine Bilder Gottes *machen*, weil sie Bilder Gottes *sind*« (Noach, 2001, 136f.).

Daraus folgt: *Der »noachidische« Bund Gottes mit der gesamten Schöpfung ist Ausdruck eines universalen Denkens in Israel. Während der später geschlossene Bund mit Abraham im Zeichen der Beschneidung (Gen 17) sich auf die Nachkommen des Patriarchen und der Bund mit Mose im Zeichen der Tora sich auf Israels Gehorsamsverpflichtung gegenüber den göttlichen Weisungen be-*

zieht (Ex 19,5; 24,7f.), erstreckt sich der Bund mit Noach auf die
gesamte Schöpfung, auf Menschen und Tiere. Israel bindet seine
Geschichte ein in eine umfassende Geschichte der Schöpfung. Äuße-
res Zeichen dafür ist der Bogen in den Wolken.

4. Weltdrama als Familiendrama

Mehr und konkreter noch: Fruchtbarkeitssegen und Bundesverpflichtung auf Schöpfungserhalt finden ihre Bestätigung
durch die Tatsache, dass entsprechend Gen 9,18f. von den
Noach-Söhnen Sem, Ham und Jafet eine *erneuerte Menschheit*
ausgeht: Gottes zweite Chance für das Menschengeschlecht.
Daraus folgt: Alle auf dieser Erde lebenden Menschen – so
will es die biblische Konstruktion – sind Nachkommen
Noachs. Die adamitische Signatur aller Menschen wird ergänzt durch die noachidische. Alles Menschsein ist künftig
geprägt von der Erfahrung »Adams« (Paradies, Sündenfall,
Sterblichkeit) und »Noachs« (Schöpfungsvernichtung und
Schöpfungsverpflichtung).

»Alle Völker der Erde« stammen von den Söhnen des
Noach ab, darauf legt die Genesis ausdrücklichen Wert (Gen
9,18f.; 10,32). Die Hebräische Bibel lässt keinen Zweifel daran,
dass die Menschheit nach Noach zwar in unterschiedlichen
und sehr verschiedenen Völkern existiert, diese so verschiedenen und über die ganze Erde verstreuten Völker aber *im*
Ursprung miteinander verbunden sind. Diese bewusst vollzogene Rückführung auf Noach läuft auf die Pointe hinaus: Alle
Völker, wo immer sie leben, sind miteinander verwandt. Gott
hat die mit Adam und Eva grundgelegte Einheit und Gleichheit der Menschen auch nach Sündenfall und Sintflut nicht
zurückgenommen. Die Noach-Texte bekräftigen dies, indem
sie den Neuanfang der Menschheit nach der Sintflut von den
Noach-Söhnen her begründen. Der Schöpfergott will die
Menschheit als Völkerfamilie.

Wie sehr zeigt die präzise ausgearbeitete *»Völkertafel«* in *Kapitel 10* der Genesis. Sie ist, soweit wir wissen, »der erste Versuch in der Menschheitsgeschichte, die Grundelemente der Größe ›Volk‹ begrifflich zu erfassen und zu definieren. Sie ist aus dem theologischen Impuls entstanden, zum Ausdruck zu bringen, wie die Gliederung der Menschheit in Völker im Schöpferwillen und im Schöpfersegen begründet ist«, so der Alttestamentler *Claus Westermann* in seinem Genesis-Kommentar (Bd. I/1, 1983, 680). Auf einer heutigen Karte erstreckt sich das geographische Gebiet der biblischen Darstellung vom Kaukasus-Gebirge im Norden bis nach Äthiopien im Süden, von Ägäischen Meer im Westen bis zum Hochland des Iran im Osten.

Noachs Fluch und Segen

Doch bevor es zu dieser Verteilung der Völker nach dem damals bekannten Wissensstand kommt, wollen wir aufmerksam registrieren, dass zum Ende des Kapitels 9 von Segen und Fluch Noachs berichtet wird – und zwar im Blick auf seine Söhne und damit im Blick auf ihre Funktion als Stammväter bestimmter Völker. Ein weichenstellender Text für das Verhältnis von Israel zu der Völkerwelt. Nicht zu verharmlosen, etwa dadurch, dass Noach nun einmal als der »erste Ackerbauer« und der erste Pflanzer eines »Weinbergs« (Gen 9,20) geschildert wird. Hier geht es wahrhaftig um mehr! Denn bevor Noach Fluch und Segen ausspricht, wird er zunächst als Betrunkener geschildert, weinberauscht. Nackt liegt er in seinem Zelt. Einer seiner Söhne, Ham, sieht die Nacktheit seines Vaters und erzählt schamlos davon seinen Brüdern. Diese benehmen sich pietätvoll: Rückwärts gehen sie in das Zelt hinein und bedecken die Blöße ihres Vaters. Dann erwacht Noach, und auf einmal steht ein Mann vor uns, wie wir ihn bisher nicht kannten:

»Als Noach aus seinem Rausch erwachte und erfuhr, was ihm sein zweiter Sohn [Ham] angetan hatte, sagte er: ›Verflucht sei Kanaan, der niedrigste Knecht sei er seinen Brüdern‹« (Gen 9,24f.).

Gleichzeitig preist er den »*Gott Sems*«, dem »Kanaan« »Knecht« sein solle (Gen 9,26). Und auch für Jafet gilt – positiv: »Raum schaffe Gott für Jafet. In Sems Zelten wohne er, Kanaan aber sei sein Knecht« (Gen 9,27).

Rätselhaft an diesem Text ist nicht nur die überfallartige Plötzlichkeit bei Noach, sondern vor allem die Tatsache, dass Noach »Kanaan« verflucht, der überhaupt erst im nächsten Kapitel 10 eingeführt wird, und zwar als *Sohn* Hams (Gen 10,6). Warum also verflucht Noach nicht seinen Sohn Ham direkt, was durch dessen schamloses Verhalten erklärlich wäre. Warum verflucht er an dieser Stelle einen *Sohn* Hams, Kanaan, von dessen Existenz er noch keine Ahnung haben kann? Dreimal eine Erwähnung dieses »Kanaan«. Fluch über ihn! Knechtschaft für ihn! Das zeigt schon, dass es in diesem Text nicht um Individualpsychologie, sondern um kollektive Genealogie gehen soll. Welcher Art ist sie?

Man muss im Lichte des Noach-Fluchs und -Segens nüchtern feststellen, dass zwischen den Brüdern offensichtlich nicht das Verhältnis von Harmonie, sondern von Zwietracht herrschen soll. Und da die Noach-Söhne die gesamte Menschheit repräsentieren oder als Stammväter von Völkern Typen von deren Verhalten sind, ist ein Riss in die Noach- und Völkerfamilie eingeführt, und zwar durch zwei Faktoren:

(1) Durch Verfluchung und Verknechtung ist »Kanaan« und damit das Volk der Kanaaniter erkennbar herabgesetzt, abgespalten. Der Text ist offenbar Reflex des gespaltenen Verhältnisses Israels zu dem ihm nächsten Nachbarvolk, den Kanaanitern. Ob hier durch das schamlose Verhalten Hams auch auf den »sittlichen Gegensatz« Israels zu Kanaan angespielt wird, im Sinne von: »Die Sünde Kanaans ist Schamlosigkeit, geschlechtliche Zuchtlosigkeit und Frivolität«, wie der jüdische Tora-Kommentator *Benno Jacobs* es will (Das Buch Genesis, 1934, Neuausgabe 2000, 270) oder mehr auf eine politische Komponente (Herrschaft Israels über Kanaan), ist unent-

scheidbar. In jedem Fall bricht in die Familien- und damit die Völkerstruktur etwas ein, was es bis dahin nicht gegeben hat: Knechtschaft. *Claus Westermann* weist in seinem Genesis-Kommentar in diese Richtung: »Hier zum erstenmal wird angekündigt, dass ein Bruder Knecht seiner Brüder sein soll. In die familiäre Struktur bricht eine ihr fremde soziale Struktur ein: Knechtschaft« (Ebd., 661).

(2) Nicht nur auf der menschlich-familiären Ebene gibt es jetzt eine Über- und Unterordnung, sondern auch auf der theologischen, ist doch sowohl der Noach-Segen wie die in Kapitel 10 folgende Völkertafel sichtlich aus der Perspektive des Gottes Sems konzipiert. Und der Gott Sems ist Adonai, der Gott Israels. Der Satz »Gepriesen sei der Herr, der Gott Sems« ist somit eine Vorwegnahme dessen, was durch die Völkertafel bestätigt wird, werden doch die Nachkommen Sems konzeptionell gezielt am Ende der Völkertafel genannt (10,21–31). Die »heilsgeschichtliche Linie« läuft von Sem über Generationen zu Terach, dem Vater Abrahams. Bevor wir also die positive Funktion der Völkertafel in den Blick nehmen, ist festzuhalten, dass die Noach-Familie vom Ende der Flutgeschichte an »nicht die eine große weltumschlingende friedlich-freundliche Großfamilie« ist. Sie ist vielmehr »gekennzeichnet von Konflikten und Unterschieden« (*J. Ebach*, Noah, 2001, 152), ist vor allem gekennzeichnet durch eine theozentrisch begründete Erwählung eines Volkes vor allen anderen. Diese Spannung beherrscht das Buch Genesis von Anfang an. Diese Spannung durchzieht die ganze Tora: Israel und die Völker. Israels Stellung in der Schöpfungs-, Menschheits- und Völkergeschichte. Israels Differenz zu allen Völkern. Israels Erwählung. Gerade die »Völkertafel« in Genesis 10 zeigt diese polare Spannung eindrücklich. Hier wird »die Menschheit als ganze in ihrer schöpfungsmäßigen Einheit in den Blick gefasst. Zugleich wird aber schon eine gegenläufige Bewegung erkennbar«, so der Alttestamentler *Rolf Rendtorff*. »Die besondere Beziehung zu Jahwe gilt jetzt nur für einen bestimmten Teil der Menschheit« (Theologie des AT, Bd. 1, 1999, 17).

Daraus folgt grundsätzlich: Sosehr Israel seine Geschichte in die Schöpfungs-, Menschheits- und Völkergeschichte einbindet, bleibt das Bewusstsein eigener Erwählung durch Gott. Universalistisches und partikularistisches Denken gehören zusammen. Israel begreift seine Existenz als Teil der Schöpfung und der Völkerwelt im Bewusstsein einer eigenen Bestimmung durch Gott und dem Bewusstsein der Differenz zu allen anderen Völkern. Israel lebt nicht wie die Völker und nicht gegen sie, sondern von der Völkerwelt verschieden. Israels Leben vor Gott hat von Anfang eine elliptische Struktur: schwankt zwischen den Polen Partikularität (Auserwähltheit, Differenz, Separation) und Universalität (Verantwortung für die Gesamtmenschheit).

Die Menschheit als Völkerfamilie

Kapitel 9 und 10 der Genesis sind Ausdruck dieser elliptischen Spannung. Denn nach Bestimmung der »heilsgeschichtlichen« Besonderheit Israels in Gen 9,26 kommt es in Gen 10 zu einer ganz ungewöhnlichen Völkerordnung:

- Auf den Noach-Sohn *Jafet* werden Völker im Norden und im westlichen Rand des fruchtbaren Halbmonds zurückgeführt, die Meder, Zyprioten, die Skyten und die Ionier.
- Die Nachkommen *Hams* bewohnen die Gegend des Roten Meers: die Äthiopier, Ägypter, Kanaanäer.
- Die Nachkommen *Sems* leben im Herzen des fruchtbaren Halbmonds. Zu ihnen gehören die Araber, Aramäer und die Assyrer.

Bewusst ist diese Liste an den Abschluss der Schöpfungsgeschichte gestellt. Gesagt ist ein Doppeltes:

(1) *Trotz aller Differenzierung in Sprachen, Länder und Völker bilden die Menschen abstammungsmäßig eine Einheit. Der eine Gott will die eine Menschheit.* Der jüdische Genesis-Kommentator *Benno Jacobs* hat daraus gefolgert: »Alle Völker sind aus Familiengemeinschaften entstanden, die auf die drei Söhne Eines Mannes zurückgehen. Die Menschheit ist Eine, wie es

nur Eine Erde, Einen Himmel und Einen Schöpfer (Gen 2,4) gibt. Das ist eine Konzeption, die in solcher Universalität, Klarheit und Entschiedenheit nirgends sonst gefasst worden ist« (Das Buch Genesis, 1934, Neuausgabe 2000, 295). Ein zweites kommt hinzu:

(2) *Nicht nur die Einheit der Menschheit ist die Pointe der Völkertafel, ebenso ist es die Gleichheit trotz aller Verschiedenheit.* Treffend kommentiert der jüdische Tora-Ausleger *W. Gunther Plaut:* »In dieser Liste findet man keinen Hinweis auf ›Rasse‹ oder ›Hautfarbe‹. Das heißt nicht, dass die Bibel ohne Vorurteile oder Bevorteilungen sei. Sie spiegelt gelegentlich gewisse politische Feindseligkeiten wider oder verurteilt wiederholt verschiedene Nationen aufgrund ihrer unmoralischen oder götzendienerischen Praktiken, aber sie ist völlig fern von jeglichem rassistischen Überlegenheitsgefühl. Der objektive Charakter dieses Kapitels ist kennzeichnend für die biblische Sichtweise der Struktur der Menschheit« (Die Tora in jüdischer Auslegung, Bd. 1, 1999, 135). In der Tat bietet die Völkertafel in Genesis 10 eine Völkerordnung weniger nach rassisch-völkischer Verwandtschaft als nach ihren geschichtlich-geographischen Beziehungen. Sie fasst die Kenntnisse über die bewohnte Erde, die man in Israel etwa zur Zeit Salomos haben konnte, zusammen und hat ihre Pointe in der theozentrisch fundierten *Einheit und Gleichheit des Menschengeschlechtes.*

Diese theozentrische Pointe aber ist selbst in Israel alles andere als selbstverständlich, setzt sich doch nach der Sesshaftwerdung eine Tendenz durch, die in Genesis 9 und 10 schon angedeutet ist: die Welt eingeteilt in »Israel« als das »auserwählte« Volk und »die Völker«, die neben oder sogar gegen Israel existieren und deren theologischer Status negativ konnotiert wird. Gerade deshalb liegt – so *Claus Westermann* in seinem großen Genesis-Kommentar – die Bedeutung der Völkertafel darin, »dass in der biblischen Urgeschichte die Konsequenz aus dem Erschaffensein der Menschheit durch Gott gezogen wird: ›Alle Menschen und Völker sind desselben Geschlechts, derselben Würde und derselben Bestimmung‹ (A. Dillmann). Es wird hier programmatisch am Anfang der Tora, genauer im Übergang von der durch Schöpfung und Flut bestimmten Urgeschichte in die in Kapitel 11 Ende beginnende Geschichte des Gottesvolkes die Linie von der Menschenschöpfung zur Gegenwart ausgezogen: die heute existierende ist die von Gott geschaffene Menschheit. Siebzig Völker (mit ein wenig Nachhilfe kommt diese Zahl heraus) sind in diesem Kapitel genannt, wobei die Zahl siebzig zugleich Fülle und Ganzheit der Völker bezeichnet, und von diesen siebzig Völkern der Erde wird nur das *eine* gesagt, dass sie alle in allen ihren Verschiedenheiten auf einen gemeinsamen Ursprung zurückgehen« (Genesis, Bd.1, 1983, 706).

Von daher erscheint die Rede von der Menschheit als Völkerfamilie, wie sie sich bis in die Texte des Zweiten Vatikanischen Konzils durchgehalten hat, biblisch gut begründet, findet Anhalt im Alten und im Neuen Testament. Schon die Patriarchen-Geschichten verbannen jeden Nationalchauvinismus und jede rassistische Ausgrenzung anderer Völker durch Betonung einer Segenszusage Gottes auch für die »Nichterwählten« (Gen 17,20; 25,12). Die Genealogien der Urgeschichte zeichnen die Anfänge des Volkes Israel ein in den universalen Horizont der Menschheitsgeschichte, wie ja auch die Bundesgeschichte einsetzte mit dem Noach-Bund, auf den erst der Abraham-Bund folgen wird. »Durch die genealogischen Verwandtschaftsbeziehungen« – so der christliche Exeget *Robert Oberforcher* – »gewinnt somit Israel seinen Bestimmungsort innerhalb und nicht außerhalb der ›Menschheitsfamilie‹. Diese weichenstellende Grundaussage von der Solidarität Israels mit den Weltvölkern (in der Antike ohne Analogie!) wird noch im Stammbaum Jesu betont festgehalten: bei Matthäus durch die Qualifizierung Jesu als des ›Sohnes Abrahams‹ (Mt 1,1) und die vier ›irregulären‹ Stammmütter, die aus der Heidenwelt kommen. Die Namensliste bei Lukas bindet hingegen Jesus mit Adam (der von Gott stammt!) über eine Vielzahl von Generationsgliedern zusammen. So bewahrt noch der Stammbaum Jesu diese Verbindung von innerjüdischer Herkunftsgeschichte und universaler Zusammengehörigkeit mit der Menschheit« (Die jüdischen Wurzeln des Messias Jesus aus Nazareth, 1999, 7).

II. Gerichtswarnung und eine neue Glaubensgemeinschaft: Noach im Koran

Und der Koran? Wie wird hier die Geschichte des Nūḥ, wie der Koran den biblischen Noach nennt, aufgenommen, verarbeitet, möglicherweise neu akzentuiert? In 26 von 114 Suren begegnen wir diesem Nūḥ. Das ist nicht wenig. Wurde Adam im Koran *Safiyu'llah* genannt (»der Auserwählte Gottes«), so Noach *Nabiyu'llah* (»der Prophet Gottes«). Wir fragen deshalb mit umso größerem Nachdruck: Woran ist der Koran interessiert, wenn von Noach die Rede ist? Auch am Untergang einer verdorbenen und am Fruchtbarkeitssegen für eine erneuerte Menschheit? An ersten Signalen einer universalen Rechtsordnung? An einem Bund Gottes mit der ganzen Schöpfung?

Schon die ersten Spuren der Figur des Noach im Koran scheinen in eine völlig andere Richtung zu weisen. Das beginnt mit zwei Suren aus der *ersten Periode von Mekka*, in denen sich kurze Anspielungen auf »Noachs Volk« finden, das »ganz ungerecht und gesetzlos gehandelt« habe (Sure 53,52) oder das Gott früher habe zugrunde gehen lassen, weil es »ein frevlerisches Volk« gewesen sei (Sure 51,46). Mit »Noachs Volk« aber kann kaum wie in der Bibel die Familie von Noach gemeint sein, eher wohl die Menschen in Noachs Umgebung. Auf sie aber war in der Bibel bestenfalls indirekt angespielt worden, wie wir hörten: Noach und sein Haus hätten unter seinen »Zeitgenossen« als einzige »gerecht« vor Gott gelebt (Gen 7,1).

1. Im Kampf wider die Verblendung: Sure 54

Dies deutet schon an, dass Noach zunächst im Koran als Mensch im Konflikt mit seiner Umwelt präsentiert wird. Das, was die Genesis nicht interessiert, nämlich eine Auseinandersetzung Noachs mit seinen »Zeitgenossen« (etwa zur Abwehr des von Gott angedrohten Unheils), das steht vom frühmekkanischen Diskurs an ganz im Zentrum – und zwar erstmals ausführlich in Sure 54 zu Beginn der *zweiten Periode von Mekka*. Was schon andeutet: Auch die Noach-Überlieferungen machen im Koran eine bemerkenswerte Entwicklung durch, so dass wir auch hier nicht nur intertextuell, sondern auch intratextuell werden arbeiten können.

Zunächst wird auch in Sure 54 wieder – wie im Fall von Adam – eine Szene im Zeichen von Gerichtswarnung und Gerichtsankündigung aufgerissen. Zeichen Gottes, so beginnt diese Sure, gibt es genug, aber die Adressaten wischen sie beiseite. »Ständiger Zauber!« – so tun sie den Warner ab. Keine Abschreckung nützt etwas. So bleibt einerseits nur die Warnung vor dem künftigen Gericht:

> Am Tag, da der Rufer zu Schrecklichem ruft und sie mit gesenkten Blicken aus den Gräbern kommen wie schwärmende Heuschrecken, zum Rufer hastend.
> Die Ungläubigen sagen:
> »Das ist ein schwerer Tag.«
> *(Sure 54,6–8: Mk II)*

Und andererseits bleibt der Verweis auf ein urgeschichtliches Anschauungsmodell: das Schicksal von »Noachs Volk«:

> Schon vor ihnen leugnete Noachs Volk. Da bezichtigten sie unseren Diener der Lüge und sagten:
> »Ein Besessener!«
> und er wurde gescholten.
> Da rief er zu seinem Herrn:
> »Ich bin unterlegen. So hilf!«
> Da öffneten wir die Tore des Himmels mit strömendem Wasser und ließen aus der Erde Quellen hervorbrechen.

Da versammelte sich das Wasser nach erlassener Verfügung.

Wir trugen ihn auf einem Werk aus Planken und Nägeln, das vor unseren Augen dahinfuhr, als Lohn für den, dem man nie geglaubt hatte!

Wir haben das als Zeichen hinterlassen.

> Gibt es denn jemanden, der sich mahnen lässt?

> Wie waren da meine Strafe und meine Warnungen!

> Wir haben den Koran leicht gemacht zur erinnernden Mahnung.

> Gibt es denn jemanden, der sich mahnen lässt?

(Sure 54,9–17: Mk II)

Dieser Text lässt keinen Zweifel mehr daran, dass mit »Noachs Volk« die »Zeitgenossen« oder »Landsleute« Noachs gemeint sind. Auch kein Zweifel, dass diese Geschichte erinnernd als Mahn- und Warngeschichte eingebracht wird, deren Kenntnis bei den Adressaten in Mekka vorausgesetzt werden kann. Knappste Angaben genügen ja auch hier offensichtlich. Wird doch nicht lange erklärt, wer Noach war, was es mit dem Wasser auf sich hat und warum eine Rettung durch ein »Werk aus Planken und Nägeln« erfolgen muss.

Wie in der Genesis ist Noach auch hier ein »Diener« Gottes. Jetzt aber ist er nicht nur passives Instrument, sondern aktiv Handelnder. Ein Diener, der einen Auftrag hat, eine Botschaft verkündet. Und mit dieser seiner Botschaft trifft der koranische Noach auf eine Umgebung, die ihn als Lügner und Besessenen derart beschimpft, dass er sich ganz »unterlegen« vorkommt. Bevor wir die Pointe dieser Sure herausarbeiten, werfen wir einen Blick auf jüdische und christliche Parallelen. Denn mit dieser seiner aktualisierenden Auslegung der Noach-Geschichte im Kontext eines Glaubenskampfes steht der Koran nicht allein. Im Gegenteil. Der Koran steht hier in einer Motivkontinuität mit jüdischen und christlichen Noach-Bildern.

Der verlachte Noach: jüdische Parallelen

Noach als Warner seiner Zeitgenossen: dieses Motiv kennt zwar nicht die Bibel, wohl aber kennen es jüdische und christliche Überlieferungen. Schon *Abraham Geiger*, dem Begründer des Reformjudentums in Deutschland, war in seiner Schrift »Was hat Mohammed aus dem Judenthume aufgenommen?« (1833) aufgefallen: Noachs »ganzes Auftreten als Ermahner und Verkündiger ist nicht biblisch, aber rabbinisch, und dient dem Mohammed vorzüglich zu seinen Zwecken, da Noach auf diese Weise gleichsam ein Vorbild für ihn ist« (Neuausgabe 2005, 108).

In der Tat findet sich im *Babylonischen Talmud* die entsprechende Schlüsselstelle rabbinischer Noach-Auslegung:

»Dies lehrt, dass der fromme Noach sie zurechtgewiesen und zu ihnen gesprochen hat: Tut Buße, denn sonst wird der Heilige, gepriesen sei er, eine Sintflut über euch bringen und eure Leichen wie die Schläuche auf dem Wasser schwimmen lassen. [...] Und noch mehr, sie werden auch Anlass werden zu einem Fluchwort für alle, die in die Welt kommen« (Sanhedrin 108a).

In der rabbinischen Auslegung also ist die »Lücke« gefüllt, welche die biblische Noach-Geschichte offen gelassen hatte: Noach rettet sich nicht ohne Warnung an seine Zeitgenossen. Er fordert sie zuvor zur Buße und Umkehr auf angesichts der Tatsache, dass »alles Sinnen und Trachten« der Menschen »immer nur böse war« (Gen 6,5).

Mehr noch: Die rabbinische Auslegung kennt auch schon einen Dialog Noachs mit seinen Zeitgenossen und eine negative Reaktion auf seine Warnung. Man verhöhnt ihn angesichts der kurios erscheinenden Arche, nimmt die Warnung vor der kommenden Flut nicht ernst. Selbst wenn sie käme, hätte man genügend Schutz, behauptet man. Deutlicher kann man Noach seine Geringschätzung nicht bezeugen. Der verlachte und verhöhnte Noach aber verstärkt noch das Motiv der Verblendung auf Seiten des Volkes, das dann im Koran ausgebaut werden wird:

»Sie aber verhöhnten ihn, indem sie zu ihm sprachen: Alter, was soll diese Arche? Er erwiderte ihnen: Der Heilige, gepriesen sei er, wird über euch eine Überflutung bringen. Sie sprachen: Was für eine Überflutung, wenn eine Überflutung, so haben wir etwas dagegen …, und wenn eine aus Wasser, so haben wir, wenn sie aus der Erde kommen sollte, eiserne Planken, mit denen wir die Erde überziehen können, und wenn vom Himmel, so haben wir ebenfalls etwas dagegen« (Sanhedrin 108a).

Die Parallele zu Sure 54 ist mit Händen zu greifen. Auch hier wird Noach vom Volk mit seiner Warnung nicht ernstgenommen, als Besessener hingestellt, ja der Lüge bezichtigt und gescholten.

Noach als warnendes Beispiel: christliche Parallelen

In ähnlicher Weise hatte schon das *Neue Testament* die Noach-Geschichte benutzt: als Mahnung zur Achtsamkeit für die Zeichen Gottes. *Matthäus* zum Beispiel legt in seinem Evangelium Jesus eine Rede über die endzeitliche Katastrophe in den Mund: Ankunft des Menschensohns, und diese Ankunft hat kosmische Dimension, kunstvoll von Matthäus gestaltet mit Zitaten aus den Propheten Amos, Jesaja, Sacharja: Die Sonne wird sich verfinstern, der Mond wird nicht mehr scheinen, die Sterne werden vom Himmel fallen. Die Kräfte des Himmels werden erschüttert werden. Dann erscheint das »Zeichen des Menschensohns am Himmel«. Mit »großer Macht und Herrlichkeit« tritt er auf – »auf den Wolken des Himmels«! Großes Gejammer unter allen Völkern der Erde, große Klage sind die Folge. Engel werden unter lautem Posaunenschall ausgesandt, um die Auserwählten aus allen vier Himmelsrichtungen zusammenzuführen. Dann erfolgt unter Bezugnahme auf Noach die Mahnung zur Wachsamkeit:

»Denn wie es in den Tagen des Noach war, so wird es bei der Ankunft des Menschensohnes sein. Wie die Menschen in den Tagen vor der Flut aßen und tranken und heirateten, bis zu dem Tag, *an dem Noach in die Arche* ging, und nichts ahnten, bis die Flut hereinbrach und alle wegraffte, so wird es auch bei der Ankunft des Menschensohnes sein. Dann wird von zwei Männern, die auf dem Feld arbeiten, einer mitgenommen und einer zurückgelassen. Und von zwei Frauen, die mit derselben Mühle mahlen, wird eine mitgenommen und eine zurückgelassen. Seid also wachsam! Denn ihr wisst nicht, an welchem Tag euer Herr kommt« (Mt 24,37–42).

Urzeit und Endzeit: Sie sollen sich entsprechen. Wie einst, so jetzt. Wie bei Noach, so künftig, wenn der Menschensohn kommt, eine apokalyptische Himmelsfigur, die mit ihrem irdischen Erscheinen das endzeitliche Gottesreich errichten wird. Eine Scheidung wird durch die Menschen gehen: Mann für Mann, Frau für Frau. Und diese endzeitliche Dramatik steht in schärfstem Kontrast zur Ruhe hier und jetzt, zur Ahnungslosigkeit, zum Nichtbegreifen! Wie die Zeitgenossen des Noach »vor der Flut« ahnungslos lebten, so auch die Adressaten des matthäischen Jesus. Man lebt wie eh und je, isst, trinkt, heiratet. Man wiegt sich in falscher Sicherheit. Man erwartet nichts von Gott. Von Wachsamkeit für einen möglichen göttlichen Eingriff keine Spur. Dabei könnte Noachs Fall zur Warnung dienen! Vorbereitet sein auf die Ankunft des Menschensohns! Auch hier sind die Parallelen zu Sure 54 eklatant, vor allem im Blick auf die Verzweiflung angesichts der Verblendung des Volkes, die sich in den beiden Schlussversen verdichtet hat: »Gibt es denn jemanden, der sich mahnen lässt? / Wie waren da meine Strafe und meine Warnungen!« (Sure 54,15: Mk II).

Spätere Texte des Neuen Testamentes bauen das Warnnoch stärker zum *Gerichtsmotiv* aus, ist doch die Erinnerung an das Beispiel Noachs in christlichen Kreisen auch durch die beiden *Petrusbriefe* lebendig geblieben. Der erste, dem Apostel Petrus zugeschriebene, vermutlich in Rom gegen Ende des 1. Jahrhunderts verfasste Brief ist an christliche Gemeinden in Kleinasien gerichtet. Er lässt eine krisenhafte Leidens- und

Prüfungssituation erkennen. Entsprechend versucht der Brief, die angefochtenen Christen im Glauben zu bestärken, unter anderem durch Verweis auf das Leidensvorbild, den Sühnetod und die Auferweckung Jesu Christi. Auch Christus sei »der Sünden wegen ein einziges Mal gestorben«. »Dem Fleisch nach« sei er zwar getötet worden, »dem Geist nach aber lebendig gemacht«, ja er sei sogar »zu den Geistern gegangen«, die »im Gefängnis« gewesen seien und habe »ihnen gepredigt« (1 Petr 3,18f.). Eine Anspielung auf den Abstieg Christi zwischen Tod und Auferweckung entweder zu gefesselten Dämonen (entsprechend dem Henoch-Buch) oder zu Geistern Verstorbener, die, bei der Sintflut bestraft, dennoch durch die »Langmut Gottes« zum Leben berufen sind. Der Hinweis auf Sintflut und Arche erfolgt denn auch gleich im Anschluss:

»Diese [die Geister] waren einst ungehorsam, als Gott in den Tagen des Noach geduldig wartete, während die Arche gebaut wurde; in ihr wurden nur wenige, nämlich acht Menschen, durch das Wasser gerettet. Dem entspricht die Taufe, die jetzt euch rettet. Sie dient nicht dazu, den Körper von Schmutz zu reinigen, sondern sie ist eine Bitte an Gott um ein reines Gewissen aufgrund der Auferstehung Jesu Christi« (1 Petr 3, 20f.).

Dieser christliche Midrasch erweitert somit die alttestamentliche Überlieferung um das Motiv der Geduld Gottes während des Baus der Arche, wovon in Gen 7 keine Rede ist. Damit wird die besagte »Lücke« geschlossen; im rabbinischen Midrasch durch das Motiv der Warnungen Noachs, im christlichen durch das der Geduld Gottes. So wie Noach in der jüdischen Auslegung entlastet wird, so Gott in der christlichen. Für den Verfasser des ersten Petrusbriefs entscheidend aber ist das Motiv der Rettung aus der biblischen Noachgeschichte. Sie wird – mit einer verwegenen Wasser-Analogie – zum vorweggenommenen Beispiel für das Handeln Gottes durch das Wasser der Taufe. Der Rückgriff auf die Urzeit soll Vertrauen stiften in der krisenhaft gefährdeten Lage der christlichen Gemeinden hier und jetzt. So wie Gott einst zu Noachs Zeiten

Menschen durch Wasser rettete, rettet er jetzt wieder durch ein anderes Wasser, das der Taufe nämlich.

Der *zweite Petrusbrief,* abgefasst an einem uns unbekannten Ort wohl Anfang des 2. Jahrhunderts, hat eine nochmals andere Krisensituation vor Augen. Falsche Lehrer mit »verderblichen Irrlehren« seien in der Gemeinde aufgetreten, lesen wir. »Spötter«, die sich nur »von ihren Begierden« leiten ließen und höhnisch fragten: »Wo bleibt denn seine verheißene Ankunft? Seit die Väter entschlafen sind, ist alles geblieben, wie es seit Anfang der Schöpfung war« (2 Petr 3,4). Gemeint ist die erwartete Wiederkunft Christi noch zu Lebzeiten der Gemeindemitglieder, seine Parusie, die sich auf verstörende Weise verzögert hat. An dieser »Front« ist der Verfasser des Briefes sichtlich in der Defensive, wie es der Prophet Mohammed sein wird, den seine Zeitgenossen ebenso höhnisch fragen werden, wo denn das angekündigte Gericht bleibe.

Umso heftiger wird im Brief die ursprüngliche »Berufung und Erwählung« der Christen (2 Petr 1,10) beschworen und das »Gericht« über die »verlogenen Worte« der »falschen Propheten« (2 Petr 2, 3). Und dieses *Gerichtsmotiv* erhärtet der Verfasser mit autoritativen Zeichen Gottes aus der Vergangenheit. So habe Gott einst die sündigen Engel »nicht verschont, sondern sie in die finsteren Höhlen der Unterwelt verstoßen« und halte sie dort »eingeschlossen bis zum Gericht« (2 Petr 2,4), schreibt er. Ja, Gott habe auch die gesamte »frühere Welt« nicht verschont. Nur?

»Nur Noach, den Verkünder der Gerechtigkeit, hat er [Gott] zusammen mit sieben anderen als achten bewahrt, als er die Flut über die Welt der Gottlosen brachte. Auch die Städte Sodom und Gomorra hat er eingeäschert und zum Untergang verurteilt, als ein Beispiel für alle Gottlosen in späteren Zeiten. Den gerechten Lot aber, der unter dem ausschweifenden Leben der Gottesverächter litt, hat er gerettet; denn dieser Gerechte, der mitten unter ihnen wohnte, musste Tag für Tag ihr gesetzwidriges Tun sehen und hören, und das quälte den gerechten Mann Tag für Tag. Der Herr kann die

Frommen aus der Prüfung retten; bei den Ungerechten aber kann er warten, um sie am Tag des Gerichts zu bestrafen, besonders die, die sich von der schmutzigen Begierde ihres Körpers beherrschen lassen und die Macht des Herrn verachten« (2 Petr 2,5–10a).

Wieder dient die Noach-Geschichte als Exempel für Gottes Handeln – einst und jetzt. Sie soll die Glaubenden angesichts ihrer Prüfungen in ihrem Gottvertrauen stärken und die Irrlehrer warnen vor dem Tag des Gerichts.

Wir fassen zusammen:

(1) *Die im Neuen Testament greifbare Noachüberlieferung rezipiert nicht universal-schöpfungstheologische Motive (neue Menschheit, Schöpfungsbund), sondern Motive der Verblendung, der Warnung und des Gerichts. Die universalen heilsgeschichtlichen und schöpfungstheologischen Motive werden ins moralische und strafpädagogische umgebogen.*

(2) *Im Neuen Testament wird den Adressaten der christlichen Botschaft unter Verweis auf Noach eine Situation der Sorglosigkeit und falschen Sicherheit vor Augen gestellt: eine Situation der Verblendung, welche die Wachsamkeit einschläfert und die Aufmerksamkeit für Gottes Zeichen erstickt.*

(3) *Im Neuen Testament kann unter Heranziehung des Noach-Beispiels die Situation eines nahe bevorstehenden Gerichtes mit doppeltem Ausgang beschrieben werden: Tod und Verderben den falschen Gläubigen! Rettung für die Frommen und Gerechten!*

Die Zeichen Gottes nicht verachten

Ähnliche Signale gehen nun auch von Sure 54 aus. Mit seinem Auftrag stößt Noach derart auf Widerstand, dass er in seiner Not Gott um Hilfe anrufen muss, und erst *dieses Gebet* veranlasst Gott zu der (aus der Hebräischen Bibel bekannten) Doppelreaktion: Sendung einer großen Flut und Rettung der kleinen Schar durch ein Schiff. Zugleich lässt Sure 54 gegenüber der Genesis eine dreifache Akzentverschiebung erkennen:

(1) Im Buch Genesis steht bei der Noach-Geschichte die ganze Schöpfung zur Disposition. Gott ist von vornherein entschlossen, seine eigene Schöpfung als ganze wieder zu vernichten, nachdem er deren Perversion nicht länger mehr ertragen kann. Noach hat darauf nicht den geringsten Einfluss. Gott wählt nur ihn. Ihn und niemand anderen. In Sure 54 dagegen geht es offensichtlich nicht primär um die ganze Schöpfung, sondern vor allem um ein konkretes ungläubiges Volk. Die Schöpfungsdimension ist lediglich angedeutet (Sure 54,11f.: Mk II).

(2) Im Konflikt mit seinem »Volk« bittet der koranische Noach in verzweifelter Lage Gott um Eingreifen: »Ich bin unterlegen, so hilf!«. Seine Rettung aber ist nicht wie in der Genesis Gottes Dank für seine untadelige Lebensführung, sondern Lohn für das Ertragen von Beschimpfung durch »ungläubige« Landsleute (Sure 54,14: Mk II).

(3) In der Genesis setzt Gott nach Noachs Rettung ein »Zeichen« in die Wolken: den Bogen als künftiges Erinnerungszeichen für sich selbst. Erinnerung an seine Bundesverpflichtung gegenüber der neuen Schöpfung. In Sure 54 dagegen ist Noachs Geschichte (Vernichtung der Ungläubigen sowie Rettung der Gottgefälligen) ein Zeichen der Erinnerung für alle späteren Generationen: »Mahnung« und »Warnung«, die umso dringender sind, als diese Sure durchblicken lässt, dass der Kampf zwischen Glaube und Unglaube zum Zeitpunkt ihrer Offenbarung in Mekka offensichtlich noch hin und her wogt. Nur so ist ja die Beschwörung am Ende erklärbar: Wie deutlich waren da meine Strafen und meine Warnungen! Wie leicht haben wir es mit dem Koran jedem gemacht. Und doch gibt es kaum jemand, »der sich mahnen lässt«! Umso wichtiger ist das Rettungsmotiv. Das ist in Sure 54 stark gemacht und zwar als »Lohn für den, dem man nie geglaubt hatte« (54,14). Nicht also »die Vernichtung der Frevler ist das zentrale Thema« in dieser Noach-Passage, »sondern die wunderbare Errettung des Gottgesandten auf einem offenbar notdürftig gezimmerten Schiff« (NKTS, 626). Woraus folgt: Das

koranische Noach-Bild, erstmals greifbar in Sure 54, hat motivisch weniger mit den biblischen als mit den rabbinischen und christlichen Überlieferungen zu tun.

Was aber ist die *zentrale Botschaft Noachs*, mit der er seine Zeitgenossen gegen sich aufbringt? In Sure 54 ist diese Frage noch offen gelassen. Warum seine Umgebung ihn der »Lüge« bezichtigt, ist direkt nicht gesagt. Nur die beschwörende Aufforderung an Gott zur Hilfe lässt indirekt erkennen, dass Noach offensichtlich mit der Vertretung der Sache Gottes nicht durchgedrungen ist. Ebenso der Hinweis auf die Existenz des Koran (»Wir haben doch den Koran leicht gemacht ...«), der ahnen lässt, dass die Sache Noachs offensichtlich mit der des Koran identisch ist. Der nächste relevante Noach-Text, Sure 71, wird hier konkreter. Er stammt ebenfalls noch aus *mittelmekkanischer Zeit*. Mit seinen 28 Versen ist er ausschließlich der Noach-Geschichte gewidmet und trägt deshalb nicht zufällig den Namen »Nūḥ« schon im Titel. Intratextuell wird ein kreativer Zuwachs an Möglichkeiten sichtbar, die in der Noach-Überlieferung stecken und die weiter fruchtbar gemacht werden können.

2. Für was Noach kämpft: Sure 71

In der Genesis blieb Noach weitgehend stumm. Nur zwei, drei Sätze des Fluchs und des Segens werden ihm am Ende seiner Geschichte in den Mund gelegt (Gen 9, 25–27). Ansonsten vollzieht er Gottes Willen in wortloser Ergebenheit und Dankbarkeit. Im Koran aber bekommt Noach ähnlich wie in der jüdischen Tradition eine Stimme. Schon Sure 54 hatte ihm ein kurzes Stoßgebet in den Mund gelegt, wie wir hörten: »Ich bin unterlegen. So hilf!«

Dramatische Dialoge

Sure 71 dagegen kennt bereits einen kunstvoll verschränkten, rhetorisch effektvollen Doppeldialog zwischen Noach und seinen Zeitgenossen einerseits sowie zwischen Noach und Gott andererseits:

Wir sandten Noach zu seinem Volk:

> »Warne dein Volk, bevor schmerzhafte Strafe über es kommt!«

Noach sagte:

> »Mein Volk, ich bin euch ein deutlicher Warner.
>
> Dient Gott, fürchtet ihn und gehorcht mir,
>
> dann vergibt er euch einiges eurer Sünden und stellt euch bis zu bestimmtem Termin zurück! Gottes Termin wird, wenn er eintrifft, nicht aufgeschoben.
>
> Wenn ihr nur wüsstet!«

Noach sagte [zu Gott]:

> »Herr, ich habe mein Volk nachts und tags gerufen.
>
> Doch mehrte mein Rufen nur ihre Flucht.
>
> Sooft ich sie rief, damit du ihnen vergebest, steckten sie ihre Finger in die Ohren, hüllten sich in ihre Kleider und beharrten in ihrem Hochmut.
>
> Dann rief ich sie öffentlich.
>
> Dann sprach ich zu ihnen offen und ganz geheim.

Da sagte *ich* [zum Volk]:

> ›Bittet euren Herrn um Vergebung – er vergibt –,
>
> dann sendet er den Himmel mit mächtigem Regen auf euch,
>
> versorgt euch reichlich mit Vermögen und Söhnen und schafft euch Gärten und Flüsse.
>
> Was ist mit euch, dass ihr für Gott keine Würde erwartet,
>
> wo er euch doch stufenweise erschaffen hat?
>
> Habt ihr nicht gesehen, wie Gott sieben Himmel als Schichten erschaffen hat
>
> und darin den Mond geschaffen als Licht, die Sonne als Leuchte?

Gott hat euch aus der Erde wachsen lassen.
Dann bringt er euch in sie zurück und wieder hervor.
Gott hat euch die Erde als Teppich geschaffen,
damit ihr auf ihr offene Wege geht.‹«

Noach sagte:

»Herr, sie haben sich mir widersetzt und sind einem
gefolgt, dem sein Vermögen und seine Kinder nur den
Verlust gemehrt haben.
Gewaltige List haben sie ausgeheckt und gesagt:
›Verlasst doch nicht eure Götter, nicht Wadd, Suwa',
Yaghuth, Ya'uq und Nasr!‹
Sie haben viele irregeführt. Mehre den Unheilstiftern
nur die Verirrung!«

Wegen ihrer Sünden wurden sie ertränkt und in
Feuer geführt. Da fanden sie für sich außer Gott
keine Helfer.

Noach sagte:

»Herr, lass keinen der Ungläubigen auf der Erde woh-
nen!
Wenn du sie lässt, führen sie deine Diener irre und
zeugen nur Niederträchtige und Ungläubige.
Herr, vergib mir und meinen Eltern, dem, der gläubig
mein Haus betritt, den gläubigen Männern und Frauen!
Den Unheilstiftern aber mehre nur das Verderben!«

(Sure 71,1–28: Mk II)

Im Vergleich zu Sure 54 ist ein Zuwachs an dramatisch-dialo-
gischer Ausgestaltung erkennbar. Ständig wechseln die Sprecher, was die Dramatik ungemein steigert. Wörtliche Rede
wechselt mit indirekten Zitaten, wenn Noach in dieser Sure
auch die Einreden seiner Gegner in den Duktus »einspielt«
(71, 23). Ansonsten geht es dramatisch hin und her:

- Gott zu Noach (71,1; 25)
- Noach zum Volk (71,2–4; 10–20)
- Noach zu Gott (71,5–9; 21–22; 24,26–28)
- das Volk untereinander (71,23)
- Gott für sich (71,25).

Dieses rasche Umschalten von einer Sprecherrolle in die andere ist nicht nur rhetorisch wirkungsvoll, sondern auch Reflex einer agonalen Spannung zwischen Noach und seiner Umgebung. So scharf stellt der Koran den Gegensatz heraus, dass Noach dem Volk gegenüber nicht nur öffentlich fordernd auftritt (um es zur Umkehr zu bewegen), sondern darüber hinaus von Gott sogar eine Verschärfung des Strafgerichts fordert: »Mehre den Unheilstiftern nur die Verirrung« (Sure 71,24) oder »Den Unheilstiftern aber mehre nur das Verderben!« (Sure 71,28). Die schrille Übersteigerung (Gott als Unheilstifter der Unheilstifter) ist Ausdruck schierer Ohnmacht in auswegloser Situation. Führen doch die Ungläubigen die wahrhaft Gläubigen in die Irre und zeugen weiter »nur Niederträchtige und Ungläubige« (71,27). Ein Notsignal des Propheten in seinem Überzeugungs- und Überlebenskampf in Mekka. Stecken doch die, die es angeht, statt auf ihn zu hören und Gott um Vergebung zu bitten, »ihre Finger in die Ohren, hüllen sich in ihre Kleider und beharren auf ihrem Hochmut« (71, 7).

Botschaft mit scharfem Profil

In der Tat hat nun in Sure 71 Noachs Botschaft scharfes Profil. Der Glaube an den einen Schöpfergott steht im Konflikt mit polytheistischen Glaubens- und Lebensformen, von denen die Menschen offensichtlich nicht lassen wollen. Sie öffnen sich »willig« einem Verführer. Dabei fällt auf, wie emotionslos, polemikfrei der Koran Noach in dieser Sure argumentieren lässt. Er fordert auf (»Bittet Euren Herrn ...«), stellt Rückfragen (»Was ist mit Euch ...«) und appelliert an Vernunft- und Beobachtungsfähigkeit (»Habt Ihr nicht gesehen ...«). Diese unaufgeregte Souveränität ist einerseits Ausdruck gottgläubiger Unerschüttertheit und gleichzeitig Kontrastbild zum blasierten Hochmut der Botschaftsablehnung (Sure 71,7f.) und den »gewaltigen Listen« der gegnerischen Wortführer, die »Unheilstifter« genannt werden.

Positiv lautet die Botschaft: Ein gottgeleitetes Leben führt zu einer Harmonie mit der Schöpfung: »dann sendet er den Himmel mit mächtigem Regen auf euch, versorgt euch reichlich mit Vermögen und Söhnen und schafft euch Gärten und Flüsse« (Sure 71,12). Gemeint ist ein schöpfungsgemäßes Leben im Bewusstsein eines *korantypischen Rhythmus von drei Phasen:* »Gott hat euch aus der Erde wachsen lassen« (Geburt: 1. Phase), »dann bringt er euch in sie zurück ...« (Tod: 2. Phase), »... und wieder hervor« (Auferweckung: 3. Phase). Unterstrichen wird diese Erinnerung an eine schöpfungsgemäße Existenz mit dem schönen Bild: »Gott hat euch die Erde als Teppich geschaffen, damit ihr auf ihr offene Wege geht« (71,19f.).

Wider den falschen Glauben

Mehr noch: Schon in Sure 54 war ein Grundzug der koranischen Noach-Geschichte erkennbar: Noach als retrospektive Spiegelfigur für den Kampf des Propheten gegen ein ungläubiges Volk. Die Analogien sollen sich für die Adressaten geradezu aufdrängen: So wie ein Gottesgesandter wie Noach vor Urzeiten schon auf Vorwürfe, Ablehnung, Einschüchterung gestoßen war, so ergeht es dem Propheten heute. So wie Gott damals Unglauben gestraft hatte, kann er auch heute strafen. Und schließlich: So wie Gott damals seinen »Diener« gerettet hatte, so wird er auch den Propheten heute retten. Sure 71 vervollständigt dieses Spiegelbild. Wie Mohammed hatte auch Noach mit seiner Ankündigung eines Gerichtsgottes zunächst kein Gehör gefunden, war als Besessener und Lügner hingestellt worden. Wie Noach will der Prophet nichts sein als ein »deutlicher Warner« (71,2; vgl. 11,25) oder ein »dankbarer Diener Gottes« (17,3).

Hier liegt nun der entscheidende Grund, warum im Koran Noachs Auseinandersetzung mit seinen »Zeitgenossen« im Vergleich zur Bibel (aber rabbinischer Auslegung analog) so sehr im Zentrum steht. Denn von diesem Konflikt wird so erzählt, dass er für die Gegenwart transparent wird. Immer wieder werden in die verschiedensten Suren knappe Hinweise auf Noachs Geschick so eingestreut, dass er als »Prototyp des Propheten Mohammed« erscheint, der »denselben Hass, dieselbe Androhung physischen Leidens erfährt, die der Prophet später von seinen mekkanischen Landsleuten erfahren wird« (EQ 3, 540). Achten wir besonders auf die in Sure 71,23 erwähnten fünf *altarabischen Gottheiten*. Bewusst anachronistisch werden sie als Götter der Zeitgenossen Noachs herausgestellt. Deutlicher kann man nicht machen, wie sehr Noachs Zeit und die Zeit des Propheten ineinander verschoben sind. Das hat mit einer »naiven Angleichung der Verhältnisse, die Mohammed vorfand, an die Boten der Vorzeit« nichts zu tun (so *H. Speyer*, Die biblischen Erzählungen, 1961, 110). Das ist nicht naiv, sondern eine bewusst vollzogene Horizontverschmelzung, sollen sich doch im Spiegel der Noach-Geschichte die Zeitgenossen Mohammeds wiedererkennen und das Schicksal Noachs auf sich beziehen. Aktualisierung, das heißt Vergegenwärtigung, sowie existenziell-situative Auslegung mit dem Mittel strukturanaloger Imagination: So wird im Koran nach Adam auch von Noach geredet. Alles zielt schon im mittelmekkanischen Diskurs darauf ab, eine »gemeinschaftliche Selbstkonstruktion als das Gottesvolk in der Tradition biblischer Vorgänger« vorzunehmen, »wo zwar Moses als das direkte Vorbild gilt, ihm aber bereits andere Beispielfiguren vorausgehen« (NKTS, 624). Noach: eine kollektiv zu ehrende Vorbildfigur für den Propheten, dessen Geschichte mit der sich herausbildenden Gemeindegeschichte verwoben wird.

3. Gegen wen Noach kämpft: Suren 26/23

Wie sehr Noach Spiegelfigur für die Kampfsituation des Propheten zu seiner Zeit ist, geht auch aus zwei weiteren Suren aus der *zweiten Periode von Mekka* hervor: aus den Suren 26 und 23. Sie zeigen eindrücklich, welche Bedeutung die Noach-Überlieferung in der Zwischenzeit für den Propheten gewonnen hat.

Wider die Oberen und Herrschenden

Dabei ist im Vergleich zu den Suren 54 und 71 auffällig, dass jetzt mehr und mehr ein *sozialkritischer Ton in die Auseinandersetzung um den Propheten* hineinkommt. Das spiegelt sich beispielsweise in der Rückfrage der Zeitgenossen Noachs: »Sollen wir dir glauben, wo dir die Niedrigsten folgen?« in Sure 26,111. *Hartmut Bobzin* deutlicher: »die Allerniedrigsten« und *Rudi Paret* noch stärker: »Sollen wir dir glauben, wo dir doch (nur) die untersten Schichten der Bevölkerung Gefolgschaft leisten«. Diese scharfe sozialkritische Stoßrichtung gibt es von Anfang der prophetischen Verkündigung an. Angegriffen werden schon früh, wie wir wissen (Erster Teil, Kap. 4), vor allem diejenigen, die »nie die Armen gespeist« haben (74,44: Mk I), die viel »Vermögen« zusammenbringen, es immer wieder zählen und meinen, es würde sie »unsterblich« machen (104,2f.: Mk I). Attackiert werden solche, die »geizig« und »selbstherrlich« auftreten (92,8: Mk I), die »froh« im Kreise ihrer Angehörigen dahinleben und meinen, »es würde nie anders« (84,14: Mk I). Menschen, »heftig in der Liebe zu den Gütern« dieser Welt (100,8: Mk I) und vergesslich im Blick auf den »steilen Weg«: »Die Befreiung eines Sklaven / oder an einem Tag der Hungersnot die Speisung / einer verwandten Waise / oder eines Armen im Elend« (90,13–16: Mk I). Kurz: Betroffen durch die prophetische Botschaft sind von Anfang an all diejenigen, die das »Flüchtige« lieben und das »Jenseitig-Letzte« vernachlässigen (75,20f.: Mk I). Damit hatte Mohammed den erbitterten Widerstand der herrschenden Kreise in Mekka auf sich gezogen.

Wider die Götzendiener

In der Tat. Wie stark der Widerstand gegen Mohammeds Predigt in Mekka gewesen sein muss, spiegelt uns in Ausschnitten Sure 23 – und zwar gerade mit Hilfe der Noach-Geschichte:

Wir sandten Noach zu seinem Volk. Da sagte er:

>»Mein Volk, dient Gott! Ihr habt keinen Gott außer ihm. Wollt ihr denn nicht gottesfürchtig sein?

Da sagten die Ratsleute in seinem Volk, die ungläubig waren:

>»Der ist nur ein Mensch wie ihr, der mehr sein will als ihr. Wenn Gott gewollt hätte, hätte er Engel herabgesandt. Bei unseren Vorvätern haben wir so etwas nicht gehört.

>Er ist nur ein Mann, der von einem Dschinn besessen ist. So wartet ihm gegenüber eine Weile ab!«

Er sagte:

>»Herr, rette mich, da sie mich der Lüge bezichtigen!«

Da offenbarten wir ihm:

>»Baue das Schiff vor unseren Augen und unserer Offenbarung gemäß! Wenn dann unsere Verfügung kommt und der Ofen brodelt, dann führe von allem ein Paar und deine Leute hinein! Außer denen unter ihnen, gegen die das Wort schon ergangen ist. Sprich mich nicht an wegen derer, die Unrecht tun! Sie werden ertränkt.

>Wenn du dich dann auf dem Schiff eingerichtet hast, du und die mit dir sind, dann sag:

>>›Das Lob gebührt Gott, der uns gerettet hat vor dem Volk, das Unrecht tut.‹

>Sag:

>>›Herr, gewähre mir gesegnete Unterkunft!

>>Du bist der beste Gastgeber.‹«

>>Darin sind Zeichen. Wir stellten auf die Probe.«

(Sure 23, 23–30: Mk II)

Im Unterschied zu den Suren 54 und 71 finden hier weitere Details aus der biblischen Noach-Geschichte Verwendung: vor allem was den Bau des Schiffs und die paarweise Auswahl der Tiere und Menschen angeht (vgl. Gen 7,2f.), so dass man sagen kann: »Die kosmische Dimension der Flut wird zum ersten Mal erkennbar, die Rettung als ein Neubeginn inszeniert« (NKTS, 629). Auffällig auch: Es sind in Sure 23 ausdrücklich die »Ratsleute in seinem Volk«, die als »ungläubig« bezeichnet werden (Sure 23,24; 33) und Noachs Botschaft als »Lüge« abtun (Sure 23,26). *Hartmut Bobzin* übersetzt das Wort mit »Ältesten seines Volkes«, *Rudi Paret* mit »die Vornehmen aus seinem Volk«. In jedem Fall geht es um ein soziales Machtgefälle von hoch und niedrig, oben und unten, das hier angesprochen ist. Damit vermischen sich die religiöse und die soziale Dimension: Die Herrschenden sind gleichzeitig auch die Götzendiener.

4. Absage an Blutsbande: Sure 11

Sure 11 aus der *dritten Periode von Mekka* hat, was Noach betrifft, eine Schlüsselstellung. Viele Aspekte seiner Geschichte sind hier gebündelt. Intratextuell erscheint vor allem die Streitrede mit den Mächtigen im Volk ausgebaut, Spiegelung eines nach wie vor offen ausgetragenen Konflikts. Andere Motive kommen erstmals hinzu.

Zunächst wird im *ersten Teil* noch einmal der Konflikt zwischen Noach und den Herrschenden angesprochen. Ausdrücklich werden auch hier wieder die »Ratsleuten aus seinem Volk« genannt. Sie sind es, die »nicht glaubten« und auf die Anhänger des Propheten voll Verachtung blicken. Es sind also nicht nur die materiell Reichen, mit denen sich der Prophet auseinandersetzt, es sind ausdrücklich die *politisch Herrschenden und Einflussreichen* in Mekka:

Wir sandten schon Noach zu seinem Volk.

»Ich bin euch ein deutlicher Warner.

Dient nur Gott! Ich fürchte für euch die Strafe eines schmerzhaften Tages.«

Da sagten die *Ratsleute* aus seinem Volk, die nicht glaubten:

»Wir sehen, dass du nur ein Mensch bist wie wir und dass nur die dir folgen, die unsere Verachtetsten sind – ganz offensichtlich. Wir sehen nicht, dass ihr einen Vorzug uns gegenüber hättet, sondern meinen, dass ihr lügt.«

Er *(Noach)* sagte:

»Mein Volk, was meint ihr: Wenn ich mich auf klares Zeugnis von meinem Herrn stütze und er mir von sich her Barmherzigkeit gibt, die euch aber unkenntlich gemacht worden ist, könnten wir sie euch aufzwingen, indessen ihr sie verabscheut?«

Und:

»Mein Volk, ich verlange von euch dafür kein Geld. Mein Lohn liegt nur bei Gott.

Ich verstoße die nicht, die glauben. Sie begegnen ihrem Herrn. Aber ich sehe, dass ihr ein unverständiges Volk seid.«

Und:

»Mein Volk, wer wird mir gegen Gott helfen, wenn ich sie verstoße?

Lasst ihr euch denn nicht mahnen?

Ich sage euch nicht, ich hätte Gottes Schätze. Ich weiß nicht das Verborgene. Ich sage auch nicht, ich wäre ein Engel, und ich sage nicht über die, die in euren Augen verächtlich sind, Gott werde ihnen nie Gutes geben.

Gott weiß am besten, was in ihnen ist.

Sonst gehörte ich zu denen, die Unrecht tun.«

Sie sagten:

»Noach, du hast mit uns gestritten und den Streit mit uns lange geführt. So bring uns, was du uns androhst, falls du zu den Wahrhaftigen gehörst!«

Er *(Noach)* sagte:

»Allein Gott bringt es euch, wenn er will. Ihr verhindert es nicht.

Nicht nützt euch mein Rat, wenn ich euch raten will, Gott aber euch irreführen.

Er ist euer Herr. Zu ihm werdet ihr zurückgebracht.«

Oder sagen sie (Mohammeds Gegner):

»Er hat ihn (den Koran) sich ausgedacht«?

Sag:

»Wenn ich ihn mir ausgedacht habe, dann lastet mein Vergehen auf mir. Ich habe aber nichts mit dem Verbrechen zu tun, das ihr begeht.«

(Sure 11,25–35: Mk III)

Polemische Muster kehren wieder. Der Prophet sieht sich nach wie vor massiv infrage gestellt. »Schon Noach« erlebte, was hier und heute für den Propheten sich wiederholt: ein aggressives Wortgefecht um die Legitimation des Propheten als eines wahrhaft von *Gott* Beauftragten.

Der angefochtene Prophet

Wiederum drängen sich *christliche Parallelen* auf, greift doch derselbe, von uns bereits herangezogene *zweite Petrusbrief* in einem weiteren Kapitel noch einmal auf Noach zurück, jetzt noch deutlicher in Auseinandersetzung mit »Spöttern«, die sich über die ausbleibende Ankunft Christi zum Gericht lustig machen. Gottlos, wie sie sind, wird ihnen Noachs Flutgeschichte als Gerichtsgeschichte entgegengehalten:

»Wer das behauptet [alles sei geblieben, wie es seit Anfang der Schöpfung gewesen sei], übersieht, dass es einst einen Himmel gab und eine Erde, die durch das Wort Gottes aus Wasser entstand und durch das Wasser Bestand hatte. Durch beides ging die damalige Welt zugrunde, als sie vom Wasser überflutet wurde. Der jetzige Himmel aber und die jetzige Erde sind durch dasselbe Wort für das Feuer aufgespart worden: Sie werden bewahrt bis zum Tag des Gerichts, an dem die Gottlosen zugrunde gehen« (2 Petr 3,5–7).

Auf strukturell Ähnliches treffen wir im ersten Abschnitt von Sure 11. Liest man diesen Text gegen den Strich, wird die Polemik von Mohammeds Gegnern im Spiegel der Noach-Geschichte völlig transparent:

- Was hat Mohammed Besonderes zu bieten; er erreicht nur die Verachtetsten der Gesellschaft.
- Welche Glaubwürdigkeit hat Mohammed aufzuweisen? Sein Zeugnis ist doch nur eine Lügenbotschaft.
- Welchen moralischen Kredit kann Mohammed beanspruchen? Seine Botschaft lässt er sich offensichtlich mit Geld entlohnen.
- Wie soll man dem Propheten glauben? Was er an Gericht androht, trifft offensichtlich nicht ein.
- Welche Belege hat er für die Glaubwürdigkeit seines Koran? Was er vorträgt, ist offensichtlich doch nur sein Hirngespinst.

Was hat »schon Noach« dem entgegenzusetzen? Nichts als radikales Gottvertrauen und die Selbstlegitimation Gottes selbst in seiner Person! »Als Mensch« also nichts! Bei Mohammed nicht anders. Keine übermenschlichen Kräfte hat er zu bieten, keine politische Macht, keine Absicherung, weder durch Familie noch durch Geld. Auf nichts kann auch er verweisen als auf das »Gott allein«! Das ist für die Vornehmen, Einflussreichen und Herrschenden in Mekka zu wenig. Für die »Erniedrigten« und »Verachteten«, für die Menschen »da unten« die große Hoffnung!

Rettung nur der Glaubenden

Mit all dem ist die Geschichte Noachs in Sure 11 noch nicht zu Ende erzählt. Im Gegenteil: vor allem das Rettungs- und damit Schiffs-Motiv wird in ihrem *zweiten Teil* noch einmal breit ausgeführt. Nach Warnung und Drohung im ersten folgt jetzt im zweiten Abschnitt das Motiv *Rettung* und *Hoffnung* und zwar explizit wie in Sure 23 durch ein Schiff, das Noach auf Anweisung Gottes baut:

Und Noach wurde offenbart:

>»Unter deinem Volk wird nur glauben, der schon glaubt. So sei nicht bekümmert wegen dessen, was sie stets getan haben!
>
>Baue das Schiff vor unseren Augen nach unserer Offenbarung! Sprich mich nicht wegen derer an, die Unrecht tun, sie werden ertränkt.«

Da baute er das Schiff. Und sooft Ratsleute aus seinem Volk an ihm vorbeikamen, spotteten sie über ihn, er sagte:

>»Wenn ihr über uns spottet, dann spotten wir genauso über euch.
>
>Ihr werdet erfahren, über wen Strafe kommt, die ihn zuschanden macht, und auf wen stete Strafe niedergeht.«

Als schließlich unsere Verfügung kam und der Ofen brodelte, sagten wir:

>»Bring von allem ein Paar hinein, auch deine Leute – außer denen, gegen die das Wort schon ergangen ist – und die, die glauben.«

Nur wenige aber glaubten ihm.

Er sagte:

>»Steigt ein! Seine Fahrt und seine Landung in Gottes Namen!
>
>Mein Herr ist voller Vergebung und barmherzig.«

Es fuhr mit ihnen dahin auf Wogen wie Berge. Noach rief seinem Sohn zu, der abseits stand:

»Lieber Sohn, steig mit uns ein und sei nicht mit den Ungläubigen!«

Er sagte:

»Ich werde Zuflucht suchen auf einem Berg, der mich vor dem Wasser schützt.«

Er sagte:

»Niemand schützt heute vor Gottes Verfügung, außer wenn Gott sich jemandes erbarmt.«

Die Woge trennte beide. Da gehörte er zu denen, die ertränkt wurden.

Da wurde gesagt:

»Erde, schlucke dein Wasser! Himmel, halt ein!«

Das Wasser ging zurück. Die Sache war entschieden. Es setzte auf dem (Berg) Dschudi auf.

Es wurde gesagt:

»Weg mit dem Volk, das Unrecht tut!«

(Sure 11,36–44: Mk III)

Die Struktur dieses Textes ist uns aus der Genesis vertraut:

- Gottes Befehl zum Schiffsbau angesichts des bevorstehenden Strafgerichts
- Mitnahme von Tieren und Menschen
- Wasserflut
- Fahrt über das Wasser
- Rückgang des Wassers und Ankunft des Schiffs auf einem Berg.

Während aber in der Genesis das Rettungsmotiv *zum einen* in einem universalen schöpfungstheologischen Kontext steht (Noach, seine Familie und seine Tiere symbolisieren den zweiten Anfang der gesamten Schöpfung), *zum anderen* in einem bundestheologischen (Selbstverpflichtung Gottes auf den Erhalt der gesamten Schöpfung) ist das Rettungsmotiv hier, in Sure 11, fokussiert auf die Bewahrung der kleinen Schar der Gläubigen angesichts des Untergangs der Masse der Ungläubigen. Das Motiv »Bundesverpflichtung« gegenüber der Schöpfung wie in Gen 9, 8–12 mit dem Bundeszeichen »Regenbogen« wie in Gen 9, 13–17 kennt der Koran nicht. Warum auch? Die Schöpfung als Ganze stellt er nie infrage. Die Schöpfung bleibt voll von Zeichen, die auf den Schöpfer verweisen.

Deutlich wird stattdessen eine skeptisch-resignative Grundstimmung in Sure 11: Niemand von Noachs Zeitgenossen werde »glauben« außer dem, der schon glaubt, heißt es (11,36). Ausdruck der Tatsache, dass die Sache des Propheten offensichtlich immer noch nicht vorangeht. Der Prophet soll sich »keinen Kummer« über die Situation machen, was umgekehrt heißt: Probleme gibt es genug. Nur soll der Prophet die Sache *Gott* überlassen, weil er als Mensch offensichtlich nicht vorankommt. Theozentrik im Sinne radikalen Gottvertrauens soll hier die Resignation überspielen, ist der Versuch einer Verzweiflungsprophylaxe.

So auch das *Rettungsmotiv*. Es hat in Sure 11 keinen menschheitsgeschichtlichen, sondern einen psychologischen Sinn: Trost vor allem für die kleine Schar der Gläubigen im damaligen Mekka. Deshalb lässt der Koran das Schiff Noachs nicht wie die Genesis »im Gebirge Ararat« aufsetzen, sondern auf einem Berg, der in Arabien zu lokalisieren ist: Al-Dschudi (Einzelheiten: *H. Speyer, Die biblischen Erzählungen*, 107). Ein starkes Signal an die, die in Arabien leben. Arabien ist der Ort der Rettung. Deshalb wird im Schiff (anders als in der Genesis) nicht nur die gläubige Familie Noachs mitgenommen (als Keimzelle einer neuen Menschheit), sondern ausdrücklich nur »die, die glauben«. Das sind wenig genug (11, 40). Die Ungläubigen werden durch die Flut vernichtet. Aber nur den Glaubenden gegenüber ist Gott »voller Vergebung und barmherzig«. Ähnlich bei den Tieren. Dass sie in Sure 11 erwähnt werden (»Bring von allem ein Paar hinein …«: 11,40), hat nicht wie in der Genesis die Funktion, eine neue Schöpfung nach der Flut zu ermöglichen, sondern dient der Verstärkung des Gottvertrauens. Des Vertrauens auf einen Gott, der für die Gläubigen sorgt, »barmherzig« ist und »bereit zu vergeben«.

Man kann dies – im Vergleich zur Genesis – eine Zurücknahme des schöpfungstheologischen Universalismus (neue

Schöpfung, neue Menschheit, neue Menschheitsfamilie) auf einen gerichtstheologischen Moralismus nennen. All das, woran die Genesis interessiert ist: Untergang der alten Menschheit, zweite Chance für eine neue Menschheit, Bund Gottes mit der gesamten Schöpfung und damit Selbstverpflichtung auf ihren künftigen Erhalt, Grundgebote für eine erneuerte Menschheit: An alldem scheint die koranische Noach-Geschichte nicht interessiert, jedenfalls nicht in den bisherigen Surentexten. Aus der biblischen Noach-Geschichte scheint im Koran ausschließlich (jüdisch-rabbinische und neutestamentlich-christliche Rezeption verstärkend) eine Warn-, Gerichts- und Rettungsgeschichte geworden zu sein, die allein den Kampf Glauben-Unglauben widerspiegelt, wie er in Mekka ausgefochten wird. »Wir erleben die Umsetzung eines weltweiten Dramas in einen begrenzten Raum«, schreibt *Ulrich Dehn* treffend – »quasi in eine Marktplatz-Situation, eine Agora. Man könnte sich Noach in Sure 11 vorstellen wie Paulus auf dem Areopag in Apg 17. Hier ist nichts urgeschichtlich, sondern sehr geschichtlich. Die prototypische Geschichte Noachs in Gen 6–9, die zur Erklärung der Erhaltung und Segnung der Welt trotz ihrer Gottesferne wird, erfährt im Koran eine Konkretisierung und Vergeschichtlichung« (Schöpfung und Flut, 2003, 223). So ist es, doch wir schauen in Sure 11 noch einmal genauer hin.

Nicht altes Blut, der neue Glaube zählt

Denn ein Motiv taucht unerwartet in Sure 11 auf, überraschend jedenfalls für Leser der Hebräischen Bibel, denen ein solches Motiv unbekannt ist. Schon am Ende des zweiten Abschnittes von Sure 11 (42–44) war ja ein Sohn Noachs aufgetreten, und dessen Geschichte findet in den folgenden Versen noch eine Fortsetzung:

> Noach rief zu seinem Herrn:
>> »Herr, mein Sohn gehört zu meinen Leuten. Dein Versprechen ist die Wahrheit.

Du bist der weiseste derer, die entscheiden.«

Er sagte:

»Noach, er gehört nicht zu deinen Leuten. Das ist nicht recht getan: Bitte mich nicht um etwas, wovon du nichts weißt! Ich ermahne dich: Gehöre nicht zu den Unverständigen!«

Er sagte:

»Herr, ich suche bei dir Zuflucht, dass ich dich nicht um etwas bitte, wovon ich nichts weiß. Wenn du mir nicht vergibst und dich meiner erbarmst, gehöre ich zu den Verlierern.«

Es wurde gesagt:

»Noach, geh hinunter mit unserem Frieden und unseren Segnungen über dich und über Gemeinschaften derer, die mit dir sind!«

Es gibt Gemeinschaften, denen wir Nutznießung gewähren werden – dann trifft sie von uns schmerzhafte Strafe.

(Sure 11,45–48: Mk III)

Während die Hebräische Bibel eine Ehefrau Noachs und drei Söhne kennt, Sem, Ham und Jafet (samt deren Frauen), und diese Frauen und diese Söhne dem Vater vor und während der Flut in allem folgen (im Gegensatz zum Verhalten des Sohnes Ham am Ende der Geschichte: Gen 9,21–27), und während in der Genesis die drei Noach-Söhne eine klar bestimmte providenzielle Funktion haben (im Blick auf die weitere Völkergeschichte), kennt der Koran zwar auch eine Ehefrau, aber nur einen einzigen Sohn Noachs. Beide werden auffälligerweise als widerspenstig geschildert. Lapidar wird an einer einzigen Stelle des Koran der Ehefrau »Treulosigkeit« unterstellt, die sie mit der Hölle bezahlt (Sure 66,10: Md). Und in Sure 11 weigert sich Noachs Sohn, bei der Flut sich den anderen anzuschließen und in das Schiff zu steigen, für den koranischen Noach ein Akt des Unglaubens. Warum? Weil dieser Sohn offenbar glaubt, sich aus eigener Kraft retten zu können: »Ich werde Zuflucht suchen auf einem Berg, der mich vor dem Wasser schützt« (Sure 11,43).

In Verhalten und Schicksal von Noachs Frau und Sohn spiegelt sich somit in Einzelschicksalen das mögliche Kollektivschicksal des Volkes, vor dem die Noach-Szenen des Koran gerade warnen wollen. Mehr noch: Beide Figuren verweisen auf eine *tiefere, familienkritische Botschaft des Koran*. Dies muss man durchschaut haben, um als heutiger Leser über die Ehefrau- und Sohngeschichte nicht gleich moralisierend oder psychologisierend herzufallen. Wir bewegen uns hier im Raum der Theozentrik, nicht im Raum moderner Psychologie oder Moralität. Selbstverständlich stoßen wir uns heute daran, dass hier von einem Gott die Rede ist, der die Ehefrau des Noach ohne weitere Erklärungen »ins Feuer« der Vernichtung schickt und die Bitte eines Vaters um Rettung seines Sohnes unbarmherzig zurückweist: »Er gehört nicht zu deinen Leuten« (11,46). Wir haben Probleme damit, dass dieser Gott offensichtlich unerbittlich und buchstäblich gnadenlos an seinem Gerichtsentscheid festhält, ja Noach gewissermaßen schon prophylaktisch davor warnt, Fürsprache für diesen Frevler einzulegen: »Bitte mich nicht um etwas, wovon du nichts weißt!« (11,46). Größte Probleme damit, dass der Noach in Sure 11 sich mit dem unerbittlichen Gerichtsentscheid Gottes zufrieden gibt und Gott sogar bittet, ihn künftig davor zu bewahren, solche Bitten (wie die um die Rettung seines Sohnes) überhaupt auszusprechen.

Aber psychologische und moralische Kategorien von heute können wir auf diesen Text nicht projizieren, und zwar nicht deshalb nicht, weil dies ein Text des 7. Jahrhunderts wäre, der ohnehin mit unseren Kategorien nicht zu greifen ist. Immerhin wird ja im Koran von Anfang bis Ende Gottes Barmherzigkeit, Gnade, Fürsorge und Vergebungsbereitschaft beschworen, auch in Sure 11. Solche Projektion ist deshalb nicht erlaubt, weil die Aussageintention des Noach-Textes in Sure 11 eine völlig andere ist. Hier geht es nicht um eine psychologische Symbolgeschichte zum Vater-Sohn-Konflikt, sondern um die theozentrische Symbolgeschichte zur Frage, was letztlich vor Gott entscheidet – und zwar mit Hilfe einer Vater-Sohn-Geschichte und eines Hinweises auf die von Gott bestrafte Ehefrau. Gezeigt werden soll, dass vor Gott jetzt nicht mehr Blutsverwandtschaft oder Eheverbindungen zählen, sondern der Glaube allein, der Glaube an Gott als den Schöpfer und Richter aller Menschen.

Dass Noach von Gott die Auskunft bekommt, sein Sohn gehöre nicht mehr zu seinen »Leuten«, hat seinen Sinn also darin, dass Gott andere Kriterien der Beurteilung eines Menschen hat als Blutsverwandtschaft oder Familienzusammengehörigkeit. »Selbst die Zugehörigkeit zur Familie des Propheten Nūh war kein Schutz vor dieser gewaltigen Strafe« heißt es in einer zeitgenössischen muslimischen Auslegung der Noach-Geschichte, »denn das Kriterium zur Rettung oder Vernichtung waren nicht Familienbande, Volkszugehörigkeit oder gesellschaftliches Ansehen bzw. Machtposition, sondern einzig Hingabe bzw. Anerkennung des Schöpfers oder Auflehnung bzw. Verleugnung des Schöpfers. Aus diesem Grund gehörten alle Verleugner dieses Volkes und auch die Ehefrau von Nūh und sein Sohn zu den Verlorenen« (*A. Zaidan*, Noach aus der Sicht des Islam, 2002, 45). Und der türkische Theologe *Mehmet Paçaci* ergänzt: »Der Koran vermittelt hier die Botschaft, dass Verwandtschafts- und Stammesbeziehungen allein keinen Menschen rechtschaffen machen und kein Anrecht begründen. Der Sohn des Propheten Noah hatte durch die Ablehnung einer von Gott gesandten, wegweisenden Botschaft gesündigt und wurde dafür bestraft. Dass er Sohn eines Propheten war, konnte ihn nicht retten« (LD 2, 511).

Im Hintergrund von Sure 11 steht ganz offensichtlich einer der bittersten Konflikte in Mekka. *Angelika Neuwirth* hat darauf zu Recht hingewiesen. Dass Noach seinen Sohn aufgibt und auf die Erhaltung seiner genealogischen Bindung verzichtet, schreibt sie zu Sure 11, spiegele »reale Konflikte zwischen Gläubigen und Ungläubigen, die zur Zeit der Verkündigung der Sure auch innerfamiliäre Strukturen erschüttern«

(NKTS, 630). Anhänger Mohammeds sehen sich denn auch von ihren Clans ausgestoßen, isoliert. Die Zugehörigkeit zur Gemeinschaft um Mohammed schafft eine neue Familie nach dem Kriterium des neuen Glaubens. Damit kommt von einer völlig anderen Seite her eine *kollektive, universale Perspektive* in die Noach-Geschichte von Sure 11. Während in der Genesis die Erwähnung der Söhne Noachs die (universalgeschichtliche) Funktion hatte, die Fortexistenz und Einheit des Menschengeschlechts zu ermöglichen, hat der eine bestrafte Sohn Noachs im Koran die (universalreligiöse) Funktion, die engen Familienbande zu sprengen und eine neue Familie nach jetzt ausschließlich religiösen Kriterien zu ermöglichen. Theozentrik überspielt Bluts- oder Ehebindungen. Vor Gott zählt nicht länger Abstammung und Verwandtschaft, sondern der wahre Glaube. Wer gläubig lebt, gehört zu einer neuen Familie, die prinzipiell jedem offen steht. Wahre, vor Gott gültige Verwandtschaft ist nur die, die um Gottes Willen zustande kommt.

Ein geschichtlich folgenreicher Schritt in der Religionsgeschichte der Menschheit, so revolutionär in seiner Wirkung, wie die Botschaft und Praxis des Predigers aus Nazaret, der ebenfalls nicht länger Abstammung und Familienbindung zum Kriterium wahren Glaubens macht, sondern den »Willen des Vaters«, und der so durch den Aufruf zur Nachfolge neue Familien ermöglicht: Familien des Glaubens und des Ethos. Christen fühlen sich erinnert an eine berühmte Szene, die in allen drei synoptischen Evangelien aufbewahrt ist:

»Da kamen seine Mutter und seine Brüder; sie blieben vor dem Haus stehen und ließen ihn herausrufen. Es saßen viele Leute um ihn herum, und man sagte zu ihm: Deine Mutter und deine Brüder stehen draußen und fragen nach dir. Er erwiderte: Wer ist meine Mutter, und wer sind meine Brüder? Und er blickte auf die Menschen, die im Kreis um ihn herumsaßen, und sagte: Das hier sind meine Mutter und meine Brüder. Wer den Willen Gottes erfüllt, der ist für mich Bruder und Schwester und Mutter« (Mk 3,31–35; Mt 12,46–50, Lk 8,19–21).

In summa: Die dritte Versgruppe in Sure 11 symbolisiert die Grenzen sprengende Kraft des neuen Glaubens, die buchstäblich Familien, Stämme und Clans transzendierende Kraft des Islam. Das Motiv der Völker-Familie ist also auch in diesem koranischen Noach – »Midrasch« präsent, freilich schärfer akzentuiert als in der Genesis: nach dem Kriterium des wahren Glaubens. Universal wird auch in dieser Noach-Exegese gedacht, wie universal, zeigt eine letzte Dimension der koranischen Noach-Rezeption.

5. Ein Prophet des »Islam« vor dem Islam

Was sich durch die Suren 54, 71, 26 und 11 an Grundgedanken zog, findet am Ende der Verkündigung von Mekka seine summarische Zusammenfassung. Man wird hier der Einschätzung von *Heinrich Speyer* folgen können: »Gegen Ende der dritten mekkanischen Periode scheint sich Mohammed über die Stellung, die Nūḥ unter den Gottesboten einzuräumen war, klargeworden zu sein« (Die biblischen Erzählungen im Koran, 114). Sure 6 aus Mekka III kann diese Noach-Erinnerung schon formelhaft zusammenfassen und Noach als Eröffner der biblischen Prophetie herausstellen:

> Wir schenkten ihm [Abraham] Isaak und Jakob.
>
> Jeden führten wir.
>
> Schon vorher führten wir Noach, von dessen Nachkommen David, Salomo, Ijob, Josef, Mose und Aaron –
>
> So vergelten wir denen, die das Gute tun,
>
> Zacharias, Johannes, Jesus und Elija –
>
> jeder gehört zu den Rechtschaffenen,
>
> Ismael, Elischa, Jona und Lot –
>
> Jeden zeichneten wir aus vor aller Welt.
>
> *(Sure 6,84–86: Mk III)*

Eröffner biblischer Prophetie und erster Gesetzgeber

Schon die früheren Suren hatten ja bereits erkennen lassen, dass Noach mit seiner konfliktträchtigen Einschärfung des Monotheismus und seiner Androhung des göttlichen Strafgerichtes dieselbe Sache vertrat wie der Prophet in seinem Konflikt mit Mekka. Horizontverschmelzung hatte schon hier stattgefunden. Trotz aller zeitlichen Differenz – die Sache bleibt identisch:

– Gottes Auftrag an Noach ist derselbe wie der an Mohammed: Rechtleitung im Leben und Sterben durch Hingabe an den Willen Gottes, durch Achtsamkeit auf den Schöpfer und Richter, durch Orientierung an seinen Geboten.

– Noach steht im Koran ähnlich wie in der Hebräischen Bibel für einen neuen Anfang in der Menschheitsgeschichte nach dem von Gott vollzogenen Strafgericht. Er ist der Stammvater eines Neuen Gottesvolkes nach dem Kriterium des wahren Glaubens.

Schon in der *zweiten Periode von Mekka* war dieses Motiv angeklungen:

> Noach rief zu uns –
> Wie gut erhören wir!
> Und wir retten ihn und seine Leute aus der mächtigen Drangsal,
> machten seine Nachkommen zu den Bleibenden
> und hinterließen bei den Späteren über ihn:
> »Friede über Noach in aller Welt!«
> *(Sure 37,75–79: Ml II)*

Schon hier also klingt das Motiv an, dass auf Noachs »Nachkommen« Gottes Segen ruht, weil sie den Anfang eines Neuen Gottesvolkes verkörpern, das sich im wahren Glauben bewährt hat, in einem Glauben, den die Offenbarung im Koran nun Stück für Stück entfaltet. Deshalb kann es auch in Sure 29 aus Mekka III formelhaft heißen: »Wir sandten Noach zu seinem Volk und er blieb unter ihnen tausend Jahre weniger fünfzig. Da packte sie, als sie Unrecht taten, die Flut« (29, 14: Mk III).

Eine Angabe zu den Lebensjahren von Noach unter seinem Volk (950 Jahre), die exakt mit der biblischen übereinstimmt (Gen 9, 28f.) und »die vielleicht die groteske Situation des geduldig, aber hoffnungslos den Eingottglauben predigenden Frommen veranschaulichen soll« (NKTS, 630). Ähnlich formelhaft der Hinweis auf Noach in Sure 42: »Er hat euch als Religion verordnet, was er Noach anbefohlen hat, was wir dir offenbart und Abraham, Mose und Jesus anbefohlen haben: Haltet die Religion und spaltet euch nicht in ihr!« (Sure 42,13: Mk III). Eine Anspielung offensichtlich auf die Gebote, die Noach nach der Sintflut anvertraut worden waren (vgl. Gen 9, 4–6), woraus die Rabbinen später, wie wir wissen (Dritter Teil, Kap. I/3), die sieben noachidischen Gebote ableiteten, die allen Menschen auferlegt sind.

Noach erscheint jetzt in Mekka III also nicht nur als Eröffner der biblischen Prophetie, sondern auch als der »erste Gesetzgeber, der die mit der mosaischen Gesetzgebung errichtete Schranke des jüdischen Gesetzes mit einem nicht verschriftlichten, gewissermaßen natürlichen Gesetz unterläuft und daher als Vorbild für die ›konfessionenübergreifende‹ Gemeinde des Verkünders auftreten kann« (NKTS, 631). Will sagen: Von den Zeiten Adams und Noachs an gibt es für den Koran nicht nur abstrakt wahre Religion, sondern konkret eine Gott entsprechende Lebensform. Auch die Menschheit vor dem Islam lebte nicht in Unwissenheit über Gottes Willen. Von Adam und Noach über Abraham und Mose bis hin zu Jesus wird immer wieder dieselbe Sache in Glaube und Ethos verkündet. Am Ende dann auch von Mohammed in abschließender Weise. Noach kann deshalb mit Fug und Recht als ein wahrhaft Gläubiger des »Islam« vor dem Islam betrachtet werden, als ein Muslim vor der Umma, als ein erster Prophet vor dem letzten Propheten.

Dieselbe Sache einst und jetzt

Dieses Strukturmoment (es gibt Religion vor den Religionen, Gebote vor der Tora) erinnert in der Tat an die Grundgebote in der Hebräischen Bibel, die Gott nach der Flut für eine erneuerte Menschheit erlassen hatte. Sure 10, ebenfalls aus der *dritten Periode von Mekka*, hatte bereits all diese Aspekte noch einmal zusammengefasst:

> Trag ihnen die Geschichte von Noach vor! Als er zu seinem Volk sagte:
>
> >»Mein Volk, wenn es euch schwerfällt, dass ich mich hinstelle und an Gottes Zeichen mahne, dann vertraue ich auf Gott. Einigt euch in eurer Sache mit euren Gottespartnern! Dann soll euch eure Sache keine Sorge sein. Dann entscheidet über mich und gewährt mir keinen Aufschub!
> >
> >Doch wenn ihr euch abkehrt – ich habe von euch keinen Lohn verlangt. Mein Lohn liegt allein bei Gott. Ich bin geheißen, zu den Gottergebenen – den Muslimen – zu gehören.«
>
> Da bezichtigten sie ihn der Lüge. Doch wir retteten ihn und die, die mit ihm waren, im Schiff. Wir bestellten sie zu Nachfolgern und ertränkten die, die unsere Zeichen für Lüge erklärt hatten.
>
> >So schau, wie das Ende derer war, die gewarnt worden waren!
>
> *(Sure 10, 71–73: Mk III)*

Hier verdichten sich noch einmal alle dem Koran wichtigen Dimensionen der Noach-Geschichte. Drei Momente sind es:

(1) *Die Geschichte Noachs wird erinnert als »Zeichen Gottes« in gottvergessener Zeit und erzwingt eine Entscheidung zwischen Glauben und Unglauben. Je nach Entscheidung sind Belohnung oder Strafgericht die Folge.*

(2) *Noach handelt nicht aus Eigeninteresse, sondern als jemand, der sich Gott »ergeben« hat. »Ergebenheit« in Gott aber ist nichts anderes als die deutsche Übersetzung des Wortes »Muslim«.*

(3) *Gott lässt seinen Propheten nicht im Stich. Er rettet ihn und setzt mit ihm einen Anfang für ein erneuertes Gottesvolk. Die alten Bindungen des Blutes gelten nicht mehr. Was allein zählt, ist der wahre Glaube. Im Namen dieses wahren Glaubens an den einen Gott, den Schöpfer und Richter der Welt, beginnt die Geschichte eines neuen Gottesvolkes.*

Die Selbstlegitimation des Islam als Islam

All dies verdichtet sich an Überzeugung noch einmal in *Suren von Medina.* Die Details der Geschichte Noachs müssen jetzt nicht noch einmal aufgegriffen werden. Sie hat ihre Funktion erfüllt, ihr Profil ausgeprägt und kann jetzt das Selbstbewusstsein des Propheten kraftvoll stützen, insbesondere in seiner jetzt erfolgenden religionspolitischen Auseinandersetzung mit den Juden Medinas. Sie beanspruchen ja als »Nachkommen Abrahams« eine besondere Vorrangstellung. Insofern kann auch die Berufung auf Noach ein Gegengewicht dazu bilden. »Gott erwählte Adam, Noach, Abrahams Leute und die Leute Imrans aus aller Welt, die einen als Nachkommen der anderen«, heißt es nicht zufällig in dieser Reihenfolge in Sure 3, 33 (Md). Gleichzeitig wird der Versuch gemacht, die biblischen und altarabischen Gottesboten zu einer und derselben Prophetenreihe zu vereinen, um so das biblische und das arabische Narrativ miteinander in Verbindung zu bringen: »Wenn sie dich der Lüge bezichtigen – schon vor ihnen bezichtigte Noachs Volk der Lüge, auch die Ad und Thamud, / Abrahams Volk, Lots Volk« (22, 42f.; vgl. auch 9, 70: beide Md), womit angespielt wird auf uralte, nichtbiblische Völker, die etwa auch in der vorislamischen altarabischen Dichtung eine Rolle spielen.

Gerade der Konflikt mit den Juden bestärkt den Propheten in der Überzeugung: Der Islam ist, obwohl an dritter Stelle in der Offenbarungsreihe kommend, der Sache nach bereits vor Judentum und Christentum präsent. Er ist chronologisch die letzte Offenbarungsreligion, theologisch die erste:

Wir haben dir offenbart wie Noach und den Propheten nach ihm. Wir offenbarten Abraham, Ismael, Isaak, Jakob, den Stämmen, Jesus, Ijob, Jona, Aaron und Salomo, David gaben wir einen Psalter –

Gesandte, von denen wir dir schon früher erzählt haben, und andere, von denen wir dir nicht erzählt haben.«

(Sure 4,163f.: Md)

»Wir haben *dir* offenbart wie Noach!«: das lässt eine wichtige Schlussfolgerung ziehen.

Erstens: Mohammed sieht sich spätestens in Medina in der Reihe und im Rang der biblischen Propheten. Und alle Propheten gelten als Teilhaber eines gemeinsamen Bundes: »Als wir von den Propheten ihre Verpflichtung entgegen nahmen, von dir, von Noach, Abraham, Mose und Jesus, dem Sohn Marias« (33,7: Md). Auch hier wieder die bewusste Reihenfolge: »von dir, von Noach …«. Noach ist der erste in der Prophetenreihe, die auf Mohammed zuläuft und in ihm beschlossen wird. Ja, um Mohammeds willen ist Noach überhaupt eine relevante, der Erinnerung und Überlieferung würdige Figur.

Zweitens: Der Rückgriff auf Gestalten der Hebräischen Bibel und des Neuen Testamentes, auf Gestalten also vor der Institutionalisierung der bisherigen traditionellen Offenbarungsreligionen Judentum und Christentum, unterläuft den exklusiven Wahrheitsanspruch dieser Religionen und verschafft einer Religion Legitimation, die später als die beiden anderen ins Leben tritt. Legitimation aber verschafft man sich als Offenbarungsreligion zum einen durch Rückgriff auf die Uranfänge der Offenbarung, zum anderen durch Behauptung von Sachkontinuität durch die Geschichte: Die Sache Gottes, durch die Geschichte verdunkelt, verzerrt, verkürzt, kommt rein und unverstellt neu zum Leuchten.

Vierter Teil
Mose – und der »ewige Konflikt«:
Gottesmacht gegen Menschenmacht

»Das eigentliche, einzige und tiefste Thema der Welt- und Menschengeschichte, dem alle übrigen untergeordnet sind, bleibt der Conflict des Unglaubens und Glaubens ... Erinnern wir uns nun zuerst des Israelitischen Volkes in Aegypten, an dessen bedrängter Lage die späteste Nachwelt aufgerufen ist, Theil zu nehmen. Unter diesem Geschlecht, aus dem gewaltsamen Stamme Levi, tritt ein gewaltsamer Mann hervor; lebhaftes Gefühl von Recht und Unrecht bezeichnen denselben ... Und so gestehen wir gern, dass uns die Persönlichkeit Mosis, von dem ersten Meuchelmord an, durch alle Grausamkeiten durch, bis zum Verschwinden, ein höchst bedeutendes und würdiges Bild giebt, von einem Manne, der durch seine Natur zum Größten getrieben ist.«
Johann Wolfgang von Goethe, »Zu besserem Verständnis«
des »West-Östlichen Divan«

»Heute und für immer sind die zehn ›Worte des Gesetzes‹ die einzig wahre Grundlage für das Leben des einzelnen Menschen, der Gesellschaften und der Nationen ... Der auch noch heute vom Sinai wehende Wind erinnert uns daran, dass Gott im und durch das Wachsen seiner Geschöpfe verehrt werden will. In dieser Hinsicht bringt jener Wind eine dringende Aufforderung zum Dialog unter den Anhängern der großen monotheistischen Religionen in ihrem Dienst an der Menschheitsfamilie mit sich.«
Papst Johannes Paul II. am 26. Februar 2000 während eines Gottesdienstes beim Katharinenklosterauf dem Sinai am Fuß des Mose-Berges

Wir steigen ein drittes Mal mit der Zeitspirale in die Tiefe bis zu dem Punkt, an dem erstmals in der judäo-christlich-islamischen Glaubensgeschichte die Urfrage verhandelt wird: Wie leben vor Gott? Und: Wie setzen sich die Weisungen Gottes gegen die Macht der Herrscher dieser Welt durch? Wie kommt es zu einer Lebensordnung Gottes für ein bestimmtes Volk?

I. Exodus und Sinai: der Mose der Bibel

Aus der hier erzählten Geschichte der Bibel tönen uns Sätze entgegen wie »Lass mein Volk ziehen« oder »Du sollst ... Du sollst nicht«! Wir lesen sie noch einmal neu, als Grundvergewisserung für ein interreligiöses Gespräch. Lesen eine Geschichte wieder und wieder, die zum »kostbarsten Schatz des kulturellen Gedächtnisses der Menschheit« gehört, wie selbst ein säkulares Nachrichtenmagazin wie »Der Spiegel« Ende 2006 schreiben kann – und zwar in einer Titelgeschichte mit dem bemerkenswerten Titel: »Moses' Zehn Gebote und die gemeinsamen Wurzeln von Juden, Christen und Muslimen«: »Die steinalte Erzählung mit ihrer unverblümt fordernden Botschaft ist, so scheint es, eines Tages in die Menschheit gestürzt wie ein Komet aus dem All und funkelt seitdem unverwüstlich« (16/2006, 152).

1. Die Monumentalisierung eines Menschen

»Adams« und Noachs Geschichten? In der Bibel sind es Verlustgeschichten, Vernichtungsgeschichten. Geschichten vom Versuch einer ersten und einer Verpflichtung auf den Erhalt der zweiten Schöpfung. Die Mose-Geschichte dagegen ist ganz anders eine Kampfgeschichte: die Geschichte des Kampfes eines Menschen mit sich, seinem Volk, seinem Gott und einem politischen Despoten. Das biblische Buch Exodus gibt einem Urtypus in der religiösen Geschichte der Menschheit erstmals scharfes Profil: dem prophetischen Menschen im Konflikt zwischen göttlicher und menschlicher Macht.

Die große Komposition: Exodus – Wüste – Sinai

Nur noch eine legendarische Figur? Vielfach wird Mose in kritischer Geschichtsschreibung heute so gesehen. Die biblischen Texte? Historisch unbrauchbar. Seine Geschichte? Erfunden. Dem ist von kompetenter Seite widersprochen worden. Der Göttinger Alttestamentler *Rudolf Smend* hat Vorbehalte gegenüber einer vorschnellen Auflösung der Mose-Figur formuliert und zumindest zwei Kriterien namhaft gemacht, die für eine Geschichtlichkeit der Person sprechen: den ägyptischen Namen des Mose (der auch in einem Pharaonamen wie Thutmose steckt) und die mehrfach bezeugte ausländische Verheiratung (mit einer Midianiterin, einer Keniterin und einer Kuschiterin: Num 12,1). Diese »Fremdheit« des Stammvaters ohne eindrucksvollen Stammbaum sollte in Israel einfach »erfunden« worden sein? (Mose als geschichtliche Gestalt, 1995).

Dennoch: Ein historisch gesichertes Mose-Bild ist aus den Quellen nicht rekonstruierbar, zumal jedes außerbiblische, »externe« Indiz für die beschriebene Zeit fehlt. Moses geschichtliche Gestalt ist bestenfalls schemenhaft erkennbar, was schon deshalb nicht verwundert, weil zwischen der erzählten Zeit (Ägypten im 12. Jahrhundert unter den Pharaonen *Ramses II.* und *Merenptah*: 1290–1224 v. Chr.) und der Erzählzeit (Beginn der Verschriftlichung im 7. Jahrhundert v. Chr.) eine Distanz von gut einem halben Jahrtausend gelegen haben dürfte. Historisch greifbar ist für uns nur die überlieferte Mose-Gesamtkomposition mit ihren differenzierten Mose-Bildern, die spätestens im 5. Jahrhundert v. Chr. vorgelegen haben dürfte. Historisch greifbar ist für uns die Funktion der Mose-Überlieferungen für die Identität Israels. Wir lesen sie im Folgenden nicht genetisch-chronologisch, sondern literarisch-strukturell. Uns interessieren nicht die einzelnen Textschichten, sondern die prägenden Grundelemente sowie das unverwechselbare thematische Profil dieser Erzählungen in ihrer Endgestalt.

Bereits das biblische *Buch Exodus* hat aus Mose eine monumentale Gestalt gemacht. Das ist schon rein äußerlich an der großen Komposition ablesbar, wird doch konsequent eine dreifache Perspektive durchgehalten und ineinander verschränkt: die Individualgeschichte eines Menschen, sein Lebensschicksal und seine Konflikte. Zugleich die Gottesgeschichte, die wiederum verbunden ist mit der Volksgeschichte, der Volkswerdung der Stämme Israels. Wer auch hier mit literarisch geschultem Blick die Texte liest, erkennt einen ingeniösen Modus des alternierenden Erzählens: des ständigen Wechselspiels von Individualschicksal und Volksdrama, von Verhaltensweisen Einzelner und Rechtssatzungen für das Volk, von geschichtlichem »Einmal« und gottgewolltem Einfür-alle-Mal:

– Zunächst (Ex 2–4) der Komplex »Berufung«. Alles ist konzentriert auf den *gottgewollten Anfang und Auftrag* dieses besonderen Menschen: hebräische Abstammung, wundersame Rettung schon als Kind vor der Vernichtung, Erziehung am Pharaohof, Konflikt mit der militärischen Autorität, Flucht nach Midian, Heirat, Gotteserscheinung und Berufung zum Befreier des Volkes aus ägyptischer Knechtschaft.

– Dann der *Komplex »Pharao«*. Für immer verbunden mit einer religionsgeschichtlich einzigartigen Szene, einer Ur-Szene gewissermaßen für den Machtkampf, der der »große Geschichtsrefrain Israels« sein wird, wie *Martin Buber* in seinem »Moses«-Essay (1944) schreibt: »Prophet gegen König« (Werke Bd. 2, 1964, 75). Eine Ur-Szene also für den Zusammenprall von Religion und Politik: »Lass mein Volk ziehn« (Ex 7,16). Eingebettet das Ganze in eine literarisch hochartifizielle Komposition von Zehn-Plagen-Geschichten (Ex 7–11) sowie eine nicht weniger kunstvolle Komposition des Ur-Pessach-Mahles mit Einzelheiten der Abfolge und Zubereitung als Vermächtnis für alle kommenden Generationen (Ex 12–13).

– Dann der *Komplex »Exodus«*, dessen dramatischer Ductus (Durchgang durch das Schilfmeer, Vernichtung der ägyptischen Truppen, Konflikte auf der Wüstenwanderung) immer wieder durchbrochen wird durch theozentrische Dankes- und Siegeslieder (Ex 15) und der Formung der Stämme zu einem Volk, genauer: zum »besonderen Eigentum« Gottes »unter allen Völkern«, zum »Reich von Priestern«, zum »heiligen Volk«! (Ex 19,5f.).

– Schließlich der *Komplex »Sinai«:* die Ereignisse rund um den Gottesberg (Ex 20). Sie werden kompositorisch verklammert mit ausführlichen Rechtssatzungen, die ein für alle Mal in Israel gelten sollen (»Bundesbuch«: Ex 21–23). Höhepunkt der »Bund« Gottes mit seinem Volk, der Israel zum persönlichen »Eigentum« Jahwes macht: »Mir gehört die ganze Erde, ihr aber sollt mir als ein Reich von Priestern und als ein heiliges Volk gehören.« (Ex 19,5f.).

Zum Komplex »Sinai« gehört also die engstmögliche Verbindung von Bundesschließung und Bundesverpflichtung. Es gibt für Israel keinen »Bund«, der nicht eine Lebensordnung vor Gott zur Folge hätte. Die kanonischen Texte lassen daran keinen Zweifel. Von Mose heißt es, er übermittele dem Volk »alle Worte und Rechtsvorschriften des Herrn« und schreibe sie auf. So steht es im Buche Exodus. Und das Volk? Es antwortet »einstimmig« mit Zustimmung, auch das soll – gleichsam idealtypisch – ein für alle Mal festgehalten sein (Ex 24,3). So dramatisch wird diese Ur-Szene »inszeniert«, dass der Bund mit Blut besiegelt wird: »Das ist das Blut des Bundes, den der Herr aufgrund all dieser Worte mit euch geschlossen hat« (Ex 24,8).

Mose und die Frage der Macht

Doch die Mose-Überlieferungen weisen über das Buch Exodus weit hinaus und umfassen in großer Komposition auch die weiteren Bücher der Tora: Leviticus, Numeri und Deuteronomium, bevor im 34. Kapitel des letzten Buches der Tora vom Tod des Mose erzählt wird. Ein großer Erzählbogen ist damit geschlossen. Vier Dimensionen des Mose-Bildes zeichnen sich ab:

(1) Der biblische Mose ist der *privilegierte Kommunikationspartner Gottes*. Fast jeder Abschnitt beginnt formelhaft: »Der Herr sprach zu ihm ...« Nie wendet Gott sich direkt an das Volk, immer nur über ihn: »Der Herr sprach zu Mose, sag den Israeliten ...« So geht es das ganze Buch hindurch. »Das sollst du dem Hause Jakob sagen und den Israeliten verkünden ...«. Stets ist Mose der exklusive Adressat Gottes für Israel und umgekehrt: der exklusive Interpret Gottes gegenüber dem Volk und des Volkes gegenüber Gott.

(2) Auffällig ist ein Prozess der *Erweiterung der Mose zugeschriebenen Aufgaben*. In den ältesten Exodus-Überlieferungen ist er vor allem der Gesandte Gottes zu Pharao, später wird er immer mehr: Führer des Volkes, Feldherr in den Kämpfen, Richter bei Streitigkeiten, Übermittler des Gottesgesetzes. Welch eine Lebensdramaturgie: Am Anfang der Kämpfer für die Freiheit, am Ende der Kämpfer für die Formung und Bindung des Volkes. Unentschieden, welcher Kampf schwieriger ist. Am Ende jedenfalls steht: *Mosche Rabbenu*, Mose, unser Lehrer. Buchstäblich an seinem letzten Lebenstag – so will es die Komposition – legt Mose das am Sinai geoffenbarte Gesetz (Dtn 12–28) aus und lässt auf dieser Grundlage das Volk noch einmal einen Bund mit Jahwe schließen (Dtn 29 und 30). Dann setzt er Josua zu seinem Nachfolger ein (Dtn 31,1–8) und legt die Tora schriftlich nieder (Dtn 31,9). Ein letztes Amt. Auch das wächst Mose noch zu, »das des ersten Schriftgelehrten des Judentums«, so der Münchner Alttestamentler *Eckart Otto* in seinem kleinen, höchst lesenswerten Buch »Mose. Geschichte und Legende« (2006, 20).

(3) Bei aller Monumentalisierung ist Mose *nie zum Konkurrenten Gottes geworden*. Die Rolle eines »Gottessohnes« wird ihm nirgendwo zugeschrieben, von ihm auch nirgendwo be-

ansprucht. Auch die Rolle »König« ist niemals die seine. Stets bleibt Mose Gottes Knecht und Israels Lehrer. Ein Gesandter, ein Überbringer. Die Pointe ist bewusst gesetzt: Nicht ein Mensch soll herrschen in Israel, sondern Gottes Gesetz. Mögen andere Völker von Königen regiert werden, deren Stammbäume bis zu den Göttergeschlechtern zurückreichen. Der Anführer der Juden – so der Publizist *Hannes Stein* – »stammte nicht von den Göttern ab, er war auch kein Monarch; der einzige Titel, den er bis zu seinem Tod führte, war: der Mann Moses. Nicht ihm kam die Herrscherwürde zu, sondern der Tora« (Moses oder die Offenbarung der Demokratie, 1998, 26). Vor der Tora aber sind alle Menschen gleich. Auch jeder politische Machthaber steht von nun an *unter* dem Gesetz.

(4) Die *Auszugsgeschichte des Volkes aus Ägypten wird als theozentrische Freiheitsgeschichte erzählt.* Der Erzählbogen reicht von der Absicht des Pharao, die Israeliten auszurotten (Ex 1), bis zur Niederlage desselben Königs (Ex 14). Welch ein Bild des Triumphes, das uns aus den Texten entgegentritt: Sieg der Macht Gottes über einen irdischen Weltherrscher, der sich für einen Göttersohn hält. Ur-Bild aller künftigen Konflikte von Religion und Politik. Die Verfolgungstruppen des mächtigen Despoten tot am Ufer! Das versklavte, ohnmächtige Israel wie gebannt von der Erfahrung der »mächtigen Hand Gottes« (Ex 14,31)! Die Texte lassen keinen Zweifel daran: Der Gott Israels zeigt sich als die Macht der Freiheit von Unterdrückung, als die Gegenmacht schlechthin zu einem politischen Gewaltherrscher. Erinnern soll man sich in Israel ein für alle Mal: Nicht die Macht der Waffen und Truppen zählt, sondern die Macht Gottes. Sie verleiht den Schwachen Stärke, den Ohnmächtigen Kraft, den Unterdrückten Freiheit.

(5) *Der Gewinnung äußerer Freiheit entspricht das Ringen um die innere Freiheit des Volkes.* Der Übergang von »Exodus« zu »Sinai« ist nicht bloß ein Reise-Phänomen. Damit sind die beiden Spannungspole einer elliptischen Existenz angedeutet, die Israels Leben religionsgeschichtlich profilieren. Nach der Befreiung von der Sklaverei wird dem Volk eine Befreiung

von den eigenen Trieben, Interessen und Gelüsten abverlangt – durch Verpflichtung auf eine Lebensordnung Gottes. Die Gesamtkomposition erweckt dabei die Vorstellung, das Volk sei williger Rezipient der Gottesweisungen gewesen:

»Mose ging und rief die Ältesten des Volkes zusammen. Er legte ihnen alles vor, was der Herr ihm aufgetragen hatte. Das ganze Volk antwortete einstimmig und erklärte: Alles, was der Herr gesagt hat, wollen wir tun. Mose überbrachte dem Herrn die Antwort des Volkes« (Ex 19,7f).

Das »*ganze*« Volk? »*Einstimmig*«*?* »*Alles*« tun? Doch schon in den biblischen Texten gibt es eine ganz andere Geschichte, die an vielen Stellen überspielt erscheint, offensichtlich aber nicht ganz ausgemerzt werden sollte oder konnte. Eine Gegen-Geschichte des Widerstands, des Murrens, der Verweigerung. Liest man aufgrund bestimmter Signale die ganze Komposition gegen den Strich, so ist das Menschenbild des Buches Exodus nicht auf Gutwilligkeit, sondern auf Widerwillen gegen die Gebote Gottes gestimmt. Wer wollte schon all diese Vorschriften und Regeln haben? Außer Gott und Mose offenbar niemand. Es braucht oft den scharfen Blick des Literaten, um diese anthropologisch-psychologische Dimension im Menschenbild des Buches Exodus zu entdecken. *Thomas Mann* hat uns dafür die Augen geöffnet, und zwar in der wichtigsten Mose-Erzählung, die in der Geschichte der deutschen Literatur geschrieben wurde.

2. Die Menschlichkeit eines Menschen

»Das Gesetz« – so der Titel von *Thomas Manns* Mose-Novelle. Sie wird im Frühjahr 1943 im kalifornischen Exil *Pacific Palisades* geschrieben, unmittelbar nach Abschluss des »Josephs«-Romans, dessen vierter und letzter Band (»Joseph der Ernährer«) noch im selben Jahr erscheint. Mit diesen Sätzen beginnt die Erzählung:

»Seine Geburt war unordentlich, darum liebte er leidenschaftlich Ordnung, das Unverbrüchliche, Gebot und Verbot.
Er tötete früh im Auflodern, darum wusste er besser als jeder Unerfahrene, dass Töten zwar köstlich, aber getötet zu haben höchst grässlich ist, und dass du nicht töten sollst.
Er war sinnenheiß, darum verlangte es ihn nach dem Geistigen, Reinen und Heiligen, dem Unsichtbaren, denn dieses schien ihm geistig, heilig und rein« (Späte Erzählungen, 1981, 337).

Fürwahr ein merkwürdiger Auftakt: Moses Geburt – unordentlich? Das Töten für ihn – köstlich? Das Getötethaben – grässlich? Warum beginnt ein Autor seine Mose-Geschichte so? Weil er nicht länger an einer Monumentalisierung der Figur interessiert ist, sondern an etwas anderem: an deren Menschlichkeit und Reifeprozess. Mose ist ja derjenige, der sein Volk zur Sittlichkeit erziehen soll. Diesen Erziehungsprozess aber muss er zuvor an sich selber erfahren haben. Damit ist *Thomas Mann* auch in diesem Text konzentriert auf ein Grundproblem psychologischer Anthropologie, das sein Werk durchzieht und das ihm schon aus dem biblischen Buche Exodus entgegentritt: Wie setzen sich Gesetzlichkeit, Sittlichkeit im Einzelnen und in einem Volk durch – durch alle Triebe und Interessen, alle Lüste und Laster hindurch?

Sinnlichkeit und Sittlichkeit: Thomas Mann

Phase für Phase zeigt *Thomas Mann* in seiner Novelle, wie sehr das Sittliche und Geistige der Nachhilfe bedarf, um sich gegen die Widerstände des Geistlosen und Triebhaften zu behaupten. Den anthropologischen Realismus des biblischen Buches noch verschärfend, erzählt er von den *schwierigen Entstehungsbedingungen* der Moralität, von all dem menschlich Abgründigen und zutiefst Widersprüchlichen. Das Ethische hat kontrafaktischen Charakter nach der Devise: »Der Klotz ist nicht auf des Meisters Seite, sondern gegen ihn«. Nichts ist gewissermaßen »natürlich« vorgegeben; fast alles muss errungen, erstritten, ja erzwungen werden. Von der »Unnatur« der Weisungen des Mose an sein Volk ist ständig die Rede; vom »Allerunnatürlichsten« der vielen Gebote und Verbote; von der »Bestürzung« des Volkes über die entsprechenden Anweisungen und davon, dass es eine »große Einschränkung« bedeute, »mit Jahwe im Bunde zu sein.« Plastischer kann man kaum das Freudsche Theorem von der Kulturbildung aufgrund von Triebverzicht und Affektkontrolle literarisch umsetzen.

Deshalb ist dem modernen Erzähler das Motiv der »Unordentlichkeit« so wichtig. Denn »unordentlich« ist ja nicht nur die Geburt des Mose, sondern im Kern der ganze Prozess der Durchsetzung der Gesetze und damit der geistig-sittlichen Formung des Volkes. Bei der Befreiung der Israeliten aus der ägyptischen Fron wird gemordet und terrorisiert; die Eroberung des Wüstenortes Kadesch ist ein Raubkriegszug; Mose selbst hat getötet und neigt zur Gewaltanwendung. Er ist ein Sinnenmensch, Gegenbild zu jeder Vergötzung der Ordnung. Ja, wie sehr *Thomas Mann* an der triebhaften Sinnlichkeit des Mose interessiert ist, zeigt die Lust, mit der er eine Randüberlieferung der biblischen Geschichte aufgreift: Moses Konkubinats mit einer schwarzen Sklavin. Nach Numeri 12,1 hatte Mose neben seiner Frau Zippora auch eine »kuschitische Frau«, wohl eine Äthiopierin. *Thomas Mann* macht aus ihr mit dem größten Vergnügen eine »Bettgenossin« des Mose, eine »Mohrin«, an deren »Bergesbrüsten, rollendem Augenweiß, Wulstlippen« sich Mose »um seiner Entspannung willen« ergötzt habe. Von ihr habe er trotz des Protestes seiner Familie und des Skandals in seiner Umgebung »nicht lassen« können.

1. Mühselige Erziehung des Menschengeschlechts

Der Ton dieser Notiz trifft auch den Ton der ganzen Erzählung. Mit größtem Interesse schaut *Thomas Mann* dem Künstlerkollegen Mose gewissermaßen über die Schulter, besser:

beobachtet er vom Gipfel der Jahrtausende herab, wie der Kollege von einst es wohl fertigbrachte, *sein* großes Kunstwerk zu vollenden: die »Pyramide« Volk, den »Obelisken« Israel. Denn die Arbeit am Volke Israel dürfte so schwer gewesen sein wie die Arbeit des *Michelangelo* (1475–1564) an seiner Mose-Statue. Ungeschlacht ist dieses »Pöbelvolk«, wie nicht oft genug im Text betont werden kann, ungeordnet diese »Wandermasse«, ohne Richtung dieses »Gehudel«. Es musste eine »gewaltige, lange in Zorn und Geduld zu bewältigende Arbeit« investiert werden, um »aus den ungebärdigen Horden nicht nur ein Volk zu bilden wie andere mehr, dem das Gewöhnliche gemütlich war, sondern ein außergewöhnliches und abgesondertes, eine reine Gestalt, aufgerichtet im Unsichtbaren und ihm geheiligt«. Und dieser Arbeitsprozess wird denn auch in 15 von 20 Kapiteln der Mose-Erzählung ausführlich geschildert.

Von seinem Volk auf den langen Wanderungen durch die Wüste bei Streitigkeiten als Schiedsrichter beansprucht, greift der Mann'sche Mose zunächst auf Gelerntes zurück: auf Gesetzesvorschriften Ägyptens und Bayloniens. In einem nächsten Schritt hört er auf den (auch in der Bibel so überlieferten) Rat seines Schwiegervaters und setzt »Laienrichter« ein (Ex 18, 13–27). Auch dies nützt wenig. Seine ganze Autorität muss Mose selber in die Waagschale werfen, obwohl ihm »Würgeengel« (sprich: die »Polizeitruppe« des Joschua) zur Einschüchterung zur Verfügung stehen. Denn die Unsichtbarkeit Gottes hat Konsequenzen. *Hätte* Konsequenzen, wenn das Volk sich an die Weisungen des Mose halten würde. Erst mit Hilfe eines dramatischen Szenarios gelingt es ihm, dem Volk den Ernst der Lage bewusst zu machen. Günstig für ihn, dass der Sinai, vor dem das Volk angelangt ist, ein Vulkanberg ist, der gerade ausbricht. Der dadurch erzeugte Schrecken kann genutzt werden, um die Gebote und Verbote nun auch in Gott selbst zu verankern. Das Sittengesetz soll so klar und prägnant sein, dass die Menschen es sich für immer einprägen können:

»Das Ewig-Kurzgefasste, das Bündig-Bindende, Gottes ge-
drängtes Sittengesetz galt es zu befestigen und in den Stein
Seines Berges zu graben, damit [...] es unter ihnen stehe, von
Geschlecht zu Geschlecht, unverbrüchlich, eingegraben auch
in ihre Gemüter und in ihr Fleisch und Blut, die Quintessenz
des Menschenanstandes. Gott befahl ihm laut aus seiner
Brust, zwei Tafeln zu hauen aus dem Berg und das Diktat hi-
neinzuschreiben, fünf Worte auf die eine und fünf auf die andere, im ganzen zehn Worte [...] Er schrieb auf die eine Tafel:

Ich, Jahwe, bin dein Gott; du sollst vor mir keine anderen
Götter haben.

Du sollst dir kein Gottesbild machen.

Du sollst meinen Namen nicht liederlich führen.

Meines Tages gedenke, dass du ihn heiligst.

Ehre deinen Vater und deine Mutter.

Und auf die andere Tafel schrieb er:

Du sollst nicht morden.

Du sollst nicht ehebrechen.

Du sollst nicht stehlen.

Du sollst deinem Nächsten nicht Unglimpf tun als ein Lü-
genzeuge.

Du sollst kein begehrliches Auge werfen auf Deines Nächsten Habe« (Späte Erzählungen, 1981, 393.396f.)

Aber auch damit ist die dramatische Geschichte zwischen
Mose und seinem Volk bei *Thomas Mann* nicht zu Ende erzählt, genauso wenig wie in der Bibel selbst. Denn das »Pöbelvolk« denkt immer noch nicht daran, sich an das »Bündig-Bindende«, an die »Quintessenz des Menschenanstandes«
zu halten. Es fabriziert das Goldene Kalb. Noch einmal muss
Mose einen Versuch machen, das Volk zu formen und zu bilden, nachdem er nach der Rückkehr vom Gottesberg in einem
Anfall von Zorn die ursprünglichen Tafeln zerschmettert
hatte. Ein zweites Mal lässt er das Volk antreten, um neue Tafeln auszuhändigen, auf denen die Botschaft Jahwes vom
Berge verzeichnet ist:

»Nimm sie hin, Vaterblut, sagte er, und halte sie heilig in Gottes Zelt, was sie aber besagen, das halte heilig bei dir im Tun und Lassen! Denn das Bündig-Bindende ist es und Kurzgefasste, der Fels des Anstandes, und Gott schrieb's in den Stein mit meinem Griffel, lapidar, das A und O des Menschenbenehmens. In eurer Sprache hat er's geschrieben, aber in Siegeln, mit denen man notfalls alle Sprachen der Völker schreiben kann; denn Er ist der Herr allenthalben, darum ist sein das ABC, und seine Rede, möge sie auch an dich gerichtet sein, Israel, ist ganz unwillkürlich eine Rede für alle« (Ebd., 404).

3. Im Widerstand gegen die Berufung

Im Lichte der Thomas Mannschen Erzählung mag man die schon im Buche Exodus vorhandenen Konflikte noch schärfer sehen. Ja, man wird sogar umgekehrt sagen müssen: Realistischer noch als *Thomas Mann* erzählt das Buch Exodus nicht nur vom Widerstand im Volk, sondern auch vom Widerstand des Mose selber gegen Gott.

Mose wehrt sich gegen Gott

Schon die Berufung trifft auf einen, der nicht vorbereitet ist. Soeben hatte sich Gott dem Midian-Flüchtling im Dornbusch geoffenbart, soeben hatte er seine Absicht kundgetan, die Israeliten aus der Knechtschaft Ägyptens herauszuführen und Mose für diese Aufgabe ausersehen, da formuliert der Erwählte einen Einwand nach dem anderen. Es sind nicht weniger als fünf (Ex 3,11 – 4,13):

– »Wer bin ich?« (dass ausgerechnet ich, Mose, zum Pharao gehen und die Israeliten befreien soll?).

– »Wie heißt er?« (Was ist das für ein Gott, der mich da sendet? Ich habe keine Ahnung. Was soll ich dem Volk antworten, wenn es mich fragt?).

- »Wenn sie mir nicht glauben und nicht auf mich hören
  ...?« (realistisch gesehen könnte der Auftrag auch schei-
  tern).
- »Ich bin keiner, der gut reden kann...« (bin somit der
  Letzte, der für diese Art Mission vorbereitet wäre)
- »Herr, schicke doch einen andern!«

Direkter kann man eine Mission nicht abwimmeln wollen.
Wir treffen hier auf ein Grundmuster prophetischer Sendung:
Die Größe des Auftrags löst bei dem Betroffenen nicht Begeis-
terung, sondern Bedrückung aus, nicht Freude, sondern
Furcht, nicht Stolz, sondern Staunen, Zögern, Widerstand.
Und dieser Widerstand ist im Fall des Mose so stark, dass
selbst Gott die Geduld verliert: »Da entbrannte der Zorn des
Herrn über Mose, und er sprach: Hast du nicht noch einen
Bruder, den Leviten Aaron: Ich weiß, er kann reden« (Ex 4,14).
Ein bemerkenswerter Text, dessen Signale wir wohl registrieren wollen. Er zeigt ganz realistisch einen fast verzweifelten
Gott, der dennoch an Mose festhält, weil er auf ihn angewiesen ist. Die Einbeziehung von Aaron beweist ja, dass Gott sich
eine Hilfskonstruktion einfallen lassen muss, um Mose nicht
zu verlieren. Diese Widerstandsgeschichte aber wertet Mose
nicht ab. Sie zeigt ihn in seiner ganzen Größe und zugleich
menschlichen Schwachheit. Treffend die Beobachtung des jüdischen Schriftstellers *Elie Wiesel*: »Im Gegensatz zu den Reli-
gionsstiftern oder großen Führergestalten in anderen Überlieferungen«, schreibt Wiesel in »Moses: Portrait eines Führers«,
»wird Moses uns als Mensch vor Augen geführt, in seiner
Größe und in seinen Schwächen. Während andere Religionen
danach trachten, ihre Stifter in Halbgötter zu verwandeln,
legt das Judentum größten Wert darauf, seinen Stifter menschlich zu machen« (in: Adam und das Geheimnis des Anfangs,
1980, 180).

Das Volk wehrt sich gegen die Moral

Wie Mose anfangs gegen Gott, so wehrt sich auch das Volk gegen Mose. Merkwürdig: Schon die allererste Reaktion aus dem Volk ist negativ. Und wie! Als Mose – noch in Ägypten – einen Streit unter Hebräern schlichten will, merkt er, dass er bei der tags zuvor erfolgten Tötung eines Ägypters beobachtet worden war. Entsprechend muss er sich von einem Volksgenossen anhören: »Wer hat dich zum Aufseher und Schiedsrichter über uns bestellt?« (Ex 2,14). Eine tief symbolische Szene, die sich Phase für Phase wiederholen wird: Wer hat dich zum Aufseher und Schiedsrichter über uns bestellt? Kaum ist das Volk in der Wüste, »murrt« es; man hat nichts zu trinken und zu essen. Schon keimen Rückkehrphantasien auf. Wäre man doch in Ägypten geblieben! An »Fleischtöpfen« saß man da, »Brot« hatte man »genug« (Ex 16,3). Und jetzt? Mose muss alles tun, um das Volk zu besänftigen. Er muss Leistung erbringen, für Nahrung sorgen, Verteilung organisieren. Nur: An seine Vorschriften hält man sich nicht. Seine Speisegebote lässt man außer acht (Ex 16,20). Seine Sabbat-Anweisung ignorieren »einige vom Volk« (Ex 16,27).

Die Reaktion des Mose in dieser Lage hat einen Anflug von Verzweiflung: »Wie lange wollt ihr euch noch weigern, meine Gebote und Weisungen zu befolgen?« (Ex 16,28). Rechnen muss er damit, dass er den Aufstand des Volkes gegen ihn nicht überlebt: »Es fehlt nur wenig, und sie steinigen mich« (Ex 17,4). Neben die Verzweiflung tritt die Überforderung. Auf Rat seines Schwiegervaters setzt er, wie wir hörten, »gottesfürchtige und zuverlässige Männer« als Richter ein. Männer aber wohlgemerkt, von denen es extra heißt: »die Bestechung ablehnen« (Ex 18,21). Das müsste man nicht eigens betonen, wäre Korruption im Volk nicht Praxis. Schon das biblische Buch also lässt den anarchisch-rechtlosen Zustand im Volk durchblicken, mit dem Mose sich auseinanderzusetzen hat. Was die Frage unabweisbar macht, wie dasselbe Volk, das schon die ersten Gebote des Mose nicht beachtet (hinsichtlich Speisen und Sabbat), wohl mit all dem umgehen wird, was ihm dann am »Sinai« zugemutet wird. Ausdrückliche Textsignale, die auf Gottesbefehle hindeuten, zeigen, wie groß der Widerstand gewesen sein muss. »Geh zum Volk! Ordne an, dass …«: So muss man nicht reden, wenn das Volk die Gesetze herbeisehnt, die nun folgen. Deshalb ist wohl zu beachten – was *Thomas Mann* nicht verborgen blieb –, dass schon das Buch Exodus bei der Gesetzesverkündigung am Sinai das *Motiv der Angst zur Erziehung des Volkes* kennt. Beim *ersten Aufstieg* des Mose auf den Gottesberg (Ex 19,3) hatte Gott die Versammlung des Volkes am Fuß des Berges anordnen lassen, um ihm in knappster Form erste Weisungen (»Zehn Gebote«) zu verkünden (Ex 20,3–17). Das Volk »zittert« und »erbebt« und bekommt von Mose zu hören: »Fürchtet euch nicht! Gott ist gekommen, um euch auf die Probe zu stellen. Die Furcht vor ihm soll über euch kommen, damit ihr nicht sündigt. Das Volk hielt sich in der Ferne, und Mose näherte sich« der dunklen Wolke, in der Gott war« (Ex 20,20f.).

Wir wollen auch diese Sätze registrieren. Schon das Buch Exodus funktionalisiert »Furcht« zur Durchsetzung von Moralität. Kein Wunder, dass diese im selben Maße abnimmt wie die Furcht sich reduziert. Kaum ist Mose abwesend, öffnen sich die Triebschleusen: Tanz um das »Goldene Kalb«. In Wirklichkeit das Bild eines jungen Stieres, eines der altorientalischen Göttersymbole. Es steht für Vitalität und Fruchtbarkeit, nicht für Reinheit und Heiligkeit und damit für Triebkontrolle.

Zwiespältig jetzt die *Rolle von Moses Bruder Aaron*. Beim ersten Aufstieg auf den Gottesberg ist er noch an Moses Seite (Ex 19,24). Auch beim *zweiten Aufstieg* ist er dabei, zusammen mit Nadab, Abihu und siebzig von den Ältesten Israels, wie es ausdrücklich heißt (Ex 24,1). Jetzt schreibt Mose »alle Worte des Herrn auf« (Ex 24,4). Und nach dem Bundesschluss, besiegelt mit Blut, steigen »Mose, Aaron, Nadab, Abihu und die siebzig von den Ältesten Israels« noch einmal auf den Gottesberg hinauf. Sie dürfen den Gott Israels nicht nur »sehen« (»die Fläche unter seinen Füßen war wie mit Saphir ausgelegt und glänzte hell wie der Himmel selbst«: Ex 24,10), sie dürfen sogar in Gottes Präsenz essen und trinken, also Mahlgemeinschaft halten in Gottes Nähe. Anschließend werden Mose erstmals die Steintafeln mit Gottes Weisungen und Geboten übergeben. Aarons Rolle also ist zunächst die des engsten Begleiters, der dieselbe Gotteserfahrung macht wie Mose.

Umso erstaunlicher sein Verhalten, nachdem Mose vierzig Tage und vierzig Nächte allein mit Gott auf dem Berg verbracht hatte. Jetzt gibt Aaron dem Wunsch aus dem Volke nach, ein sichtbares Gottesbild herzustellen. Die biblische Erzählung ist hier äußerst lapidar, vermittelt uns Lesern an keiner Stelle, warum Aaron so reagiert, wie er reagiert. Erstaunlich jedenfalls Aarons rasche Nachgiebigkeit. Kaum ist der Wunsch geäußert, weiß er die Lösung: »Nehmt euren Frauen, Söhnen und Töchtern die goldenen Ringe ab, die sie an den Ohren tragen, und bringt sie her« (Ex 32,2), um dann vor dem Kalb – so will es die Erzählung – selber einen Altar zu bauen und das Volk einzuladen: »Morgen ist ein Fest zur Ehre des Herrn« (Ex 32,5).

Der biblische Aaron weiß offensichtlich nicht, was er tut oder zulässt. Die Erzählung erreicht hier ihren dramatischen Höhepunkt. Die Kontraste könnten nicht schärfer sein: Israel – »Eigentum Jahwes«? Von wegen! »*Das* sind deine Götter, Israel, die dich aus Ägypten heraufgeführt haben« (Ex 32,4)! Israel – ein »Reich von Priestern«? Man pfeift darauf. »Brandopfer« bringt man den nächstbesten Götzen dar. Israel – ein »heiliges Volk«? Mitnichten. Bei nächster Gelegenheit setzt man sich »zum Essen und Trinken«, um »sich zu vergnügen« (Ex 32,6). Anarchie pur. Von Gott auf die Zustände im Volk aufmerksam gemacht, muss der zurückkehrende Mose verbittert erkennen, wie stark das Volk »verwildert« ist (Ex 32,25), wie sehr es »los worden war«, wie *Martin Luther* übersetzt, »fessellos« (Martin Buber). Mose macht Aaron dafür direkt verantwortlich. Nachdem er in seinem Zorn die Steintafeln am Fuß des Berges »zerschmettert« hatte, stellt er seinen Bruder zur Rede. Die Reaktion Jahwes? Vernichtung, Schöpfungsreue, Vernichtung der ganzen Schöpfung! Nur mit Mühe kann Mose eine Total-Exekution des Volkes verhindern. Er muss Gott schon an den Eid erinnern, den er »Abraham, Isaak und Israel« geschworen hat (Ex 32,13). Dies ist der Unterschied zwischen Noach und Mose. Im Fall der sündigen Menschheit kennt Gott keine Gnade: Sintflut! Nur Noach nimmt er aus. Und der weiß nicht, wie ihm geschieht. Im Fall von Israel ist dies anders. Mose interveniert und legt Gott auf seine Selbstverpflichtungen fest. So schafft er es, dass Gott »das Böse« reut, das er »seinem Volk angedroht hatte« (Ex 32,14).

Anstelle Gottes freilich lässt Mose jetzt seinem Zorn freien Lauf. Besser er als Gott. Mose zerstört nicht nur die Gesetzes- tafeln, er packt vielmehr das Kalb, verbrennt es im Feuer und zermalmt alles zu Pulver. Den Staub streut er ins Wasser und gibt davon den Israeliten zu trinken (Ex 32,19f.) Anschließend eine »Säuberungsaktion« im Volk direkt. Für Gott – gegen Gott lautet die Alternative, und die Leviten entscheiden sich für Jahwe. Mit dem Schwert gehen sie durch das Lager, »von Tor zu Tor«, um jeden zu erschlagen, der sich nicht für Jahwe ausspricht. Unbekümmert um alle persönlichen Bindungen. Rücksichtslos. Gnadenlos. Die natürliche Hemmschwelle muss dafür eigens gesenkt werden: »Jeder erschlage seinen Bruder, seinen Freund, seinen Nächsten« (Ex 32,27), was auch geschieht. Im Volk fallen an jenem Tag »gegen dreitausend Mann« (Ex 32,27f.) Der Konflikt zwischen Gott und seinem Volk könnte schärfer nicht sein. Den Zorn Gottes, den Mose eindämmen kann, exekutiert er selbst, lässt er exekutieren in einer bis dahin nicht gekannten theozentrisch legitimierten Rücksichtslosigkeit: »Füllt heute eure Hände mit Gaben für den Herrn! Denn jeder von euch ist heute gegen seinen Sohn und seinen Bruder vorgegangen, und der Herr hat Segen auf euch gelegt« (Ex 32,29).

Exekution von Ungläubigen mit dem Segen Gottes! Von Ungläubigen in der eigenen Familie wohlgemerkt! Die bibli- sche Mose-Geschichte konfrontiert uns Leser auch mit dieser dunkelsten Seite eines theozentrischen Gottesbildes. Klar ist damit in jedem Fall: *Der Auftritt eines von Gott gesandten Propheten hat in einer Gesellschaft polarisierenden Charakter. Heraufbeschworen wird eine Situation der Wahl: Für Gottes Lebensordnung oder dagegen. Woraus folgt: Eine prophetisch vorgetragene Botschaft ist nicht auf Harmonie, Integration oder Ausgleich gestimmt, sondern auf Umkehr und Entscheidung.*

Diese Aufforderung zur Umkehr und Entscheidung ist schon in der Hebräischen Bibel mit Androhungen, Einschüchterungen, Verfluchungen und Gerichtsankündigen verbunden – Reflex eines eher pessimistischen Menschenbildes. Es speist sich aus der Erfahrung, dass Menschen moralischen Anstrengungen oder Zumutungen in der Regel Widerstand entgegensetzen. Selbstverpflichtung bedeutet Triebverzicht. Insbesondere das Buch Deuteronomium ist Ausdruck eines solch realistisch-pessimistischen Menschenbildes. Man hat erfahren: Das Volk ist »halsstarrig« (Dtn 10,16), »ungehorsam« schon zu Lebzeiten des Mose. Wie wird es erst sein, wenn Mose nicht mehr lebt? (Dtn 31,27). Mit diesem Wissen im Hintergrund wird Israel auf die Größe, Mächtigkeit und Schrecklichkeit seines Gottes eingeschworen (Dtn 10,17). Im Wissen um diese Erfahrung wird dem Volk mit Verfluchung gedroht. Zwölfmal Fluch über all die, die sich den Weisungen Gottes entziehen (Dtn 27,11–26). »Hartnäckige Schläge« und »schlimme Krankheiten«, Zerstreuung und Vernichtung hat es zu erwarten. Und Gott hat angeblich seine Freude daran: »So wie der Herr seine Freude daran hatte, euch Gutes zu tun und euch zahlreich zu machen, so wird der Herr seine Freude daran haben, euch auszutilgen und euch zu vernichten« (Dtn 28,63).

Wie immer man die Problematik *aus heutiger Sicht* werten mag, von den Ur-Texten her ist klar: Beschönigt wird nichts. Die Hebräische Bibel nimmt in ihre Ethnogeschichte Israels die Erinnerung mit hinein: Am Anfang der Beziehung zu Gott steht ein Brudermord (Kain und Abel), steht ein Schöpfungsmord (Sintflut), steht die Exekution von Ungläubigen sowie die Drohung mit Vernichtung des ganzen Volkes. Am Ende steht die Absonderung von allen nicht gottgemäß lebenden Völkern mit ihren Religionen und Riten, Gesetzen und Kulten. Der *Bund* Gottes mit seinem Volk Israel hat *auch* polarisierenden Charakter. Israel hat mit dieser Problematik im Verlauf seiner dramatischen Geschichte leben und alternative Beziehungsmuster mit der Welt der Völker entwickeln müssen. Hier, im Buche Exodus, wird zunächst die scharfe Abgrenzung gegenüber allem Nichtisraelitischen vorgenommen:

»Da sprach der Herr: Hiermit schließe ich einen Bund: […] Halte dich an das, was ich dir heute auftrage. Ich werde die Amoriter, Kanaaniter, Hetiter, Perisiter, Hiwiter und Jebusiter vor dir vertreiben.

Du hüte dich aber, mit den Bewohnern des Landes, in das du kommst, einen Bund zu schließen; sie könnten dir sonst, wenn sie in deiner Mitte leben, zu einer Falle werden. Ihre Altäre sollt ihr vielmehr niederreißen, ihre Steinmale zerschlagen, ihre Kultpfähle umhauen.

Du darfst dich nicht vor einem andern Gott niederwerfen. Denn Jahwe trägt den Namen ›der Eifersüchtige‹; ein eifersüchtiger Gott ist er« (Ex 34,10–14).

Nie wieder einer wie Mose

Welch eine Figur! In der Person des Mose ist alles verdichtet, was das Verhältnis Israel-Gott bestimmen soll und bestimmen wird. Ob privilegierter Gesprächspartner Gottes, höchste Instanz der Rechtsprechung, Mittler des Gottesrechts und Symbolfigur für die Identitätsgewinnung des Volkes als Gottesvolk: Alles wird so erzählt, dass Mose in seiner Doppelstellung singulär ist. Um Israels Befreiung willen lässt Gott nicht von Mose, um Moses Willen nicht vom Volk. Intimer kann auch die Kommunikation Gottes mit einem Menschen kaum sein: Gott und Mose reden miteinander, »Auge in Auge, wie Menschen miteinander reden« (Ex 33,11).

Enger aber kann auch die *Verbindung des Mose zu seinem Volk* kaum sein. Als Gesetzgeber, Richter und Erzieher kennt er die Stimmungen und Schwankungen im Volk, teilt er dessen Schicksal, tritt er als sein Anwalt auf. So wird Mose zur Figur der Einheit für Israel: »Als eine Gestalt, die völlig außerhalb des Landes lebt, bindet er unterschiedliche Traditionen durch seinen Namen zusammen – scheinbar ohne Vorbelastung durch Gruppenzugehörigkeiten, parteiische Interessen, örtliche Machtpolitik, usw. Hierzu gehört auch die Distanz gegenüber dem Königtum. Dem ›einen Gott‹ und dem ›einen Volk‹ entspricht folgerichtig der eine Mose, der in seiner Gestalt alle Unterschiede in der Gemeinschaft zusammenführt und rivalisierende Ansprüche um Vorrang durch den Verweis auf Gott und Gesetz eingrenzen kann« (*G. Fischer*, Das Mosebild, 2000, 115). Treffend noch einmal *Elie Wiesel*: »Wäre er [Mose] nicht gewesen, Israel wäre ein kleines Sklavenvolk geblieben, das in der Finsternis seiner Ängste sich nicht ans Licht wagte« (Ebd., 180).

Kein Wunder, dass am Ende der Tora die Singularität des Mose noch einmal programmatisch herausgestellt wird:

»Niemals wieder ist in Israel ein Prophet wie Mose aufgetreten. Ihn hat der Herr Auge in Auge berufen. Keiner ist ihm vergleichbar, wegen all der Zeichen und Wunder, die er in Ägypten im Auftrag des Herrn am Pharao, an seinem ganzen Hof und an seinem ganzen Land getan hat, wegen all der Beweise seiner starken Hand und wegen all der furchterregenden und großen Taten, die Mose vor den Augen von ganz Israel vollbracht hat« (Dtn 34,10–12).

Zugleich aber wird kein Zweifel daran gelassen, dass es in Israel immer wieder Propheten geben muss und geben wird. Denn die »Gräuel« unter den Völkern, mit denen Israel leben muss, sind groß, und Israels Verführbarkeit ist notorisch. Im Wissen darum, dass es in dem Land, in dem Israel künftig lebt, Menschen gibt, die ihre Söhne und Töchter »durchs Feuer« gehen lassen, die Losorakel befragen, Wolken deuten, aus Bechern weissagen, zaubern, Gebetsbeschwörungen hersagen, Totengeister befragen, Hellsehern glauben, Verstorbene um Rat fragen, auf Wolkendeuter und Orakelleser hören – im vollen Wissen um all diesen »Aberglauben« wird das Prophetentum in Israel auf Mose zurückgeführt. Ihm wird der Satz in den Mund gelegt: »Einen Propheten wie mich wird dir der Herr, dein Gott, aus deiner Mitte, unter deinen Brüdern, entstehen lassen. Auf ihn sollt ihr hören« (Dtn 18,15).

Ein folgenreicher Satz. Er wird für die urchristliche Gemeinde eine wichtige Rolle spielen (Apg 3,22; 7,37). Er wird von Muslimen beachtet werden, wenn sie denjenigen Koranvers auslegen, in dem »in der Tora und im Evangelium« ein Gesandter angekündigt ist (Sure 7,157: Mk III). Mose selbst ist es nicht vergönnt, das »verheißene Land« zu betreten, dessen Ausmaße gerade am Ende der Tora noch einmal beschrieben werden (Dtn 34,1–4). Auf dem Berge Nebo stehend, zeigt Gott persönlich seinem Gesandten das ganze Land. Und auf diesem Berge stirbt Mose. Sein Grab? Begraben hat man ihn, wie es wörtlich heißt, »im Tal, in Moab, gegenüber Bet-Pegor«. Aber: »bis heute kennt niemand sein Grab« (Dtn 34,6).

Wirklich nicht? Sein Grab kennen und verehren Menschen, von denen man es nicht ohne Weiteres erwarten würde. Warum das so ist, hat damit zu tun, dass Mose auch von Muslimen unter die Gesandten Gottes gezählt wird, wie nur David, Jesus und Mohammed ausgezeichnet mit einer eigenen Offenbarungsschrift, der Tora (arab.: *taurād*). Denn schon der Koran kennt ihn als denjenigen Menschen, »mit dem Gott gesprochen« hat. Wie sieht das konkret aus?

II. Mit dem Gott gesprochen hat: Mose im Koran

Der Schatten des Mose liegt auf dem Koran. 114 Suren umfasst dieses Buch und in nicht weniger als 34 Suren ist von ihm die Rede. Genau 136 Mal ist sein Name genannt, so häufig wie kein anderer der vorislamischen Propheten. Wir gehen wieder chronologisch – evolutiv vor und arbeiten auch hier intratextuell und intertextuell.

1. Mohammed als neuer Mose

Dass das Judentum eine lebendige, auch auf der Arabischen Halbinsel einflussreiche Religion ist, setzt der Koran voraus. Kenntnisse vom jüdischen Leben und von jüdischen Überlieferungen müssen Mohammed sowie seine Adressaten und Anhänger besitzen. Wir haben im Ersten Teil davon berichtet. Ein Indiz dafür ist, dass schon in den frühen Suren von Mekka, in der *ersten Periode* (610–615), im Koran auf Mose angespielt werden kann, ohne ihn lange vorzustellen, auf den Mann also, der die zentrale Identifikationsfigur des biblischen und nachbiblischen Judentums ist.

»Ist die Geschichte des Mose zu dir gekommen«?

Die erste und damit früheste Erwähnung von Mose (*arab.:* Mūsā) im Koran überhaupt lautet:

> Das steht auf den früheren Blättern,
> den Blättern Abrahams und Moses.
> (*Sure 87,18f.: Mk I*)

Wie sollte das verstanden worden sein, ohne dass man in Mekka eine Ahnung von dem hatte, was sich an Überlieferungen hinter den Namen »Abraham« und »Mose« verbirgt? Dasselbe gilt für frühmekkanische Anspielungen wie diese:

> Was meinst du denn von dem, der sich abkehrt,
> nur wenig gibt und knausert?
> Hat er Wissen über das Verborgene, so dass er sähe?
> Oder ist ihm nicht kundgetan worden, was auf Moses
> Blättern steht
> und denen Abrahams, der (seinen Auftrag) erfüllte:
> *(Sure 53,33–37: Mk I)*

Was mit diesen »Blättern« von Mose und Abraham konkret gemeint ist, macht uns Sure 85 deutlich, die ebenfalls schon aus frühmekkanischer Zeit stammt. Mit den hier erwähnten »Thamud« enthält sie eine Anspielung auf ein arabisch-nabatäisches Volk der islamischen Vorzeit, das durch Propheten vergeblich zur Umkehr ermahnt worden war (mehr dazu: Sure 7,73: Mk III) und mit der Anspielung auf die »Heere von Pharao« auch einen deutlichen Fingerzeig auf die Mose-Geschichte:

> Ist dir die Geschichte von den Heeren zu dir gekommen,
> von Pharao und den Thamud?
> Aber nein, die ungläubig sind, leugnen beharrlich.
> Gott aber umfasst sie von hinten.
> Aber nein, es ist ein rühmenswerter Koran auf behüteter
> Tafel.
> *(Sure 85, 17–22: Mk I)*

Mit dem Tafel-Bild ist, wie wir im Ersten Teil (Kap. 1) berichtet haben, die Vorstellung verbunden, dass dem geschichtlich geoffenbarten Koran ein himmlischer Archetyp von Offenbarungsschrift zugrunde liegt, der ewig und unvergänglich ist. Das »Original« des Koran befindet sich also auf einer »behüteten« oder wörtlich »wohlverwahrten« Tafel »bei Gott« in Gestalt einer transzendenten Schrift, die nach und nach dem Propheten vermittelt wird und die den göttlichen Willen enthält, dem zufolge Menschen ihr Leben führen sollen. Diese Botschaft war auch schon Abraham und Mose mitgeteilt oder an Abraham und Mose überliefert worden, Ausdruck der koranischen Überzeugung, »dass Gott durch das ganze Menschengeschlecht hindurch seine Auserwählten, die Propheten, mit der Aufgabe betraut hat, dem Menschen gewisse unvergängliche ethische Wahrheiten zu übermitteln« (Asad, 1004f.) Und da dies so ist, wird in den frühen Suren ganz selbstverständlich vorausgesetzt, dass die Adressaten in Mekka Bescheid wissen, andernfalls könnte man »Kunde« vom Inhalt der »Blätter« von Mose und Abraham nicht einklagen.

Dasselbe gilt für die Anspielung auf »Pharao«, arab.: *Fir'aun* (ebenso in: Suren 89,10: Mk I; 85,18: Mk I). Nur wer Überlieferungen jüdischer oder christlicher Provenienz kennt, versteht, was gemeint ist. Eine frühmekkanische Sure wie die 73. kommt sogar ohne Nennung des Mose-Namens aus. Wie sollten die Erstadressaten wissen, worum es geht, wenn sie mit dem Namen Pharao nicht sofort den Konflikt mit Mose verbinden würden:

> Wir haben zu euch einen Gesandten gesandt als Zeugen
> über euch, wie wir einen zu Pharao sandten.
> Da widersetzte sich Pharao dem Gesandten und wir
> packten ihn mit schlimmem Griff.
> *(Sure 73,15f; ebenso: 69,9: beide Mk I)*

Sure 79 aus der ersten *Periode von Mekka* enthält erstmals einen längeren Abschnitt aus der Mose-Erzählung. Den Anfang dieser Sure mit ihren 46 Versen bildet zunächst eine korantypische Schwurserie (»Bei den ungestüm Reißenden, / schnell Loseilenden / und leicht Dahingleitenden ...«), was den Lebensernst der folgenden Botschaft gleichsam orchestriert, dramatische Spannung aufbaut und Aufmerksamkeit der Hörer/Innen geradezu gebieterisch einfordert. Überfallartig werden die Erst-Hörer einmal mehr zunächst mit einer endzeitlichen Gerichtserwartung konfrontiert:

> Am Tag, da die Bebende bebt,
> dicht dahinter die nächste.
> Herzen klopfen an jenem Tag.
> Ihr Blick ist gesenkt.

Sie sagen:

> »Werden wir etwa in den früheren Zustand zurückgebracht?
>
> Selbst wenn wir morsche Knochen sind?«

Sie sagen:

> »Das wäre dann eine verlustreiche Rückkehr.«
>
> Das ist nur ein einziger Schrei
>
> und da sind sie hellwach.

(Sure 79,6–14: Mk I)

Dann wird ebenso überfallartig mit einer rhetorischen Frage die »Geschichte von Mose« eingeführt:

> Ist die Geschichte von Mose zu dir gekommen?
>
> Als sein Herr ihm im geheiligten Tal Tuwa zurief:
>
>> »Geh zu Pharao! Er handelt gesetzlos.«
>>
>> »So sag:
>>
>>> ›Willst du dich nicht läutern,
>>>
>>> dass ich dich zu deinem Herrn führe und du dann
>>>
>>> gottesfürchtig wirst?‹«
>
> Da ließ er (Gott) ihn (Pharao) das große Zeichen sehen.
>
> Doch der leugnete und widersetzte sich.
>
> Dann kehrte er eilig den Rücken,
>
> versammelte und rief:
>
>> »Ich bin euer höchster Herr«.
>
> Da packte Gott ihn als Schreckbild der jenseitig-letzten
>
> Welt und der diesseitig-ersten.
>
>> Darin ist Lehre für die Gottesfürchtigen.

(Sure 79,15–26: Mk I)

Die nächsten 20 Verse bekräftigen diese Lehre mit erneutem Verweis auf die Schöpferkraft Gottes und den »Höllenbrand« für die, die »gesetzlos gehandelt« (79,37) oder »das diesseitige Leben vorgezogen« haben (79,38).

Schon in dieser frühesten Mose-Sure ist die Grundstruktur auch künftiger koranischer Mose-Texte vorgeprägt, die ab jetzt in vielen Varianten immer wieder neu eingeschärft wird. Auffällig ist, dass Mose im Koran zunächst nicht wie in der jüdischen Überlieferung als Anführer des Exodus, will sagen:

als der »Befreiungsheld« schlechthin auftritt, sondern als Warner, gesandt nicht zur Befreiung eines Volkes aus der Knechtschaft, sondern zur Bekehrung eines ungläubigen Herrschers. Dieses koranische Rezeptions-Muster ist von Anfang an gegeben:

– *Sendung eines Gottgesandten zu einem mächtigen Herrscher,*
– *Aufforderung zur Bekehrung und Ablehnung der Botschaft,*
– *Strafgericht Gottes über den Gewaltherrscher: Pharao als Schreckensbild der »jenseitig-letzten und der diesseitig-ersten« Welt,*
– *Pädagogisch-moralischer Gestus zum Zwecke der Aktualisierung: »Lehre für die Gottesfürchtigen« hier und jetzt.*

Ein Lebensmuster füllt sich

Da diese Struktur sich ständig wiederholt, gewinnen wir eine erste Einsicht in das koranische Interesse an Figur und Geschichte des Mose. Vom gesamten Mose-Komplex, wie ihn das biblische Buch Exodus in 40 Kapiteln in kunstvoller Komposition entfaltet, konzentriert sich der Koran zunächst auf *den* Konflikt, den Mose mit dem ägyptischen Pharao durchsteht. Der Schluss liegt von daher nahe, dass der koranische Mose von Anfang an Spiegel- und Identifikationsfigur ist für den Propheten in seinem eigenen Kampf gegen die Machtverhältnisse in Mekka, noch mehr, als dies gleichzeitig bei einer Figur wie Noach der Fall ist. Mit Mose liegt ja auch schon aus der Geschichte des Judentums ein einzigartiges Lebensmuster parat: Der Kampf eines prophetischen Menschen für seinen Gott gegen den Widerstand der Mächtigen – religiös und politisch. Der Kampf eines Gesandten Gottes (arab.: *rasūl allāh*) gegen einen selbsternannten Gott.

Martin Buber hat dies in seinem schon genannten Mose-Essay aus dem Jahr 1944 schon für die biblische Mose-Figur scharf herausgearbeitet: »Was in geschichtlich deutlicher Zeit ein Prophet nach dem andern auf der Geschichtsbühne tut, ist: dem Herrscher mit kritischem Wort und kritischem Zeichen entgegenzutreten. Das Wort ist Forderung, im Namen

Gottes und seiner ›Gerechtigkeit‹, Ansage des Verhängnisses für den Fall der Weigerung und Deutung eines darauf, früher oder später, folgenden schlimmen Geschehens; das Zeichen ist Verleiblichung des Wortes, wobei der Vorgang zwar außergewöhnlich sein muss, um eben als Zeichen wirken zu können, aber keineswegs ›übernatürlich‹« (Werke, Bd. 2, 1964, 75). Die Stichworte lassen sich mühelos auch auf die Verkündigung des Propheten Mohammed übertragen: Mit »kritischem Wort und kritischem Zeichen« wird den Herrschenden entgegengetreten. Im Namen Gottes wird »gefordert«, im Namen Gottes wird im Fall der Weigerung das Gericht Gottes angekündigt. »Ansage des Verhängnisses«!

Woraus folgt: *Wenn von Mose in den frühen mekkanischen Suren die Rede ist, dann immer mit Hilfe einer eigentümlichen Technik der Zeitverschränkung. Die Konfrontation mit dem Pharao wird so erzählt, dass sie zugleich zum »Zeichen« wird für die Zeitgenossen des Propheten und damit für alle, die mit der koranischen Verkündigung in Berührung kommen. Mohammed als neuer Mose! In ihm wiederholt sich das durch Mose exemplarisch vorgeprägte Lebensmuster eines prophetischen Menschen, der sich von Gott in einen Machtkampf geschickt sieht.*

Das schmerzlich erlebte Paradox

Von der ersten Verkündigung in Mekka an also geht es im Koran, wenn von Mose die Rede ist, um die Erkenntnis:

> Auch in Mose (habt ihr ein Zeichen). Als wir ihn mit deutlicher Ermächtigung zu Pharao sandten.
> Da kehrte der sich mit seiner Heeresmacht ab und sagte:
> »Ein Zauberer oder Besessener.«
> Da packten wir ihn und seine Heere und warfen sie ins Meer. Er war verurteilenswert.
> *(Sure 51,38–40: Mk I)*

Ein Echo der Reaktion des mekkanischen Establishments auf das Auftreten Mohammeds ist hier unüberhörbar: Denunziation als Zauberer oder Besessener. Erkennbar auch in diesem

Mikrotext wieder die *Grundstruktur* der koranischen Mose-Geschichte: göttlicher Auftrag eines Gesandten – Sendung zu den Zeitgenossen und Konfrontation mit dem Vertreter politischer Macht – Androhung und Vollzug des Strafgerichts. Was zur Gewissheit werden lässt: Mose ist in den frühen Suren von Mekka sowohl Demonstrationsfigur eines aktuellen Konfliktes als auch Identifikationsfigur im prophetischen Kampf um Glauben und Unglauben.

Angelika Neuwirth hat in ihrer sehr erhellenden kleinen Studie zur »Mose-Erzählung im Wandel der koranischen Geschichte« schon 2002 darauf hingewiesen, dass Mohammed früh seine eigene Sendung im Spiegel der Mose-Geschichte reflektiert und somit »auf einen neuralgischen Punkt in seiner Propheten-Erfahrung« verwiesen habe: »Das schmerzlich erlebte Paradox der sinnlich gewahrten Gottesnähe, die eine unüberbietbare Autorisierung des gesamten Auftrags impliziert, und der gleichgültigen Ablehnung der Botschaft durch die Adressaten, deren begrenzte Wahrnehmung den in die Transzendenz hineinreichenden Horizont des Übermittlers nicht erfassen kann« (Erzählen als kanonischer Prozess, 2002, 330). In »Der Koran als Text der Spätantike« (2010) wird sie präzisierend hinzufügen: »Durch Moses' Bild konnte der Verkünder wie durch ein Brennglas die psychologischen Konturen einer Prophetwerdung – die spirituelle Begegnung mit dem transzendenten Gott, das Gefühl unzureichender Kraft angesichts des Auftrags, das Gespaltensein zwischen der Verpflichtung gegenüber der familiären Herkunft und der Notwendigkeit des Bruchs mit ihr, die Erfahrung von Angst und ihrer Überwindung und der Kraft zum geduldigen Ausharren in der Situation der Demütigung – klar wahrnehmen und so im Spiegel der Vita Moses seine eigene Entwicklung als göttlich gedecktes Geschehen erfahren« (S. 653).

Das zeigt *Sure 37* schon aus der *zweiten Periode von Mekka* (615–620) noch einmal eindrucksvoll, wird hier doch neben Mose auch sein (schon biblisch bezeugter) *Bruder Aaron* (arab.: *Hārūn*) erwähnt, vor allem die Rettung aus »mächtiger Drangsal«. Im Konflikt sind beide »Sieger«, und beide werden in Sure 37 für würdig befunden, Empfänger einer Schrift zu sein:

> Wir erwiesen Mose und Aaron Güte,
> retteten beide und ihr Volk aus der mächtigen Drangsal
> und halfen ihnen. Da waren sie die Sieger.
> Wir gaben beiden die deutliche Schrift,
> führten sie den geraden Weg
> und hinterließen bei den Späteren über sie:
> > »Friede über Mose und Aaron!«
> > > So vergelten wir denen, die das Gute tun.
> > > Beide gehörten zu unseren gläubigen Dienern.
>
> (Sure 37,114–122: Mk II)

Schon an solchen Texten aus der zweiten Periode von Mekka fällt auf, dass sie jetzt mehr und mehr »ausgebaut« erscheinen, was sich aus der Logik der Sache ergibt. Der Widerstand in Mekka nimmt ja nicht ab. Die Konflikte der Urgemeinde mit den Clans der Mehrheitsgesellschaft verschärfen sich. Das mekkanische Establishment ist mit knappen Hinweisen auf die Konfliktgeschichte zwischen Mose und Pharao offensichtlich nicht im Geringsten zu beeindrucken. Warum sollte es auch? Was ging es einen gewissen Mose aus ihnen fremden jüdischen Überlieferungen an? Was ein Pharao vor Urzeiten? Was der beschworene Konflikt von anno dazumal? Und vor allem: Wodurch hat sich dieser Pharao das Strafgericht Gottes überhaupt zugezogen? Wieso war dieser Pharao auf falschem Weg? Wieso führte er ein sündiges Leben?

Sure 44 zu Beginn der zweiten Periode von Mekka wird hier konkreter. Der koranische Mose lässt erstmals erkennen, was er vom Pharao überhaupt will: dass er die »Diener Gottes« herausgebe. Gemeint sind die Israeliten. Erstmals auch, dass Gott dem Mose die Weisung gegeben habe, »bei Nacht« aus dem Lande des Pharao auszuwandern. Deutlicher als zuvor wird jetzt die Verfolgung durch den Pharao erwähnt, die Spaltung des Meeres, die Vernichtung der pharaonischen Truppen beim Durchzug durch das Meer (Sure 44,17–24: Mk

II). Kurz: Erstmals in dieser Deutlichkeit ist von *Auszug* und *Rettung* die Rede und damit von Motiven, die dann in Sure 20, aus derselben zweiten Periode von Mekka, breit entfaltet werden. Intratextuell hat die Mose-Überlieferung ein gewaltiges Wachstum erfahren.

2. Prophet gegen Pharao

Sure 20 ist der *erste große koranische Schlüsseltext,* der jetzt in gut 90 Versen die Mose-Geschichte breit entfaltet (Sure 20,9–98: Mk II), bevor diese Sure, wie wir bereits hörten, mit der Adam-Geschichte ausklingt (Sure 20,115–123). »Ist die Geschichte von Mose zu dir gekommen?« (Sure 20,9): Mit dieser dramatisch aufgeladenen Frage beginnt auch hier wieder alles überfallartig, um dann Phase für Phase, gewissermaßen Akt für Akt, den Adressaten das Drama des Mose vor Augen zu führen. Entsprechungen zum biblischen Buche Exodus sind mit Händen zu greifen. Doch Sure 20 präsentiert die aus der Hebräischen Bibel bekannte Mose-Geschichte mit einer eigenen narrativen Dramaturgie, kompositorischen Struktur und theologisch-didaktischen Pointe. Gehen wir dem Aufbau Punkt für Punkt nach und verweisen auf die entsprechenden Parallelen.

Gottes prekärer Auftrag
Zu Beginn die *Erscheinung Gottes im Feuer.* Und die Selbstvorstellung Gottes:

> Als er ein Feuer sah und zu seinem Volk sagte:
> »Bleibt hier! Ich habe ein Feuer erblickt. Vielleicht
> bringe ich euch davon Glut oder finde beim Feuer
> Führung.«
> Als er dann bei ihm ankam, wurde er gerufen:
> »Mose!

Ich bin es, dein Herr. So ziehe deine Sandalen aus! Du bist im geheiligten Tal Tuwa.

Ich habe dich erwählt. So höre auf das, was offenbart wird!

Siehe, ich bin Gott. Kein Gott ist außer mir. So diene mir und verrichte das Gebet, um meiner zu gedenken!

Die Stunde kommt – fast verheimliche ich sie –, damit jeder Seele vergolten wird, worum sie sich eifrig bemüht.

So soll dich doch nicht von ihr abhalten, der nicht an sie glaubt und seinem Gelüst folgt, sonst gehst du zugrunde.«

(Sure 20,10–16: Mk II)

Eine Szene, die teilweise bis in Details hinein mit der Hebräischen Bibel übereinstimmt: Gottes Offenbarungsmedium ist das Feuer; die Gotteserscheinung macht den irdischen Ort (Horeb/Tal Tuwa) »heilig«, so dass der betroffene Mensch ihn nur barfüßig betreten darf. Sure 20,12 entspricht Exodus 3,5 bzw. 3,14:

Als der Herr sah, dass Mose näher kam, um sich das anzusehen, rief Gott ihm aus dem Dornbusch zu: Mose, Mose! Er antwortete: Hier bin ich. Der Herr sagte: Komm nicht näher heran! Leg deine Schuhe ab; denn der Ort, wo du stehst, ist heiliger Boden. Dann fuhr er fort: Ich bin der Gott … (Ex 3,4–6)

Die Unterschiede zwischen der biblischen und koranischen Fassung freilich werden gerade an dieser Szene ebenfalls deutlich. Das Buch Exodus verbindet die Selbstoffenbarung Gottes als »Jahwe« im brennenden, aber nicht verbrennenden Dornbusch von vornherein mit einer Rückbindung und einer Initiative nach vorn. Denn Jahwe bindet sich in seiner ersten Offenbarung zurück an die *Patriarchen Israels:* »Ich bin der Gott deines Vaters, der Gott Abrahams, der Gott Isaaks und der Gott Jakobs« (Ex 3,6f), und macht sich so identifizierbar. Das muss er auch, denn Mose, aufgewachsen als Ägypter, kann nicht wissen, für wen dieser Gott sich engagiert und für welches Volk er ihn ausgewählt hat. Erst durch die Selbstidentifikation mit den »Vätern« wird klar, dass es offenbar um das Schicksal der *Nachkommen* der Väter geht, um die Zukunft der Israeliten, um *sein* Volk: »Ich sende dich zum Pharao. Führe mein Volk, die Israeliten, aus Ägypten heraus« (Ex 3,10).

»*Mein Volk*«: Das ist für die Mose-Geschichte der Hebräischen Bibel zentral, wie wir hörten. Gottes »Eigentum«, Gottes »Heiligtum« soll es werden und bleiben! Schon das Buch Exodus unterstreicht das mit seinen halachischen (religionsgesetzlichen) Teilen: dem »Bundesbuch: Ex 20,22 – 23,32 sowie weiteren Weisungen für ein Leben vor Gott in Ex 25,1 bis 31,18 u. 34,1 bis 40,15, die ihrerseits in der kanonischen Endfassung verklammert sind mit zusätzlichen halachischen Teilen in weiteren Büchern der Tora, in Leviticus, Numeri und Deuteronomium. In der Hebräische Bibel ist die Mose-Geschichte also Teil einer Volks-Geschichte mit dem Ziel, Israel als das von Jahwe erwählte Bundesvolk zu profilieren. Schon im Buche Exodus geht es stets um beide »Dimensionen« des einen und wahren Gottes:

– *monotheistische Selbstidentifikation:* »Ich bin der ›Ich-bin-da‹« (Ex 3,14) sowie:

– *heilsgeschichtliche Selbstexplikation:* Selbstbindung an das Volk Israel und dessen Väter: »Jahwe, der Gott eurer Väter, der Gott Abrahams, der Gott Isaaks und der Gott Jakobs, hat mich zu euch gesandt. Das ist mein Name für immer, und so wird man mich nennen in allen Generationen« (Ex 3,15).

Der Koran ist an dieser zweiten Dimension überhaupt nicht interessiert. Alle »Heilsprivilegien« oder »Heilsprärogativen«, die Israel zu einem aus der Völkerwelt ausgesonderten, von Gott besonders bevorzugten Volk machen, spielen für ihn keine konstitutive Rolle. Israel hat einst die Tora von Gott erhalten, durch David insbesondere noch den Psalter (Sure 17,55: Mk II; vgl. 21,105: Mk II; Sure 4,163: Md), das ist Auszeichnung genug. Andere Völker das »Evangelium«. Die

Araber wurden eben erst durch den »arabischen« Koran von Gott beschenkt. Theologisch exklusiv ist die Bindung Israel – Gott für den Koran nirgendwo, wohl aber exemplarisch. Ein erster Modellfall der Geschichte, auf den immer wieder Bezug genommen werden kann. Ein Modellfall vor allem für die stets aufs Neue durchzustehende Auseinandersetzung zwischen Gott und den Göttern, zwischen Monotheismus und Polytheismus.

Hier liegt der Grund, warum es in Sure 20 ausschließlich eine monotheistische Selbstidentifikation Gottes gibt – ohne Bezugnahme auf ein Volk: »Siehe, ich bin Gott. Kein Gott ist außer mir« (Sure 20,14). Dieser Satz ist koranisches Urgestein und zeigt den Grund, wie Mose hier in *dieser* Sure die Gottheit Gottes anerkennen soll: durch Unterwerfung und Gebet (20, 14), eine deutliche Anspielung auf frühmekkanische Verhältnisse nach der Einführung eines regelmäßigen rituellen Gebets für die Urgemeinde. Zwar wird Moses Verbindung zum Volk erwähnt, sein Auftrag *hier* aber ist Gottes-Dienst, nicht Volksbefreiung. Der Gott, der sich *hier* offenbart, ist kein sozialer Befreier, sondern ein moralischer Richter: »Die Stunde kommt, […] damit jeder Seele vergolten wird …« (Sure 20,15). So wird das biblische Urszenario mit der aktuellen Situation der mekkanischen Hörer verklammert. Was ein Gesandter wie Mose vor Urzeiten durchmachte, wird so erzählt, dass sich sein Schicksal hier und heute in Mekka wiederholen kann.

Theozentrische Angstüberwindung

Auffällig auch, dass unmittelbar nach der Selbstvorstellung Gottes in Sure 20 *zwei Beglaubigungswunder* folgen:

> Was ist das in deiner Rechten, Mose?«
Er sagte:
>> »Das ist mein Stock. Ich stütze mich auf ihn, schlage mit ihm für mein Kleinvieh Blätter ab und benütze ihn noch für andere Zwecke.«

Er sagte:

»Wirf ihn hin, Mose!«

Da warf er ihn hin und da ward der eine Schlange, die lief.

Er sagte:

»Nimm sie und fürchte dich nicht! Wir werden sie wieder in ihren vorhergehenden Zustand versetzen.

Lege deine Hand an deine Seite, dann kommt sie weiß und makellos heraus – als anderes Zeichen.

So wollen wir dich eigens von unseren größten Zeichen sehen lassen.

Geh zu Pharao! Er handelt gesetzlos.«

(Sure 20, 17–24: Mk II)

Gott also lässt den Stock des Mose zu einer Schlange und seine Hand weiß werden. Zeichen, von denen im Buch Exodus ebenfalls nach der Dornbusch-Szene erzählt wird: vom Schlangen- Wunder (Ex 4, 2–5) und vom Hand-Wunder (Ex 4, 6–8). Bibel und Koran verbinden also die Beglaubigungswunder unmittelbar mit der Selbstvorstellung Gottes. Warum? Weil sie auf diese Weise Gottes machtvollem Wort auch eine machtvolle Tat folgen lassen können, muss doch auch der Mose von Sure 20 für seinen Auftrag offensichtlich ermutigt werden. Dass er zum Pharao gehen soll, fällt dem koranischen so schwer wie dem biblischen Mose.

Die folgenden Verse machen das deutlich. Auch der koranische Mose kennt das Gefühl von Beklemmungen, weiß, dass er nicht nur ein schwacher Redner, sondern überhaupt ein schwacher Mensch ist. Auch dies eine Parallele zu Mohammed. Auch dieser hatte vor Beginn seiner öffentlichen Verkündigung von Gott um eine innere Befreiung von der Last, um eine »Weitung des Herzens« gebeten (Sure 94,1: Mk I). Was in Sure 20 folgt, entspricht strukturell Ex 4,10–13:

Er sagte:

»Herr, mach weit mein Herz,

mach mir meine Sache leicht

und löse einen Knoten von meiner Zunge,

dass sie mein Wort begreifen!
Bestelle mir aus meinen Leuten einen Beistand,
Aaron, meinen Bruder!
Festige durch ihn meine Kraft,
und lass ihn an meiner Sache teilhaben,
damit wir dich viel loben
und deiner viel gedenken!
Du durchschaust uns.«

Er sagte:

»Deine Bitte ist dir gewährt, Mose!«

(Sure 20,25–36: Mk II)

Von einem Widerstand des Mose allerdings, wie er in fünffacher Weise im Buche Exodus (Kapitel 3 und 4) geschildert wird, ist hier keine Rede. Der Koran erlaubt seinem Mose keinen Zweifel, bestenfalls Angst und Beklemmung. Der koranische Mose versucht nicht, sich Gottes Auftrag zu entziehen, sondern bittet aus Angst um Beistand für seine »Sache«, für sein »Wort«! Seine Gottesrede hat die Form eines Bittgebets, das Gott prompt erhört.

Entsprechend dieser theozentrischen Angstüberwindung präsentiert Sure 20 nach den beiden »Wundern« noch ein *drittes Zeichen*, und zwar aus der Kindheit des Gottgesandten (vgl. Ex 2,1–10). Jetzt wird im Koran das Ereignis präsentiert, mit dem im Buche Exodus die Mose-Erzählung beginnt. Hier in Sure 20 erscheint es im Modus der gezielten Erinnerung zum Zwecke der Angstüberwindung. Gott erinnert Mose gezielt daran, dass er als kleines Kind schon einmal vor dem Tod bewahrt worden sei. Seine Mutter habe ihn aussetzen und seine Schwester dafür Sorge tragen müssen, dass die eigene Mutter ihn dennoch als Amme (anonym) habe aufziehen können. Noch werden in Sure 20 keine weiteren Umstände oder Namen genannt, aber die Parallelen zwischen Sure 20,37–40 und Ex 2,1–10 sind motivisch eng, auch wenn im Koran das ganze Geschehen wie theozentrisch gelenkt erscheint. Denn anders als in Ex 2, 3 ist die Aussetzung des neugeborenen Mose nicht allein Entschluss der Mutter, sondern geschieht durch göttliche Offenbarung *an* die Mutter:

> Wir haben dir schon einmal Güte erwiesen,
> als wir deiner Mutter offenbarten:
>> ›Schnell, tu ihn in den Kasten und den ins Meer, damit
>> Meer ihn ans Ufer werfe und ein Feind von mir und
>> ihm ihn aufnehme!‹
> Ich habe über dich Liebe von mir geworfen, damit du vor
> meinem Auge herangebildet werdest.
> Als deine Schwester hinging und sagte:
>> ›Soll ich euch jemanden weisen, der ihn in Obhut
>> nimmt?‹
> Da brachten wir dich zu deiner Mutter zurück, damit sie
> sich freue und nicht traurig sei.
> *(Sure 20,37–40: Mk II)*

Im intertextuellen Vergleich ergibt sich: Im Buche Exodus ist die Rettung des Kindes Eigeninitiative der Mutter vor dem Hintergrund des politisch befohlenen Mords an »allen Knaben, die den Hebräern geboren werden« (Ex 1,22). Im Koran erfolgt die Rettung aufgrund einer Offenbarung Gottes an die Mutter. Im Buche Exodus setzt die Mutter den Kasten mit dem Kind konkret und kalkuliert im Fluss Nil aus, im Koran unbestimmt und ausgangsoffen im Meer. Diese koranspezifischen Akzente sind dem koranischen Gottesbild geschuldet. Auf diese Weise ist die Rettung des Mose von vorneherein Gottes Initiative. Diese erscheint durch eine Rettung aus dem Meer in ihrer Größe noch wunderbarer.

Vor allem aber ein Motiv ist singulär im Koran: *Gottes Liebe zu Mose* (Sure 20,39)! *Zirker* lässt in seiner Übersetzung den ungemein plastischen arabischen Wortlaut noch nachvollziehen: »Ich habe über dich Liebe von mir geworfen«! Das klingt in der Tat kraftvoller als »Liebe angedeihen lassen« (*H. Bobzin*), »Liebe spüren lassen« (*R. Paret*). *Rückert* übersetzt auch hier wieder einmal am besten, plastisch und elegant zugleich: »Auf dich hab' ich geworfen meine Lieb'«. Mose ein »Eingefangener« der göttlichen Liebe also! Vor Gottes Augen wächst es denn auch auf, dieses besondere Kind, allen Feinden zum Trotz! Die Pointe ist auch hier offensichtlich: Ein von Gott in dramatischer Situation Gesandter soll sich bewusst sein, dass sein Leben auch bisher schon unter Gottes Leitung stand. Von Anfang an hatte Gott die Erwählung dieses besonderen Menschen beschlossen. Indem Gott ihn an seine aus Liebe schon einmal erfolgte Rettungstat erinnert, soll dem Erwählten die Angst vor seinem jetzigen Auftrag genommen werden: Konfrontation mit dem ungläubigen Gewaltherrscher.

Um dieses Auftrags willen gibt man uns im Koran auch Einblicke in das Innere des Gottgesandten. Schon an dieser Stelle wird deutlich, wie sehr der Vollzug der göttlichen Sendung mit Konflikten verbunden ist. Hierin dürfte auch – folgen wir noch einmal *Angelika Neuwirth* – der Erkenntniszuwachs zwischen der ersten und der zweiten mekkanischen Periode innerhalb der Mose-Geschichte bestehen: »Die Erzählung zeigt die Entwicklung Moses als eine Bewältigung von offenbar mit dem Prophetentypus generell verbundenen Schwierigkeiten. Indem sie durch intertextuelle Verweise den beiden Gesandten eine in vielen Zügen verwandte Transzendenzerfahrung bezeugt, lässt sie Mose, der seine historische Aufgabe bereits bestanden hat, zu einem stärkenden Vorbild für Mohammed im Prophetenamt werden« (*A. Neuwirth*, Erzählen als kanonischer Prozess, 2002, 335). Wir merken uns diese Formulierung: Mose – »stärkendes Vorbild für Mohammed im Prophetenamt«.

Wider die Verblendung der Mächtigen

Die Konfrontation mit dem Pharao ist konsequenterweise der nächste Akt im politisch – religiösen Mose-Drama von Sure 20:

> »Ich habe dich mir herangebildet.
> Geht, du und dein Bruder, mit meinen Zeichen und werdet nicht müde, meiner zu gedenken!
> Geht zu Pharao! Er handelt gesetzlos.

Sagt ihm sanftes Wort!

Vielleicht lässt er sich mahnen oder fürchtet sich!«

Sie sagten:

»Herr, wir fürchten, dass er maßlos gegen uns vorgeht oder gesetzlos handelt.«

Er sagte:

»Fürchtet euch nicht! Ich bin mit euch, höre und sehe.

So geht zu ihm und sagt:

›Wir sind Gesandte deines Herrn. So schicke die Kinder Israels mit uns und strafe sie nicht! Wir haben dir ein Zeichen von deinem Herrn gebracht. Friede über den, der der Führung folgt!

Uns ist offenbart, dass die Strafe über den kommt, der leugnet und sich abkehrt.‹«

(Sure 20,41–48: Mk II)

Was ist hier aus dem biblischen Exodus-Motiv geworden? Es scheint nur noch äußerer Anlass für die Konfrontation des Mose mit Pharao zu sein: »Schicke die Kinder Israels mit uns und strafe sie nicht!« (20,47) Mehr sagt der koranische Mose in *dieser* Sure nicht. Das für die jüdische Tradition zentrale Exodus-Motiv (Befreiung aus der Knechtschaft, Wüstenwanderung zum versprochenen Land) ist damit zwar angedeutet, aber auch erledigt. Nichts wird theologisch oder »heilsgeschichtlich« weiter daraus gemacht. Mit keinem Wort wird hier in Sure 20 auch die soziale Situation der »Kinder Israels« erwähnt: Unterdrückung durch die Ägypter, Sklaverei und Morddrohung. Mit keinem Wort der (biblisch entscheidende) Grund des Konfliktes mit dem Pharao: Befreiung von der unerträglich gewordenen Repression. Stattdessen ist Sure 20 gemäß dem konsequenten Monotheismus des Koran ausschließlich am Glauben des Pharao als Machthaber über seine Welt interessiert.

Daraus folgt: Aus einem sozialen Konflikt Israel-Ägypten des Buches Exodus ist in Sure 20 ausschließlich ein religiöser Konflikt um den wahren Glauben zwischen dem Gottgesandten und dem Herrscher geworden, wie es in Sure 44 (Mk II) schon präzise erkennbar war: »Übergebt mir die Diener Gottes!«, hatte schon hier der koranische Mose zu Pharao gesagt. Dann war eine Selbstvorstellung des Mose als Prophet gefolgt: »Ich bin ein vertrauenswürdiger Gesandter«, um dann den Inhalt der Botschaft zu präsentieren: »Seid nicht gegen Gott überheblich!« (Sure 44,18f). Entsprechend ist in Sure 20 die *Begegnung Mose-Pharao* zu einem eigentlichen *Religionsdisput* ausgebaut worden:

Er (Pharao) sagte:

> »Wer ist euer Herr, Mose?«

Er sagte:

> »Unser Herr ist der, der allem seine Natur gibt und
> dann führt.«

Er sagte:

> »Wie steht es mit den früheren Generationen?«

Er sagte:

> »Das Wissen darüber steht bei meinem Herrn in einer
> Schrift. Mein Herr geht nicht irre und vergisst nicht.
> Der euch die Erde als Liegestatt geschaffen, euch auf
> ihr Wege angelegt und Wasser vom Himmel herabge-
> sandt hat.«

Mit ihm brachten wir verschiedene Arten von Pflanzen hervor.

Esst und weidet euer Vieh!

> Darin sind Zeichen für die Klugen.

Aus ihr (der Erde) haben wir euch erschaffen, in sie bringen wir euch zurück und aus ihr noch einmal hervor.

Wir ließen ihn (Pharao) all unsere Zeichen sehen. Da leugnete er und weigerte sich.

Er sagte:

> »Bist du zu uns gekommen, um uns mit deinem Zau-
> ber aus unserem Land zu vertreiben, Mose?
> Wir werden dir gewiss mit gleichem Zauber kommen.
> So setze uns und dir einen Termin, den wir nicht verfeh-
> len, weder wir noch du, für einen gemeinsamen Ort!«

Er sagte:

»Euer Termin ist der Tag der Pracht; die Menschen sollen sich am lichten Morgen versammeln.«

(Sure 20,49–59: Mk II)

Unterschiedlicher könnte die Auseinandersetzung Mose-Pharao in beiden Ur-Kunden kaum sein. Gewiss: Die Rückfrage des koranischen Pharao in Sure 20 «Wer ist euer Herr, Mose?« entspricht durchaus noch der Frage des biblischen Pharao: »Wer ist Jahwe, dass ich auf ihn hören und Israel ziehen lassen sollte?« (Ex 5,2). Aber statt eines dem Pharao entgegengeschleuderten emphatischen Befreiungsrufs: »Lass mein Volk ziehen« (Ex 5,1; 7,16 u. ö.) trifft man in Sure 20 auf eine ruhige, ja »sanfte« (Sure 20,44) schöpfungstheologische Belehrung des Pharao: Alles Leben auf Erden stamme von Gott, dem einen und wahren Gott. Warum so ruhig? Weil das ausdrücklich angeordnete »sanfte Wort« der Belehrung dem Pharao das Alibi nehmen soll, die Schuld für seine Verstocktheit beim Gottgesandten zu suchen. Im biblischen Buch Exodus wird der Pharao nicht belehrt, sondern mit einer Plage nach der anderen konfrontiert. Aber trotz aller göttlichen Zeichen bleibt sein Herz verhärtet, ja im biblischen Buch ist es konstant Gott selbst, der »das Herz des Pharao verhärtet« hat (Ex 7, 3; 9, 12; 11, 10), und alles kommt so, »wie es der Herr vorausgesagt« hat (Ex 8,11; 9, 12; 9, 35).

Daraus folgt: In Sure 20 ist der Konflikt Mose-Pharao ein religionspolitischer. Religiös gesehen wird Pharao als Typus des mächtigen, verstockten Ungläubigen präsentiert, der die »Zeichen« des einen und wahren Schöpfergottes konstant ignoriert. Politisch geht es um eine brisante Konfrontation: Gottgesandter machtloser Prophet gegen irdisch-machtvollen Gewaltherrscher. Kurz: Der Koran – als Glaubenszeugnis einer unterdrückten Minderheit auf die wirtschaftlich-politischen Herrschaftsverhältnisse in Mekka reagierend – gestaltet wie das Buch Exodus die Begegnung Mose-Pharao zu einem *exemplarischen Konflikt zwischen Religion und Politik*, getrieben von der Frage nach der Macht: Wer soll auf Erden herrschen – Gottes oder der Machthaber Wille?

Wie Gott seine Macht demonstriert

Dieser Machtkampf setzt sich in einem weiteren Akt des Dramas in Sure 20 fort. Zwar wird auch das Buch Exodus nicht müde, immer wieder neu (immerhin nach zehn »Plagen«!) die »Verstocktheit« des Pharao anzuprangern, biblisch aber ist diese Verstocktheit politisch motiviert (die Sklaven werden gebraucht!), koranisch religiös: Trotz aller »Zeichen«, die er hätte sehen können und über die Mose ihn unterrichtet, bleibt der koranische Pharao bei seinem alten Glauben. Dabei wird Mose auch im Koran genügend Zeichen aussenden. Aus den biblisch ausführlich geschilderten zehn »Plagen« (Ex 7, 14 – 10, 29; 12, 29) sind im Koran immerhin noch »neun klare Zeugnisse« geworden, »neun Zeichen«, die später einmal in knappster Form angedeutet werden (Suren 17,101; 27,12: beide Mk II).

Was aber im Fall des Pharao nicht gelingt, gelingt zumindest im Fall der *Zauberer*. Jetzt schaltet Sure 20 die Szene des Wettbewerbs zwischen den Zauberern des Pharao sowie Mose und Aaron ein, wie ihn auch das Buch Exodus kennt (vor allem Ex 7,8–13). Was aber im biblischen Buch nur eine Nebenepisode ist, hebt der Koran programmatisch hervor:

> Da kehrte sich Pharao ab und nahm seine ganze List zusammen. Dann kam er.
> Mose sagte zu ihnen:
>> »Weh euch! Denkt euch nicht über Gott Lüge aus, dass er euch nicht durch Strafe vertilge.«
>> Es scheitert, wer sich etwas ausdenkt.
> Da stritten sie untereinander über ihre Sache und führten geheime Gespräche.
> Sie sagten:
>> »Diese beiden sind zwei Zauberer, die euch mit ihrem Zauber aus eurem Land vertreiben und euren höchst vorbildlichen Weg beseitigen wollen.
>> So nehmt eure List zusammen, dann kommt in einer Reihe!
>> Heute ergeht es dem gut, der überlegen ist.«

Sie sagten:

»Mose, entweder wirfst du oder wir werfen zuerst.«

Er sagte:

»Aber nein, werft ihr!«

Und ihre Stricke und Stäbe da – durch ihren Zauber kam es ihm vor, als ob sie liefen.

(Sure 20,60–66: Mk II)

Wie im Buche Exodus spitzt sich nun auch in Sure 20 der Kampf zu, um dann eine entscheidende Wendung zu nehmen. Dabei nutzt schon das biblische Buch diese Konfrontation triumphalistisch für den Gott Israels, versagen doch die hier geschilderten »Wahrsager« bei der dritten Plage, der verlangten Stechmücken-Produktion, und müssen dem Pharao gegenüber erstmals eingestehen: »Das ist der Finger Gottes« (Ex 8,15). Deutlicher noch in unserer koranischen Sure:

Da fürchtete sich Mose zutiefst.

Wir sprachen:

»Fürchte dich nicht! Du bist der ganz Überlegene.

Wirf, was in deiner Rechten ist, dann verschlingt es, was sie gemacht haben. Was sie gemacht haben, ist nur die List eines Zauberes.

Dem Zauberer ergeht es nicht gut, wohin er auch kommt.«

Da wurden die Zauberer zur Anbetung niedergeworfen.

Sie sagten:

»Wir glauben an den Herrn von Aaron und Mose.«

(Sure 20,67–70)

Im Koran erkennen die »Zauberer« nicht nur den »Finger Gottes« auf Seiten von Mose und Aaron (Sure 20,69 entspricht Ex 7,12), sondern fallen sogar in Anbetung nieder und liefern ein Glaubensbekenntnis ab. Götzendienerische Zauberer als Bekehrte zum wahren Gott! Größer könnte der Triumph der eigenen Religion kaum sein. Entsprechend zornig ist die Reaktion des koranischen Pharao, der die Kontrolle über sein Personal verloren hat: »Ihr glaubt, bevor ich es euch erlaube. Er ist euer Ältester, der euch den Zauber gelehrt hat. Ich hacke euch gewiss wechselseitig Hände und Füße ab und kreuzige euch an Palmstämmen« (20,71). Die Zauberer also werden im Koran noch mehr als im Buche Exodus zu spektakulären Demonstrationsobjekten der Macht des wahren Gottes – ein deutliches Zeichen für die Ungläubigen in Mekka. Entsprechend selbstbewusst können und sollen sie jetzt gegenüber dem immer noch ungläubigen Pharao auftreten:

> Wir glauben an unseren Herrn, damit er uns unsere Sünden vergebe und das an Zauber, wozu du uns gezwungen hast.«
>
> Gott ist überaus gut und beständig.
>
> Wer als Verbrecher zu seinem Herrn kommt, der bekommt die Hölle, in der er weder stirbt noch lebt.
>
> Die aber gläubig zu ihm kommen, die haben gute Werke getan, die bekommen die höchsten Ränge,
>
> die Gärten Edens, in denen unten Flüsse fließen.
>
> Ewig sind sie darin.
>
> *(Sure 20, 73–76: Mk II)*

Im nächsten Akt können wir dann auch in Sure 20 entsprechende Machtdemonstrationen *Gottes* verfolgen: Auszug aus Ägypten, Rettung des Volkes, Gottesberg. Während aber das Buch Exodus zwischen dem Zauberer-Wettbewerb und der »Sinai«-Offenbarung noch lange Kapitel über die neun Plagen einschiebt, dann vom Pascha-Mahl berichtet samt den für Israel von da an konstitutiven Pascha-Mahl-Vorschriften (Ex 12), schließlich die zehnte Plage stattfinden lässt (Tod der ägyptischen Erstgeburt), um daran die Heiligung der »Erstgeburt« der Israeliten anzuschließen (Ex 13), während also das Buch Exodus in dieser Phase alles tut, um Israels besondere Erfahrung mit Jahwe auch gesetzlich ein für alle Mal festzuhalten (»Denkt an diesen Tag, an dem ihr aus Ägypten, dem Sklavenhaus, fortgezogen seid«: Ex 13,3), um dann erst den Aufbruch zum Schilfmeer (Ex 13,17–22), die Verfolgung durch die Ägypter (Ex 14,1–14) und das Meerwunder (Ex 14,15–31) zu präsentieren, lässt Sure 20 die Machtdemonstrationen Gottes unmittelbar nach dem Zauberer-Wettbewerb folgen, und zwar in einer knappst möglichen Offenbarung Gottes an Mose:

- Auszug »bei Nacht« aus dem Land des Pharao (Sure 20,77);
- Durchzug »durch das Meer im Trockenen« (Sure 20,77);
- Verfolgung durch die Truppen des Pharao und Vernichtung der Truppen durch wieder zusammenfließende Wassermassen (Sure 20,78);
- Rettung des Volkes und Speisung durch Manna und Wachteln, um dann sofort die Szene an den Gottesberg zu verlagern:

> Ihr Kinder Israels, wir haben euch vor eurem Feind gerettet, uns mit euch auf der rechten Seite des Berges verabredet und das Manna und die Wachteln auf euch hinabgesandt.
>
> »Esst von den guten Dingen, mit denen wir euch versorgen, und handelt dabei nicht gesetzlos, sonst geht mein Zorn auf euch nieder!«
>
> Auf wen mein Zorn niedergeht, der stürzt.
>
> Ich bin aber voller Vergebung für den, der umkehrt, glaubt und Gutes tut. Dann wird er geführt.
>
> *(Sure 20,80–82: Mk II)*

Überschneidungen zwischen der biblischen und koranischen Exodus-Geschichte gehen also bis ins Detail. Und doch ist die inhaltliche Pointe der Mose-Erzählung von Sure 20 nicht wie im Buche Exodus heilsgeschichtlicher Natur: Prüfung des auserwählten Volkes in der Wüste und seine Ausstattung mit Weisungen am Offenbarungsberg. Die Pointe ist theozentrischer Natur: Trotz aller Widerstände und Kämpfe setzt Gott sich am Ende durch und rettet den standhaften Glaubenskämpfer sowie das gläubige Volk aus der Herrschaft eines götzendienerischen, ungläubigen Machthabers. Eine Botschaft für die Kampfsituation des Propheten in Mekka. Aber auch dies will beachtet sein:

Konflikte mit dem eigenen Volk: die Rolle Aarons

Denn so gläubig geht es im Volk dann doch nicht zu. Im letzten Akt von Sure 20 wird nun auch der Konflikt zwischen Mose und seinem *eigenen* Volk geschildert, den wir auch aus dem Buch Exodus kennen. Er signalisiert uns, dass die Situation auch innerhalb der muslimischen Ur-Gemeinde offenbar komplizierter geworden ist. Während aber das Buch Exodus breit erzählt, nimmt Sure 20 jetzt eine atemberaubende Verkürzung vor. Wenn es eine Stelle im gesamten Mose-Erzählkomplex des Koran gibt, die ein Vorauswissen der Adressaten voraussetzt, dann diese. Anders wäre der Übergang von Sure 20,82 zu 83 undenkbar. 20,82 hatte geendet: »Ich bin aber voller Vergebung für den, der umkehrt, glaubt und Gutes tut. Dann wird er geführt.« Vers 83 fährt unmittelbar fort:

> »Was drängt dich weg von deinem Volk, Mose?«

Er sagte:

> »Die sind auf meiner Spur. Ich eile zu dir, Herr, damit
> du Wohlgefallen habest.«

Er sagte:

> »Doch wir haben, nachdem du weg warst, dein Volk
> geprüft und der Samiri hat sie irregeleitet.«

Da kehrte Mose zu seinem Volk zurück, zornig und betrübt. Er sagte:

> »Mein Volk, hat euch euer Herr nicht ein schönes Versprechen gegeben? Hat euch denn die Verpflichtung
> zu lange gedauert oder habt ihr gewollt, dass Zorn
> von eurem Herrn auf euch niedergehe, und so die
> Vereinbarung mit mir gebrochen?«

Sie sagten:

> »Nicht aus Eigenmächtigkeit haben wir die Vereinbarung mit dir gebrochen, sondern man hat uns Lasten
> vom Schmuck des Volkes aufgebürdet. Da warfen wir
> sie hin, ebenso der Samiri.
> Der machte ihnen dann daraus ein Kalb in brüllender
> Gestalt und sie sagten:

›Das ist euer Gott und Moses Gott. Doch er (Mose) hat es vergessen.‹«

Sehen sie denn nicht, dass es ihnen kein Wort erwidert und ihnen weder schaden noch nützen kann?

Aaron hatte vorher zu ihnen gesagt:

»Mein Volk, ihr werdet mit ihm geprüft. Euer Herr ist der Allerbarmende. So folgt mir und gehorcht meiner Verfügung!«

Sie hatten gesagt:

»Wir werden nicht ablassen, es anhänglich zu verehren, bis Mose zu uns zurückkehrt.«

Er (Mose) sagte:

»Aaron, was hat dich, als du sie irregehen sahst, gehindert, mir zu folgen? Widersetzt du dich denn meiner Verfügung?«

Er sagte:

»Sohn meiner Mutter, pack mich nicht an Bart und Kopf! Ich habe befürchtet, du würdest sagen:

›Du hast unter den Kindern Israels Zwietracht gestiftet und mein Wort nicht beachtet.‹«

Er sagte:

»Und was ist mit dir, Samiri?«

Er sagte:

»Ich habe gesehen, was sie nicht gesehen haben. Da habe ich eine Handvoll von der Spur des Gesandten gefasst und sie hingeworfen. So hat mir meine Seele eingeredet.«

Er sagte:

»Geh! Du sollst im Leben sagen:

›Nicht anfassen!‹,

und hast einen Termin, den man dir nicht aufheben wird. Schau deinen Gott, den du anhänglich verehrst! Wir verbrennen ihn gewiss und zerstäuben ihn dann im Meer.

Nur Gott ist euer Gott, außer dem kein Gott ist. Er umfasst alles im Wissen.«

So erzählen wir dir Geschichten von dem, was früher geschah. Wir haben dir von uns her erinnernde Mahnung
gegeben.
(Sure 20,83–99: Mk II)

Dieser Surenabschnitt macht uns zu Zeugen eines besonders
dramatischen Wortgefechts, was die Übersetzung von *Zirker*
durch mehrfache Einrückungen auch optisch sichtbar zu machen weiß. Der Schlussakt dieser Sure erzählt denn auch ähnlich wie das Buch Exodus die Mose-Geschichte als Geschichte
eines *internen Konfliktes* zu Ende. Im Zentrum stehen jetzt zwei
Figuren: Moses Bruder Aaron und der Sāmirī, wörtlich: »der
Samaritaner« (20,85 u. 95). Der *Sāmirī* ist der Mann, auf dessen
Geheiß die Israeliten das Goldene Kalb anfertigten. Offensichtlich verfügt er über Zauberkräfte, beruft er sich doch nach
Sure 20,96 auf eine »Handvoll von der Spur des Gesandten«.
Möglicherweise hat er vorher einen Engel gesehen und nutzt
dessen in der Erde hinterlassenen Spuren wegen ihrer beson-
deren zauberischen Macht. Möglicherweise ist aber auch Mose
selber gemeint, der als Gottgesandter ebenfalls übernatürliche
Spuren hinterlassen haben könnte (Details: *H. Speyer*, Biblische Erzählungen, 1961, 329–333; vgl. EQ 4, 524f.). Wie immer:
In Sure 20 wird dieser Zauberer verurteilt. Mit dem Ausruf
»Nicht anfassen« werden alle Menschen vor dem Umgang mit
ihm gewarnt. Sie sollten ihn nicht berühren!

Die zweite Figur in diesem Konfliktszenario ist Moses *Bruder Aaron*. Im Unterschied zu Exodus 32,21–25 (und später
dann in Sure 7) wird er hier, in Sure 20, durch die Einführung
der Figur des Sāmirī sichtlich entlastet. Zwar trifft ihn auch
hier der Zorn des Mose, so dass dieser ihn sogar »an Bart und
Kopf« gepackt hat. Zwar trifft ihn auch hier der harte Vorwurf,
unter den Kindern Israels »Zwietracht« gestiftet zu haben,
aber der koranische Aaron hatte das Volk vorher gewarnt und
es zum Gehorsam aufgefordert (Sure 20, 90). So reduziert sich
der Vorwurf an seine Adresse auf die Tatsache, dass er Mose
nicht gefolgt ist, als er den Götzendienst im Volk nicht hatte

verhindern können. Die Herstellung des »Kalbs in brüllender Gestalt« wird allein dem rätselhaften Sāmirī angelastet.

Die Aaron-Episode ist dennoch im Koran von tiefer symbolischer Bedeutung. Sie signalisiert – parallel zum Buche Exodus – *erstens* tiefgehende Skepsis im Menschenbild: Das Volk fällt in alte götzendienerische Praktiken zurück, sobald die religiöse Autorität abwesend ist oder versagt. Sie signalisiert *zweitens*: Gottgesandte müssen ihre Botschaft stets gegen einen *doppelten Widerstand* durchsetzen: Gegen den Widerstand des paganen Establishments (Pharao und seine Leute) und gegen den Widerstand unter den eigenen Anhängern (Rückfall des Volkes in alte Praktiken). Die Mose-Konfliktgeschichte in Sure 20 hat somit eine doppelte Adressatenfront: Ungläubige und Bekehrungsresistente, aber auch schon Bekehrte, die eigenen Anhänger des Propheten. Gerade mit der Geschichte um das Goldene Kalb kann Mohammed beide Adressaten-Gruppen ansprechen.

Deren Pointe ist: Den Bekehrungsresistenten wird das abschreckende Beispiel eines verwerflichen Götzendienstes vor Augen gestellt, das Strafe Gottes nach sich zieht. Den schon Gläubigen wird signalisiert, wie fragil die Situation selbst unter schon Bekehrten werden kann. Soeben noch von Gott gerettet, fallen sie wieder von ihm ab. Statt dankbarer Erinnerung an Gottes Taten – selbstherrlicher Götzendienst; statt Orientierung an Gottgesandten wie Mose und Aaron – Abfall unter dem Einfluss eines Verführers.

3. Befreiung aus den Fängen der Macht

Alle anderen Aspekte der biblischen Mose-Geschichte spielen in Sure 20 eine Nebenrolle: Ursache und Vollzug des Exodus, die Ereignisse nach der Rettung, die Erlassung von Geboten am Berg. Sure 20 beschränkt sich auf wenige Anspielungen, oft nur mit einem lapidaren Satz: »Ziehe bei Nacht mit meinen Dienern (aus dem Land des Pharao) fort!«, oder: »wir haben euch (seinerzeit) vor eurem Feind gerettet, und uns mit euch auf der rechten Seite des Berges verabredet«. Noch ist das alles nebensächlich.

Pharao als verblendeter Götze: Sure 26

Erst in der ebenfalls aus mittelmekkanischer Zeit stammenden *Sure 26* (10–68) erscheint das Exodus-Motiv als Befreiung von Unterdrückung stärker ausgebaut, wiederum aber in einer Fassung, die sich vom biblisch-jüdischen Verständnis unterscheidet. Erstmals wird hier die Knechtschaft der »Kinder Israels« ausdrücklich erwähnt (26,22), zunächst wie nebenbei, als Teil eines Wortgefechts mit dem Pharao, das Sure 20 so noch nicht kannte. Man lasse bei genauer Lektüre auf sich wirken, wie rasant die Wortgefechte hin und her gehen, Ausdruck höchster Erregung und tiefster emotionaler Anspannung. Gehen wir Schritt für Schritt vor.

Unerwartet schon dies: Als Mose bei Pharao auftaucht und seine Forderung stellt (»Schicke die Kinder Israels mit uns«: 26,17), wird er hier in dieser Sure an seine Kindheit am Königshof und an eine begangene Untat erinnert. Aus der biblischen Erzählung wissen wir, dass Mose einen Ägypter im Streit erschlagen und Ägypten Richtung Midian hatte verlassen müssen (Ex 2,12.15). Die Anspielung des koranischen Pharao hier in Sure 26 setzt die Kenntnis dieses Ereignisses der Mose-Vita voraus:

Er (Pharao) sagte:

»Haben wir dich nicht als Kind bei uns großgezogen und hast du nicht Jahre deines Lebens unter uns verbracht?

Deine Tat, die du getan hast, hast du getan und gehörst zu den Undankbaren.«

(Sure 26,18f.: Mk II)

Sofort ist Mose in der Defensive und zu einer Erklärung gezwungen:

»Als ich sie damals tat, gehörte ich zu denen, die irregehen.

Da floh ich vor euch, als ich euch fürchtete. Da schenkte
mein Herr mir Urteilskraft und machte mich zu einem
der Gesandten.

Das aber ist Gnade, die du mir erweist: dass du die Kinder Israels knechtest.«

(Sure 26,21f.: Mk II)

Der letzte Vers ist voll von Sarkasmus. Pharao fordert Dankbarkeit von anderen, seine eigene »Gnade« aber besteht in etwas anderem: in Gnadenlosigkeit. Die zeigt sich an der repres-
siven Praxis gegenüber den »Kindern Israels«. Aber auch hier
steht nicht der soziale Konflikt im Zentrum, sondern noch
deutlicher als in Sure 20 die *religiöse Verblendung* Pharaos und
seines Volkes, das hier jetzt ausdrücklich mit einbezogen ist.
Hatte Gott doch Mose zu Beginn der Geschichte aufgefordert:

»Geh zu dem Volk, das Unrecht tut, zu Pharaos Volk!

Wollen sie nicht gottesfürchtig sein?«

(Sure 26,10–11: Mk II)

»Unrecht« ist hier noch nicht sozial konnotiert. Gestritten
wird hier vielmehr um Ehrfurcht vor dem wahren Gott. Entsprechend wird der Pharao in Sure 26 nicht mehr bloß länger
zum *Typus* des verstockten Ungläubigen, sondern sogar zu
dem *eines Größenwahnsinnigen, der sich für Gott hält.* Nach einem Wortgefecht mit Mose (26,23–29) steigert sich der koranische Pharao in die Aussage hinein: »Wenn du dir außer mir
einen Gott nimmst, mache ich dich gewiss zu einem der Gefangenen« (Sure 26,29; vgl. 43,46–56: Mk II). Das aber ist für
den Koran die Ursünde schlechthin: Ein Mensch macht sich
zu Gott. Das ist die verwerflichste Form religiöser Verirrung
und Verblendung.

Das dramatische Wortgefecht von Sure 26 spiegelt ganz offensichtlich die Tatsache wider, dass sich am Ende der zweiten Periode von Mekka das *Drama um den Propheten zugespitzt
hat.* Schon sprachlich fällt der schnellere Rhythmus auf. Die
Erzähleinheiten sind auf weite Strecken hochdramatische

Wechselreden, die teilweise ins Sarkastische abgleiten. Die Auseinandersetzung Mose-Pharao hat sich sichtlich verschärft. Der in Sure 20,44 angedeutete Stil freundlichen und geduldigen Debattierens ist jetzt nicht mehr möglich. Zwar hält der Mose von Sure 26 an einem erhaben-hymnischen Redestil gegenüber dem zeitweise zynisch sprechenden Pharao fest, doch ist der vorher serene Ton einer angespannten Atmosphäre gewichen.

Die ist schon zum Auftakt von Sure 26 zu spüren. Die Enttäuschung des Propheten hat offenbar solche Ausmaße angenommen, dass er sogar an *Selbsttötung* denkt: »Vielleicht grämst du dich selbst zu Tode, weil sie nicht gläubig sind« (Sure 26,3). Und dieses »zu Tode« Grämen ist hier wohl wörtlich zu verstehen. Entsprechend übersetzt *Rudi Paret*: »Vielleicht willst du (gar) dich selber umbringen (aus Gram darüber), dass sie (d. h. die Mekkaner) nicht gläubig sind.« Das alles zeigt, dass in der mittelmekkanischen Periode das Prophetenamt bereits »schwieriger und belastender« für Mohammed geworden ist, um noch einmal ein Wort von *Angelika Neuwirth* aufzugreifen: »Rede und Gegenrede in raschem Wechsel sind das Medium der Auseinandersetzung; die vorher vorherrschende tröstende Imagination von Bildern aus der Heilsgeschichte verliert an Terrain. Nicht mehr gemeinsame Transzendenzerfahrung, vielmehr gemeinsame Verfolgungserfahrung, die auch Mose nicht ersparte zeitweise Wahrnehmung, einer preisgegebenen Minderheit zuzugehören, bedroht mit dem Verlust des Wohnrechts in der angestammten Heimat, vereint die beiden Propheten« (Erzählen als kanonischer Prozess, 2002, 337).

Entsprechend ist die Mose-Erzählung in Sure 26 voll von besonderen Zeichen Gottes, die den Propheten, gespiegelt in Mose, stärken sollen. Es sind zwei: Zauberbekehrung und Auszug aus der Knechtschaft. Zunächst wird auch hier die aus Sure 20 schon bekannte Auseinandersetzung mit den Zauberern eingebracht (26,34–51) mit der Pointe, dass die Zauberer des Pharao plötzlich »an den Herrn aller Welt, den

Herrn von Mose und Aaron« (26,47) zu glauben beginnen. Dann wird das *Exodus-Motiv* aufgegriffen und mit ihm die Mose-Geschichte in Sure 26 abgeschlossen:

Wir offenbarten Mose:

»Zieh bei Nacht mit meinen Dienern fort! Ihr werdet verfolgt.«

Da schickte Pharao Leute in die Städte, die versammelten.

»Die sind ein kleiner Haufen

und machen uns wütend,

wir dagegen eine große Menge, die aufpasst.«

Da vertrieben wir sie (die Ägypter) von Gärten und Quellen, von Schätzen und edler Stätte.

So war es: Wir gaben dies den Kindern Israels zum Erbe.

Sie (die Ägypter) verfolgten sie bei Sonnenaufgang.

Als dann die beiden Scharen einander sahen, sagten Moses Gefährten:

»Wir werden eingeholt.«

Er sagte:

»Nein, mein Herr ist mit mir. Er wird mich führen.«

Da offenbarten wir Mose:

»Schlage mit deinem Stock das Meer!«

Da spaltete es sich und jeder Teil war wie ein mächtiger Berg.

Die anderen ließen wir dort nahe herankommen.

Mose aber und die, die mit ihm waren, retteten wir allesamt.

Dann ertränkten wir die anderen.

Darin ist ein Zeichen. Die meisten von ihnen aber sind nicht gläubig.

Dein Herr jedoch ist der Mächtige und Barmherzige.

(Sure 26,52–67: Mk II)

Die Parallelen zur biblischen Exodus-Überlieferung, namentlich in Ex 14, sind hier mit Händen zu greifen. Doch während in der jüdischen Tradition der Exodus die zentrale Befreiungserfahrung des gesamten Volkes wird, eine Vergewisserung der eigenen Identität als erwähltes Volk in seiner bleibenden

Beziehung zu seinem Gott, während also »der Exodus« zum zentralen Inhalt des kulturellen Gedächtnisses Israels durch alle Zeiten bis in die Gegenwart hinein wird (verknüpft mit einem eigenen Gedächtnis-Fest: Pessach), erscheint in Sure 26 der geglückte Auszug aus der Knechtschaft des Pharao als *ein* Zeichen der wundersamen Rettungstaten, mit denen Gott schon Mose ausgezeichnet hat, ein Zeichen unter anderen. Denn die Pointe der koranischen Fassung in Sure 26 ist nicht die Konstituierung einer eigenen Identität als von Gott erwähltem Volk, sondern die Rettung einer Glaubensgemeinschaft aus der Unterdrückung durch einen Machthaber, der sich als verblendeter Götze aufspreizt. Und damit zugleich die Bekräftigung des Vertrauens in Gottes Führung gegen die eigene Verzagtheit und den Unglauben der Umgebung. »Nein, mein Herr ist mit mir. Er wird mich führen«: das ist die Pointe, die Mose in Sure 26 in den Mund gelegt wird. Kurz: Die Erinnerung an den »Auszug« der Kinder Israels in Sure 26 hat nicht heilsgeschichtliche, sondern Trost- und Stärkungsfunktion in einer Zeit, in der »die meisten nicht gläubig« sind und man als Schwacher einem Mächtigen ausgeliefert ist.

Machtkampf in Mekka im Spiegel der Mose-Suren

Es ist geradezu auffällig, wie sehr sich die Mose-Bezüge in der *dritten Periode von Mekka* (620–622) noch einmal häufen, und zwar auf dem Höhepunkt des Konfliktes mit dem mekkanischen Establishment. Neben einem kurzen Stück in Sure 14,6–8 haben wir hier nicht weniger als *vier lange Mose-Erzählungen* vor uns: 40,23–54; 28,1–49; 10,75–93 und 7,103–160. Wir nehmen die Stichworte, die soeben gefallen sind, auf: »preisgegebene Minderheit«, »Verlust des Wohnrechts in der angestammten Heimat«. Sie signalisieren noch einmal unmissverständlich: Die Mose-Suren dürfen nicht nur als Religionskonflikt gedeutet werden. Sie sind ebenso Ausdruck eines politischen Machtkampfes, der zwischen der muslimischen

Urgemeinde und dem mekkanischen Establishment immer unerbittlicher ausgetragen wird.

Dass die prophetische Botschaft von Anfang an eine scharfe sozialkritische Stoßrichtung hat, haben wir bereits betont (Erster Teil, Kap. 4). Die Unbekümmerten, Diesseitsverliebten, Wohlleben-Orientierten werden mit dem Gericht Gottes konfrontiert. Dabei spielt insbesondere die Ka'ba im religiösen Betrieb Mekkas eine zentrale Rolle. In einer Ecke dieses Heiligtums befindet sich ein schwarzer Stein, schon damals zusammen mit drei auch im Koran erwähnten Göttinnen verehrt (Sure 53,19–25). Wie die übrigen Heiligtümer ist die Ka'ba in besonderer Weise Zufluchts- und Asylstätte für Schutzsuchende; ihr Bezirk ist tabu und unantastbar. Massen pilgern alljährlich zu Ka'ba, und dies umso eifriger, weil dort gleichzeitig Märkte und Ausstellungen stattfinden. Für die Hüter der mekkanischen heiligen Stätten (Mohammeds Stamm: die Quraisch) ist der Pilgerbetrieb ein einträgliches Geschäft. *Religion und Kommerz* sind profitabel miteinander verquickt. Eine jahrhundertealte religiöse Praxis, deren Verfallserscheinungen einem religiös so sensiblen und ernsthaften Mann wie Mohammed nicht verborgen geblieben sind. Wie aber gegen das Kartell aus Religion, Politik und Ökonomie ankommen, wo die eigene »Gemeinde« wenige Dutzend Mitglieder zählt? Das hat Folgen insbesondere für die Funktion der Mose-Suren.

Pharao als größenwahnsinniger Despot: Sure 40

Sure 14 (Mk III) bringt in eindrücklicher Bildersprache und in Form einer verknappten Reminiszenz noch einmal auf den Punkt, worum es dem Propheten bei der Erinnerung an die Mose-Geschichte geht: Schon Mose hat sein Volk »aus den Finsternissen heraus ins Licht« (14,5) geführt. Schon in der Mose-Geschichte steckt eine »Mahnung« und ein »Zeichen«. Mahnung woran? Zeichen wofür? Antwort: »Gedenkt der Gnade Gottes euch gegenüber« (14,6). Und diese Gnade besteht in der Rettung des Volkes Israel aus den Klauen eines Gewaltherrschers, eines Herrschers, der »eure Söhne schlachtete und eure Frauen am Leben« ließ (Sure 14,6). Wer sich somit an Gnadentaten von damals *heute* erinnert, weiß, wie er sich in seinem Leben Gott gegenüber zu verhalten hat: »standhaft« und »dankbar«. Diese Grundhaltungen werden durch die Mose-Wiederholungen stets aufs Neue eingeschärft. Die narrativen Inszenierungen mögen für uns (externe) Leser ermüdend klingen, für den internen Hörer damals sind sie Teil eines wohldurchdachten Lernprogramms, immer wieder neu eingeübt in gottesdienstlichen Versammlungen.

So werden in den Suren 40 und 28, ebenfalls aus der *dritten Periode von Mekka,* die Konflikte um Mose noch einmal breit entfaltet und im Vergleich zu Sure 20 mit neuen Akzenten versehen. Verstärkt wird in *Sure 40,23–52 (Mk III)* insbesondere noch einmal die *Rolle des Pharao.* Dieser will Mose jetzt sogar töten, ähnlich wie wohl die Gegner in Mekka den Propheten Mohammed am liebsten beseitigt hätten. Der Grund? Pharao fürchtet, dass Mose die etablierte »Religion ändert« und so »auf der Erde Unheil hervorruft« (Sure 40,26). Nichts anderes musste sich Mohammed in Mekka anhören.

Die etablierte Religion hat nun vollends in Pharao ihr groteskes Spiegelbild gefunden. Denn in Verstärkung von Sure 26 lässt auch Sure 40 den Pharao direkt zu einem Blasphemiker werden, der sich in seinem Größenwahn einbildet, über Gottes Macht zu verfügen oder wie Gott zu sein. Seinen Diener Hāmān nämlich, der hier erstmals in einer Mose-Sure auftaucht (man vermutet eine Anspielung auf den verschlagenen persischen Minister Haman aus dem biblischen Esther-Buch), fordert der Pharao auf, ihm eine »Burg« zu bauen. Er wolle damit »die Zugänge der Himmel, damit (er) hinaufsteige zu Moses Gott« (Sure 40,37). Auf einmal erscheint Pharao nicht nur als verblendeter Götze und Gewaltherrscher, sondern als *ein dem Größenwahn verfallener Despot*, der sich auf die Höhe Gottes erheben will. Anklänge an die biblische Erzählung vom Turmbau zu Babel (Gen 11,1–9) sind erkennbar. Entsprechend gerät der koranische Pharao Sure 40 zufolge ins Verderben. Und entsprechend verstärkt ist der polemische Ton. Negative Wahrnehmungen beherrschen die Predigt. Im Angesicht eines ungläubigen und willkürlichen Machthabers wird die Aufgabe des Propheten zu einer harten Probe. »Pharaos Schatten« legt sich verdunkelnd auf die Wahrnehmung der Welt, die nun im Wesentlichen negativ erscheint und nur durch die Erinnerung an ihr Gegenmodell, das erwartete Jenseits, Zukunftshoffnungen wach hält.

Rettung aus Unterdrückung: Sure 28

Sure 28 ist dann der *zweite Schlüsseltext* (Mk III) im Koran für die Präsentierung der Mose-Geschichte, entfaltet von Anfang an in einem breiten Rahmen von 50 Versen (28,1–50). Im intratextuellen Vergleich fallen zwei Merkmale sofort heraus. Zum einen: Im Gegensatz zur Dramatik von Sure 20 (mit anfänglicher Berufungsszene und Rückblende in die Kindheit), aber auch im Gegensatz zu Sure 26 mit ihren dramatischen Wechselreden sowie schließlich zu Sure 40 mit ihrer negativen Stimmung ist hier der Ton ein ganz anderer: Die Erzählung zielt deutlich auf die Allwissenheit Gottes, der alle Vorgänge, auch die für den Gerechten bedrohlichen, zum Guten wenden kann, ohne dass die Übelwollenden es merken. Zum andern wird jetzt – anders als noch in Sure 20 – die Mose-Geschichte nach dem aus dem Buche Exodus bekannten Ablauf dargelegt. Die Dramaturgie scheint wie entschärft:

(1) Wie im Buche Exodus (2, 1–10) beginnt alles mit der *frühkindlichen Rettungsgeschichte,* die jetzt noch stärker (aus der Perspektive von Moses Mutter) ausgebaut erscheint. Umstände und Namen werden jetzt deutlicher genannt. In der Hebräischen Bibel ist es die *Tochter* des Pharao, die das »Hebräerkind« rettet, in Sure 28 ist es jetzt sogar die *Frau* des Pharao (28,9), die später – in medinensischer Zeit – dafür noch besonders gelobt werden wird, da sie sich zum wahren Gott bekehrt habe: »Herr, baue mir bei dir ein Haus im Garten,

rette mich vor Pharao und seiner Tat, rette mich vor dem Volk, das Unrecht tut« (Sure 66,11: Md).

(2) Wie im Buche Exodus (2, 11–14) wird anschließend vom *Mord an einem Mann* erzählt und von der Notwendigkeit für Mose, das Land zu verlassen. Im Koran erscheint auch hier diese Szene ausgebaut (Sure 28,15). Sie gibt dem Kampfgeschehen auf diese Weise stärkeres psychologisches Gewicht.

(3) Wie im Buche Exodus (2,16–22) wird auch in Sure 28 gleich anschließend vom *Aufenthalt in »Madjan«* (Sure 28,22; biblisch: Midian) berichtet: von der Begegnung mit einem alten Herdenbesitzer (biblisch: Reguel; koranisch: anonym) und dessen beiden Töchtern sowie der Verheiratung des Mose (biblisch: mit Zippora: Ex 2, 21), wobei es in der koranischen Version Anklänge an die Jakob-, Laban-, Lea- und Rachel-Geschichte von Gen 29 und 30 gibt.

(4) Entsprechend dem Buche Exodus (3,1–6) wird in Sure 28 jetzt auch von der *Gotteserscheinung vor Mose* erzählt, wobei ein inhaltlicher Unterschied zu Sure 20 ins Auge fällt. Hatte es dort in der Selbstvorstellung Gottes noch geheißen: »*Ich* bin es, dein Herr« heißt es jetzt in Sure 28: »Mose, ich bin es, Gott, der Herr aller Welt« (Sure 28,30).

(5) Von diesem Punkt an schwenkt Sure 28 auf den Duktus von Sure 20 über, nimmt jetzt aber – nach Erscheinung und Selbstvorstellung Gottes, nach den Beglaubigungswundern und der Konfrontation mit Pharao – Akzente auf, die in der Zwischenzeit in anderen Suren aufgetaucht waren: vor allem Pharaos Größenwahn, ein Gott auf Erden zu sein. Zu seinen »Ratsleuten« kann der Pharao jetzt sagen:

> Ihr Ratsleute, ich weiß für euch keinen Gott als mich. So zünde mir Feuer an, Haman, über Ton und schaff mir eine Burg! Vielleicht steige ich hinauf zu Moses Gott. Ich halte ihn (Mose) für einen der Lügner.
> *(Sure 28,38: Mk III)*

Doch im Unterschied zu den bisherigen Suren wird jetzt hier in Sure 28 die *soziale Unterdrückung* des Volkes von Anfang an konkretisiert. Die Überheblichkeit des Pharao ist nicht mehr länger bloß rein religiös, sondern jetzt auch sozial und politisch:

> Pharao war auf der Erde überheblich und machte seine Leute zu Gefolgschaften, wobei er einen Teil von ihnen unterdrückte, indem er ihre Söhne schlachtete und ihre Frauen am Leben ließ.
> Er gehörte zu den Unheilstiftern.
> Wir aber wollten denen, die auf der Erde unterdrückt wurden, Güte erweisen und sie zu Wegleitenden und den Erben machen,
> ihnen Macht auf der Erde verleihen und durch sie Pharao, Haman und deren Heere sehen lassen, was sie stets gefürchtet hatten.
> *(Sure 28,4–6: Mk II)*

Wir folgern daraus: In Sure 28 findet das Motiv der sozialen Unterdrückung erstmals breitere Verwendung. Die Befreiung aus Repression ist jetzt noch ausdrücklicher als in Sure 26 Gottes Tat an den Kindern Israels. Die vor der Repression Fliehenden werden, wie *Rudi Paret* noch deutlicher übersetzt, zu »Vorbildern (für kommende Geschlechter) und zu Erben (derer, die sie unterdrückt hatten)«. Damit liegt hier, so *Muhammad Asad* in seinem Koran-Kommentar – eine Anspielung vor auf die »historische Tatsache, dass die Hebräer die ersten waren, die ein monotheistisches Bekenntnis in klarer, unzweideutiger Formulierung annahmen und damit sowohl die Vorläufer des Christentums wie des Islam wurden« (Asad, 738).

Mose als fehlbarer, bedürftiger Mensch

Zugleich aber wird jetzt deutlicher als in früheren Suren Mose selber nicht nur als verzagter, sondern als *fehlbarer, irregeleiteter Mensch* geschildert, der seinerseits auf die Barmherzigkeit und Vergebungsbereitschaft Gottes angewiesen ist. Deshalb wird, wie wir wissen, die aus Ex 2,12 bekannte Geschichte der Tötung eines Menschen durch Mose noch einmal relativ ausführlich wiedergegeben. Aber ganz anders als das

Buch Exodus wird anschließend die Reue und die Bitte des Mose an Gott um Vergebung betont:

> »Das hat der Satan getan. Er ist deutlich ein irreleitender Feind.«

Er sagte:

> »Herr, ich habe mir selbst Unrecht getan. So vergib mir!«

Da vergab er ihm.

> Er ist der Vergebende und Barmherzige.

Er sagte:

> »Herr, weil du mir Gnade geschenkt hast, werde ich den Verbrechern nicht beistehen.«

(Sure 28,15–17: Mk III)

Der letzte Vers deutet an, dass es nach dem Verbrechen des Mose die Gnade Gottes gewesen sei, die ihn auf die Seite der Unterdrückten und nicht auf die der Verbrecher gebracht habe. Dazu passt die Tatsache, dass deutlicher als in anderen Suren hier in Sure 28 als Gegner des Mose die »*Ratsleute*« aus dem Volk genannt werden. *Paret* und *Khoury* übersetzen das entsprechende arabische Wort mit einem anderen sozialkritischen Akzent: »Vornehme«. Doch wie immer man übersetzt, in der Sache geht es darum: Weil Mose selbst zu den durch Gott Geretteten gehört, wird er zum Anwalt der Geknechteten und zum Retter des Volkes aus der Knechtschaft. Damit gehört Mose nicht zu denjenigen, die man die »herrschenden« Kreise zu nennen pflegt. Seine Gegner sind vielmehr die Einflussreichen, Führenden, Besitzenden, Hochgeachteten in der Gesellschaft.

Wichtig auch: Anders als in früheren Suren wird jetzt in Sure 28 das *Bedürftigkeitsmotiv* bei Mose stark herausgestellt. Seine Flucht führt Mose nicht in eine sozial gehobene Stellung, sondern in die freiwillige Knechtschaft. Beim Vater der beiden Frauen, die er an der Viehtränke trifft, verdingt er sich als Knecht unter dem Versprechen, eine der beiden Frauen heiraten zu können, wenn er acht oder zehn Jahre gedient hat. Dieses Bedürftigkeitsmotiv ist einerseits sozialer, andererseits theologischer Natur. Es zeigt die Bedürftigkeit des Menschen Mose für menschliche Geborgenheit, aber auch für die Barmherzigkeit und Gnade Gottes. Dem flehentlichen Satz des Mose vor der Flucht »Herr, rette mich vor dem Volk, das Unrecht tut!« (Sure 28,21) entspricht die Grundüberzeugung, mit der Mose den Vertrag mit dem Herdenbesitzer eingeht: »Gott ist Sachwalter dessen, was wir sagen« (Sure 28,28).

Die Schlusspassage von Sure 28 (die Verse 43–50) zeigt noch einmal eindrücklich, wie diaphan die Mose-Geschichte für den eigenen Konflikt des Propheten erzählt ist, wie gewollt durchsichtig. Immer wieder klingt der aus der mekkanischen Predigt bekannte *cantus firmus* an: Diese Geschichten aus früheren Generationen sollten »Beweis« genug sein für Gottes Handeln, um daraus Konsequenzen *für heute* zu ziehen. Boten Gottes hat es genug gegeben, Warner in Menge, Taten der Barmherzigkeit Gottes über und über. Niemand kann sich herausreden, Gott habe »keinen Gesandten« geschickt, keine Schrift zur Rechtleitung geschenkt. Doch genau diese Alibis kreieren die Adressaten von Mohammeds Botschaft. Mit rhetorischer Wucht werden sie direkt angeredet: »Du warst nicht in ...« »Du hast dich auch nicht ...« Die Adressaten aber stellen sich ahnungslos oder versuchen, Mohammed gegen Mose auszuspielen: »Warum ist ihm nicht das Gleiche gegeben worden wie Mose?« (Sure 28,48) Als zeige nicht gerade das Beispiel des Mose, dass Offenbarungen Gottes abgelehnt worden wären! Als hätte man nicht die Verkündigung Mohammeds als »Zauberei« lächerlich gemacht! Als sei man nicht im Unglauben verstockt geblieben, allem zum Trotz, was man empfangen hatte! Ihnen wird von Gott durch den Propheten gesagt: »So bringt eine Schrift von Gott, die besser führt als diese beiden, dann folge ich ihr, falls ihr wahrhaftig seid« (Sure 28,49).

Man spürt dieser Mose-Erzählung ihren *Spätzeitcharakter* an. Die Erzählung kommt ohne dramatische Effekte der Rückblende und ohne den wirkungsvollen Einsatz mit der Prophetenberufung aus. Sie erzählt linear und zielt inhaltlich allzu deutlich auf die Allwissenheit Gottes, der alle Geschehnisse zum Guten wendet, ohne dass die Übelwollenden in ihrer Verblendung es merken. So deutet sich bei den Mose-Suren im Koran ein neues Erzählen an. Die Figuren sind weitgehend im Vorhinein als negativ oder positiv gekennzeichnet: Pharao ist jetzt nur noch Prototyp des Bösen. Entsprechend wenig interessiert ist der Text auch an Mose als Akteur. Er fungiert jetzt ausschließlich als Verkörperung der Gottergebenheit und damit einer theozentrischen Siegeszuversicht. Kurz: Das Schicksal des Mose ist hier jetzt, so *Angelika Neuwirth,* »Teil des groß angelegten göttlichen Plans der Überwältigung des Ungläubigen. Die Erzählung, die den Blick auf eine – hinter der alltäglichen Unterdrückung wirksame – göttliche Kontrolle der Hergänge eröffnet, wird für die Hörer zu einer Beweiskette für die am Ende triumphierende göttliche Planung« (Erzählen als kanonischer Prozess, 2002, 341).

Orientierung Jerusalem: Richtung des rituellen Gebets: Sure 10

Was kommt in Sure 10 (ebenfalls aus spätmekkanischer Zeit) hinzu? Noch einmal eine Verstärkung der »Muslimisierung« der Mose-Erzählung. Schon im Zusammenhang mit Noach haben wir Sure 10 kennengelernt. »Trag ihnen die Geschichte von Noach vor«, hatte es dort geheißen (10,71). Nach Noah seien weitere »Gesandte« zum Volk geschickt worden – mit »klaren Zeugnissen«, schließlich auch Mose und Aaron: *Sure 10,75–93 (Mk III).* Auch hier wird der Konflikt mit dem Pharao, seinen Ratsleuten und seinen Zauberern, noch einmal entfaltet, jetzt aber bekommt er eine neue, überraschende Pointe. Denn auch der Pharao bekommt hier auf einmal die Chance, sich zum wahren Gott zu bekennen. War er in früheren Suren entweder als gesetzlos (20,24), maßlos (20,45), rachsüchtig (20,71), gewalttätig (28,4) oder größenwahnsinnig (26,29; 40,37) hingestellt worden, so taucht er in Sure 10 plötzlich – durch die Wassermassen in Not geraten – als Bekehrter auf, ähnlich seinen Zauberern in Sure 20. Das bekräftigt die Beobachtung, wie sehr der Glaube an die Durchsetzung göttlicher Führung mittlerweile in der Urgemeinde Einzug gehalten hat. Er ist offensichtlich so unerschütterbar, dass er sogar auf die Figur des Ungläubigen schlechthin projiziert werden kann, auf den Pharao:

> Wir zogen mit den Kindern Israels durch das Meer. Da verfolgten Pharao und seine Heere sie gewalttätig und feindselig. Sobald er am Ertrinken war, sagte er:
>> »Ich glaube, dass kein Gott ist außer dem, an den die Kinder Israels glauben. Ich gehöre zu den Gottergebenen – den Muslimen.«
>> »Jetzt wohl? Vorher hast du dich widersetzt und zu den Unheilstiftern gehört.
>> Da retten wir dich heute mit deinem Leib, damit du für die nach dir ein Zeichen seiest. Viele Menschen aber achten nicht auf unsere Zeichen.«
>
> *(Sure 10, 90–92: Mk III)*

Motivisch neu in Sure 10 ist auch die Klarheit, mit der hier Schicksal und Auftrag der muslimischen Urgemeinde in Mekka in der Geschichte der alten Israeliten vorweggenommen sind. Das betrifft vor allem ein Motiv, das jetzt ebenfalls überraschend auftaucht:

> Wir offenbarten Mose und seinem Bruder:
>> »Nehmt euch für euer Volk in Ägypten Häuser zur Wohnung, richtet sie zum Gebet aus und verrichtet das Gebet! Verkündet den Gläubigen frohe Botschaft!«
>
> *(Sure 10,87: Mk III)*

Dies ist nicht anders zu verstehen, als dass der Koran bei den Israeliten in Ägypten damals schon festgemacht sieht, was für Muslime heute ebenfalls nötig ist, wohl aber noch nicht zur festen Institution gehört: eine *qibla*, eine Gebetsrichtung und damit eine besondere Vorrichtung im Haus, welche die Orientierung beim Gebet angibt. Auf diese Weise ist in Sure 10 ein neues Szenario aufgerissen: Die Israeliten sind bereits eine von Gott besonders begünstigte Gruppe. Weisungen an sie müssen daher auch für die mekkanischen Gläubigen vorbildlich erscheinen: die Einrichtung einer *qibla* und die Verpflichtung zum rituellen Gebet. Beide Maßnahmen dienen demselben Zweck: der Orientierung und Festigung einer Gruppe unterdrückter Gläubiger. Eine Überlebensnotwendigkeit für die muslimische Ur-Gemeinde. Stabilisierung wird nicht nur erreicht durch ein gemeinsames Glaubens-Bekenntnis, sondern auch durch eine gemeinsame Glaubens-Praxis: das rituell vollzogene Regelgebet.

Dabei ist für die Ur-Gemeinde in mekkanischer Zeit die Richtung des Gebets noch völlig klar: sie gilt Jerusalem, obwohl in Sure 10,87: Mk III von einem Zielpunkt der Gebetsrichtung keine Rede ist. Auch von daher erklärt sich die Rückprojektion in die Geschichte der Israeliten. Dass außerhalb Arabiens aber Jerusalem der zentrale Ort der Orientierung ist, geht schon aus Sure 17 in mittelmekkanischer Periode hervor, schließt sich doch an Sure 17,1 ein zentrales Datum der muslimischen Urgeschichte und heutigen Festtagsgeschichte des Islam an: *die Nachtreise des Propheten von Mekka nach Jerusalem,* »von der unantastbaren Moschee zur ganz fernen, die wir ringsum gesegnet haben.« Wir können auf die Diskussion um diese Nachtreise hier nicht eingehen (Einzelheiten: KKK 9, 129f.).

Nur so viel sei gesagt. Mit Sure 10 überlagern sich jetzt die Bilder: die mit dem Exodus gegebene Gebetsrichtung sowie Mohammeds Reise. Beider Zielperspektive ist Jerusalem, beide beruhen auf dem Motiv spiritueller Entrückung aus bedrängter Lage. So wie sich Muslime bei ihrem Gebet gegen Jerusalem in einen anderen Raum versetzen, so wird der Prophet durch seine Nachtreise in einen anderen Raum versetzt. Diese wäre somit als »physischer Vollzug der zum Gebet eingenommenen *qibla* zu verstehen«, hätte folglich die Sinndimension eines befreienden Exodus: »Die Einführung der *qibla* durch Mose liefert das historische Vorbild für eine noch neue Einrichtung in der muslimischen Gemeinde. Es verbindet sie mit einer Gruppe, der sie sich in ihrer Bedrängnis besonders eng verwandt fühlen mussten: mit den sich zum Exodus anschickenden Israeliten« (*A. Neuwirth*, Erzählen als kanonischer Prozess, 2002, 342). Die Kinder Israels in Ägypten – Vor-Bilder für die bedrängten Muslime in Mekka!

Wir können zusammenfassen: *Der Konflikt Pharao-Mose ist im Koran nicht nur Ausdruck des Kampfes um den wahren Glauben, Ausdruck des Konfliktes von Gottesmacht und Herrschermacht, sondern auch Spiegel der existentiell bedrohten Situation der muslimischen Urgemeinde in Mekka. Das Rettungs- und Bekehrungsmotiv der Mose-Erzählung dient der Stärkung im Überlebenskampf.* In der Geschichte des Islam ist die Szene vom Untergang des Pharao und seines ungläubigen Volkes zu einem Topos geworden »für Gottes Hilfe beim Triumph der Gläubigen, die ihnen Kraft gibt, die aber auch Niederlage und Vernichtung der Ungläubigen bewirkt, besonders des ungläubigen Herrschers« (C. Schöck, EQ 3, 423). Darin drückt sich die Hoffnung »der unterdrückten Gemeinde der Muslime in Mekka aus, auch selbst eine ähnliche Rettung und eine ähnliche Belohnung und Bevorzugung zu erfahren« (KKK 7, 126).

4. Empfänger göttlicher Weisungen

Wir erinnern uns: In der Hebräischen Bibel ist Mose nicht nur ein prophetischer Kämpfer für Gottes Sache, sondern ein *direkter Empfänger göttlicher Weisungen.* Immer wieder hatte der Koran bereits (vor allem in der zweiten Periode von Mekka) andeutungsweise von der *Schrift* gesprochen, die Mose von Gott ausgehändigt worden sei (schon Sure 87,19: Mk I; dann: 23,49; 17,2; 37,117: alle Mk II). Nur: Von einzelnen Geboten war im Koran bisher noch nicht die Rede gewesen. Auch das Gottesberg-Motiv, mit dem im Buche Exodus die Übergabe der Gebote an Mose verknüpft ist, war bisher kaum erwähnt worden. In Sure 20, 80 war lediglich von einer »Verabredung« mit Mose »auf der rechten Seite des Berges« die

Rede. In Sure 28 nur von der Anspielung: »Du aber warst nicht auf der westlichen Seite, als wir Mose die Verfügung erteilten« (Sure 28,44: Mk III). Den biblischen Namen »Sinai« erwähnt der Koran ohnehin nur an einer einzigen Stelle wie beiläufig im Zusammenhang mit einer Schwurformel (Sure 95,2: Mk I; vgl. 23,20; Mk II).

Ein Land für die unterdrückten »Kinder Israels«

Das ist nun in *Sure 7* anders, einer der letzten aus spätmekkanischer Zeit (Einzelheiten: *K. Prenner*, Muhammad und Musa, 1986, 28 – 131). Wieder wird zunächst die Mose-Geschichte *(Sure 7,103–160)* mit den bekannten Strukturelementen und der vertrauten ethisch-didaktischen Pointe in Erinnerung gerufen, freilich ohne Kindheits- und Berufungsgeschichte: Konfrontation mit dem Pharao und den »Ratsleuten aus Pharaos Volk«, Wettstreit mit den Zauberern, Strafgericht über Pharao und seine Leute (an »Plagen« werden hier fünf erwähnt: Flut, Heuschrecken, Läuse, Frösche und Blut: 7,133), konkret auch die Ertränkung im Meer. Alles, was Pharao und sein Volk geschaffen hätten, sei zerstört worden, heißt es jetzt sogar. Die Vernichtung trifft also hier nicht mehr bloß die pharaonischen Verfolgungstruppen (wie in den Suren 20,78 und 28,40), sondern jetzt sogar das ganze Volk der Ägypter (Sure 7,137) – alles mit der Pointe: »So schau, wie das Ende der Unheilstifter war!« (7,103). Von einer Bekehrung und Rettung des Pharao wie in Sure 10, 90–92 ist jetzt keine Rede mehr. Im Gegenteil: »Wir zerstörten, was Pharao und sein Volk geschaffen und errichtet hatten« (Sure 7,137). Was ist neu in Sure 7?

Neu ist die Einführung eines Motivs, das die Beziehungen zwischen der jüdischen und der islamischen Welt zutiefst belasten sollte: das *Problem eines Erblandes für die »Kinder Israels«.* Wir wollen die Signale des Koran genau registrieren. Sure 7 zeigt, wie unproblematisch die Landzuschreibung für die »Kinder Israels« von Muslimen ursprünglich noch empfunden worden ist. Wie auch anders? Juden leben ohnehin zur

Zeit der Entstehung des Koran seit Jahrhunderten nicht mehr mehrheitlich im »verheißenen Land«, geschweige denn in einem eigenen Staat. Nachdem vom Gericht über Pharaos Volk die Rede war, heißt es in Sure 7 ausdrücklich:

> Dem Volk aber, das stets unterdrückt worden war, gaben wir das Land, das wir gesegnet haben, von Osten bis Westen zum Erbe. Und das schönste Wort deines Herrn erfüllte sich an den Kindern Israels, weil sie standhaft waren.
>
> *(Sure 7,137: Mk III)*

Es gibt noch eine weitere Stelle, an der im Koran der Zusammenhang zwischen Moses Volk und dem von Gott bestimmten Land erwähnt wird. Sie ist von besonderem Gewicht, gilt sie doch nach der relativen Chronologie als letzte geoffenbarte Sure im Koran:

> Als Mose zu seinem Volk sagte:
>
> »Mein Volk, gedenkt der Gnade Gottes euch gegenüber, als er unter euch Propheten und euch zu Königen bestellt hat. Er hat euch gegeben, was er niemandem von aller Welt gegeben hat!
>
> Mein Volk, geht in das geheiligte Land, das Gott euch bestimmt hat, und kehrt nicht den Rücken, sonst kehrt ihr als Verlierer um!«
>
> *(Sure 5,20f.: Md)*

Im Koran wird also kein Zweifel daran gelassen, dass zum Volk Israel ein »geheiligtes«, »gesegnetes« Land »zum Erbe« gehört. Die Begründung ist theozentrischer Natur, ohne dass es im Koran Hinweise auf ein »heilsgeschichtliches« Privileg Israels gäbe. Das für das Volk Israel so zentrale Motiv, Gottesverehrung in Gottes Land mit seinem Zentrum Jerusalem, spielt im Koran keine konstitutive Rolle. Die Landzusage ist eine der vielen Segenstaten Gottes und macht Israel zwar nicht zu einem besonders erwählten, wohl aber zu einem von Gott exemplarisch beschenkten Volk, ohne dass im Koran irgendwelche territorialen Abgrenzungen oder politische Existenzformen festgelegt wären.

Mose als Fürsprecher des Volkes bei Gott

Noch ein zweites Motiv ist neu in Sure 7. Während in vorausgegangenen Suren vom Auszug der Kinder Israels und dem Zug zu einem Berg die Rede ist (Sure 20,80), um anschließend erst im Zusammenhang mit dem Aufenthalt am Gottesberg die Rückfall-Szene in den Götzendienst (»Goldenes Kalb«) zu berichten, erzählt Sure 7 unmittelbar nach dem Exodus von einer Götzendienst-Versuchung des Volkes:

> Wir zogen mit den Kindern Israels durch das Meer. Sie kamen zu einem Volk, das verehrte andächtig seine Götzenbilder. Sie sagten:
>
> »Mose, schaff uns einen Gott, wie sie Götter haben!«
> Er sagte:
> »Ihr seid unverständige Leute.
> Was die treiben, wird zugrunde gerichtet. Trug ist, was sie stets getan haben.«
> Er sagte:
> »Sollte ich für euch jemand anderen zum Gott haben wollen als Gott, wo er euch doch vor aller Welt ausgezeichnet hat?«
> Als wir euch vor Pharaos Leuten retteten, die euch schlimme Strafe zufügten, indem sie eure Söhne ermordeten und eure Frauen am Leben ließen.
> Darin war eine mächtige Prüfung von eurem Herrn.
> *(Sure 7,138–141: Mk III)*

Kompositionell erfüllt diese Szene eine wichtige Funktion, bereitet sie doch die in Sure 7 (148–156) ebenfals erzählte Geschichte vom Goldenen Kalb psychologisch besser vor. Während in Sure 20 diese Episode eher überraschend auftaucht, wird sie in Sure 7 besser vermittelt. Das Volk ist schon vorher für Götzenverehrung anfällig gewesen!

Hinzu kommt: Auch in die Szene vom Goldenen Kalb kommt neue Dramatik, wird doch Aaron im Unterschied zu Sure 20 hier nicht entlastet. Ausdrücklich hatte Mose ihn – während der vorgesehenen vierzig Nächte seiner Abwesenheit – als seinen »Statthalter« beim Volk eingesetzt (Sure

7,142). Als solcher kann Aaron, angesichts der Zustände im Volk, jetzt voll verantwortlich gemacht werden. Nach seiner Rückkehr, »zornig und betrübt«, wirft Mose die Tafeln hin, packt den Kopf seines Bruders und zieht ihn an sich. Dieser entschuldigt sich für sein Verhalten mit der Zudringlichkeit der Leute, die beinahe bis zu seiner Ermordung gegangen wäre (Sure 7,150).

Auffällig dabei: Zwar sind sich in der Androhung des »Zornes« Gottes gegenüber den Götzendienern der biblische und der koranische Mose einig, aber der koranische zerstört, anders als der biblische, die »Tafeln« (mit Gottes »Mahnungen«) nicht. Er statuiert kein Massaker an den Ungläubigen wie in Ex 32,26–29. Im Gegenteil: Statt von einer Mordorgie berichtet der Koran davon, dass Moses Zorn sich wieder »beruhigt« habe. Und auch für Aaron bittet Mose sofort um Vergebung bei Gott (Sure 7,151). Die (offenbar unzerstörten) Tafeln nimmt er auf, wählt aber, um noch einmal vor Gott zu treten, »aus seinem Volk siebzig Männer« aus (vgl. Ex 24,1 mit Sure 7,155). Dann heißt es wörtlich:

> Als dann das Beben sie packte, sagte er:
>> »Herr, wenn du gewollt hättest, hättest du sie vorher vernichtet und mich dazu. Willst du uns vernichten für das, was die Toren unter uns getan haben? Es ist nur deine Prüfung, in der du irreleitest, wen du willst, und führst, wen du willst. Du bist unser Freund und Beistand. So vergib uns und erbarme dich unser!
>> Du bist der Beste derer, die vergeben.
>> Bestimme für uns hier im Diesseits Gutes und im Jenseitig-Letzten! Wir sind zu dir hin Juden geworden.«
> *(Sure 7,155f.: Mk III)*

Wie der biblische nimmt auch der koranische Mose die Rolle des *Fürsprechers vor Gott* ein (vgl. Sure 7,155 mit Ex 32,31f.). Sein ganzes Leben muss Mose hier wie dort in die Waagschale werfen, um Gott dessen Vernichtungsabsicht gegenüber dem Volk auszureden. Hinzu kommt: Mit dem gezielt anachronistisch gebrauchten Wort »Juden« wird signalisiert, wie sehr die hier erzählte Geschichte der »Kinder Israels« und ihres Führers Mose die Situation des Judentums zur Zeit des Koran widerspiegelt, und zwar mit dem Ziel, dass sie sich der Botschaft des neuen Mose, Mohammed, zuwenden. *Rudi Paret* übersetzt denn auch in diese Richtung: »Wir haben (in gläubiger Hingabe) an dich das Judentum angenommen«. Die auserwählten »siebzig Männer« stehen somit paradigmatisch für ein gläubiges Judentum, das die »Prüfung« bestanden hat und von Gott Vergebung erfährt. Der dann anschließend in den Versen 7,160–174 folgende Sündenkatalog der Ungläubigen aus Moses Volk, die nicht nach der Wahrheit leben, zeigt vollends, dass mit diesen Versen eine doppelte Frontstellung des prophetischen Programms benannt ist: »Mohammad weiß sich als *Mahner* nicht nur zu seinem arabischen Volk *gesandt,* vielmehr auch zu jenem Teil des jüdischen Volkes, das in die *Irre gegangen* ist; vor allem für diese gilt: ›Vielleicht lasst ihr euch führen!‹« (*K. Prenner*, Muhammad und Musa, 1986, 312f.)

Eine erschütternde Begegnung mit Gott

Inhaltlich entscheidend für die Mose-Geschichte in Sure 7 freilich ist, dass deutlicher als zuvor von den Ereignissen am Gottesberg die Rede ist. Jetzt geht der Koran ins Detail: Vierzig Nächte dauert die Begegnung von Mose mit Gott. Sie verläuft nicht nur subjektiv ergreifend, sondern buchstäblich welterschütternd, eine motivische Parallele zu der im Buche Exodus berichteten Erfahrung, dass die Herrlichkeit des Herrn auf dem Gipfel des Berges sich »wie verzehrendes Feuer« gezeigt habe (Ex 24,17):

> Als Mose zu unserem Termin kam und sein Herr mit ihm sprach, sagte er:
> »Herr, zeige dich mir, dass ich dich schaue!«
> Er sagte:
> »Du wirst mich nicht sehen. Aber schau den Berg an!
> Wenn er an seiner Stelle bleibt, wirst du mich sehen.«

Als dann sein Herr dem Berg erschien, machte er ihn zu
Staub und Mose fiel zu Boden wie vom Blitz getroffen.
Als er aufwachte, sagte er:
>>Gepriesen seist du! Ich kehre um zu dir und bin der
erste der Gläubigen.<<

(Sure 7,143: Mk III)

Gottesbegegnung als Erschütterungserfahrung. Der Berg zer-
fällt zu Staub, der Mensch fällt zu Boden wie vom Blitz getroffen. Eine Schlüsselszene für Moses Verhältnis zu Gott, wie der
Koran es sieht. Parallelen und Differenzen zum Buche Exodus
sind mit Händen zu greifen. In der Hebräischen Bibel redet
Gott mit Mose >>Auge in Auge, wie Menschen miteinander re-
den<< (Ex 33,11). Nach Num 12,8 darf Mose sogar >>die Gestalt
des Herrn sehen<<. Auch im Koran will Mose Gott schauen.
Und Gott bestraft ihn für diese anmaßende Frage nicht, anders als das israelitische Volk, das nach Sure 2,55 für dieselbe
Frage Strafe auf sich zieht. Ja, Sure 4,164 zufolge hat Gott mit
Mose wie mit keinem anderen Propheten vorher *und* nachher
(einschließlich Mohammed) ohne Vermittler >>wirklich<< (*R.
Paret*), >>von Angesicht zu Angesicht<< (*H. Bobzin*) gesprochen,
so dass sein Ehrentitel in der muslimischen Tradition lauten
kann: >>Mit dem Gott gesprochen hat<<. Wir folgern zunächst
daraus: *In Bibel und Koran hat Mose eine singuläre Stellung vor
allem dadurch, dass Gott sich diesem besonderen Menschen wie keinem zuvor und danach unmittelbar zugewandt und mitgeteilt hat.
Der Koran erkennt von daher in Mose nicht zufällig den >>ersten der
Gläubigen<<.*

Aber Gott schauen? In der muslimischen Tradition hat
Sure 7,143 eine leidenschaftliche Debatte darüber entfacht, ob
ein Mensch tatsächlich die Möglichkeit habe, Gott zu sehen (s.
KKK 7, 144f.). Dass dies >>direkt<<, gewissermaßen von gleich
zu gleich, unmöglich ist, macht Sure 7 durchaus deutlich. Sie
zeigt aber zugleich die Dialektik von Möglichkeit und Unmöglichkeit menschlicher Gottesschau. Gott zeigt seine Macht
dadurch, dass er den Berg zu Staub zerfallen lässt. Zugleich
fällt der Mensch, der Gott *so* gesehen hat, wie vom Blitz ge-

troffen zu Boden, ohne dass er selbst zu Staub zerfiele. Er bleibt am Leben. Und aus seiner Ohnmacht erwacht er zu neuer, tieferer Erkenntnis. Er hat begriffen: Der wahre Gläubige vertraut auf Gott ohne Gottes Schau!

Damit lässt sich zusammenfassend sagen: *Wie im Buche Exodus ist Mose auch im Koran nicht nur ein von Gott Gesandter, nicht nur ein von Gottes Fürsorge begleiteter Geliebter, sondern in einzigartiger Weise auch ein Gottvertrauter. Niemand von den vorislamischen Propheten hat mit Gott so intim sprechen können. Mose – der Gottgeliebte, Gottvertraute, Gottbeschenkte. Ein besonderer Prophet und dadurch in besonderer Weise ein Ur-Bild für den Propheten Mohammed selber, der sich durch die ihm Stück für Stück anvertraute neue Offenbarung seinerseits als ein solch Gottvertrauter, Gottbeschenkter und schließlich Gottgesandter empfinden darf.*

Kein Zufall deshalb, dass in Sure 7 jetzt die Übergabe der göttlichen Weisungen an Mose ausdrücklich erwähnt wird:

> Er sagte:
> »Mose, ich habe dich vor den Menschen erwählt
> durch meine Mitteilungen und mein Wort. So nimm,
> was ich dir gebe, und gehöre zu den Dankbaren!«
> Wir schrieben ihm auf die Tafeln Mahnung in jeglicher
> Sache und für jegliche Sache genaue Darlegung.
> »So nimm sie machtvoll und gebiete deinem Volk, das
> Beste, das darin liegt, anzunehmen! Ich werde euch
> das Haus der Frevler zeigen.«
> *(Sure 7,144f; vgl. 7,154: Mk III)*

Und doch bleiben auch hier noch Fragen offen. Zwar ist jetzt auch im Koran (parallel zu Ex 24,12; 31,18; 32,15f) von »Tafeln« die Rede, auf denen eine »genaue Darlegung« von Gottes »Mahnung« steht, inhaltlich aber erfahren wir nichts Genaues. Was auf den Tafeln genau »dargelegt« ist: darüber im Koran an dieser Stelle kein Wort.

5. Eine Lebensordnung für die Menschen: Sure 2

In Sure 7 aus der letzten Periode von Mekka stehen die verschiedenen Komplexe der Mose-Geschichte noch gleichgewichtig nebeneinander: Konflikt mit dem Pharao – Strafgericht über die Ägypter – Entgegennahme der Tafeln am Gottesberg – Rückfall in götzendienerische Praktiken. So muss auffallen, dass in *Sure 2, der ersten von Medina* und der längsten im Koran überhaupt, jetzt nur noch vom *Konflikt des Mose mit seinem Volk* die Rede ist. Die Adressaten der Mose-Erinnerung haben nun vollends gewechselt. Jetzt sind nicht länger die »Ungläubigen« die Gegner (wie sie sich in Mohammeds Gegenspieler in Mekka spiegeln), sondern – die Suren 20 und 7 verstärkend – gezielt und direkt die »Kinder Israels« *aus der Zeit des Koran.* Das wird umso begreiflicher, wenn wir uns daran erinnern, dass die ersten Jahre in Medina durch Mohammeds Auseinandersetzung mit den hier ansässigen jüdischen Stämmen bestimmt ist. Eine Auseinandersetzung mit katastrophalem Ende. Das Nötige dazu im Ersten Teil, Kap. 5.

Im Konflikt mit den Juden Medinas

Schon die Adam-Erinnerung in Sure 2, 28–38 hatte diesen Hintergrund. Wir haben davon berichtet. Unmittelbar im Anschluss daran werden die »Kinder Israels«, und damit die Juden von heute, angesprochen und demonstrativ an Gottes Gnade erinnert (20,40), weil sie sich offensichtlich weigern, der Botschaft des Koran zu folgen:

> Glaubt an das, was ich hinabgesandt habe, um zu bestätigen, was euch schon vorliegt! Seid nicht die ersten, die nicht daran glauben! Verkauft nicht meine Zeichen zu geringem Preis! Mich, nur mich fürchtet!
> Verkleidet nicht die Wahrheit mit dem Trug und verschweigt nicht die Wahrheit, wo ihr doch Bescheid wisst!

Verrichtet das Gebet, leistet die Abgabe und verneigt
euch mit denen, die sich verneigen!
(Sure 2,41–43: Md)

Ein folgenreicher Text für das Verhältnis von Muslimen und
Juden. Den Juden gilt eine *doppelte Aufforderung:*

(1) *Der Koran versteht sich als eine Bestätigung von Tora und
Evangelium, die zugleich die Sendung Mohammeds vorausverkün-
digten. Gerade weil die Juden die Tora bereits bekommen haben, hätten sie die ersten sein müssen, an die Sendung des Propheten zu
glauben. Dass die Juden nicht glauben, ist schlimmer als die Ablehnung durch die heidnischen Mekkaner. Von daher erklärt sich der
massive Vorwurf der Wahrheitsvertauschung und der Wahrheits-
verschweigung.*

(2) *Juden werden aufgefordert, sich der religiösen Praxis der
muslimischen Gemeinde anzuschließen: dem Ritualgebet und der
Armenabgabe als Ausdruck der Unterwerfung vor dem Gott, der
sich durch den Koran neu geoffenbart hat.*

Die Bitterkeit dieser Vorwürfe erklärt sich aus einer Geschichte der Enttäuschung. Wir haben davon im Ersten Teil
berichtet (Kap. 5). Und diese Enttäuschung kommt vor allem
im massiven Vorwurf der *Gnadenvergessenheit* zum Ausdruck.
Dabei bekommt jetzt die nochmalige Erinnerung an die uralte
Exodus-Geschichte und die durch Gott erfolgte Rettung der
damaligen Kinder Israels eine argumentationsstrategisch neue
Funktion. Hatte die Erinnerung an den Exodus in den früheren Suren den Sinn, auf Gottes Macht- und Rettungstaten zu
verweisen, um die Gleichgültigkeit der ungläubigen Mekkaner gegenüber der koranischen Botschaft zu durchbrechen, so
dient die Erinnerung an den Exodus jetzt der Infragestellung
religiöser Gleichgültigkeit gegenüber der koranischen Botschaft *bei den zeitgenössischen Juden.* Zur selbstkritischen Besinnung werden die »Kinder Israels« jetzt gezielt an ihre *eigene*
Geschichte erinnert:

– an die Rettung vor »Pharaos Leuten« (2,49);
– an die Spaltung des Meeres für die Rettung der »Kinder
  Israels« (2,50);

- an den Abfall zum Götzendienst, während Mose »für vierzig Nächte« mit Gott verabredet ist (2,51);
- an die Tatsache, dass Mose »die Schrift und die Entscheidung« überantwortet bekam (2,53);
- an die Erweckung des Volkes aus dem Tod, nachdem es frevlerisch »Gott mit eigenen Augen« hat sehen wollen (2,55);
- an das Überleben während der Wanderung durch »Manna und die Wachteln« (2,57).

Grundsätzlich also an all das, was die »Kinder Israels« damals Gott zu verdanken hatten. Doch wie früher so auch jetzt: Gottes Zeichen werden ignoriert, obwohl Gott sich dem Volk Israel immer wieder zugewandt hat, ist doch Gott, so heißt es jetzt pointiert, der »immer wieder Zukehrende und Barmherzige« (2,54). Statt sich aber dieser Zeichen zu erinnern, gilt für die Kinder Israels schon in der Vergangenheit:

> Schmach und Elend wurde über sie verhängt und sie luden Zorn von Gott auf sich. Denn stets glaubten sie nicht an Gottes Zeichen und töteten im Unrecht die Propheten. Denn sie widersetzten sich und handelten stets widerrechtlich.
>
> *(Sure 2,61: Md)*

Unverkennbar ist diese Art der Anspielung auf Mose »Munition« des Propheten im Kampf gegen die Nachkommen der Israeliten hier und heute. Alles gipfelt am Ende in einer Attacke nicht auf Juden pauschal, wohl aber auf Gruppen innerhalb des Volkes der Juden:

- Einige gehören zu den bewussten Entstellern des Wortes Gottes (2,75).
- Andere gehören zu Heuchlern, die Muslimen gegenüber Übereinstimmung signalisieren, untereinander aber doch zusammenhalten (2,76).
- Wieder andere sind Schriftunkundige. Statt präziser Schriftkenntnis kennen sie nur Wünsche, die sie in die Schrift hineinprojizieren (2,78).

Der Bruch der muslimischen Urgemeinde mit Teilen des jüdischen Volkes ist aufgrund dieser Erfahrungen in Medina irreparabel. Militärische Auseinandersetzung mit erschreckenden Austreibungs- und Vernichtungsaktionen folgen (Einzelheiten: *J. Bouman*, Der Koran und die Juden, 1990; vgl. auch Erster Teil, Kap. 5: Der Bruch mit den jüdischen Stämmen).

Die »Zehn Gebote« auch im Koran?

Entsprechend aber seiner eigenen Verpflichtung, eine gesetzlich geregelte Lebensordnung für das Gemeinwesen in Medina zu schaffen, werden nun auch im Koran ganz anders als früher die *Verpflichtungen* betont, die damals von Mose bereits den Kindern Israels auferlegt worden waren. Der Koran nutzt auch diese Mose-Form. Denn auffällig war ja bisher: Während die Geschichten von der Konfrontation mit dem Pharao bis hin zur Anbetung des Goldenen Kalbs relativ breit erzählt werden, während die Begegnung mit Gott auf dem »Berg« und die Übergabe der Gesetzestafeln Erwähnung finden (7,145), fehlt die Erwähnung des »Dekalogs« als Ergebnis der Gotteserscheinung auf dem Berg völlig. Nur von »Tafeln« war bisher die Rede (7,145). Von deren Inhalt kein Wort. Sure 2 wird hier wenigstens mit einigen Andeutungen konkret:

Als wir die Verpflichtung der Kinder Israels entgegennahmen.

»Ihr sollt nur Gott dienen und den Eltern Gutes tun, den Verwandten, Waisen und Notleidenden. Sprecht gut zu den Menschen! Verrichtet das Gebet und leistet die Abgabe!«

(Sure 2,83: Md)

Von dem im Buche Exodus so zentralen »Dekalog« (Ex 20,1–17) finden hier drei Gebote Erwähnung:

– das Alleinverehrungsgebot (Ex 20,3–5)
– das Elternehrungsgebot (Ex 20,12)
– das soziale Fürsorgegebot (Anklänge in Ex 20,17).

Der Rest sind schon spezifisch »muslimische« Gebote: das Ritualgebet und die Armenabgabe.

Warum aber wird im Koran der Dekalog nicht im Zusammenhang mit den Mose-Geschichten erwähnt? Der Grund liegt nicht darin, dass ihm die Inhalte der Gebote fremd wären, sondern darin, dass er die Autorität des Mose anders nutzt als das Buch Exodus. Inhaltlich werden die Aussagen des Dekalogs nämlich bereits weitgehend in einer früheren Sure aufgenommen, in Sure 17,22–38 vom Ende der zweiten Periode von Mekka (Einzelheiten: KKK 9, 136–143). Eine Gegenüberstellung des jüdisch-christlichen Dekalogs Exodus 20,1–17 und des islamischen Pflichtenkodex aus Sure 17,22–38 ist lohnenswert. Dieser Vergleich zeigt, dass das *Sabbat-Gebot*, im Dekalog bereits an dritter Stelle genannt, in Sure 17 und auch sonst im Koran abwesend ist. Ja, in Sure 16 wird das Sabbat-Gebot für Muslime förmlich aufgehoben:

> Der Sabbat ist nur denen auferlegt worden, die über ihn uneins waren. Dein Herr entscheidet am Tag der Auferstehung zwischen ihnen über das, worin sie stets uneins gewesen sind.
>
> *(Sure 16,124: Mk III)*

Das erklärt sich aus dem immer intensiver werdenden Abgrenzungsbedürfnis von Juden und Muslimen. Im Koran ist kein ausdrücklicher Ruhetag vorgesehen, auch nicht am Freitag, wo das muslimische Mittagsgebet mit Predigt stattfindet. Nur der Handel soll während der Dauer des Gebetes ruhen (vgl. Sure 62,9: Md). Auch die christliche Tradition hatte sich hier von der jüdischen abgegrenzt. Sie hat den jüdischen Sabbat mit der Erinnerung an Gottes Ruhe am siebten Schöpfungstag christologisch gedeutet als Tag der Feier der Auferstehung Jesu Christi. Aus dem Sabbat-Gebot wurde das Sonntags-Gebot.

6. Der biblische und koranische Mose im Vergleich

Wir haben auch im Fall des Mose jetzt genügend Material in der Hand und können einen Vergleich riskieren. *Karl Prenner* hat in seiner bisher gründlichsten deutschsprachigen Untersuchung den koranischen Mose »nur ein Fragment des biblischen« genannt. Neben den Kapiteln 1–15 des Buches Exodus seien es »bloß noch die Kapitel 24 und 32, die das Musa-Bild des Koran in mekkanischer Zeit« geformt hätten. Die Bücher Leviticus, Numeri und Deuteronomium seien hierbei nur durch einzelne ähnliche Passagen vertreten (Muhammad und Musa, 1986, 386).

Dieser Sprachgebrauch ist noch einer misslichen Defizit-Hermeneutik verhaftet und wertet den Koran gegenüber der Bibel ab. Nimmt man dagegen die Eigenständigkeit beider Ur-Kunden ernst, wird man sagen müssen: Bibel und Koran verfolgen mit der Figur des Mose ihre je eigenen theologischen Interessen. Diese sind nicht in allen Punkten deckungsgleich. In der Bibel kreist alles um die Formung der israelitischen Stämme zu einem von Gott erwählten, priesterlichen Volk, ausgehend vom Vollzug des Exodus, bekräftigt in der Bundesschließung und im Sinai-Ereignis. Der Koran dagegen ist nicht daran interessiert, die spezifischen »Heilsprivilegien« Israels zu bestätigen. Das Volk Israel hat für ihn nicht exzeptionellen, wohl aber exemplarischen Charakter: Ein Volk, das durch Mose eine Offenbarungsschrift empfangen hat und eine Lebensordnung von Gott vorgeschrieben bekam. Von daher muss man verstehen:

(1) *Der Koran kennt keine Überlieferung von einem direkten Bundesschluss Gottes mit Israel. Zwar spricht er der Sache nach vom »Bund« (Sure 42,13: Mk III; 33,7: Md), gemeint ist aber die Verpflichtung Israels auf die göttliche Lebensordnung und die gegenseitige Treue von Gott und Volk.*

(2) *Der Koran kennt zwar den Exodus, aber nicht das Pessach-Mahl als rituelle Erinnerungsfeier an den Exodus. Der Exodus*

hat keine »heilsgeschichtliche« Bedeutung, sondern Trost- und Stär-
kungsfunktion, ist als Rettungsereignis Einübung in Gottvertrauen.

(3) Der Koran weiß nichts von der Funktion des Mose als Stifter
von Kult und Priestertum, kennt keine religionsgesetzlichen Über-
lieferungen für Opferrituale im Zusammenhang mit dem Tempel.
Der koranische Mose hat keinerlei priesterlichen Funktionen.

Interessiert in höchstem Maße aber ist der Koran an der
Mose-Form, und zwar in doppelter Hinsicht: Anknüpfung
und Überbietung. Mose wird so zum »typologischen Vorläufer des Verkünders« (NKTS, 654).

(1) Wie Mose versteht sich Mohammed als Gesandter zu einem
konkreten Volk: dem Volk der Araber, dem bisher eine Offenbarungs-
schrift versagt worden war. Damit bekommt auch das arabische Volk
einen Platz in der Heilsgeschichte.

(2) Wie der biblische, so hat auch der koranische Mose ein beson-
deres Vertrauensverhältnis zu Gott. Beide sind Zeugen für den ei-
nen, wahren Gott: den Schöpfer, Bewahrer und Richter von Welt
und Mensch. Beide wissen sich von Gott auf einzigartige Weise ge-
liebt, ins Gespräch gezogen und können so als Fürsprecher für ihr
Volk bei Gott eintreten. Mose ist in Bibel und Koran Führer und
Fürsprecher zugleich.

(3) Durch Rückgriff auf frühere Propheten wie Mose wird im
Koran eine große Kontinuität in der Propheten- und Heilsgeschichte
hergestellt. Die Einheitlichkeit der göttlichen Offenbarung und
Heilsgeschichte ist durch die Uneinheitlichkeit von Judentum und
Christentum verdunkelt worden. Mohammed sieht sich aufgefor-
dert, diese ursprüngliche Einheit wiederherzustellen und so gewis-
sermaßen als »Reformator« von Judentum und Christentum aufzu-
treten.

(4) Im Spiegel der Mose-Geschichten wird im Koran Moham-
meds eigene Geschichte als Prophet reflektiert. Gerade eine chrono-
logisch-evolutive Analyse der Mose-Suren kann zeigen, dass Mo-
hammed durch das Bild des Mose hindurch »wie durch einen Filter
die psychologischen Konturen einer Prophetwerdung« wahrnehmen
und so »im Spiegel der Mose-Vita sein eigenes Leben als eine gött-

lich gelenkte Heilsgeschichte erfahren« konnte (A. Neuwirth, Er-
zählen als kanonischer Prozess, 2002, 343).

(5) Im Rückgriff auf die Mose-Geschichte findet Vergegenwärti-
gung von Vergangenheit statt. Mohammed kann sich in seiner lei-
denschaftlichen Auseinandersetzung mit dem mekkanischen Estab-
lishment einerseits und Vertretern des Judentums andererseits an
einer Gestalt orientieren, die nicht weniger in Konfrontation mit
ungläubigen Machthabern und einem halsstarrigen Volk stand. Je
härter der Konflikt mit dem mekkanischen Establishment und den
jüdischen Stämmen wird, desto deutlicher zeichnet sich ab: Die Mo-
se-Geschichte wird zum Spiegel eines doppelten Machtkampfes:
zum einen zwischen dem Propheten und den Herrschenden, zwi-
schen Religion und Politik/Ökonomie also, zum anderen zwischen
zwei Religionen um die Anerkennung des wahren Prophetentums.
Mag Mose das Urbild für das Prophetentum Mohammeds gewesen
sein, so ist dieser jetzt das »Siegel« der Propheten (Sure 33, 40:
Md).

(6) Angesichts des Machtkampfes wird der Auszug des bibli-
schen Mose aus Ägypten zum legitimierenden und inspirierenden
Urbild der Hidjra der muslimischen Urgemeinde. Mit keiner ande-
ren früheren Gemeinschaft kann die muslimische Urgemeinde in
mekkanischer Zeit sich so identifizieren wie mit den »Kindern Isra-
els«. Darin spiegelt sich das Gottvertrauen, dass schon Mose ein
rettender Sieg über übermächtige Feinde geschenkt wurde. In der
Auseinandersetzung mit den jüdischen Stämmen dagegen werden
in medinensischer Zeit der Exodus und die auf ihn folgenden Ereig-
nisse im Volk zum kritischen Spiegel für die »Kinder Israels« selber.
Der Koran argumentiert gegen die »Kinder Israels« mit Verweis auf
die Geschichte der »Kinder Israels«.

Die Himmelfahrt Mohammeds und ein Gespräch mit Mose

Bei dieser Bedeutung von Mose für den Propheten Mohammed ist es kein Zufall, dass auch in der nachkoranischen
Tradition die Beziehung von Mohammed zu Mose eine wich-

tige Rolle spielt. Der erste Biograph *Ibn Ishaq* (ca. 704–ca. 768) hat eine später berühmt gewordene Nacht- und Himmelsreise des Propheten kurz vor der Übersiedlung nach Medina überliefert. Ihrer wird heute bei einem eigenen Festtag in der ganzen muslimischen Welt gedacht: bei einer Gedächtnisfeier am 27. Radschab, dem siebten islamischen Mondmonat. Wurzel der Erzählung ist, wie wir wissen, der Satz zu Beginn der Sure 17: »Gepriesen sei, der seinen Diener nachts reisen ließ von der unantastbaren Moschee zur ganz fernen, die wir ringsum gesegnet haben, um ihn einiges von unseren Zeichen sehen zu lassen« (Sure 17,1: Mk II). Diese »ferne Moschee« wurde schon früh in Jerusalem lokalisiert: Der Name der al-Aqsa-Moschee, »Die Fernste«, deutet darauf hin.

Die Grundzüge dieser Geschichte sind rasch skizziert. Während Mohammed an der Ka'ba zu Mekka schläft, weckt ihn der Engel Gabriel des Nachts, lässt ihn das Wunderpferd Buraq besteigen und ihn anschließend nach Jerusalem reiten. Von dort steigt er auf und gelangt an das Tor des Himmels. Geführt von Gabriel, betritt er den untersten Himmel und sieht dort einen Mann sitzen, an dem die Seelen verstorbener Menschen vorüberziehen. Über die einen spricht dieser Mann Gutes, über die anderen Schlechtes. Auf die Frage, wer dieser sei, erklärt der Engel Gabriel:

»Dies ist dein Vater Adam, an dem die Seelen seiner Nachkommen vorüberziehen. Die Seelen der Gläubigen darunter erfreuen ihn, worauf er spricht: ›Eine gute Seele aus einem guten Körper‹, während die Seelen der Ungläubigen seinen Abscheu und seinen Widerwillen erregen, worauf er spricht: ›Eine schlechte Seele aus einem schlechten Körper‹« (*Ibn Ishaq*, Das Leben des Propheten, hg. v. G. Rotter, 1999, 86f.)

Dann entdeckt Mohammed Menschen in grässlichster Gestalt und grauenerregendem Zustand – Bilder für das Gericht, das über die ungläubig und unverantwortlich lebenden Menschen kommen wird.

Im zweiten Himmel trifft Mohammed auf *Jesus*, den Sohn der Maria, und auf *Johannes*, den Sohn des Zacharias, im dritten auf *Josef*, den Sohn Jakobs, im vierten auf den Propheten *Idrīs*, im fünften auf *Aaron*, auch er, wie wir wissen, im Koran ein Prophet. Im sechsten Himmel schließlich: »Dort war ein Mann von dunkler Farbe, großem Wuchs und mit einer gekrümmten Nase, als gehöre er zum Stamme der Shanū'a. Als ich Gabriel nach ihm fragte, erklärte er mir, dass dies Mose, der Sohn Imrāns, war« (Ebd., 88).

Nachdem Mohammed auch noch »Vater Abraham« getroffen hat, gelangt er zu Gott, dem Herrn. Dieser legt jedem Gläubigen »fünfzig Gebete zur Pflicht« auf. Und plötzlich spielt Mose noch einmal eine wichtige Rolle – als derjenige unter den Propheten, der den Menschen die von Gott auferlegten Pflichten erleichtert und so die schwere Last erträglich macht. Als Mose erfährt, was Gott dem Volk auferlegt hat, schickt er Mohammed zu Gott zurück:

»Ich tat, wie er mich geheißen hatte, und mein Herr ließ mir zehn Gebete nach. Doch als ich wieder bei Mose vorüberkam, sagte er mir nochmals das gleiche, und Gott erließ mir weitere zehn Gebete. So ging es fort, bis nur noch fünf Gebete übrig waren. Als ich dann wieder zu Mose kam und er mir erneut riet, Gott um Erleichterung zu bitten, sprach ich zu ihm: ›Ich bin nun so oft zu meinem Herrn zurückgekehrt und habe Ihm diese Bitte vorgetragen, dass ich mich jetzt schäme und es nicht nochmal tun werde.‹ Seinen Zuhörern aber versprach der Prophet: ›Jedem von euch, der diese fünf Gebete gläubig und ergeben verrichtet, werden sie wie fünfzig Gebete vergolten werden‹« (Ebd., 89).

Welch eine Geschichte! Mohammed trifft Mose bei seiner Himmelsreise! Enger kann man die Verbindung zwischen dem ersten und dem letzten Gesetzesmittler kaum noch knüpfen. Und dieser Mose steht einerseits in einer so engen Verbindung zu Gott und hat so viel Mitgefühl für das Volk andererseits, dass er einmal mehr als Fürsprecher vor Gott auftreten kann, was an Exodus 32,11–14 sowie Sure 7,151–155 erinnert. Muslime verdanken es also der Fürsprache des

Mose, dass sie die leichtere Last von nur fünf täglichen Gebeten tragen müssen.

Muslime errichten Mose ein Grab

So ist es kein Zufall, dass Muslime für Mose auch ein Grabmal errichtet haben, arab. *Maqam Nebi Mūsā*. Es befindet sich unweit von Jerusalem. Man kann es auch heute noch besichtigten. Zunächst fährt man in Richtung Jericho durch das Bergland von Judäa. Kurz vor Verlassen der Berge führt eine breite Abzweigung Richtung Süden. Dort trifft man auf einen der bedeutendsten muslimischen Wallfahrtsorte am Übergang der Judäischen Wüste in die Jordansenke: das Grabmal des Mose. Nach islamischer Tradition hat dieser große Gesandte Gottes hier seine letzte Ruhestätte gefunden. Ein grandioser Platz, ein imponierendes Bauwerk, an den sich ein gewaltiger Friedhof anschließt. Von hier aus sieht man jenseits des Jordan, inmitten der Berge von Moab, den rund 800 Meter hohen Gipfel des Berges Nebo. Nach biblischer Überlieferung hat Mose auf diesem Berg am Ende seines Lebens gestanden (Dtn 34, 1–4). Gott persönlich, liest man dort, habe seinem Gesandten das verheißene Land gezeigt, ohne dass es Mose hatte betreten dürfen. Er soll auf diesem Berg gestorben sein. Sein Grab? Begraben habe man ihn »im Tal, in Moab, gegenüber Bet-Pegor« (Dtn 34, 6). Niemand kenne sein Grab.

Wirklich nicht? Es ist *Sultan Saladin* , der 1187 den »christlichen« Kreuzfahrern Jerusalem entreißt und später zum Helden von Lessings Drama »Nathan der Weise« (1779) aufsteigen wird, welcher der Vorstellung anhängt, Gott habe die sterblichen Überreste des großen Propheten Mose auf die westliche Jordanseite gebracht. Und da Mose im Koran nun einmal eine zentrale Rolle spielt, lässt Saladin zu Moses Ehren eine Erinnerungsstätte einrichten. Sein Grab, heute eingehüllt in eine schlichte dunkelgrüne Decke, wird zu einem Wallfahrtsort für Muslime. Gut hundert Jahre nach Saladin wird über dem Mose-Kenotaph eine Moschee errichtet. Im 15. Jahrhundert lassen die Mameluken eine große Herberge mit ca. 450 Räumen anbauen. Noch heute kommen alljährlich zwischen Mitte und Ende April bis zu 60 000 Pilger hierher, um des Gesandten Gottes zu gedenken. Wir konnten ja auch zeigen: Mose – er ist für Muslime ein besonders ausgezeichneter Mensch. Denn: »Gott hat zu ihm gesprochen«! Urmodell eines prophetischen Menschen schlechthin, Lebensmodell auch für Mohammed, den arabischen Propheten.

Fünfter Teil
Josef und seine Brüder: Entfeindungsgeschichten in Bibel und Koran

>»Fürchtet euch nicht. Stehe ich denn an Gottes Stelle? Ihr
> habt Böses gegen mich im Sinn gehabt, Gott aber hatte
> dabei Gutes im Sinn, um zu erreichen, was heute ge-
> schieht: viel Volk am Leben zu erhalten.«
> *Josef zu seinen Brüdern (Gen 50,19f.)*

>»In Josef und seinen Brüdern liegen Zeichen für die, die
> fragen.«
> *Sure 12,6*

Wenn man im Buche Genesis auf die Josefs-Geschichte trifft,
hat man 36 Kapitel durchmessen. In ihnen hat man die Geschichten von Adam und Eva überliefert bekommen, von
Kain und Abel, von Noach und seiner Familie, von Abraham
und seinen Frauen Sarah, Hagar und Ketura samt den Söhnen Ismael, Isaak und sechs weiteren Ketura-Söhnen. Auch
war vom erbitterten Konflikt zwischen den Brüdern Esau und
Jakob erzählt worden, den Söhnen von Isaak und Rebekka.
Man hat verfolgen können, wie Jakob, der Zweitgeborene,
sich den Segen seines Vaters Isaak erschlichen und seinen
erstgeborenen Bruder Esau ausmanövriert hat.

I. Eine Segensgeschichte trotz allem: der Josef der Bibel

Lange Zeit war man dann im Buche Genesis auf die Figur des Jakob konzentriert geblieben: auf dessen Dienste beim Herdenbesitzer Laban, dem Bruder seiner Mutter Rebecca, und auf dessen Beziehung zu den beiden Töchtern Labans, der älteren Lea und der jüngeren Rahel. Und wieder erfährt man von einem Täuschungsmanöver, das sich dann zu einem Fruchtbarkeitsdrama entwickelt. Denn Jakob, so will es die Erzählung, liebt nur Rahel und verdingt sich ihretwegen bei Laban für sieben Jahre, um dann diese geliebte Frau heiraten zu können. Als es schließlich soweit ist, wird ihm von Laban zunächst Tochter Lea im Hochzeitsbett »untergeschoben«, bevor Jakob nach der Brautwoche dann doch Rahel zur Frau bekommt (Gen 29,28–30). Das ist verwickelt genug. Kompliziert aber wird die Sache noch dadurch, dass die ungeliebte Lea sich als außerordentlich fruchtbar erweist, Rahel dagegen lange kinderlos bleibt, was psychologisch den Druck auf die beiden Liebenden erhöht und theologisch wie im Fall der Erzmütter Sara (Gen 11, 30; 16,1; 17, 17; 18, 11–15) und Rebekka (Gen 25, 21) ein direktes Eingreifen Gottes in den natürlichen Rhythmus nötig macht. Gottes Erwählung? Sie triumphiert auch in dieser Geschichte zeichenhaft über Natur und menschliche Berechnung.

Menschlich gesehen aber hat das alles fatale Folgen, denn die beiden Söhne, die Rahel schließlich doch zur Welt bringt, Josef und Benjamin, sind für den Vater von vornherein Bevorzugte. Sie waren noch in hohem Alter gezeugt worden und stammen von der geliebten Frau, die bei der Geburt des Jüngsten auch noch ihr Leben verliert (Gen 30,22–24; 35,16–20). In seinen Söhnen Josef und Benjamin erinnert sich Jakob also stets seiner geliebten Rahel. Am Ende hat dieser Mann zwölf Söhne mit nicht weniger als vier verschiedenen Frauen, weil Lea und Rachel jeweils noch ihre Mägde Silpa und Bilha

»eingeschaltet« hatten. Im Buch Genesis ist dies penibel vermerkt:

> Jakob hatte zwölf Söhne. Die Söhne Leas waren: Ruben,
> der Erstgeborene Jakobs, ferner Simeon, Levi, Juda, Issachar und Sebulon. Die Söhne Rachels waren: Josef und
> Benjamin. Die Söhne Bilhas, der Magd Rachels, waren:
> Dan und Naftali. Die Söhne Silpas, der Magd Leas, waren: Gad und Asher. Das waren die Söhne Jakobs, die
> ihm in Paddan-Aram geboren wurden.
> *(Gen 35,22–26)*

»Töchter«? Töchter hatte Jakob auch. Ihre Erwähnung erfolgt allerdings meist summarisch und wie nebenbei (Gen 37,35; 46,7). Nur eine der Töchter (aus der Verbindung mit Lea) kennen wir mit Namen: Dina (Gen 30,21). Sie wird dann im 34. Kapitel des Buches Genesis im Mittelpunkt einer in ihren Folgen horrenden Vergewaltigungsgeschichte stehen. Biblisch hören wir danach nur noch, dass auch Dina mit der gesamten Familie Jakobs nach Ägypten gezogen sei (Gen 46,15). Literarisch dagegen kann man nachlesen, was *Thomas Mann* daraus gemacht hat und zwar im ersten Band seiner »Joseph«-Tetralogie. In den »Geschichten Jaakobs« (1933) hat er seine ganze erzählerische Meisterschaft auch in diese Geschichte investiert: »Drittes Hauptstück: Die Geschichte Dina's«.

1. Vom Fruchtbarkeitsdrama zum Familiendrama

Aus dem Fruchtbarkeitsdrama um Lea und Rahel entwickelt sich ein Familiendrama, das in der Hebräischen Bibel seinesgleichen sucht. Vor uns beginnt eine Geschichte von ungewöhnlicher Dramatik abzurollen, die wir nach der kanonischen Endfassung rekonstruieren, ohne uns auf in der Forschung lange und bis heute kontrovers diskutierte literar- und redaktionskritische Konstruktionen einzulassen. Ich gehe mit heutigen Exegeten davon aus, dass die biblische Josefs-Geschichte als weithin einheitlicher und kohärenter Erzähltext verstanden werden kann (*C. Westermann*, 1982; *H. Donner*, 1994; *R. Lux*, 2001; *J. Ebach*, 2007), dessen Doppelungen und Spannungen nicht notwendigerweise auf Wachstums- und Bearbeitungsstufen schließen lassen, sondern als literarische Stilmittel gedeutet werden können, für die es teilweise sogar eine theologische Begründung gibt (Gen 41,32). Weitgehend einig ist man sich in der Forschung allerdings, dass das Kapitel 38 (die Geschichte von Juda und Tamar) sowie die Kapitel 48 (die Adoption der Josef-Söhne Efraim und Manasse durch Jakob) und 49 (der Segen Jakob über alle Söhne bzw. Stämme) nicht zur ursprünglichen Erzählung gehören, sich vielmehr einer nachexilischen priesterschriftlichen Redaktion (6./5. Jh. v. Chr.) verdanken.

Die Dramatik einer Geschichte

Biblisch beginnt alles mit der *Sonderstellung Josefs unter seinen Brüdern* durch die ihn bevorzugende Liebe des Vaters. Das schürt Neid, Eifersucht, schließlich den Hass der Brüder, zumal Josef sie, angestachelt durch zwei Träume, seine Besonderheit auch noch fühlen lässt, was sogar seinen Vater erzürnt (Gen 37,10f.). Narzisstische Selbstinszenierung, so fängt beim biblischen Josef alles an.

Aus diesem Komplex entwickelt sich das *Verbrechen der Brüder* an Josef. Es kommt zu einem *ersten »Fall«*, einem katastrophalen »Abstieg« Josefs mit dem Wurf in eine Grube für Wasservorrat, eine Zisterne (Gen 37,23f.). Der Hochmütige und Selbstverliebte? Er ist jetzt erstmals buchstäblich ganz unten, dem Tode preisgegeben, wie ausgelöscht, fast vernichtet.

Dann der *erste »Aufstieg«* in dieser Geschichte: die *Rettung Josefs* aus der Zisterne durch Verkauf über Ismaeliter an midianitische Kaufleute (Gen 37,27f.), die ihn nach Ägypten verfrachten. Spiegelbildlich dazu die Trauer des Vaters, dem von den Brüdern eine Lügengeschichte um ein »wildes Tier« aufgetischt wird, das Josef angeblich »gefressen« habe (Gen 37, 29–35). Der mit Blut getränkte Rock Josefs dient als fingiertes Beweisstück. Nicht nur herrscht Eifersucht und Hass in der eigenen Familie, sondern auch Lüge, Täuschung, Betrug. Ein Bruder-Bruder-Drama, das sich zu einem Söhne-Vater-Drama zuspitzt.

Dann Josefs Verkauf auf dem ägyptischen Sklavenmarkt an einen Hofbeamten des Pharao. Er heißt Potifar und ist der Oberste der Leibwache (Gen 37,36). Ein *zweiter Fall Josefs*, dem dann ein *zweiter Aufstieg* folgt, jetzt nicht mehr aus einer Grube heraus, sondern auf der Karriereleiter im Haus des Ägypters. Und wieder bekommen wir eine Aggressionsgeschichte erzählt, diesmal nicht aus übersteigerter, sondern aus verschmähter Liebe, diesmal nicht aus Eifersucht, sondern aus Rache. Die Frau des Potifar hat ein Auge auf Josef geworfen und rächt sich, weil Josef ihrer Verführungskunst widersteht (Gen 39,7–18). Ohne weitere Untersuchung lässt Potifar seinen Sklaven »im Zorn« ergreifen und in den Kerker werfen, allerdings nicht in irgendeinen, sondern – was für den Fortgang der Erzählung gebraucht wird – in ein Gefängnis, »wo die Gefangenen des Königs in Haft gehalten werden« (Gen 39,20). Wurf in eine weitere »Grube«. *Ein dritter »Fall« Josefs, ein dritter »Abstieg«*. Wieder ist Jakobs Sohn ganz unten. Besonders bitter für ihn, da er sich nichts vorzuwerfen hat. Er ist das Opfer einer schamlosen Intrige und patronaler Willkür. Einmal mehr scheint Josefs Schicksal besiegelt.

Doch dann kann sich Josef in der Gefangenschaft *als Traumdeuter* profilieren. So entsteht eine Beziehung zum Pharao-Hof und zwar durch die beiden Hofbeamten, den Ober-Mundschenk und Ober-Bäcker, die Josef als Mitgefangene im Kerker bedient und denen er ihre Träume zu deuten weiß (Gen 40,1–23). Zwei Jahre später steht er vor Pharao persönlich und zwar auf Empfehlung des freigelassenen und wieder in sein Amt eingesetzten Obermundschenks. Dieser hatte sich endlich seiner erinnert, da Josef dessen im Traum verschlüsseltes Schicksal präzise gedeutet hatte. Das gelingt nun auch im Fall des Pharao. Beide Träume des Herrschers im Blick auf das Schicksal des Reiches weiß Josef auf eine so kluge und stimmige Weise zu deuten, dass dieser sich nicht mehr von Josef trennen will (Gen 41,37–49). Was folgt ist *ein dritter Aufstieg*, jetzt aber nach »ganz oben«, an die Spitze des Staates. Höher kann man irdisch nicht mehr steigen, wenn man kein Königssohn ist. Eine erneute Wende. Auf einmal ist der verratene Bruder, hebräische Sklave und unschuldige Häftling Vizekönig einer Weltmacht! Eine Lebenszäsur, wie sie dramatischer nicht sein könnte, nicht überraschender, nicht spannender.

Schließlich der Komplex *Versöhnung mit der eigenen Familie.* Wie verlangsamt erzählt, mit bewussten Verzögerungen und neuen Spannungsmomenten. Einer Hungersnot gehorchend sind die Brüder Josefs nach Ägypten gezogen, um Getreide einzukaufen, müssen aber auf Drängen des Vaters den jüngsten Bruder, Benjamin, zurücklassen, den zweitgeborenen Rahel-Sohn. Was Josef, der den Brüdern zunächst unerkannt gegenübertritt (Gen 42,6–17), Gelegenheit zu einer Intrige eigener Art gibt. Fälschlich werden die Brüder der Spionage beschuldigt und unter Zurücklassung einer Geisel, Simeon, nach Hause zurückgeschickt, um Bruder Benjamin herbeizuschaffen. Als dieser dann bei der zweiten Ägypten-Reise vor Josef steht, kann dieser sich, nach wie vor in Deckung bleibend, vor Rührung kaum noch halten (Gen 43,30).

Dann aber fädelt Josef eine weitere Intrige ein (Gen 44,1–12), um seinen Lieblingsbruder (angeblich als Sklaven) bei sich behalten zu können (Gen 44,10). Der durchtriebene Plan gelingt mit Hilfe eines in Benjamins Reisegepäck eingeschmuggelten Silberbechers. Erst als Josef die zutiefst erschrockenen und angstgetriebenen Brüder reuevoll von ihrer früheren Schuld reden hört (Gen 44,16) und Bruder Juda (um Benjamin und den Vater zu schonen) sich als Geisel für Benjamin anbietet (Gen 44,18–34), erst also, als die Brüder einmal mehr ihre Reue sowie ihre Sorge füreinander und den alten

Vater unter Beweis gestellt haben, kann Josef seine Gefühle nicht länger unter Kontrolle halten.

Ganz am Ende der Geschichte dann die Abrundung des gesamten Komplexes mit der Ankunft des alten Vaters in Ägypten, das Zusammentreffen von Pharao und Jakob (Gen 47,7–12), schließlich Jakobs Segen über alle Brüder (Gen 49,1–28), Jakobs Tod (Gen 49,33) und seine Bestattung in einer Höhle des Grundstücks Machpela, heute bei Hebron (50,12f.), und zwar auffälligerweise nach einem Beerdigungszeremoniell ägyptischer Art: Einbalsamierung des Leichnams (Gen 50,2), dasselbe Ritual, das dann auch nach seinem Tod an Josef vollzogen wird (Gen 50,26). Zuvor hatte er angeordnet, dass seine Gebeine mit in das Land der Väter genommen werden, sollte das Volk Ägypten verlassen (Ex 50,24f.). Das geschieht denn auch. Ausdrücklich ist im Buche Exodus festgehalten, dass Mose die Gebeine Josefs beim Auszug aus Ägypten mitgenommen habe (Ex 13,19). Bestattet habe man sie der Überlieferung nach in Sichem (heute: Nablus im Westjordanland) auf einem Stück Feld, das Vater Jakob einst gekauft hatte (Jos 24,32). Josefs Grab (Berichte darüber sind allerdings nicht älter als das 4. Jahrhundert n.Chr.) wird von Juden, Christen und Muslimen gleichermaßen bis heute dort verehrt.

Doch die aktuelle Gegenwart sieht düster aus, Gott sei es geklagt. Ich kann und will diesen Hinweis nicht unterdrücken. Immer wieder kommt es zu gewaltsamen Auseinandersetzungen zwischen Israelis und Palästinensern ausgerechnet am Grabe Josefs. So wurde am 16. Oktober 2015 von militanten Palästinensern ein Brandanschlag auf das Josefsgrab in Nablus verübt. Gezielt, ist das Grab heute doch eine israelisch verwaltete Enklave mitten im Palästinensergebiet. Juden dürfen den Ort nur mit Genehmigung betreten, tun sie es aber und pilgern dorthin, riskieren sie, mit Gewalt konfrontiert zu werden. Schon im Herbst 2000 war das Heiligtum in Nablus Schauplatz blutiger Kämpfe gewesen. Gewalt am Grabe Josefs! Welch eine Perversion an der Gedächtnisstätte für einen

Mann, dessen Geschichte, wie wir sehen werden, in Bibel *und* Koran für Entfeindung und Versöhnung steht, für die Überwindung von Hass und Streit.

Ein glänzendes Stück Literatur

Fünf feste Strukturelemente sind in der biblischen Josefs-Geschichte erkennbar und sind Voraussetzung ihrer Dramaturgie:

(1) das durch den Vater mitverursachte *Eifersuchtsdrama Bruder – Brüder*, einschließlich Mordplan, Beseitigung Josefs, Verkauf an die Midianiter, Transport nach Ägypten und Verkauf an Potifar (Kap. 37).

(2) Das *Verführungsdrama* im Hause *Potifars* mit dem Versuch sexueller Beherrschung Josefs durch die Frau des Hauses. Daraus folgt eine Intrige gegen Josef und der Wurf des Unschuldigen ins Gefängnis (Kap. 39,1–20).

(3) Die *Traumdeutungspraxis im Gefängnis*, dadurch Erwerb der Gunst zweier Hofbeamter des Pharao, dessen einer sich später Josefs erinnert, als der König selber Traumdeutung nötig hat (Kap. 39,21 – 41,14).

(4) Die *Begegnung mit dem Pharao:* Deutung von dessen Traum und Aufstieg Josefs zu einer einzigartigen Machtstellung über Ägypten an der Seite des Pharao (Kap. 41,15–49).

(5) Schließlich der *Komplex Wiederbegegnung mit der Familie, Vergebung und Versöhnung.* Einerseits mit den Brüdern (mit denen Josef noch eine Zeitlang spielt), andererseits mit dem Vater, der nach Ägypten geholt wird und hier sein Leben vollenden kann (Kap. 41,50 – 50,13).

Woraus folgt: Fast alle Themen von literarischem Rang sind hier versammelt: Familienstreit und Verbrechen, Lüge und Schuld, tiefste Niederlagen und höchster Aufstieg, Not und Hunger, Intrige, Vergebung, Versöhnung und Rührung, am Ende schließlich Glück und Segen. Dazwischen ein Stück Erotik (die Verführung durch Potifars Frau), ein Stück vorweggenommener Tiefenpsychologie (Josef als Traumdeuter), ein Glanzstück vorausschauender Macht- und Wirtschaftspolitik (Vorratswirtschaft im Wissen um Dürrezeiten), ein intrigantes Kriminalstück um die älteren Geschwister und den jüngeren Bruder Benjamin. Der große evangelische Alttestamentler *Gerhard von Rad* hat zu Recht davon gesprochen: Von Anfang an sei die biblische Josefs-Erzählung »Literatur«. Ganz »neue Möglichkeiten der literarischen Darstellung des Menschlichen« seien hier vorhanden, die weit über die Ausdrucksmittel hinausgingen, die der älteren sagenhaften Überlieferung der Bibel zur Verfügung gestanden hätten. Welch »erlesener Stil« denn auch, welche Fähigkeit, »auch psychologisch komplizierte Situationen zu beschreiben«! »Hinsichtlich ihrer literarischen Geschliffenheit und geistigen Kultiviertheit« habe die Josefs-Geschichte »den Rang und den Anspruch eines großen, ja einzigartigen Kunstwerkes« (Biblische Joseph-Erzählung und Joseph-Roman, in: Neue Rundschau 76, 1965, 548 u. 551).

In diese Richtung deutet auch der protestantische Alttestamentler *Jürgen Ebach* in einem der neueren großen Kommentare: »Die Josephserzählung ist eine Geschichte, die von Leben und Tod, von Hunger und Rettung, von Gefahr und Entrinnen, von Liebe und Hass, von Verrat und Solidarität, von Traumwelten und harten Realitäten handelt. Trotz alledem, nein, *in* all dem ist sie auch eine Geschichte voller Humor« (Genesis 37–50, 2007, 44). Und nicht nur thematisch funkelt die Erzählung, auch in ihrer erzählerischen Kunst. So sind zum Beispiel Anfang und Ende der Geschichte kunstvoll mit einander verklammert. Im ersten Traum Josefs, einem Ährentraum, fallen die Garben der Brüder vor die Garbe Josefs nieder (Gen 37,7), am Ende fallen die Brüder selber vor Josef auf ihr Angesicht und erklären sich zu seinen Knechten (Gen 50,18). Szenisch-gestisch sind damit das Aufbrechen des Konflikts und dessen Lösung miteinander verkoppelt. Entstanden ist dadurch in der Tat, wie der Leipziger Alttestamentler *Rüdiger Lux* schreibt, »ein narrativer Spannungsbogen mit einer aufsteigenden und einer absteigenden

Konfliktlinie, der sich über viele Etappen immer weiter zuspitzt und schließlich entspannt. Die aufsteigende Konfliktlinie erreicht ihre Klimax damit, dass sich Josef seinen Brüdern zu erkennen gibt, diese küsst, vor innerer Bewegung weint und die Brüder mit ihm reden (Gen 45,15). In Gen 45,16 setzt die absteigende Konfliktlinie ein, die in Gen 50 zur vollständigen Aussöhnung zwischen Josef und seinen Brüdern führt und mit der Sterbenotiz Josefs endet (Gen 50,26)« (Die Josephsgeschichte. Lexikon: www.bibelwissenschaft.de).

2. Israel in Ägypten: Erfahrungen mit dem Fremden

Der kunstvollen inneren Komposition entspricht die kunstvolle *äußere Komposition*. Die biblische Josefs-Geschichte ist als Eckstück eingepasst: als Abschluss des Buches Genesis und als Überleitung zum Buche Exodus. Nach hinten ist sie verzahnt mit den Geschichten um die Erzväter und Erzmütter, nach vorne verzahnt mit der Mose–Geschichte, der Offenbarung des künftigen Gottes Israels, Jahwe, sowie der Volkwerdung Israels im Zeichen von Exodus und Sinai. Wir haben das Nötige dazu im Mose-Kapitel dieses Buches gesagt (Vierter Teil). Die Josefs-Geschichte trägt somit ein Doppelgesicht: Eines weist nach hinten; dafür stehen die Namen Abraham und Sara, Isaak und Rebekka, Jakob sowie Lea und Rahel. Eines weist nach vorn; dafür steht der Name Mose und der ihn berufene Gott: Jahwe. Kurz: Im Ganzen der Tora hat diese überaus kunstvolle Erzählung eine Brückenfunktion zwischen der Erzväter/Erzmütter-Welt und der Welt des Exodus. Sie verbindet die beiden Ursprungserzählungen des Volkes Israel: die Erzelterngeschichte mit der Mose-Exodus-Geschichte. Sie erklärt den Aufenthalt der Israeliten in Ägypten und zugleich die Notwendigkeit, Ägypten zu verlassen und damit das Volk zu werden, das Gott sich erwählt. Im Zentrum dieser Geschichte aber steht der ebenso schöne wie lebenskluge Sohn von Jakob und Rachel, der seinerseits Vater von zwei Söhnen wird, die später zwei Stämme Israels repräsentieren werden: Efraim und Manasse.

Die Stämme sollen ein Volk werden

Damit hat die Josefs-Geschichte in der Hebräischen Bibel ein klar erkennbares theologische Gefälle und zwar im Interesse einer zu erlangenden Identität Israels als Gottes-Volk, ist doch der Exodus und damit die Rettung des Volkes das »Heilsereignis« Israels schlechthin, später in einem eigenen Fest (»Pessach«) Jahr für Jahr erinnert (Einzelheiten: *K.-J. Kuschel, Festmahl am Himmelstisch*, 2013). Aus der Geschichte von Familien (die Sippen Abrahams, Isaaks und Jakobs), aus der Geschichte von Stämmen (die zwölf Stämme entsprechend den zwölf Söhnen Jakobs) soll und wird die Geschichte des Volkes werden: Israel als Jahwes Eigentum und Heiligtum! Die biblische Josefs-Geschichte also steht im Dienste der Selbstreflexion des Volkes auf seinen künftigen Weg vor Gott und mit Gott. Und zwar so, dass im Nachhinein alles wie theozentrisch geführt und gefügt erscheint: Die Sippe Jakobs »muss« erst nach Ägypten, »muss« dort sich vermehren, dann die Erfahrung von Unterdrückung machen, um sich im Exodus als *von Gott befreites Volk* zu erfahren. Es »muss« dann vierzig Jahre durch die Wüste ziehen, um in zwei Generationen als Volk zusammenzuwachsen und in seiner Treue zu dem neuen Gott Jahwe erprobt zu werden. Dann »muss« es unter den Sinai, um trotz aller Widerspenstigkeit und Sündenverfallenheit sich auf die Gebote Gottes zu verpflichten.

Die Josefs-Geschichte der Hebräischen Bibel endet denn auch nicht zufällig mit dem Segen Jakobs für alle zwölf Söhne (bzw. Stämme: Genesis 49) – im Vorgriff auf die Landnahme in Kanaan, wo diese Stämme dann einen Stammesverband und später nach Aufspaltung des davidischen Reichs das Nordreich Israel und das Südreich Juda bilden werden. Theologisch ist die Josefs-Geschichte damit ein Modellfall für das Verhalten Jahwes gegenüber Israel und seinen zwölf Stämmen, eine Art theologisches Manifest. Wer es liest, soll begreifen: Gott setzt trotz allem Widrigen, Sündhaften, Verbrecherischen, das Menschen Menschen antun können, seinen Segen durch. Böses kann von Gott zum Guten gewendet werden. Aus Unheils- können Glückserfahrungen werden.

Ein nichtkonfrontatives Ägypten-Bild

Ein zweiter Komplex ist an der biblischen Josefs-Geschichte bis heute bemerkenswert: das *Bild Ägyptens*. Wer die Stichworte Ägypten und Bibel/ Koran zusammen denkt, denkt in der Regel an die Konfrontation Mose-Pharao, denkt an eine Unterdrückungs-, Konfrontations- und Befreiungsgeschichte. Überblendet wird dadurch ein völlig anderes Ägypten-Bild: das des Buches Genesis und zwar von Abrahams Zeiten an. Und dieses Bild steht nicht im Zeichen der Konfrontation und Abstoßung, sondern – wie schon im Fall von Abraham – erfahrener Gerechtigkeit (Gen 12,10–20) oder – wie im Fall von Josef – erfahrener Integration bei allem bleibenden Herkunftsbewusstsein. Die Ägypten-Bilder im Buche Genesis müssen damit im Lichte der Konfrontation gelesen werden, von der gleich anschließend im Buche Exodus erzählt wird. Und umgekehrt: Diese Konfrontation Ägypten – Israel muss im Lichte des Miteinander gelesen werden, von denen insbesondere die Josefs-Geschichte erzählt. Beide Überlieferungen deuten sich somit gegenseitig. Beide Geschichten sind Teiltexte ein und derselben Tora. Deren Überlieferer haben uns offensichtlich bewusst zwei unterschiedliche Traditionen und Erfahrungsstränge überliefert, bewusst, weil hier erkennbar ist, dass beide theologisch unter einer großen Konzeption zusammengebunden wurden: die Konvivenz Israels mit Ägypten *und* die Konfrontation Israels gegen Ägypten.

Wir Leser_innen der Josefs-Geschichte sind seither mit *zwei Theologien des Anderen* konfrontiert: *Einerseits* einer der

Abwehr und der Verurteilung alles Fremden und Fremdgläubigen für Israel; das ist die Tradition des Separatismus, Exklusivismus, der Abspaltung und Abstoßung. Eine Spur davon gibt es auch in der biblischen Josefs-Geschichte, werden doch Vorbehalte der Ägypter gegenüber der Welt der »Viehhirten«, zu der die Jakobs-Familie nun einmal gehört, nicht verschwiegen. Die »Ägypter haben gegen alle Viehhirten eine große Abneigung«, wird uns unverblümt mitgeteilt (Gen 46,34). Entsprechend bleiben beim Essen am Pharao-Hof die Ägypter und die Brüder Josefs untereinander getrennt. Begründung: »Die Ägypter können nicht gemeinsam mit den Hebräern essen, weil das bei den Ägyptern als unschicklich gilt« (Gen 43, 2). Was *Martin Buber* im Anschluss an *Martin Luther* drastischer übersetzt: »Denn die Ägypter können nicht mit den Ebräern zusammen das Brot essen, das ist für Ägypter ein Gräuel«.

Andererseits aber ist nicht zu übersehen, dass »das Ägyptenbild in der Josefs-Geschichte weithin positiv« ist. »Ägypten erscheint als Rechtsstaat, welcher Leben und Ordnung bietet«, schreibt *Jürgen Ebach* (Genesis 37–50, 2007, 693) und fügt hinzu: »Man kann noch weitergehen und in der Josefs-Geschichte in dieser Gestalt geradezu ein Plädoyer dafür sehen, dass auch ein Leben unter fremder Oberherrschaft ein für Menschen Israels mögliches, ja – im doppelten Wortsinn – *annehmbares* Leben sein kann. Es kommt dann darauf an, auch unter diesen Bedingungen die Balance von Konvivenz und Distanz zu wahren. Dabei ist es durchaus möglich, dass Männer und Frauen Israels zu höchstem Ansehen gelangen und in Gefährdungssituationen für das eigene Volk rettend und lebenserhaltend wirken können. Dafür stehen Figuren wie Daniel und Ester, dafür steht – in dieser Gestalt seiner Geschichte – Josef« (S. 693).

Mehr noch: Die biblische Josefs-Geschichte steht auch im Zeichen der Akzeptanz des Religiösen. Josef in Ägypten – das heißt *auch*: Einer der Stammväter Israels befindet sich in einem Lande, das nicht den Gott Israels verehrt. Im Gegenteil:

Hier herrscht ein Viel-Götter-Glaube, hier steht ein Gott-König an der Spitze, der sich für den Sohn der Götter hält und als solcher im Volk verehrt wird. Fremder könnte der ganze polytheistische Religionsbetrieb Ägyptens einem Hebräer kaum sein. Doch von einem Abscheu vor dem Fremden ist in der biblischen Josefs-Erzählung nichts zu spüren. Im Gegenteil: Schon dem protestantischen Alttestamentler *Claus Westermann* war in seinem Kommentar zum Buche Genesis aufgefallen, dass die Schilderung ägyptischer Verhältnisse hier den »Charakter einer ersten Begegnung« habe (Genesis, Kap. 37–50, 1992, 18). »Ägypten« werde hier wie ein Neuheitserlebnis geschildert, als sei Israel zum ersten Mal mit der »großen Welt« in Berührung gekommen, so spürbar sei das Staunen über diese Kultur – mit all den wirtschaftlichen und politischen Institutionen eines Weltreichs, mit all den Mächtigen und Gewaltigen in diesem Imperium. Es ist, als würde zum ersten Mal wahrgenommen, was sich in dieser faszinierenden Welt abspielt, so detailliert werde das Phänomen »Ägypten« beschrieben: seine Administration und Hofhaltung, sein Ständewesen und sein Strafvollzug, sein Hofpersonal mit all den Titeln und Posten, mit Absetzen und Einsetzen von Beamten, nicht zu reden von den seltsamen Bestattungsritualen mit der Praxis der Einbalsamierung von Leichen. Das alles mache unserem Erzähler sichtlich Lust, habe er es doch mit einer ungemein farbigen Kultur und einem ungewöhnlich dramatischen Stoff zu tun.

Und die *ägyptische Religionspraxis?* Auch sie wird auffälligerweise ohne ein Wort der Distanz geschildert, wird doch in der Josefs-Geschichte größter Wert auf die Feststellung gelegt, dass auch ein heidnische Gott-König zum Instrument eines »Planes« des Gottes Israels werden kann. Undementiert kann Josef sagen: »Gott sagt dem Pharao an, was er vorhat« (Gen 41,25) oder »Gott ließ den Pharao sehen, was er vorhat« (41, 28) oder »Dass Pharao gleich zweimal träumte, bedeutet: Die Sache steht bei Gott fest, und Gott wird sie bald ausführen« (41,32). Ja, der Pharao selber erkennt in Josef einen Mann,

»in dem der Geist Gottes wohnt« (Gen 41,38). Deutlicher kann man den Pharao kaum unter die Führung des *eigenen* Gottes stellen.

Dadurch aber kommt es zu einer der faszinierendsten Szenen in der Hebräischen Bibel überhaupt: zur Erhebung des ehemaligen Sträflings zum Herrscher über Ägypten. Er, der ganz unten war, der Verkaufte, Verratene, Denunzierte und Verlorene, ist jetzt ganz oben: eine Art Vize-Gott auf Erden, der nur noch den Gott-König persönlich über sich hat. Noch haben wir als Leser ja das verächtliche Wort der sexuell frustrierten Frau des Potifar über Josef im Ohr: »hebräischer Sklave« (Gen 39,17), jetzt sieht man denselben das königliche Haus regieren und über das königliche Siegel verfügen, ein Vorgang notabene, der historisch nicht unbezeugt ist. Es lassen sich Nichtägypter nachweisen, die in Ägypten hohe Stellungen einnehmen konnten. Aber in unserer Erzählung kommt es an dieser Stelle zu einer dramatischen Steigerung und faszinierender Wendung. Pharao zu Josef:

> Nachdem dich Gott all das hat wissen lassen, gibt es niemand, der so klug und weise wäre wie du. Du sollst über meinem Hause stehen, und deinem Wort soll sich mein ganzes Volk beugen. Nur um den Thron will ich höher sein als du. ... Hiermit stelle ich dich über ganz Ägypten.
> *(Gen 41,39–41)*

Und dann nimmt der Pharao den Siegelring von seiner Hand und steckt ihn Josef an die Hand. Er gibt ihm Kleider aus Byssus, aus kostbarem, feinem Leinen also, und legt ihm eine goldene Kette um den Hals. Seinen zweiten Wagen lässt er ihn besteigen, und von jetzt an ruft man, wenn Josef vorbeifährt, aus: Achtung! Auf diese Weise herrscht er nun über »ganz Ägypten« nach dem Wort des Pharao: »Ich bin der Pharao, aber ohne dich soll niemand seine Hand oder seinen Fuß regen in ganz Ägypten« (Gen 41,44).

Josef – Muster gelungener Integration

Von diesem Punkt an kommt es auch zu einer bemerkenswerten religiös-kulturellen Integration eines der Stammväter Israels in eine Fremdkultur und Fremdreligion. Die Elemente sind:

(1) *die äußerliche Anpassung in Kleidung und Machtstellung.* Derselbe Josef, der von seinen Brüdern in eine Zisterne und von seinem ersten ägyptischen Herrn als sein Sklave ins Gefängnis geworfen worden war, reist nun auf einem Prunkwagen durch das Land und genießt einem König ähnliche Respektbezeugung.

(2) *die Übernahme eines ägyptischen Namens.* Josef heißt von jetzt ab auf Geheiß des Pharao Zafenat-Paneach, was übersetzt heißt: »Gott spricht: Er lebt« (Gen 41, 45). Auch hier fällt auf, wie sorgfältig der Name gewählt ist. Normalerweise wird in ägyptischen Namen die Gottheit direkt genannt: »Die Gottheit NN spricht, es (das Kind) möge leben«. Bei Josef ist das anders. Sein ägyptischer Name hat keine wortgleiche Parallele im ägyptischen Namenskorpus. In seinem Namen ist das Göttliche anonymisiert, besser: universalisiert: »Gott spricht«, nicht ein bestimmter Gott spricht. Wer immer der Erzähler gewesen sein mag, er kennt sich offensichtlich so gut im Ägyptischen aus, dass er diese Modifikation bewusst vollzieht. Bis ins Sprachliche hinein ist damit eine Sensibilität für die Undenkbarkeit signalisiert, dass Josef als Hebräer einen ägyptischen Gottesnamen direkt tragen könnte.

(3) *Heirat mit einer Ägypterin.* Auf Geheiß des Pharao heiratet Josef Asenat (Gen 41, 50–52), ein Name, der übersetzt lautet: »Der (Göttin) Neith Gehörige«. Innerägyptisch ist dieser Name stimmig. Diese Frau ist die Tochter von Potifera, des Oberpriesters von On, womit Heliopolis nordöstlich von Kairo gemeint sein dürfte. Sein Name (übrigens derselbe wie der uns schon bekannte Potifar) bedeutet »Geschenk des Re«, des ägyptischen Sonnengottes also. Der Tempel in On ist denn auch ein Zentrum des Sonnenkultes, und der Hohepriester dieses Tempels ist einer der vornehmsten Priester des Rei-

ches, Priester der Gottes Re. Josef ist jetzt dessen Schwiegersohn, damit in den ägyptischen Adel aufgenommen und am Staatskult beteiligt.

Für den Erzähler der Josefs-Geschichte ist das alles offenbar nicht anstößig. Was umso bemerkenswerter ist, als später auf der Grundlage des deuteronomischen Gesetzes (Dtn 12–26) die strikte Alleinverehrung Jahwes, des Gottes Israels, gefordert wird. Auch Josefs Verbindung mit einer Ausländerin wird nicht getadelt, nirgendwo in der Hebräischen Bibel. Erst in einer außerkanonischen romanhaften Schrift, vermutlich im 1. Jahrhundert im hellenistischen Diasporajudentum Ägyptens entstanden und uns unter dem Titel »Josef und Asenath« überliefert, ist das anders. Jetzt musste die »Heidin« Asenath, Tochter eines »Götzenpriesters«, zum Muster einer frommen Proselytin umgedeutet werden, um als Ehefrau Josefs im Judentum keinen Anstoß mehr zu erregen. Denn längst hatte sich der Einfluss der nachexilischen Kultgemeinde ausgewirkt, demzufolge »Mischehen« von Juden und Nichtjuden als sündhaft verworfen werden, nachzulesen in den entsprechenden Kapiteln der Bücher Esra (9–10) und Nehemia (13,23–29). Im Blick auf den biblischen Josef können wir mit *Rüdiger Lux'* »Josef«–Kommentar festhalten: »Sosehr Josef durch diese Ehe in die ägyptische Gesellschaft integriert wurde, so stand er – aus der Sicht späterer Generationen – in der Gefahr, sich damit aus der israelischen Volks- und Glaubensgemeinschaft zu verabschieden. Der Erzähler der Josefsgeschichte sah das ursprünglich aber noch ganz anders. Für ihn fand auch derjenige Israelit, der unter dem Beistand JHWHs, des Gottes Israels, stand (Gen 39,2.35.21.23), seinen Weg in der Fremde, ohne dabei zwangsläufig den Göttern der Fremden verfallen zu müssen. Die Josefsgeschichte jedenfalls atmet einen Geist der Unbefangenheit, der Weite und des Internationalismus, in dem weder das fremde Land, noch der fremde Herrscher und auch nicht die fremde Frau als unvermeidliche religiöse Bedrohung gesehen werden« (Josef, 2001, 132).

Getadelt wird auch nicht, dass Josef mit der ägyptischen Priestertochter zwei Söhne zeugt: Manasse und Efraim. Woraus wir folgern dürfen: Wir haben bei Josef und Asenat das biblische Urmodell einer interkulturellen und interreligiösen Ehe vor uns. Aus ihr gehen immerhin zwei Gründungsväter von Israels Stämmen hervor. Sie werden denn auch in einem eigens erzählten Vorgang von Vater Jakob in aller Form wie eigene Söhne angenommen. Ja, die Genesis widmet diesem für die Stämme-Ordnung Israels hochbedeutsamen Vorgang ein eigenes Kapitel: »Jetzt sollen deine beiden Söhne«, sagt Jakob zu Josef, »die dir in Ägypten geboren wurden, bevor ich zu dir nach Ägypten kam, mir gehören. Efraim und Manasse sollen mir so viel gelten wie Ruben und Simeon« (Gen 48,5).

Nur wenig später ist es wiederum Jakob, der auffälligerweise einen Segenstausch vollzieht, indem er den zweitgeborenen Efraim vor dem erstgeborenen Manasse segnet und davon auch nicht ablässt, als Josef diesen Irrtum entdeckt und korrigiert wissen will. »Ich weiß, mein Sohn«, belehrt ihn Jakob, »auch er, Manasse, wird groß sein; aber sein jüngerer Bruder wird größer sein als er, und seine Nachkommen werden zu einer Fülle von Völkern ... So setzt Israel Efraim vor Manasse« (Gen 48,19.21). Für die künftige Geschichte der Stämme ist das eine in die Stammväterzeit bewusst zurückverlagerte hochsymbolische Szene.

Indem aber Josef sowohl in Kanaan wie in Ägypten verankert, ja indem er sowohl dem ägyptischen Herrscher wie seiner Familie gegenüber loyal ist und bleibt, macht ihn die Erzählung zum Urmodell nicht einer wurzelvergessenen Assimilation, sondern einer *gelungenen Integration*: Einpassung in eine fremde Gesellschaft, einschließlich eines ägyptischen Namens und Heirat mit einer Ägypterin, Tochter eines Oberpriesters und Mutter zweier Söhne, aber ohne die eigene Herkunft zu vergessen. Große politische und ökonomische Aufgaben in einem fremden Staat, ohne die eigenen Wurzeln zu verleugnen. Wer könnte je diese ergreifende Szene vergessen, als Josef sich endlich seinen Brüdern mit dem Satz zu erkennen gibt: »Ich bin Josef, euer Bruder« und noch im selben Atemzug die Frage nachschiebt: »Lebt mein Vater noch?«

Dass auch Josefs Vater Jakob nach Ägypten zieht, ist ebenfalls eine Szene von tiefer Symbolbedeutung. Es ist immerhin der Mann, der nach einem Gotteskampf den alles entscheidenden Namenswechsel erfahren hatte: »Nicht mehr Jakob wird man dich nennen, sondern Israel (Gottesstreiter); denn mit Gott und Menschen hast du gestritten und hast gewonnen« (Gen 32,29). Jakob/Israel ist also neben Abraham und Isaak die dritte große Identifikationsfigur des israelitisch-hebräisch-jüdischen Glaubens. Entsprechend »kühn« ist die Schilderung der Begegnung Jakobs mit dem ägyptischen Gott-König (Gen 47,7–10). Auch hier kein Wort der Distanz, geschweige denn der Konfrontation. Im Gegenteil. In Eintracht sind beide miteinander verbunden, der König und der Patriarch, obwohl ihre Welten verschiedener nicht sein könnten. Ihr Gespräch berührt menschliche Grundfragen: Wie alt bist du? Wie ist dein Leben verlaufen? Und zum Abschied spricht Jakob einen »Segenswunsch« über Pharao aus (Gen 47,10).

Mehr noch: Das letzte Kapitel der biblischen Josef-Erzählung liefert uns noch einmal eine grandiose Szene: Der tote Jakob wird nicht nur nach ägyptischer Sitte einbalsamiert, er bekommt auch ein Beerdingungsritual inszeniert, das seinesgleichen sucht. Wir machen uns klar: An der Leiche eines der Stammväter Israels stehen nicht nur seine Kinder, Josef und dessen Brüder, am Leichenzug für Jakob beteiligen sich – wie es ausdrücklich heißt – auch »alle Hofleute des Pharao, die Ältesten seines Hofes und alle Ältesten Ägyptens« (Gen 50,7). Als sie nach Kanaan kommen, halten Ägypter und Kanaaniter friedlich nebeneinander die Totenklage für Jakob (Gen 50,10f.) Was für ein Bild: Ägypter, Hebräer und Kanaaniter friedlich vereint am Grabe des Stammvaters Israel.

Wann und wo ist die Geschichte entstanden?

Wann beginnt man in Israel eine solche Geschichte zu erzählen? Was sind die politischen und kulturellen Ausgangsbedingungen, die eine solche Geschichte möglich gemacht haben? Exegeten haben sich diese Frage immer wieder vorgelegt: Was könnte der Entstehungsort und die Entstehungszeit für die biblische Josefs-Geschichte gewesen sein? Worauf reagiert sie? Welche Botschaft für welche Zeit will sie vermitteln?

Die Antworten sind vielfältig, weil der Text selber vielfach nur Hypothesen erlaubt. Historisch ist ihnen nun einmal nichts abzugewinnen, so dass sie in den heute maßgebenden Geschichten Israels kaum Erwähnung finden. Konsens besteht weitgehend darin, dass wir es bei den Josef-Erzählungen nicht mit einem historischen Ägypten zu tun haben, sondern mit einem fiktionalen. Dies gilt sowohl für das Ägyptenbild der Erzählung selber, wie auch für das Ägypten, das dem Ersterzähler als zeitgenössische Realität vor Augen gestanden haben muss. Offensichtlich bewusst bekommen wir keine direkte zeitliche Einordnung vermittelt; der Name des Pharao bleibt ebenso unerwähnt wie sonstige geschichtliche Details. Damit ist uns die Möglichkeit verwehrt, diesen Pharao einer bestimmten Zeit und einem konkreten geschichtlichen Geschehen zuzuweisen. Kurz: Wir haben es hier mit Ägypten als »Phänomen«, als Handlungskulisse *für eine eigene Familien-Stämme-Volks-Geschichte* zu tun, kenntnisreich ausgeschmückt, wohl aber nicht über das hinausgehend, was »man« in Israel über Ägypten allgemein gewusst haben dürfte. So wundert es nicht, dass alle zeitlichen Zuordnungen für die Entstehung des Textes äußerst unterschiedlich sind. Ich nenne nur drei heute in der Exegese vertretene Erklärungsmodelle:

(1) Spiegeln die Josef-Erzählung Erfahrungen zur Zeit des davidisch-salomonischen Königtums wider? Im *Zentrum der Stamm Juda*, aus dem David stammt, und zu dessen König er aufsteigt (2 Sam 2,4). Jedenfalls ist dies eine Zeit nicht der Ab-

wehr oder gar der Verurteilung des Fremden gewesen, sondern die eines Großreichs und damit eine Zeit des Austausches mit Nachbarvölkern, des Gebens und Nehmens. Damit könnte die Josefs-Geschichte als »Aufstiegsgeschichte« verstanden werden, als fiktive Spiegelung des Aufstiegs Davids zum König in Juda. Durchaus nicht unkritisch, denn die vorbildliche Haltung Josefs gegenüber Potifars Frau ließe sich dann »als eine Art Gegengeschichte zu David Verhalten gegenüber Urias Frau Batscheba« (2 Sam 11, 2–27) lesen – »in gewisser Weise also« als »eine antidavidisch-antijudäische Schlüssel(loch)-Geschichte«. Zugleich aber bleibt unübbersehbar, dass es in der Josefs-Geschichte mehrere Passagen gibt, die gerade dem Jakobs-Sohn Juda »eine herausragende Stellung unter den Brüdern einräumen« (*J. Ebach*, Genesis 37–50, 2007, 38). War es doch Juda gewesen, der Josef seinerzeit das Leben gerettet hatte, indem er statt »Erschlagen« den Verkauf an die Ismaeliter empfohlen hatte: »Er ist doch unser Bruder und unser Verwandter« (Gen 37,27). Mehr noch: Derselbe Juda hatte bei der zweiten Ägypten-Reise der Brüder im entscheidenden Moment zu einer großen Rede ausgeholt und sich als Geisel angeboten, um Benjamin und den alten Vater zu schonen (Gen 44,18–34). Entsprechend ausführlich im Vergleich zu allen anderen Brüdern ist der Segen, den Jakob im Segenskapitel 49 über Juda spricht: »Juda, dir jubeln die Brüder zu, / deine Hand hast du am Genick deiner Feinde. / Deines Vaters Söhne fallen vor dir nieder. Ein junger Löwe ist Juda« (Gen 49,8f.).

(2) Ist die Josef-Erzählung eine Legitimierung des Anspruchs einer der Josef-Stämme auf Königtum? Immerhin: Im Vorrang, der beim Segen Jakobs dem jüngeren Josefssohn *Efraim* vor seinem älteren Bruder Manasse zuteil wird, könnte sich »der Machtgewinn des Stammes Efraim als Leitgröße des Nordreichs« (*J. Ebach*, 2007, 38) Ausdruck verschafft haben. Das Nordreich Israel mit der Hauptstadt Samaria ist auch »Haus Josefs« genannt worden, das Südreich Juda mit der Hauptstadt Jerusalem »Haus Juda«. Des Nordreichs erster

König Jerobeam I. (926–907 v. Chr) kommt aus dem Stamm Efraim. Einst war er vor König Salomo nach Ägypten geflohen und von dort zurückgekommen, um im Nordreich König zu werden, nachzulesen in ersten Buch der Könige (11,26–40). Außerdem hatte es nach dem Untergang Samarias und des Nordreichs 722 v. Chr. durch die Assyrer Fluchtbewegungen einzelner Angehöriger des »Haus Josef« nach Ägypten gegeben, so dass es auch vom 8. Jahrhundert an intensivere Beziehungen zwischen Ägypten und dem Nordreich gegeben haben dürfte. Kurz: Haben wir es bei der Josefs-Geschichte mit einer Art »Schlüsselroman« für den ersten Nordreich-König Jerobeam I. zu tun, der in Ägypten Schutz fand und dann das verwirklichen sollte, wovon Josef selber anfangs nur geträumt hatte: eine Art König zu werden, vor dem sich alle Brüder (lies: »Stämme«) verneigen?

(3) Oder reflektiert die Josefs-Geschichte eine *grundsätzliche Spannung zwischen dem Stammland und der Diaspora nach dem Babylonischen Exil* (586–538 v. Chr.), die Spannung also zwischen Leben in der Heimat und dem Leben in der Fremde? Die exilische und nachexilische Zeit ist ja eine Periode gewesen, in der der Aufenthalt außerhalb Palästinas zum Problem für Identität und Selbstbewahrung des Volkes geworden ist. Es ging um Leben und Überleben im fremden Land. Und spiegelt nicht genau das die Josefs-Geschichte wieder? So gesehen, wäre sie als eine Art »Diasporanovelle« zu lesen, die »vom richtigen – vom gebotenen *wie* vom möglichen – Leben in der Fremde handelt« (*J. Ebach*, 2007, 39). Außerhalb des Kernlands ergaben sich für das Leben der Israeliten ja auch viele Probleme, angefangen von Fragen der »Mischehen« und der Rechtsstellung der sich daraus ergebenden Kinder bis hin zu unterschiedlichen Speisegesetzen und den Beziehungen zwischen Heimat und Fremde. Israel und Ägypten bilden denn auch in der biblischen Josefs-Geschichte unverkennbar »so etwas wie die beiden Brennpunkte einer Ellipse. Sie stehen nebeneinander, aber auch in Opposition zueinander. Israels Identität um den Preis der Absonderung und des Rück-

zugs *oder* Offenheit für die Welt um den Preis der Gefährdung der Identität? Das ist ein biblisches Thema, das ist ein in der Josefsgeschichte angelegtes jüdisches Dauerthema – bis heute« (*J. Ebach*, 2007, 39; vgl. auch S. 262f.).

3. Eine biblische Entfeindungsgeschichte

Doch so sehr die historischen Fragen für uns im Dunkel bleiben, das theologische »Programm« der biblischen Josefs-Geschichte ist klar erkennbar und lässt sich als dreifache Segensgeschichte zusammenfassen.

Trotz und in allem: Gottes Segen auf Josef

Der Segen Jakobs in Gen 49 gilt *zum einen* jedem der Brüder und jeder der Brüder steht für einen Stamm des Volkes Israel. Wann immer sie entstanden sein mag, die Josefs-Geschichte als Ganze ist als eine Art Ur-Geschichte derjenigen Stämme der Israeliten zu lesen, die dann mit und nach dem Exodus zu dem einen Volk unter Gottes Führung und Weisung und nach der »Landnahme« in einem Stammesverband siedeln werden. Dabei bekommen im Verlauf der Erzählung nicht nur Josef, sondern auch einzelne Brüder ein persönlicheres Profil, darunter Ruben, Simeon, Juda und Benjamin. Das Segens-Kapitel 49 spiegelt diese Profilierung wieder. Zwar ruht Jakobs Segen auf jedem der zwölf Söhne und damit auf jedem der Stämme, aber Juda sieht sich in Fülle und Dichte des Segensspruchs ebenso herausgehoben (49,8–12) wie der Stamm Josefs (49,22–26). Dieser Juda gegebenen Vorrang sowie die dem »Hause Josefs« (Efraim und Manasse) erwiesene Ehre deuten auf eine Zeit hin, in der diese Stämme miteinander um die beherrschende Rolle im nationalen Leben wetteifern.

Die Josefs-Geschichte ist *zum zweiten* die Geschichte des Segens Gottes über einen einzelnen Menschen, wird doch an Josefs Leben exemplarisch vorgeführt, dass ein gottwohlgefälliger Mensch in allen Widerfahrnissen seines Lebens bewahrt werden und aus allen Abgründen des Lebens unter Gottes Führung aufsteigen kann. Zwar ist das Kapitel 49 dem Segen über alle Stämme gewidmet, zugleich aber findet sich hier ein einzigartiger Segensspruch über Josef als Person:

> Gott der Allmächtige, er wird dich segnen
> mit Segen des Himmels von droben,
> mit Segen tief lagernder Urflut,
> mit Segen von Brust und Schoss.
> Deines Vaters Segen übertrifft
> den Segen der uralten Berge,
> den man von den ewigen Hügeln ersehnt.
> Er komme auf Josefs Haupt,
> auf das Haupt des Geweihten der Brüder.
> *(Gen 49,25f.)*

Wahrhaftig: »Jakobs Spruch über Josef bietet alles an Segen und Segnungen auf, was sich in kosmischen und sozialen Gestaltungen aufbieten lässt« (*J. Ebach*, 2007, 630). Und dieser Segen des Allmächtigen tritt keineswegs erst am Ende der Erzählung zutage, er ist die ganze Geschichte hindurch sichtbar, legt doch der Erzähler offensichtlich großen Wert darauf, dass Gottes Führung im Fall von Josef gerade auch in bedrohlichen Lagen immer gegeben ist, ohne dass die menschliche Freiheit aufgehoben und ohne dass seinem Helden an Rückschlägen irgendetwas außer dem vorzeitigen Tod erspart geblieben wäre. An den entscheidenden Knotenpunkten der Geschichte greift der Erzähler mit einem theozentrischen Kommentar ein oder legt Josef den Glauben an die in seinem Fall ungebrochene *providentia dei* in den Mund. Die Schlüsselszenen?

Szene I: Kaum ist Josef als Sklave im Besitz des Ägypters Potifar und droht, einer entwürdigenden und elenden Zukunft entgegen zu sehen, beschwichtigt uns der Erzähler: »Der Herr war mit Josef und so glückte ihm alles« (Gen 39, 2).

Szene II: Unschuldig wie er ist sieht sich Josef ins Gefängnis geworfen. Wieder könnte seine Geschichte in einer Katastrophe enden. Aber? »Aber der Herr war mit Josef«, versichert uns der Erzähler, »er wandte ihm das Wohlwollen und die Gunst der Gefangenen zu ... Was er auch unternahm, der Herr ließ es ihm gelingen« (Gen 39, 21. 23).

Szene III: Als die beiden Mitgefangenen im Gefängnis, die hohen Beamten am Hof des Pharao, die Josef bedienen kann, von ihren Träumen berichten, bittet Josef sie um einen Traumbericht. Ohnehin ist auffällig, wie häufig in unserer Erzählung das Geschehen durch Träume gelenkt wird. Vier im Ganzen sind es: Josefs Träume noch im Vaterhaus (Gen 37,5–11), die Träume der mitgefangenen beiden Hofbeamten (Gen 40,4–19), die Träume Pharaos (Gen 41,1–36) und nicht zu vergessen Jakobs nächtliche »Vision« mit Gottes Ermutigung, nach Ägypten zu ziehen (Gen 46,1–4). Träume aber sind in der Antike Botschaften des Himmels, die durch Menschen gedeutet werden müssen. Und Josef fühlt sich gerade dazu berufen. Mit einem beinahe verwegenen *Gottvertrauen* geht er vor. Zwar nimmt er sich den Hofleuten gegenüber noch zurück: »Ist nicht das Träumedeuten Sache Gottes?« (Gen 40,8) und auch der Pharao bekommt zunächst zu hören: »Nicht ich, sondern *Gott* wird zum Wohl des Pharao eine Antwort geben ... *Gott* sagt dem Pharao, was er vorhat ... Die Sache steht bei *Gott* fest, und *Gott* wird sie bald ausführen (Gen 41,16.25.32). Zugleich aber spricht aus Josefs Worten ein beinahe tollkühnes *Selbstvertrauen*. Zwar sagt *Gott* dem Pharao durch den Traum, was *er* vorhat, aber Josef ist der Einzige, der die Botschaft des Traums versteht und Gottes Zeichen zu entschlüsseln vermag. Also sagt *Josef,* was Gott mit Pharao vorhat. All diese Traumbotschaften machen klar, dass in Josefs Geschichte kein dunkles Schicksal, sondern die unsichtbare Hand Gottes am Werk ist.

Szene IV: Nachdem Josef bei der zweiten Begegnung mit seinen Brüdern in Ägypten sich zu erkennen gegeben hat, ist er jetzt rückschauend in der Lage, seine dramatische Geschichte als von der *providentia dei* getragen zu deuten. An die fassungs- und sprachlosen Brüder gewandt erklärt er ihnen jetzt:

> Jetzt aber lasst es euch nicht mehr leid sein und grämt euch nicht, weil ihr mich hierher verkauft habt. Denn um Leben zu erhalten, hat mich Gott vor euch hergeschickt. Ja, zwei Jahre sind es jetzt schon, dass der Hunger im Land wütet. Und noch fünf Jahre stehen bevor, in denen man weder pflügen noch ernten wird. Gott aber hat mich vor euch hergeschickt, um von euch im Land einen Rest zu erhalten und viele von euch eine große Rettungstat erleben zu lassen. Also nicht ihr habt mich hierher geschickt, sondern Gott.
>
> *(Gen 45,5–8)*

Damit ist Josef am Ende derart von Gottvertrauen durchdrungen, dass er die Brüder nicht nur theozentrisch entlastet, sondern auch die Schuldfrage vergessen macht.

Josefs Tränen: Wandlung vom Rächer zum Bruder

Entsprechend hat sich der biblische Josef im Verlauf der Geschichte gewandelt. Er mutiert nicht nur vom narzisstischen Träumer zum lebensklugen Staatsmann, sondern auch vom intriganten Rächer zum fürsorglichen Bruder. Welch eine Wandlung! Anfangs ist Josef gegenüber den Brüdern noch auf Rache aus. Wer wollte es ihm verdenken? Seine beiden Intrigen sprechen eine deutliche Sprache. Unter dem Vorwurf angeblicher Spionage werden die Brüder eingeschüchtert und durch Verhaftung gefügig gemacht; sie sollen Benjamin herbeischaffen, was sie auch tun. Die zweite Intrige (der angeblich gestohlene Silberbecher) ist noch abgefeimter. Die dient dem nackten Eigeninteresse. Josef will Benjamin bei sich behalten. Zugleich aber bleibt Josef in seinen Gefühlsschichten tief mit der Familie verbunden. Zum eiskalten Machtmenschen ist er nicht geworden, obwohl er jetzt alle

Macht der Welt zu Verfügung hat. Mit einem Fingerzeig könnte er die Brüder nicht nur einsperren, sondern auch quälen oder gar vernichten. Doch die *drei Tränenszenen*, die wir erzählt bekommen, verraten das Gegenteil. Als ihm bei der zweiten Reise der Brüder Benjamin gegenübersteht, lässt uns der Erzähler wissen:

> Als er hinsah und seinen Bruder Benjamin, den Sohn seiner Mutter, erblickte, fragte er: Ist das euer jüngster Bruder, von dem ihr mir erzählt habt? Und weiter sagte er: Gottes Gnade sei mit dir, mein Sohn. Dann ging Josef schnell weg, denn er konnte sich vor Rührung über seinen Bruder nicht mehr halten; er war dem Weinen nahe. Er zog sich in die Kammer zurück, um sich dort auszuweinen. Dann wusch er sein Gesicht, kam zurück, nahm sich zusammen und ordnete an: Tragt das Essen auf!«
> *(Gen 43,29–31)*

Ähnlich bei der wenig später erzählten Selbstenthüllungsszene:

> Josef vermochte sich vor all den Leuten, die um ihn standen, nicht mehr zu halten und rief: Schafft mir alle Leute hinaus! So stand niemand bei Josef, als er sich seinen Brüdern zu erkennen gab. Er begann so laut zu weinen, dass es die Ägypter hörten; auch am Hof des Pharao hörte man davon. Josef sagte zu seinen Brüdern: Ich bin Josef …Erzählt meinem Vater von meinem hohen Rang in Ägypten und von allem, was ihr gesehen habt. Beeilt euch und bringt meinen Vater her! Er fiel seinem Bruder Benjamin um den Hals und weinte; auch Benjamin weinte an seinem Hals. Josef küsste dann weinend alle seine Brüder. Darauf unterhielten sich seine Brüder mit ihm.
> *(Gen 45,1f.;13–15)*

Und schließlich bei einem dritten Anlass. Als am Ende der Geschichte nach Jakobs Tod die Brüder Josef um Vergebung bitten, tun sie dies unter Berufung auf ein Wort von Vater Jakob:

So sagt zu Josef: Vergib doch deinen Brüdern ihre Untat und Sünde, denn Schlimmes haben sie dir angetan. Nun also vergib doch die Untat der Knechte des Gottes deines Vaters.

(Gen 50,17)

Und der Erzähler fügt hinzu: »Als man ihm diese Worte überbrachte, musste Josef weinen.«

Erzählerisch hält die Geschichte somit eine ingeniöse Balance zwischen göttlicher Fügung und menschlichem Handeln, zwischen theozenrischer Grundierung und wie zufällig wirkenden Aktionen, zwischen Vorsehung und Schicksal. Die Geschichte wird an keiner Stelle so erzählt, als seien die Akteure nur Marionetten des göttlichen Plans, aber auch nicht so, als stolperten sie willkürlich von einem Abgrund in den nächsten. Erzählt wird sie vielmehr so, dass sie das Riskante menschlicher Freiheitsgeschichte wahrt, die Gott aber davor bewahrt, ins Tragische, Absurde und Verzweifelte abzustürzen. Der biblische Josef erfährt den Segen Gottes nicht am Negativen vorbei, sondern *durch* alles Negative hindurch. Dieser Segen bewahrt ihn nicht *vor* den Abstürzen, wohl aber *in* allen Abstürzen.

Gottes Segen für Ägypter und Ägypten

Die Josefs-Geschichte erzählt *zum dritten* exemplarisch auch davon, dass Gottes Segen alle Grenzen von Nationen, Kulturen und Religionen transzendiert. Er ruht auch auf Nichtisraeliten, die in die Jakob-Josef-Geschichte verwickelt sind. Die Josefsgeschichte ist damit auch die Geschichte von einem *universalen Gottessegen*. Und dieser Segen umfasst nicht nur individuell den geliebten Jakobssohn und dessen Brüder, sondern auch kollektiv das Haus des Ägypters Potifar und zwar ausdrücklich »um Josefs willen« (Gen 39,5), ja umfasst ein ganzes Reich wie das der Ägypter, solange es unter der Herrschaft des Josef gewogenen ägyptischen Gott-Königs steht. Grund genug, dass wir uns auch hier genauer die Schlüsselszenen ansehen:

Szene I: Es ist der ägyptische Sklavenbesitzer Potifar, der erkennen kann, »dass der Herr mit Josef war und dass der Herr alles, was er [Josef] unternahm, unter seinen Händen gelingen ließ« (Gen 39,3). Entsprechend erfahren wir, dass Gott das »Haus des Ägypters« segnet und zwar ausdrücklich »um Josefs willen«: Der Segen des Herrn ruhte auf allem, was ihm gehörte im Haus und auf dem Feld« (Gen 39,5).

Szene II: Es ist der ägyptische König, dem nach der Traumdeutung durch Josef die Erkenntnis in den Mund gelegt wird, dass in einem Mann wie Josef »der Geist Gottes wohnt« und der daraus folgern kann: »Nachdem dich Gott all das hat wissen lassen, gibt es niemanden, der so klug und weise wäre wie du. Du sollst über meinem Haus stehen« (Gen 41,38–40).

Woraus folgt: Für den Erzähler der Josefs-Geschichten ist es noch selbstverständlich, dass der Segen Jahwes überströmen kann auf ein fremdes Volk und damit auch auf Angehörige einer fremden Religion, mit denen Jahwe im Blick auf sein Volk eine positive Absicht verbindet. »Im Glauben an ›Gott‹ sind Ägypter_innen und Israelit_innen verbunden – das ist nicht nur eine ägyptische Haltung, sondern, wie sich an solchen Stellen zeigt, auch die Haltung der biblischen Josefsgeschichte. Das ›internationale Flair‹ der Josefsgeschichte ist unverkennbar ... Gott wirkt auch in Ägypten und Ägypten kann Gottes Wirken erkennen«. (*J. Ebach*, 2007, 246. 247). Entsprechend kann der biblische Josef bei der spektakulären Szene der Wiedererkennung seine in der Machtstellung über Ägypten gipfelnde Geschichte vor den Brüdern *in der Rückschau* jetzt ganz und gar theozentrisch deuten: »Um Leben zu erhalten hat Gott mich vor euch hergeschickt ... Also nicht ihr habt mich hierher geschickt, sondern Gott ... Gott hat mich zum Herrn für ganz Ägypten gemacht« (Gen 45, 8f.).

Kurz: Um Josefs willen liegt der Segen Gottes auf Ägypten, und Josef wird zum Segen für Ägypten, indem er durch seine vorausschauende Wirtschaftspolitik das Land vor einer Hungerkatastrophe bewahrt und so das Leben ungezählter Menschen buchstäblich rettet. Innerbiblisch werden hier Li-

nien sichtbar, die bis in die Abraham-Geschichte zurückreichen: »Ein Segen sollst du sein. Wer dich segnet, den will ich
segnen; und wer dich verflucht, den will ich verfluchen«, hat
man dort lesen können. »Durch dich sollen alle Geschlechter
der Erde Segen erlangen« (Gen 12,1). Und genau das geschieht in der Geschichte vom Abraham-Sohn Josef. Sie bekräftigt auf ihre Weise: Israelsegen und Völkersegen können
wechselseitig heilvoll zusammenwirken. Kurz: Die universale Segenstheologie der Josefs-Geschichte ist die Anwendung einer Theologie des Anderen, des Fremden, die im noachidischen Bund Gottes mit der Schöpfung und im
abrahamischen Völkersegen ihre tiefsten Wurzeln hat.

Josef – der Gegen-Hiob

Es ist an der Zeit, die Summe zu ziehen. Auf der Bot-
schaftsebene gehen von der Josefs-Geschichte zwei unterschiedliche, sich aber komplementär ergänzende Signale aus:

Zu lesen ist die Geschichte *zum einen* als eine *theozentrisch
ausgerichtete Glücks- und Segensgeschichte*. Theozentrisch heißt:
Den Adressaten soll sich die Erkenntnis einprägen, dass Gott
sich durchzusetzen weiß gegen alle menschlichen Begrenzun-
gen und Fixierung ebenso gegen alle Verbrechen und alle
Schuld. Das beginnt damit, dass Gott wie im Fall von Isaak
(gegen seinen erstgeborenen Bruder Ismael) und wie im Fall
von Jakob (gegen seinen erstgeborenen Bruder Esau) auch im
Fall von Josef biologisch-genealogische Rangfolgen in freier
Erwählung durchbricht. So wie Jakob als Zweitgeborener sich
ungestraft den Segen seines Vater Issak erschlichen hatte und
damit gegen die natürliche Geschlechterfolge der für die Zukunft Gottgesegnete wird (Gen 27,28f.), so hatte Jakob mit
den Josefssöhnen einen Segenstausch vorgenommen, der den
zweitgeborenen Efraim dem erstgeborenen Manasse voran-
stellt (Gen 48,19–21). In Josef reproduziert sich das Muster:
Der Spätgeborene ist der besonders Erwählte, der Jüngere bekommt Vorrang vor älteren Geschwistern. Im Kontext dieses

neuen, nicht biologisch-genealogisch, sondern erwählungsgeschichtlich fundierten Gottesverständnisses zählen nicht mehr natürliche Zyklen, urwüchsige Abstammungen oder auf Geburt gegründete Vorrechte. Entscheidend ist die freie Wahl Gottes. Zyklisches Denken wird durch geschichtliches abgelöst.

Dabei wird der Erwählte im Fall von Josef nicht simpel zum privilegierten Glückspilz, sondern zum Muster eines an den Geboten Gottes orientierten rechten Verhaltens. Es spiegelt sich individuell in seiner in Gottesfurcht gegründeten Lebensweisheit (vgl. Gen 39,9; 42,18) ebenso wie sozial in seiner Verantwortung für die Gemeinschaft des Staates durch dienendes, vorausschauendes und lebenserhaltendes Handeln. Durch Josefs Rat und Hilfe entgeht Ägypten einer Hungersnot, welche die umliegenden Länder mit aller Härte trifft. Erwähltheit ist also kein Privileg, auf dem man sich ausruhen dürfte, heißt vielmehr Verantwortung vor Gott für das Wohl der Menschen. Und genau das wirkt sich auch in der ganzen Geschichte Josefs aus. Josefs Gott wirkt *in* allem Geschehen, und alles fügt sich für den Betroffenen *im Nachhinein* zum Guten. Im Ganzen der gesamten Hebräischen Bibel betrachtet, ist Josef damit eine Figur, die man als *Gegen-Hiob* bezeichnen könnte. Sein unverschuldetes Unglück führt nicht zu Zweifeln an der Gerechtigkeit Gottes, zum Hadern, zum Rechtsstreit, sondern lässt das Gottvertrauen unerschüttert. Ob Josef in einer Zisterne oder in einen Kerker geworfen wird, ob er als Bruder verraten, seines Kleides beraubt, als Sklave verkauft oder als Häftling ohne Schuld im Gefängnis sitzt: Der biblische Josef hat keine Hiob-Fragen. Im Gegenteil: Seine Geschichte ist eine positive Theodizee-Geschichte, die buchstäblich Gott ins Recht setzt – gemäß der Schlusserkenntnis, die Josef seinen Brüdern gegenüber in den Mund gelegt wird: »Ihr habt Böses gegen mich im Sinn gehabt. Gott aber hat dabei Gutes im Sinn« (Gen 50,20).

Der spirituelle Kern: Vergebung statt Vergeltung

Die Josefs-Geschichte ist aber auch *zum zweiten* als eine Geschichte der Überwindung eines tief in die menschliche Psyche eingefressenen Reaktionsmusters zu lesen: *statt Rache und Vergeltung Vergebung und Versöhnung.* Schwer vergangen hatten die Brüder sich an Josef, und sein Aufstieg in höchste politische Machtstellungen hatte ihm alle Instrumente von Rache und Vergeltung in die Hand gegeben. Teilweise hatte er sie auch zu nutzen verstanden. Die theologische Pointe seiner Geschichte aber ist eine andere. Die Erwartbarkeit, ja die Selbstverständlichkeit ist durchbrochen, mit der ein jetzt Mächtiger, der einst ein unschuldig-ohnmächtiges Opfer gewesen war, die Rache an seinen noch lebenden und bisher ungeschoren davongekommenen Peinigern vollziehen und Vergeltung üben kann. Die biblische Josefs-Geschichte zeigt, dass die Rache-Vergeltungslogik außer Kraft gesetzt und durch den Primat der Vergebung unterlaufen werden kann. Anstelle der Zementierung des Dualismus von Opfer und Täter, jetzt nur mit umgekehrten Vorzeichen, wird konkret vorgeführt, dass ein Prozess der Entfeindung möglich ist. Und zwar dadurch, dass Gnade vor Recht, Vergebung vor Vergeltung, Versöhnung vor Verachtung geht. »Wenn es um die Erhaltung des Lebens durch Versöhnung geht«, so fasst *Rüdiger Lux* die Pointe zusammen, »bekommt Vergebung den Vorzug vor der Vergeltung, geht Gnade vor Gerechtigkeit. Dem kann aber nur dort Raum gegeben werden, wo Schuld – wie von den Brüdern Josephs – vor Gott und den Menschen erkannt und bekannt wird. Die harten Proben, auf die Joseph seine Brüder stellt, schieben der ›billigen Gnade‹ (D. Bonhoeffer) einen Riegel vor und führen diese zur Schuldeinsicht und Umkehr« (Die Josephsgeschichte. Lexikon bibelwissenschaft.de).

Die Durchbrechung der Rache-Vergeltungs-Logik durch den Primat der Vergebung aber ist in der biblischen Geschichte keine rein zwischenmenschliche Angelegenheit, sondern einem konkreten *Gottesbild* geschuldet. Hören wir noch einmal in die entscheidende Stelle hinein. Als die Brüder unter Berufung auf den Vater Josef um Vergebung gebeten hatten und wie Sklaven vor ihm niedergefallen waren, hatte sie Josef mit dem Satz beruhigt: »Fürchtet euch nicht. Stehe ich denn an Gottes Stelle? Ihr habt Böses gegen mich im Sinn gehabt, Gott aber hatte dabei Gutes im Sinn, um zu erreichen, was heute geschieht: viel Volk am Leben zu erhalten« (Gen 50, 19f.). Übersetzt heißt das: Die Vergebung zwischen Menschen reicht »tief hinein in das Verhältnis der Menschen zu Gott«, wie *Gerhard von Rad* schön formuliert (Die Josephsgeschichte, 1956, 24) und zwar so, dass Gott eine Straftat des Menschen in seine segensreiche Führung hineinnimmt und sie in etwas Gutes verwandelt. Streng genommen also vergibt nicht Josef seinen Brüdern. Er verweist nicht zufällig von sich weg auf Gott, dementiert, an Gottes Stelle zu stehen. Will sagen: Nicht *er ist* die Quelle und das Subjekt der Vergebung. Er gibt die Vergebung weiter, die *Gottes* segensreichem Handeln entspricht. Und weil *Gott* der »Vergebende« ist, können und sollen sich Menschen diese Vergebung Gottes untereinander weitergeben.

Kurz: Dass es anstelle der Zementierung des Dualismus von Opfer und Täter in der biblischen Josefs-Geschichte zu einem Prozess der Entfeindung kommen, dass Gnade vor Recht, Vergebung vor Vergeltung, Versöhnung vor Verachtung gehen kann, ist der Überzeugung geschuldet, dass Gott »der Vergebende« ist. Das ist denn auch in der Tat, wie *Gerhard von Rad* formuliert hat, das »Hauptthema der ganzen Geschichte«: die »Hand Gottes, die alle Wirrnisse menschlicher Schuld zu einem gnädigen Ende führen will. Gott, nicht die Brüder haben Joseph hierher ›geschickt‹. Joseph verhüllt wie mit einem heiteren Scherz das Böse. Aber hier redet doch viel mehr als seine nur ablenkende Freundlichkeit. Joseph will alle Aufmerksamkeit auf das Wichtigste konzentrieren, auf die Führung Gottes, die sich all dieser dunklen Dinge zum Heil bemächtigt hat. Joseph sagt aber nicht ›zum Heil‹, sondern ›zu einer Lebenserhaltung‹ und ›zu einem großen Entrinnen‹« (Die Josephsgeschichte, 1956, 20).

Szenenwechsel. Wir lesen jetzt die Josefs-Geschichte in ihrer koranischen Fassung. Wir treffen auf sie in Sure 12 (Mk III).

II. Ein Zeichen für die, die fragen: der Josef des Koran

Dieser Text fällt im Koran schon deshalb auf, weil eine ganze Sure nur einer Person und ihrer Geschichte gewidmet ist: Josef, *arab.: Yūsuf.* Das ist im Koran noch bei Noach der Fall (Sure 71: Mk II) und erheischt von vornehrein unsere Aufmerksamkeit. Aber auch die Yūsuf-Sure beginnt zunächst mit einer Art *Prolog (12,1–3)* wie viele andere Suren und so mit einer Selbstbeglaubigung des Koran als »deutlicher Schrift«, ja als explizit »arabischem Koran« und einem Appell »Vielleicht versteht ihr« (Sure 12,2). Das ist nicht nur so dahin gesagt. Denn es zeigt den kommunikativen Kontext und die Lebenssituation, in die auch diese Sure hineingesprochen ist. Wir befinden uns mit Sure 12 in spätmekkanischer Zeit. Nicht weniger als 76 Suren sind vorausgegangen und immer noch muss »Verstehen« beschworen werden. Was man nicht müsste, gäbe es nicht Verstehenswiderstände bei den Adressaten und deren Umfeld. Auch müsste man nicht eigens betonen, dass die koranische Botschaft in »arabischer« Sprache geoffenbart ist, stünde man nicht vor der Notwendigkeit, das Alibi zu widerlegen, die Sprache sei ein Verstehenshindernis. Indem aber die Muttersprache »arabisch« betont wird, hat keiner der Adressaten in Mekka eine Ausrede, die Botschaft an sich abprallen zu lassen, nur weil man die Sprache nicht versteht.

Zugleich wird schon im dritten Vers um die Aufmerksamkeit der Adressaten besonders geworben: »Wir erzählen dir aufs Schönste, indem wir dir diesen Koran offenbaren« (12,3). *Friedrich Rückert* übersetzt noch einmal anders: »Wir wollen dir erzählen / Die schönste der Geschichten«, was auch

Khoury/Abdullah tun: »Wir erzählen dir die schönste Erzählung dadurch, dass Wir dir diesen Koran offenbart haben«. Beide verstärken dadurch noch einmal den »Werbecharakter« der Geschichte, die jetzt folgen wird und damit ein Gottesbild, das Gott als guten Erzähler ausweist. Und ein guter Erzähler versteht es, die Aufmerksamkeit der Hörer auf sich zu ziehen. So beginnt denn auch alles mit Vers 4 fast überfallartig, einmal mehr ohne Überleitung, Erklärung, Einordnung, als wüssten die Adressaten Bescheid, wer Josef ist oder als setze die Erzählung voraus, dass diese »schönste Erzählung« sich schon aus sich selber erklärt: »Als Josef zu seinem Vater sagte ...« (12, 4). Immer wieder diese »als«-Sätze, mit denen der Koran eine Szene eröffnet, eine rhetorische Figur von hoher Wirksamkeit, zieht sie doch die Adressaten gleichsam magisch in ein laufendes Gespräch hinein, versetzt sie imaginär in eine schon bestehende Kommunikationssituation. Schon ist Aufmerksamkeit erzeugt. Wer möchte danach nicht wissen, was denn nun Josef zu seinem Vater gesagt hat ...

1. Eine Geschichte – zwei Fassungen

Was dann inhaltlich folgt, hat eine auffallend enge Entsprechung zur *Grundstruktur* der biblischen Josefs-Geschichte. Fünf Hauptteile oder Akte lassen sich erkennen. Ich strukturiere die Verse nach dem Prolog.

Parallele Grundstrukturen

1. Akt: Sure 12,8–20: Auch im Koran beginnt alles mit dem Konflikt zwischen Josef und den Brüdern, dem *Eifersuchts-Drama* um den bevorzugten Sohn, dem Verbrechen an Josef, seinem Verkauf und seinem Transport nach Ägypten. Überschneidungen gibt es bis in Einzelheiten hinein: Dem Motiv »Israel liebte Josef unter allen seinen Söhnen am meis-

ten« in Gen 37,3 entspricht die Klage der Brüder in Sure 12,8:
»Josef und sein Bruder [der biblische Benjamin] sind unserem
Vater lieber als wir«. Identisch auch der Wurf Josefs nicht ir-
gendwohin, sondern konkret in eine »Zisterne« (Sure 12,10.15
entsprechend [>] Gen 37,22) und der Verkauf Josefs konkret
nach »Ägypten« (Sure 12,21 > Gen 37,28). Unterschiede allerdings wollen wir sofort ebenfalls registrieren. Im Gegensatz
zur Bibel hat der koranische Josef anfangs nicht zwei Träume
(Garben- und Gestirne-Traum), sondern nur einen, den Gestirne-Traum (Sure 12,4), was allerdings bis in Details (es sind
»elf Sterne, die Sonne und der Mond«!) dem biblischen Bericht entspricht (Gen 37,9).

2. *Akt: Sure 12,21–35:* Auch im Koran ist der Schauplatz des
weiteren Geschehens wiederum nicht irgendwo, sondern in
Ägypten und zwar im *Haus eines Mann, der Josef gekauft hat.*
Dessen Frau versucht ebenfalls, Josef zu verführen, mit dem
Ergebnis, dass Josef ins Gefängnis geworfen wird.

3. *Akt: Sure 12,36–42:* Auch im Koran kann Josef *Mithäftlin-
gen Träume deuten.* Einen der Häftlinge bittet er, seiner zu gedenken, wenn er bei seinem »Herrn«, dem König von Ägypten, wieder freikäme (Sure 12,42 > Gen 40,14), was dieser
prompt vergisst (Sure 12,42 > Gen 41,9). Auch hier wieder
Überschneidungen bis ins Detail: Ein Gefängnisgenosse
träumt einen Wein-Traum (Sure 12,36 > Gen 40,9–11), der andere einen Brotkorb-Traum (Sure 15,36 > Gen 40,16f.), und Josef kann in Bibel wie Koran diese Träume korrekt deuten
(Sure 12,41 > Gen 40,13.19).

4. *Akt: Sure 12,43–57:* Auch im Koran wird Josef wegen eines *Traums des Königs an den Hof* geholt, kann den Herrscher
durch seine Deutung beeindrucken und steigt anschließend
in höchste Machtstellungen auf. Auch im Koran träumt der
König von sieben fetten und sieben mageren Kühen (Sure
12,43 > Gen 41,17–20) sowie von sieben grünen und verdorr-
ten Ähren (Sure 12,43 > Gen 41,22–24).

5. *Akt: Sure 12,58–101:* Auch im Koran kommt es zur *Wiederbegegnung mit den Brüdern,* zu einem Spiel mit den Brüdern,

dann zur Wiederbegegnung mit einem besonderen Bruder (dem biblischen Benjamin), schließlich zur Selbstpreisgabe Josefs vor den Brüdern und zur Versöhnung mit dem Vater.

Epilog: 12,102–111: Eine Art *Epilog* schließt die Sure ab und die *theologisch-didaktische Pointe des Prologs hat sich verstärkt.* Vollends wird klar, dass diese Geschichte von Josef und seinen Brüdern nicht um ihrer selbst, sondern um einer Erkenntnis willen für hier und heute neu erzählt wird, und zwar im Bewusstsein weit verbreiteten Unglaubens. »Vielleicht versteht ihr«, wurde zu Anfang beschworen und erklärt: »In Josef und in seinen Brüdern liegen Zeichen für die, die fragen« (Sure 12,7). Jetzt, am Ende, heißt es fast resignierend, die »meisten Menschen« gingen an »manchen Zeichen in den Himmeln und auf der Erde« achtlos vorbei und wendeten sich von ihnen ab (Sure 12,105). Gründe genug also, warum diese Geschichte von Josef und seinen Brüdern bitter nötig ist. »Die meisten Menschen sind nicht gläubig, auch wenn du darauf bedacht bist«, wird der Prophet ermahnt, »Du verlangst von ihnen dafür keinen Lohn. / Das ist nur erinnernde Mahnung für alle Welt« (Sure 12,103f.).

Prosastücke hier – dramatische Szenen dort

Doch bei aller Übereinstimmung in der Grundstruktur ist die koranische Fassung der Josefs-Geschichte eine ganz eigene. Das beginnt mit dem Umfang des Textkorpus, ist doch die biblische Fassung ungleich länger als die koranische. Sie kommt in 13 Kapiteln auf ca. 400 Verse und zwar in Prosa. Im Koran haben wir eine einzelne Sure mit 111 Versen vor uns und zwar in der üblichen gebundenen Reimprosaform. Darüber hinaus differiert die jeweils erzählte Zeit erheblich. Im Koran endet die Erzählung mit dem Erscheinen von Josefs »Eltern« (!) in Sure 12,99.100 vor seinem Thron, im Buche Genesis endet sie mit Jakobs und Josefs Tod (Gen 50,22–26). Neben der erzählten Zeit ist auch die literarische Form unterschiedlich. Die koranische Version wird von Wechselreden dominiert, einem kleinen Drama vergleichbar mit rasch wechselnden Szenen und Dialogen der beteiligten Personen, die biblische ist ein geschlossenes Erzählstück mit eingeschobenen weiteren Episoden (die Geschichte von Juda und Tamar, Kap. 38). In den koranischen Sequenzen, in denen die Dialoge in Mahnrede übergehen, wird klar, dass Gott selbst der Erzähler ist, werden die Dialoge doch gezielt unterbrochen, um Botschaften einzustreuen: »Gott siegt in seiner Sache« zum Beispiel (Sure 12,21) oder »So vergelten wir denen, die das Gute tun« (Sure 12,22) oder »So geschah es, damit wir das Schlechte und Schändliche von ihm wandten. Er gehört zu unseren auserkorenen Dienern« (Sure 12,24). Die biblische Geschichte dagegen wird aus der Sicht eines unbekannten Erzählers präsentiert, der sich allerdings ebenfalls, wie wir hörten, mit theozentrischen Trostbotschaften in das Geschehen einschaltet.

Vergeschichtlichung hier – Entgeschichtlichung dort

Unterschiedlich ist auch die *Makrogestalt* beider Geschichten. Während die biblische Josefs-Geschichte, wie wir wissen, kompositorisch verzahnt ist nach vorn und nach hinten, ein Gelenkstück bildet zwischen Vorgeschichte und Nachgeschichte, steht die Josefs-Geschichte des Koran wie ein Block da, herausgehauen, ohne erzählerische Verbindung zu Früherem oder Späterem. An einer Verzahnung mit den Erzväter-Erzmütter-Geschichten vorher und der Volksgeschichte Israels nachher ist der Koran nicht interessiert. Warum auch? Sein Adressatenkreis ist ein völlig anderer: arabische Stammesangehörige im Mekka des 7. Jahrhunderts.

Da ist es eher erstaunlich, dass an zwei Stellen in Sure 12 eine Verbindung hergestellt wird zu den »Vätern« (Sure 12,6), um so in Josefs nun folgender Geschichte die Vollendung der Gnade zu preisen, die früher schon auf »Abraham und Isaak« geruht habe. Mehr noch: Die zweite Stelle sieht Josef im Gefängnis. Den Mitgefangenen gegenüber erklärt er in aller Souveränität noch vor der Traumdeutung, er habe »die Religionsgemeinschaft eines Volkes verlassen«, das »nicht an Gott« glaube und »nicht an das Jenseitig-Letzte« (Sure 12,37). Positiv gesagt: »Ich bin der Religionsgemeinschaft meiner Väter Abraham, Isaak und Jakob gefolgt« (Sure 12,38). Das aber hat für den koranische Josef keine »heilsgeschichtliche« Bedeutung, sondern lässt ihn ausschließlich als Mitglied einer Religionsgemeinschaft erscheinen, die einem strengen Monotheismus folgt, schiebt doch der koranische Josef an dieser Stelle sofort erklärend nach: »Es kommt uns nicht zu, dass wir Gott etwas als Partner beigeben! Das gehört zu Gottes Gabenfülle uns und allen Menschen gegenüber« (Sure 12,38). Wir werden mehr davon hören.

Hier halten wir fest: An Israels Geschichte als ausgewähltem Volk, an seiner Frühgeschichte als Geschichte von Familien und Stämmen, ist der Koran nicht interessiert. Ebenso wenig an der bunten, reichen, schillernden Welt Ägyptens, wie sie uns die biblische Josefs-Geschichte schildert. Woraus wir jetzt schon folgern können: Während in der Genesis das Geschehen um Josef vergeschichtlicht wird mit Kanaan und Ägypten als real geschildertem Raum, ist es im Koran geradezu umgekehrt. Der Raum des Geschehens erscheint wie verdünnt, wie unwirklich, wie diaphan. Entgeschichtlichung findet statt. An konkreten Namen sind nur noch Josef und Jakob übriggeblieben. Die Namen der übrigen Protagonisten werden nicht gebraucht. Auch nicht der Name des besonderen Bruders von Josef, der im Koran sogar noch eine eigene, noch stärker privilegierte Rolle bekommt, wie wir sehen werden (Sure 12,69). Warum ist das so? Offensichtlich sind sie für das Zentrum der Botschaft von Sure 12 unwesentlich. Was aber ist das Wesentliche der Botschaft? Wir werden versuchen, uns Schritt für Schritt an die ursprüngliche Verkündigungssituation und die Kernbotschaft heranzutasten. Zunächst gilt es, sich weitere Unterschiede beider Fassungen klarzumachen.

Der ahnungslose und der ahnungsvolle Jakob

Schon im ersten Akt der Geschichte, der Intrige der Brüder gegen Josef, ist beim Verhalten Jakobs (*arab.*: Ya'qūb) im Vergleich zur Genesis eine deutliche *Ummotivierung* zu erkennen. In der Genesis liebt Jakob zwar seinen Josef unter allen Söhnen »am meisten«, ist aber erzürnt, als dieser ihm von seinen Hoheits-Träumen erzählt: Ährengarben verneigen sich tief vor seiner Garbe; Sonne, Mond und Sterne verneigen sich vor Josef (Gen 37,7.9). Die Brüder, denen Josef diese Träume brühwarm erzählt (Gen 37,5), werden in ihrem Hass auf ihn angestachelt, aber auch Jakob ist ungehalten und weist Josef zurecht: »Was soll das, was du da geträumt hast? Sollen wir vielleicht, ich, deine Mutter und deine Brüder, kommen und uns vor dir zur Erde niederwerfen«? (Gen 37,10)

Im Koran anders. Da ist Vater Jakob angesichts von Josefs Hoheits-Traum nicht ungehalten (Sure 12,5), rät nur zur Zurückhaltung gegenüber den Brüdern, ahnt er doch, dass sie Böses gegen Josef planen könnten – und zwar unter dem Einfluss des Teufels. Und er ist deshalb nicht ungehalten, weil er Josefs Traum von vornherein als Zeichen der Erwähltheit seines Sohnes betrachtet:

> »So erwählt dich dein Herr und lehrt dich, die Geschichten zu deuten. Er vollendet seine Gnade an dir und den Leuten Jakobs, wie er sie früher an deinen Vätern Abraham und Isaak vollendete.
> Dein Herr ist wissend und weise.«
> In Josef und seinen Brüdern liegen Zeichen für die, die fragen.
> *(Sure 12,6f.: Mk III)*

Dieselbe Rolle spielt der koranische Jakob auch anschließend gegenüber den Brüdern. Wir erinnern uns: Der biblische Jakob schickt Josef zu den Brüdern, damit er sich nach deren Befinden erkundige (Gen 37,14). Erst *danach*, als die Brüder Josefs ihn gewahr werden, beschließen sie, »ihn umzubringen« (Gen 37,18). Entsprechend kann der ahnungs- und arglose Vater von ihnen mit einer Lüge über Josefs Tod in Trauer und Klage versetzt werden (Gen 37,33–35). Im Koran dagegen beschließen die Brüder aufgrund der Vorzugsstellung Josefs bei ihrem Vater von vornherein den Tod:

> Als sie sagten:
>> »Josef und sein Bruder sind unserem Vater lieber als wir, wo wir doch zusammengehören. Unser Vater ist in deutlicher Verwirrung.
>> Tötet Josef oder jagt ihn davon, damit das Gesicht eures Vaters für euch frei werde und ihr danach rechtschaffene Leute seid!«
> Einer unter ihnen sagte:
>> »Tötet Josef nicht, sondern werft ihn in den Abgrund der Zisterne, damit ihn irgendeine Karawane aufnehme, wenn ihr etwas tun wollt!«
> *(Sure 12, 8–10: Mk III)*

Dass diese Rede Bruder Ruben in den Mund gelegt wird, ist für das Buch Genesis wichtig (Gen 37,21f.) und zwar, wie wir hörten, für Rubens spätere Rolle als Haupt eines der Stämme, hat aber für den Koran keinerlei Bedeutung. Folglich kann auch auf den Namen dieses Sprechers verzichtet werden: »Einer unter ihnen sagte …«. Das reicht für die völlig anderen Adressaten von Sure 12. Um aber ihren Plan ausführen zu können, lassen die Brüder sich Josef von Jakob anvertrauen mit der Folge, dass der koranische Jakob jetzt ahnt, dass Josef Unheil widerfahren wird. Voll Sorge denkt er laut an einen Wolf, der seinen Sohn fressen könnte, was die Söhne für ihr Verbrechen schamlos auszunutzen verstehen, können sie später doch dem Vater eine – von ihm bereits ins Kalkül gezogene – Erklärung umso leichter als Lügenmärchen auftischen: »Da fraß ihn ein Wolf« (Sure 15,17). Nachdem sie Josef in eine Zisterne geworfen hatten, kommen sie »weinend« zu ihrem Vater zurück und bringen ihm als »Beweis« ein Hemd Josefs, auf das sie »Blut« aufgebracht hatten (Sure 12,17). Und dieses Blut ist so falsch wie ihre Tränen, welche die biblische Geschichte nicht kennt. Im Koran wird damit die üble Rolle der Brüder psychologisch deutlicher betont als in der Genesis.

Der erschütterte und der unerschütterte Vater

Hinzu kommt: An der Tötungsmitteilung lässt sich ebenfalls ein wichtiger Unterschied zwischen der biblischen und koranischen Josefs-Geschichte festmachen. Denn durch seine Vorahnung und sein Gottvertrauen ist der koranische Jakob nicht erschüttert, sondern eher gefasst. Der biblische Jakob ist an dieser Stelle vor Trauer außer sich, zerreißt seine Kleider, beweint »viele Tage« seinen verloren geglaubten Sohn und will sich »nicht trösten« lassen (Gen 37,33–35). Anders der koranische Jakob. Anfangs ist er überhaupt nicht bereit, den Brüdern ihre Geschichte abzunehmen. Warum auch? Er traut seinem Gott ein solches Ende seines Josefs nicht zu.

Entsprechend plädiert der koranische Jakob für »schöne Geduld«. Ein ungewöhnlicher Ausdruck. Aber »schön«, so müssen wir es verstehen, ist Geduld dann, wenn Menschen nicht zu früh über ein Unglück urteilen, sich nicht vorschnell festlegen. »Aber nein, ihr habt euch selbst eine Sache eingeredet«, kann der koranische Jakob sagen, um dann die Pointe zu setzen: »Doch schön standhaft. / Gott wird zur Hilfe gerufen gegen das, was ihr zusammenredet«. So übersetzt *Zirker* Sure 12,18. *Hartmut Bobzin* sprachlich plastischer: »Da heißt es schön geduldig sein / und Gott ob dessen anflehen, was ihr da berichtet«. Ähnlich *Rudi Paret*: »Doch schön geduldig sein (ist meine Losung)«. *Muhammad Asad*: »Aber (was mich angeht) Geduld in Widrigkeit ist höchst gefällig (in der Sicht Gottes)«. Eine schöne Formulierung, die wir uns merken wollen: »Geduld in Widrigkeit« üben!

Dem widerspricht auch nicht die Tatsache, dass der koranische Jakob zwar nicht zu Beginn der Geschichte in unsägliches Trauern gerät, wohl aber an deren Ende, als die Brüder mit der Nachricht aus Ägypten zurückkommen, sein Sohn (der biblische Benjamin) habe »gestohlen« (Sure 12,81). In Gedanken noch immer bei Josef wird der koranische Jakob *jetzt* von Trauer und Erbitterung derart überwältigt, dass seine Augen »weiß-blind« werden (Sure 12,84). Ein Motiv, das die biblische Fassung nicht kennt, in Sure 12 aber gebraucht wird, damit Josef nach der Wiedererkennungsszene den Brüdern ein Hemd von sich mitgeben kann, das – übers Gesicht des Vaters geworfen – diesen »wieder sehen« lässt (Sure 12,93). Und in der Tat: »Als dann der Freudenbote kam, warf er das Hemd über sein (Jakobs) Gesicht, da konnte er wieder sehen« (Sure 12,96). Was schon ahnen lässt: Trotz aller Trauer und Erbitterung bleibt der koranische Jakob in seinem Gottvertrauen unerschüttert. Seinen Söhnen erklärt er im selben Zusammenhang:

> »Ich klage meinen Kummer und meine Trauer nur Gott und weiß von Gott, was ihr nicht wisst.
> Meine Söhne, geht und forscht nach Josef und seinem Bruder! Verliert nicht die Hoffnung, dass Gott Linderung schafft! Nur das ungläubige Volk verliert die Hoffnung auf Gottes Linderung«
> *(Sure 12, 86f.: Mk III)*

Warum aber diese Veränderungen bei Jakob? Warum braucht der Koran sie? Sie drückt das Wesentliche seiner Botschaft aus. Was ist das Wesentliche dieser Botschaft?

2. Das Profil der koranischen Geschichte

Wir blicken zunächst auf die Geschehnisse im Hause des »Mannes aus Ägypten«. Auch hier ist man in Sure 12 weder am Namen des Mannes noch an dessen Rang interessiert. Aber im Vergleich sind *psychologische Neuakzente* unverkennbar. Während in der biblischen Geschichte kein Zweifel daran gelassen wird, dass Josef ausschließlich ein Opfer der sexuellen Verführungskünste der Frau des Potifar ist, denen er tugendhaft zu widerstehen weiß; während das biblische Buch die Geschichte so erzählt, dass die verschmähte Frau zumindest *ein* Indiz in der Hand behält, um Josef nach außen als Ehebrecher erscheinen zu lassen (das Kleid, das sie Josef entrissen hat), und während in der biblischen Geschichte dieses

Indiz ausreicht, um Josef, unschuldig wie er ist, ins Gefängnis zu bringen, hat man in Sure 12 in Sachen Josef und der Frau des Ägypters ganz andere Interessen.

Die Verführungsszene: Entlastung Josefs

Auffällig ist schon, dass der koranische Josef im Haus des Ägypters, der ihn gekauft hatte (Sure 12, 21), gar nicht wie ein Sklave behandelt wird. Das Wort Sklave wie in Gen 39, 17.19 fällt kein einziges Mal. Im Gegenteil. Sie solle Josef »ehrenvoll« aufnehmen, fordert der Ägypter seine Frau auf, kaum dass er Josef gekauft hat, vielleicht könne Josef ihnen »nützen« (Sure 12, 21)! Merkwürdig. Als ahnte dieser Ägypter etwas. Ja, dieser Mann deutet sogar etwas an, was dem biblischen Potifar nie in der Sinn gekommen wäre, Josef nämlich an Kindes statt anzunehmen (Sure 12,21). In Sure 12 aber wird das gebraucht, um das folgende Verhalten des Ägypters psychologisch plausibler erscheinen zu lassen. Zwar geht auch in der koranischen Fassung die Verführung zunächst von der Frau aus, aber ausdrücklich wird mitgeteilt, dass auch Josef sie »begehrt« habe (Sure 12,24). Nur ein »klares Zeichen seines Herrn« (Sure 12,24) habe ihn davon abgehalten. Das Begehren ist also durchaus wechselseitig.

Daraus folgt: In Sure 12 ist man ganz offensichtlich an einem Doppelten interessiert: Josef in Sachen Erotik stärker zu vermenschlichen und ihm *zugleich* volle Gerechtigkeit widerfahren zu lassen: »So geschah es, damit wir das Schlechte und Schändliche von ihm wandten. Er gehört zu unseren auserkorenen Dienern«, heißt es nicht zufällig an dieser Stelle in Sure 12,24. Und dann:

> Sie eilten beide einander voraus zur Tür. Da zerriss sie ihm von hinten das Hemd. Bei der Tür fanden sie ihren (der Frau) Herrn. Sie sagte:
>
> > »Wenn jemand deinen Leuten Schlechtes antun will, dann kann die Vergeltung nur sein, dass er eingesperrt wird oder schmerzhafte Strafe.«

Er sagte:

»Sie hat mich zu verführen versucht.«

Da bezeugte ein Zeuge vor ihren Leuten:

»Wenn sein Hemd vorn zerrissen ist, dann hat sie die
Wahrheit gesagt und er gehört zu den Lügnern.

Wenn aber sein Hemd hinten zerrissen ist, dann hat
sie gelogen und er gehört zu den Wahrhaftigen.«

Als er dann sah, dass sein Hemd hinten zerrissen war,
sagte er:

»Das gehört zu eurer Frauenlist. Eure List ist mächtig.
Josef lass das!

Und du, Frau, bitte um Vergebung für deine Sünden!

Du gehörst zu denen, die sündigen.«

(Sure 12, 25–29: Mk III)

Die *moralische Entlastung* Josefs in Sure 12 ist offensichtlich.
Das gelingt erzählerisch dadurch, dass dem Mann der Ägypterin eine eigene Rolle zugeschrieben wird, die aber von Anfang an vorbereitet ist. Wir erinnern uns: Der biblische Potifar
hatte seiner Frau sofort geglaubt und ohne weitere Überprüfung Josef ins Gefängnis werfen lassen, von nichts als »Zorn
gepackt« (Gen 40,19f.). Der Mann der koranischen Ägypterin
dagegen, der schon mit dem Gedanken einer Adoption Josefs
gespielt hatte, lässt den Fall untersuchen, und zwar gerade
aufgrund des Indizes, das auch im Koran die Frau des Ägypters zurückgehalten hatte: das zerrissene Kleid Josefs. Jetzt
tritt im Koran sogar ein Zeuge aus ihrer Familie auf, und die
Tatsache, dass der Rock des Beschuldigten *hinten* zerrissen ist,
lässt ihn überzeugt sein, dass seine Frau lügt und Josef die
Wahrheit sagt. Der Ehemann schließt sich dieser Überzeugung an, und zwar mit der überraschend pauschalen Feststellung: »Das gehört zu eurer Frauenlist. Eure List ist mächtig«
(Sure 12,28).

Wir folgern daraus: Der Ehemann dieser Ägypterin hat offensichtlich schlechte Erfahrungen gemacht. Sein Frauenbild
ist derart negativ, dass er selbst der eigenen Ehefrau Verführung und Lüge zutraut. Mit größter Selbstverständlichkeit

kann er deshalb seine Frau auffordern, Gott für ihre Schuld »um Vergebung« zu bitten. Sie gehöre zu denen, »die sündigen« (Sure 12,29). Klar ist damit vollends: Anders als in der Bibel steht Josef im Koran nicht nur innerlich unschuldig, sondern auch nach außen moralisch entlastet da. Und wieder reicht diese Botschaft weit über den Binnenraum der Erzählung hinaus. Und wir fragen einmal mehr: Warum ist das so? Das hat mit der Grundbotschaft zu tun, die durch Sure 12 den Adressaten des Propheten vermittelt werden soll. Bevor wir sie bündeln, wagen wir noch ein, zwei Seitenblicke.

Ein Seitenblick: Jusuf und Suleika

Denn übersehen wollen wir bei dieser Schlüsselszene von Sure 12 ebenfalls nicht, dass im Koran auch eine moralische Entlastung der Ägypterin stattfindet. Denn was jetzt nach der Verführungsszene folgt, ist motivgeschichtlich eine besondere Episode. Sie wird im Koran wie immer äußerst knapp erzählt, steckt aber voller Humor. Kein Zufall somit, dass *Thomas Mann* sich im dritten Band seines »Joseph«-Romans diese koranische Szene nicht entgehen lässt. Wir wollen ihm einen Moment lang folgen.

Im Siebten Hauptstück dieses dritten Bandes unter der Überschrift »Die Damengesellschaft« liefert der Dichter ein erzählerisches Kabinettstück voll Ironie und Parodie, die er exklusiv dem Koran verdankt. Auch weiß *Thomas Mann*, dass die Yūsuf-Geschichte große Wirkungen ausgelöst hat und zwar in der klassischen persischen Literatur. Darauf spielt er an, wenn er die Geschichte von der »Damengesellschaft« so einleitet:

»Sämtliche Nacherzählungen unserer Geschichte, mit Ausnahme freilich der uns würdigsten, aber auch kargsten: der Koran sowohl wie die siebzehn persischen Lieder, die von ihr künden, Firdusi's, des Enttäuschten, Gedicht, woran er sein Alter wandte, und Dschami's spät-verfeinerte Fassung, – sie alle und ungezählte Schildereien des Pinsels und Stiftes wissen von der Damengesellschaft, die Potifars Erste und Rechte um diese Zeit gab, um ihren Freundinnen, den Frauen der hohen Gesellschaft No-Amuns, ihr Leiden bekannt und begreiflich zu machen, das Mitgefühl ihrer Schwestern dafür zu gewinnen und auch ihren Neid. Denn Liebe, so ungetröstet sie sei, ist nicht nur Fluch und Geißel, sondern immer zugleich auch ein großer Schatz, den man ungern verhehlt« (Bd. 3, Joseph in Ägypten, 1983, 546: Frankfurter Ausgabe).

Die Erwähnung von *Firdusi* (940–1020) und *Dschami* (1414–1492) kommt nicht von ungefähr, denn diese beiden großen Repräsentanten der klassischen persischen Literatur haben die koranische Szene zwischen Josef und der Ägypterin zu einer ergreifenden Liebesgeschichte ausgestaltet. *Firdusi* in seinem langen Gedicht »Yusuf und Suleika«, entstanden zwischen 1009 und 1020 und vor allem *Dschami*, der in seiner 1483 geschriebenen »allegorischen Romanze« zu »Yusuf und Suleika« die irdische Liebe als Weg zur göttlichen Liebe mystisch verklärt hat. Voraussetzung für diese Wirkung ist die Verselbstständigung eines Motivs der koranischen Fassung und zwar das der unerfüllten Sehnsucht einer liebenden Frau. Die koranische Ägypterin bekommt jetzt einen eigenen Namen: Suleika und wird bei *Dschami* zu einer Königstochter, die in einem Traum Josef erblickt und ob dessen Schönheit von leidenschaftlich verzehrender Liebe erfüllt wird. Eine dramatische Geschichte der Liebesverweigerung und Liebesoffenbarung schließt sich an, bis es – durch ein Eingreifen Gottes, welcher der mittlerweile altgewordenen Suleika Jugend und Schönheit wiedergibt – dann doch zu einer Vereinigung der Liebenden kommt. In der islamischen Mystik wird diese hier frei gewordene Liebe der Frau zum Bild der Seele in ihrem unaufhörlichen Verlangen nach Gott.

Yusuf und Suleika: In der deutschen Literatur ist es kein Geringerer als der altgewordene *Johann Wolfgang Goethe* (1749–1832), der in seinem letzten großen lyrischen Zyklus, dem »West-östlicher Divan« von 1819, diesem klassischen muslimischen Liebespaar ein eigenes Denkmal gesetzt hat. In Anspielung auf Dschamis Erzählung von der Begegnung zwischen Suleika und Yusuf im Traum heißt es im »Buch der Liebe« des »Divan«: »Unbekannte sind sich nah: Jussuph und Suleika«. Nicht zufällig gibt es in Goethes »Divan« ein eigenes Buch mit dem Titel »Das Buch Suleika«, in dem allerdings eine Kontrasterfahrung geschildert wird. Während in der klassischen Literatur Suleika mit Yusuf einen schönen Jüngling begehrt, ist der Sprecher im »Buch Suleika« ein Altgewordener, der aber unerwartet das Glück der Liebe einer jüngeren Frau erleben darf. Deshalb kann er bei Goethe nicht Yusuf heißen. Er trägt einen anderen Namen: Hatem. Aber gleich zu Anfang des Buches »Suleika« im »Divan« wird diesem Hatem ein Anspielung auf die große alte Liebesgeschichte von Yusuf und Suleika in den Mund gelegt:

> »Dass Suleika von Jussuph entzückt war
>
> Ist keine Kunst
>
> Er war jung, Jugend hat Gunst,
>
> Er war schön, sie sagen zum Entzücken,
>
> Schön war sie, konnten einander beglücken.
>
> Aber dass du, die so lange mir erharrt war,
>
> Feurige Jugendblicke mir schickst,
>
> Jetzt mich liebst, mich später beglückst,
>
> Das sollen meine Lieder preisen,
>
> Sollst mir ewig Suleika heißen.«

Die Damengesellschaft: Entlastung der Ägypterin

Die koranische Fassung (Sure 12,30–32) geht so: Die Frau des Ägypters lädt andere Frauen der Stadt in ihr Haus ein, Frauen, von denen sie offensichtlich mitbekommen hat, dass sie über ihre Verliebtheit geklatscht hatten. Ihr Knecht habe sie verführt, habe sie »liebestoll« gemacht, das war herumgeschwätzt worden. Bei dieser Einladung gibt nun die Gastgeberin jeder der geladenen Klatschfrauen ein Obstmesser in die Hand. Dann lässt sie Josef auftreten: »Komm zu ihnen hinaus!« Doch sobald die Frauen Josef erblicken, sind sie von seiner Schönheit derart überwältigt, dass sie sich mit dem Messer in die Hand schneiden. Wie auch anders? Nicht einfach ein Mensch, sondern ein »edler Engel« ist vor ihnen erschienen! Folglich kann sich die Frau des Ägypters entlastet fühlen. In einen Mann von solcher Schönheit kann man sich nur verlieben und ihn begehren. Gleichzeitig aber ist diese Frau jetzt auch bereit, Josef Gerechtigkeit widerfahren zu lassen:

> Sie sagte:
> »Das ist der, um dessentwegen ihr mich getadelt habt.
> Ich habe ihn zwar zu verführen versucht, doch er hat
> widerstanden.
> Wenn er aber nicht tut, was ich ihm gebiete, so wird er
> gewiss eingesperrt und gehört zu den Unterlegenen.«
> Er sagte:
> »Herr, mir ist das Gefängnis lieber als das, wozu man
> mich ruft. Wenn du aber nicht ihre List von mir wen-
> dest, neige ich mich ihnen zu und gehöre zu den Un-
> verständigen.«
> *(Sure 12,32f.: Mk III)*

Eine seltsame Bitte an Gott: Ein Mann wünscht sich eher die Gefangenschaft des Staates als die »Gefangenschaft« einer verführerischen Frau. Lieber ins Gefängnis als ins Bett, lieber in die Kühle des Kerkers als ins Chaos der Gefühle. Der Wurf ins Gefängnis wird denn auch im Koran nicht wie in der Hebräischen Bibel als reiner Willkürakt geschildert mit Josef als passivem Opfer einer rachsüchtigen Frau, sondern als willentliche Option Josefs: als Entschluss zum Verschluss vor weiterer Verführung zur Sünde. Der Gefängnisaufenthalt Josefs – eine Art Selbstschutz für den verführerisch schönen Helden und ein Schutz für seine Umgebung zugleich! Wenn das kein origineller Einfall ist. Und warum ist das im Koran so?

Weil alles mit dem Ziel erzählt wird, Josef als in seinem Gehorsam gegen Gott gefestigten Menschen den Adressaten vor Augen zu führen. Er soll als »Prototyp« eines Menschen erscheinen, der um seine Neigungen und Triebe, sprich: um seine eigene Verführbarkeit weiß, sie aber in Gottesvertrauen zu kontrollieren versteht. Hätte er nicht Gottes »Zeichen« gesehen, hätte er sich der Verführung der Frau hingegeben und sich damit der Sünde des Ehebruchs schuldig gemacht (Sure 12,24). Aber immer noch weiß er, dass er sich der »List« der Frauen hingegeben hätte, hätte nicht Gott ihm geholfen. Kurz: Zwar landet Josef wie in der biblischen so auch in der koranischen Fassung im Gefängnis, aber im Koran wird Josef davor bewahrt, als Unschuldiger ins Gefängnis zu wandern. Er geht »freiwillig« und steht damit als jemand da, der mit Gottes Hilfe sich selbst bezwungen hat. Warum ist das so? Dass man im Koran ein Interesse an dieser moralisch mustergültigen Stilisierung Josefs hat, hängt mit der Kernbotschaft dieser Sure zusammen. Was ist diese Botschaft?

Traumdeutung der Mitgefangenen

Wir üben noch ein wenig »schöne Geduld« und registrieren weitere Strukturelemente der biblischen Josefs-Geschichte: die Traumdeutung im Gefängnis. Sie wird in Sure 12 – im Vergleich zur Hebräischen Bibel – äußerst verknappt erzählt: sowohl Josefs Deutungspraxis im Gefängnis als auch seine Begegnung mit dem »König« und sein Aufstieg in höchste Machtstellungen. Der Koran beschränkt sich auch hier auf das Wesentliche: rafft, verknappt, konzentriert. In der Genesis werden die Träume des Mitgefangenen, wie des königlichen Mundschenks und Hofbäckers, ausführlich geschildert (Kap. 40). Der Koran beschränkt sich jeweils auf einen einzigen Satz, stimmt aber im Inhalt des jeweiligen Traumes exakt mit der biblischen Version überein: »Ich sah mich Wein keltern« (Sure 12,36 > Gen 40,9–11) und »Ich sah mich auf dem Kopf Brot tragen, von dem die Vögel fraßen« (Sure 12,36 > Gen 40,16f.). Lapidarer kann man diese Traum-Geschichte kaum erzählen. Andeutungen genügen offensichtlich. Nur ja keine weitschweifigen Details. Was gesagt ist, reicht offensichtlich für die inhaltliche Pointe.

Und die besteht an dieser Stelle darin, dass der koranische Josef die Gelegenheit ergreift, durch seine Fähigkeit zur Traumdeutung den beiden Gefangenen gegenüber nicht nur allgemein auf Gott zu verweisen, dem er zu folgen gelernt hat, sondern auch auf die rechte Rede von Gott. Ich habe dies schon kurz angedeutet. Im Koran kann Josef an dieser Stelle gezielt aus der Rolle fallen und sich wie ein Prediger über den Erzählzusammenhang hinaus an Ungläubige wenden. Er tritt gleichsam aus der Szene heraus und spricht durch die Mitgefangenen hindurch die Adressaten der Jetztzeit an:

Ihr beiden Gefängnisgenossen! Sind getrennte Herren besser oder Gott der Eine und Allbezwingende?

Ihr dient außer ihm nur Namen, die ihr gebildet habt, ihr und eure Väter, zu denen Gott aber keine Ermächtigung herabgesandt hat.

Das Urteil kommt nur Gott zu.

Er hat geboten, dass ihr nur ihm dienen sollt. Das ist die rechte Religion.

Aber die meisten Menschen wissen nicht Bescheid.

(Sure 12,39f.: MK III)

Wir bekommen gerade anhand dieser Stelle eine Ahnung davon, worum es Sure 12 grundsätzlich geht. Entsprechend lapidar fällt auch das aus, was die Gefangenen eigentlich konkret hatten hören wollen: Wie es nämlich mit ihnen weitergeht. Das teilt der koranische Josef den Träumern in zwei kurzen Sätzen mit, was allerdings wiederum bis in den Wortlaut mit der biblischen Version übereinstimmt: »Ihr beiden Gefängnisgenossen! Der eine von euch schenkt seinem Herrn Wein ein. Der andere aber wird gekreuzigt und die Vögel fressen von seinem Kopf« (Sure 12,41 > Gen 40, 13; 40, 19).

Der König und die alte Frauengeschichte

Aber bevor wir die Schlüsselbotschaft endgültig freilegen, schauen wir noch auf das Gespräch Josefs mit dem König. Auch dieses wird im Koran so knapp wie möglich geschildert, zugleich aber psychologisch plausibler. Wir erinnern uns: In der Bibel wird Josef abrupt aus dem Gefängnis geholt, nachdem der Oberbäcker dem Pharao von dessen zutreffenden Traumdeutungen erzählt hatte. Jahre sind in der Zwischenzeit vergangen: »zwei Jahre« (Gen 41,1), »einige Jahre« (Sure 12,42). Dann aber lässt der biblische Pharao Josef von einem Tag auf den anderen vorführen (Gen 41,14). Der Grund, warum dieser überhaupt im Gefängnis sitzt, spielt in der biblischen Fassung merkwürdigerweise keine Rolle mehr. Plötzlich steht der ehemalige Sklave und Häftling vor dem König, die Haare geschoren und Prachtkleider am Leib (Gen 41,14).

Im Koran wird derselbe Vorgang anders erzählt und zwar mit gutem Grund. Der koranische Josef wird nicht wie der biblische sofort zu Pharao geholt, um dessen Traum zu deuten. Im Koran lässt sich zunächst der Knecht, der sich Josefs erinnert, der biblische Oberbäcker, auf eigenen Wunsch zu diesem ins Gefängnis senden (Sure 12,45). Josef erfährt den Traum des Königs als erstes von *ihm*: »Josef, du Wahrhaftiger, gib uns Bescheid über sieben fette Kühe, die von sieben mageren gefressen werden und über sieben grüne Ähren und andere, verdorrte« (Sure 12,46). Dann deutet Josef noch im Gefängnis den Traum, und der Knecht kommt mit dieser Traumdeutung zum König zurück. Erst dann fordert dieser den Knecht auf, Josef zu ihm zu bringen. Psychologisch ist dies zweifellos plausibler erzählt.

Seltsam freilich: In dem Moment, als Josef noch im Gefängnis gebeten wird, zum König zu kommen, bittet er den Knecht, gegenüber dem König die alte Geschichte um die Verführung und die zerschnittenen Hände der Damen wieder aufzurollen: »Kehre zu deinem Herrn zurück«, sagt der koranische Josef, »und frage ihn, wie es mit den Frauen steht, die sich in die Hände geschnitten haben. Mein Herr kennt ihre

List«, heißt es in Sure 12,50. Noch überraschender: Auch der König geht sofort auf diese Geschichte ein. Ohne die geringste Überleitung kann gleich im nächsten Vers 51 der König fragen: »Wie war das mit euch, als ihr Josef zu verführen versucht habt?« Dass er dafür die betroffenen Frauen zunächst hätte vorgeladen müssen, wird erzählerisch ausgespart. In einer Verknappung ohnegleichen kommt man in Sure 12 an dieser Stelle gleich zur Pointe. Sie besteht darin, dass die Frauen Josef jetzt allesamt entlasten: »Gott behüte! Wir wissen von ihm nichts Schlechtes« (Sure 12,51). Und auch die Frau des Ägypters räumt jetzt »offiziell« ein: »Jetzt ist die Wahrheit ans Licht gekommen. Ich habe ihn zu verführen versucht. Doch er gehört zu den Wahrhaftigen« (Sure 12,51).

Eine weitere Überraschung folgt gleich im nächsten Vers. Denn Josef wird an dieser Stelle (Sure 12,52) nicht nur ein weiteres Gottesbekenntnis in den Mund gelegt (»Gott führt nicht die List der Betrüger«), vielmehr erkennt auch er jetzt ganz offen seinen eigenen Schuldanteil an der ganzen Verführungsgeschichte: »Ich spreche mich aber nicht selbst frei«, kann der koranische Josef auf einmal sagen und erklärend nachschieben: »Die Seele gebietet heftig das Schlechte, es sei denn, mein Herr erbarmt sich. Mein Herr ist voller Vergebung und barmherzig« (Sure 12,53). Auch das ist psychologisch konsequenter erzählt als in der Bibel. Denn als Leser der biblischen Josefs-Geschichte kann man ja eine gewisse Irritation nicht unterdrücken: Pharao lässt einen Mann aus dem Gefängnis holen und vertraut ihm, ohne auch nur mit einem Wort auf den Grund der Gefangenschaft einzugehen. Wieso kann er einem Mann sein Vertrauen schenken, der wegen sexueller Verführung im Gefängnis sitzt? Der Koran bohrt an dieser Stelle tiefer. Warum? Weil Sure 12 anders das Vertrauen des Königs zu Josef gar nicht motivieren kann.

Der Trieb zum Schlechten: Josefs Geständnis

Deshalb *muss* die Frau des Ägypters noch einmal auftreten und nun auch »offiziell« Josef entlasten. Auf diese »Klarlegung« legt der Koran größten Wert so wie auf das Faktum, dass Josef selber einen *eigenen Anteil* an der Verführungsszene einräumt. Schon vorher war uns ja mitgeteilt worden (Sure 12,24), dass Josef die Frau seines Herrn damals durchaus »begehrt« hätte. Dieses Motiv wird jetzt noch einmal verstärkt, wenn Josef zum König sagen kann, dass er sich selbst nicht freispreche, weil »die Seele« »heftig das Schlechte« gebiete. So übersetzt *Zirker*. Wir werfen aber für diesen Schlüsselsatz des koranischen Menschenbildes in Sure 12,53 einen Blick auf andere Übersetzungen:

Friedrich Rückert: »Die Seel' ist eine Treiberin zum Bösen, / Wofern sich nicht erbarmt mein Herr«.

Rudi Paret: »Die (menschliche) Seele verlangt (nun einmal) gebieterisch nach dem Bösen – soweit mein Herr sich nicht erbarmt.«

Khoury/ Abdullah: »Die Seele gebietet ja mit Nachdruck das Böse, es sei denn, mein Herr erbarmt sich.«

Und schließlich *Hartmut Bobzin:* »Die Seele lenkt ja hin zum Bösen, / nur dann nicht, wenn mein Herr Erbarmen zeigt.«

Im Vergleich zu Rückert, Paret, Khoury/Abdullah und Bobzin übersetzt Zirker also mit dem Wort »das Schlechte« eher verharmlosend.

Diese Stelle aber ist wahrhaftig des Nachdenkens wert. Immerhin geht es um ein abgründiges Thema der Anthropologie: die Schwäche des Menschen, der seinen Neigungen und Trieben ausgesetzt ist. Es ist das Thema der Verführbarkeit des Menschen zum Bösen durch das Böse. Der Koran lässt hier etwas von dem erkennen, was man das »Rätsel Mensch« nennen könnte. Wenn auch das Motiv »Verführung zum Bösen«, »Verlangen nach Bösem« hier vergebungstheologisch funktionalisiert erscheint (weil es das Böse gibt, braucht es die Vergebungsbereitschaft Gottes), so gewinnt doch diese Auskunft – im Kontext der Josefs-Geschichte – eine anthropologische Valenz, welche die Bibel an *dieser* Stelle nicht kennt. Der Göttinger Islamwissenschaftler *Tilman Nagel* hat deshalb zu Recht auf die grundsätzliche Bedeutung dieser Stelle für das koranische Menschenbild hingewiesen: »Josef zeigt sich für die Verführungskünste der Gattin des hohen Herren empfänglich – das Böse, das von außen an ihn herankommt, bringt ihn fast zum Straucheln, und nur Gottes Barmherzigkeit kann verhindern, dass er sich eine schlimme Verfehlung zuschulden kommen lässt. Doch stößt man in der Josefs-Sure auf einen weiteren Gedanken, der den ganzen Problemkreis in einem anderen Licht erscheinen lässt: die Seele des Menschen treibt diesen stets zum Bösen an. Das bedeutet, dass nicht nur durch äußere, sondern auch durch innere Kräfte das Individuum veranlasst werden kann, das ihm mögliche Böse zu verwirklichen. Der Mensch ist in seinem irdischen Dasein von außen und von innen wirkenden Anfechtungen ausgesetzt. Sie eben stellen jene Erprobung dar, von der der Koran so oft redet. Der Mensch kann die Erprobung bestehen, oder er kann versagen; die Verantwortung hierfür trägt er selber« (Der Koran, 1991, 264).

Ähnlich überraschende Eigentümlichkeiten weist auch das letzte Strukturelement auf: der Komplex Wiederbegegnung und Versöhnung mit den Brüdern und dem Vater. Zunächst ist auch im Koran wie in der Genesis von zwei Reisen der Brüder Josefs nach Ägypten die Rede. Warum allerdings die Brüder nach Ägypten kommen, spart der Koran aus. »Josefs Brüder kamen und traten bei ihm ein. Da erkannte er sie, sie ihn aber nicht« (Sure 12,58): das ist alles. Keine Rede von Hungersnot und Proviantbeschaffung wie in Gen 41, 54–57. Immerhin wird auch im Koran die zweite Reise durch Josefs Forderung begründet, den jüngsten Bruder (den biblischen Benjamin) nach Ägypten zu bringen. Doch die Figurenzeichnung und der Erzählduktus sind auch an dieser Stelle im Koran anders. Während in der Genesis im Fall der Benjamin-Reise noch einmal *Jakob* der Verzweifelte und gegenüber dem weiteren Verhalten der eigenen Söhne Skeptische bleibt (»Ihr bringt mich um meine Kinder ... nichts bleibt mir erspart«: Gen 42,36), ist im Koran Jakob nach wie vor der Gottvertrauende. Zwar misstraut auch der koranische Jakob einmal mehr seinen Söhnen, Gott gegenüber aber gilt sein unbegrenztes Vertrauen: »Vertraue ich ihn euch anders an als vorher seinen Bruder? Doch Gott ist ein besserer Hüter. Er ist der barmherzigste der Barmherzigen« (Sure 12,64; vgl. auch 12,67: Mk III).

Und selbst auf dem Höhepunkt der Intrige Josefs gegen seine Brüder, als Jakob erfährt, dass »Benjamin« des Diebstahls beschuldigt ist und Josef immer noch vermisst wird, bleibt der koranische Jakob, wie wir hörten, trotz Trauer und Verbitterung glaubensstark: »Aber nein, ihr habt euch selbst eine Sache eingeredet. Doch schön standhaft. Vielleicht bringt Gott sie mir allesamt zurück. Er ist der Wissende und Weise.« (Sure 12, 83: Mk III).

Interessanter noch ist der Stellenwert der *Wiedererkennungsszene* in der koranischen Josefs-Geschichte. Während die Genesis alles tut, um die Selbstenthüllung Josefs vor seinen Brüdern bis zum letzten Moment herauszuzögern, um so die Spannung möglichst lange wachzuhalten (erst nach langen Kapiteln offenbart sich Josef *allen* Brüdern auf einmal: Gen 45,3), nimmt der Koran die Spannung aus der Geschichte heraus, und zwar durch Aufteilung der Wiederentdeckungsszene: »Benjamin« gegenüber einerseits und den übrigen Brüdern gegenüber andererseits. Psychologisch wird dies »Benjamin« gegenüber so motiviert:

> Als sie bei Josef eintraten, nahm er seinen Bruder zu sich.
> Er sagte:
>> »Siehe ich bin dein Bruder. So sei nicht bekümmert
>> wegen dessen, was sie stets getan haben!«
> *(Sure 12,69: Mk III)*

In Sure 12 wird dies gebraucht, weil in der gleich anschließend erzählten Passage über die Intrige Josefs gegen seine Brüder (mit »Benjamin« als fälschlich beschuldigtem Dieb)

Josef nicht als Zyniker und Benjamin nicht als bloßes Instrument seiner Intrige dargestellt werden soll. Ähnlich in der wiederum kurze Zeit später erzählten Wiedererkennungsszene mit den Brüdern:

> Er (Josef) sagte:
>> »Wisst ihr, was ihr mit Josef und seinem Bruder damals in eurem Unverstand getan habt?«
> Sie sagten:
>> »Bist du denn Josef?«
> Er sagte:
>> »Ich bin Josef und das ist mein Bruder.
>> Gott erweist uns Güte.
>> Wenn jemand gottesfürchtig ist und standhaft –
>> Gott lässt den Lohn derer, die das Gute tun, nicht verloren gehen.«
>
> *(Sure 12, 89f.: Mk III)*

3. Eine koranische Entfeindungsgeschichte

Wir erreichen nun nach mehreren Anläufen den Punkt, wo wir die Frage nach der Botschaft der koranischen Josefs-Geschichte beantworten können. Auch die Frage: Gibt es bei allen Unterschieden eine Übereinstimmung zwischen den Josefs-Geschichten in Bibel und Koran? Die Antwort muss lauten: Von beiden Erzählungen geht ein doppeltes Signal aus. Sie sind *erstens* theozentrisch ausgerichtete Segens- und Glücksgeschichten und sie sind *zweitens* theozentrisch ausgerichtete Entfeindungsgeschichten mit einem je verschiedenen Adressatenkreis. Der Adressat der biblischen Geschichte ist das Volk Israel, dessen Urgeschichte als Familien- und Stämmegeschichte im Blick auf ihr künftiges Miteinander als Großreich oder als Doppelreich von Nord und Süd reflektiert wird. Der Adressat der koranischen Josefs-Geschichte ist die Urgemeinde in Mekka und ihre Selbstbehauptung in widerständiger, ungläubiger Umwelt. In beiden Fällen geht es nicht einfach um Geschichten »aus uralten Zeiten«, sondern mit scharfem Blick um Gegenwart und Zukunft, um Aktualisierung im Interesse der Konfliktbearbeitung. Ich fasse zusammen.

Eine Segens- und Glücksgeschichte – trotz allem

Entscheidend ist für beide Josefs-Geschichten die Erkenntnis, dass Gott das Geschehen durch alle Verbrechen und alle Schuld des Menschen hindurch ins Gelingen wenden kann. Gott wirkt *in* allem Geschehen, und alles fügt sich im *Nachhinein* zum Guten. Damit ist Josef sowohl in der Bibel wie im Koran eine Figur, die man vom Typus her als eine Art Gegen-Hiob bezeichnen kann. Denn seine Niederlagen und Katastrophen führen auch im Koran nicht zu Zweifeln an Gott, zum Hadern, zur Klage oder gar Anklage, sondern lassen das Gottvertrauen unerschüttert. Die biblischen und koranischen Josefs-Geschichten werden so erzählt, dass in und trotz allem Negativen das Vertrauen in Gottes Führung und Fügung nicht zerbricht. Ja, noch stärker als die biblische ist die koranische Josefs-Geschichte von einem *Siegesbewusstsein Gottes* über alle menschlichen Machenschaften und Irrtümer getragen: »Gott weiß, was sie tun«, tönt es uns aus der Geschichte wie ein Refrain entgegen, »Gott siegt in seiner Sache«, Gott ist »der Hörende und Wissende«, »Das Urteil kommt nur Gott zu«, »Gott ist ein besserer Hüter. Er ist der barmherzigste der Barmherzigen«, »Auf Gott sollen vertrauen, die vertrauen!«, »Gott ist der beste derer, die entscheiden«, »Gott ist der Vergebende und Barmherzige« …

Einüben von »schöner Geduld«

In der Sache aber gibt es keinen Unterschied zwischen beiden Geschichten. Im Gegenteil: Die Bibel legt Josef am Ende, wie wir hörten, diesen Satz in der Mund: »Ihr habt Böses ge-

gen mich im Sinn gehabt. Gott aber hat dabei Gutes im Sinn«
(Gen 50,20). Im Koran ganz ähnlich:»Vater«, kann Josef zu
Jakob sagen, als er diesen zu seinem Thron in Ägypten erhoben hat:»das ist die Deutung meiner früheren Vision. Mein
Herr hat sie wahr gemacht und mir Gutes getan, als er mich
aus dem Gefängnis herausgeschafft und euch aus der Steppe
gebracht hat, nachdem der Satan zu Zwietracht zwischen mir
und meinen Brüdern aufgestachelt hatte. Mein Herr ist um-
sichtig mit dem, was er will. Er ist der Wissende und Weise«
(Sure 12,100).

Aus diesem Gottvertrauen folgt eine bestimmte *Grundhaltung des Menschen zum Leben*. In Sure 12 gibt es dafür, wie wir
hörten, eine Schlüsselformel, die nicht zufällig zweimal eingeschärft wird:»Doch schön standhaft! Gott wird zur Hilfe
gerufen gegen das, was ihr zusammenredet« (Sure 12,18),
kann Vater Jakob schon zu Beginn des ganzen Dramas sagen.
Und exakt diese Formel wird ihm noch einmal gegen Ende in
den Mund gelegt:»Aber nein, ihr habt euch selbst eine Sache
eingeredet. Doch schön standhaft! Vielleicht bringt Gott sie
mir allesamt zurück. Er ist der Wissende und Weise« (Sure
12,83). Womit vollends klar ist:»Schön standhaft« bleiben,
»Geduld in Widrigkeit« üben, ist damit die Grundhaltung für
suchende, glaubende Menschen, die mit Sure 12 eingeschärft
werden soll, für Menschen, die in einer Krise stecken, aber ihr
Gottvertrauen nicht verlieren sollen. Die oft erfahrene Ver-
geblichkeit allen Tuns, das Scheitern von Plänen, das Unglück
in vielen Lebenslagen verführt Menschen oft zu vorschnellen
Urteilen über Gott, zur Verwerfung allen Gottvertrauens. Da
will Sure 12 mit der Modellgeschichte von Jakob, Josef und
den Brüdern gegensteuern. Der Skepsis wird eine theozentrische Vertrauensgeschichte entgegengesetzt.

So gesehen, dürfte *Muhammad Asad* in seinem Koran-Kommentar den»spirituellen Kern« von Sure 12 richtig getroffen
haben, geht es hier doch in der Tat primär um die»Illustration
von Gottes unergründlicher Leitung der Angelegenheiten des
Menschen – ein Widerklang der Aussage: ›aber es mag wohl

sein, dass ihr eine Sache hasst, indessen sie gut für euch ist, und es mag wohl sein, dass ihr eine Sache liebt, indessen sie schlecht für euch ist: und Gott weiß, während ihr nicht wisst‹ (Sure 2, 216). Die *sura* als Ganzes könnte beschrieben werden als eine Serie von Variationen über das Thema ›Das Urteil (darüber, was geschehen soll) liegt bei keinem außer Gott‹, das ausdrücklich nur in Vers 67 erklärt wird, aber wie ein unausgesprochenes Leitmotiv die ganze Geschichte von Josef durchzieht« (Asad, 432).

Spiegelung der Konflikte in Mekka

Aber umgekehrt gilt auch: Die beschwörende Einschärfung des Gottvertrauens lässt auf die Brüchigkeit und Verzagtheit schließen, die noch in spätmekkanischer Zeit in der Urgemeinde geherrscht haben muss, kurz vor der Hidjra, der Übersiedlung Mohammeds von Mekka nach Medina, wo sich sein Schicksal politisch wenden wird. Wie stark aber der Widerstand des Unglaubens noch ist, wird gerade am Ende von Sure 12 nicht verschwiegen. Von Siegeszuversicht unter den Adressaten kann keine Rede sein. Im Gegenteil. Ernüchternd heißt es ganz realistisch an die Adresse des Propheten: »Die meisten Menschen sind nicht gläubig, auch wenn du darauf bedacht bist ... An wie so manchen Zeichen in den Himmeln und auf der Erde gehen sie vorbei und wenden sich von ihnen ab. Die meisten von ihnen glauben nicht anders an Gott, als dass sie ihm Partner beigeben« (Sure 12,103–106).

Die koranische Josefs-Geschichte ist denn auch so komponiert, dass sich ein Spannungsfeld aufbaut mit drei Polen: Vater Jakob – die Brüder – Josef. Und jeder der Pole hat nicht nur eine Funktion im Binnenraum der Erzählung, ist vielmehr auch ein Spiegel von Grundhaltungen, in dem sich die Erstadressaten in Mekka wiedererkennen sollen. Ich strukturiere:

(1) In *Jakobs Grundhaltung?* Da spiegelt sich ganz offensichtlich das Ideal von Muslim-Sein, zu dem der Koran seine schwankenden, zweifelnden Adressaten ermutigen will:

Standhalten im Gottvertrauen, Ausharren in der Glaubensgewissheit. Sichtlich ist gerade Jakob als eine Art *Muster-Muslim* stilisiert, der wie jeder Mensch Krisen ausgesetzt ist, Prüfungen, Zumutungen, der aber von Anfang an weiß, dass Gott in allem Geschehen präsent ist und alles zu einem guten Ende führen wird. Und dies in vollem Bewusstsein, dass immer auch »der Satan« im Spiel ist. Er ist dem Menschen »deutlich feind« (Sure 12,5) und betreibt sein zerstörerisches Werk im Verborgenen (Sure 12,42; 12,100). Kurz: Indem der koranische Jakob von Anfang an erkannt hat, dass Gott an Josef die Gnade »vollenden« werde, die er »früher« schon »an den Vätern Abraham und Isaak« vollendet hatte, ist er für den Koran Teil der von Abraham gestifteten Glaubensgemeinschaft. »Jakob befindet sich daher schon«, so *Tilman Nagel,* »in dem das Heil gewährleistenden unmittelbaren Verhältnis zu seinem Schöpfer, im abrahamischen Islam« (Der Koran, 1991, 292).

(2) Die *Brüder Josefs?* In ihnen können sich die zwischen Glauben und Unglauben schwankenden Menschen der mekkanischen Urgemeinde wiedererkennen. Sie haben anfangs noch nicht den Durchblick auf Gottes Führung und Fügung sowie auf die Tatsache, dass Gott sich Josef zu seinem »auserkorenen Diener« erwählt hat (Sure 12, 24). Sie sind noch in vormuslimischem Denken gefangen, indem sie gegenüber ihrem Vater die traditionswidrige Bevorzugung des Jüngeren vor den älteren Geschwistern einklagen (»Unser Vater ist in deutlicher Verwirrung« Sure 12, 8), worauf sie mit Mordabsicht reagieren. Damit werden sie zum Spielball der Einflüsterungen des Satans oder ihrer Triebseele, verstrickt in den Prozess des Bösen und der Schuld, ohne nach dem Grund des Geschehens zu fragen. Kurz: Die Brüder werden portraitiert als Menschen, denen zunächst jede tiefere Einsicht in das Geschehen und damit jegliches Gottvertrauen abgeht. Deshalb muss das Unheil seinen Lauf nehmen, bis die Zeit ihrer Selbsterkenntnis, sprich: die Zeit der Reue über ihre Sünden und damit die Zeit der Gotteserkenntnis gekommen ist. »Bei Gott! Gott hat dich uns vorgezogen. Wir haben gesündigt«,

stammeln die Brüder denn auch nach der Selbstenthüllung Josefs in Sure 12,91. Mit diesem Bekenntnis vollziehen sie ihre Hinwendung zu Gott, erkennen sie seinen Willen und erlangen Vergebung. Vormuslimisches hat sich in muslimisches Denken verwandelt. Was übertragen heißt: »So wie die Brüder Josefs, so sind auch die meisten Menschen in ihre ichbezogenen Wünsche verwoben, so wie die Brüder Josefs können sie aber auch Vergebung erlangen, wenn sie ihre Sünden begreifen und sich vollkommen auf ihren Schöpfer ausrichten« (*T. Nagel*, Koran, 1991, 293). Und Josef? Wofür steht er über den Binnenraum der Erzählung hinaus?

Vorwegnahme des Prophetenkampfes

Von Josef wird in Sure 12 so erzählt, dass sich *Parallelen insbesondere auch zum Schicksal des Propheten Mohammed* aufdrängen. *Shalom Goldmann* hat in seinem »Josef«-Artikel in der »Encyclopedia of the Qur'an«, die islamische und westlich Rezeptionsgeschichte zusammenfassend, schon 2003 darauf hingewiesen: »Josef kann gesehen werden als Beispiel für das Grundmuster des Korans: Er ist ein Prophet, der verhöhnt und exiliert, schließlich aber gerechtfertigt wird und zu Berühmtheit aufsteigt. Als solcher dient er als Modell für das Leben Mohammeds, und viele der koranischen Kommentare betrachten dies als ein zentrales Thema und als die Funktion der Sure. Diese Interpretation wird verstärkt durch die ›Anlässe-der-Offenbarungen‹-Tradition. Sie setzt die Umstände der Offenbarung von Sure Yusuf an dem Punkt an, an dem Mohammed durch Skeptiker herausgefordert ist, die seine Kenntnisse der Erzählungen der Kinder Israels anzweifeln. Diese Sure ist eine Antwort auf diese Herausforderung und ist deshalb höchst detailreich. Sie umfasst Informationen, die aus früheren Erzählungen der Geschichten von Jakobs Familie unbekannt sind« (EQ 3, 55f., eigene Übers.).

In der Tat sind Analogien zwischen Josefs und Mohammeds Schicksal mit Händen zu greifen: Haben die Mekkaner nicht auch Mohammed aus ihrer Ordnung verstoßen, ihn abgelehnt, verfolgt und sein Leben gefährdet? Waren nicht auch sie vom Satan so verblendet wie die Brüder in Josefs Geschichte? Statt erkannt zu haben, dass sich in Mohammeds Botschaft die Urreligion Abrahams vollendet, bleiben sie im alten Glauben. Kurz: Klingt nicht in Josefs Klage »Ich habe die Religionsgemeinschaft eines Volkes verlassen, das nicht an Gott glaubt und nicht an das Jenseitig-Letzte« (Sure 12, 37) die Klage des Propheten durch, der auf seine Weise mit einem ungläubigen Volk konfrontiert ist? Und hat nicht Mohammed wie Josef eine neue Religionsgemeinschaft gefunden, die ihn eingebunden sein ließ in die seit den Urvätern Abraham, Isaak und Jakob bestehende Glaubensgemeinschaft und die so dem Propheten eine *neue geistige Heimat* jenseits altarabischer Stammesloyalitäten bot, jetzt in Verbindung mit Juden und Christen? So hören wir den soeben zitierten Satz, den der Koran Josef den Mitgefangenen gegenüber in den Mund legt, noch einmal mit anderen Ohren, wenn es heißt: »Ich habe die Religionsgemeinschaft eines Volkes verlassen, das nicht an Gott glaubt und nicht an das Jenseitig-Letzte« und sofort nachschiebt: »Ich bin der Religionsgemeinschaft meiner Väter Abraham, Isaak und Jakob gefolgt« (Sure 12,38).

Aber auch umgekehrt: An Josef wird im Koran ein Mensch gespiegelt, der nicht erst die Folgen seiner Sünden begreifen muss, um zum Gottvertrauen in Leben und Sterben zu finden, der vielmehr seine ganze Existenz, durch göttliche Eingebung bewusst, Gott anvertraut. Genau dies entspricht der Urerfahrung des Propheten. Auch er findet sich wie Josef berufen zum »auserkorenen Diener«. Auch er ist wie Josef ein Prophet aus der Nachkommenschaft Abrahams. Kurz: Gerade auch in der Gestalt seines Josef stellt der Prophet seinen Adressaten das Idealbild eines frommen Muslim vor Augen, der Erfahrungen gemacht hat, die auch ihm nicht erspart blieben: In tiefster Verzweiflung, in scheinbar aussichtsloser Lage seinen Glauben zu bewahren. »Schön standhaft« bleiben.

Der spirituelle Kern: Statt Vergeltung Vergebung

Einschärfung des Gottvertrauens in Krisenlagen, Einüben »schöner Geduld«, Aktualisierung der Botschaft mit Hilfe transparenter Spiegelfiguren: das ist das eine. Aber noch ein weiteres wichtiges Signal geht von der koranischen Josefs-Geschichte aus. Sie ist ebenso wie die biblische auch die Geschichte einer Entfeindung, einer Überwindung des Hasses und der Rache, eine Geschichte nicht der Vergeltung, sondern der Vergebung und Versöhnung. Der Schlüsselsatz, dem koranischen Josef bei der Selbstenthüllung vor den Brüdern in den Mund gelegt, lautet:»Heute gibt es gegen euch keinen Vorwurf. Gott vergibt euch. / Er ist der Barmherzigste der Barmherzigen« (Sure 12, 92). Und von dieser Stelle an wird im Koran das Wort»Vergebung« noch dreimal betont:»Bitte für uns um Vergebung unserer Sünden. Wir haben gesündigt«, beschwören die verstörten Brüder ihren Vater (Sure 12, 97), und wiederholen damit in der Sache das, was auch die biblischen Brüder Josef gegenüber anführen:»Dein Vater hat uns, bevor er starb, aufgetragen: So sagt zu Josef: Vergib doch deinen Brüdern ihre Untat und Sünde, denn Schlimmes haben sie dir angetan. Nun also vergib doch die Untat der Knechte des Gottes deines Vaters« (Gen 50,16f.). Denn auch der Koran kennt an dieser Stelle dieses entscheidende Jakobs-Wort:»Ich werde meinen Herrn um Vergebung für euch bitten. / Er ist der Vergebende und Barmherzige« (Sure 12,98).

Daraus folgt in der biblischen und koranischen Erzählung: Die Durchbrechung der Rache-Vergeltungs-Logik durch den Primat der Vergebung ist einem konkreten *Gottesbild* geschuldet. Wir haben die biblische Stelle noch im Ohr, wo Josef bei der Vergebungsbitte der Brüder von sich weg auf Gott verweist:»Stehe ich denn an Stelle Gottes?« (Gen 50,19). Im Koran erscheint diese theozentrische Pointe noch verstärkt. Auch der koranische Josef soll die Vergebung weitergeben, die *Gottes* Handeln entspricht. Weil *Gott* der»Vergebende und Barmherzige« ist, können und sollen sich glaubende Menschen entsprechend verhalten. Es ist nicht»ihre« Vergebung, die sie

Anderen gewähren, sondern *Gottes* Vergebung, die sie weitergeben. Kurz: Dass es anstelle der Zementierung des Dualismus von Opfer und Täter auch in der koranischen Josefs-Geschichte zu einem Prozess der Entfeindung kommen, dass Gnade vor Recht, Vergebung vor Vergeltung, Versöhnung vor Verachtung gehen kann, ist der Überzeugung geschuldet, dass Gott »der barmherzigste der Barmherzigen« ist.

Tilman Nagel hat in diesem Zusammenhang eindrücklich darauf verwiesen, dass das »Verzeihen schwerster Verfehlungen« ein Motiv sei, das den »muslimischen Zuhörer zutiefst« bewege, »wenn ihm die Josef-Sure vorgetragen« werde. In den anderen Prophetengeschichten aber? Da pflege im Koran der Sünde die unabwendbare Strafe zu folgen: das Volk Noachs wird vernichtet, Pharao und seine Anhänger ertrinken im Meer. Nichts dergleichen treffe die Brüder Josefs; der barmherzige Gott vergebe ihnen. Und der Islamwissenschaftler fügt wörtlich hinzu: »Josefs Handeln an seinen Brüdern wurde zum islamischen Vorbild für die Versöhnung mit Feinden, die einem einst nahegestanden hatten. Man erzählt, dass Muhammad am Ende seines Lebens, als sich selbst die hartnäckigsten Gegner unter seinen Stammesgenossen bekehrten, nicht auf Vergeltung sann, sondern ihnen versprach: Ich sage euch, was einst mein Bruder Josef sagte: ›Kein Tadel soll euch heute mehr treffen!‹« (Der Koran, 1991, 69).

In Josef und seinen Brüdern liegen Zeichen

Liest man also Sure 12 vor aktuellem Hintergrund in Mekka, wird klar, dass die Lage der muslimischen Urgemeinde auch in spätmekkanischer Zeit alles andere als gefestigt ist. Ja, wie wenig sie das ist, wird auch an der Sure 12 chronologisch unmittelbar folgenden Sure 40 ablesbar. Hier wird noch einmal auf Josef verwiesen, kurz zwar, aber nicht weniger skeptisch. Wir haben diese Sure schon im Zusammenhang mit dem Mose-Pharao-Konflikt kennengelernt (Vierter Teil, Kap. II/3). Und in dieser seiner Kernbotschaft unterscheidet Josef sich nicht von anderen Propheten im Koran. Bemerkenswert an Sure 40 im Zusammenhang mit Josef ist auch, dass hier in die Mose-Geschichte eine Erinnerung an Josefs Rolle in Ägypten eingebracht ist. Eine solche Erinnerung kennt die biblische Mose-Erzählung nicht. Sie ist mit der Bemerkung ausgelöscht:»In Ägypten kam ein neuer König an die Macht, der Josef nicht gekannt hatte« (Ex 1,8). Das ist alles, dann hören wir im gesamten Buche Exodus nichts mehr von Josef und seiner Bedeutung in und für Ägypten. In Sure 40 erinnert ein gläubig gewordener»Mann von Pharaos Leuten« in einer beschwörenden Warnrede vor dem Gericht Gottes daran:

> Früher brachte euch Josef die klaren Zeichen. Ihr aber hörtet nicht auf mit eurem Zweifel an dem, womit er zu euch gekommen war. Als er schließlich starb, sagtet ihr: »Gott wird nach ihm keinen Gesandten mehr schicken.«
>
> So führt Gott den irre, der maßlos und voller Zweifel ist.
>
> *(Sure 40,34)*

Auch das ist nicht nur in die Mosezeit hineingesprochen, sondern nicht weniger in die Krisenzeit in Mekka.

Diese spiegelt sich noch einmal auf andere Weise in *Sure 6*, ebenfalls aus *spätmekkanischer Zeit*. Auffälligerweise taucht Josef hier in einer langen Serie mit anderen biblischen Figuren auf. Nicht mehr getrennt voneinander werden ihre Geschichten evoziert, vielmehr stehen sie da wie eine Phalanx von »Garanten« geprüften Gottvertrauens, wie eine »Wolke von Zeugen«. Das erinnert an ein christliches Dokument, den Brief an die Hebräer im Neuen Testament. Auch Christen hatte man hier (Kap. 11) mit Verweis auf die Erzväter Abel, Noach, Abraham, Isaak, Jakob, Josef und Mose Gottvertrauen einzuschärfen und klarzumachen versucht, was »Glauben« im tiefsten meint und verlangt:»Feststehen in dem, was man erhofft, Überzeugtsein von Dingen, die man nicht sieht« (Hebr. 11,1).

Ganz ähnlich in Sure 6. Die hier präsentierte geballte Summe von Zeugen, die auf Gottes Führung vertraut haben, hat ebenfalls die Funktion, die schwankenden und zweifelnden Adressaten in Mekka zu stärken und zu ermutigen:

Die glauben und ihren Glauben nicht im Unrecht durcheinanderbringen, erlangen Sicherheit und werden geführt.

Das ist unser Argument, das wir Abraham gegen sein Volk gaben.

Wir erhöhen um Ränge, wen wir wollen.

Dein Herr ist weise und wissend.

Wir schenkten ihm Isaak und Jakob.

Jeden führten wir.

Schon vorher führten wir Noach, von dessen Nachkommen David, Salomo, Ijob, Josef, Mose und Aaron.

So vergelten wir denen, die Gutes tun.

Zacharias, Johannes, Jesus und Elija -

Jeder gehört zu den Rechtschaffenen.

Ismael, Elischa, Jona und Lot -

Jeden zeichneten wir aus vor aller Welt.

Und manche von ihren Vätern, Nachkommen und Brüdern.

Wir erwählten sie und führten sie zu geradem Weg.

(Sure 6,82–87: Mk III)

Liest man also die Josef-Suren vor aktuellem Hintergrund, wird klar, dass diese Geschichte vom »auserkorenen Diener« Josef, den Gott mit »Weisheit und Wissen« ausgestattet hat (Sure 12, 24), ihren Sinn darin hat, dem Propheten und seinen Anhängern Mut zu machen, im Vertrauen auf Gott standhaft zu bleiben, gerade in den Widrigkeiten der Zeit »Geduld« zu üben und nicht vorschnell zu urteilen. Nach all dem verstehen wir jetzt noch besser, was in Sure 12 gemeint ist, wenn es gleich zu Anfang heißt: »In Josef und seinen Brüdern liegen Zeichen für die, die fragen« (Sure 12,7). Und das gilt für den Koran wie für die Bibel.

Sechster Teil
Maria und Jesus: Zeichen Gottes für alle Welt

»Mit Wertschätzung betrachtet die Kirche auch die Muslime, die den einzigen Gott anbeten, den lebendigen und in sich seienden, barmherzigen und allmächtigen, den Schöpfer des Himmels und der Erde, der die Menschen angesprochen hat, dessen auch verborgenen Ratschlüssen mit ganzem Herzen sich zu unterwerfen sie bemüht sind, so wie Abraham sich Gott unterworfen hat, auf den sich der islamische Glaube gern bezieht. Jesus, den sie zwar nicht als Gott anerkennen, verehren sie doch als Propheten und sie ehren seine jungfräuliche Mutter Maria und rufen sie manchmal auch andächtig an.«

Zweites Vatikanisches Konzil, »Über die Beziehung der Kirche zu den nichtchristlichen Religionen«, Nr. 3

»Der Koran bestätigt nicht nur allgemein die biblischen Religionen; er steht insbesondere dem Christentum nah, nennt Jesus ausdrücklich masih, den Christus also, bejaht bis zur jungfräulichen Geburt alle Wunder und lobt in geradezu zärtlichen Worten die Frömmigkeit der Christen: ›Und du wirst wahrlich finden, dass diejenigen, die sagen: ›Wir sind Christen‹, den Gläubigen in der Liebe am nächsten sind‹ (Sure 5, 82). Das waren nicht nur Worte, das waren für die erste Generation der Muslime auch Taten, sonst hätte das Oberhaupt der nestorianischen Kirche nicht 650 staunend einem Amtsbruder geschrieben: ›Diese Araber vermeiden es nicht nur, das Christentum zu bekämpfen, sie empfehlen geradezu unsere Religion, ehren unsere Priester und heiligen Männer und beschenken die Klöster und Kirchen mit Gaben.‹«

Navid Kermani, Ungläubiges Staunen. Über das Christentum, 2015

Über die zahlreichen historischen Fragen müssen wir uns hier nicht noch einmal verbreiten. Das für unseren Zusammenhang Nötige habe ich im Ersten Teil, Kap. 5 skizziert: die Präsenz des Christentum des 6./7. Jahrhunderts in Arabien zur Zeit Mohammeds, gespalten zwischen Rom und Byzanz, gespalten in verschiedene sich gegenseitig verketzernde Gruppen und Kirchen. Die Präsenz christlicher Gemeinden auf der Arabischen Halbinsel, die vor allem im nördlichen Jemen anzunehmen ist, während es in Mekka und Medina nie christliche Gemeinden gegeben hat. Zugleich aber die Präsenz einzelner Christen in der Region, denen Mohammed auf seinen Reisen begegnet und die sein Bild vom Christentum beeinflusst haben mögen. Schließlich das Bild von Christentum und Christen im Koran und die islamische Auseinandersetzung mit dem Christentum in seinen dogmatischen, durch die frühkirchlichen Konzilien festgelegten oder davon abweichenden heterodoxen Formen. Dies alles ist in zahlreichen historischen Abhandlungen bereits ausführlich dargelegt worden. Ich verweise für den Koran vor allem auf die Arbeiten von *S. H. Griffith*: seinen Artikel »Christians and Christianity« in: EQ 1, 307–315 und sein Buch »The Bible in Arabic«, 2013: Kap. 2 und konzentriere mich im Folgenden vor allem auf die Analyse der Suren 19 und 3, die den Hauptanteil des koranischen Materials zu unserem Thema bieten, sowie auf die am heftigsten umstrittene sogenannte »Nichtkreuzigungs«-Sure 4,157–159, bevor ich allgemeine Schlussfolgerungen über das Gemeinsame und das Trennende zwischen Christen und Muslimen ziehe.

I. Johannes – ein Prophet

Jesus (*arab.*: 'Īsā) wird im Koran in 15 von 114 Suren erwähnt, chronologisch erstmals in Sure 19 aus mittelmekkanischer Zeit, auffälligerweise schon hier zusammen mit Johannes und Maria. Das geschieht nicht kontextlos.

1. Noch einmal: die koranische Grundbotschaft

Wenn *Sure 19* in den Blick kommt, muss man sich bewusst bleiben, dass ihr – chronologisch gesprochen – 57 Suren der Botschaft von Mekka bereits vorausgehen. Gut die Hälfte des Koran also ist schon »verkündigt«. Grundthemen der prophetischen Botschaft sind längst eingeführt und breit entfaltet. Auch große Stoffe, Juden und Christen vor allem aus der *Hebräischen Bibel* und den nachbiblischen Überlieferungen vertraut, hatte der Prophet, wie wir sahen, in seine Verkündigung längst eingeführt: die Geschichten um Schöpfung und Endgericht beispielsweise, um Noach und Mose, aber auch um Abraham und Ismael.

So ist es kein Zufall, dass auch Sure 19 solche Passagen enthält und zwar in folgendem Aufbau: Nach den größeren narrativ-dialogischen Abschnitten über die Geburt von Johannes und Jesus (Sure 19,2–33) folgen zunächst wie eingeschoben wirkende Verse, die einen Streit um das Jesus-Bild widerspiegeln (19,34–40), dann folgt in einem korantypischen abrupten Themenwechsel ein Abschnitt zu Abraham und dessen Konflikt mit seinem Vater um die richtige Gottesverehrung (Sure 19,41–48) und ein kurzer Fingerzeig auf Isaak und Jakob (19,49), dann ebenso plötzlich wenige Verse über Mose und sein Gottesgespräch am Berg sowie ein Verweis auf dessen Bruder Aaron (19,51–53), gefolgt von einem weiteren knappst möglichen Hinweis auf »Propheten« wie Ismael und Idris (Sure 19,54–56) sowie weitere Propheten »aus den Nachkommen Adams« wie Noach und andere (19,58). Den Abschluss von Sure 19 bildet eine längere, ebenfalls korantypische Passage über das Endgericht mit doppeltem Ausgang: Paradiesgarten (»Garten Eden«) für die Glaubenden (Sure 19,60–65), Gottes Strafgericht über die Ungläubigen (Sure 19,66–98), darunter besonders die, die behaupten, Gott habe sich »ein Kind genommen« (19,88), womit noch einmal thematisch zurückverwiesen wird auf die Christus-Kontroverse in den voraufgehenden Versen 34 bis 40. Dem »Allerbarmenden« aber »ein Kind zusprechen« wird jetzt als »ungeheuerliche Sache« bezeichnet und mit apokalyptischen Drohbildern kommentiert (19,88–91). Sure 19 endet schließlich mit der für die Verkündigung von Mekka charakteristischen Erinnerungsbotschaft in Form einer Warn- und Gerichtsrede, die das mittlerweile gewonnene prophetische Selbstbewusstsein des Verkünders eindrucksvoll dokumentiert:

> Jeder in den Himmeln und auf der Erde kommt zum Allerbarmenden nur als Diener.
> Er hat sie gezählt und genau berechnet.
> Sie alle kommen zu ihm am Tag der Auferstehung allein.
> Denen, die glauben und gute Werke tun, wird der Allerbarmende Liebe schaffen.
> Wir haben ihn (den Koran) in deiner Sprache leicht gemacht, damit du ihn den Gottesfürchtigen als frohe Botschaft verkündest und ein streitsüchtiges Volk mit ihm warnst.
> Wie viele Generationen haben wir schon vor ihnen vernichtet! Nimmst du noch einen von ihnen wahr oder hörst du von ihnen noch den geringsten Laut?
> *(Sure 19,93–98)*

Dass der Aufbau von Sure 19 trotz seiner abrupten Themenwechsel thematisch strukturiert ist, werden wir noch sehen. Wir wenden uns zunächst der Frage zu: Warum tauchen erst jetzt, in Sure 19, in mittelmekkanischer Zeit also, Überlieferungen im Koran auf, die aus der Welt der *Christen* stammen? Erstmals Traditionen dieser Herkunft, nachdem ja Überlieferungen alttestamentlich-jüdischer Herkunft längst zum »Demonstrationsmaterial« im Koran gehören. Wieso? Was mag der konkrete Anlass für die Formung von Sure 19 gewesen sein?

Historisch kann das bis heute nicht befriedigend erklärt werden. Die muslimische Tradition hat die Entstehung von Sure 19 in Zusammenhang mit der Auswanderung eines Teils der muslimischen Urgemeinde nach Äthiopien gebracht. Diese Sure mit dem Schlüsselwort »Maria« sei dem dortigen Negus (»König«) vorgetragen worden, und dieser habe – beeindruckt vom Bekenntnis der Muslime zu Maria und Jesus – ihnen Gastrecht gewährt. Historisch ist diese Geschichte zwar nicht zu verifizieren, wohl aber ist sie von tiefer symbolischer Bedeutung (Einzelheiten im Epilog zu meinem Buch »Weihnachten und der Koran«, 2008: »Die Sure ›Maria‹ und ein Blick nach Äthiopien«). Streng historisch also bleibt es dabei: Warum im Koran erst jetzt die Auseinandersetzung mit »christlichen« Figuren wie Johannes, Maria und Jesus erfolgt, nachdem alttestamentlich-jüdische Überlieferungen längst zur prophetischer Verkündigung gehören, muss offen bleiben. Die Vermutung allerdings ist auch in diesem Fall gut begründet, dass wie die alttestamentlich-jüdischen so auch die neutestamentlich-christlichen Überlieferungen den Adressaten in Mekka bekannt gewesen sein müssen, spätestens zum Zeitpunkt ihrer Präsenz in der prophetischen Verkündigung. Indem Mohammed jetzt sein »Demonstrationsmaterial« auch um christliche Überlieferungen erweitert, demonstriert er religionspolitisch die Integration einer zweiten großen religiösen Tradition und verstärkt durch Anknüpfung an die christliche Heilsgeschichte die Überzeugungskraft seiner eigenen Botschaft. Künftig kann er sich nicht allein auf die jüdische, sondern auch auf die christliche Tradition berufen und sie so interpretieren, dass sie mit der eigenen prophetischen Botschaft kompatibel ist und die Adressaten in Mekka herausfordert. In dieser Richtung scheint mir auch die Beobachtung des Paderborner katholischen Theologen *Klaus von Stosch* zu gehen, wenn er betont, der Koran wolle angesichts der Zerstrittenheit von jüdischen und christlichen Gruppen (Sure 43, 63; 19, 37) in mittelmekkanischer Zeit »zu einer einheitlichen monotheistischen Gemeinde einladen, die auch Raum für Christen bieten soll und deshalb einige sehr spezifische Aussagen über Jesus und Maria in das eigene Konzept integriert, dabei aber neu formatiert« (Streit um Jesus, hg. v. K. v. Stosch und M. Khorchide, 2016, 17).

Am Text selber beobachten wir schon rein äußerlich ein Doppeltes. *Erstens* ist die erstmalige Erwähnung von Johannes (*arab.*: Yaḥyā) und Jesus auffälligerweise verbunden mit jeweiligen Geschichten rund um ihre wundersame Geburt. Das ist kein Zufall. Die Konzentration auf die Geburts-Überlieferungen ist theologisches Programm des Koran. Worin es besteht, werden wir herauszuarbeiten haben. Und der Koran kennt *zweitens* wie das Neue Testament (Matthäus 1,1– 2,12; Lk 1,1 – 2, 20) jeweils zwei Texte zur Geburt Jesu, und zwar in Sure 3,37–49 (medinensische Zeit) und in Sure 19,1–36 (mittelmekkanische Zeit). Sure 19 ist somit der ältere Text, so dass sich eine Konzentration darauf zunächst nahelegt.

2. Die wundersame Geburt des Johannes: Mekka, Sure 19

Christliche Leser werden aufmerksam registrieren, dass im Koran – genau wie im Evangelium des Lukas – vor die Geschichte von der Geburt Jesu die der Geburt des Johannes gesetzt ist. Beide im strengen Sinn keine Geburts-, sondern Ankündigungsgeschichten. Denn Johannes als Person taucht im Folgenden gar nicht direkt auf. Seine Vita wird anders als im Neuen Testament nicht erzählt. Alles ist konzentriert auf die *Voraussetzung* seiner Geburt, was der Grund dafür ist, dass sein Vater Zacharias (*arab.*: Zakārīyā') im Zentrum steht. Er wird zur Spiegelfigur für die überraschenden Vorgänge, um die es hier geht:

Die mahnende Erinnerung an die Barmherzigkeit deines Herrn gegenüber seinem Diener Zacharias.

Als er seinen Herrn im Stillen anrief.

Er sagte:

»Herr, schwach geworden ist mir das Gebein und altersgrau der Kopf. Ich war, wenn ich zu dir rief, Herr, nie trostlos.

Ich fürchte aber die, die als Erben nach mir kommen. Meine Frau ist unfruchtbar. So schenk mir von dir her einen entfernteren Erben, der mich beerbt und erbt von den Leuten Jakobs! Mach ihn, Herr, wohlgefällig!«

»Zacharias, wir verkünden dir einen Jungen mit Namen Johannes. Niemandem gaben wir vorher einen Namen wie ihm.«

Er sagte:

»Herr, wie soll ich einen Jungen bekommen, wo meine Frau unfruchtbar ist und ich allzu hohes Alter erreicht habe?«

Er sagte:

»So ist es. Dein Herr sagt:

›Das fällt mir leicht. Schon vorher habe ich auch dich erschaffen, als du nichts gewesen warst.‹«

Er sagte:

»Herr, schaff mir ein Zeichen.«

Er sagte:

»Dein Zeichen ist, dass du drei volle Tage nicht zu den Menschen sprichst.«

Da kam er zu seinen Leuten aus dem Tempel und offenbarte ihnen:

»Lobpreist morgens und abends!«

»Johannes, nimm die Schrift machtvoll!«

Wir gaben ihm als Kind Urteilskraft, ein liebevolles Gemüt von uns her und Lauterkeit. Er war gottesfürchtig und ehrerbietig gegen seine Eltern. Er war kein widersetzlicher Gewaltherrscher.

Friede über ihn am Tag, da er geboren wurde, am Tag, da er stirbt, und am Tag, da er zum Leben erweckt wird!

(Sure 19,2–15: Mk II)

Wie das Evangelium des Lukas schaltet der Koran also vor die eigentliche Geburtsgeschichte Jesu die Ankündigung der Geburt des Johannes, und wie der Evangelist ist auch der Koran am überraschenden Eingreifen Gottes schon im Fall des Johannes interessiert (Einzelheiten: *A. Rippin*, Art. »John the Baptist«, in: EQ 3, 51f.). Im intertextuellen Vergleich aber beachte man: Weitere Details der christlichen Johannes-Vita, etwa sein Auftritt als Bußprediger (entsprechend Lk 3,1–8; Mt 3,1–12; Mk 1,1–8), seine Taufe Jesu (Lk 3,21f.; Mt 3,13–17; Mk 1,9–11) oder sein Schicksal und Ende unter König Herodes (entsprechend Lk 3,19f.; Mk 6,17–29; Mt 14,1–12) kennt der Koran nicht. Hier liegt nicht sein Interesse. Viermal wird Johannes im Koran erwähnt, dreimal im Zusammenhang mit seinem wundersamen Anfang (neben den Suren 19 und 3 noch Sure 21,89f.: Mk II), ein viertes Mal taucht der Name des Johannes lediglich in einer formelhaften Personenreihung auf und zwar als einer der »Rechtschaffenen« (Sure 6,85: Mk III).

3. Der lukanische und koranische Johannes im Vergleich

Ein genauer Vergleich von Sure 19,1–15 mit Lukas 1,5–25 ergibt bemerkenswerte Unterschiede auch im theologischen Profil: Der Evangelist *Lukas* lokalisiert seine Johannes-Geschichte höchst anschaulich und vergeschichtlicht sie präzise: Vater Zacharias ist ein Priester im Jerusalemer Tempel, gehört zur Priesterklasse Abija; die Mutter von Johannes heißt Elisabet und stammt aus dem Geschlecht Aarons; ihm erscheint der Engel Gabriel, der »vor Gott steht« (Lk 1,19); diese Erscheinung findet konkret an einem Ort statt, in Jerusalem, präzise im Tempel. Damit ist das Erscheinen des Johannes von vorneherein tief eingebettet in die messianische Erwartungsgeschichte seines, des jüdischen Volkes. Zacharias wird denn auch von Gabriel ein Sohn angekündigt, der »mit dem Geist und mit der Kraft des Elija dem Herrn vorangehen« und »viele Israeliten zum Herrn, ihrem Gott, bekehren« werde (Lk 1,16f.). Entsprechend wird diesem Tempelpriester nach der Geburt des Johannes vom Evangelisten Lukas ein Lobgesang in den Mund gelegt (»*Benediktus*«), in dem der »Gott Israels« gepriesen wird, weil er sein »Volk besucht und ihm Erlösung geschaffen« habe (Lk 1,68).

Der *Koran* dagegen entlokalisiert auffälligerweise, entgeschichtlicht. Als handelnde Person braucht er nur noch Zacharias. Er ist der Einzige, der redet, sieht man von einer Replik Gottes ab. Aber ein Engel erscheint hier nicht. Der koranische Zacharias redet direkt mit Gott. Auch die biblische Elisabet wird namentlich nicht mehr, nur noch in der Spiegelung ihres Mannes, erwähnt: »meine Frau unfruchtbar«. Ein Ort ihrer Begegnung ist nur indirekt und wie nebenbei erwähnt (»Tempel«: Sure 19,11). Johannes selber bekommt keine authentische Stimme. So erfahren wir auch nichts über seine Verkündigung. *Über* ihn wird geredet. Und was geredet wird, ist des Lobes voll: »Größerer Namen« als andere, »Urteilskraft« schon als Kind, »Lauterkeit«, »Gottesfurcht«, »Ehrerbietung« gegenüber den Eltern, kein »Gewaltherrscher«, weshalb die Szene konsequenterweise mit einem Friedenssegen Gottes abschließen kann (19,15).

Die ganze Szene erscheint wie fein stilisiert, wie ausgedünnt, wie entweltlicht, wie entgeschichtlicht. Das ist Absicht. Denn die koranische Verkündigung ist an Zacharias gerade nicht als konkreter geschichtlicher Person aus dem Judentum interessiert. Warum auch zu Beginn des 7. Jahrhunderts auf der Arabischen Halbinsel ohne jüdische Partner in Mekka? Interessiert ist sie stattdessen an Zacharias als zeitlosem Typus.

Und zwar als *Typus eines gottvertrauenden Beters,* dessen ganz persönlicher (»im Stillen«) vorgetragener Gebetswunsch von Gott erhört wird: konkret die Geburt eines Erben im Tempelamt trotz hohen Alters des Mannes, trotz offensichtlicher Unfruchtbarkeit der Frau. Darauf ist zu Beginn von Sure 19 alles konzentriert: auf das Bitt- und Vertrauensgebet eines Menschen, der im Gebet bisher »nie trostlos« gewesen ist. Deshalb kann und soll diese Sure an die »Barmherzigkeit« Gottes erinnern; ein Signal für die Ungläubigen in Mekka. Und deshalb kann alles andere an geschichtlicher Einbettung, die für die neutestamentliche Überlieferung zentral ist, ausgespart werden. Das koranische Interesse an Zacharias und Johannes ist ein anderes, muss ein anderes sein, um diese Geschichte für Mekka überhaupt transparent machen zu können.

Denn auffällig ist ja: Bei *Lukas* hatte Zacharias seinen Wunsch offenbar schon lange im Gebet Gott vorgetragen, so dass er an dessen Erfüllung angesichts seines fortgeschrittenen Alters kaum noch glauben kann. »Dein Gebet ist erhöret«, so übersetzt Luther nach dem griechischen Wortlaut. Es ist das erste Wort des Engels an Zacharias (Lk 1,13). In *Sure 19* dagegen scheint die konkrete Bitte des Zacharias zum ersten Mal geäußert – ganz im Bewusstsein, dass Zacharias, wenn er zu Gott betete, noch »nie trostlos« gewesen ist. Bei *Lukas* bleibt Zacharias denn auch psychologisch konsequent bei seiner Skepsis, selbst als der Engel erscheint (»Woran erkenne ich das?«: Lk 1,18), und wird für diesen Akt des Unglaubens mit Stummheit bestraft, was ganze neun Monate bis zur Geburt des Johannes andauern wird (Lk 1,63f.). In *Sure 19* dagegen sind ganze drei Tage Stummheit verhängt, und dieses »Zeichen« ist nicht Ausdruck der Bestrafung durch Gott, sondern des Vertrauens in Gottes Macht. Das Signal an die Adressaten ist klar: Wie Gott als Schöpfer einem alten, unfruchtbaren Elternpaar einen Erben schenken kann (»Das fällt mir leicht«: Sure 19,9), kann derselbe Gott auch ein anderes Zeichen setzen: einen Menschen kurze Zeit verstummen lassen. Die koranische Stummheit ist kein Straf-, sondern ein Beglaubigungswunder. Eine der vielen Machttaten Gottes. Das ist hier das Entscheidende. Und deshalb wird die christliche Zacharias-Johannes-Geschichte aufgegriffen und zugleich muslimisch neu erzählt, angewandt auf die konfliktreiche Situation mit Ungläubigen in Mekka, die der prophetischen Kernbotschaft von einem verantwortlichen Leben im Angesicht des Schöpfergottes mit entschiedener Ablehnung gegenüberstehen. In Sure 19,2–15 aber wird der »Fall Johannes« als weitere anschauliche Beispielgeschichte für die souveräne Macht des Schöpfergottes benutzt, aber zugleich auch zur Einübung in die Zuversicht, dass, wenn man sich vertrauensvoll ganz persönlich im Gebet an diesen Gott wendet, »nie trostlos« zurückbleibt. Der wahrhaft Gottergebene kann sein ganzes Vertrauen in die Barmherzigkeit Gott setzen, ohne freilich Gott berechnen zu können. Auch das wird am »Fall des Johannes« demonstriert. Gewährt Gott doch die Bitte des Zacharias nicht so wie dieser sich das offensichtlich gedacht hat. Sein Sohn Johannes wird ihn nicht im Tempeldienst beerben, sondern ein eigener Prophet werden. Auch dies noch einmal ein religionspolitisches Signal: An einer Fortsetzung des jüdischen Tempelkultes ist der Koran nicht interessiert. Dem jüdischen Tempelpriester Zacharias ein »*Benediktus*« in den Mund zu legen, kommt ihm nicht in den Sinn. Warum auch? Zur Zeit von Sure 19 ist der Tempelkult in Jerusalem längst erloschen. Der Tempel ist nach der Eroberung Jerusalems durch die Römer 70 n. Chr. zerstört worden. Jerusalem steht jetzt unter christlich-byzantinischer Herrschaft. Woraus folgt: Die Zacharias-Geschichte kann unter den veränderten Zeitumständen nur dann noch interessant sein, wenn man sie entgeschichtlicht, gleichsam universalisiert, so dass sie auch für Adressaten in Mekka transparent werden kann. Szenenwechsel.

4. Der »Fall Johannes« – in Medina kritisch neu gelesen: Sure 3

Noch ein zweites Mal kommt der Koran auf den »Fall Johannes« zu sprechen, und zwar in Sure 3 aus medinensischer Zeit. Deren geschichtlicher Hintergrund ist ein völlig anderer als der von Sure 19, wie wir im Ersten Teil hörten (Kap. 5). Denn im Gegensatz zu 19 ist Sure 3 in ihrem Kernbestand (die Verse 3,59–64 wären eigens zu diskutieren) für uns ziemlich genau datierbar. Auf die Schlacht bei Badr im zweiten Jahr der Hidjra wird angespielt (Sure 3,123), die im März 624 siegreich für die Muslime ausgeht, ein Ereignis von größter politischer und religiöser Tragweite auch für die künftigen Beziehungen zu Juden und Christen. Denn durch den Sieg bei Badr fühlen sich die Muslime wie nie zuvor von Gott bestätigt. Zugleich aber wird auch auf die Schlacht bei Uhud Bezug genommen, einem Berg bei Medina, ein Jahr später (Sure 3, 166–168). Sie endet mit einer schmerzlichen Niederlage der Muslime und wird als schwere Prüfung Gottes erlebt. Selbst der Prophet gerät in Todesgefahr (Sure 3,144–146), was die Lage unter seinen Anhängern verschärft. Denn auch unter Muslimen ist es jetzt offensichtlich zu Konflikten und Spannungen gekommen. Menschen bekennen sich nur noch zum Schein zum Islam. Entsprechend muss der Zusammenhalt der Gemeinde jetzt umso leidenschaftlicher beschworen werden: »Gehorcht Gott und dem Gesandten!« (Sure 3,32). *Adel Theodor Khoury* hat in seinem Koran-Kommentar an dieser Stelle auf das Entscheidende hingewiesen: »Die Instabilität der Gemeinde, die Wankelmütigkeit der Heuchler [unter Mohammeds Anhängern], die sie zu einer inneren Gefahr macht, sowie die ausgebrochene Feindseligkeit zwischen den Muslimen und den Juden in Medina bilden den Hintergrund mancher Abschnitte der Sure. Vorwürfe an die Adresse der Heuchler und der gegnerischen Juden sowie Worte der Aufmunterung für die Gläubigen im Hinblick auf das Eingreifen Gottes und auf die Verheißung der jenseitigen

Belohnung werden dann immer wieder formuliert« (KKK 4, 25). In der Tat verschärft sich nun die Auseinandersetzung mit den jüdischen Stämmen und deren gelehrten Vertretern (s. Erster Teil, Kap. 5). Und in diesem Kontext muss jetzt auch das erneute Aufgreifen der Ankündigung der Geburt des Johannes verstanden werden. Im selben Zusammenhang auch das Neuaufgreifen der Geschichte von Maria und Jesus, wie wir sehen werden. Ein Prozess der Re-lecture von Sure 19 ist offensichtlich fällig, und die entsprechende Passage wird nicht zufällig mit Hinweis auf Gestalten aus dem Judentum eingeleitet: »Gott erwählte Adam, Noach, Abrahams Leute und die Leute Imrāns aus aller Welt, die einen als Nachkommen der anderen. Gott hört und weiß« (Sure 3,33f). Zur Ankündigung der Geburt *des Johannes* heißt es dann ab Vers 38, wobei wieder Vater Zacharias im Zentrum steht:

Dort rief Zacharias zu seinem Herrn:

»Herr, schenk mir von dir her gute Nachkommen!

Du hörst das Rufen.«

Da riefen ihm, während er im Tempel stand und betete, die Engel zu:

»Gott verkündet dir Johannes, damit er ein Wort von Gott bestätige, als Gebieter, Asket und Prophet von den Rechtschaffenen.«

Er sagte:

»Herr, wie sollte ich einen Jungen bekommen, wo ich doch hohes Alter erreicht habe und meine Frau unfruchtbar ist?«

Er sagte:

»So ist Gott. Er tut, was er will.«

Er sagte:

»Herr, schaff mir ein Zeichen!«

Er sagte:

»Dein Zeichen ist, dass du drei Tage nur durch Gesten zu den Menschen sprichst. Gedenke viel deines Herrn und lobpreise am Abend und in der Frühe!«

(Sure 3,38–41: Md)

Was zeigt der intratextuelle Vergleich zu Sure 19?

(1) Auffällig ist, dass die Ankündigungsszene einerseits verknappt erscheint, andererseits erweitert. »Weggelassen« sind jetzt alle psychologischen Details: die Hinweise auf das Alter der Eltern und die Angst vor der Kinder- und Erbenlosigkeit. Hinzugefügt wird eine Rede von Engeln (Sure 3,39), womit die Gebetserhörung »distanzierter« angekündigt wird: durch Wesen nämlich, die *zwischen* Gott und diesen Beter gestellt sind. Dann setzt die Gottesrede wieder ein.

(2) Auffällig sind auch *weitere Titel* für Johannes in Sure 3. In Sure 19 war immerhin schon der »Name« des Johannes als unerhört erwähnt worden, was einer Aussage im Lukas-Evangelium gleichkommt (vgl. Sure 19,7 mit Lk 1,61). Indem aber der Koran Johannes jetzt »Gebieter, Asket und Prophet« nennt (Sure 3,39), wird klar, wie sehr sich die Figur des Johannes mittlerweile zu monumentaler Größe entwickelt hat.

(3) Bemerkenswert überdies, dass der Koran mit der Anspielung auf das Asketentum des Johannes eine Erinnerung an einen Grundzug auch des neutestamentlichen Johannes-Bildes aufbewahrt hat: Johannes als Wüstenasket (Mt 3,3f; Lk 3,2–4). Während aber der neutestamentliche Johannes in die Wüste geht, um durch Buß- und Umkehraufrufe »den Weg des Herrn« *vorzubereiten*, ist der koranische Johannes selber ein Zeichen Gottes. Genauer noch: Während der neutestamentliche Johannes bei der Taufe Jesu *diesen* als das Zeichen Gottes schlechthin durch göttliche Beglaubigung erkennen muss (»Das ist mein geliebter Sohn«: Mt 3,17), ist der koranische Johannes ein eigenes Zeichen für Gottes Macht und Kraft. Für den Koran ist Johannes eine prophetische Gestalt aus dem Judentum vor uralten Zeiten, die als Prophet so »muslimisiert« ist, dass sie zur kritischen Spiegelfigur des Verhaltens der *zeitgenössischen* Judenschaft in Medina werden kann.

5. Kein »Vorläufer«, Parallelfigur Jesu

Für das koranische Johannes-Bild in den Suren 19 und 3 halten wir ein Dreifaches fest:

(1) Während die Evangelisten Johannes als Kontrastfigur zu Jesus benutzen, als bloßen Vor-Läufer, der anschließend umso wirkungsvoller durch Jesus überboten werden wird, gebraucht der Koran Johannes als *Parallelfigur*, an der Gott schon vollbracht hat, was er dann im Fall der Geburt Jesu wiederholt. Deshalb zeigt man sich im Koran, anders als im Neuen Testament, weder an der Vorgeschichte noch am weiteren Schicksal des Johannes interessiert. Im Evangelium des Lukas war die Johannes- und Jesusgeschichte eng verzahnt worden – zugunsten Jesu. Die schwangere Maria hatte sich nach der Empfängnis (Lk 1,26–39) nicht zufällig auf den Weg zur schwangeren Elisabet gemacht, die denn auch prompt die »heilsgeschichtliche« Rangfolge bestätigen darf: »Gesegnet bist du mehr als alle anderen Frauen, und gesegnet ist die Frucht deines Leibes. Wer bin ich, dass die Mutter meines Herrn zu mir kommt«(Lk 1,43). Im Koran bleiben die beiden Geschichten unverbunden, laufen parallel und sind nur strukturell durch dasselbe Ankündigungs- und Geburtsmotiv verbunden. Mehr noch: Bei Lukas war es zur Begegnung zwischen Johannes und Jesus gekommen. Zwar lässt sich Jesus von Johannes taufen (Lk 3,21f.), zugleich aber lässt der lukanische Johannes keinen Zweifel an seiner Unterordnung: »ich bin es nicht wert, ihm die Schuhe aufzuschnüren. Er wird euch mit dem Heiligen Geist und mit Feuer taufen« (Lk 3,16). Der koranische Johannes dagegen kündigt nicht wie der neutestamentliche von der Überlegenheit Jesu als des »Sohnes Gottes« (entsprechend Lk 3,22; Mt 3,17; Mk 1,9–11), sondern auf eigene Weise von der Überlegenheit *Gottes* über das menschlich unmöglich Scheinende. Christologisch begründete »Heilsgeschichte« (Neues Testament) wird auch hier im Koran konsequent durch eine theozentrische ersetzt. Die Johannes-Geschichte, in uralten Zeiten angesiedelt, wird auf

diese Weise transparent für die aktuelle Auseinandersetzung des Propheten mit den Ungläubigen in Mekka (Sure 19) und später der Judenschaft in Medina (Sure 3). Kurz: Die Johannes-Geschichte will aktualisierend gelesen sein.

(2) Während das Neue Testament Johannes als Kontrastfigur (zum Zwecke späterer Überbietung) zu Jesus braucht, ist die Johannes-Geschichte im Koran eine weitere *Beispielgeschichte für die Macht des Schöpfergottes*, der, wenn er will, aus Unfruchtbarem und Abgestorbenem neues Leben erwecken kann. Auffällig ist ja: Während der Evangelist Lukas die Geburt des Johannes zwar durch einen Engel ankündigen lässt, dessen »Zeugung« aber nicht durch den Heiligen Geist, sondern durch den offensichtlich auf wundersame Weise wieder fruchtbar gewordenen Zacharias geschehen kann (Lk 1,23f.), lässt der Koran keinen Zweifel, dass schon Johannes Gottesgeschöpf ist wie Zacharias (»Schon vorher habe ich auch dich erschaffen, als du nichts gewesen warst«: Sure 19,9), und zwar auf eine besondere Weise wie später Jesus: Geistschöpfung trotz vorhergehender physischer Unmöglichkeit auf Seiten der Eltern. Kurz: Die Johannes-Geschichte im Koran will theozentrisch verstanden sein und so auf Seiten der Adressaten zu Vertrauen in Gottes Führung motivieren. Ein Motiv, das nur wenig später im Koran in zwei Versen zum Fall von Zacharias und Johannes noch einmal bekräftigt wird. Die Geschichte von Sure 19 wird dabei vorausgesetzt: »Und Zacharias, als er zu seinem Herrn rief: / ›Herr, lass mich nicht allein! / Du bist der beste Erbe.‹ / Da erhörten wir ihn und schenkten ihm Johannes. Wir stellten ihm seine Frau wieder her. Sie eiferten stets um die guten Dinge, riefen zu uns in Verlangen und Furcht und waren vor uns demütig« (21,89f.: Mk II).

(3) Die exklusive Konzentration auf eine glücklich ausgehende Geburtsgeschichte schon im Fall des Johannes folgt einer Sachlogik, spielt doch in einer Geburtsgeschichte die *Eltern-Kind-Dramatik* eine besondere Rolle. Das macht sich der Koran in Sure 19 für seine Pointe zunutze. Machen wir uns noch einmal den Aufbau von Sure 19 klar, dann wird deut-

lich, dass die Johannes-Geschichte nur der Auftakt zu zwei weiteren Eltern-Kind-Geschichten in dieser Sure sind: zur Geschichte von Maria und Jesus sowie zu der von Abraham und seinem Vater. »Die Einzelerzählungen« in Sure 19 sind also »nicht einfach aneinandergereiht«, so *Angelika Neuwirth* zu Recht, »sondern durch gemeinsame Motive wie die dreimal behandelte Eltern-Kind-Beziehung – negativ noch einmal reflektiert in der Polemik gegen die Vaterschaft Gottes – oder gemeinsame Verhaltensmuster wie das sich wiederholende leise/ geheime Sprechen bzw. Verstummen von Protagonisten eng miteinander verbunden« (NKST, 475).

Und alle diese Eltern-Kind-Geschichten in Sure 19 haben eine *theozentrisch-schöpfungstheologische Pointe.* Sie sollen den Erstadressaten klarmachen, dass der Gott, den Mohammed verkündet, schon in uralten Zeit den Willen und die Macht demonstriert hat, natürlich-biologische Zusammenhänge zu durchbrechen und so ein besonders Zeichen seines Schöpfertums zu setzen: ein altes Ehepaar, Zacharias und seine Frau, bekommt gegen alle natürliche Wahrscheinlichkeit noch einen Sohn, gleich anschließend wird die unverheiratete Maria ohne Zutun eines Mannes schwanger und ein Kind zur Welt bringen, schließlich wagt Abraham als Sohn wider alle Tradition und biologisch bedingte Rangfolge den Konflikt mit seinem Vater, der noch ein »Götzendiener« ist. Während also die »Vaterschaft« Gottes am Beispiel der Gottessohnschaft Christi in derselben Sure empört zurückgewiesen wird (19, 35 u. 88), wird stattdessen die Schöpfermacht Gottes anschaulich vor Augen geführt. Und welch eine Geschichte könnte dafür geeigneter sein als die von einer Geburt. Illustrativ und dramatisch zugleich kann sie die voraussetzungslose Macht des Schöpfergottes demonstrieren. Warum? Weil Geburtsgeschichten den Moment festhalten, in dem Gott aus Nichts Sein schafft und sich *so* als der souveräne Schöpfer erweist. Kurz: Die Johannes-Geschichte will theozentrisch-schöpfungstheologisch gelesen sein. Eine Pointe, die in beiden Suren ihren Ausdruck in den knappen Sätzen gefunden hat: »So ist es.

Dein Herr sagt: Das fällt mir leicht. Schon vorher habe ich auch dich erschaffen, als du nichts gewesen warst« (Sure 19,9) oder noch knapper: »So ist Gott. Er tut, was er will« (Sure 3,40).

II. Maria – Gottes Erwählte

Noch einmal zurück zu Sure 19. Bisher war von Maria (*arab.*: Maryam) noch nicht die Rede. Jetzt aber rückt sie ins Zentrum und mit ihr ihr Sohn. Man hat zu Recht daran die Beobachtung geknüpft, Jesus figuriere bei seinem ersten Auftritt im Koran »nicht selbstständig, sondern als Nebenfigur in einer Geschichte um seine Mutter und bleibt auch weiterhin eng mit ihr verbunden« (NKTS, 472).

1. Maria als Mutter Jesu: Sure 19

Das ist richtig. Denn das Drama einer weiteren überraschenden Geburt ist vor allem Marias Drama. Wir dokumentieren den Text zunächst vollständig, bevor wir ihn im einzelnen auszulegen versuchen. Unmittelbar nach der Johannes-Passage folgt in Sure 19:

> Gedenke in der Schrift der Maria! Als sie sich vor ihren Leuten *an einen östlichen Ort* zurückzog.
> Da nahm sie sich vor ihnen einen Vorhang.
> Da sandten wir zu ihr unseren Geist und er erschien ihr als stattlicher Mensch.
> Sie sagte:
> »Ich suche Zuflucht vor dir beim Allerbarmenden, falls du gottesfürchtig bist.«
> Er sagte:
> »Ich bin der Gesandte deines Herrn, um dir einen lauteren Jungen zu schenken.«

Sie sagte:

»Wie soll ich einen Jungen bekommen, wo mich kein Mensch berührt hat und ich keine Hure gewesen bin?«

Er sagte:

»So ist es. Dein Herr sagt: ›Das fällt mir leicht. So wollen wir ihn zu einem Zeichen für die Menschen machen und zu Barmherzigkeit von uns. Es ist beschlossene Sache.‹«

Da war sie mit ihm schwanger und zog sich mit ihm *an einen fernen Ort* zurück.

Die Wehen drängten sie zum Stamm der Palme. Sie sagte:

»Wäre ich doch vorher gestorben und ganz vergessen worden!«

Da rief er ihr von unten zu:

»Sei nicht traurig! Dein Herr hat unter dir fließendes Wasser geschaffen.

Schüttle den Stamm der Palme zu dir hin, dann lässt sie frische, reife Datteln auf dich fallen.

So iss, trink und freu dich! Wenn du jemanden von den Menschen siehst, dann sag:

›Ich habe dem Allerbarmenden ein Fasten gelobt.

Da werde ich heute mit keinem Menschen reden.‹«

Da kam sie mit ihm auf den Armen *zu ihrem Volk*.

Sie sagten:

»Maria, du hast eine unerhörte Sache begangen.

Schwester Aarons, dein Vater war kein schlechter Mann und deine Mutter keine Hure.«

Da zeigte sie auf ihn.

(Sure 19,16–29: Mk II)

Wir beginnen unsere Auslegungen mit Beobachtungen zum Stil und zur Struktur des Textes.

Gottes Geist erscheint Maria

Der erste koranische Schlüsseltext zur Geschichte Marias beginnt wie der über Zacharias und Johannes übergangslos, ohne biographische Verknüpfung im Interesse heilsgeschichtlicher Priorisierung. Vers 15 hatte die Johannes-Episode mit einer Segensformel abgeschlossen, Vers 16 fordert sofortige Aufmerksamkeit für eine andere Person: »Gedenke der Maria« mit dem Zusatz »in der Schrift« (*arab.:* kitāb). Was bedeutet das? Wer soll in oder durch eine vorhandene oder zukünftige Schrift (Rückert übersetzt *kitāb* in Sure 19,16 mit »Buch«) Marias gedenken? Diese Frage ist nicht eindeutig entscheidbar. Gemeint sein kann eine bereits vorhandene oder eine jetzt oder künftig zu erstellende Schrift, wobei der Befehlsstil des Satzes vermuten lässt, dass der Sprecher den Propheten energisch antreibt, das Gedenken an Maria in Zukunft niederzuschreiben. In Sure 19,2 läge also ein Anspielung auf den zu schaffenden Koran vor.

Auffällig ist auch: Der erste koranische Schlüsseltext zur Geschichte Marias ist durch drei Raumsignale klar strukturiert:
- Die Geistbegegnung und -schöpfung findet an einem »östlichen Ort« statt (Sure 19,16–21).
- Die Geburt Jesu findet an einem davon noch einmal unterschiedenen »fernen Ort« statt (Sure 19,22–26).
- Die Rückkehr Marias zu ihrem Volk erfolgt an einem dritten Ort (Sure 19,27–29).

Die lukanische und koranische Geburtsgeschichte im Vergleich

Wir versuchen zunächst, die *erste Hälfte des Textes* besser zu verstehen. Sure 19,16–21:

> Gedenke in der Schrift der Maria! Als sie sich vor ihren Leuten *an einen östlichen Ort* zurückzog.
> Da nahm sie sich vor ihnen einen Vorhang.
> Da sandten wir zu ihr unseren Geist und er erschien ihr als stattlicher Mensch.

Sie sagte:
»Ich suche Zuflucht vor dir beim Allerbarmenden,
falls du gottesfürchtig bist.«
Er sagte:
»Ich bin der Gesandte deines Herrn, um dir einen lau-
teren Jungen zu schenken.«
Sie sagte:
»Wie soll ich einen Jungen bekommen, wo mich kein
Mensch berührt hat und ich keine Hure gewesen bin?«
Er sagte:
»So ist es. Dein Herr sagt:
›Das fällt mir leicht. So wollen wir ihn zu einem Zei-
chen für die Menschen machen und zu Barmherzig-
keit von uns. Es ist beschlossene Sache.‹«

Wer als christlich geschulter Leser diesem Text begegnet, wird
auch hier zunächst *Parallelen* zu den Berichten des *Neuen Testamentes* ziehen, namentlich zur Geburtsgeschichte des Lukas.
Übereinstimmungen sind mit Händen zu greifen. Schon der
Evangelist Lukas ja kennt eine Gottesbotschaft an Maria und
zwar durch den Engel Gabriel. In Sure 19 erfolgt sie durch
Gottes Geist. Schon Lukas berichtet von Furcht als Reaktion
Marias. Sie »erschrickt«, als der Engel ihr erscheint, und muss
beruhigt werden: »Fürchte dich nicht ...« (Lk 1,29f.). In Sure
19 stellt sich die sichtlich eingeschüchterte Maria vor der
plötzlichen Erscheinung unter den Schutz des »Allerbarmenden« (Sure 19,18): »(Weiche von mir) wenn du gottesfürchtig
bist«, übersetzt *Rudi Paret* diese Stelle deutlicher. Schon Lukas
weiß von Zweifeln auf Seiten der jungen Frau: »Wie kann das
geschehen? Ich bin mit keinem Mann zusammengewesen«
(Lk 1,34). Entsprechend heißt es in Sure 19: »Wie soll ich einen
Jungen bekommen, wo mich kein Mensch berührt hat und ich
keine Hure gewesen bin?« (Sure 19,20). Schon Lukas überliefert eine Prädikation des angekündigten Kindes: »Sohn des
Höchsten« (Lk 1,32.35). In Sure 19 entsprechend: »Zeichen
[Gottes] für die Menschen«, Zeichen von Gottes »Barmherzigkeit« (Sure 19,21).

Zugleich sind entscheidende Unterschiede unverkennbar. Anders als der Evangelist betont Sure 19 auffälligerweise den *visionären* Charakter der Geistbegegnung: Der Geist Gottes stellt sich Maria dar »als« ein stattlicher Mensch (Sure 19,17). Warum? Weil dadurch »von vornherein der Gedanke abgewiesen« werden kann, »dass Marjam durch diesen ›Mann‹ – manche setzen ihn mit dem Engel Gabriel gleich – empfangen hätte. Der Text bringt nur einen Vergleich! Der ›Geist‹ ist nicht inkarnierter Mensch, er erscheint Marjam nur in sinnenhafter Weise« (*C. Schedl*, Mohammed und Jesus, 1978, 193). Mehr noch: Von der *literarischen Form* her ähnelt auch diese koranische Ankündigungsszene mehr einer *feinen Skizze* als einer ausgearbeiteten Szene. Abbreviaturen, Andeutungen, knappste Angaben genügen offenbar auch hier. Plötzlich ist Maria präsent, ohne weitere Überleitung, Vorbereitung, Umstände – mit der für den Koran charakteristischen Leser- oder Höreradresse: »Und gedenke«. Der Text will also – gemäß der im Koran generell genutzten Verfahrensweise – nicht nur Vergangenes zitieren, sondern aktualisieren. Er will erinnern, bewusst machen und damit zu Konsequenzen für heute aufrufen. Deshalb beschränkt sich der Koran in dieser Szene auf knappstmögliche Angaben. Ein konkreter geschichtlicher Raum, worauf in der lukanischen Fassung alles ankam, ist hier nicht von Interesse. Wir hören nichts von Rom, Betlehem, Jerusalem oder Nazaret. Für seine Pointe braucht der Koran das alles nicht. Er erzählt die Maria-Jesus-Story neu mit eigenen Interessen. Welchen?

Rückzugsbewegungen Marias – Freiwerden für Gott

Maria hat sich an einen »*östlichen Ort*« (Sure 19,16) zurückgezogen. Näher wird dieser Ort nicht benannt, muss auch nicht näher benannt werden, obwohl muslimische Auslegung in klassischen Kommentaren oder in Prophetenlegenden hier entweder einen Ort im Osten des Jerusalemer Tempels sehen möchte oder eine Anspielung erkennen will auf den »Sonnenaufgang« im Osten (Einzelheiten: *H. Busse*, Islamische Erzählungen von Propheten und Gottesmännern, 2006, 483). Solche Spekulationen sind müßig, denn es geht an dieser Stelle offensichtlich gerade nicht um die Identifizierung und Fixierung eines Raums, sondern vor allem um die *Bewegung des »Rückzugs«* als solche, die Bewegung der Selbst-Zurücknahme könnte man sagen. Diese ist *zum einen* sozial motiviert als Rückzug Marias »vor ihren Leuten«, deren negative Reaktion (»Hure«) im dritten Teil dieses Textes (Sure 19,28) damit schon angedeutet ist. Sie ist *zum zweiten* aber auch theologisch-symbolisch motiviert, was durch das Raumdetail im nächsten Vers (»Vorhang«: Sure 19,17) noch verstärkt wird. »Vorhang«-Nehmen bedeutet ein Sich-Verbergen, Sich-Abschließen, Sich-Abschirmen vor der gewohnten Umwelt. Der Selbstzurücknahme im Raum entspricht somit die Selbstzurücknahme des Körpers. Erzählerisch entspricht beiden die bewusste Entwirklichung der hier beschriebenen Welt, die durch Verknappung der Realitätsdetails wie durchsichtig erscheint.

Szenisch-gestisch wird damit *Gottesbegegnung vorbereitet*, die hier in Gestalt des Geistes Gottes erfolgt. Nachdem Maria sich aus ihrer normalen sozialen Umwelt zurückgezogen hat und die Welt transparent geworden ist wie ein dünner Vorhang, ist Gottesbegegnung vorbereitet. »Die wiederholte Erwähnung des Rückzugs betont einerseits Marias schlechthinnige Empfänglichkeit und andererseits Marias schlechthinnige Abhängigkeit von Gott. Nur so, fern von allen Menschen, fern von allen menschlichen Möglichkeiten – etwa einer zeugenden Mitwirkung –, kann sie dem Engel begegnen, die Verheißung hören, Jesus jungfräulich empfangen und dann zur Welt bringen« (*M. Bauschke*, Der Sohn Marias, 2013, 18).

Auch *der Dialog Engel – Maria* wird auf das Wesentliche reduziert: Stilistisch auffällig die Mischung aus Realitätsdetails und hoheitlicher Sprache: Angst auf Seiten Marias – Beruhigung der Angst durch den Gottesboten. Göttliche Ankündigung der Geburt – Zweifel bei Maria als Frau. Ankündigung einer souveränen Schöpfungstat – Angst vor dem Vorwurf der Hurerei. Zum zweiten Mal in kurzer Zeit fällt hier in Sure 19 in Reaktion auf menschlichen Zweifel wortgleich der Satz: »So ist es. Dein Herr sagt: ›Das fällt mir leicht‹« (Sure 19,9 und 19,21). Mit diesem theozentrischen Motiv ist die Jesus- mit der Johannesgeschichte verknüpft. Daraus folgt:

(1) Erzählerisch lebt der erste Abschnitt der ersten koranischen Mariensure von zwei Rückzugsbewegungen Marias, zwei Selbstzurücknahmen, die so die gänzlich Empfangende für Gottes Geist werden kann. Der zurückgenommene Raum sowie der zurückgenommene Körper als objektive Korrelate der Offenheit der Welt und des Menschen für die Begegnung mit dem Göttlichen.

(2) *Theologisch* lebt der erste Abschnitt vom Vertrauen des betroffenen Menschen in die Macht des Schöpfergottes. Das war bei der Zacharias-Episode nicht anders. Wie Gott die Macht hat, Zacharias und Johannes ins Dasein zu rufen, so hat er dieselbe Macht auch im Fall von Maria und ihrem Sohn. Dieser wird durch Gottes Schöpferwillen empfangen und existiert allein kraft seines Wortes. Nicht zufällig endet der erste Abschnitt mit der apodiktischen, keine Vorbehalte mehr zulassenden Formulierung: »Es ist beschlossene Sache« (Sure 19,21).

(3) Für das *Maria-Bild* im Koran hat das erhebliche Folgen. Worauf der Evangelist *Lukas* Wert gelegt hat, ist für den Koran ohne Interesse. Lukas hatte ja die Mitwirkung einer aktiven Maria betont. Deshalb lässt er sie nach anfänglichen Zweifeln der göttlichen Ankündigung zustimmen: »Mir geschehe, wie du es gesagt hast«, woraus später das für die christliche Mariologie so wichtige »*Fiat*« (»es geschehe«) wird. Mehr noch: Lukas legt Maria nur wenig später einen geradezu revolutionären Lobgesang (das später berühmte »*Magnifikat*«) in den Mund (»die Mächtigen stürzt er vom Thron und erhöht die Niedrigen / die Hungernden beschenkt er mit seinen Gaben / und lässt die Reichen leer ausgehen«: Lk 1,52f.)

und lässt Maria alle Geschehnisse um ihren Sohn »in ihrem Herzen« bewahren (Lk 2,51). In Sure 19 dagegen ist Maria eine eher passive Figur, gänzlich stilisiert zu einem Menschen in völliger Gottergebenheit, an dem Gott ein großes Zeichen wirkt. Weder ein »Fiat« noch gar ein »Magnifikat« wird ihr in den Mund gelegt, wofür es eine recht plausible Erklärung geben dürfte.

(4) Denn das Maria-Bild in Sure 19 gleicht weniger dem des Lukas-Evangeliums als dem des außerkanonischen *Protevangelium des Jakobus,* einer christlichen Schrift aus der Mitte des 2. Jahrhunderts (Text: *W. Schneemelcher,* Hg., Neutestamentliche Apokryphen, Bd. 1, 1987, 338 – 349). Sie gilt als »äußerst einflussreich in der Spätantike und hat sogar in der westkirchlichen Tradition stark das Bild Marias bestimmt: ihre Identität als Tochter von Joachim und Anna, zwei Heiligen der Kirche« (*A. Neuwirth,* Imaging Mary, Disputing Jesus, 2014, 339). In der Tat ist Maria schon in dieser Schrift die Tochter eines frommen Ehepaars, Anna und Joachim. Dieses Ehepaar leidet zunächst unter Kinderlosigkeit, erhält eine Engelserscheinung mit der Ankündigung eines Kindes, das Mutter Anna aber sofort Gott zur Opfergabe anbietet und für den Dienst im Tempel bestimmt. Dorthin wird denn auch die dann geborene Maria im Alter von nur drei Jahren verbracht, wo sie, völlig abgeschlossen von ihrer sozialen Umwelt, bis zum Alter von 12 Jahren verbleibt, »wie eine Taube gehegt« und nur »aus der Hand eines Engels« genährt (Protevangelium des Jakobus, ebd., 342). Ob diese Schrift Einfluss hatte auf den koranischen Text ist historisch unentscheidbar. Sicher ist, dass das Maria-Bild im Koran stark dem in dieser christlichen Schrift entspricht, steht doch in Sure 19, 16–21 im Zentrum nicht die heilsgeschichtliche Bedeutung der Geburt Jesu als Beginn einer messianischen Befreiungsgeschichte für das Volk Israel und die Völkerwelt (entsprechend dem »Magnifikat«), sondern ausschließlich das besondere Zeichen Gottes an einer jungen Frau, die ohne Mann ein Kind empfängt. Maria ist damit ein Zeichen für Gottes Schöpfermacht und Barm-

herzigkeit und zugleich ein Signal an alle, die dieser Macht in Leben und Sterben vertrauen sollen.

Zeugung spirituell, nicht sexuell

Für die *zweite Hälfte* des Textes gilt Ähnliches. Rufen wir ihn uns nochmals in Erinnerung:

> Da war sie mit ihm schwanger und zog sich mit ihm *an einen fernen Ort* zurück.
> Die Wehen drängten sie zum Stamm der Palme. Sie sagte:
> »Wäre ich doch vorher gestorben und ganz vergessen worden!«
> Da rief er ihr von unten zu:
> »Sei nicht traurig! Dein Herr hat unter dir fließendes Wasser geschaffen.
> Schüttle den Stamm der Palme zu dir hin, dann lässt sie frische, reife Datteln auf dich fallen.
> So iss, trink und freu dich! Wenn du jemanden von den Menschen siehst, dann sag:
> ›Ich habe dem Allerbarmenden ein Fasten gelobt.
> Da werde ich heute mit keinem Menschen reden.‹«
> Da kam sie mit ihm auf den Armen *zu ihrem Volk.*
> Sie sagten:
> »Maria, du hast eine unerhörte Sache begangen.
> Schwester Aarons, dein Vater war kein schlechter Mann und deine Mutter keine Hure.«
> Da zeigte sie auf ihn.
> *(Sure 19,22–29: Mk II)*

Zum besseren Verstehen auch hier nur das Wesentliche: Auffällig ist, dass der Vorgang der Geistzeugung als solcher erzählerisch ausgespart ist. Was wir erfahren, ist das Faktum der Schwangerschaft, mehr nicht. Wie Lk 1,35 ist auch Sure 19,22 frei von jeglicher sexueller Anspielung. Nichts soll offensichtlich an mythologische Szenen einer gott-menschlichen Zeugung erinnern. Das Schweigen zwischen Sure 19,21 und 19,22 wahrt den Respekt, den Menschen dem Göttlichen schulden und schulden sollen. Auch in späteren Suren beschränkt sich der Koran (wie das Neue Testament) auf ein Minimum an Erklärung: Jesus ist durch das Einhauchen des göttlichen Geistes von Maria empfangen worden. Die entsprechenden Stellen im Neuen Testament und im Koran sind auffällig parallel:

> Der Heilige Geist wird über dich kommen, und die Kraft des Höchsten wird dich überschatten.
>
> *(Lk 1,35)*
>
> Und die ihre Scham schützte (Maria). Da bliesen wir in sie von unserem Geist und machten sie und ihren Sohn zu einem Zeichen für alle Welt.
>
> *(Sure 21,91: Mk II; ebenso: Sure 66,12: Md; vgl. auch: Sure 4,171: Md)*

Marias Schwangerschaft – wie lange?

Bemerkenswert in Sure 19 ist auch, dass fast gleichzeitig mit der Tatsache der Schwangerschaft (Sure 19,22) »Wehen« bei Maria erwähnt werden (Sure 19,23). Übergangslos, ohne weitere Informationen. Korantypisch eben. Wir erfahren nur, dass Maria sich mittlerweile an einem »fernen Ort« befindet. Dieser kühne »Sprung« in der Erzählung hat muslimische Ausleger zu Spekulationen über die Dauer der Schwangerschaft Marias provoziert. Die entsprechende Passage aus den »Prophetenerzählungen« lohnt die Dokumentation, zeigt sie doch, welche Ausnahmestellung Maria schon früh unter Muslimen einnimmt. Dass man sich Gedanken über die Dauer ihrer Schwangerschaft macht (da sie möglicherweise von einer »normalen« Schwangerschaft abweicht), unterstreicht dies:

»Die Gelehrten sind unterschiedlicher Meinung über die Länge von Mariens Schwangerschaft und die Zeit, zu der sie Jesus gebar. Einige sagen: Ihre Schwangerschaft dauerte neun Monate, wie die anderer Frauen. – Es heißt auch: Acht Monate. Das war ein anderes Zeichen, denn kein Achtmonatskind ist am Leben geblieben außer Jesus. – Andere sagen:

Sechs Monate. – Andere: Drei Jahre. – Wieder andere: Eine einzige Stunde. – Ibn Abbās sagt: Das heißt nichts anderes, als dass sie empfing und alsbald gebar; zwischen der Empfängnis, der Geburt und dem Zeitpunkt, da sie sich zurückzog, lag nur eine einzige Stunde, denn Gott spricht nicht von einer Trennung zwischen den beiden Ereignissen. Er sagt: ›Da war sie schwanger mit ihm und zog sich mit ihm an einen entfernten Ort zurück‹ (Sure 19,22), das heißt, an einen Ort, der von ihren Leuten weit entfernt war. – Muqātil sagt: Jesu Mutter war eine Stunde mit ihm schwanger, er wurde (in ihrem Leib) in einer Stunde gebildet, und er wurde zu einer Stunde geboren, da die Sonne ihren Tag beendete. Sie war zwanzig Jahre alt. Bevor sie mit Jesus schwanger wurde, hatte sie zwei Perioden gehabt« (*H. Busse*, Islamische Erzählungen von Propheten und Gottesmännern, 2006, 485).

Lassen wir solch gynäko-theologische Spekulationen beiseite und konzentrieren uns auf die Wörtlichkeit des Textes.

Palme und Quellwasser: Maria in Ägypten?

Schwanger geworden, hat sich die koranische Maria in Sure 19 ein weiteres Mal zurückgezogen. Bei dem genannten »*fernen Ort*« ist an eine Wüsten-Oasen-Szenerie zu denken, was die weiteren Raum-Details nahelegen »*Stamm einer Palme mit Datteln*«/»*fließendes Wasser*«. Gerade für diesen Abschnitt aus Sure 19 hat man in der kommentierenden Literatur auf *Parallelen zu paganen sowie außerkanonischen christlichen Überlieferungen* aufmerksam gemacht. Zu vermuteten Parallelen zur Apollo-Verehrung in dessen Tempel auf der Insel Delos vgl.: *S. A. Mourad*, From Hellenism to Christianity and Islam, 2002. Christliche Parallelen finden sich im *Pseudo-Matthäusevangelium*, einer christlichen Schrift zur Verherrlichung Marias als Königin der Jungfrauen. Sie schildert dieses Ereignis im Zusammenhang mit der Ägypten-Flucht der »Heiligen Familie«, stammt aber aus nachkoranischer (!) Zeit: aus dem 8./9. Jahrhundert (Text in: *W. Schneemelcher*, Hg., Neutestamentliche Apokryphen, Bd. 1, 1987, 367 – 369). Trotzdem sei dieser, die christliche Ikonographie und die weitere muslimische Tradition stark beeinflussende Text als Ganzer zitiert, weil wir daran das inhaltliche Profil von Sure 19,24– 26 noch deutlicher herausstellen können:

»Am dritten Tag ihrer Reise, während sie [Jesus, Maria, Josef] weiterzogen, traf es sich, dass die selige Maria von der allzu großen Sonnenhitze in der Wüste müde wurde, und als sie einen Palmbaum sah, sagte sie zu Josef: ›Ich möchte im Schatten dieses Baums ein wenig ausruhen.‹

So führte Josef sie denn eilends zur Palme und ließ sie vom Lasttier herabsteigen. Als die selige Maria sich niedergelassen hatte, schaute sie zur Palmkrone hinauf und sah, dass sie voller Früchte hing.

Da sagte sie zu Josef: ›Ich wünschte, man könnte von diesen Früchten der Palme holen.‹ Josef aber sprach zu ihr: ›Es wundert mich, dass du dies sagst; denn du siehst doch, wie hoch diese Palme ist, und (es wundert mich), dass du (auch nur) daran denkst, von den Palmenfrüchten zu essen. Ich für mein Teil denke eher an den Mangel an Wasser, das uns in den Schläuchen bereits ausgeht, und wir haben nichts, womit wir uns und die Lasttiere erfrischen können.‹

Da sprach das Jesuskind, das mit fröhlicher Miene in seiner Mutter Schoß saß, zur Palme: ›Neige, Baum, deine Äste, und mit deiner Frucht erfrische meine Mutter.‹ Und alsbald senkte die Palme auf diesen Anruf hin ihre Spitze bis zu den Füßen der seligen Maria, und sie sammelten von ihr Früchte, an denen sie sich alle labten.

Nachdem sie alle ihre Früchte gesammelt hatten, verblieb sie aber in gesenkter Stellung und wartete darauf, sich auf den Befehl dessen wieder aufzurichten, auf dessen Befehl sie sich gesenkt hatte. Da sprach Jesus zu ihr: ›Richte dich auf, Palme, werde stark und geselle dich zu meinen Bäumen, die im Paradies meines Vaters sind. Und erschließe unter deinen Wurzeln eine Wasserader, die in der Erde verbogen ist, und die Wasser mögen fließen, damit wir aus ihr unseren Durst stillen.‹ Da richtete sie sich sofort auf, und eine ganz klare, frische und völlig helle Wasserquelle begann an ihrer Wurzel zu sprudeln. Als sie aber die Wasserquelle sahen, freuten sie sich gewaltig, und sie löschten ihren Durst, sie selber, alle Lasttiere und alles Vieh. Dafür dankten sie Gott« (Ebd., 368).

Sollte es untergründige motivgeschichtliche Verbindungen zwischen dieser und der vorangegangenen koranischen Version des »Palm- und Quellwunders« gegeben haben, so fallen vor allem die *Unterschiede* ins Auge. Denn die wundersame Erquickung Marias durch Datteln und Wasser ist im Koran ein *göttliches* Wunder; der Neugeborene weist lediglich darauf hin: »Der Herr ... hat geschaffen« (19,24). Bei Pseudo-Matthäus geschieht das Wunder durch den Jesusknaben selbst. Er, als Kind (!), befiehlt der Palme, sich niederzusenken und aufzurichten, befiehlt das Fließen eines Wassers zur Stillung des Durstes. Auffällig auch: Der Koran erzählt von diesem Ereignis äußerst zurückhaltend. An narrativer Ausschmückung des Mirakelhaften wie später in der christlichen Überlieferung ist er nicht interessiert. Maria wird lediglich aufgefordert, den Stamm der Palme zu schütteln (Sure 19,25). Mirakelhaft ist das nicht. In der christlichen Quelle neigt sich die Palme auf Befehl des Kindes spektakulär mit ihren Ästen zu Boden und richtet sich ebenso dramatisch auf Kommando wieder auf.

Wiederholung des Hagar-Schicksals

Was immer es an Motiv-Verbindungen und –Verknüpfungen gegeben haben mag, der Koran selber liefert uns in Sure 19,22–29 diese Signale:

(1) Auffällig ist zunächst, wie erzählerisch kunstvoll der koranische Bericht auch in diesem Teil des Textes mit *Kontrasten* arbeitet. Einerseits die Entweltlichung der Welt auf knappste Details, andererseits der Realismus der Welt: das ganz und gar realistisch geschilderte Erstaunen der Umwelt Marias über das Kind einer unverheirateten Frau, der Ver-

dacht der Hurerei. Dem Wunsch Marias, fast oder völlig vergessen zu sein (Sure 19,23), entspricht die fürsorgliche Tat Gottes. Marias Todessehnsucht steht das lebendige Quell-Wasser gegenüber. Die Bitterkeit ihrer Schmerzen bei der Geburt kontrastiert mit der wundersamen Labung durch süße Datteln. Dem Schweigegelübde der erwachsenen Maria entspricht das zweimalige Reden des Neugeborenen. Der Text arbeitet also noch stärker als im ersten Teil mit einem literarisch bewusst gesetzten Kontrast zwischen Realismus und Stilisierung, zwischen Alltagsniedrigkeit und prophetischer Hoheit, zwischen konkreten Details der menschlichen Geschichte und Entwirklichung zum Zwecke der Transparenz für das Göttliche.

(2) Strukturell lässt die Rettungsszene mit dem fließenden Wasser Anklänge an die *Rettung der Hagar* erkennen, wie sie im Buche Genesis geschildert wird (Gen 21,14–19). Diese Assoziation ist schon deshalb nicht abwegig, weil zwar nicht im Koran, wohl aber in der nachkoranischen Überlieferung Hagar als »Mutter des Islam« eine zentrale Rolle spielen wird (s. Prolog: Abraham – Vater des Glaubens für drei Religionen). Undenkbar, dass ihre Geschichte dem Propheten nicht bekannt gewesen sein soll. Denn über ihren mit Abraham gemeinsamen Sohn Ismael wird schon im Koran die Verbindung der Muslime zu Abraham hergestellt (vgl. Sure 2,127; 3,54: beide Md). Nach den biblischen und nachkoranischen Erzählungen (s. Prolog: Erkenntnis 2) wird Hagar von Abraham und Sara zwar verstoßen und gerät mit ihrem dreizehnjährigen Sohn Ismael in die Wüste, doch Gott lässt sie durch einen Engel retten. Hagar entdeckt eine Quelle lebenspendenden Wassers. Sie geht hin, füllt ihren Schlauch und gibt ihrem Sohn den lebensrettenden Trank (Gen 21,19). In beiden Fällen also, in Genesis 21 und in Sure 19, geht es um eine wundersame Rettung der Ur-Mütter durch Gott mit Hilfe einer Wasserquelle. Das von Gott gelenkte Schicksal von Maria und Hagar soll sich offensichtlich entsprechen. In Maria wiederholt sich Hagars Schicksal. So – als typologisches Urbild

der Mutter des Islam – kann Maria auch in die islamisch gedeutete »Heilsgeschichte« einrücken.

(3) Dass der Koran anders als christliche Überlieferung für die Geburt Jesu nicht einen Stall (Lk 2,7) oder ein Haus (Mt 2,11), sondern die Szenerie »Wüste« bzw. »Oase« wählt, hat tiefe theologisch-symbolische Bedeutung. Die Wüste ist ein nackter Raum, ein Ort der Leere, ein Ort ohne Eigenmacht. Er kann gerade so zum objektiven Korrelat für Gottes Fülle, Gottes Präsenz, Gottes Zur-Welt-Kommen werden. Zugleich sind die Palme und ihre Datteln sowie das lebendige Quell-Wasser Symbole für Fruchtbarkeit, für neues Leben, für Zukunft. Sie stehen für Gottes Leben schaffendes Handeln. Die Wahl dieser und keiner anderen Szenerie unterstreicht somit die schöpfungstheologische Pointe der gesamten Sure 19.

Was folgt daraus für das Bild von Maria, das uns in Sure 19,16–33 entgegentritt? Gezeichnet wird Maria hier vor allem als eine heiligmäßige weibliche Figur, als ein Urbild von Reinheit, die auf wundersame Weise ein außergewöhnliches Kind zur Welt bringt. Damit spielt von Anfang an Maria im Koran eine wichtige Rolle als eine Frau, die in besonderer Weise von Gott ausgezeichnet wird. »Gedenke in der Schrift der Maria!« (19,16) – das ist nicht als bloße Formel gemeint, das ist ein Signal an die Ersthörer aus dem Kreis der Ungläubigen in Mekka mit der Aufforderung wie Maria dem Schöpfergott Vertrauen entgegen zu bringen. Darin ist Maria buchstäblich denk-würdig und denk-notwendig. Sie gehört in die Reihe der Personen, die den Adressaten des Koran als besonderes Zeichen des Schöpfergottes in der Geschichte der Menschheit in Erinnerung gerufen werden. Sure 19 trägt nicht zufällig schon im Titel den Namen »Maryam«. Entsprechend ernst zu nehmen ist die Aussage, die in Sure 19 Jesus schon als Kind in den Mund gelegt wird: »ehrerbietig« zu sein gegen seine Mutter. In einer der nächsten Suren aus *mittelmekkanischer Zeit* kann es deshalb auch schon formelhaft-festgefügt heißen: »und machten den Sohn Marias und seine Mutter zu einem

Zeichen. Wir gaben ihnen Zuflucht auf einer Anhöhe mit festem Grund und Quell« (Sure 23,50: Mk II). Die Adressaten solcher Aussagen über Maria? Es dürften nicht christlich geprägte Gruppen gewesen sein. Zwar setzen die Texte eine Vertrautheit der Ersthörer mit der Bedeutung von Zacharias, Johannes, Maria und Jesus voraus, bis 19,33 aber lässt sich keinerlei Kontroverse um die Christologie erkennen, die auf Konflikte mit christlichen Bekenntnissen schließen ließe. Mit diesem Maria- und Jesusbild geht der Koran eher in Distanz zu »heidnischen Synkretisten, die Jesus offensichtlich in ein Pantheon von Göttern ähnlich ihrem eigenen einverleibt hatten. Es gab ja auch keine theologisch gebildeten Christen in Mekka, die eine antichristologische Polemik hätten provozieren können ... Erst in Medina, als dogmatisch gebildete Christen in den Horizont der muslimischen Gemeinde treten, findet sich die Debatte erweitert, und eine stärker theologisch informierte Haltung gegen bestimmte christliche Dogmen tritt hervor« (*A. Neuwirth*, Imaging Mary, Disputing Jesus, 2014, 353).

2. Die Geburt und Kindheit Marias: Sure 3

In der Tat: Überblickt man aber den ganzen Koran, fällt auf, dass die Erinnerungsarbeit im Blick auf Maria zunächst auf die wenigen Texte aus der zweiten Periode von Mekka beschränkt bleibt. In der ersten und dritten Periode kein Wort zu Maria. Das ändert sich erst in Medina. In Sure 3 kommt es nicht bloß zu erneuten Aussagen über die Geburt von Johannes und Jesus. Jetzt finden sich auch völlig neue Aussagen über Maria. Der Grund?

Maria als kritischer Spiegel für Juden

Der Grund ist auch hier die Auseinandersetzung mit den jüdischen Stämmen Medinas und ihren gelehrten Repräsentanten (s. Erster Teil, Kap. 5). Wir haben im Zusammenhang mit Johannes bereits davon gehört, dessen Geschichte in medinensischem Kontext ebenfalls neu gelesen und kritisch zugespitzt wird (Sechster Teil, Kap. I). Schon er war programmatisch als ein Prophet des Judentums herausgestellt und zugleich muslimisiert worden. Dasselbe geschieht nun mit Maria. Die Aussagen über sie (Sure 19,16–33) werden jetzt neu gelesen (»re-reading«) und zwar zu einem »doppelten religiös-politischen Zweck: um das bis dahin brennende Problem christologischer Kontroversen in Angriff zu nehmen und eine Annäherung an Christen zu ermöglichen, aber auch mit der vorherrschenden jüdischen Tradition fertig zu werden, repräsentiert durch die Israeliten, zu deren Überlegenheit in Sachen Schriftautorität die Gemeinde ein Gegengewicht schaffen will« (*A. Neuwirth*, Mary and Jesus, 2014, 359. Eigene Übers.).

In der Tat taucht Marias Geschichte jetzt – in Sure 3 – in einem innerjüdischen Kontext erneut auf und zwar als weiteres Zeichen Gottes, das von Juden schon einmal ignoriert worden war. Die Neuakzenturierung im Vergleich zu Sure 19 ist eklatant. Denn jetzt wird nicht nur von Maria als Mutter Jesu gesprochen, jetzt wird von ihrer *eigenen* Geburt und Kindheit berichtet, ja selbst von einer Vorgeschichte, in der auch ihre eigene Mutter eine bemerkenswerte Rolle spielt, von der in Sure 19 überhaupt nicht die Rede war:

> Gott erwählte Adam, Noach, Abrahams Leute und die
> Leute Imrāns aus aller Welt,
> die einen als Nachkommen der anderen.
> Gott hört und weiß.
> Als Imrāns Frau sagte:
> »Herr, was in meinem Leib ist, gelobe ich dir: Es sei
> geweiht. So nimm es von mir an!
> Du bist der Hörende und Wissende.«

Als sie es dann geboren hatte, sagte sie:

»Herr, ich habe ein Mädchen geboren –
Gott wusste am besten, was sie geboren hatte. Das
Männliche ist nicht wie das Weibliche.
Ich habe es Maria genannt und stelle es mit ihren
Nachkommen unter deinen Schutz vor dem gesteinig-
ten Satan.«

Da nahm ihr Herr sie gut an und ließ sie gut heranwach-
sen. Er gab sie Zacharias zur Obhut. Sooft Zacharias zu
ihr in den Tempel ging, fand er sie versorgt. Er sagte:

»Maria, woher hast du das bekommen?«

Sie sagte:

»Von Gott. Gott versorgt, wen er will, ohne Berechnung.«

(Sure 3,33–37)

Im Neuen Testament wird weder der Name des Vaters noch
der der Mutter Marias genannt. In der christlichen Tradition
heißen sie Anna und Joachim, wie wir aus dem schon genannten *Protevangelium des Jakobus* wissen. Der Koran dagegen
kennt jetzt in Sure 3 mit »Imrān« einen Vater Marias (3,33),
der damit zugleich der Großvater von Jesus wäre (vgl. auch
Sure 66,12: Md). Der eigentümliche Name dürfte auf eine biblische Figur verweisen. Offenbar ist hier eine Erinnerung an
Amrām aufbewahrt, der in der Hebräischen Bibel allerdings
der Vater der Geschwister Mose, Aaron und Mirjam ist (Num
26,59). Das wirft erhebliche Auslegungsprobleme auf, ist der
Imrān des Koran doch eindeutig der Mann von Marias Mutter und damit ihr Vater. Die Stelle war und ist Gegenstand
kontroverser, teils polemischer Exegese (Einzelheiten: KKK,
4, 79–81. R. *Tottoli*, in: EQ 2, 509). Entscheidend ist: Mit der
zumindest indirekten Erwähnung eines Vaters von Maria legt
der Koran offensichtlich nicht nur Wert auf eine konkrete
menschliche Abstammung von Maria und Jesus, sondern zugleich auf ein geschichtliches Wurzelwerk, aus dem Maria
und Jesus stammen: aus der Welt des biblischen Judentums.
In 3,33 sind ja die »Leute Imrans« nicht zufällig in Beziehung

gebracht mit Figuren wie Adam und Noach und mit »Abrahams Leuten«.

Damit ist die Grundvoraussetzung für das nun folgende Drama gegeben. Denn Imrāns Frau, die Mutter Marias, weiht, so hören wir (Sure 3,35), *vor* der Niederkunft ihr Kind bereits Gott. Jetzt taucht im Koran explizit das Motiv auf, das wir aus dem *Protevangelium des Jakobus* kennen und das in Sure 19, 16f. angedeutet worden war (s. Kap. II/1 in diesem Teil: Rückzugsbewegungen Marias – Freiwerden für Gott). Marias Mutter bietet ihr Neugeborenes von vornherein Gott zum Dienst an. Warum sie das tut, erklärt der Text nicht. Wichtig ist offenkundig nur das Faktum. Es soll unterstreichen: Maria, die künftige Mutter Jesu, ist von Anfang ihres Lebens an ein Mensch *im Dienst Gottes*. Die Ergebenheitsadresse ihrer Mutter »Du bist der Hörende und Wissende« (Sure 3,35) soll diese Weihe nicht als menschliche Aktion erscheinen lassen, von der Gott überrascht wird. Sie bringt von vornherein die Ergebenheit eines Menschen in Gott zum Ausdruck. Das neugeborene Kind soll offensichtlich als Inkarnation von Gottergebenheit schlechthin erscheinen. Das religionspolitische Kalkül eines solchen Bildes ist offenkundig: Maria wird jetzt noch stärker als in Sure 19 als Gottergebene, will sagen: als vorbildlich Glaubende innerhalb der Welt des Judentums zusammen mit Adam, Noach und »Abrahams Leuten« stilisiert und kann umso besser ausgespielt werden gegen Juden heute, mit denen sich der Prophet in Medina im Konflikt befindet. Maria ist damit das jüdische Urbild einer muslimischen Frau schlechthin. Einer Frau in völliger Hingabe an Gott und so *zugleich* die Kontrastfigur zu »denen, die nicht an Gottes Zeichen glauben, die die Propheten im Unrecht töten, all diejenigen unter den Menschen töten, die die Gerechtigkeit gebieten« (Sure 3,21).

Frühchristliche Parallelen

So gesehen, begreifen wir auch, warum in Sure 3 nicht mehr wie in Sure 19 von einem Problem um die Schwangerschaft der Mutter Marias berichtet wird, ganz im Gegensatz zum Fall des Zacharias, dessen Geschichte in derselben Sure gleich anschließend noch einmal zur Sprache kommt, wie wir erörtert haben (s. Kap. I, 4: Der »Fall Johannes« – in Medina kritisch neu gelesen: Sure 3). Ja, wie wenig der Koran an *dieser* Stelle an Konflikten interessiert ist (Konflikten zwischen Mensch und Mensch oder zwischen Mensch und Gott), illustriert noch einmal ein Vergleich mit dem *Protevangelium des Jakobus*. In dieser Schrift erfahren wir ja auch etwas aus der Vorgeschichte der Geburt Marias. Mutter Anna ist unfruchtbar und beklagt ihr Schicksal Gott gegenüber in aller Bitterkeit. Darin gleicht sie Frauen wie Sara (Gen 17,17) oder Elisabet (Lk 1,18). Anna hadert mit Gott, verflucht sich selber. Das ganze Drama einer bisher kinderlos gebliebenen Frau wird uns in diesem apokryphen Kindheitsevangelium zunächst vor Augen geführt. Erst dann heißt es *(W. Schneemelcher*, Hg., Neutestamentliche Apokryphen Bd. 1, 1987, 340):

> Und siehe, ein Engel des Herrn trat zu ihr und sprach: »Anna, Anna, der Herr hat deine Bitte erhört. Du wirst empfangen und gebären, und deine Nachkommenschaft wird in der ganzen Welt genannt werden.«
>
> Da sprach Anna: »So wahr der Herr, mein Gott, lebt, wenn ich gebären werde, sei es ein Knabe oder ein Mädchen, so will ich es dem Herrn, meinem Gott, als Opfergabe darbringen, und es soll ihm Dienste verrichten alle Tage seines Lebens.« […]
>
> Und siehe, da kam Joachim mit seinen Herden, und Anna stand unter der Türe, und sie sah Joachim kommen, lief alsbald herbei, fiel ihm um den Hals und sprach: »Jetzt weiß ich, dass Gott, der Herr, mich [dich] reich gesegnet hat; denn siehe, die Witwe ist nicht mehr Witwe, und ich, die Kinderlose, habe in meinem Leib empfangen [werde in meinem Leib empfangen]«

Im Vergleich zu diesem Text und Sure 19 wird in Sure 3 von der Geburt Marias gänzlich undramatisch berichtet. Hier ist keine Rede von der Unfruchtbarkeit einer Hochbetagten (wie bei Zacharias' Frau in 19,8). Keine Rede auch von einer emotionalen Aufgeregtheit zwischen Mann und Frau. Im Gegenteil. Marias Mutter hatte Sure 3 zufolge offenbar keinerlei Gebärnot und weiht in einem Gebet ihr Kind von vornherein Gott, der stets der »Hörende« und immer schon »Wissende« sei: »Herr, was in meinem Leib ist, gelobe ich dir: Es sei geweiht. So nimm es von mir an!« (Sure 3,35).

Nur die Fortsetzung lässt aufhorchen. Warum weist Marias Mutter nach der Geburt ihres Kindes im Gebet Gott ausdrücklich auf die Existenz eines »Mädchens« hin? Und muss dann anschließend von Gott, dem »Wissenden«, zurechtgewiesen werden: »Gott wusste am besten, was sie geboren hatte. Das Männliche ist nicht wie das Weibliche« (Sure 3,36)? Als ob es zur Einleitung dieser Sure nicht geheißen hätte: »Er, Gott, ist es, der euch im Mutterschoß gestaltet, wie er will« (Sure 3,6). Der Grund liegt wohl darin, dass hier eine Enttäuschung bei der Gebärenden durchzuklingen scheint. Marias Mutter hatte offensichtlich gehofft, einen Jungen zur Welt zu bringen. Nun fragt sie sich, ob ihr Weihegelübde überhaupt noch erfüllt werden kann. Diese überraschende Nuance im Text aber hat weniger mit kultureller Bedingtheit zu tun, etwa der Tatsache, dass nach altorientalischer-spätantiker Denkweise ein Junge für Eltern nun einmal mehr zählt als ein Mädchen. Nicht das ist die Pointe.

Die Pointe ist vielmehr auch hier theozentrischer Natur. Gerade weil die »natürliche«, »normale« Reaktion von Menschen damaliger Zeit hier eingespielt wird (Enttäuschung über die Geburt eines Mädchens), kann die Schlussfolgerung nur lauten: Mit der Geburt des Mädchens Maria durchbricht Gott althergebrachte Geschlechter-Vorstellungen. Er weiß von vornherein, dass ein Mädchen zur Welt kommen wird. Denn mit diesem Mädchen hat er etwas Besonderes vor. Er stellt es unter seinen besonderen Schutz. Nicht zufällig hat dabei auch ihre eigene Mutter eine Stimme bekommen, indem sie sich direkt im Gebet an Gott wenden kann (3, 35f.). Insofern geht es in Sure 3 (vorweggenommen schon im Mutterschoß-Bild von Vers 6) sehr grundsätzlich um einen »female discourse«, einen »weiblichen Diskurs, der um weibliche Reinheit und die Heiligkeit von Zeugung und Geburt kreist« (A. Neuwirth, Mary and Jesus, 2014, 361). In der Tat ist in dieser Sure ein »gender oriented subtext« erkennbar. Zum einen wird Maria prominent als positive weibliche Handlungsfigur herausgestellt, zum anderen wird ihr durch die Einführung ihrer Mutter (als zweiter weiblicher Handlungsfigur) eine »einzigartige matrilineare Genealogie« verschafft (ebd., 360). Und das alles mit dem offensichtlichen Ziel (im Kontext einer Auseinandersetzung mit dem zeitgenössischen Judentum!) ein »Gegengewicht« zu schaffen zur einzig bisher anerkannten patriarchalen Genealogie, die in Abraham ihren Ursprung hat. Um allerdings »dieses theologische Unternehmen in Angriff zu nehmen, mussten die Geschichten von Maria und Jesus aller christologischen Implikationen entkleidet werden, die aus der Sicht einer streng monotheistischen Glaubensgemeinschaft nicht hinnehmbar gewesen wären« (ebd., 380).

Marias Erwählung durch Gott

Wo genau Maria heranwächst, lässt Sure 3 wenigstens durchscheinen: im Tempel. Wir werden ergänzen dürfen: offensichtlich zu Jerusalem. Hier konkretisiert Sure 3,37 die Aussage in 19,16f. Das entspricht der vorher angekündigten Gottesweihe. Die Gottgeweihte lebt in Gottes Bezirk. Wiederum beschränkt sich der Koran auf knappstmögliche Aussagen. Nicht an der Lokalität als solcher ist er interessiert, auch nicht an einer Beziehung Zacharias-Maria. Zacharias darf das Kind betreuen, mehr nicht. Alles an Realität ist so zurückgenommen, dass das mit dieser Frau verbundene besondere Zeichen hervortreten kann: die einzigartige Nähe Gottes zu diesem besonderen weiblichen Wesen. Daher die Erwähnung, dass

Maria versorgt werde ohne menschliches Zutun. Versorgt ist diese Frau »von Gott« – im Bewusstsein: »Gott versorgt, wen er will, ohne Berechnung« (Sure 3,37), das heißt, ohne Gegenleistung zu erwarten. Maria ist an dieser Stelle im Koran vollends die im Judentum mögliche Verkörperung eines Lebens in vertrauender Hingabe an Gott, beschützt von Gottes Fürsorge.

Bevor nun die Geschichte Marias weitererzählt wird, hat in Sure 3,38–41 Zacharias noch einmal seinen Auftritt (s. in diesem Teil Kap. I, 4). Dann heißt es weiter über Maria:

> Als die Engel sagten:
> »Maria, Gott hat dich erwählt und gereinigt, erwählt aus den Frauen aller Welt.
> Maria, sei deinem Herrn demütig ergeben! Wirf dich nieder und verneige dich mit denen, die sich verneigen!«
> Das gehört zu den verborgenen Geschichten. Wir offenbaren es dir. Du warst nicht bei ihnen, als sie ihre Stäbe warfen, wer von ihnen Maria in Obhut nehmen solle, und nicht, als sie miteinander stritten.

(Sure 3,42–44)

Während die beiden Verse 42 und 43 keine Schwierigkeiten bereiten und aus dem Text selber heraus verstanden werden können, dürfte die Aussage in Sure 3,44 (»Du warst nicht bei ihnen, als sie ihre Stäbe warfen …«) besser zu verstehen durch Heranziehung eines weiteren *Paralleltextes* aus dem *Protevangelium des Jakobus* (Ebd., 342). Dieser enthält zwar nicht die Information, dass Maria Zacharias anvertraut worden sei, wohl aber die Mitteilung, der Hohepriester Zacharias habe aufgrund einer Engelserscheinung für die zwölfjährige Maria einen Mann aussuchen sollen, was in Form eines Staborakels geschieht. Alle Witwer im Volk versammeln sich im Tempel, darunter auch ein alter Mann namens Josef. Der Priester nimmt ihre Stäbe in Empfang, geht damit in das Innere des Tempels und wartet auf ein Zeichen Gottes. Und da aus dem Stab des Josef eine Taube hervorkommt und auf das Haupt des Josef fliegt, ist die Wahl getroffen.

Auf ein solches Staborakel bezüglich der Zukunft Marias spielt wohl auch Sure 3,44 an. Während aber dem christlichen Text zufolge das Los namentlich auf Josef fällt, wird der Name des künftigen Ehemannes Marias im Koran nicht erwähnt, und zwar nicht nur hier nicht, sondern überhaupt nicht. Josef als Mann Marias (und damit potentiellem Vater Jesu) ist für die Pointe der koranischen Botschaft irrelevant. Dafür aber sind in diesem Koran-Text die Aussagen über Maria wie nirgendwo sonst gebündelt. Was in Sure 19,21–33 implizit gesagt ist, wird hier explizit, ja geradezu programmatisch offengelegt:

(1) »*Gott hat dich erwählt* ...« (Sure 3,42): Maria ist eine Erwählte Gottes. Damit wird die besondere Stellung Marias gegenüber »Frauen aller Welt« zum Ausdruck gebracht. Die Hinzufügung, Gott habe sie »gereinigt«, ist Voraussetzung für Marias Aufenthalt im Heiligtum, von dem im Koran vorher die Rede ist. Dass Maria »gereinigt« wurde, also sündenlos ist, bevor sie Jesus empfängt, ist auch in der christlichen Tradition wichtig. Auf dieses Motiv altkirchlicher Mariologie wird im Koran offensichtlich angespielt.

(2) »*Sei deinem Herrn demütig ergeben* ...« (Sure 3,43): Maria ist die Verkörperung von Gottergebenheit schlechthin. Die hier genannten drei Imperative »demütig ergeben«, »niederwerfen«, »verneigen« deuten auf die muslimische Art der Gebetsverrichtung mit ihren verschiedenen Gebetshaltungen hin: innere Einstellung, Hinstrecken auf die Erde, körperliche Verneigung. Beide Körperhaltungen zusammen, Verneigung wie Niederwerfen, werden empfohlen, wenn es im Koran an anderer Stelle heißt: »Ihr, die ihr glaubt, verneigt euch, werft euch nieder, dient eurem Herrn und tut das Gute! / Vielleicht ergeht es euch gut« (Sure 22,77: Md). Maria vollzieht exemplarisch und antizipatorisch, wozu alle wahren Gläubigen im Koran aufgefordert sind.

Und weil das so ist, weil Maria im Koran von Anfang ihres Lebens an als eine von Gott erwählte Frau stilisiert ist, schon als Kind von Gott beschützt und umsorgt, mit Reinheit und Sündenlosigkeit ausgestattet, Verkörperung von Gottergebenheit schlechthin, ist es angezeigt, von der einer *theozentrischen Mariologie im Koran* zu sprechen.

Geistschöpfung und Jungfrauengeburt

Bekräftigt wird diese theozentrisch ausgerichtete Mariologie durch das *Motiv der Geistschöpfung.* Bisher hatte Sure 3 im Vergleich zu Sure 19 ja ihr Eigenprofil durch die Erwähnung von Geburt und Kindheit Marias. Jetzt nimmt auch sie das Motiv auf, von dem in Sure 19 schon die Rede war: die Ankündigung von Jesu Geburt, den Dialog mit dem Engel und die schöpferische Tat Gottes:

> Als die Engel sagten:
>> »Maria, Gott verkündet dir von sich ein Wort, dessen Name ist: Christus Jesus, der Sohn Marias. Geehrt ist er im Diesseits und im Jenseitig-Letzten und gehört zu denen, die (Gott) nahe gebracht sind.
>> Er spricht zu den Menschen in der Wiege und als Erwachsener und gehört zu den Rechtschaffenen.«
> Sie sagte:
>> »Herr, wie sollte ich ein Kind bekommen, wo mich kein Mensch berührt hat?«
> Er sagte:
>> »So ist Gott. Er erschafft, was er will. Wenn er eine Sache beschließt, dann sagt er zu ihr nur:
>>> ›Sei!‹,
>> und da ist sie.«
> *(Sure 3,45–47)*

Auf die spezifischen Aussagen über Jesus werden wir noch einzugehen haben. Hier bleiben wir auf das Bild Marias konzentriert. Im Vergleich zu Sure 19 stellen wir fest:

(1) Anders als in der mekkanischen Version hat Maria in diesem Bericht keine Vision, sondern eine *Auditon.* Ihr erscheint nicht der Geist Gottes in Gestalt eines »stattlichen Menschen« wie in Sure 19,17, hier hört sie die Rede einer Mehrzahl von (wohl unsichtbar bleibender) *Engeln.*

(2) Die Reaktion Marias erscheint in Sure 3 noch stärker stilisiert. Keine Rede mehr von einer doppelten Angst wie in Sure 19: Angst vor der plötzlichen göttlichen Erscheinung und Angst, als »Hure« beschimpft zu werden. In Sure 3 übrig geblieben ist von Marias elementarer menschlicher Reaktion nur noch die Frage nach der Möglichkeit von Schwangerschaft ohne Berührung durch einen »Menschen«.

(3) Entschiedener noch als in Sure 19 wird in Sure 3 die Schöpfermacht Gottes hervorgehoben. Entsprechend wird auch hier die Zustimmung Marias nicht abgewartet, hier bekommt diese Frau noch deutlicher zu hören: »So ist Gott. Er erschafft, was er will. Wenn er eine Sache beschließt, dann sagt er zu ihr nur: Sei!«

Die einzige mit Namen erwähnte Frau im Koran

Wie sehr Maria im Koran herausgehoben ist, zeigt noch einmal eindrucksvoll Sure 66 aus medinensicher Zeit. Vier Frauen werden hier genannt: die Frau des Noach, die Frau des Lot, die des Pharao und Maria. Noachs und Lots Frauen werden als »treulos« dargestellt und dem Gericht überantwortet, ohne dass dies näher erklärt würde. Pharaos Frau und Maria werden als Vorbilder herausgestellt:

Für die, die glauben, hat Gott als Beispiel Pharaos Frau gegeben. Als sie sagte:

»Herr, baue mir bei dir ein Haus im Garten, rette mich vor Pharao und seiner Tat, rette mich vor dem Volk, das Unrecht tut!«

Und Maria, Imrāns Tochter, die ihre Scham schützte. Da bliesen wir in sie von unserem Geist. Sie glaubte den Worten ihres Herrn und seinen Schriften und gehörte zu den Gehorsamen.

(Sure 66,11f.: Md)

Wir wollen registrieren, was Muslime im Dialog mit Christen oft nicht ohne Stolz betonen: Im Koran ist von Noachs, Lots und Pharaos Frau die Rede, namentlich aber werden sie nicht erwähnt. Maria ist die einzige mit Namen erwähnte Frau im Koran. Kein Zufall somit, dass ihr in der islamischen Frömmigkeit eine hohe Bedeutung zukommt (Einzelheiten: *A. Schimmel*, Jesus und Maria in der islamischen Mystik, 1996; *B. Freyer Stowasser*, Art. »Mary«, in: EQ 3, 288–296). Wir können nun den koranischen Befund zusammenfassen. Wir tun das mit den Worten der beiden katholischen Theologen *Ludwig Hagemann* und *Ernst Pulsfort*, denen wir die kleine, heute noch lesenswerte Studie »Maria, die Mutter Jesu, in Bibel und Koran« (1992) verdanken: »Auch Maria wird im Koran zusammen mit ihrem Sohn als ›Zeichen für die Menschen‹ charakterisiert. Auch an ihr kann Gottes Handeln abgelesen werden. Sie gilt als Typos der glaubensbereiten Frau und wird als Beispiel für die Gläubigen hingestellt. Wie die Frau des zunächst ungläubigen Pharao im Gebet ihren Glauben bekennt (Sure 66,11) und wie die Königin von Saba den Ungläubigen ihrer Umgebung im Glauben vorangeht (Sure 27,23–33), so steht Maria als Gläubige den ungläubigen Israeliten gegenüber. Damit wird Maria neben der Frau des Pharao und der Königin von Saba und im Gegensatz zu den ungläubigen Frauen von Noach und Lot (Sure 66,10f.) zum Typus und zur Präfiguration des Glaubens der Khadîdja, Mohammads Gemahlin, die nach der Überlieferung als Erste den Islam annahm. Maria wird in der islamischen Tradition zusammen mit Âisha, Khadîdja und Fâtima als eine der vier besten Frauen, die je gelebt haben, angesehen und gilt als Haupt der Frauen im Paradies. Wie Abraham (Sure 19,41), Idrîs (Sure 19,56) und Josef, der Sohn Jakobs (Sure 12,46), wird auch Maria im Koran als ›siddîka‹ charakterisiert, was soviel wie ›gerecht‹ und ›fromm‹, auch ›wahrhaftig sein‹ bedeutet. Weil sie ›die Worte ihres Herrn und seiner Bücher‹ für wahr hielt, gehört sie ›zu denen, die (Gott) demütig ergeben sind‹ (Sure 66,12)« (Maria, die Mutter Jesu, 1992, 97f.).

III. Jesus: Gesandter Gottes – Marias Sohn

Im Spiegel der Maria-Texte zeichnet sich indirekt bereits auch das Profil Jesu ab. Wir wollen es nun durch die direkten Aussagen schärfen. Dafür müssen wir noch einmal zu Sure 19 zurückkehren, liegt doch hier auch für Jesus der erste größere Text im Koran überhaupt vor. Der koranische Jesus trägt nicht zufällig durchgängig den »Mutternamen« *Ibn Maryam*, »Sohn Marias«, »eine offenkundig polemische motivierte ›Überschreibung‹ seines christlichen Titels ›Sohn Gottes‹, die bereits seine im Koran ausschließlich innerweltliche Rolle signalisiert. Seine Lebensgeschichte wird nicht zusammenhängend erzählt. Einzelberichte über ihn sind auf den gesamten Koran verstreut, ohne sich zu einer konkreten Vita wie etwa der des Moses zu kristallisieren« (NKTS, 472f.)

1. Die Geburt Jesu als »Zeichen Gottes«: Sure 19

Wir haben uns Struktur, Stil und Grundaussage von Sure 19 vor Augen geführt: die Vorgeschichte zur Geburt Jesu rund um Johannes, Sohn des Zacharias; die Sendung des Geistes Gottes zu Maria und den Dialog mit Maria; die Rückzugsbewegungen Marias, die so ganz die Empfangende für Gott wird.

Gezeugt aus der Schöpferkraft Gottes

Wir haben uns auch bereits klargemacht, dass für den Koran der Ursprung Jesu nicht männlicher Potenz und damit menschlicher Mächtigkeit entspringt, sondern göttlicher Kraft. Jesu Zeugung in seiner Mutter wird zwar ganz und gar unmythologisch – spirituell nur angedeutet, aber klar ist: Dass es diesen Sohn Marias überhaupt gibt, ist Ausdruck von

Gottes Willen: »Ich bin der Gesandte deines Herrn«, sagt der als »stattlicher Mensch« erscheinende Geist Gottes zu Maria, »um dir einen lauteren Jungen zu schenken« (19, 19). Zu *schenken*. Es ist somit *Gottes* Initiative und Geschenk allein, dass es Jesus gibt. Er ist und bleibt im Koran von Anfang an *ibn maryam, Marias Sohn, und zugleich rasūl allāh*, Gottes Gesandter, angekündigt seiner Mutter gegenüber durch einen Boten Gottes. Von keinem Propheten oder Gesandten Gottes im Koran ist das gesagt. Das wollen wir uns genauer ansehen.

Nach dem Bericht von Sure 19 haben nach dem Rückzug Marias an einen »fernen Ort« (Sure 19,22) einsetzende Wehen die hochschwangere Frau zum Stamm einer Palme getrieben. Maria hat Todesangst, möchte am liebsten »vergessen« sein. Sie erleidet das, was alle erleiden, die sich von Gott erwählt wissen: Ängste und Nöte. Die eigene Schwäche und Zerbrechlichkeit? Für einen göttlichen Auftrag ungeeignet. Schon aber erfolgt ein Wort der Stärkung: »Da rief er ihr von unten zu« (Sure 19,24). Wer spricht hier?

Ein Trostwort des Neugeborenen an seine Mutter

Nach wie vor der Engel, der bisher mit Maria kommuniziert hatte? Oder schon das neugeborene oder gar ungeborene Jesus-Kind? *Hartmut Bobzin* (auf der Linie der Rückertschen Übersetzung) lässt die Entscheidung offen, wenn er übersetzt: »Da rief *es* ihr von unterhalb der Palme zu« (Rückert: »Da *riefs* ihr zu von unten her«). *Rudi Paret* dagegen will an dieser Stelle als Subjekt das soeben geborene oder noch im Mutterleib befindliche Jesuskind eintragen: »Da rief er (d. h. der Jesusknabe) ihr von unten her zu«. Diese Auslegung kann sich sogar auf den Koran selber berufen, der in einer Parallelstelle später präzisieren wird: »Jesus, Sohn Marias, gedenke meiner Gnade dir und deiner Mutter gegenüber, als ich dich mit dem Geist der Heiligkeit stärkte, so dass du zu den Menschen in der Wiege und als Erwachsener sprachst« (Sure

5,119: Md). Sollte also tatsächlich in 19,24 das schon geborene Wiegenkind gemeint sein (was mir auch im Blick auf Sure 19,30 plausibel zu sein scheint), so hätten wir es hier mit dem ersten Wort überhaupt zu tun, das der Koran Jesus in den Mund legt:

> »Sei nicht traurig! Dein Herr hat unter dir fließendes
> Wasser geschaffen.
> Schüttle den Stamm der Palme zu dir hin, dann lässt
> sie frische, reife Datteln auf dich fallen.
> So iss, trink und freu dich! Wenn du jemanden von
> den Menschen siehst, dann sag:
> ›Ich habe dem Allerbarmenden ein Fasten gelobt.
> Da werde ich heute mit keinem Menschen reden.‹«
> Da kam sie mit ihm auf den Armen zu ihrem Volk. Sie
> sagten:
> »Maria, du hast eine unerhörte Sache begangen.
> Schwester Aarons, dein Vater war kein schlechter
> Mann und deine Mutter keine Hure.«
> Da zeigte sie auf ihn.«
> *(Sure 19,24–29: Mk II)*

Wir wollen registrieren: Die ersten Worte Jesu im Koran sind ein *Trostwort* für seine angstgeleitete Mutter, ein lebensrettender Rat für sie, der dieser Frau die Lebensfreude zurückgeben soll und ein kluger lebenspraktischer Rat in Erwartung kommender Vorwürfe an Maria aus ihrem Volk. Der Neugeborene weiß offenbar schon, was Maria als unverheiratete Frau mit Kind an Vorwürfen erwartet, entsprechend empfiehlt er ihr Schweigen auf Grund eines Fastengelöbnisses und rettet so ihren Ruf. Das erspart Maria eine soziale Rechtfertigung, die sie nach menschlichen Maßstäben so wenig geben kann wie der Prophet Mohammed für seine Gotteserwählung. Mehr noch: In den Worten ihres Sohnes wird damit die göttliche Ankündigung eingelöst, Jesus sei ein »Zeichen für die Menschen«, eine Zeichen für Gottes »Barmherzigkeit« (19,21), ein in mittelmekkanischer Zeit üblicher Name für Gott: *ar-raḥmān*, der »Allerbarmer«.

Was meint: Jesus ist ein »Diener Gottes«

Wir verfolgen Sure 19 noch weiter, denn die Figur Jesu enthält im Folgenden noch schärferes Profil:

> Er sagte:
>
> »Ich bin Gottes Diener. Er hat mir die Schrift gegeben und mich zum Propheten gemacht, lässt mich gesegnet sein, wo immer ich bin. Er hat mir das Gebet die Abgabe anbefohlen, solange ich lebe, 3ehrerbietig gegen meine Mutter. Er hat mich nicht zum unseligen Gewalttäter gemacht.
>
> Friede über mich am Tag, da ich geboren wurde, am Tag, da ich sterbe, und am Tag, da ich zum Leben erweckt werde.«
>
> Das ist Jesus, der Sohn Marias.
>
> Das Wort der Wahrheit, an dem sie zweifeln!
>
> Es kommt Gott nicht zu, dass er sich ein Kind nimmt.
>
> Gepriesen sei er!
>
> Wenn er eine Sache beschließt, sagt er zu ihr nur:
>
> »Sei!«,
>
> und da ist sie.
>
> »Gott ist mein und euer Herr. So dient ihm! Das ist ein gerader Weg.«
>
> Da sind die Parteien untereinander uneins geworden.
>
> Weh denen, die ungläubig sind, denn sie erleben einen mächtigen Tag!
>
> Wie sie hören und schauen am Tag, da sie zu uns kommen! Aber die Unrecht tun, sind heute in deutlicher Verirrung.
>
> *(Sure 19,30–38: Mk II)*

Die erste Selbstbezeichnung Jesu lautet: »Knecht« oder »Diener« Gottes. Das hört sich harmlos an, ist aber eine nicht zu unterschätzende programmatische Aussage, und zwar in beiden Komponenten. Programmatisch aber nur für den, der sofort die Aussage mitliest, von der sie sich absetzt: Gott habe sich »irgendein Kind« zugelegt, neben Gott gäbe es somit einen »Sohn« oder eine »Tochter« Gottes, ein göttliches oder halbgöttliches Wesen neben Gott. Der Koran beansprucht von Anfang an Jesus *selber* dafür, jede Art anderer göttlicher Wesen neben Gott abzulehnen:»Ich bin Gottes *Diener*«. Darauf liegt die Betonung. Was zugleich sagen will: Ich bin kein Göttersohn (pagan-polytheistisch verstanden), aber auch kein Gottessohn (wie auch immer christlich verstanden).

Und dies schon deshalb nicht, weil Gott (entsprechend 19, 30) Jesus eine *Offenbarungsschrift* ausgehändigt und ihn auf diese Weise zu einem besonderen Propheten (*arab.*: nabī) gemacht hat. Nur vier Personen im Koran sind, wie wir hörten, mit diesem Privileg ausgestattet: Mose hat die Tora bekommen, David den Psalter, Mohammed den Koran und Jesus das Evangelium. An anderen Stellen des Koran wird die Besonderheit Jesu auch begrifflich dadurch unterschieden, dass er nicht Prophet, sondern direkt »Gesandter« Gottes (*arab.*: rasūl) genannt wird (Suren 4,157.171; 5,75). Entsprechend kann Gott Jesus »gesegnet« sein lassen (19, 31) – eine Aussage, die in derselben Sure 19 bereits durch die Wendung vorbereitet war, Jesus sei ein »Zeichen« für die »Barmherzigkeit Gottes« gegenüber den Menschen (19,21). Dies wird hier noch einmal präzisiert. *Jesus ist eine Gabe des Segens Gottes* ohne alle Grenzen. Sein Erscheinen, wo auch immer, ist ein heilvolles, segensreiches Ereignis. Für das heutige Gespräch mit Muslimen über die Möglichkeit und Unmöglichkeit einer »koranischen Christologie« ist das eine wichtige Erkenntnis. Der Münsteraner muslimische Theologe *Muhammad Khorchide* hat sie so umschrieben:»Die Selbstbezeichnung Jesu als Diener Gottes (19,30) ist eine Schlüsselaussage im Koran. Gerade an Jesus wird deutlich, dass Gott durch den Menschen handelt, der Mensch ist dabei ein Medium der Verwirklichung von Gottes Intention nach der Mitteilung seiner Liebe und Barmherzigkeit. Das Wirken Jesu zeigt im Koran, dass Jesus sich durch die Selbstbezeichnung ›Diener Gottes‹ selbst als ein solches Medium gesehen und entsprechend seine Rolle erkannt hat. Die Aussage an die Adressaten Mohammed lautet hier, dass jeder Mensch sich an Jesus ein Beispiel nehmen und danach streben solle, in seinem Lebensentwurf möglichst ein Medium der Verwirklichung von Gottes Intention nach Liebe und Barmherzigkeit zu sein« (Streit um Jesus, hg. v. K. von Stosch und M. Khorchide, 2016, 51). Dazu passt, dass Gott in 19,31 Jesus Anweisungen bezüglich des »Gebets« und der »Almosensteuer« gegeben hat. Bekanntlich gehören Gebet und Almosensteuer zu zwei der fünf »Säulen« des Islam. Von Anfang an unterscheidet sich der an die Botschaft des Koran Glaubende von seiner Umgebung dadurch, dass er das regelmäßige Gebet und die Abgabe für die Armen praktiziert. Indem der Koran also schon Jesus das Gebet und die Armenabgabe praktizieren lässt, macht er ihn zu einem exemplarischen Muslim vor dem Islam. Was noch dadurch unterstrichen wird, dass Gott Jesus aufgefordert hat, *gegenüber seiner Mutter »ehrerbietig«* zu sein und so Maria in besonderer Weise zu ehren (19,32). Schon Johannes war ja in derselben Sure bescheinigt worden, »gottesfürchtig und ehrerbietig gegen seine Eltern« und kein »widersätzlicher Gewaltherrscher« zu sein (Sure 19,13f.).

Kein »unseliger Gewalttäter«

Dies wird nun auch Jesus zugeschrieben: kein *»unseliger Gewalttäter«!* Die Wendung von Sure 19,32–33 (»Er hat mich nicht zum unseligen Gewalttäter gemacht. Friede über mich«) wecken für Christen Erinnerungen an den Lobgesang Marias (»Magnificat«) und das Engelslob vor den Hirten im Lukasevangelium (Lk 1,46–55; 2,14). Schon dort war Jesus das Kontrastbild zu den »Mächtigen« und »Reichen«. Schon dort kündigte sein Erscheinen den irdischen »Frieden« Gottes an. Der um den christlich-islamischen Dialog verdiente persische Gelehrte *Mehdi Bazargan* hat in seinem seit 2006 auf Deutsch vorliegenden wichtigen Buch »Der Koran und die Christen« diese Stelle so kommentiert: »Der Ausspruch Jesu in 19,32 (»Er hat mich nicht zum unseligen Gewalttäter gemacht«) fasst seine Botschaft mit einer ausdrücklichen Distanzierung von Tyrannen und Gewalttätern. Dieser Satz ist mit Blick auf jene Zeit sehr aussagekräftig und bedeutungsvoll. Die göttlichen Religionen grenzten sich scharf von der Tyrannei und Unterdrückung des Römischen Imperiums und der Tatsache ab, dass die üblichen Methoden der damaligen Herrschaftsformen und Systeme nichts anderes als Aggression und Unterdrückung waren. Daher wirkt es beinahe so, als ob die eigentliche Botschaft Jesu Christi und anderer Propheten in der Aussage bestehe, nicht tyrannisch gegen die Menschen vorzugehen. Es scheint außerdem, dass diese Forderung ein Bedürfnis der zivilisierten Gesellschaft und insbesondere der Gottesanbeter darstellt« (S. 41). Dass die Dialektik von Stärke und Schwäche ein durchlaufender Zug der prophetischen Sukzessionsreihe im Koran ist, haben wir gesehen. Noach, Abraham und Mose gehören dazu, Einzelkämpfer allesamt, von ihrer Umgebung abgelehnt, ohne äußere Macht (der Waffen und der Gefolgschaft). In diese Reihe gehört auch Jesus. Auch seine Stärke die des Gottvertrauens, nicht die der Waffen, des Geldes, der Gefolgschaft.

Achten wir aber auch auf die *Segensformel* in Sure 19,33: »Friede über mich …«. Sie ist in doppelter Hinsicht bemerkenswert. Zum einen unterscheidet sie sich von einer ähnlichen Segensformel in der Johannes-Sure nur wenige Verse vorher. Über Johannes hatte Gott die Formel gesprochen: »Frieden über ihn am Tag, da er geboren wurde, am Tag, da er stirbt, und am Tag, da er zum Leben erweckt wird!« (Sure 19,15). Im Fall von Jesus lässt Gott diesen selber sprechen: »Friede über mich am Tag, da ich geboren wurde, am Tag, da ich sterbe, am Tag, da ich zum Leben erweckt werde« (Sure 19,33). In der muslimischen Auslegung ist der Unterschied früh bemerkt, aber nicht gegeneinander ausgespielt worden. Zum andern ist bemerkenswert, dass der Koran an dieser Stelle Jesus wie selbstverständlich die schöpfungstheologische Trias von Geburt, Sterben und Auferweckung wiederholen lässt. Wir registrieren vor allem, dass Jesus hier eine Aussage über seinen eigenen Tod in den Mund gelegt wird. Wie wenig selbstverständlich das ist, wird Sure 4,157 deutlich machen, wo ein Tod Jesu am Kreuz ausdrücklich bestritten wird. Wir werden in Kap. 4 dieses Sechsten Teils darauf eingehen. Doch wir bleiben zunächst auf die Auslegung von Sure 19 konzentriert und halten zunächst eine wichtige *Übereinstimmung* mit dem neutestamentlichen Jesusbild fest: Jesus ist der Gesegnete Gottes und das Kontrastbild zu allen »unglückseligen Gewaltherrschern«, ja, er ist ein *Mann des Friedens* und zwar seine ganze menschliche Existenz hindurch: von der Geburt bis zum Tod, ja bis zum neuen Leben bei Gott. Die Formulierung von Sure 19,32 wollen wir bewusst noch einmal nachvollziehen: »Er [Gott] hat mich nicht zum unseligen Gewalttäter gemacht«. So übersetzt *Hans Zirker. Hartmut Bobzin* übersetzt fast noch plastischer: »Und machte mich zu keinem elenden Gewaltanwender«. *Friedrich Rückert* ebenso deutlich: »Und machte mich zu keinen unglückseligen Gewaltmann«. Welche konkreten Erfahrungen koranischer Adressaten mögen sich hinter einer solchen Absage an »unselige« Gewalt und Gewalttäter verbergen? Für Christen jedenfalls weckt diese entschiedene Zurückweisung Erinnerungen daran, dass Jesus im Matthäus-Evangelium schon als kleines Kind Gegenbild ist zu einem brutalen und gewalttätigen Herrscher wie Herodes. Und gerade das Matthäus-Evangelium wird diesen Gedanken noch verdeutlichen: Jesus ist der gewaltlose König des Friedens (Mt 11,28–30; 21,1–7). Woraus eine weitere *Übereinstimmung* folgt: In den neutestamentlichen und koranischen Geburtsgeschichten ist Jesus als Gesandter Gottes das Kontrastbild zu allen Mächtigen, Reichen und Gewaltherrschern dieser Erde. Jesus – so heißt es betont – ist kein »elender Gewaltanwender«, kein »unglückseliger Gewaltmann«! Was umgekehrt heißt: Gewaltanwender und Gewaltmänner aller Couleur und Provenienz können sich nicht auf Jesus berufen. Dieser Sohn der Maria verkörpert in seiner Person den »Frieden Gottes« auf Erden.

Gott nimmt sich kein Kind

Unmittelbar auf die Selbstvorstellung Jesu in Sure 19,34–36 folgt ein völlig anderes Wort:

Das ist Jesus, der Sohn Marias.

Das Wort der Wahrheit, an dem sie zweifeln!

Es kommt Gott nicht zu, dass er sich ein Kind nimmt.

Gepriesen sei er!

Wenn er eine Sache beschließt, sagt er zu ihr nur:
»Sei!«,

und da ist sie.

»Gott ist mein und euer Herr. So dient ihm! Das ist ein gerader Weg.«

Da sind die Parteien untereinander uneins geworden.

Weh denen, die ungläubig sind, denn sie erleben einen mächtigen Tag!

(Sure 19,34–37: Mk II)

Schon durch den Sprecherwechsel fallen diese Vers aus dem bisherigen Rahmen. Denn jetzt lässt der Koran weder Maria noch Jesus selber, sondern Gott direkt sprechen. Er stellt geradezu schneidend- autoritativ, gewissermaßen »von oben herab« klar, wer Jesus und wer Gott ist oder nicht ist: »Gott nimmt sich kein Kind«. Darüber ist Gott erhaben. Auf das Niveau der heidnischen Götter sinkt der im Koran verkündete Gott nicht herab. So wichtig ist diese Aussage, dass sie am Ende von Sure 19 in ihren negativen Folgen geradezu apokalyptisch beschworen wird:

Sie sagen:

»Der Allerbarmende hat sich ein Kind genommen.«

Ihr habt eine ungeheuerliche Sache begangen.

Fast zerbrechen davon die Himmel, spaltet sich die Erde und fallen die Berge in Trümmer,

dass sie dem Allerbarmenden ein Kind zusprechen.

(Sure 19,88–91: Mk II)

Der »Sohn Marias« ist also hier »nicht mehr nur Zeichen göttlicher Barmherzigkeit (V. 21), sondern Gegenstand des Disputs (19,34)«, schreibt *Angelika Neuwirth* zu dieser Stelle. »Er wird geführt mit einer gegnerischen Gruppe, die Jesus offenbar einem Pantheon zurechnet – eine Unterstellung, die mit dem Argument abgewehrt wird, dass Gott alles unmittelbar, durch sein Wort schaffen könne, und daher kein Kind zu zeugen brauche (19,35) ... Die Person Jesu ist aber nicht nur in der Gegenwart Objekt des Disputs, sondern war dies auch in der Vergangenheit, wo nach seinem Tode ein Schisma eintrat (19,37). Diese Aussagen über Jesus sind noch nicht Polemik gegen christliche Glaubenswahrheiten, sondern stehen, wie ein Vergleich mit Sure 43 zeigt, noch im Kontext der Auseinandersetzung mit paganen Gegnern« (NKTS, 491)

In der Tat muss man wohl die Suren 19 und 43 in enger Verbindung miteinander lesen, tauchen doch in der zeitlich nur wenig später als Sure 19 anzusetzenden Sure 43 (Mk II) im Zusammenhang mit Jesus wörtliche Formulierungen aus Sure 19 wieder auf. Die Kritik spricht von Zitaten aus Sure 19 in 43 und umgekehrt von Zusätzen von Sure 43 in Sure 19 (NKTS, 491–494), was erklären würde, warum die Verse 34–36 in den bisherigen narrativ-dialogischen Kontext von Sure 19 so abrupt eingeführt erscheinen. Auffällig ist denn auch, dass in 43,81 eine Gotteskindschaft so leidenschaftlich verworfen wird wie in 19,35 und 19,88: »Wenn der Allerbarmende ein Kind hätte, dann wäre ich der erste derer, die dienen«, heißt er ironisch ob der Absurdität solcher Vorstellungen. Auch die Rede von den zerstrittenen Parteien in Sure 43,65 ist identisch mit der in 19,37. Und diese »Parteien« sind wohl in der Tat nicht christliche Gruppen, sondern pagane Gegner des Propheten, die sich in der Aussage spiegeln: »Als der Sohn Marias als Beispiel gegeben wurde, da schrie dein Volk über ihn: ›Sind unsere Götter besser oder er?‹« (43,57).

Die »paganen Mekkaner« dürften damit ihre »Nivellierung der Sonderstellung Jesu« als »Rivalen ihrer Gottheiten« signalisiert (NKTS, 492. 494) und umgekehrt dürfte die muslimische Urgemeinde klargestellt haben, dass sie zwar auf Jesus als »Diener Gottes« Bezug nimmt, aber keinerlei Götterfamilie akzeptiert. Das hat dann auch in Sure 19 mit den autoritativen Zusatz 19,34–36 klargestellt werden müssen, um jeden Verdacht zu zerstreuen, dass der Sohn Marias, der von Gottes Geist geschaffen wurde und als soeben geborenes Kind Trostworte an seine Mutter sprechen kann, von der Gemeinde als Gottessohn akzeptiert werden könnte. Wenn in Sure 19,34 eigens betont wird: »Das ist Jesus, der Sohn Marias« (»*ibn Maryam*«), dann ist dies somit auf der einen Seite eine bewusste Überschreibung des christlichen Gottessohn-Titels für Jesus, gleichzeitig aber auch eine Abgrenzung von allen Versuchen, aus Jesus mehr zu machen als einen Diener, mehr als einen Gesandten, einen Segensträger, einen Friedensstifter Gottes. Nein: »Es kommt Gott nicht zu, dass er sich ein Kind nimmt« (Sure 19,35: Mk II; vgl. ebenso Suren aus Md: 2, 116; 4, 171; 9, 30)

Dabei wollen wir registrieren, dass der Koran an dieser und an anderen Stellen nicht das Wort »Sohn« (*arab.*: ibnūn) verwendet, sondern das allgemein klingende Wort »Kind« (*arab.*: waladūn). Das erhärtet noch einmal den Verdacht, von dem wir bereits gesprochen haben (Erster Teil, Kap. 5), dass der Koran offensichtlich primitive Vorstellungen von einer Gotteskindschaft ablehnt, Vorstellungen mythologischer Art etwa von einer sexuellen Beziehung zwischen einem Gott und einer Frau, in deren Verlauf ein »Kind« gezeugt wird. Der Koran setzt ganz offensichtlich ein solch mythologisches Verständnis von »Gotteskindschaft« voraus und damit die Vorstellung von einem polytheistischen Pantheon von Götter-Vätern, -Müttern und -Kindern. Begreiflich: Aus der eigenen, vom altorientalischen Polytheismus geprägten Umwelt kennt der Prophet eine Fülle solcher Götter-Söhne und Götter-Töchter. Sie haben die Menschen zu götzendienerischen Praktiken verführt.

Im Koran ist das ein Gräuel, ein Gräuel um des wahren Gottes willen! Denn Gott »ein Kind« oder gar Kinder zuzuschreiben, heißt im koranischen Verständnis Gott spalten und so die Einheit Gottes verletzen. Als ob es neben dem einen Gott auch noch einen zweiten »Gott« oder weitere gottähnliche Wesen geben könnte! »Beigesellung« (*arab.*: širk) ist hier das koranische Tabuwort. Will sagen: Andere Wesen Gott »beizugesellen« ist im Koran eine unverzeihliche Sünde (vgl. Suren 4,48.116: Md). Denn »Gott hat nicht gezeugt und ist nicht gezeugt worden«, heißt es schon seit frühmekkanischer Zeit (Sure 112). Bekräftigt wird das in Sure 19 an der entscheidenden Stelle durch ein weiteres Wort, das Jesus selber in den Mund gelegt wird: »Gott ist mein und euer Herr. So dient ihm! Das ist ein gerader Weg« (Sure 19,36). Der Selbstaussage Jesu, er sei der »Diener Gottes«, entspricht somit der Sache nach die Aussage, dass Gott allein sein »Herr« ist. Wir haben hier zum ersten Mal – so noch einmal *Mehdi Bazargan* – »eine Ablehnung der Behauptung vor uns, Gott habe sich einen Sohn zugesellt. Diese Ablehnung gründet auf dem Argument, dass ein Schöpfer, der jeden Wunsch, etwas entstehen zu lassen, durch seinen bloßen Willen verwirklicht, kein Bedürfnis nach einem Sohn oder Helfer haben könne« (Und Jesus ist sein Prophet, 2006, 42).

In der Reihe der großen Propheten

Das koranische Verständnis von Jesus als Gesandtem Gottes verfestigt sich mit der Zeit im Koran. Wie sehr, ist daran erkennbar, dass schon in spätmekkanischer Zeit Jesus ganz selbstverständlich in der Reihe der großen Propheten erscheinen kann, die Gott zu den Menschen gesandt hat. Was erklärt, warum die nach Sure 19 folgenden (relativ wenigen) Aussagen über Jesus meist serielle Form haben und haben können. Das gilt für Sure 6 ebenso wie für Sure 42:

> Wir schenkten ihm Isaak und Jakob
>> Jeden führten wir.
> Schon vorher führten wir Noach, von dessen Nachkommen David, Salomo, Ijob, Josef, Mose und Aaron –
>> So vergelten wir denen, die das Gute tun,
> Zacharias, Johannes, Jesus und Elija –
>> Jeder gehört zu den Rechtschaffenen.
> *(Sure 6, 84: Mk III)*

Er hat euch an Religion verordnet, was er Noach anbefohlen hat, was wir dir offenbart und Abraham, Mose und Jesus anbefohlen haben: Haltet die Religion und spaltet euch nicht in ihr.

(Sure 42, 13: Mk III)

2. Streit um Jesus: Sure 3

Wir schwenken auch hier über auf Sure 3 in medinensischer Zeit. Wir haben schon im Fall von Johannes und Maria registriert, dass die Verkündigungs- und Geburtsüberlieferung noch einmal aufgenommen wird. Auch den Grund haben wir uns schon klargemacht: Johannes und Maria sind hier als Angehörige des *jüdischen Volkes* verstanden, die als prototypisch Glaubende kritische Signale für die aktuell widerständigen »Kinder Israels« sein sollen. Der Prophet steht in medinensischer Zeit, wie wir hörten, je länger desto mehr in einer erbitterten Auseinandersetzung mit den hier ansässigen drei jüdischen Stämmen.

Was die Engel zu Maria über Jesus sagen

Das hat Folgen auch für das Jesus-Bild. Im unmittelbaren Anschluss an die Verkündigung der Engel an Maria (Sure 3,42–44) heißt es in Sure 3 über Jesus:

Als die Engel sagten:

»Maria, Gott verkündet dir von sich ein Wort, dessen Name ist: Christus Jesus, der Sohn Marias. Geehrt ist er im Diesseits und im Jenseitig-Letzten und gehört zu denen, die (Gott) nahe bracht sind.

Er spricht zu den Menschen in der Wiege und als Erwachsener und gehört zu den Rechtschaffenen [...]

Er lehrte ihn die Schrift, die Weisheit, die Tora und das Evangelium.

Ein Gesandter für die Kinder Israels!«

(Sure 3,45–46.48f.: Md)

Wir horchen bei zwei Schlüsselaussagen auf: Der Koran nennt Jesus in Sure 3,45 »Christus« und »Wort Gottes«. Bekanntlich verbinden Christen mit beiden Grundworten ein Bekenntnis über Jesu zentrale Stellung in der Heils- und Offenbarungsgeschichte: sowohl gegenüber Juden (»Christus« ist die griechische Übersetzung des hebräischen Wortes »Messias«, »der Gesalbte«) als auch gegenüber Griechen (»Logos«). Dass das »Wort Gottes« (*griech.:* »logos theou«) in geschichtlich unüberbietbarer Weise in Jesus »Fleisch« (*griech.:* »sarx«) angenommen hat (Jo 1,14), ist bekanntlich eine der zentralen christlichen Bekenntnisaussagen: *»logos sarx egeneto«.* Ist das auch hier in Sure 3,45 gemeint? Kaum. Jesu Stellung im Koran ist nun einmal nicht »zentral«. Zentral für den Koran ist – der Koran. »Christus« Jesus, wird denn auch in Sure 3,45 ausdrücklich als »Name« von Jesus bezeichnet, der auch hier wieder – pointiert – »Sohn Marias« genannt wird. »Christus« ist hier also nicht als »Hoheitstitel« gemeint, der Ausdruck seiner zentralen heilsgeschichtlichen Stellung (wie im Neuen Testament) wäre, sondern als Eigenname, der allerdings etwas Besonderes signalisiert.

Denn diese Signale sollte man im Gespräch mit Muslimen zwar sachlich festhalten, aber weder »christologisch« zu vereinnahmen versuchen noch sie abtun und herunterspielen. Liegt doch hier durchaus ein wichtiges theologisches Signal an die jüdische Gemeinschaft vor. Jesus ist ja nur wenige Zeilen später in Sure 3,49 als »ein Gesandter für die Kinder Israels« bezeichnet worden. Unterstrichen wird das noch dadurch, dass Gott diesem Jesus umfassende Schriftkenntnis vermittelt hat: Tora und Evangelium (Sure 3,48). Jesus hat also nach Sure 3 zwar keine übergeschichtlich zentrale, wohl aber – im Vergleich mit anderen Propheten – eine geschichtlich *besondere Stellung:* im Diesseits *und* im Jenseits. Im *Diesseits* schon dadurch, dass er als Kleinkind bereits sprechen kann (Sure 3,46 nimmt fast wörtlich Sure 19,29 auf) und als Erwachsener zu den »Rechtschaffenen« gehört, im Koran ein Ehrentitel für diejenigen, die Gottes Wort rein befolgen. Im *Jenseits* dadurch, dass Jesus Gott »nahegebracht« ist, was *Rudi Paret* und *Hartmut Bobzin* besser übersetzen mit »Gott nahestehen«.

Wie der Koran die Wundertaten Jesu deutet

Ähnliches gilt für die Aussage in Sure 3,45 von Jesus als »Wort Gottes«. Der Koran illustriert dies durch das in Sure 3,49 folgende sogenannte Vogel-Wunder:

> Ein Gesandter für die Kinder Israels!
>
> »Ich habe euch ein Zeichen von eurem Herrn gebracht: Ich schaffe euch aus Ton etwas in der Gestalt eines Vogels, da blase ich darauf und es ist ein Vogel – mit Gottes Erlaubnis –, ich heile den Blinden und den Aussätzigen, schenke den Toten Leben – mit Gottes Erlaubnis – und tue euch kund, was ihr esst und in euren Häusern speichert –
>
> Darin ist für euch ein Zeichen, falls ihr glaubt.
>
> um zu bestätigen, was schon vor mir von der Tora vorlag, und euch einiges von dem zu erlauben, was euch verboten worden ist. Ich habe euch ein Zeichen von eurem Herrn gebracht.«
>
> *(Sure 3,49f.: Md)*

Was die »Wundertaten« Jesu angeht, sind Parallelen zu neutestamentlichen Überlieferungen mit Händen zu greifen. Etwa zum Lukasevangelium:

> Jesus stieg mit ihnen den Berg hinab. In der Ebene blieb er mit einer großen Schar seiner Jünger stehen, und viele Menschen aus ganz Judäa und Jerusalem und dem Küstengebiet von Tyrus und Sidon strömten herbei. Sie alle wollten ihn hören und von ihren Krankheiten geheilt werden. Auch die von unreinen Geistern Geplagten wurden geheilt. Alle Leute versuchten, ihn zu berühren; denn es ging eine Kraft von ihm aus, die alle heilte.
>
> *(Lk 6,17–19)*

Parallelen gibt es auch zu Jesu »Wundern« wie Blindenheilung (Mt 12,22) und Totenerweckung (Mk 5,35–43; Lk 7, 11–17; Joh 11,39–44). Und wir wollen registrieren, dass der Koran nicht »spektakuläre« Wunder Jesu erinnert (Sturmstillung etwa, Verwandlung von Wasser in Wein: Mk 4,35–41 par; Joh 2,1–11), sondern solche, die den Schwachen, Kranken und Ohnmächtigen in der Gesellschaft zugute kommen: Blinden, Aussätzigen, Gestorbenen. Was bestätigt: Jesus ist im Koran gerade auch so ein Zeichen der »Barmherzigkeit« Gottes.

Auch findet das in Sure 3,49 erwähnte *Vogelwunder* (Belebung eines Tonfabrikats) eine christliche Parallele. Zwar nicht im Neuen Testament, wohl aber in der außerkanonischen christlichen Literatur: in der sogenannten *Kindheitserzählung des Thomas*, die man auf das Ende des 2. Jahrhunderts datiert (*W. Schneemelcher*, Hg., Neutestamentliche Apokryphen, 1987, Bd. 1, 353):

> Als dieser Knabe Jesus fünf Jahre alt geworden war, spielte er an einer Furt eines Baches […]. Er bereitete sich weichen Lehm und bildete daraus zwölf Sperlinge. Es war Sabbat, als er dies tat. Auch viele andere Kinder spielten mit ihm. Als nun ein Jude sah, was Jesus am Sabbat beim Spielen tat, ging er sogleich weg und meldete dessen Vater Josef:»Siehe, dein Knabe ist am Bach, er hat Lehm genommen, zwölf Vögel gebildet und hat den Sabbat entweiht.«
>
> Als nun Josef an den Ort gekommen war und (es) gesehen hatte, da herrschte er ihn an:»Weshalb tust du am Sabbat, was man nicht tun darf?«
>
> Jesus aber klatschte in die Hände und schrie den Sperlingen zu:»Fort mit euch!« Die Sperlinge öffneten ihre Flügel und flogen mit Geschrei davon.
>
> Als aber die Juden das sahen, staunten sie, gingen weg und erzählten ihren Ältesten, was sie Jesus hatten tun sehen.

Wiederum hilft uns ein genauer Textvergleich, das jeweilige inhaltliche Profil scharf zu bestimmen. Die christlichen Wunder-Geschichten erzählen von einem Konflikt zwischen Jesus und seiner traditionellen jüdischen Umgebung. Sie illustrieren mit diesen Geschichten die Souveränität, mit der sich Jesus bereits als Kind wie ein göttlicher Wundertäter über das Sabbat-Tabu hinweggesetzt hat. Auch der Koran erwähnt das Vogelwunder im Kontext einer Auseinandersetzung mit dem zeitgenössischen Judentum. Jesus aber ist im Koran kein exklusives, wohl aber ein besonderes Zeichen, und zwar durch seine außergewöhnlichen Fähigkeiten: Schon als Neugeborener hatte er gesprochen, als Heranwachsender begeht er weitere Wundertaten. Damit kann schon deshalb nicht Exklusivität im heilgeschichtlichen Sinn gemeint sein, weil die Wunderzeichen, die Jesus laut Koran wirkt, ausdrücklich »mit Gottes Erlaubnis« geschehen. Wir haben es somit auch hier nicht mit einer christologischen, sondern mit einer *theozentrischen Aussage* zu tun: als ein weiteres Zeichen »von eurem Herrn«!

Der genaue Textvergleich macht also die *entscheidende Differenz* zwischen der islamischen und der christlichen Wunder-Überlieferung deutlich. In der christlichen ist es Jesus selbst, der aus sich heraus die Kraft zu den genannten Wundertaten hat. Im Koran dagegen ist stets die »göttliche Lizenz« betont, mit deren Hilfe Jesus agiert; in Sure 3,49 ist nicht zufällig zweimal ausdrücklich von einer »Erlaubnis Gottes« die Rede, mit der Jesus seine außerordentlichen Taten vollbringt. Einmal mehr zeigt sich auch an diesem Beispiel die Differenz zwischen Christozentrik und Theozentrik im Blick auf die Figur Jesu. Die Taten Jesu unterstreichen nicht seine eigene, sondern die Schöpfermacht Gottes *durch* ihn. So ist Jesus in der Tat »der Prototyp für das Handeln Gottes durch einen Menschen« und verkörpert damit »auf vollkommene Weise die Verwirklichung von Gottes Intention nach Mitteilung seiner Liebe und Barmherzigkeit durch einen Menschen. Seine Geisterfülltheit hilft ihm, der göttlichen Inspiration durch den göttlichen Geist im Menschen auf vollkommene Weise zu folgen, deshalb wird er im Koran als Wort und zugleich als Geist

Gottes beschrieben (vgl. 4,171). All dies zeichnet Jesus in besonderer Weise aus« (*M. Khorchide,* Streit um Jesus, 2016, 54).

Eine kleine Summe des koranischen Jesusbildes

Aussagen über eine Praxis Jesu sind eher selten im Koran. Umso bemerkenswerter ist, dass Sure 5 darauf noch einmal zurückkommt und zwar hier jetzt nicht als Jesus-, sondern sogar als Gottesrede:

> Am Tag, da Gott die Gesandten versammelt und sagt:
>> »Was hat man euch geantwortet«?
>
> Sie sagen:
>> »Wir wissen nichts. Du bist es, der die verborgenen Dinge weiß.«
>
> Als Gott sagte:
>> »Jesus, Sohn Marias, gedenke meiner Gnade dir und deiner Mutter gegenüber, als ich dich mit dem Geist der Heiligkeit stärkte, so dass du zu den Menschen in der Wiege und als Erwachsener sprachst,
>>
>> als ich dich die Schrift, die Weisheit, die Tora und das Evangelium lehrte,
>>
>> als du mit meiner Erlaubnis aus Ton etwas in der Gestalt einer Vogels erschufst, dann darauf bliesest und es ein Vogel wurde mit meiner Erlaubnis,
>>
>> als du mit meiner Erlaubnis den Blinden und den Aussätzigen heiltest und die Toten herausbrachtest mit meiner Erlaubnis,
>>
>> als ich die Kinder Israels von dir abhielt,
>>
>> als du ihnen die klaren Zeugnisse brachtest und die unter ihnen, die ungläubig waren, sagten:
>>> ›Das ist deutlich nur Zauber‹,
>>
>> und als ich den Jüngern offenbarte:
>>> ›Glaubt an mich und meinen Gesandten!‹
>
> Sie sagten:
>> ›Wir glauben. Bezeuge, dass wir gottergeben sind.‹«

(Sure 5,109–111: Md)

Dieser Text kann als kleine Summe des koranischen Jesus-Bildes betrachtet werden, zumal Sure 5 bekanntlich als die chronologisch letzte Sure des Koran anzusetzen ist. Vers 109 schlägt das *Leitmotiv* des gesamten folgenden Abschnitts an: Die Gesandten Gottes, zum Endgericht versammelt, haben keine Kenntnis über den Ausgang ihrer Mission. Sie »wissen nichts«, und sie vertrauen sich ganz Gott an, der allein »die verborgenen Dinge« kennt. Das trifft auch für Jesus zu, obwohl er, wie der gleich folgende Abschnitt deutlich macht, von Anfang seines Lebens an unter der »Gnade« Gottes steht.

Wie in einer kleinen Summe werden hier jetzt diese Gnadengabe Gottes für Jesus gebündelt, von *Gott* noch einmal zusammengefasst in einer direkten Rede *an* Jesus. Der Text unterstreicht in aller wünschenswerten Klarheit beides zugleich: Im Koran ist Jesus nichts aus sich heraus ist, sondern verdankt alles Gott. Aber zugleich wirkt Gott durch ihn in der Welt, durch seine Taten und Zeichen, und zwar in einer Weise, die Jesus gegenüber anderen Propheten eine Sonderstellung gibt. Er ist im Vergleich einzigartig von der Geburt bis zu seinem Ende und bis zu den Tagen des Endgerichts (vgl. Sure 16,84.89: Mk III; 4,41.159: Md). Das macht ihn nicht heilsgeschichtlich einzigartig, wohl aber geschichtlich herausragend. In 5,109–111 bezieht sich die *erste Aussage* auf die Ereignisse rund um Jesu Geburt: Geistbegegnung und Geisteinhauchung bei Maria und Sprechvermögen Jesu schon als Wiegenkind, wie es in den Suren 19,17, 66,12 und 19,29 erwähnt worden war. Die *zweite Aussage* fasst das an »Wundertaten« Jesu noch einmal zusammen, was wir aus Sure 3,49 bereits kennen. Akzent auch hier: Gottes »Erlaubnis«. Die *dritte Aussage* (»die Kinder Israels abhalten«) nimmt Sure 4,157 auf: die Bewahrung Jesu vor dem Schandtod am Kreuz, der ihm von Juden aufgezwungen werden sollte (mehr dazu im nächsten Kapitel 4). Die *vierte Aussage* legt Wert darauf, dass die Jünger Jesu bereits als »Gottergebene« bezeichnet werden können, als »Muslime« vor dem Islam (mehr dazu: *K.-J. Kuschel,* Festmahl am Himmelstisch, 2013, Kap, VI). Damit ist die Pointe des koranischen Jesusbildes offenkundig, wie es sich in medinensischer Zeit verfestigt hat. Den »Kindern Israels« wird eine Lektion erteilt – und zwar dadurch, dass Jesus als ein von Gott Gesandter dargestellt wird, der besondere Zeichen gewirkt hat. Angegriffen wird mit dieser Geschichte eine im zeitgenössischen Judentum des Propheten herrschende Ignorierung von »Zeichen«. Sie gilt bereits für alle Propheten Israels vor Jesus. Dabei wird der Zeichencharakter Jesu deshalb starkgemacht, um die Menschen zu sensibilisieren für das »Zeichen« des letzten und definitiven Propheten. Deshalb wollen wir die Aussage am Ende von Vers 110 wohl beachten, derzufolge das Schicksal Jesu offensichtlich die Vorwegnahme des Schicksals des Propheten ist. »Klare Zeugnisse« hatte schon Jesus gebracht: Vögel aus Ton lebendig gemacht, Blinde und Aussätzige geheilt, Tote aus dem Grab erweckt, doch die Ungläubigen beachten sie nicht und tun alles als »Zauber« ab.

3. Nicht gekreuzigt, zu Gott erhöht: Sure 4,157

Wir haben bisher die Grundlinien des koranischen Interesses an Jesus nachgezeichnet. Alles aber bliebe unvollständig, würden wir uns nicht noch einer besonderen Frage zuwenden, die von jeher zu den heikelsten im Gespräch zwischen Christen und Muslimen gehört. Der Frage, wie es zu verstehen ist, dass im Koran eine Kreuzigung Jesu entschieden abgelehnt wird.

Der Kontext: Im Konflikt mit den Juden Medinas

Es geht um Sure 4,157 und damit um die Aussage, dass eine Kreuzigung *Jesu* nicht stattgefunden hat. Zum Verständnis ist der größere Kontext der Stelle unverzichtbar:

Die Leute der Schrift fordern von dir, dass du eine Schrift vom Himmel auf sie herabsendest. Doch von Mose forderten sie noch Größeres als dies und sagten:

»Lass uns Gott mit eigenen Augen sehen!«

Da packte sie der Donnerschlag in ihrem Unrecht. Dann nahmen sie sich das Kalb, nachdem die klaren Zeugnisse zu ihnen gekommen waren. Doch wir verziehen das und gaben Mose deutliche Macht. Bei ihrer Verpflichtung hoben wir den Berg über sie empor. Und wir sagten zu ihnen:

»Geht in das Tor und werft euch nieder!«

Und:

»Vergeht euch nicht am Sabbat!«

Wir nahmen von ihnen strenge Verpflichtung entgegen. Doch weil sie ihre Verpflichtung brachen, an Gottes Zeichen nicht glaubten, Propheten ungerecht töteten, weil sie sagten:

»Unser Herz ist unbeschnitten« –

Aber nein, Gott hat es wegen ihres Unglaubens versiegelt, so dass sie nur wenig glauben. weil sie nicht glaubten, Maria mächtig verleumdeten und sagten:

»Wir haben Christus Jesus, den Sohn Marias, Gottes Gesandten, getötet.«

Sie haben ihn aber nicht getötet und nicht gekreuzigt, sondern es wurde ihnen der Anschein erweckt. Die über ihn uneins sind, sind über ihn in Zweifel. Sie wissen über ihn nichts, vermuten nur. Sie haben ihn sicher nicht getötet, sondern Gott hat ihn zu sich erhoben.

Gott ist mächtig und weise.

Es ist niemand unter den Leuten der Schrift, der nicht vor seinem Tod gewiss an ihn glaubt. Am Tag der Auferstehung wird er über sie Zeuge sein.

(Sure 4,153–159: Md)

Christen haben von jeher an Sure 4,157 (»Sie haben ihn aber nicht getötet und nicht gekreuzigt«) ihre Überzeugung festgemacht, dass im Koran nicht nur die Heilsbedeutung des Kreuzestodes Christi ignoriert, sondern direkt geleugnet wird. Wird doch eine Kreuzigung Jesu hier nicht nur theologisch anders gedeutet, sondern direkt zurückgewiesen: Jesus ist *nicht* gekreuzigt worden! Kann man deutlicher signalisieren, dass Muslime ein für Christen nun einmal zentrales Ereignis der »Heilsgeschichte« verwerfen, das schon im Neuen Testament bezeugt und später Bestandteil des christlichen »Credo« wird? Denn mit den Beschlüssen der Konzilien von Nikaia und Konstantinopel (325 bzw. 381) bekennen Christen seit altkirchlichen Zeiten, Jesus sei »für uns Menschen und zu unserem Heil« nicht nur vom »Himmel herab gekommen« und »Mensch geworden«, er sei auch »für uns gekreuzigt« worden und zwar »unter Pontius Pilatus«, habe »gelitten«, sei »begraben« worden. Das entspricht Schlüsselaussagen des Neuen Testamentes, etwa der Rede von der stellvertretenden Sühne des Gottessohnes durch sein Leiden und Sterben am Kreuz. Schon im Römerbrief des Apostels Paulus liest man, dass Jesus »um unserer Sünden willen dahingegeben wurde« (Röm 4,25). Im Epheserbrief heißt es, dass Jesus sich »für uns als Opfergabe hingegeben« habe (Eph 5,2). Im ersten Korintherbrief betont der Apostel, dass Jesus »für unsere Sünden gestorben« sei (1 Kor 15,3). Ähnlich in den Briefen, die dem Apostel Petrus zugeschrieben werden. Hier wird im ersten Schreiben darauf verwiesen, dass der Mensch »durch das kostbare Blut Christi« (1 Petr 1,19) losgekauft worden sei. Und im ersten Johannesbrief liest man überdies, dass Gott »seinen Sohn als Sühneopfer für unsere Sünden gesandt« habe (1 Joh 4,11). Eine Kreuzigung Christi aber hat dem Koran zufolge gar nicht stattgefunden, geschweige denn eine soteriologische Bedeutung. Lehnt doch der Koran mit anderen Versen durchgängig die Vorstellung eines stellvertretenen Sühneopfers strikt ab: »Niemand, der Last trägt, trägt die eines anderen« (Suren 53, 38: Mk I; ebenso: 17, 15: Mk II; 6, 164: Mk III; 35, 18: Mk III).

Ein antichristlicher Angriff?

Kein Wunder also, dass Sure 4,157 von Christen als direkter *antichristlicher* Angriff verstanden worden ist. Zu Recht? Isoliert man diese Aussage nicht, sondern liest sie – wie es sich für eine seriöse Interpretation gehört – im Makrokontext von Sure 4 und im Mikrokontext von Sure 4,153–159, stellt sich die Sachlage ganz anders differenziert dar:

Denn *kontextuell* ist zunächst offenkundig, dass die hier angesprochenen Gegner (»Leute der Schrift«) nicht Christen sind, sondern Angehörige des damaligen Judentums. Sure 4 reflektiert ebenso wie die Suren 2 und 3 noch einmal die Auseinandersetzung des Propheten in Medina mit jüdischen Gegnern. Gegen deren Weigerung, den Propheten und seine Offenbarung anzuerkennen, wird polemisiert – schon mit Verweis auf Mose und die Geschichte vom »Goldenen Kalb«. Auch Mose sei einst zu den Israeliten mit »klaren Zeugnissen« gekommen, heißt es. Doch auch ihn habe man nicht beachtet. Im Gegenteil: Die durch ihn vermittelten göttlichen Verpflichtungen habe man gebrochen. Will sagen: An die »Zeichen« Gottes habe man unter Juden schon damals nicht geglaubt. Propheten? Sie habe man in diesem Volk immer wieder »im Unrecht« getötet, ein Schicksal, von dem im Koran noch öfter die Rede sein wird, nicht zufällig meist in medinsicher Zeit: Suren 2, 61.87.91; 3,21.112.181.183; 5, 70.

Bloße geschichtliche Reminiszenzen sind das nicht. Das warnt vor dem, was sich auch heute wiederholt und dem Propheten Mohammed gegenwärtig wieder erfährt. Ist doch die Schlacht am Berg Uhud bei Medina im Jahr 625 gegen die Mekkaner und ihre Verbündeten eine traumatische Erfahrung gewesen. Mohammed hatte eine schwere Niederlage erlitten. Gerüchte waren aufgekommen, der Prophet lebe nicht mehr, was zu Auflösungserscheinungen unter dessen Anhängern geführt hatte. Nicht zufällig heißt es denn auch in einer Sure aus derselben Zeit:»Als die, die ungläubig sind, gegen dich Listen aushecktem, um dich festzunehmen, zu töten oder zu vertreiben. Da heckten sie aus und Gott heckte aus. / Gott ist der beste derer, die aushecken« (Sure 8,30). Ein solch theozentrisches Siegesvertrauen tönt uns immer wieder aus der koranischen Verkündigung entgegen. Denn in seinem radikalen Gottvertrauen hat Mohammed stets trotz allem eine Gewissheit und einen Trost parat:»Nie stirbt jemand außer mit Gottes Erlaubnis zu gesetztem Termin ... Gott schenkt Leben und lässt sterben« (Sure 3,145.156) *Gott!* Nicht also Menschen bestimmen über ihren Tod, sondern Gott allein! Diese Grunderkenntnis im Koran ist auch im Fall von Jesus relevant.

Als zweites Beispiel antijüdischer Polemik in Sure 4 werden Maria und Jesus ins Spiel gebracht. Denn auch Maria habe man»mächtig verleumdet«, heißt es hier (ein Echo des Hurerei-Vorwurfs in Sure 19,20.27?), Jesus dagegen, den »Sohn Marias« und»Gottes Gesandten«, habe man sogar zu töten geglaubt. Das jedenfalls behaupten die damaligen jüdischen Widersacher Jesu. Schon in der vorausgehenden medinensischer Sure 2 hatte es kritisch an die Adresse von Juden unter Verweis auf Mose, Maria und Jesus geheißen:»Wir gaben Mose die Schrift und ließen nach ihm die Gesandten folgen. Wir gaben Jesus, dem Sohn Marias, die klaren Zeugnisse und stärkten ihn mit dem Geist der Heiligkeit. / Wart ihr denn nicht, immer wenn ein Gesandter euch brachte, was ihr nicht mochtet, hochmütig, bezichtigtet einen Teil der Lüge und tötet einen Teil?« (Sure 2, 87: Md).

Das ist auch der vorwurfsvolle Ton von Sure 4,157. Nur dass hier die Tötungsbehauptung im Fall von Jesus im Focus steht. Scharf und entschieden wird die Gegenbehauptung aufgestellt:»Sie haben ihn aber nicht getötet und nicht gekreuzigt«! Es ist bestenfalls bei der Absicht geblieben. Gott aber hat solches Ansinnen vereitelt und Jesus »zu sich erhoben«.

Bevor wir das Weitere zu deuten versuchen, halten wir fest: *Kontextuell koranisch* gelesen, kann die Grundaussage von Sure 4,157 nicht anti-christlich gemeint sein. Sie muss zunächst anti-jüdisch (insofern es sich um die historischen Gegner Jesu handelt) gelesen werden. Nichts anderes hatte ja auch die christliche Tradition behauptet. So kann zum Beispiel Paulus in seinem ersten Brief an die Gemeinde in der griechischen Hafenstadt Thessaloniki schreiben, die Juden hätten »Jesus, den Herrn, und die Propheten getötet«. Und »auch uns«, uns Christen, meint Paulus, hätten sie »verfolgt«, um mit der bitteren Pointe zu enden: »Sie missfallen Gott und sind Feinde aller Menschen« (1 Thess 2,15). Auch der Petrus der Apostelgeschichte kann Menschen aus seinem Volk vorhalten, sie hätten »den Urheber des Lebens getötet«, Gott aber habe »ihn von den Toten auferweckt« (Apg 3,15; vgl. auch 4,10; 5,30). Das argumentative Grundschema von Sure 4,157 ist also christlich vorgeprägt: Juden haben von jeher ihre Propheten und auch Jesus getötet. Gott aber hat diesen Jesus nicht dem menschengemachten Tod ausgeliefert, sondern ihn zu sich erhöht. Entsprechend kann es in der Apostelgeschichte heißen: »Der Gott unserer Väter hat Jesus auferweckt, den ihr ans Holz gehängt und ermordet habt. Ihn hat Gott als Herrscher und Retter an seine rechte Seite erhoben« (Apg 5,30).

Nimmt man also den ursprünglichen Wortlaut von Sure 4,157 ernst und liest nicht gleich alles Mögliche an antichristlicher Polemik hinein (etwa gegen den Erlöser- und Sühnetod am Kreuz), so geht es in Sure 4, 157 *nicht* darum, christliche Glaubensaussagen über Heilsbedeutung des Kreuzestodes Jesu zu leugnen. Davon ist an dieser Stelle überhaupt nicht die Rede, wird dann wirkungsgeschichtlich aber mit dieser Aussage verbunden werden. Alleiniges Ziel der Aussage von Sure 4,157 ist es, die Behauptung der Gegner Jesu zurückzuweisen, sie könnten Jesus wirklich getötet haben, getötet ohne Gottes »Erlaubnis«, eigenmächtig sozusagen. Als ein Gesandter (*arab.*: rasūl) Gottes aber (so wird Jesus nicht zufällig an dieser Stelle genannt), steht Jesus unter Gottes besonderem

Schutz. Gott allein entscheidet über sein Leben und sein Sterben, nicht Menschen in ihrer Anmaßung. Ähnliches sagt der Koran etwa auch über den Mörder Mose, der, wie wir hörten, die Rache der Ägypter zu fürchten hatte (Sure 20,40). Es geht in Sure 4,157 also – streng beim Wortlaut bleibend – nicht um eine christologische Aussage (und sei sie negativ), sondern – typisch koranisch – um eine theozentrische Aussage über Gott als Herr über Leben und Tod, als Retter der bedrängten Gesandten. *Gott* hat Jesus zu sich »erhoben«!

Kontroverse Auslegungen

Schwieriger dagegen ist schon die zweite Aussage von Sure 4,157 zu deuten: »… sondern es wurde ihnen der Anschein erweckt«, so übersetzt *Zirker.* Das Verständnisproblem zeigt sich schon an den unterschiedlichen deutschen Übersetzungen. *Rudi Paret* etwa übersetzt so: »Vielmehr erschien ihnen ein anderer ähnlich, so dass sie ihn mit Jesus verwechselten und töteten.« *Khoury/Abdullah:* »Sie haben ihn aber nicht getötet, und sie haben ihn nicht gekreuzigt, sondern es erschien ihnen eine ihm ähnliche Gestalt.« *Hartmut Bobzin:* »Doch sie haben ihn nicht getötet / Und haben ihn auch nicht gekreuzigt; / Vielmehr kam's ihnen nur so vor.« Ähnlich *Muhammad Asad:* »Doch sie haben ihn nicht getötet, und sie haben ihn auch nicht gekreuzigt, sondern es schien ihnen nur (als ob es) so (gewesen wäre).« Dies zeigt schon, dass man diesen Vers offensichtlich sehr unterschiedlich verstehen kann. Und unterschiedlich ist er denn auch in der muslimischen Exegese ausgelegt worden. Verschiedene Erklärungsmodelle lassen sich unterscheiden (Einzelheiten: *T. Lawson,* The Crucifixion and the Qur'an, 2009; *M. Bauschke,* Der Sohn Marias, 2013, Kap. 11):

(1) *Das Substitutions- und Verwechselungs-Modell*, vertreten etwa durch *Paret* und *Khoury/Abdullah.* Gemeint ist: Jesus ist nicht selber gekreuzigt, sondern durch einen Anderen bei der Kreuzigung substituiert, also: ersetzt worden, ihm offenbar

so ähnlich, dass er von Jesu Gegnern mit diesem hatte verwechselt werden können. Dabei ist von muslimischen Auslegern auch über diesen Ersatzmann spekuliert worden. War es ein freiwilliger aus dem Jüngerkreis oder ein erzwungener wie der Verräter Judas, der mit der Kreuzigung bestraft worden sei?

(2) Das *Schein-Modell*, vertreten etwa durch *Zirker*. Gemeint ist damit: Der Gekreuzigte ist zwar Jesus selber (und nicht ein Ersatzmann), aber seine Kreuzigung geschah nur zum Schein.

(3) Das *Illusions-Modell, das Bobzin* und *Asad* offensichtlich favorisieren: Realiter ist Jesus nicht gekreuzigt worden, seine Gegner bilden sich das nur ein. Es kommt ihnen nur so vor, als ob sie Jesus getötet hätten.

Alle drei Modelle werfen erhebliche theologische Rückfragen auf. Wieso sollte Gott, der Gerechte, (Modell 1 zufolge) einen Menschen anstelle Jesu kreuzigen und töten lassen, der offensichtlich unschuldig ist, aber das Pech hatte, mit Jesus verwechselt werden zu können? Oder warum sollte sich eine Ersatzperson geopfert haben, als ob sich Jesus selber vor diesem Tod habe drücken wollen? Da haben Modell 2 und 3 zumindest den Vorteil, dass man *diesem* moralischen Dilemma entkommt. Alles wäre hier allein auf Jesus oder seine Gegner konzentriert. Entweder ist Jesus nur »zum Schein«, also nicht wirklich, gekreuzigt worden oder seine Gegner haben sich das nur eingebildet. Fragen jedoch bleiben auch hier. Im ersteren Fall müsste man von einer Gottestäuschung, im zweiten Fall von einer Selbsttäuschung ausgehen. Beides wäre theologisch unbefriedigend.

Dass *Muhammad Asad* sich als Muslim für das Illusions-Modell entscheidet, hat deshalb nachvollziehbare Gründe: Gott wird nicht belastet. Zunächst setzt er sich von »vielen phantasiereichen Legenden« ab, die unter Muslimen kursierten, Geschichten, die schilderten, dass Gott im letzten Augenblick Jesus durch eine Person ersetzt, die ihm sehr ähnlich gesehen habe und in der Folge an seiner Stelle gekreuzigt worden sei. Solche Legenden stellten »nichts weiter dar als verworrene Versuche, die Qur'anische Aussage, dass Jesus *nicht* gekreuzigt worden sei, mit der anschaulichen Beschreibung seiner Kreuzigung in den Evangelien zu »harmonisieren«. In Sure 4,157 ist ja nicht zufällig angespielt auf solche, die »über ihn uneins sind«, »über ihn im Zweifel. Sie wissen über ihn nichts, vermuten nur«. Asad selber geht davon aus, dass eine Kreuzigungslegende erst lange nach dem Tod Jesu aufgekommen sei. Jesus sei am Kreuz gestorben, werde gesagt, »um für die ›Erbsünde‹ zu sühnen, die vorgeblich auf der Menschheit lasten soll; und diese Legende fand unter den späteren Anhängern von Jesus so weite Verbreitung, dass selbst seine Feinde, die Juden, anfingen, sie zu glauben – wiewohl in einem herabsetzenden Sinn (denn die Kreuzigung war zu jener Zeit eine schändliche Form der Todesstrafe, die den gemeinsten Verbrechern vorbehalten war). Dies ist meines Erachtens die einzig zufriedenstellende Erklärung des Satzes ›sondern es schien ihnen nur, als ob es so gewesen wäre‹« (Asad, 189).

Gott bewahrt seinen Gesandten vor dem Schandtod

Für welche Erklärungsvariante aber man sich auch entscheidet, der Sinn von Sure 4,157f. lässt sich so präzisieren: Zurückgewiesen wird die anmaßende Behauptung der (in diesem Fall jüdischen) Gegner Jesu, ein Gesandter Gottes wie Jesus könne durch Menschenmacht umgebracht worden sein. Zwar sind Propheten oft genug getötet worden, doch im Fall von Jesus lässt Gott dies so wenig zu wie schon bei Abraham und Mose und zuletzt wieder bei Mohammed. Gesandte dieser Größe werden von Gott vor dieser Art Tod bewahrt. Betont wird damit die Souveränität und Überlegenheit Gottes gegenüber jeder Form menschlicher Opposition gegen Gott und seinen Willen. Wenn schon gilt, dass die Ermordung eines gewöhnlichen Menschen vor Gott so schwer wiegt, als hätte der Mörder »die Menschen allesamt getötet« (Sure 5,32:

Md), wie viel mehr gilt dies, wenn es sich dabei um die Tötung eines *Gesandten* Gottes gehandelt hätte! Nicht Jesus ist gekreuzigt worden, vielmehr droht die Kreuzigung, die dem Koran zufolge eine »Schande im Diesseits« ist (Sure 5,33), allen denen als Strafe, »die Gott und seinen Gesandten bekämpfen und zum Unheil im Land umhereilen« (Sure 5,33: Md).

Eindrucksvoll hat ein muslimischer Theologe unserer Zeit, *Mahmoud M. Ayoub*, von 1988 bis 2008 Professor für Islamische Studien an der Temple University in Philadelphia, in seiner bahnbrechenden Arbeit »Towards an Islamic Christology« (1976) die entscheidende Grundaussage von Sure 4,157 noch einmal so herausgestellt: »Der Vorwurf an die Juden, ›Sie sagen: Wir haben Christus Jesus, den Sohn Marias, Gottes Gesandten, getötet‹, mit dem der Vers beginnt, ist nicht darauf gerichtet, eine historische Lüge zu erzählen oder einen falschen Bericht zu liefern. Er ist vielmehr, wie aus dem Kontext klar hervorgeht, auf die menschliche Arroganz und Dummheit gerichtet, auf eine Grundhaltung gegenüber Gott und seinem Gesandten. Die Worte, die Jesus identifizieren, sind besonders signifikant. Sie wünschten, Jesus zu töten, den Unschuldigen, der auch der Christus, das Wort und Gottes Repräsentant unter ihnen ist. Indem Christus in diesem Kontext identifiziert wird, spricht der Koran nicht nur die Menschen an, die Jesus wie einen anderen Propheten hätten umbringen können, sondern erzählt auch der gesamten Menschheit, wer Jesus ist. Der Koran spricht hier nicht über einen Mann, so richtig oder falsch er liegen mag, sondern über das Wort Gottes, das auf die Erde gesandt wurde und zu Gott zurückkehrte. Deshalb ist die Leugnung des Todes Jesu eine Leugnung der Macht von Menschen, das göttliche Wort zu bezwingen und zu zerstören, das ewig siegreich ist. Entsprechend gehen die Worte ›Sie haben ihn aber nicht getötet und nicht gekreuzigt‹ weit tiefer als die Ereignisse der oberflächlichen menschlichen Geschichte; sie durchdringen das Herz und Gewissen der Menschen« (in: A Muslim View of Christianity, 2007, 176. Eigene Übers.).

Kreuzestheologie? Eine Herausforderung für den Dialog

Ich fasse zusammen: Der Koran hat in Sure 4,157 negativ eine polemisch abgrenzende und positiv eine theozentrische Aussageintention. Polemisiert wird gegen das Ansinnen, es stünde in der Macht von Menschen, einen Gesandten Gottes zu töten. Gott durchkreuzt menschliche Absichten dieser Art und nimmt seinen Gesandten zu sich. Er allein entscheidet über Leben und Tod, erst recht im Fall eines seiner Gesandten. Die positive Pointe findet ihre Parallele in der christlichen Erhöhungsaussage. Im Neuen Testament wird Jesus zu Gott erhöht *nach* seinem Tod am Kreuz, im Koran *vor* einem möglichen Tod am Kreuz.

Damit freilich ist die Grundfrage einer Vereinbarkeit von Gottesglauben und Kreuzigungstod Jesu zwischen Christen und Muslimen nicht erledigt, sondern verschärft. Eine *theologia crucis,* mit der Verkündigung durch den Völkerapostel Paulus schon früh in der christlichen Glaubensüberlieferung tief verankert (vgl. 1 Kor 1,17 – 2,9) und damit eine Theologie des Opfers Christi (gekreuzigt »pro nobis«) sind wichtige Fragen des Dialogs. Dabei ist in dieser prekären Frage die Bereitschaft besonders gefragt, sich in die Grundintention des je Anderen sensibel hineinzudenken. Die Einreden des Koran (»Niemand, der Last trägt, trägt die eines anderen« und »nicht gekreuzigt, zu Gott erhoben«) sind genauso in ihrem theologischen Ernst zu würdigen wie die christlichen Dokumente, die ihr eigenes Gewicht haben. Kann man doch die Aussage in Sure 4,157 *wirkungsgeschichtlich* als »genaue Anti-These zur Aussage des Christentums« verstehen: »Gott kam nicht herab auf die Erde, um sich kreuzigen zu lassen, sondern Gott erhob Jesus, den seine Feinde kreuzigen wollten, zu Sich und vereitelt die Kreuzigung überhaupt. Nicht der ohnmächtige Jesus leidet am Kreuz, sondern der allmächtige Gott rettet und schützt vor Leiden und Not« (*A. v. Deffner,* Der Islam und Jesus, 2005, 25f.)

Wenn diese Aussage nicht der Abbruch, sondern der Auftakt des Dialogs sein soll, so geht es im Blick auf Sure 4,157 zwischen Christen und Muslimen im Kern um einen Konflikt von zwei unvereinbar scheinenden Gottesbildern: zwischen dem Bild von Gottes Treue, die einem Gesandten Gottes wie Jesus einen Schandtod am Kreuz erspart, und dem von Gottes Liebe, die im Lichte der Auferweckung Jesu Christi sein Kreuz als Zeichen der Befreiung von der Macht der Sünde und des Todes begreift und Gott zutraut, entsprechend 1 Kor 1, 27–29 auch das Schwache, Niedrige und Verachtete zu erwählen und mit seiner Präsenz zu umgreifen. Mehr zum dialogischen Austausch von Christen und Muslimen zum Thema Kreuz bei: *J. Bouman*, Das Wort vom Kreuz, 1980. *D. E. Singh*, Hg., Jesus and the Cross, 2008. *K. von Stosch*, Herausforderung Islam, 2016, 176–178).

4. Was Muslime und Christen eint und trennt

Fassen wir die Signale zusammen, die vom Koran zur Figur Jesu ausgehen, wird jetzt plausibler, was mit der Formel gemeint ist, der wir immer wieder im Koran begegnet sind: Jesus ist Marias Sohn *und zugleich* Gottes Gesandter.

Jesus – das Zeichen Gottes in Person

Sagen will das: Für den Koran ist Jesus weder ein Göttersohn nach dem Muster pagan-polytheistischer Religionen noch der unerschaffene, wesensgleiche Sohn Gottes im Sinne christlich-kirchlicher Orthodoxie, genauer der vom Konzil von Chalkedon 451 definierten »Zwei-Naturen-Lehre«, der zufolge der Gottessohn nach seiner Menschwerdung als »wahrer Gott« und »wahrer Mensch« in zwei Naturen, unvermischt-ungetrennt, verstanden werden muss. Jesus ist im Koran aber auch nicht eine Person mit einer einzigen, der göttlichen, Natur in Sinn des syrischen Monophysitismus. Das würde erst recht eine »Beigesellung« in Gott bedeuten und damit die Einheit Gottes aufsprengen. Deshalb werden im Koran zunächst alle, auch die Christen, gewarnt, es in der Religion »nicht zu weit« zu treiben. Dass Gott sich »ein Kind genommen« habe, wird im Koran schneidend verworfen.

Betont wird stattdessen die Unterordnung Jesu unter Gott (»*Diener* Gottes«) und seine Geschöpflichkeit, zugleich aber auch, dass Jesus ein Diener *Gottes* und *creatura verbi Dei ist*. Das eine nie ohne das andere: die Menschheit Jesu als Sohn Marias und zugleich die göttliche Herkunft, die ihn unterscheidet von anderen Gesandten Gottes (wie etwa Mose oder Mohammed), ohne diese freilich heilsgeschichtlich zu überbieten. Aber erst diese Geschöpflichkeit durch Wort und Willen *Gottes*, erst seine Zeugung nicht durch die Potenz eines Mannes, sondern durch die Kraft des Geistes *Gottes* macht ihn zu einem besonderen Gesandten. Pointiert geht es also im Koran bei diesem besonderen Menschen um *die Repräsentation Gottes in seiner Person und in seinem Wirken*. Deshalb kann im Koran von einer eigentlichen »Christologie« und nicht bloß von einer Prophetologie oder Jesulogie gesprochen werden.

Gewiss: Christen sagen mehr und anderes in ihrer Glaubenssprache über Jesus, den Christus. Aber vom Koran gehen wichtige Signale aus, die sie mit Zustimmung hören können:

– Auch für Christen ist Jesus nicht irgendein beliebiger Mensch, sondern Geschöpf des Geistes Gottes und damit: Gottes Zeichen in der Welt, Gottes Geist, Gottes Segen für die Menschheit.

– Auch für Christen ist Jesus »Diener Gottes«, vom Geist erwählt und inspiriert (Apg 3,13; 4,27).

– Auch für Christen ist Jesus ein Erwählter und Gesandter Gottes, der Gehorsam und Nachfolge fordert (Hebr 3,1; Lk 9,35).

– Auch für Christen sind die Wunderzeichen Jesu Ausdruck von Gottes Ermächtigung, Gottes Gnade (Apg 2,22).

– Auch für Christen hat Jesus die Tora bestätigt, aber zugleich in Einzelpunkten um Gottes und der Menschen willen neu interpretiert, so dass Christen vor Gott anders als Juden leben können.

– Auch für Christen hat Jesus das typische prophetische Schicksal erlitten: Ablehnung seiner Botschaft, Gewalt gegen seine Person.

– Aber auch für Christen hat Gott seinen Gesandten nicht im Stich gelassen, sondern durch Auferweckung und Himmelfahrt zu sich erhöht.

– Auch für Christen gilt, dass sie Jesus nicht vergöttlichen, sondern dass sie die volle Menschheit Jesu wahren: *vere homo*. Gegen alle vulgär-christlichen Vergöttlichungstendenzen muss dies immer wieder auch von Christen eingeschärft werden.

Was Christen und Muslime unterscheidet

Den entscheidenden Unterschied zwischen der neutestamentlichen und der koranischen Christologie kann das alles nicht verdecken. Drei Punkte sind hier entscheidend:

(1) In den neutestamentlichen Überlieferungen ist das Ereignis »Jesus Christus« eingebettet in die Geschichte Gottes mit seinem auserwählten Volk. Jesu Auftreten ist ein geistgewirkter Neuanfang, ja ein messianischer Aufbruch für Israel und über Israel hinaus für die Heidenvölker. Der Gott Abrahams, Isaaks und Jakobs wurde durch die Christusverkündigung zu den Völkern getragen, so dass alle Völker nun zu ihm beten und in den Schriften Israels sein Wort erkennen können (vgl. Röm 11,11). Gerade der Evangelist *Matthäus* ist – nehmen wir noch einmal die Geburtsgeschichte – von Anfang an in höchstem Maße daran interessiert, das Erscheinen Jesu in eine Kontinuität mit der Geschichte des Volkes Israel und dessen messianischen Erwartungen zu stellen. Von daher zu Beginn seines Evangeliums dieser und kein anderer Stammbaum: Jesus Christus programmatisch herausgestellt als »Sohn Davids, Sohn Abrahams« (Mt 1,1). Mit der Geburt Jesu erfolgt ein neuer Exodus des Volkes Israel, nicht wie früher

aus der physischen, sondern aus der geistlich-geistigen Verblendung: »Sie [Maria] wird dir [Josef] einen Sohn gebären, ihm sollst du den Namen ›Jesus‹ geben; denn er wird sein Volk von seinen Sünden erlösen« (Mt 1,21).

(2) Gottes Initiative gilt über Israel hinaus auch den Menschen aus der Völkerwelt. Auch daran lassen die neutestamentlichen Zeugen keinen Zweifel und zwar im Bewusstsein dass die Bekehrung von *ganz* Israel vorerst gescheitert ist. Als geborenem Jude ist das für einem Mann wie Paulus Schmerz und Triebfeder zugleich, wie sein Israel-Völkerwelt-Traktat im Brief an die Römer eindrucksvoll dokumentiert (Röm 9–11). Bei einem Evangelisten wie *Matthäus* spiegelt sich das an der Sterndeuter-Huldigung gleich zu Beginn seines Berichts. Nichtjuden »aus dem Osten«, Repräsentanten der Heidenvölker, huldigen Jesus, während »ganz Jerusalem« zuerst erschrickt, um sich dann entweder Jesu Messianität zu verweigern oder das Neugeborene mit Mordplänen zu beseitigen. Ähnlich der Evangelist *Lukas*. Er betont mit Blick auf seine Adressaten (Heidenchristen) noch stärker als Matthäus Jesu Bedeutung nicht nur für Israel, sondern auch für die Völkerwelt. Durch kunstvoll komponierte Hymnen, die entweder Maria (»Magnifikat«), Zacharias (»Benediktus«) und am Ende dem alten Simeon (»Nunc dimittis«) in den Mund gelegt werden, wird die Doppelperspektive Stück für Stück vorbereitet:

> Nun lässt du Herr, deinen Knecht,
> wie du gesagt hast, in Frieden scheiden.
> Denn meine Augen haben das Heil gesehen,
> das du vor allen Völkern bereitet hast.
> Ein Licht, das die Heiden erleuchtet,
> und Herrlichkeit für dein Volk Israel.
> *(Lk 2,29–32)*

(3) Für die neutestamentlichen Quellen ist Jesu Erscheinen die *endgültige* Erfüllung einer uralten Erwartungsgeschichte seines Volkes (»Messias«), der endzeitliche Höhepunkt in Gottes Selbstzuwendung an sein Volk Israel. Neben die theozentri-

sche Perspektive (»Denn für Gott ist nichts unmöglich«, Lk 1,37) tritt in den Evangelien die »christozentrische«: Es ist *Jesus*, der das geistgewirkte Zeichen Gottes ist, »der Messias, der Herr« (Lk 2,11), »Sohn des Höchsten«, »Sohn Gottes« (Lk 1,32; 1,35), mit dem jetzt eine neue Zeit beginnt. Das »Unmögliche«, das Gott neu zu tun imstande ist, geschieht also nach der neutestamentlichen Überlieferung an Jesus, durch Jesus und mit Jesus – und zwar auf eine Weise, die theologisch und sozial bisherige Gottes- und Messiasbilder verändert.

Wie der Koran Gleichnisse Jesu deutet

Zugleich ist unabweisbar, dass sich in Fragen der angemessenen menschlichen Grundhaltung vor Gott die Glaubenden der drei abrahamischen Religionen sehr nahe sind. Für den Dialog, der nicht nur das Trennende, sondern auch das Verbindende sucht, ist hier wichtiges Potential vorhanden. Dabei geschieht die Einübung solcher Grundhaltungen in allen drei Traditionen in narrativer Form. Die Gleichnisse sind dessen kongenialer Ausdruck. Die jüdische, christliche und islamische Tradition wäre ohne diese Erzählkultur ärmer. Sie ist nicht etwas Äußerliches, sondern gehört zum Wesen der Religion. Beispiele werden dies illustrieren. Ich gehe auch hier vom Koran aus und zeige Parallelen in der Verkündigung Jesu sowie in der biblisch-rabbinischen Tradition. Auf diese Weise entsteht ein trialogisches Kaleidoskop von Gleichniserzählungen, in denen alle drei Religionen die Grundhaltung des Menschen vor Gott spiegeln.

(1) *Zunächst zum »Gleichnis von den Saatkörnern«.* In *Sure 2,261–265 (Md)* ist von der gottgemäßen Weise der Vermögens- und Almosenspendung die Rede. Wer gottgemäß handelt, ist einem »Saatkorn« vergleichbar, liest man hier, das »sieben Ähren« wachsen lässt »mit hundert Körnern in jeder Ähre«. Wer dagegen bei seiner Almosenspendung Vergütung erwartet oder sein Vermögen spendet »zur Schau vor den

Menschen«, der ist einem Felsen vergleichbar, der von Erde bedeckt ist. Ein Regenguss kommt und hinterlässt ihn kahl. Wer dagegen gottgemäß sein Vermögen spendet, ist mit einem »Garten auf einem Hügel« zu vergleichen. Trifft *ihn* ein Regenguss, bringt er doppelte Frucht.

Diese Passage erinnert sowohl an das jesuanische Gleichnis vom Sämann (Mk 4,2–8) als auch an das vom Platzregen (Mt 7,24–27). Im *Gleichnis vom Sämann* vergleicht Jesus seine Lehre ebenfalls mit Saatkörnern. Einige fallen beim Säen auf einen Weg. Vögel finden sie und fressen sie auf. Andere fallen auf felsigen Boden. Auf der wenigen Erde gehen sie zwar rasch auf, doch die Sonne verbrennt sie. Wieder ein anderer Teil fällt in die Dornen. Die Dornen aber ersticken die Saat. Ein letzter Teil schließlich fällt auf guten Boden und bringt Frucht. Das *Gleichnis vom Platzregen* vergleicht den Gläubigen mit einem klugen Mann, der sein Haus auf Fels baut. Alle Stürme können ihm nichts anhaben. Der Ungläubige dagegen ist wie ein unvernünftiger Mann, der sein Haus auf Sand baut. Bei einer großen Prüfung stürzt es ein und wird völlig zerstört.

Die Parallelen zur koranischen Verkündigung sind mit Händen zu greifen. Zu greifen auch Parallelen in der *rabbinischen Überlieferung*. Sie kennt diese Variation des Gleichnisses (*H. L. Strack/P. Billerbeck*, Das Evangelium nach Matthäus – erläutert aus Talmud und Midrasch, 1978, 469):

> Ein Mensch, der viele gute Werke tut und viel Tora gelernt hat, womit lässt sich der vergleichen? Mit einem Menschen, der unten mit Steinen baut und danach mit Ziegeln; auch wenn viele Wasser kommen und an ihren Seiten stehen bleiben, lösen sie sich nicht auf von ihrer Stelle weg. Ein Mensch aber, der keine guten Werke und nicht Tora gelernt hat, womit lässt sich der vergleichen? Mit einem Menschen, der zuerst mit Ziegeln baut und danach mit Steinen; auch wenn nur geringe Wassermassen kommen, stürzen sie alsbald um.«

Die inhaltliche Pointe der drei Texte ist nicht notwendigerweise dieselbe, wohl aber die strukturelle: Nur wer gottgemäß handelt oder lebt, gewinnt Stabilität im Leben, Zuverlässigkeit. Wer dagegen eigennützig handelt, oberflächlich lebt, wem Gottes Weisungen gleichgültig sind, wird Einbrüche erleiden.

(2) Dann das »*Gleichnis vom reichen Kornbauern*«. In *Sure 104* aus frühmekkanischer Zeit klingt Jesu Gleichnis *vom reichen Kornbauer* in Lukas 12 an. Sure 104 lautet:

Weh jedem Lästerer und Verleumder,
der Vermögen zusammenbringt und zählt!
Er meint, sein Vermögen hätte ihn unsterblich gemacht.
Nein, er wird gewiss in die Zertrümmerung geworfen.
Woher willst du wissen, was die Zertrümmerung ist?
Gottes angefachtes Feuer,
das über die Herzen lodert.
Es liegt auf ihnen, geschlossen,
in gestreckten Säulen.
(Sure 104,1–9: Mk I; vgl. auch Sure 18,32–46: Mk II)

Auch *Jesus* stellt seinen Adressaten einen reichen Mann vor Augen (Lk 12,16–21). Seine gute Ernte will er in eine eigens vergrößerte Scheune einbringen, damit er über einen größeren Vorrat verfügt, der über viele Jahre reicht. »Ruh dich aus, iss und trink und freu dich des Lebens«, sagt er zu sich selbst. Doch Gott sagt zu ihm: »Du Narr! Noch in dieser Nacht wird man dein Leben von dir zurückfordern. Wem wird dann all das gehören, was du angehäuft hast?«

Solche Sätze kennen wir auch aus der Weisheitsliteratur der *Hebräischen Bibel*. Gerade das zitierte lukanische Gleichnis setzt sich vielfach zusammen aus Elementen jüdisch-weisheitlicher Tradition wie: »Rühme dich nicht des morgigen Tages, denn du weißt nicht, was der Tag gebiert« (Spr 27,1) oder: »Er sagt zwar zu gegebener Zeit: Ich habe Ruhe gefunden, nun will ich meine Güter genießen. Aber er weiß nicht, wie lange es dauert; er hinterlässt sie anderen und stirbt« (Sirach 11,19). Insbesondere die Tradition des Kohelet ist hier eingewandert (Koh 2,17–23; 5,17 – 6,2). Ob also in der Hebräischen Bibel, im Neuen Testament oder im Koran:»So geht es jedem, der nur für sich selbst Schätze sammelt, aber vor Gott nicht reich ist« (Lk 12, 21).

(3) Und dann noch das»*Gleichnis vom Weltgericht*«. In *Sure 90,6–17 (Mk I)* aus der ersten Periode von Mekka, in einem ganz frühen Text also, finden wir eine für die mekkanische Verkündigung charakteristische scharfe Kritik an einem Besitzenden, der ein»gewaltiges Vermögen« verschwendet hat. Er war den bequemen Weg gegangen, nicht den»steilen Weg«. Der»steile Weg« besteht nämlich in»Befreiung eines Sklaven«,»Speisung einer verwandten Waise oder eines Armen in Elend« am Tag einer»Hungersnot« (Sure 90,13–16).

Diese Rede vom»steilen Weg« erinnert an das Jesus-Wort vom»engen« und»weiten« Tor (Mt 7,13f; Lk 13,24) sowie an Jesu *Gleichnis vom großen Weltgericht* in Matthäus 25,31–46, wo die»Böcke zur Linken (Gottes)« von den»Schafen zur Rechten« geschieden werden. Christusnachfolge zeichnet sich aus durch konkrete Praxis der Speisung der Hungrigen, der Bekleidung der Nackten, des Besuchs von Kranken und Gefangenen.

Auch hier sind Parallelen in der *jüdischen Tradition* mit Händen zu greifen. Matthäus 25 muss zusammen gelesen werden mit Jesaja 58, um zu zeigen, wie tief ins Judentum die Wurzeln dieser Gleichnisrede reichen:

> Nein, das ist ein Fasten, wie ich es liebe:
> die Fesseln des Unrechts zu lösen,
> die Stricke des Jochs zu entfernen,
> die Versklavten freizulassen,
> jedes Joch zu zerbrechen,
> an die Hungrigen dein Brot auszuteilen,
> die obdachlosen Armen ins Haus aufzunehmen,
> wenn du einen Nackten siehst, ihn zu bekleiden
> und dich deinen Verwandten nicht zu entziehen.
> *(Jes 58,6f.)*

Weitere Belege: *H. L. Strack/P. Billerbeck, ebd., 973–984.*

Gemeinsame Grundhaltungen vor Gott einüben

Was ist diesen drei Beispielen gleich? In allen drei großen Traditionen wird von den jeweiligen Adressaten ein *gottentsprechendes Leben* gefordert. Worin besteht es? Ein gottentsprechendes Leben besteht für Juden, Christen und Muslime *zum einen* in Werken der tätigen Fürsorge für Bedürftige, *zum andern* in einer Haltung vor Gott, die auf Zuverlässigkeit und Treue gegründet ist und die Illusion einer Selbstsicherung des eigenen Lebens (durch ökonomische Sicherheit etwa) durchschaut hat. Die Hebräische Bibel, das Neue Testament und der Koran fordern von Menschen eine Priorität in ihrem Leben. Sie konkretisiert sich in einer uneigennützigen, Vorteilskalküle und Belohnungsberechnungen überwindenden sozialen Praxis. Ein Reichtum, der nicht bei Gott angesammelt ist, ist Ausdruck einer gefährlichen Verblendung.

Von diesem Ethos her ließe sich das trilaterale Gespräch weiter vertiefen. Tut man dies, so wird man in Zukunft erstaunliche Entdeckungen machen. Eine solche Entdeckung war für mich zum Beispiel das Buch von Professor *Tarif Khalidi*, Direktor des Zentrums Mittlerer Osten und Islamische Studien an der Harvard University und Mitglied des King's College, Cambridge/England, 2001 veröffentlicht unter dem Titel »The Muslim Jesus. Sayings and Stories in Islamic Literature«, auf Deutsch ein Jahr später erschienen unter dem Titel »Der muslimische Jesus. Aussprüche Jesu in der arabischen Literatur«.

Erstaunliche Jesus-Texte hat dieser Forscher zusammengestellt, und zwar aus disparaten Quellen in der großen Welt des Islam: aus ethischen Werken, populärer Frömmigkeitsliteratur, mystischen Texten, Weisheitsanthologien sowie Propheten- und Heiligengeschichten. Die verschiedenen Texte reichen chronologisch vom 12. bis zum 18. Jahrhundert. Solche Jesus-Sprüche zirkulierten in der arabisch-islamischen Literatur und Lehre von Spanien bis nach China. Unter den 303 hier dokumentierten außerkanonischen Jesus-Worten zitiere ich nur ein einziges Beispiel (S. 87: Nr. 48):

Ein Mann kam zu Jesus und sagte:»Lehrer des Guten, lehre mich etwas, das du kennst und ich nicht kenne, das mir nutzt und dir nicht schadet.« Jesus fragte:»Was sollte das sein?« Der Mann sagte:»Wie kann ein Diener wahrhaftig gottesfürchtig sein?« Jesus erwiderte:»Die Sache ist einfach. Du musst Gott in deinem Herzen wahrhaftig lieben und unter Aufbietung aller deiner Kräfte dein Leben in seinen Dienst stellen und Menschen deiner Rasse gegenüber so barmherzig sein, wie du auch Barmherzigkeit dir selbst gegenüber zeigst.« Er sagte:»Lehrer des Guten, wer sind die Menschen meiner Rasse?« Er antwortete:»Alle Kinder Adams. Und was du nicht möchtest, das dir getan wird, tue auch nicht anderen. Auf diese Weise wirst du wahrhaftig gottesfürchtig sein.«

Dieser Spruch wird *Ahmad Ibn Hanbal* (gest. 855) zugeschrieben. Er enthält Christen vertraute Anspielungen auf Aussagen des Matthäus-Evangeliums (Mt 22,34–40). Bezug genommen wird auch auf die Goldene Regel (Mt 7,12; Lk 6,31). Alles in allem nennt Professor *Khalidi* diese Texte ein »muslimisches Evangelium«, entstanden aus einer »Liebesbeziehung zwischen dem Islam und Jesus«. Diese Jesus-Sprüche dokumentierten »auf einzigartige Weise, wie eine Weltreligion die zentrale Figur einer anderen« übernähme und sie »als wichtigen Bestandteil ihrer eigenen Identität« anerkenne (S. 12). Ein eindrucksvolles Beispiel für das, was wir begründen und anwenden wollen: Beziehungsdenken. Gezeigt werden kann anhand dieser Texte, »wie interagierende religiöse Kulturen einander bereichern und lernen zu koexistieren«. Jesus ist – wie *Khalidi* sich ausdrückt – »eine überragende religiöse Gestalt aus eigenem Recht, die sich wie mühelos über zwei religiöse Welten erhebt: die eine, die ihn hegte, und die andere, die ihn sich zu eigen machte. Angesichts der aktuellen Spannungen zwischen Christentum und Islam in einigen Regionen des Mittleren Ostens und der Welt ist es wohltuend, an eine Zeit zu erinnern, in der sich Christen und Muslime mit größerer Offenheit und Bewusstheit begegneten« (S. 54).

Epilog

Kairo, Juni 2009: Präsident Barack Obamas Vermächtnis
10 Prinzipien einer Strategie der Entfeindung und Vertrauensbildung

Seit dem 21. Januar 2017 ist *Barack Obama* nicht mehr im Amt. Mit »Yes we can« hatte dieser Mann 2008 seinen Wahlkampf bestritten und große Teile der amerikanischen Wählerschaft für sich mobilisieren können. Eine Aufbruchsstimmung hatte das Land durchzogen, die es so seit den Zeiten der amerikanischen Bürgerrechtsbewegung nicht mehr gegeben hatte, als der charismatische Prediger *Martin Luther King* (1929–1968) der Bewegung eine Stimme verlieh:»I have a dream«. Als erster Bewerber afroamerikanischer Herkunft war Obama ins Amt des amerikanischen Präsidenten gekommen, ganz Kontrastfigur zu seinem Vorgänger im Weißen Haus (2001–2009), *George W. Bush*, der das Land durch seine Kriegspolitik gespalten hatte, wie dies zuletzt zu Zeiten des unseligen Vietnam-Kriegs der Fall gewesen war.

Die schwere Hypothek Obamas? *Erstens* die Flugzeugangriffe im September 2001 auf die Twin Towers in New York und das Pentagon in Washington durch islamistische Terroristen mit ca. 3000 Opfern. Ein Massenmord an Unschuldigen (darunter Muslime), gerechtfertigt im Namen eines selbstkonstruierten Islam, in Wahrheit vollzogen im Ungeist einer gottlosen Menschen- und Gottesverachtung. *Zweitens:* Der von *George W. Bush* unter Täuschung der amerikanischen und der Welt-Öffentlichkeit gerechtfertigte und unter schnöder Missachtung des Völkerrechts durchgeführte zweite Irak-

Krieg, der am 20. März 2003 mit der Bombardierung Bagdads begonnen hatte.

Mit der Folge: Zwar konnte nach wenigen Wochen der Diktator *Saddam Hussein* gestürzt werden, zugleich aber wurde nicht nur im Irak ein politisch-religiöses Chaos ausgelöst. Mehr noch: Große Teile des Nahen Osten, einschließlich Syrien, wurden auf verhängnisvolle Weise destabilisiert. Die Intervention der Amerikaner hatte Dämonen des Hasses, der Mordlust und Zerstörungswut wachgerufen, die sich u.a. in einem verbrecherischen Regime wie dem »Islamischen Staat« Ausdruck verschafft und Millionen von Menschen zur Flucht aus ihren Wohngebieten gezwungen hat. Mittlerweile sind nicht nur die Nachbarländer Syriens, die Türkei und Jordanien, Zufluchtsräume für Massen von Kriegsflüchtlingen geworden, sondern seit September 2015 auch viele Länder Europas. Auf syrisch-irakischem Boden findet ein Prozess der Selbstzerstörung statt, wie es ihn in der jüngeren Geschichte nicht gegeben hat. Involviert sind Russland, die Türkei und die USA, involviert rivalisierende islamische Staaten wie Saudi Arabien und der Iran. Ein nun schon fünf Jahre andauernder, unbarmherziger globaler und innermuslimischer Stellvertreter-Krieg auf dem Rücken von Millionen von Menschen.

Von seinem Amtsantritt im Januar 2009 an ist *Obama* somit mit der Tatsache konfrontiert, dass nicht ausschließlich, aber ganz wesentlich durch die Kriegspolitik seines Vorgängers die Beziehungen zwischen den Vereinigten Staaten und großen Teilen der islamischen Welt sich noch dramatischer als zuvor verschlechtert hatten. Obama ist zu einem Neuanfang entschlossen und wählt dafür einen hochsymbolischen Ort: Ägyptens Hauptstadt Kairo, Weltzentrum des sunnitischen Islam, und innerhalb Kairos die Institution mit der höchsten geistig-geistlichen Autorität im Islam: die Al-Azhar-Universität. Er will an einem Ort mit großer geschichtlicher Tiefe und geistiger Autorität vor allem auch die junge Generation ansprechen.

Am 4. Juni 2009 hält der Präsident dort seine Rede an die muslimische Welt. Sie wird in der Weltöffentlichkeit mit größter Spannung erwartet. Was würde Obama sagen? Wie würde er die islamische Welt adressieren? Die Skepsis in der deutschen und internationalen Presse ist groß. Wird diese Rede Wirkungen etwa auch auf den Nahost-Konflikt haben? Wird sie positive Veränderungsprozesse auslösen? Wird sie in der amerikanischen Öffentlichkeit und in der muslimischen Welt ein Umdenken erzeugen oder vergehen wie Rauch in der Luft, so wie ungezählte andere Reden amerikanischer Präsidenten vorher?

Sicher, Skepsis ist mehr als berechtigt. Ja, die Zeit seit dem Jahr 2009 – mit den damals noch nicht absehbaren Kämpfen auf syrischem und irakischem Boden sowie weltweiten islamistischen Terroranschlägen (ob in Afrika oder Europa) – hat alle Bedenkenträger und Besserwisser, hat Zweifler und Zyniker aller Couleur nur noch mehr bestätigt. Und doch erkenne ich in dieser Rede mehr als nur vergängliche Tagespolitik, mehr als wohlfeile Rhetorik, mehr als blauäugigen Idealismus. Die Rede ist mir kostbar, weil sie sich wie nur wenige Reden aktiver Politiker einer Grundfrage stellt, die um des Wohlergehens aller von zentraler Bedeutung ist, uns aus der Josefs-Geschichte in Bibel und Koran entgegenkommt (s. den Fünften Teil in unserer Studie) und auch *Helmut Schmidt* und *Anwar as-Sadat* umgetrieben hat (s. Prolog zu unserer Studie): Wie kann Entfeindung gelingen? Wie vermag man durch eine Rede, mit den Mitteln der direkten An-Sprache also, Menschen zum Nach- und Umdenken zu bewegen mit dem Ziel, Misstrauen in Vertrauen zu verwandeln, Abwehr in Hörfähigkeit, militante Aggressivität in Friedensbereitschaft ohne Zeigefingerei, ohne offene oder subtile Vorwürfe? Wie gelingt es, auf allen Seiten selbstkritische Distanz zu erzeugen, unabdingbare Voraussetzung für die Bereitschaft, auch die Perspektive des je Anderen ernst zu nehmen? Obama ist sich vorneherein im Klaren, wie prekär seine Situation ist: Ein mit einer Interventions-Geschichte auf muslimischem Boden belasteter amerikanischer Präsident tritt vor die muslimische Weltöffentlichkeit im Wissen um die Urteile, die ihm als Repräsentant der Supermacht USA entgegenschlagen. Die Obama-Rede in Kairo fordert somit heraus, sie nicht gleich mit dem Wirkungs-Argument abzutun, sondern mit analytischem Blick ihre argumentative *Überzeugungs-Strategie* freizulegen und nach den Prinzipien zu fragen, die hier für ein interkulturelles Kommunikations-Angebot angewandt sind. Deshalb nehme ich sie in den Epilog zu diesem Buch auf, das sich dem Dialog mit »den Anderen« und so der Vertrauensarbeit über die Grenzen der Religionen hinaus verpflichtet weiß. Ich will nicht, dass sie in Vergessenheit gerät. Ich möchte sie nicht endgültig den Zynikern zum Fraß vorwerfen, weigere mich, dass sie endgültig auf dem Mullhaufen der Geschichte landet. Denn ich bin davon überzeugt, dass die erkenntnisleitenden Prinzipien dieser Rede bleibend gültig sind, die Tagespolitik überdauern werden und Handlungsanweisungen auch für die Zukunft enthalten.

Ich schlage damit zugleich eine Brücke zu den Erfahrungen und Reflexionen eines anderen aktiven Politikers mit dem ich dieses Buch begonnen habe: zu *Helmut Schmidt* (s. Prolog). Die Kairo-Rede Obamas zieht die Linien weiter aus, die *Helmut Schmidt* auf Grund seiner Erfahrungen in Kairo und auf seiner Nil-Reise mit dem ägyptischen Staatspräsidenten *Anwar as-Sadat* angedeutet hatte. Und was immer über die Präsidentschaft Obamas kritisch zu sagen sein wird, was immer ihn gelungen oder misslungen ist, was immer er geleistet oder versäumt hat, was immer er an Hoffnungen geweckt und an Enttäuschungen hinterlassen hat, aus meiner Sicht ist die Kairo-Rede das geistig-politische Vermächtnis dieses Präsidenten über seine Amtszeit hinaus – im Blick auf das Schlüsselproblem heutiger Weltpolitik schlechthin.

Zunächst ein Wort zum *Aufbau der Rede*. Sie hat drei unterschiedliche Blöcke, die inhaltlich aber miteinander verzahnt sind. Der *erste Block* steht unter dem programmatischen Wort: »Ich bin nach Kairo gekommen, um einen Neuanfang zwischen den Vereinigten Staaten und den Muslimen überall auf der Welt zu beginnen«. Für »Neuanfang« aber wird nicht einseitig den Muslime die Verantwortung zugeschoben, als hätten sie allein einen »Neuanfang« zu erbringen. Der Neuanfang soll von Anfang an »auf gemeinsamen Interessen und gegenseitiger Achtung beruhen« sowie, so wörtlich, auf »der Wahrheit, dass die Vereinigten Staaten und der Islam die jeweils andere Seite nicht ausgrenzen und auch nicht miteinander konkurrieren müssen«. Stattdessen? Stattdessen werden »gemeinsame Grundsätze« zur Ausgangsbasis, die noch allgemein umschrieben werden mit »Grundsätze der Gerechtigkeit und des Fortschritts, der Toleranz und der Würde aller Menschen«. Nach diesem ersten Block schließt sich ein großer *zweiter Block* an, in dem programmatisch sieben Themen behandelt werden. *Thema 1*: Gewalttätiger Extremismus in allen seinen Formen. Konkret angesprochen wird die Situation in Afghanistan und Pakistan, im Irak sowie das Trauma des 11. September 2001. *Thema 2*: Die Situation zwischen Israelis und Palästinensern. *Thema 3*: Die Rechte und Pflichten von Nationen in Bezug auf Atomwaffen. *Thema 4*: Demokratie und Menschenrechte. *Thema 5*: Religionsfreiheit. *Thema 6*: Die Rechte von Frauen. *Thema 7*: Wirtschaftliche Entwicklung und Chancen, insbesondere im Blick auf den Bildungssektor. Die Rede schließt mit einem kurzen *dritten Block,* in dem leidenschaftlich für den Abbau von Misstrauen unter Hinzuziehung ethischer Prinzipien und spiritueller Quellen geworben wird.

Unter kommunikationstheoretischem Interesse sind der erste und der dritte Block von besonderem Interesse. In der Rekonstruktion lassen sich *zehn erkenntnisleitende Prinzipien* interkultureller Kommunikation erkennen:

Prinzip I: Selbstkritik im Lichte des je Anderen.

Obama weiß ganz offensichtlich, wie man Vertrauen bei einem Gegenüber erzeugt: durch Ernstnehmen der Wahrnehmung des je Anderen. Das ist nicht Ausdruck eigener Schwäche, im Gegenteil: Wer die kritische Wahrnehmung Anderer gelten lassen kann, offenbart innere Stärke, der braucht auch keine Schuldzuweisung, keine offenen oder subtilen Vorwürfe. Vertrauen entsteht dadurch, dass man dem Gegenüber signalisiert, man kenne *seine* Lesart der Wirklichkeit und nehme darauf Rücksicht. Stichworte für traumatisierende Erfahrungen von Muslimen in dieser Rede sind: Kolonialismus, Rücksichtslosigkeit im Zeitalter des Kalten Krieges (Suez-Krise) und die westlich-technologische Dominanz im Zeitalter der Globalisierung. Das alles hat zu Gefühlen der Bedrohtheit, zum Verdacht einer Verschwörung, kurz zu einer latenten oder offenen Haltung der Feindseligkeit im Verhältnis der islamischen zur westlichen Welt geführt. Die Schlüsselpassage lautet denn auch:

»Die Beziehungen zwischen dem Islam und dem Westen umfassen Jahrhunderte der Koexistenz und der Kooperation, aber auch Konflikte und religiöse Kriege. In der jüngsten Vergangenheit wurden die Spannungen durch Kolonialismus genährt, der vielen Muslimen Rechte und Chancen versagte, und einem Kalten Krieg, in dem mehrheitlich muslimische Länder zu oft als Stellvertreter benutzt wurden, ohne dass dabei Rücksicht auf ihre eigenen Bestrebungen genommen wurde. Darüber hinaus hat der weitreichende Wandel, der von der Moderne und der Globalisierung herbeigeführt wurde, dazu geführt, dass viele Muslime den Westen als feindlich gegenüber dem Islam erachteten.«

Prinzip II: Selbstkritik als Voraussetzung für glaubwürdige Fremdkritik

Nur weil *Obama* bereit ist, selbstkritisch die Selbstwahrnehmung des Gegenübers ernst zu nehmen, kann er diesem umso schonungsloser den Spiegel vorhalten. Die Kairo-Rede ist alles andere als harmonisierend oder verharmlosend, alles andere als die Rede eines Nur-Gut-Menschen, der – naiv und unbedarft – sich die Welt des Islam schönredet und sich Illusionen über den innerislamischen, vor allem *autogen* erzeugten Problemdruck macht. Fragen, die Menschen *im Westen* an Erscheinungen innerhalb der islamischen Welt haben, werden in aller Offenheit angesprochen. Nur vermeidet Obama strikt alle pauschalisierende Rede von »dem« Islam. Er benennt konkrete Phänomene *in der* Welt des Islam. Ich nenne vier Stichworte:

Stichwort 1: Gewalttätige Extremisten. »Gewalttätige Extremisten haben diese Spannungen an einer kleinen, aber starken Minderheit der Muslime ausgenutzt. Die Anschläge vom 11. September 2001 und die fortgesetzten Bemühungen dieser Extremisten, Gewalt gegen Zivilisten zu üben, hat einige in meinem Land dazu veranlasst, den Islam als zwangsläufig feindlich nicht nur gegenüber den Vereinigten Staaten und Ländern des Westens zu betrachten, sondern auch gegenüber den Menschenrechten. All das hat zu weiteren Ängsten und mehr Misstrauen geführt.«

Stichwort 2: Al-Kaida. 3000 Menschen seien am 11. September 2001 getötet worden, ruft Obama seiner muslimischen Zuhörerschaft zu. Die Opfer? Unschuldige Frauen, Kinder, Männer aus den USA und vielen Ländern der Erde, »die niemandem etwas getan« hätten. Al-Kaida habe diese Menschen »unbarmherzig ermordet, sich mit dem Angriff gebrüstet« und kündige neue »massive Angriffe« an. Diese Passage vor der gesamten islamischen Öffentlichkeit wird sein Wirkung nicht verfehlt haben, gerade weil Obama hier geschickt an das stark ausgebildete Gerechtigkeits-Gefühl vieler Muslime appelliert.

Stichwort 3: Demokratische Verfassung von Staaten. Klug entfaltet Obama eine in sich konsequente Argumentationsfolge und zwar in drei Schritten: Zunächst wird klargestellt, dass keinem Land ein Regierungssystem aufgezwungen werden soll. Dann aber macht er klar, dass die Ideale der Demokratie nicht amerikanische, sondern universalen Werte sind, Menschenrechte: Partizipation an der Gesellschaft, Rechtsstaatlichkeit, Gleichheit vor dem Gesetz. Dann wird Klartext geredet: Einige gäbe es, sagt Obama, die Demokratie nur forderten, wenn sie nicht an der Macht seien. Seien sie aber an der Macht, unterdrückten sie rücksichtslos die Rechte anderer. Die Anspielung auf die sogenannten Revolutionäre im Iran, in Syrien und dem Irak sind überdeutlich.

Stichwort 4: Religionsfreiheit. Wieder bedient sich Obama einer Mischung aus Selbstkritik, Fremdkritik und einem geschichtlichen Narrativ. Der Islam blicke auf eine »stolze Tradition der Toleranz zurück«, erklärt er. Das sähe man an der »Geschichte Andalusiens und Cordobas während der Inquisition«. Das sei »die Geisteshaltung«, die es auch heute brauche. Die Freiheit für alle Menschen, »ihren Glauben aufgrund der Überzeugung des Geistes, des Herzens und der Seele zu wählen und zu leben«. Unter einigen Muslimen aber gäbe es die »beunruhigende Tendenz, den eigenen Glauben zu messen, indem man den Glauben eines anderen Menschen« ablehnt. Doch müsse die »Reichhaltigkeit der religiösen Vielfalt« aufrechterhalten werden – »unabhängig davon, ob es um Maroniten im Libanon oder die Kopten in Ägypten« gehe. Auch sollten die Spaltungen im Islam zwischen Sunniten und Schiiten überwunden werden, die besonders im Irak »zu tragischer Gewalt« geführt hätten.

Prinzip III: Gemeinsame Interessen definieren

Obama hat genug von psychologischen Reaktions-Mustern verstanden, um nicht zu wissen: Teufelskreise von Verdächtigungen und Zwietracht, die sich oft über Generationen aufgebaut haben, können nur durch eine künftige Orientierung an gemeinsamen Interessen und an gegenseitigem Respekt durchbrochen werden. Ein »Neuanfang« kann nicht abrupt entstehen, er muss durch eine Praxis des Vertrauens wachsen. Aber er kann programmatisch in seinen Zielen vorgegeben werden. Obama tut das mit den Sätzen: »Solange unsere Beziehungen von unseren Unterschieden definiert sind, werden wir diejenigen stärken, die eher Hass als Frieden verbreiten, und diejenigen, die eher Konflikte fördern als die Zusammenarbeit, die den Menschen in allen unseren Ländern helfen könnte, Gerechtigkeit und Wohlstand zu erreichen. Dieser Kreislauf der Verdächtigung und Zwietracht muss enden.«

Prinzip IV: Positive Erfahrungen mit »den Anderen« benennen

Wer Vertrauen beim Anderen erzeugen und Feindbilder abbauen will, sollte persönlich glaub-würdig sein. Obama hat das verstanden und wirft seine persönlichen Erfahrungen als Kind in Indonesien in die Waagschale. Als Kind habe er selber in Indonesien gelebt und dort erlebt, dass »fromme Christen ihren Glauben frei in einem mehrheitlich muslimischen Land« hätten praktizieren können. Die eigene Biographie also wird zum Zeugnis, unaufdringlich eingesetzt, unpathetisch und ohne Selbststilisierung zu einer Ausnahmeerscheinung: »Ich bin Christ, aber mein Vater stammt aus einer kenianischen Familie, zu der Generationen von Muslimen gehören. Als Junge lebte ich mehrere Jahre in Indonesien und hörte bei Sonnenauf- und Sonnenuntergang den Ruf des Athan. Als junger Mann arbeitete ich in Gemeinden Chicagos, wo viele Menschen im muslimischen Glauben Würde und Frieden fanden.«

Wer das von sich sagen kann, erwirbt Kredit bei einer muslimischen Zuhörerschaft. Er kann den Verdacht unterlaufen, nur taktisch zu reden, nur kurzfristige politische Interessen zu vertreten. Durch seine Lebensgeschichte kann er belegen, dass die Zusammenarbeit mit Menschen muslimischen Glaubens ihn mitgeprägt hat, dass er somit in der Lage ist, Menschen aus dieser Welt ohne Vorurteile zu begegnen. In einer multireligiösen Welt wie der unsrigen schaffen multiethnische und multikulturelle Biographien eher Vertrauen als monokausale, zumal wenn man Menschen in einer Kultur erreichen will, die nicht die eigene ist.

Prinzip V: Die kulturellen Leistungen der Anderen beachten und achten

Vom Tod des Propheten Mohammed im Jahre 632 an gerechnet bis heute ist die islamische Kultur rund 1400 Jahre alt. Im Frühmittelalter als bloße christliche Häresie verurteilt, im Mittelalter durch sieben Kreuzzüge militant bekämpf, zur Zeit der Reformation – im Abwehrkampf gegen einen osmanischen militanten Expansionismus – als apokalyptisches Zeichen des Antichristen dämonisiert, setzt sich im europäischen 18. Jahrhundert im Zeichen der Aufklärung ein Bild durch, das die zivilisatorischen und kulturellen Errungenschaften des Islam für die von ihm beherrschten Völker und Kulturen betont. Einstmals war die vom Islam geprägte Kultur innovativ. Obama spricht dies gezielt an, nicht um die Vergangenheit zu verklären, sondern um neue Generationen von Muslimen anzuspornen, einen Islam zu leben, der zu neuen innovativen Zivilisationsschüben und damit zu epochalen Leistung für die Weltkultur fähig ist. Der psychologische Effekt dieser seiner Passage in der Rede ist offenkundig: Erinnerung an große Leistungen einer Kultur kann zur Stärkung von Leistungs- und Fortschrittsbereitschaft heute führen. Wir erinnern uns, dass auch *Helmut Schmidt* sich dieses Narrativs bedient hatte:

»Als Geschichtsstudent weiß ich auch um die Schuld der Zivilisation gegenüber dem Islam. Es war der Islam – an Orten wie der Al-Azhar Universität – der das Licht der Bildung über so viele Jahrhunderte getragen und den Weg für die europäische Renaissance und Aufklärung bereitet hat. Es waren Innovationen in muslimischen Gesellschaften, durch die die Ordnung der Algebra entstanden, unser magnetischer Kompass und die Instrumente der Navigation, unsere Fähigkeit Federhalter herzustellen und unsere Beherrschung des Drucks sowie unser Wissen um die Verbreitung von Krankheiten und wie sie geheilt werden können. Die islamische Kultur hat uns majestätische Bögen und hohe Gewölbe beschert, zeitlose Poesie und geschätzte Musik, elegante Kalligraphie und Orte der friedlichen Kontemplation. Im Verlaufe der Geschichte hat der Islam durch Worte und Taten die Möglichkeiten der religiösen Toleranz und ethnischen Gleichberechtigung demonstriert.«

Prinzip VI: Partizipation von Muslimen am amerikanischen Leben

Erweckung von Stolz auf große Leistungen der eigenen Kulturgeschichte sind das eine Mittel, um Menschen für eine gemeinsame Zukunft zu gewinnen. Das andere Mittel lautet: Zeige, dass Muslime in der Geschichte und in der Gesellschaft des eigenen Landes keine Fremdkörper mehr sind, sondern längst dazugehören. Mache die schon vorhandene Partizipation bewusst. Praktiziere statt ausgrenzendes integratives und partizipatives Denken. Und dass Muslime in der Tat von Anfang schon an *Teil der amerikanischen Geschichte* sind, daran soll diese Passage erinnern:

»Die erste Nation, die mein Land anerkannte, war Marokko. Bei der Unterzeichnung des Vertrags von Tripolis im Jahre 1796 schrieb unser zweiter Präsident, John Adams: ›Die Vereinigten Staaten hegen in ihrem Innern gegenüber den Gesetzen, der Religion und dem Frieden der Muslime keinerlei Feindseligkeit.‹ Seit ihrer Gründung haben amerikanische Muslime die Vereinigten Staaten bereichert. Sie haben in unseren Kriegen gekämpft, in unserer Regierung gedient, sich für Bürgerrechte eingesetzt, Unternehmen gegründet, an unseren Universitäten gelehrt, hervorragende Leistungen in unseren Sportstätten erbracht, Nobelpreise gewonnen, unser höchstes Gebäude erbaut und die olympische Fackel entzündet. Als vor kurzem der erste amerikanische muslimische Amerikaner in den Kongress gewählt wurde, legte er den Amtseid zur Verteidigung unserer Verfassung auf den gleichen Heiligen Koran ab, der in der Bibliothek eines unserer Gründerväter stand: Thomas Jefferson.«

Muslimen aber sind längst auch *Teil der amerikanischen Gesellschaft.* Auch das ruft Obama in Erinnerung:

»Der Traum von Chancen für alle Menschen ist nicht für jeden in den Vereinigten Staaten wahr geworden, aber seine Versprechungen bestehen weiterhin für alle, die in unser Land kommen. Dies schließt nahezu sieben Millionen amerikanische Muslime ein, die heute in unserem Land leben, und die übrigens über ein Einkommen und einen Bildungsstand verfügen, der über dem amerikanischen Durchschnitt liegt. Außerdem ist die Freiheit in den Vereinigten Staaten untrennbar mit der Freiheit der Religionsausübung verbunden. Das ist der Grund, warum in jedem Staat unserer Union eine Moschee und es insgesamt mehr als 1200 Moscheen innerhalb unserer Landesgrenzen gibt ... Es besteht also kein Zweifel: Der Islam ist Teil der Vereinigten Staaten.«

Prinzip VII: Gemeinsame Verantwortung in der Weltgesellschaft wahrnehmen

Das siebte Prinzip folgt mit logischer Konsequenz aus dem sechsten. Denn wenn Muslime bereits als Bürger der USA unter dem Schutz der Verfassung an der amerikanischen Gesellschaft partizipieren, dann gilt es umso nachdrücklicher, auch für die Aufgaben der Zukunft gemeinsame Verantwortung wahrzunehmen. Es gilt, ein partizipatorisches Verantwortungsgefühl zu entwickeln, das aus der eigenen Glaubensidentität heraus positive Energien zur Bewältigung von Zukunftsaufgaben freisetzt. Auch hier wird Obama sehr konkret: »Unser Glaube sollte uns zusammenbringen. Aus diesem Grund fördern wir in den Vereinigten Staaten Projekte, bei denen Christen, Muslime und Juden zusammengebracht werden ... Überall auf der Welt können wir aus Dialog glaubensübergreifendes Engagement machen, so dass Brücken zwischen Menschen Maßnahmen zur Folge haben, ob es um die Bekämpfung von Malaria in Afrika geht oder um Hilfsmaßnahmen nach einer Naturkatastrophe.«

Prinzip VIII: An positive Botschaften aus den Heiligen Schriften erinnern

Für glaubende Menschen aber gibt es normative Texte, die verbindlich Orientierung geben, Maßstäbe des Handelns vorgeben und das Verhalten gegenüber den je »Anderen« beeinflussen. Wer glaubende Menschen überzeugen und gewinnen will, sollte dies tunlichst nicht unter Ignorierung ihrer jeweils »Heiligen Schriften« tun. Motivationale Schübe brauchen geistliche Legitimation in und durch normative Traditionen. Obama weiß auch das, zumal er an einem Ort wie der Al-Azhar-Universität redet. An drei Stellen seiner Rede setzt er deshalb gezielt die Berufung auf den »Heiligen Koran« ein. Gleich zu Beginn, als er seinen Zuhörern versichert, ihnen die Wahrheit sagen zu wollen. An dieser prekären Stelle wird der *Koran erstmals zitiert* und zwar mit den Worten: »Sei Gott gewärtig und spreche immer die Wahrheit«. Woraus Obama folgt: »Ich werde die Wahrheit sagen, so gut ich das kann; demütig angesichts der Aufgabe, die vor uns liegt, und fest in meinem Glauben, dass die Interessen, die uns als Menschen gemein sind, viel stärker sind als die Kräfte, die uns entzweien.«

Die *zweite Berufung* auf den Koran erfolgt im Zusammenhang mit dem Thema Extremismus und Massenmord an Unschuldigen. Den Extremisten wird vorgehalten, sie hätten Menschen unterschiedlichen Glaubens getötet. Zugleich aber fügt Obama hinzu: »Allerdings starben mehr Muslime als Anhänger anderer Glaubensrichtungen«. Die Tötung Unschuldiger aber? Sie sei nicht nur »unvereinbar mit den Menschenrechten«, sondern auch mit dem Islam: »Der heilige Koran lehrt, dass, wenn jemand einen Unschuldigen tötet, es so ist, als habe er die ganze Menschheit getötet. Und der heilige Koran sagt auch, dass, wenn jemand einen Menschen rettet, es so ist, als habe er die ganze Menschheit gerettet« (Sure 5,32). Der »fortdauernde Glaube«, fährt Obama fort, »von mehr als einer Milliarde Menschen ist so viel größer als der engstirnige Hass einiger weniger. Der Islam ist nicht Teil des Problems im

Kampf bei der Bekämpfung des gewalttätigen Extremismus – er ist ein wichtiger Teil der Förderung des Friedens«.

Ebenfalls strategisch klug zitiert Obama am Ende seiner Rede ein *drittes Mal* den Koran, jetzt aber verweist er auch die normative jüdische und christliche Tradition. Er braucht sie, um den Geist des Neuanfangs, den er beschwören will, spirituell zu legitimieren und aus »*heiligen*« Quellen heraus zu begründen. Es stehe in unserer Macht, die Welt zu schaffen, wie wir uns wünschten, ruft er seinen Hörern in Kairo zu, aber nur, wenn wir den Mut für einen Neuanfang besäßen und uns an das erinnerten, was geschrieben stehe:

»Der heilige Koran lehrt uns: ›O ihr Menschen, wir haben euch von einem männlichen und einem weiblichen Wesen erschaffen, und wir haben euch zu Verbänden und Stämmen gemacht, damit ihr einander kennenlernt.‹ [Sure 49,13]

Der Talmud lehrt uns: ›Die ganze Tora gibt es nur, um den Frieden unter den Menschen zu erhalten.‹ [vgl. *W. Homolka*, Liturgie als Theologie, 2005, 77]

Die heilige Bibel lehrt uns: ›Selig sind die Friedfertigen; denn sie werden Gottes Kinder heißen.‹[Mt 5,9]«

Prinzip IX: Bausteine eines Menschheitsethos bewusst machen

Neben der Berufung auf selektive »heilige« Texte«, die nur für Glaubende normative Bedeutung haben, gibt es in Obamas Rede aber auch den Rekurs auf Grundregeln menschlichen Verhaltens, die sich seit Jahrtausenden in der menschlichen Zivilisation eingeschliffen und bewährt haben. Sie sind nicht zufällig in großen ethischen Texten aller Kulturen verankert. Zu nennen ist vor allem das *Prinzip Gegenseitigkeit*. Es zieht sich ohnehin durch die gesamte Kairo-Rede hindurch, speist Obamas Selbstkritik, aber auch seine Kritik am Gegenüber. In der Zivilisationsgeschichte der Menschheit ist dieses Prinzip knapp gefasst worden in dem, was man die *Goldene Regel* nennt, die von *Konfuzius* über das Neue Testament (Mt

7,12; Lk 6,30) und die normative islamische Tradition bis hin zu *Kant* (»Kategorischer Imperativ«) universal sich durchgesetzt hat: »Was du nicht willst, dass man dir tut, tue auch nicht den Anderen«. Oder positiv: »Was ihr von anderen erwartet, das tut ebenso auch ihnen«. Diese »Goldene Regel« ist durch das von dem Tübinger Ökumeniker *Hans Küng* initiierte »Projekt Weltethos« programmatisch wieder neu ins allgemeine Bewusstsein gerückt worden. In der Weltethos-Erklärung von Chicago 1993 steht sie neben dem religionsübergreifenden Humanitätsprinzip (»Jeder Mensch soll menschlich behandelt werden.«) als zweites Prinzip neben den vier unverrückbaren Weisungen, die sich aus den normativen Traditionen der Religionen ableiten lassen.

Die »Goldene Regel« ist also kein spezifisch religiös begründetes Prinzip, sondern verdichtet eine menschliche Urerfahrung, die dann durch die Religionen festgeschrieben wurde: Ohne ein Minimum an Gegenseitigkeit ist ein menschliches Zusammenleben, das seinen Namen verdient, undenkbar. Es liegt auf der Hand, dass Obama für sein Anliegen die Berufung auf die Goldene Regel bestens gebrauchen kann:

»Es ist einfacher, Kriege zu beginnen, als sie zu beenden. Es ist einfacher, die Schuld auf andere zu schieben, als sich selbst zu betrachten. Es ist einfacher, zu sehen, was uns von jemandem Anderen unterscheidet, als wie Dinge zu finden, die wir gemeinsam haben. Aber wir sollten uns für den richtigen Weg entscheiden, nicht nur für den einfachen. Es gibt auch eine Regel, die jeder Religion zugrunde liegt – dass man andere behandelt, wie man selbst behandelt werden möchte. Diese Wahrheit überwindet Nationen und Völker – ein Glaube, der nicht neu ist, der nicht schwarz oder weiß oder braun ist, der nicht Christen, Muslimen oder Juden gehört. Er ist ein Glaube, der in der Wiege der Zivilisation pulsierte und der noch immer in den Herzen von Milliarden von Menschen auf der Welt schlägt. Es ist der Glaube an andere Menschen, und er hat mich heute hierher gebracht.«

Prinzip X: Eine religionsübergreifende Dialogpraxis fördern

Der Glaube von Menschen hat etwas Verbindendes, lässt Obama sein Hörer in Kairo wissen. Er bringt Menschen zusammen, ob Christen, Juden oder Muslime. Geschickt verweist Obama in diesem Zusammenhang auf Autoritäten in der islamischen Welt: auf »Bestrebungen wie den religionsübergreifenden Dialog des saudi-arabischen Königs Abdullah und die Führungsrolle der Türkei in der Allianz der Zivilisationen«. Das müsse praktische Folgen haben im Vertrauen darauf: »Die Menschen auf der Welt können in Frieden zusammenleben. Wir wissen, dass das Gottes Weitblick ist. Jetzt muss es unsere Arbeit hier auf Erden sein.«

Ob diese Rede Wirkungen gehabt hat? Wer will das behaupten? Ob sie keine Wirkung gehabt hat? Niemand kann das beweisen. Die Prinzipien sind ja durch die Wirklichkeit nicht einfach »widerlegt«. Sie halten im Gegenteil der Wirklichkeit kontrafaktisch den Spiegel vor. Aber nicht die Wirkungs-Frage hat mich interessiert. Ob Obamas Kairo-Rede eine epochal gewesen ist, sollen Zeithistoriker mit genügender Distanz beurteilen. Ich messe diese Rede nicht an ihren kurzfristigen »Wirkungen«. Für ihre Qualität ist das für mich kein Beurteilungskriterium. Wer meint, sich bequem zurücklehnen zu können, um besserwisserisch Obama Bemühungen als wirkungslos abzutun, hat von dieser Rede nichts begriffen. Die Prinzipienanalyse hatte gerade den Sinn, die Qualität der Rede nicht von deren Wirkungen abhängig zu machen. Wer Entfeindung und Vertrauensarbeit will, frage sich, welche Alternativen es gibt. Wer »Neuanfang« will, beginne, vor Ort ganz praktisch selber mit diesen zehn Prinzipien zu arbeiten. Sie bilden so etwas wie eine Charta interkultureller Kommunikation, die über den Tag und die Stunde hinaus gilt.

»Ich weiß«, so endet Obama seine Rede, »es gibt viele – Muslime und Nicht-Muslime – die sich fragen, ob wir diesen Neuanfang erreichen können. Einige sind sehr daran interessiert, Spaltung zu schüren und sich dem Fortschritt in den

Weg zu stellen. Einige bringen vor, dass es die Mühe nicht wert sei – dass es unser Schicksal ist, unterschiedlicher Meinung zu sein, und dass es Kulturen bestimmt ist, gegeneinander zu kämpfen. Viele andere sind einfach skeptisch, ob wahre Veränderungen wirklich stattfinden können. Es gibt so viel Angst und so viel Misstrauen, die sich im Laufe der Jahre aufgebaut haben. Aber wenn wir beschließen, dass wir an die Vergangenheit gebunden sind, werden wir niemals Fortschritte machen. Ich möchte das insbesondere an die jungen Menschen aller Glaubensrichtungen in allen Ländern richten – Sie, mehr als jeder andere, haben die Fähigkeit, diese Welt neu zu erdenken, neu zu gestalten.«

Jerusalem Mai 2014: Papst Franziskus' Zeugnis im Geiste abrahamischer Pilgerschaft und Gastfreundschaft

Jemand, der den religionsübergreifenden Dialog nicht nur fordert, sondern fördert, ist *Papst Franziskus*, der seit dem 13. März 2013 in Rom auf dem Stuhle Petri sitzt. Ein Mann, der sich so leidenschaftlich wie sein Namenspatron für den Frieden in der Welt einsetzt, allen Rückschlägen, Niederlagen und Katastrophen zum Trotz. Wer an *Pfingstsonntag 2014 die Bilder aus den vatikanischen Gärten* gesehen hat, weiß, wovon ich spreche. Auf Einladung des Papstes kommen die damaligen Staatspräsidenten Israels und Palästinas, *Schimon Perez* und *Mahmud Abbas*, zusammen. Sie haben ihre Religionsführer mitgebracht und drückten im Gebet vor Gott am selben Ort und »auf Augenhöhe« ihre Sehnsucht nach Frieden aus. Sicher, man kann auch hier wieder das ganze »Event« als Alibiveranstaltung abtun und in den Chor der Zyniker einstimmen: fromme Worte, keine Taten. Das ist billig. Die Zeichen selber, durch die Medien in alle Welt ausgestrahlt, haben einen Wert in sich. Daran glaube ich. Man darf das Feld nicht den dämonischen Verführern und nicht den Predigern des Hasses und der Gewalt überlassen.

Ein Friedensgebet mit Juden und Muslimen im Vatikan

Welch eine Szene denn auch: Rabbiner auf vatikanischem Boden, die in hebräischer Sprache vier Psalmen in den römischen Himmel schicken? Wann hätte es das je zuvor gegeben? Mullahs mit ihren offiziellen Talaren und Hüten: Wann hätten Muslime je im Vatikan offiziell und öffentlich gebetet? Wann sind muslimische Laute je durch die vatikanischen Gärten geklungen? Gewiss, die dort Versammelten haben aus Angst vor Religionsvermischung kein gemeinsames Gebet gesprochen, aber sie haben gemeinsam für dasselbe Anliegen gebetet. Auf diese Weise haben sie der Weltöffentlichkeit zumindest dies demonstriert: Friedenssehnsucht hat nicht eine Religion allein gepachtet, sie ist gleichermaßen Sache aller.

Auch Papst Franziskus weiß, dass ein Friedensgebet allein den Nahost-Konflikt nicht löst. Dazu sind die Gräben zu tief, Hass und Misstrauen auf beiden Seiten zu bitter. Insofern war dieses Treffen ein tollkühner Akt des Schwebens über dem Abgrund der Geschichte, allein aus dem Vertrauen auf die Kraft des Gebetes. Ausdruck eines Gottvertrauens, das uns exemplarisch wie keine andere Figur unserer Heiligen Schriften, *Abraham*, vorgelebt hat. Im Prolog habe ich davon schon gesprochen und skizziert, wie zentral die Figur Abrahams für Juden, Christen und Muslime ist.

Der Papst hat damit das getan, was seines Amtes ist: Er hat mit Leidenschaft und Unparteilichkeit – allem Missbrauch der Religionen und allem Versagen der Politik zum Trotz – die spirituellen Potentiale der Religionen noch einmal in die Waagschale geworfen Den Zynikern auf allen Seiten, die den Hass in die Herzen der Menschen senken, um ihn dann für ihre Zwecke auszubeuten, hat der Papst den Glauben an die Friedensbereitschaft vieler Menschen in Israel und Palästina entgegengesetzt. Sie kommt negativ aus einer buchstäblich himmelschreienden Versagens- und Schuldgeschichte der letzten Jahrzehnte auf allen Seiten, der Müdigkeit der Menschen, welche die ewig scheinenden Konflikt leid sind, dem Eingedenken der Tausenden von Toten, die dieser Konflikt zwischen zwei Völkern um ein Land bereits gekostet hat. Und sie kommt positiv aus einem Bewusstsein der Brüderlichkeit, grundgelegt in der *Herkunft von Abraham*: »Ihre Anwesenheit, meine Herren Präsidenten, ist ein großes Zeichen der Brüderlichkeit, das Sie als Söhne Abrahams vollziehen und ein Ausdruck konkreten Vertrauens auf Gott, den Herrn der Geschichte, der heute auf uns schaut als auf Menschen, die einander Brüder sind, und uns auf seine Wege führen möchte.« (Internet-Dokumentation: »Der Heilige Vater – Der Heilige Stuhl. Franziskus: Gebete 2014«). Jeweils drei Gebete für jede Religion – ein Dankgebet, ein Bitte um Vergebung und dann die Bitte um Frieden. »Schlichter hätte das alles kaum geschehen können – ergreifender auch kaum«, kommentiert die »Süddeutsche Zeitung« am 10. Juni 2014. »Es sind Bilder entstanden, die das Scheitern der Politik, Verständigung zu finden, noch schwerer hinnehmbar machen.«

Vorbild Abraham: Pilgerschaft als Aufbruch

Die Berufung dieses Papstes auf Abraham kommt nicht von ungefähr. Wenige Wochen vor dem Gebetstreffen in den vatikanischen Gärten war der Papst nach Jerusalem gereist und hatte am 26. Mai 2014 dem Großmufti der Stadt einen Besuch abgestattet. Er sei als »Pilger« gekommen, sagt Franziskus in seiner Ansprache bei diesem Besuch, als Pilger nach dem Vorbild Abrahams, der »als Pilger in diesem Land« gelebt habe. Wörtlich: »Moslems, Christen und Juden erkennen in Abraham – wenn auch auf unterschiedliche Weise – einen Vater im Glauben und ein großes Vorbild, das man nachahmen sollte. Er wurde Pilger, verließ sein Volk und sein Vaterhaus, um jenes geistliche Abenteuer einzugehen, zu dem Gott ihn rief« (Internet-Dokumentation: »Der Heilige Vater – Der Heilige Stuhl. Papstreisen 2014 außerhalb Italiens«).

Stichwort: »geistliches Abenteuer«! »Kinder Abrahams« zu sein ist folglich kein frommes Etikett, keine beliebige Phase, sondern eine konkrete Selbstverpflichtung. Praktische Projekte und lernintensive Institutionen sind wichtig, bleiben aber nur dann keine flüchtigen Erscheinungen, wenn das Engagement der Menschen tief in den Herzen und Gewissen der Menschen verankert ist. Vielerfahrene wissen: Wer sich mittel- und langfristig für eine Verständigung von Menschen verschiedener Religionen einsetzt, wird früher oder später mit der Frage konfrontiert: Wie durchhalten, wenn man sieht, wie anstrengend die Arbeit ist, wie klein oft der Erfolg, wie vergeblich die Mühe. Was lässt einen nicht zynisch abwinken, wenn man erlebt, wie oft mit Religion Schindluder getrieben wird: Menschenrechte verletzt, Frauen diskriminiert, Indoktrination betrieben, Mord gerechtfertigt?

Ein »geistliches Abenteuer«: Geprüftes Gottvertrauen

Wer sich Abraham zum Vorbild nimmt, wird in der Tat in ein »geistliches Abenteuer« verwickelt, wie Papst Franziskus formuliert hat. Will sagen: Der/die lernt, was *erprobtes Gottvertrauen* ist: Ein trotz aller Zweifel, Müdigkeit, Skepsis und Resignationsversuchung durchgehaltener Glaube, eine »docta spes«, wie der Philosoph *Ernst Bloch* sie genannt hat, will sagen: eine realistische, um das Scheitern wissende Hoffnung. Schon Abraham, wie uns das Buch Genesis in den Kap. 12–22 erzählt, brauchte im Warten auf die Erfüllung der Verheißungen Gottes einen langen Atem. Ein anderes Wort für geprüftes Gottvertrauen. Leere Hände sind auch heute oft das Resultat mühsamer Arbeit. Aber diese leeren Hände sind Abraham-Hände. Immer wieder hatte er Verheißungen bekommen, sah aber keine Resultate. Immer wieder Zusagen durch Gott. Aber die Wirklichkeit? »Gegen alle Hoffnung hat er voll Hoffnung geglaubt«, wird später der Völkerapostel Paulus Abraham interpretieren und ihn »stark im Glauben« nennen (Röm 4,18.20). Paulus hatte begriffen, was es für einen Menschen bedeutet, trotz allem daran festzuhalten, »dass Gott die Macht besitzt, zu tun, was er verheißen hat« (Röm 4,21f.).

Ein Pilger ist denn auch ein Mensch, »der die Armut auf sich nimmt, der sich auf den Weg macht, sich nach einem großen und ersehnten Ziel ausstreckt und von der Hoffnung auf eine empfangene Verheißungen lebt (vgl. Hebr 11,8–19). Das sei die Lage Abrahams gewesen, ruft Franziskus aus und folgert daraus: »das müsste auch unsere geistliche Haltung sein. Wir dürfen nie meinen, uns selbst zu genügen, Herren unseres Lebens zu sein; wir dürfen uns nicht darauf beschränken, sicher und verschlossen in unseren Überzeugungen zu verharren. Vor dem Geheimnis Gottes sind wir alle arm und spüren, dass wir immer bereit sein müssen, aus uns selbst herauszugehen, folgsam gegenüber dem Ruf, den Gott an uns richtet, und offen gegenüber der Zukunft, die er für uns aufbaut.«

Zwei Lebensbewegungen im Vergleich: Odysseus und Abraham

Einem großen jüdischen Denker unserer Zeit, *Emanuel Levinas* (1906–1995), verdanke ich einen sehr erhellenden Vergleich. Er hat einmal – wie nebenbei – zwei Figuren der abendländisch-biblischen Tradition miteinander kontrastiert, die zwei ganz unterschiedliche Lebensbewegungen repräsentieren: Odysseus und Abraham (Die Spur des Anderen, 1983, 209–235). Unterschiedlicher könnten sie in der Tat kaum sein.

Odysseus? Er ist ein Held, dessen dramatische Geschichte durch den griechischen Dichter Homer überliefert und besungen ist. Sieger vor Troja, der großen Küstenstadt in Kleinasien, welche die Griechen viele Jahre belagert und schließlich erobert hatten. Nach dem Fall Trojas hatte Odysseus zu großen Fahrten aufbrechen müssen. Abenteuer auf Abenteuer folgen. Eine lange Reise, bis dieser Mann heimkehren kann. Damit steht Odysseus in der abendländischen Tradition für eine Lebensbewegung von der Fremde zurück in die Heimat. Nie hatte dieser Mann die Sehnsucht aufgegeben, zurückzukehren nach Ithaka, seine Geburtsinsel, nach Penelope, seiner treuen Frau, nach Telemachos, dem geliebten Sohn. Seine Fahrten? Sie führen ihn trotz aller Ab- und Umwege letztlich dorthin, wo er herkommt, sind getrieben vom Willen zur Rückkehr ins Heimatliche. Seine Lebensbahn? Eine Kreis-Bewegung. Das Schicksal des Odysseus ist damit Ausdruck einer Sehnsucht in vielen Menschen, heimzukehren, wo man herkam, zurückzufinden dorthin, wo alles den Ausgang nahm. Kurz: Des Odysseus' Geschichte beschwört das Zurück, die Ein- und Heimkehr ins Vertraute, Sichere, Geborgene.

Die biblische Tradition dagegen kennt eine Figur, die eine andere Lebensbewegung verkörpert: *Abraham.* »Zieh weg aus deinem Land, von deiner Verwandtschaft und aus deinem Vaterhaus in das Land, das ich Dir zeigen werde. Und Abraham zog ...« (Gen 12,1–4a). So lautet schon der allererste Satz der biblischen Abraham-Geschichte. Sie erzählt von einem Mann, der »für immer sein Vaterland verlässt, um nach einem noch unbekannten Land aufzubrechen und der seinem Knecht gebietet, selbst seinen Sohn nicht zu diesem Ausgangspunkt zurückzuführen« (*E. Levinas*, ebd., 215f.) In der Tat: Zwar will Abraham, lesen wir in Gen 24, für seinen Sohn Isaak eine Frau aus seiner Heimat holen lassen, aber seinem Großknecht, der diesen Auftrag ausführt, verbietet er ausdrücklich, Isaak »in das Land zurückzubringen«, aus dem er selber ausgewandert war. Gott habe ihn ja nicht zufällig »weggeholt aus dem Haus meines Vaters und aus meinem Heimatland«, hören wir Abraham sagen (Gen 24,7). Dabei bleibt es. Zurück will er nicht. Entsprechend hat dieser Mann ganz anders als Odysseus keine Sehnsucht nach Rückkehr ins Selbe und Vertraute. Seine Lebensbewegung ist und bleibt ein Aufbruch nach vorn, ins Offene. Ein Aufbruch auf Gottes Anruf hin. Gewiss: Abraham lebt diese seine Wanderexistenz schon als Besitzer großer Herden. Er lebt eine nomadische Existenz. Aber die Tora Israels macht diese seine Lebensform zum Grundsymbol für Gott-Vertrauen schlechthin. Gott holt ihn heraus aus seiner Heimat, seiner Familie, wörtlich aus »Verwandtschaft« und »Vaterhaus«. Aus dem Vertrautesten und Sichersten also, was Menschen zu besitzen meinen. Aber – mit einem Versprechen auf *Zukunft:* »Großes Volk«, »Namen groß«, »Segen für alle Geschlechter«. Steht Odysseus' Weg für die Suche nach Rückkehr ins Verlassene von einst, so Abrahams Weg für das Riskante im Vertrauen auf die Zukunft, die kommt.

Gastfreundschaft wie Abraham gewähren

»Auf dieser unserer irdischen Pilgerreise sind wir nicht allein«, so der Papst in seiner Jerusalemer Abraham-Meditation. »Wir kreuzen den Weg anderer Glaubender, manchmal gehen wir eine Wegstrecke mit ihnen, manchmal erleben wir gemeinsam eine stärkende Rast. So etwas stellt die heutige Begegnung dar, die mich mit besonderer Dankbarkeit erfüllt: Es ist eine willkommene gemeinsame, durch Ihre Gastfreundschaft ermöglichte Rast auf dieser Pilgerschaft unseres Lebens und unserer Gemeinschaften. Wir erleben einen brüderlichen Kontakt und Austausch, der uns stärken und uns neue Kräfte verleihen kann, um uns den gemeinsamen Herausforderungen zu stellen, die uns begegnen.«

So ist es. Wer sich Abraham verpflichtet weiß, weiß sich einer Praxis der Gastfreundschaft verpflichtet. Man lässt etwas spüren vom dem Geist der Freundschaft, der einem aus den Abraham-Überlieferungen entgegentritt: Abrahams Freundschaft zu Gott und Abrahams Freundschaft gegenüber Fremden. Wir registrieren: Abraham wird in den Heiligen Schriften von Juden, Christen und Muslimen »Freund Gottes« genannt: im Buch des Propheten Jesaja (41,8), im Brief des Jakobus (2,23) im Koran (Sure 4,125). Die Bezeugung ist eindrucksvoll: Der Koran erklärt, Gott habe sich »Abraham zum Freund genommen«, weil er ein aus innerstem Wesen Glaubender gewesen sei (Sure 4,125). Im Jakobusbrief ähnlich: »Abraham glaubte Gott und das wurde ihm als Gerechtigkeit angerechnet, und er wurde Freund Gottes« (Jak 2,23). In der Hebräischen Bibel redet Gott direkt durch den Mund des Propheten Israel an: »Du, mein Knecht Israel, du Jakob, den ich erwählte, Nachkomme meines Freundes Abraham« (Jes 41,8).

Nicht zufällig ist denn auch die *Gastfreundschaft im Zeichen Abrahams* in all diesen Traditionen bis heute stark verwurzelt. Das ist das Gegenteil von Fremdenfurcht und Abgrenzungsdenken. Der je Andere hat einen Ort bei mir: aus welcher Kultur oder Religion auch immer. Wer Gastlichkeit anbietet, will nicht beherrschen und nicht missionieren. Der Gast ist ja auch der Mensch auf dem Weg. Er kommt und geht. *Homo viator.* Einem Gast gegenüber hat man keine Profil- und Identitätsprobleme. Man schätzt den Anderen als Mitgeschöpf um seiner selbst willen. Die Hebräische Bibel liefert das Urmodell dazu und zwar mit der Szene, in der Abraham und seine Frau Sara »bei den Eichen von Mamre« Gott in Gestalt von »drei Männern«, Engeln, empfangen und bewirteten. (Gen 18,1–22). Im Koran gibt es zu dieser Szene eine Parallele und zwar in den Suren 51,24–37 und 11,69–76. Im Neuen Testament ist diese Überlieferung durch den Hebräerbrief aufgenommen und in dem Appell zugespitzt: »Vergesst die Gastfreundschaft nicht; denn durch sie haben einige, ohne es zu ahnen, Engel beherbergt« (Hebr 13, 2).

Was heißt: Abrahamische Spiritualität leben

»Moslems, Christen und Juden erkennen in Abraham – wenn auch auf unterschiedliche Weise – einen Vater im Glauben und ein großes Vorbild, das man nachahmen soll«, erklärt Papst Franziskus in Jerusalem 2014 anlässlich seines Besuchs beim Großmufti. Als die Unterschiede im Glauben verdeckende Zauberformel ist das nicht gemeint. Wohl aber gemeint ist, dass Juden, Christen und Muslime nicht nur, aber auch durch die Verwurzelung in den Abraham-Überlieferungen in einer besonderen Beziehung zueinander stehen, eine besondere Glaubensgemeinschaft bilden. Ich verweise noch einmal auf das im Prolog im Zusammenhang mit Helmut Schmidt Ausgeführte.

Ich verweise auch auf Sätze von *Papst Benedikt XVI.* Er hat bei seinem Besuch in Ankara am 28. November 2008 gegenüber dem Präsidenten des Direktoriums für religiöse Angelegenheiten der Türkei nicht zufällig auf Abraham verwiesen, um die »menschliche und geistige Einheit« von Christen und Muslimen zu betonen. Wörtlich sagte der Papst: »Der biblischen Tradition folgend, lehrt das Konzil, dass das gesamte menschliche Geschlecht einen gemeinsamen Ursprung und eine gemeinsame Bestimmung teilt: Gott unseren Schöpfer und das Ziel unserer irdischen Pilgerschaft. Christen und Muslime gehören zur Familie derer, die an den einen Gott glauben und die, entsprechend ihren eigenen Traditionen, ihre Abstammung auf Abraham zurückführen. Diese menschliche und geistige Einheit in unseren Ursprüngen und unserer Bestimmung fordert uns heraus, einen gemeinsamen Weg zu suchen.«

Von Gott her Einheit in Ursprüngen und Bestimmung sehen und von daher einen *gemeinsamen* Weg in die Zukunft finden: Darum geht es in der Tat, wenn Juden, Christen und Muslimen ihre innere Verbundenheit mit einander erkennen lernen.

Und ich verweise auf eine lesenswerte «Arbeitshilfe», welche die Synode der Evangelischen Kirche im Rheinland 2015 unter dem Titel »Weggemeinschaft und Zeugnis im Dialog mit Muslimen« veröffentlicht hat. Das Dokument ragt über vergleichbare kirchliche Stellungsnahmen hinaus. *Zum einen* durch sein biblisch fundiertes Bemühen, das eigene christliche Glaubenszeugnis abzulegen, ohne Brücken zum Islam zu minimieren. Es zeigt von der Hebräischen Bibel angefangen bis zur Verkündigung Jesu konkret, dass »Parallelen in den Glaubensüberlieferungen« zu »Anknüpfungspunkten für das Gespräch« gemacht werden können. Das gilt insbesondere für die Überlieferungen von Abraham, seinen Frauen und Söhnen, womit sich ein bemerkenswerte ökumenische Konvergenz mit päpstlichen Äußerungen ergibt: »In Abraham sollen alle Völker gesegnet werden (Gen 12). Gerade die Abraham-Familie, auf die sich jüdische, christliche und muslimische Traditionen gern beziehen, bietet ein mögliches Modell für das christlich- muslimische Gespräch an.« Das wird später im selben Dokument noch weiter präzisiert: »Besonders die Geschichte der gemeinsamen Verheißung an Abraham, Sara, Hagar und ihre Kinder Ismael und Isaak stellt trotz unterschiedlicher Akzentuierung in den einzelnen Religionsgemeinschaften einen besonderen Zusammenhang zwischen den drei Religionen dar. Zwar beziehen sich Juden, Christen und Muslime in unterschiedlicher Weise auf den Gott Abrahams, Saras, Hagars, Ismaels, Isaaks und Jakobs; dennoch kann auch gesagt werden, dass der Glaube an den einen Gott Juden, Christen und Muslime eint. Die gemeinsame Beziehung zu dem einen Gott hat Folgen auch für das Verhältnis zwischen Christen und Muslimen« (S. 13).

Zum anderen wird wie nirgends sonst in kirchlichen Stellungsnahmen zum Islam nicht nur gefragt, »welches Zeugnis Christen gegenüber Muslimen zu geben haben«, sondern erstmals auch umgekehrt, »was Christen im Dialog mit Muslimen in der *missio dei* zu lernen hätten: Was ist die ›Mission‹ der Muslime für uns? Dabei geht es nicht nur um Äußerlichkeiten ... Es geht auch um theologisch Inhaltliches, das nicht missionarisch ›bezeugt‹, sondern nur dialogisch gelernt werden kann.« Entsprechend endet das Dokument in sich stimmig mit dem Plädoyer für eine »Weggenossenschaft« von Christen und Muslimen konkret vor Ort sowie für eine Akzeptanz des je Anderen als »Bündnispartner« in den gesellschaftlich – ethischen Konfliktfeldern: »Dabei kann uns das Bild der Hilfsgemeinschaft, der Lerngemeinschaft und der Festgemeinschaft eine Orientierung für die Verwirklichung einer Konvivenz von Christen und Muslimen an den je unterschiedlichen Orten der Begegnung sein. Im gemeinsamen Hören auf Gottes Wort in den uns gegebenen heiligen Schriften können wir Wegweisung finden für unsere Genossenschaft auf dem Weg für Frieden, Erbarmen und Gotteserkenntnis.«

»Auf dem Weg sein« vor dem unverfügbaren Gott. Das kommt uns in der Tat aus den drei Abraham-Überlieferungen von Judentum, Christentum und Islam entgegen. Ich nenne das *abrahamische Spiritualität*. Gemeint ist eine bestimmte spirituelle Grundhaltung aus dem Wissen um das Risiko des Gottvertrauens. Dazu gehört die Bereitschaft, unter Umständen aufbrechen zu können ohne alle Sicherheiten und Versicherungen, weil man sich von Gott auf einen Weg gerufen sieht. »Auf Grund des Glaubens«, heißt es denn auch nicht zufällig im Brief an die Hebräer, »gehorchte Abraham dem Ruf, wegzuziehen in ein Land, das er zum Erbe erhalten sollte; und er zog weg, ohne zu wissen, wohin er kommen würde« (Hebr 12,8). Der Koran (Sure 19, 41–50) kennt ebenso wie die Hebräische Bibel (Jos 24,1–3) den Bruch Abrahams mit den vertrauten religiösen Praktiken seines Vaterhauses. Kämpferisch macht er sich davon frei (Sure 19, 41–48). Löst sich um Gottes willen von vertrauten Bindungen, geht seinen eignen Weg.

Woraus folgt: Wer dem Vorbild Abraham folgt, muss unter Umständen bereit sein, loszulassen, was einem vertraut ist und preiszugeben, was zu festen Besitzständen zu gehören scheint. Alles Irdische und Menschengemachte in Synagoge, Kirche und Umma muss man immer wieder auch relativieren können zugunsten des je größeren Gottes. Das ist gemeint, wenn ich von abrahamischer Spiritualität spreche. Sie bezeichnet die Kraft, sich gemeinsam auf einen Weg zu machen, aus welcher religiösen Tradition auch immer. Die Quelle dieser Kraft sind Menschen nicht selber. Sie leben von einer Energie, die ihnen geschenkt ist. Man muss sich ihr öffnen, damit sie wirken kann. Öffnen bedeutet Aufbrüche wagen, einen neuen Weg suchen. Und dieser Weg führt in die Tiefe des Ursprungs, dem sich Juden, Christen und Muslime verdanken: Gott selbst als das unaussprechliche Geheimnis menschlicher Existenz. Man bleibt ein Fremder und ein Gast auf Erden (Hebr 12,13), ein *homo viator*, weil diese Erde die Heimat nun einmal nicht ist und eine bessere Heimat die Glaubenden noch erwartet, seien sie Juden, Christen oder Muslime.

Ganz praktisch folgt daraus: Ein dem Geist Abrahams Verpflichteter hört auf, allein die Interessen seiner eigenen Nation oder Religion zu vertreten, hört auf, ein Religionslobbyist zu sein. Das unterscheidet einen Religionsfunktionär von einem Abraham-Gläubigen. Wer sich an Abraham orientiert, hat das Wohl aller Glaubenden im Blick. Der spürt und praktiziert Verantwortung auch den je anderen gegenüber, ist solidarisch, wenn eine Religion verunglimpft oder gar geschändet wird, wenn Angehörige einer Religion diskriminiert oder gar bedroht werden, Objekte von kalter Ablehnung oder heißen Hasstiraden werden. Und wir leben in Zeiten, in denen nach wie vor Judenfriedhöfe geschändet oder Juden öffentlich angefeindet, Christenkirchen angezündet und Christen verfolgt, Korane mit Verbots- und Verbrennungsdrohungen überzogen und Muslime pauschal als Gewalttäter verunglimpft werden.

Kurz: Was wir brauchen auch im Raum der Religionen ist ein Paradigmenwechsel: vom konfrontativen oder ignorierenden hin zu einem vernetzten Denken. Vom Gegeneinander und Ohneeinander zu einem Miteinander ohne alle Verwischung und Vermischung. Von einer Unkultur ständiger Abgrenzung oder gleichgültigen Nebeneinanders zu einer Kultur der Achtsamkeit für die Präsenz des je Andersglaubenden neben mir und vor Gott. Und aus einer Kultur der Achtsamkeit folgt eine Praxis wechselseitiger Partizipation an den in Bibel und Koran niedergelegten gemeinsamen Überlieferungen, aber auch eine Praxis wechselseitiger Gastfreundschaft. Eine Kultur des Vertrauens gewinnt Kontur. Dieses Buch will dazu seinen Beitrag leisten.

Chronologische Tabellen der Suren

Nach Theodor Nöldeke / Friedrich Schwally, Geschichte des Qorans« (1860/1909)

I. Nach Perioden: Mekka / Medina

Mekkanische Suren (610–622):

1. Periode (Frühmekkanisch: Mk I): 610–614 (48 Suren)

96, 74, 111, 106, 108,	82, 81, 53, 84, 100,
104, 107, 102, 105, 92,	79, 77, 78, 88, 89,
90, 94, 93, 97, 86,	75, 83, 69, 51, 52,
91, 80, 68, 87, 95,	56, 70, 55, 112, 109,
103, 85, 73, 101, 99,	113, 114, 1

2. Periode (Mittelmekkanisch: Mk II): 615–620 (21 Suren)

54, 37, 71, 76, 44,	23, 21, 25, 17, 27,
50, 20, 26, 15, 19,	18
38, 36, 43, 72, 67,	

3. Periode (Spätmekkanisch: Mk III): 620–622 (21 Suren)

32, 41, 45, 16, 30,	39, 29, 31, 42, 10,
11, 14, 12, 40, 28,	34, 35, 7, 46, 6, 13

Medinensische Suren (Md): 622–632 (24 Suren)

2, 98, 64, 62, 8,	58, 22, 48, 66, 60,
47, 3, 61, 57, 4,	110, 49, 9, 5
65, 59, 33, 63, 24,	

II. Nach Ziffernfolge:

1 = Mk I	39 = Mk III	77 = Mk I
2 = Md	40 = Mk III	78 = Mk I
3 = Md	41 = Mk III	79 = Mk I
4 = Md	42 = Mk III	80 = Mk I
5 = Md	43 = Mk II	81 = Mk I
6 = Mk III	44 = Mk II	82 = Mk I
7 = Mk III	45 = Mk III	83 = Mk I
8 = Md	46 = Mk III	84 = Mk I
9 = Md	47 = Md	85 = Mk I
10 = Mk III	48 = Md	86 = Mk I
11 = Mk III	49 = Md	87 = Mk I
12 = Mk III	50 = Mk II	88 = Mk I
13 = Mk III	51 = Mk I	89 = Mk I
14 = Mk III	52 = Mk I	90 = Mk I
15 = Mk II	53 = Mk I	91 = Mk I
16 = Mk III	54 = Mk II	92 = Mk I
17 = Mk II	55 = Mk I	93 = Mk I
18 = Mk II	56 = Mk I	94 = Mk I
19 = Mk II	57 = Md	95 = Mk I
20 = Mk II	58 = Md	96 = Mk I
21 = Mk II	59 = Md	97 = Mk I
22 = Md	60 = Md	98 = Md
23 = Mk II	61 = Md	99 = Mk I
24 = Md	62 = Md	100 = Mk I
25 = Mk II	63 = Md	101 = Mk I
26 = Mk II	64 = Md	102 = Mk I
27 = Mk II	65 = Md	103 = Mk I
28 = Mk III	66 = Md	104 = Mk I
29 = Mk III	67 = Mk II	105 = Mk I
30 = Mk III	68 = Mk I	106 = Mk I
31 = Mk III	69 = Mk I	107 = Mk I
32 = Mk III	70 = Mk I	108 = Mk I
33 = Md	71 = Mk II	109 = Mk I
34 = M III	72 = Mk II	110 = Md
35 = Mk III	73 = Mk I	111 = Mk I
36 = Mk II	74 = Mk I	112 = Mk I
37 = Mk II	75 = Mk I	113 = Mk I
38 = Mk II	76 = Mk II	114 = Mk I

Literatur

Die Titel in den Abteilungen I-V werden in chronologischer Reihenfolge aufgeführt, die in Abteilung VI in alphabetischer Ordnung. Die spezielle Literatur zu den einzelnen Teilen wird nach Abteilung VII in chronologischer Ordnung aufgeführt.

I. Nachschlagewerke

EI = Encyclopedia of Islam. New Edition, Bd. I-VI, Leiden 1960–1990.

IL = Islam-Lexikon, hg. v. A. Th. Khoury/L. Hagemann/P. Heine, Freiburg im Breisgau 1991.

KL = B. Maier, Koran-Lexikon, Stuttgart 2001.

EQ = Encyclopedia of the Qur'ān, hg. v. J. Dammen McAuliffe, Bd. 1–6, Leiden – Boston 2001–2007.

EIMW = Encyclopedia of Islam and the Muslim World, Bd. 1–2, hg. v. R. C. Martin, New York 2003.

OEIW = The Oxford Encyclopedia of the Modern Islamic World, hg. v. J. Esposito, Oxford 2009.

LD = Lexikon des Dialogs. Grundbegriffe aus Christentum und Islam, hg. v. R. Heinzmann, Bd. 1–2, Freiburg im Breisgau 2013.

II. Koranausgaben, -kommentare und -bibliographie

Rückert = Der Koran. In der Übersetzung von Friedrich Rückert, hg. v. H. Bobzin mit erklärenden Anmerkungen von W. Fischer, Würzburg 1995.

Paret = Der Koran. Übersetzung von Rudi Paret, Bd. I (Text), Bd. II (Kommentar), Stuttgart – Berlin – Köln – Mainz 1979, 2. Aufl. 1980.

KKK = Adel Theodor Khoury, Der Koran. Arabisch – Deutsch. Übersetzung und wissenschaftlicher Kommentar von Adel Theodor Khoury, Bd. 1–12, Gütersloh 1990–2001.

Zirker = Der Koran. Übersetzt und eingeleitet von Hans Zirker, Darmstadt 2003, 5. überarbeitete Aufl. 2016.

Karimi = Der Koran, vollständig und neu übersetzt von Ahmad Milad Karimi, Freiburg im Breisgau 2009.

ders., Die Blumen des Koran oder: Gottes Poesie. Ein Lesebuch, Freiburg im Breisgau 2015.

Bobzin = Der Koran. Übertragung Hartmut Bobzin, München 2010.

Asad = The Message of the Qur'an (1980). Dt.: Die Botschaft des Koran. Übersetzung und Kommentar von Muhammad Asad, Stuttgart-Ostfildern 2. Aufl. 2011.

NKTS = Angelika Neuwirth, Der Koran als Text der Spätantike. Ein europäischer Zugang, Frankfurt am Main 2010.

NKK = Angelika Neuwirth, Der Koran. Bd. 1: Frühmekkanische Suren. Poetische Prophetie, Frankfurt am Main 2011.

R. Khanbagi, Interkulturelle Koran-Bibliographie. Koranübersetzungen – Koranstudien, Nordhausen 2014.

III. Neuere Literatur zu Mohammed und zur Entstehung des Islam

R. Paret, Mohammed und der Koran. Geschichte und Verkündigung des arabischen Propheten, Stuttgart-Berlin-Köln-Mainz 1957, 6. Aufl. 1985;

A. Schimmel, Und Mohammed ist Sein Prophet. Die Verehrung des Propheten in der islamischen Frömmigkeit, Düsseldorf-Köln 1981.

T. Nagel, Der Koran. Einführung – Texte – Erläuterungen, München 1983.

–, Mohammed. Leben und Legende, München 2008.

A. Neuwirth, Koran, in: Grundriss der Arabischen Philologie Bd. II (Literaturwissenschaft), hg. v. H. Gätje, Wiesbaden 1987, 96–135;

–, Vom Rezitationstext über die Liturgie zum Kanon. Zur Entstehung und Wiederauflösung der Surenkomposition im Verlauf der Entwicklung eines islamischen Kultus, in: The Qur'ān as Text, hg. v. St. Wild, Leiden-New York-Köln 1996, 69–105.

R. G. Hoyland, Seeing Islam as Others saw it. A Survery and Evaluation of Christian, Jewish and Zoroastrian Writings on Early Islam, Princeton 1997.

U. Rubin (Hg.), The Life of Muhammad, Aldershot–Brookfield–Singapore–Sydney 1998;

–, Muhammad the Prophet and Arabia, Farnham, Surrey–Burlington, VT 2011.

M. Schöller, Exegetisches Denken und Prophetenbiographie. Eine quellenkritische Analyse der Sira-Überlieferungen zu Muhammads Konflikt mit den Juden, Wiesbaden 1998;

–, Mohammed (Suhrkamp BasisBiographie), Frankfurt am Main 2008.

D. Marshall, God, Muhammad and the Unbelievers. A Qur'anic Study. Richmond/Surrey 1999.

W. M. Watt, Islam. A Short History, Oxford 1999. Dt.: Kurze Geschichte des Islam. Aus dem Englischen v. G. Ghirardelli, Berlin 2002.

K. Armstrong, Muhammad. A Biography of the Prophet, San Francisco 1992;

–, Kleine Geschichte des Islam. Aus dem Englischen v. St. Tree, Berlin 2001.

H. Bobzin, Mohammed, München 2000, 4. Aufl. 2011.

M. Cook, The Qur'an. A very short introduction, Oxford-New York 2000. Dt.: Der Koran. Eine kurze Einführung. Aus dem Englischen von M. Jendis, Stuttgart 2002.

H. Motzki (Hg.), The Biography of Muhammad. The Issue of Sources, Leiden-Bosten-Köln 2000.

L. Ammann, Die Geburt des Islam. Historische Innovation durch Offenbarung, Göttingen 2001.

A. Th. Khoury, Der Koran, erschlossen und kommentiert, Düsseldorf 2005.

–, Muhammad. Der Prophet und seine Botschaft, Freiburg im Breisgau 2008.

G. Krämer, Geschichte des Islam (2005), TB-Ausgabe München 2008.

J. Dammen McAuliffe (Hg.), The Qur'an (The Cambridge Companion), Cambridge 2006.

R. Aslan, No God but God. The Origins, Evolution, and Future of Islam, New York 2005. Dt.: Kein Gott außer Gott. Der Glaube der Muslime von Muhammad bis zur Gegenwart. Aus dem Englischen von R. Seuß, München 2006.

T. Ramadan, The Messenger. The Meanings of the Life of Muhammad, London 2007.

H. Jansen, Mohammed. Eine Biographie. Aus dem Niederländischen von M. Müller-Haas, München 2008.

Y. Sarikaya/M. Ch. Bodenstein/E. Toprakyaran (Hg.), Muhammad. Ein Prophet – viele Facetten, Münster 2014.

H. Turan, Über die militärischen Konflikte des Propheten mit den Juden von Medina, in: Muhammad. Ein Prophet – viele Facetten, hg. v. Y. Sarikaya/M. Ch. Bodenstein/E. Toprakyaran, Münster 2014, 195–230.

M. Ch. Bodenstein, Der Prophet als Revolutionär, in: Muhammad. Ein Prophet – viele Facetten, Münster 2014, 37–50.

IV. Neuere Literatur zum Koran

R. Paret (Hg.), Der Koran, Darmstadt 1975.

J. Berque, Relire le Coran, Paris 1993. Dt.: Der Koran neu gelesen. Aus dem Französischen von M. Gronke, Frankfurt am Main 1996.

R. Wielandt, Wurzeln der Schwierigkeit des innerislamischen Gesprächs über neue hermeneutische Zugänge zum Korantext, in: The Qur'ān as Text, hg. v. St. Wild, Leiden–New York–Köln 1996, 257–282.

F. Esack, Qur'an, Liberation and Pluralism. An Islamic Perspective of Interreligious Solidarity Against Oppression, Oxford, 1997.

–, The Qur'an. A Users' Guide, Oxford 2005.

H. Bobzin, Der Koran. Eine Einführung, München 1999.

N. Kermani, Gott ist schön. Das ästhetische Erleben des Koran, München 1999.

–, Sprache als Wunder. Der Koran als Grundtext der arabischen Kultur, Zürich 2009;

–, Folgt nicht den Dichtern. Der Koran und die Poesie, in: ders., Zwischen Koran und Kafka. West-östliche Entdeckungen, München 2014, 19–43.

–, Dankesrede anlässlich der Verleihung des Friedenspreises des deutschen Buchhandels, Frankfurt am Main 2015, 49–71.

H. Zirker, Der Koran, Zugänge und Lesarten, Darmstadt 1999.

T. Nagel, Der Islam. Die Heilsbotschaft des Korans und ihre Konsequenzen, Westhofen 2001.

– *(Hg.)*, Der Koran und sein religiöses und kulturelles Umfeld, München 2010.

M. N. Kholis-Setiawan, Die literarische Koraninterpretation: Eine Analyse ihrer frühen Elemente und ihrer Entwicklung, Bonn 2003.

H. Küng, Der Islam. Geschichte – Gegenwart – Zukunft, München – Zürich 2004, S. 620–640 (Literaturübersicht S. 852–854).

S. Taji-Farouki (Hg.), Modern Muslim Intellectuals and the Qur'ān, London 2004.

F. Körner, Revisionist Koran Hermeneutics in Contemporary Turkish University Theology. Rethinking Islam, Würzburg 2005.

–, Alter Text – neuer Text. Koranhermeneutik in der Türkei heute, Freiburg im Breisgau 2006.

M. Paçaci, Sag: Gott ist ein Einziger – ahad/aehâd. Ein exegetischer Versuch zu Sure 112 in der Perspektive der semitischen Religionstradition, in: F. Körner, Alter Text – neuer Text. Koranhermeneutik in der Türkei heute, Freiburg im Breisgau 2006, 166–203.

K. *Amipur/L. Ammann (Hg.)*, Der Islam am Wendepunkt. Liberale und konservative Reformer einer Weltreligion, Freiburg im Breisgau 2006. Kap. IV: Das künftige Verständnis des Koran.

N. H. *Abu Zaid*, Mohammed und die Zeichen Gottes. Der Koran und die Zukunft des Islam, Freiburg im Breisgau 2008.

D. W. *Hartwig/W. Homolka/M. J. Marx/A. Neuwirth (Hg.)*, »Im vollen Licht der Geschichte«. Die Wissenschaft des Judentums und die Anfänge der kritischen Koranforschung, Würzburg 2008.

A. *Neuwirth*, Eine »europäische Lektüre des Koran« – Koranwissenschaft in der Tradition der Wissenschaft des Judentums, in: Jahrbuch des Simon-Dubnow-Instituts 7 (2008), 261–283.

–, Koran und Poesie. Fünf Aspekte ihrer Intertextualität, in: Arabische Welt: Grammatik, Dichtung und Dialekte, hg. v. S. Talay u. H. Bobzin, Wiesbaden 2010, 131–168.

–, Der Koran als Text der Spätantike. Ein europäischer Zugang, Frankfurt am Main 2010.

–, »Der Koran ist vielstimmig«, in: Philosophie-Magazin »Der Koran«, Sonderausgabe vom 4. Juni 2015, 14–17.

G. S. *Reynolds (Hg.)*, The Qur'an in its Historical Context, London-New York 2008.

A. *Neuwirth/N. Sinai/M. Marx (Hg.)*, The Qur'an in Context. Historical and Literary Investigations into the Qur'anic Milieu, Leiden-Boston 2010.

H.-Th. *Tillschneider*, Typen historisch-exegetischer Überlieferung. Formen, Funktionen und Genese des *asbab-an-nuzul*-Materials, Würzburg 2011.

K.-F. *Pohlmann*, Die Entstehung des Korans. Neue Erkenntnisse aus Sicht der historisch-kritischen Bibelwissenschaft, Darmstadt 2012.

N. *Sinai*, Die heilige Schrift des Islam. Die wichtigsten Fakten zum Koran, Freiburg im Breisgau 2012.

H. *Abdel-Samad/M. Khorchide*, »Zur Freiheit gehört, den Koran zu kritisieren«. Ein Streitgespräch, Freiburg im Breisgau 2016.

V. Neuere Literatur zum Verhältnis Bibel und Koran

A. *Geiger*, Was hat Mohammed aus dem Judenthume aufgenommen? (1833), Neuausgabe mit einem Vorwort, hg. v. F. Niewöhner, Berlin 2005.

A. J. *Wensinck*, Mohammed und die Propheten, in: Acta Orientalia 2 (1924), 168–198.

J. *Horovitz*, Koranische Untersuchungen, Berlin-Leipzig 1926.

H. Speyer, Die biblischen Erzählungen im Qoran (1931), Nachdruck: Hildesheim 1961.

F. Rosenthal, The Influence of the Biblical Tradition on Muslim Historiography, in: Historians of the Middle East, hg. v. B. Lewis – P.M. Holt, London 1962, 35–45.

C. Colpe, Das Siegel der Propheten. Historische Beziehungen zwischen Judentum, Judenchristentum, Heidentum und frühem Islam, Berlin 1990.

A. Falaturi, Zusammenhänge zwischen Koranexegese und Bibelinterpretation, in: Hermeneutik in Islam und Christentum. Beiträge zum interreligiösen Dialog. Rudolf-Otto-Symposion 1996, Hamburg 1997, 108–112.

J. C. Reeves (Hg.), Bible and Qur'an: Essays in Scriptual Intertexuality, Atlanta 2000.

J.-D. Thyen, Bibel und Koran. Eine Synopse gemeinsamer Überlieferungen, Köln-Weimar-Wien, 3. Aufl. 2000.

R. Rippin, Interpreting the Bible through the Qur'ān, in: ders., The Qur'ān and its Interpretive Tradition, Aldershot – Burlington – Singapore – Sydney 2001, 249–259.

R. Tottoli, Biblical Prophets in the Qur'ān and Muslim Literature, Richmond, Surrey 2002.

J. Gnilka, Bibel und Koran. Was sie verbindet, was sie trennt. Freiburg im Breisgau 2004;
–, Die Nazarener und der Koran. Eine Spurensuche, Freiburg im Breisgau 2007.

K.-W. Tröger, Bibel und Koran. Was sie verbindet und unterscheidet. Mit einer Einführung in Mohammeds Wirken und in die Entstehung des Islam, Berlin 2004, 2. Aufl. 2008.

A. Renz/St. Leimgruber, Christen und Muslime. Was sie verbindet – was sie unterscheidet, München 2004, Kap. 7: Biblische Erzählungen und Personen im Koran.

St. J. Wimmer/St. Leimgruber, Von Adam bis Mohammad. Bibel und Koran im Vergleich, Stuttgart 2005.

A. Th. Khoury, Der Koran, erschlossen und kommentiert, Düsseldorf 2005, Kap.: Offenbarung und Propheten, 117–199.

B. A. Brown, Noach's Other Son. Bridging the Gap Between the Bible and the Qur'an, New York-London 2007.

A. Neuwirth, Koran und Bibel / Biblisch-koranische Figuren, in: dies., Der Koran als Text der Spätantike. Ein europäischer Zugang, Frankfurt am Main 2010, 561–612; 613–671.

–, Koranforschung – eine politische Philologie? Bibel, Koran und Islamentstehung im Spiegel spätantiker Textpolitik und moderner Philologie, Berlin-Boston 2014.

–, Scripture, Poetry and the Making of a Community. Reading the Qur'an as a Literary Text, Oxford 2014.

G. *Said Reynolds*, The Qur'an and Its Biblical Subtext, London-New York 2010.

B. *Schmitz*, Das Spannungsverhältnis zwischen Judentum und Christentum als Grundlage des Entstehungsprozesses des Islams in der Interpretation von Vers 124 bis 141 der zweiten Sure, in: Der Koran und sein religiöses und kulturelles Umfeld, hg. v. T. Nagel, München 2010, 217–238.

St. *Schreiner*, Die jüdische Bibel in islamischer Auslegung, hg. v. F. Eißler/M. Morgenstern, Tübingen 2012.

T. *Güzelmansur (Hg.)*, Hat Jesus Muhammad angekündigt? Der Paraklet des Johannesevangeliums und seine koranische Bedeutung, Regensburg 2012.

–, Das koranische Motiv der Schriftfälschung (tahrif) durch Juden und Christen, Regensburg 2014.

S. H. *Griffith*, The Bible in Arabic. The Scripture of the »People of the Book« in the Language of Islam, Princeton-Oxford 2013.

K. v. *Stosch/T. Isik (Hg.)*, Prophetie in Islam und Christentum, Paderborn 2013.

A. *Middelbeck-Varwick/M. Gharaibeh/H. Schmid/A. Yasar (Hg.)*, Die Boten Gottes. Prophetie in Christentum und Islam, Regensburg 2013.

Bibel und Kirche 69 (2014) Themenheft 3: Wie den Koran lesen? Mit Beiträgen u.a. von A. Neuwirth, St. Schreiner, K. v. Stosch, M. Bauschke.

I. *Lang*, Intertextualität als hermeneutischer Zugang zur Auslegung des Korans. Eine Betrachtung am Beispiel der Verwendung von Isra'iliyyat in der Rezeption der Davidserzählung in Sure 38, 21–25, Berlin 2015.

H.-J. *Frisch*, Der Koran für Christen. Gemeinsamkeiten entdecken, Freiburg im Breisgau 2016.

H. *Frankemölle*, Vater im Glauben? Abraham/Ibrahim in Tora, Neuem Testament und Koran, Freiburg im Breisgau 2016.

K. *von Stosch*, Herausforderung Islam. Christliche Annäherungen, Paderborn 2016.

VI. Weitere zitierte Literatur (in alphabetischer Reihenfolge)

J. S. Atherton, The Books at the Wake: A Study of Literary Allusions in James Joyce's Finnegans Wake, London 1959.

J. Assmann, Moses der Ägypter. Entzifferung einer Gedächtnisspur, München 1998.

M. Bidney, A Unifying Light. Lyrical Responses to the Qur'an, New York 2015.

H. Busse, Islamische Erzählungen von Propheten und Gottesmännern. Übersetzung und Kommentierung, Wiesbaden 2006.

N. Brown, Apocalypse and/or Metamorphosis, Berkeley, Cal. 1991;

–, The Challenge of Islam. The Prophetic Tradition. Lectures, 1981, Santa Cruz, CA – Berkeley, CA 2009.

M. Colpaert, Where Two Seas Meet: Imagination, the Key to Intercultural Learning, Leuven 2009.

A. El-Samman (Hg.), Three Windows on Heaven. Acceptance of Others, Dialogue and Peace in the Sacred Texts of the Three Abrahamic Religions, Gilgamesh Publishing, GB 2013.

U. Eco, Das offene Kunstwerk. Dt.: G. Memmert, Frankfurt am Main 1993.

A. Falaturi, Toleranz und Friedenstraditionen im Islam, in: ders., Der Islam im Dialog, 5. Aufl. Hamburg 1996, 75–97.

R. Hering, »Aber ich brauche die Gebote ...«. Helmut Schmidt, die Kirchen und die Religion, Bremen 2012.

E. Horst, Der Sultan von Lucera. Friedrich II. und der Islam, Freiburg im Breisgau 1997.

B. Idriz, Grüß Gott, Herr Imam. Eine Religion ist angekommen, München 2010.

M. Khorchide, Islam ist Barmherzigkeit. Grundzüge einer modernen Religion, Freiburg im Breisgau 2012.

–, Gott glaubt an den Menschen. Mit dem Islam zu einem neuen Humanismus, Freiburg im Breisgau 2015.

B. Klappert, Abraham eint und unterscheidet. Begründung und Perspektiven eines nötigen »Trialogs« zwischen Juden, Christen und Muslimen, in: Bekenntnis zu dem einen Gott? Christen und Muslime zwischen Mission und Dialog, hg. v. R. Weth, Neukirchen-Vluyn 2000, 98–122.

H. Küng, Projekt Weltethos, München 1990.

– (Hg.), Dokumentation zum Weltethos, München 2002.

–, Erlebte Menschlichkeit. Erinnerungen, München 2013.

G. *Langenhorst*, Trialogische Religionspädagogik. Interreligiöses Lernen zwischen Judentum, Christentum und Islam, Freiburg im Breisgau 2016.

E. *Levinas*, Die Spur des Anderen, in: ders., Die Spur des Anderen. Untersuchungen zur Phänomenologie und Sozialphilosophie. Übersetzt, herausgegeben und eingeleitet v. W. N. Krewani, München 1983, 209–235.

Th. Mann, Vom Buch der Bücher und Joseph (1944), in: Thomas Mann Selbstkommentare: »Joseph und seine Brüder«, hg. v. H. Wysling, Frankfurt am Main 1999, 254–259.

Th. Naumann, Ismael – Abrahams verlorener Sohn, in: Bekenntnis zu dem einen Gott? Christen und Muslime zwischen Mission und Dialog, hg. v. R. Weth, Neukirchen-Vluyn 2000, 70 – 89.

C. *Nieser*, Hagars Töchter. Der Islam im Werk von Assia Djebar, Stuttgart-Ostfildern 2011.

K. *Reichert*, Vielfacher Schriftsinn. Zu »Finnegans Wake«, Frankfurt am Main 1989.

–, Nacht Sprache: Zur Einführung, in: J. Joyce, Finnegans Wake. Deutsch. Gesammelte Annäherungen von K. Reichert und F. Stern, Frankfurt am Main 1989.

Der Weltpoet. Friedrich Rückert 1788–1866. Dichter – Orientalist – Zeitkritiker, Göttingen 2016 (Katalog zur Rückert -Jubiläumsausstellung in Schweinfurt).

H. *Schmidt*, Weggefährten. Erinnerungen und Reflexionen, Berlin 1996.

–, Auf der Suche nach einer öffentlichen Moral. Deutschland vor dem neuen Jahrhundert, Stuttgart 1998.

–, Außer Dienst. Eine Bilanz, München 2008.

–, Vorwort zu Jehan Sadat, Meine Hoffnung auf Frieden, Hamburg 2009, 11–14.

–, Religion in der Verantwortung. Gefährdungen des Friedens im Zeitalter der Globalisierung, Berlin 2011.

–, Was ich noch sagen wollte, München 2015.

J. *Sacks*, The Dignity of Difference. How to Avoid the Clash of Civilizations, London-New York 2002. Dt: Wie wir den Krieg der Kulturen noch vermeiden können. Aus dem Englischen v. B. Schellenberger. Geleitwort H. Küng, Gütersloh 2007.

J. *Sadat*, A Woman of Egypt (1987). Dt.: Ich bin eine Frau aus Ägypten. Die Autobiographie einer außergewöhnlichen Frau unserer Zeit, München 1991 (Tb-Ausgabe).

–, My Hope for Peace, Kairo 2009. Dt.: Meine Hoffnung auf Frieden. Mit einem Vorwort von Helmut Schmidt. Aus dem Amerikanischen von G. Schermer-Rauwolf u. a., Hamburg 2009.

Y. Sarikaya, Muhammad, Wir haben dich als Barmherzigkeit für alle Welt gesandt (Sure 21,107), in: Muhammad. Ein Prophet – viele Facetten, hg. v. Y. Sarikaya/M. Ch. Bodenstein/E. Toprakyaran, Münster 2014, 15–35.

Shaikh Abdullah Bin Mohammed al-Salmi, Religiöse Toleranz. Eine Vision, Hildesheim-Zürich-New York 2015.

P. Trible/L. M. Russel (Hg.), Hagar, Sarah and their Children. Jewish, Christian and Muslim Perspectives, Louisville 2006.

M. Volf/Ghazi bin Muhammad/M. Yarrington (Hg.). A Common Word. Muslims and Christians on Loving God and Neighbor, Grand Rapids/Mi.-Cambridge/U. K. 2010.

W. Walther, Kleine Geschichte der arabischen Literatur. Von der vorislamischen Zeit bis zur Gegenwart, München 2004.

N. H. Abu Zaid, Ein Leben mit dem Islam. Erzählt von N. Kermani, Freiburg im Breisgau 2001.

VIII. Eigene Arbeiten zum interreligiösen Dialog

Streit um Abraham. Was Juden, Christen und Muslime trennt – und was sie eint. Stuttgart-Ostfildern Neuausgabe 2001.

Vom Streit zum Wettstreit der Religionen. Lessing und die Herausforderung des Islam, Düsseldorf 1998.

Wissenschaft und Weltethos (mit Hans Küng), München 1998.

Juden, Christen, Muslime. Herkunft und Zukunft, Düsseldorf 2007.

Weihnachten und der Koran, Stuttgart-Ostfildern 2008.

Buddha und Christus: Bilder und Meditationen (mit Gunther Klosinski), Stuttgart-Ostfildern 2009.

Rilke und der Buddha: die Geschichte eines einzigartigen Dialogs, Gütersloh 2010.

Die Ringparabel und das Projekt Weltethos (mit Hans Küng und Alois Riklin), Göttingen 2010.

Abrahamische Ökumene: Dialog und Kooperation (mit Jürgen Micksch), Frankfurt an Main 2011.

Martin Bubers Schriften zum Christentum. Edition und Kommentare = Martin Buber Werkausgabe Band 9, Gütersloh 2011.

Im Ringen um den wahren Ring. Lessings ›Nathan der Weise‹ – eine Herausforderung der Religionen, Stuttgart-Ostfildern 2011.

Leben ist Brückenschlagen. Vordenker des interreligiösen Dialogs, Stuttgart-Ostfildern 2011.

Festmahl am Himmelstisch. Wie Mahlfeiern Juden, Christen und Muslime verbindet. Geleitwort von Rabbiner Prof. Walter Homolka, Stuttgart-Ostfildern 2013.

Theodor Heuss, die Schoah, das Judentum, Israel. Ein Versuch, Tübingen 2013.

Martin Buber – seine Herausforderung an das Christentum, Gütersloh 2015.

Keine Religion ist eine Insel. Vordenker des interreligiösen Dialogs, Stuttgart-Ostfildern 2016.

Zweiter Teil: Adam

I. Zur Bibel

E. Wiesel, Adam oder das Geheimnis des Anfangs, in: ders., Adam oder das Geheimnis des Anfangs. Brüderliche Urgestalten, Freiburg im Breisgau 1980, 13–44;

–, Kain und Abel: Der erste Völkermord, in: ders., Adam oder das Geheimnis des Anfangs. Brüderliche Urgestalten, Freiburg im Breisgau 1980, 45–74.

St. Schreiner, Partner in Gottes Schöpfungswerk. Zur rabbinischen Auslegung von Genesis 1,26–27, in: Judaica 9 (1993), 131–145;

–, Erlösung und Heil – menschliches Verlangen und göttliches Angebot. Intertextuelle Spuren in Bibel und Koran, in: Heil in Christentum und Islam. Erlösung oder Rechtleitung, hg. v. H. Schmid u.a., Stuttgart 2004, 15–37.

E. Zenger (u. a.), Einleitung in das Alte Testament, Stuttgart-Berlin-Köln 3. Aufl. 1995.

G. Oberhänsli-Widmer, Biblische Figuren in der rabbinischen Literatur. Gleichnisse und Bilder zu Adam, Noah und Abraham im Midrasch Bereschit Rabba, Bern 1998, 125–200.

R. Gradwohl, »Wer einen einzigen Menschen (am Leben) erhält, erhält eine volle Welt«. Des Menschen Gottesebenbildlichkeit in der jüdischen Lehre, in: Ebenbild Gottes – Herrscher über die Welt. Studien zu Würde und Auftrag des Menschen, hg. v. H.-P. Mathys, Neukirchen-Vluyn 1998, 107–122.

W. Groß, Die Gottesebenbildlichkeit des Menschen im Kontext der Priesterschrift (1981), in: ders., Studien zur Priesterschrift und zu alttestamentlichen Gottesbildern, Stuttgart 1999, S. 11–36;

–, Die Gottesebenbildlichkeit des Menschen nach Genesis 1,26.27 in der Diskussion des letzten Jahrzehnts (1993), in: ders., Studien zur Priesterschrift und zu alttestamentlichen Gottesbildern, Stuttgart 1999, 37–54;

–, Genesis 1,26.27; 9,6: Statue oder Ebenbild Gottes? Aufgabe und Würde des Menschen nach dem hebräischen und dem griechischen Wortlaut, in: Jahrbuch für Biblische Theologie, Bd. XV (2000), Neukirchen-Vluyn 2001, 11–38.

C. *Westermann,* Genesis I/1, Kap. I-XI, Neukirchen-Vluyn, 3. Aufl. 1983.

A. *Safran,* Die jüdische Auffassung des Menschen, in: ders., Jüdische Ethik und Modernität. Aus dem Französischen von U. Marvel-Simon, Tübingen-Basel 2000, 200–223.

H. *Halbfas,* Die Bibel, Düsseldorf 2001.

A. *Renz,* Der Mensch unter dem An-Spruch Gottes. Offenbarungsverständnis und Menschen des Islam im Urteil gegenwärtiger christlicher Theologie, Würzburg 2002, 349–367;

–, »Abbild Gottes« – »Stellvertreter Gottes«: Geschöpflichkeit und Würde des Menschen in christlicher und islamischer Sicht, in: Lernprozess Christen – Muslime. Gesellschaftliche Kontexte – theologische Grundlagen – Begegnungsfelder, hg. v. A. Lenz und St. Leimgruber, München 2002, 227–243.

J. *Sacks,* The Dignity of Difference. How to Avoid the Clash of Civilizations, London-New York 2002. Dt: Wie wir den Krieg der Kulturen noch vermeiden können. Aus dem Englischen v. B. Schellenberger. Geleitwort H. Küng, Gütersloh 2007.

H. *Bloom,* Genius. Die hundert bedeutendsten Autoren der Weltliteratur. Aus dem Amerikanischen v. Y. Padal, München 2004.

B. *Janowski,* Die lebendige Statue Gottes. Zur Anthropologie der priesterlichen Urgeschichte, in: Gott und Mensch in Dialog. FS Otto Kaiser, hg. v. M. Witte, Berlin-New York 2004, 183–214.

St. *Mosès,* Adam und Eva, in: ders., Eros und Gesetz. Zehn Lektüren der Bibel. Aus dem Französischen von S. Sandherr und B. Schlachter, München 2004, 9–21.

U. *Neumann-Gorsolke,* Herrschen in den Grenzen der Schöpfung. Ein Beitrag zur alttestamentlichen Anthropologie am Beispiel von Psalm 8, Genesis 1 und verwandten Texten, Neukirchen-Vluyn 2004.

K. *Flasch,* Adam und Eva. Wandlungen eines Mythos, München 2004.

H. P. *Schmidt,* Schicksal Gott Fiktion. Die Bibel als literarisches Meisterwerk, Paderborn 2005.

B. *Ego,* Adam und Eva im Judentum, in: Ch. Böttrich/B. Ego/F. Eißler, Adam und Eva in Judentum, Christentum und Islam, Göttingen 2011, 11–78.

Ch. *Böttrich,* Adam und Eva im Christentum, in: Ch. Böttrich/B. Ego/F. Eißler, Adam und Eva in Judentum, Christentum und Islam, Göttingen 2011, 79–137.

II. Zum Koran

N. A. Stillman, The Story of Cain and Abel in the Qur'an and the Muslim Commentators: Some Observations, in: Journal of Semitic Studies 19 (1974), 231–239.

E. Beck, Iblīs und Mensch, Satan und Adam. Der Werdegang einer koranischen Erzählung, in: Le Muséon 89 (1976), 195–244.

H. P. Rüger, Das Begräbnis Abels. Zur Vorlage von Sure 5,31, in: Biblische Notizen 14 (1981), 37–45.

R. Gramlich, Der Urvertrag in der Koranauslegung (zu Sure 7,172–173), in: Der Islam 60 (1983), 205–230.

W. Al-Quādī, The Term »khalīfa« in Early Exegetical Literature, in: Die Welt des Islam 28 (1988), 392–411.

M. K. Hermansen, Patern and Meaning in the Qur'ānic Adam Narratives, in: Studies in Religion. Science Religieuses 17/1 (1988), 41–52.

M. J. Kister, The Legends in tafsīr and hadīth Literature. The Creation of Ādam and Related Stories, in: Approaches to the History of the Interpretation of the Qur'ān, hg. v. A. Rippin, Oxford 1988, 82–114.

–, Adam: A Study of Some Legends in tafsīr and hadīth Literature, in: Israel Oriental Studies 13 (1993), 113–174.

C. Schöck, Adam im Islam. Ein Beitrag zur Ideengeschichte der Sunna, Berlin 1993.

W. Bork-Qaysieh, Die Geschichte von Kain und Abel in der sunnitisch-islamischen Überlieferung. Untersuchung von Beispielen aus verschiedenen Literaturwerken unter Berücksichtigung ihres Einflusses auf den Volksglauben, Berlin 1993.

C. Schöck, Art. »Adam and Eve«, in: EQ 3, 2001, 22–26.

St. Schreiner, Kalif Gottes auf Erden. Zur koranischen Deutung der Gottesebenbildlichkeit des Menschen, in: Der Mensch vor Gott. Forschungen zum Menschenbild in Bibel, antikem Judentum und Koran. FS Lichtenberger, hg. v. U. Mittmann-Richert u. a., Neukirchen-Vluyn 2003, 25–37.

F. Eißler, Adam und Eva im Islam, in: Ch. Böttrich/B. Ego/F. Eißler, Adam und Eva in Judentum, Christentum und Islam, Göttingen 2011, 138–199.

Dritter Teil: Noach

I. Zur Bibel

D. *Novak,* The Image of The Non-Jew in Judaism. An Historical and Constructive Study of the Noahide Laws, New York-Toronto 1983.

C. *Westermann,* Genesis-Kommentar, Bd. I/1, Neukirchen-Vluyn 3. Aufl. 1983.

E. *Zenger,* Gottesbogen in den Wolken, Stuttgart 2. Auflage 1987.

E. *Wiesel,* Noach Warnung, in: ders., Noach oder Ein neuer Anfang. Biblische Portraits, Freiburg im Breisgau 1994, 9–32.

K. *Müller,* Tora für die Völker. Die noachidischen Gebote und Ansätze zur ihrer Rezeption im Christentum, Berlin 1994.

–, Gottes Gebot für die Menschheit. Die Noachidische Tora als rabbinische Gestalt universaler Ethik, , in: Kirche und Israel 8 (1993), 133–143.

–, Die noachidische Tora: Ringen um ein Weltethos, in: Freiburger Rundbrief 4 (1996), 250–262.

K. E. *Hanke,* Turning to Torah. The Emerging Noachide Movement, London 1995.

A. *Linzey/D. Cohn-Sherbok,* Animals and the Liberation of Theology, London 1997.

W. C. *Baumgart,* Die Umkehr des Schöpfergottes. Zu Komposition und religionsgeschichtlichem Hintergrund von Genesis 5–9, Freiburg im Breisgau 1999.

W. G. *Plaut (Hg.),* Die Tora in jüdischer Auslegung, Bd. 1 (Genesis), Gütersloh 1999.

R. *Rendtorff,* Theologie des Alten Testaments. Ein kanonischer Entwurf, Bd. 1 (Kanonische Grundlegung), Neukirchen-Vluyn 1999.

R. *Oberforcher,* Die jüdischen Wurzeln des Messias Jesus aus Nazareth. Die Genealogien Jesu im biblischen Horizont, in: Alttestamentliche Gestalten im Neuen Testament. Beiträge zur biblischen Theologie, hg. v. M. Öhler, Darmstadt 1999, 5–26.

B. *Jacobs,* Das Buch Genesis, Berlin 1934. Neuausgabe Stuttgart 2000.

J. *Ebach,* Noach. Die Geschichte eines Überlebenden, Leipzig 2001.

II. Zum Koran

I. *Goldziher,* Zur Geschichte der Ethymologie des Namens Nūh, in: Zeitschrift der Deutschen Morgenländischen Gesellschaft 24 (1870), 207–211.

H. *Schwarzbaum*, Biblical and Extra-Biblical Legends in Islamic Folk-Literature, Walldorf/Hessen 1982.

G. *Canova*, The Prophet Noah in Islamic Tradition, in: Essays in Honour Of Alexander Fodor On His Sixtieth Birthday, Budapest 2001, 1–19.

A. *Zaidan*, Noach aus der Sicht des Islam, in: EZW-Texte 2002, Nr 163, 41–48.

W. M. *Brinner*, Art. »Noah«, in EQ 3, 2003, 540–543.

U. *Dehn*, Schöpfung und Flut – Versuche, dialogische Selbstgespräche zwischen Bibel und Koran zu führen, in: Muslime und ihr Glaube in kirchlicher Perspektive. Nachbarn – Dialogpartner – Freunde. Freundesgabe für Heinz Klautke zum 65. Geb., hg. v. R. Geisler und H. Nollmann, Schenefeld 2003, 211–224.

A. *Neuwirth*, Noah – seine koranische Entwicklung, in: NKTS, 613 – 633.

Ch. *Böttrich/B. Ego/F. Eißler*, Nuh – Noah. Die Meschheitsfamilie – Nicht die Abstammung, sondern der Glaube zählt, in: dies., Elia und andere Propheten in Judentum, Christentum und Islam, Göttingen 2013, 151–161.

Vierter Teil: Mose

I. Zur Bibel

Th. *Mann*, Das Gesetz (1943), in: ders., Späte Erzählungen, Frankfurt am Main 1981, 337–406 (Frankfurter Ausgabe).

M. *Buber*, Moses (1944), in: Werke Bd. II (Schriften zur Bibel), München 1964, 9–230.

E. *Wiesel*, Moses: Porträt eines Führers, in: ders., Adam oder das Geheimnis des Anfangs. Brüderliche Urgestalten, Freiburg im Breisgau 1980, 172–206.

R. *Smend*, Mose als geschichtliche Gestalt, in: Historische Zeitschrift 260 (1995), 1–19.

J. *Assmann*, Moses der Ägypter. Entzifferung einer Gedächtnisspur, München-Wien 1998.

–, Die Mosaische Unterscheidung oder der Preis des Monotheismus, München-Wien 2003 (mit Beiträgen von R. Rendtorff/E. Zenger/K. Koch/G. Kaiser/K.-J. Kuschel).

–, Monotheismus und die Sprache der Gewalt, Wien 2006.

H. *Stein*, Moses und die Offenbarung der Demokratie, Berlin 1998.

E. *Otto (Hg.)*, Mose. Ägypten und das Alte Testament, Stuttgart 2000.

–, Mose. Geschichte und Legende, München 2006.

G. *Fischer*, Das Mosebild der Hebräischen Bibel, in: Mose. Ägypten und das Alte Testament, hg. v. E. Otto, Stuttgart 2000, 84–120.

D. *Rosen*, Moses in the Jewish Tradition, in: Mose in the Three Monotheistic Faiths, Jerusalem 2003, 3–12.

F. W. *Graf*, Moses Vermächtnis. Über göttliche und menschliche Gesetze, München 2006.

II. Zum Koran

K. *Prenner*, Mohammad und Musa. Strukturanalytische und theologiegeschichtliche Untersuchungen zu den mekkanischen Musa-Perikopen im Qur'ān, Altenberg 1986.

Ibn Ishaq, Das Leben des Propheten. Aus dem Arabischen übertragen und bearbeitet von G. Rotter, Kandern 1999.

M. *Causse*, The Theology of Separation and Theology of Community: A Study of the Prophetic Career of Moses according to the Qur'ān, in: The Qur'ān: Style and Contents, hg. v. A. Rippin, Aldershot-Brookfield-Singapore-Sidney 2001, 37–60.

A. *Neuwirth*, Erzählen als kanonischer Prozess. Die Mose-Erzählung im Wandel der koranischen Geschichte, in: Islamstudien ohne Ende. Festschrift für Werner Ende zum 65. Geburtstag, hg. v. R. Brunner u. a., Würzburg 2002, 323–344;

–, NKTS, 653–671.

B. *Wheeler*, Moses in the Quran and Islamic exegesis, London 2002.

M. *Abu Sway*, Prophet Moses: The Islamic Narrative, in: Moses in the Three Monotheistic Faiths, Jerusalem 2003, 29–60.

C. *Schöck*, Art.»Moses«, in EQ 3, 2003, 419–426.

F. *Eißler*, Gott und Mensch im Offenbarungsgeschehen. Gottes Anrede und die Gestalt des Mose/Mūsā (Sure 2 und Exodus 3), in: Heil in Christentum und Islam. Erlösung oder Rechtleitung?, hg. v. H. Schmid u. a., Stuttgart 2004, 85–99.

Fünfter Teil: Josef

I. Zur Bibel

G. *von Rad*, Die Josefsgeschichte, Neukirchen-Vluyn 2. Aufl. 1956.

–, Biblische Joseph-Erzählung und Joseph-Roman, in: Neue Rundschau 76 (1965), 546–559.

S. *Raeder,* Die Josephsgeschichte im Koran und im Alten Testament, in: Evangelische Theologie 26 (1966), 169–190.

C. *Westermann,* Die Josephs-Erzählung, in: Calwer Predigthilfen Bd. 5, Stuttgart 1966, 11–27.

–, Genesis. Kap. 37–50, Neukirchen-Vluyn 2. Aufl. 1992 (Biblischer Kommentar AT, Teilband 3).

H. *Donner,* Die literarische Gestalt der alttestamentlichen Josephsgeschichte, Heidelberg 1976.

R. *Lux,* Josef. Der Auserwählte unter seinen Brüdern, Leipzig 2001.

J. *Ebach,* Genesis 37–50, Freiburg 2007 (Herders Theologischer Kommentar zum AT).

II. Zum Koran

H. *Speyer,* Die biblischen Erzählungen im Qoran, 1931. Nachdruck: Hildesheim 1961, 187–224.

A. *Neuwirth,* Zur Struktur der Yusuf-Sure, in: Studien aus Arabistik und Semitistik. Anton Spitaler zum 70. Geb., hg. v. W. Diem u. St. Wild, Wiesbaden 1980, 123–152.

A. H. *Johns,* The quranic presentation of the Joseph story: naturalistic or formulaic language?, in: Approaches to the Qur'an, hg. v. G. R. Hawting, A.-K. A. Shareef, London-New York 1993, 37–70.

–, Art. »Benjamin«, in: EQ 1, 2001, 226–228.

T. *Nagel,* Jusuf, Zulaiha und »Die Seele, die zum Bösen treibt«. Biblischer Stoff in islamischer Deutung, in: Eothen. Jahreshefte der Gesellschaft der Freunde der islamischen Kunst und Kultur, 4.–7. Jahrgang, München 1998, 81–95.

S. *Goldmann,* Art. »Joseph«, in: EQ 3, 2003, 55–57.

J. *Kaltner,* Inquiring of Joseph. Getting to Know a Biblical Character through the Qur'an, Collegeville 2003.

K.-J. *Kuschel,* Josef in Ägypten. Bibel-Koran, München 2008 (Reihe: Die großen Geschichten der Menschheit).

Ch. *Böttrich/B. Ego/F. Eißler,* Yusuf – Josef: Am Ende Versöhnung – Gottes Erwählung und die Bewahrung gegen alle Widerstände, in: dies., Elia und andere Propheten in Judentum, Christentum und Islam, Göttingen 2013, 161–171.

Sechster Teil: Maria und Jesus

W. *Schneemelcher (Hg.),* Neuestamentliche Apokryphen in deutscher Übersetzung Bd. 1, Tübingen 5. Aufl. 1987. Darin: Protevangelium des Jakobus (338–349), Kindheitsevangelium des Thomas (353–359) u. Pseudo-Matthäusevangelium (367–369).

C. *Schedl,* Mohammad und Jesus. Die christologisch relevanten Texte des Koran, Freiburg im Breisgau 1978.

J. *Bouman,* Das Wort vom Kreuz und das Bekenntnis zu Allah, Frankfurt am Main 1980. Dazu: J. H. *Buchegger,* Das Wort vom Kreuz in der christlich-muslimischen Begegnung. Leben und Werk von Johan Bouman, Basel 2013.

N. *Robinson,* Christ and Christianity. The Repräsentation of Jesus in the Qur'an and the Classical Muslim Commentaries, London 1991.

–, Art. »Jesus«, in: EQ 3, 7–21.

L. *Hagemann/E. Pulsfort,* Maria, die Mutter Jesu, in Bibel und Koran, Würzburg 1992.

B. *Freyer-Stowasser,* Art. »Mary«, in EQ 3, 2003, 288–296.

T. *Khalidi,* Der muslimische Jesus. Aussprüche Jesu in der arabischen Literatur. Aus dem Englischen v. C. Krülls-Hepermann, Düsseldorf 2002.

S. *A. Mourad,* From Hellenism to Christianity and Islam: The Origin of the Palm Tree Story Concerning Mary and Jesus in the Gospel of Pseudo-Matthew and the Qur'an, in: Oriens Christianus 86 (2002), 206–216.

A. *von Deffner,* Der Islam und Jesus, München 5. Aufl. 2005.

M. *Bazargan,* Und Jesus ist sein Prophet. Der Koran und die Christen. Aus dem Persischen von M. Gerhold, hg. u. mit Einleitung versehen von N. Kermani, München 2006, 2. Aufl. 2016.

H. *Busse,* Islamische Erzählungen von Propheten und Gottesmännern, Wiesbaden 2006.

M. *Ayoub,* Toward an Islamic Christology II. The Death of Jesus, Reality or Delusion – A Study of the Death of Jesus in Tafsir Literature, in: A Muslim View of Christianity. Essays on Dialogue by Mahmoud Ayoub, hg. v. Irfan A. Omar, New York 2007, 156–183.

K.-J. *Kuschel,* Weihnachten und der Koran, Stuttgart-Ostfildern 2008.

–, Festmahl am Himmelstisch. Wie Mahlfeiern Juden, Christen und Muslime verbindet, Stuttgart-Ostfildern 2013.

S. *A. Mourad,* Mary in the Qur'an. A reexamination of her presentation, in: The Qur'an in its Historical Context, hg. v. G. Said Reynolds, London-New York 2008, 163–174.

D. E. *Singh (Hg.)*, Jesus and the Cross. Reflections of Christians from Islamic Contexts, Oxford 2008.

T. *Lawson,* The Crucifixion and the Qur'an. A Study in the History of Muslim Thought, Oxford 2009.

Ch. *Böttrich/B. Ego/F. Eißler,* Jesus und Maria in Judentum, Christentum und Islam, Göttingen 2009.

M. *Bauschke,* Der Sohn Marias. Jesus im Koran, Darmstadt 2013.

E.- M. *Gerigk,* Der andere Jesus. Hermeneutische Studie zum Koran als Dokument religiöser Identität am Beispiel der Gestalt Jesu, Münster 2014.

A. *Neuwirth,* Mythische Erzählung, biblische Geschichte und koranische ›Korrektur‹: Maria und Jesus, in: dies., NKST, 472–494;

–, Imagining Mary, Disputing Jesus: Reading *Surat Maryam* (Q. 19) and Related Meccan Texts in the Context of the Qur'anic Communication Process / Mary and Jesus: Counterbalancing the Biblical Patriarchs. A Re-Reading of *Surat Maryam* (Q. 19) in *Surat Al 'Imran* (Q. 3), in: dies., Scripture, Poetry and the Making of a Community. Reading the Qur'an as a Literary Text, Oxford 2014, 328–358/359–384.

K. v. *Stosch,* Jesus im Koran. Ansatzpunkte und Stolpersteine einer koranischen Christologie, in: ders./*Muna Tatari* (Hg.), Handeln Gottes – Antwort des Menschen, Paderborn 2014, 109–133.

K. v. *Stosch/M. Khorchide (Hg.),* Streit um Jesus. Muslimische und christliche Annäherungen, Paderborn 2016. Darin bes.: *K. v. Stosch,* Versuch einer ersten diachronen Lektüre der Jesusverse im Koran (S. 15–44) u. *M. Khorchide,* Jesus als Verkörperung des Wirkens Gottes in vollkommener Weise? Replik auf die Lektüre Klaus von Stoschs der Jesusverse im Koran (S. 45–57).

Und noch ein Wort zu diesem Buch

Ich lege in diesem Buch Studien zum Thema Bibel und Koran vor, mit denen ich mich seit zwei Jahrzehnte wissenschaftlich und dialogpraktisch beschäftigt und zu denen ich publiziert habe. Eingegangen sind hier die entsprechenden Kapitel meiner Bücher »Juden – Christen – Muslime: Herkunft und Zukunft« (2007), »Weihnachten und der Koran« (2008), »Josef in Ägypten« (2011) sowie »Festmahl am Himmelstisch. Wie Mahlfeiern Juden, Christen und Muslime verbindet« (2013). Alle Texte wurden noch einmal einer gründlichen stilistischen und inhaltlichen Überarbeitung unterzogen. Neuere Forschungen zur Koranhermeneutik und zum Verhältnis von Bibel und Koran wurden hier einbezogen. Der Prolog, der Erste Teil und der Epilog wurden für dieses Buch neu geschrieben.

Das Thema »Bibel und Koran« hat viele Facetten, hier konzentriere ich mich exemplarisch auf Figuren, die eine »biblische Vorgeschichte« haben: auf Adam und Noach, auf Mose und Josef und auf Johannes, Maria und Jesus. Diese Konzentration ist Erfahrungen in der dialogorientierten Seminararbeit der letzten zehn Jahre geschuldet. Vielen Gruppen, mit denen ich gearbeitet habe, hat es den Einstieg in ein Gespräch mit Menschen anderen Glaubens erleichtert, als sie erkannten, wie tief und breit der Koran Überlieferungen aufgenommen hat, die in der Welt von Judentum und Christentum ebenso präsent sind. Das hat viele motiviert, tiefer in die jeweils anderen Ur-Kunden einzusteigen, die bisher exklusiver Besitz entweder von Christen oder von Juden oder von Muslimen zu sein schienen. Die für viele oft irritierende Fremdheit entweder von Bibel oder von Koran konnte auf diese Weise abgebaut und wechselseitig besseres Verstehen befördert werden.

So ist es meine Hoffnung, dieses Buch möge dazu betragen, eine auf wechselseitigen Respekt und gründlichem Wissen gegründete Kultur des Austausches zu fördern, dringender nötig denn je in einer Zeit, in der Religionen weltweit immer wieder neu dazu missbraucht werden, die Menschen zu spalten und gegeneinander zu hetzen. Dieser Kultur des Austausches und der Vertrauensbildung von Juden, Christen und Muslimen sind seit Jahren zwei Initiativen verpflichtet, denen ich mich eng verbunden weiß und denen ich in Dankbarkeit und Bewunderung dieses Buch gewidmet habe.

Ich denke an das »*Abrahamische Forum Deutschland*« mit Sitz in Darmstadt, 2001 gegründet, in dem Vertreter des deutschsprachigen Judentums, des Christentums und des Islam zusammenarbeiten. Dessen Geschäftsführer *Dr. Jürgen Micksch* leitet seit vielen Jahren mit ganzem persönlichen Einsatz, großer Kreativität und hoher Professionalität die oft mühsame Projektarbeit. Als Vorsitzender dieses Abrahamischen Forums bin ich Jürgen Micksch eng verbunden und zu großem Dank verpflichtet.

Dankbar weiß ich mich in derselben Sache auch verbunden mit *Professor Dr. Stefan Jakob Wimmer*, dem Vorsitzenden der »Gesellschaft der Freunde Abrahams«, die im Großraum München seit vielen Jahren interreligiöse Arbeit anstößt und umsetzt. Gegründet ebenfalls 2001, stand die Gesellschaft von Anfang an unter der Leitung des unvergessenen Münchner katholischen Alttestamentlers und Ägyptologen Professor *Manfred Görg*, der am 17. September 2012 mit nur 73 Jahren allzu früh verstorben ist. Als langjähriges Mitglied im Kuratorium der Gesellschaft weiß ich aus eigener Anschauung, mit welch hohem Engagement sich die Mitglieder des Vorstands, des Kuratoriums und der Gesellschaft für interreligiöse Vertrauensbildung konkret vor Ort einsetzen. Ihnen allen gilt dieses mein Zeichen der Verbundenheit, der Wertschätzung und der Ermutigung, in ungebrochenem abrahamischen Gottvertrauen die Arbeit fortzuführen.

Dankbar bin ich nicht zuletzt meinen beiden Schwestern *Gisela Bittner-Brink* (Fulda) und *Annette Becker* (Rottweil) für ihre Unterstützung bei den Korrekturen der Druckfahnen.

Tübingen, Januar 2017
Karl-Josef Kuschel

Verzeichnis der Namen

M

Maier, B. 172, 626
Mann, Th. 91, 92, 286, 305, 366, 367, 368, 370, 371, 374, 445, 488, 634, 640
Marshall, D. 628
Martin, R. C. 626
Marx, M. J. 24, 630
Massignon, L. 52
Mathys, H.-P. 636
McAuliffe, J. D. 626, 628
Merenptah, Pharao 361
Michelangelo 369
Micksch, J. 635, 646
Middelbeck-Varwick, A. 215, 632
Mittmann-Richert, U. 638
Mohagheghi, H. 137
Mommsen, K. 111
Montinari, M. 160
Morgenstern, M. 632
Moses Maimonides 61
Mosès, St. 237, 637
Motzki, H. 628
Mourad, S. A. 538, 643
Müller, A. 111
Müller, K. 639

N

Nagel, T. 26, 157, 173, 203, 206, 213, 214, 219, 291, 497, 503, 504, 507, 627, 629, 632, 642
Napoleon, B. 36
Nasser, G. A. 31, 32
Naumann, Th. 48, 634
Nestorius, Patriarch 196
Neumann-Gorsolke, U. 637
Neuwirth, A. 23, 24, 25, 95, 96, 119, 123, 124, 125, 126, 132, 163, 164, 178, 188, 189, 213, 220, 221, 222, 252, 253, 256, 277, 331, 337, 340, 350, 351, 354, 387, 396, 410, 420, 423, 437, 438, 527, 528, 535, 543, 544, 549, 555, 563, 564, 627, 630, 631, 632, 640, 641, 642, 643, 644
Nieser, C. 48, 634
Niewöhner, F. 19, 630
Nofretete 35, 38, 41
Nöldeke, Th. 212, 213, 214, 624
Nollmann, H. 640
Novak, D. 639

O

Obama, B. 595–610
Oberforcher, R. 321, 639
Oberhänsli-Widmer, G. 636
Öhler, M. 639
Omar, I. A. 643
Otto, E. 634, 640
Ourghi, A.-H. 135, 139, 146, 155

P

Paçaci, M. 350, 629
Padal, Y. 637
Paret, R. 112, 127, 183, 199, 215, 262, 287, 338, 340, 395, 410, 417, 418, 428, 429, 484, 496, 531, 556, 569, 580, 626, 627, 629
Perez, Sch. 612
Platon 61
Plaut, W. G. 285, 320, 639
Pohlmann, K.-F. 213, 630
Prenner, K. 424, 428, 436, 641
Pulsfort, E. 554, 643

R

Rabin, J. 71, 72
Rad, G. von 451, 475, 641
Raeder, S. 642
Rahman, F. 130
Ramadan, T. 628
Ramses II., Pharao 361

Bibelstellen- und Koransuren-Register

Bibelstellenregister

Altes Testament

Genesis

1	244, 637	
1,1–2,4	238	
1,3	246	
1,26	254, 285, 288, 306, 309, 637	
1,26–28	307	
1,27	244, 288, 637	
1,28	307, 309	
1,28–29	244	
1,31	307, 310	
2,3	241	
2,4	320	
2,4–25	238	
2,4–6	242	
2,7	242, 244, 266	
2,8	242, 261	
2,9	243, 261	
2,10–14	242	
2,15	243	
2,16	274	
2,16–17	243	
2,18	244	
2,19	244, 290	
2,19–20	244, 291	
2,21–22	244	
2,21–23	261	
2,22	261	
2,23	245, 248	
3	244, 261, 272	
3,1	243	
3,1–4	261	
3,5	261	
3,6	261	
3,7	261	
3,14–15	261	
3,16	263	
3,17–19	236, 263	
3,19	274	
3,22	243	
3,23–24	261	
4,1–16	292, 295	
4,17–24	304	
5–9	639	
5,1	307	
6–9	347	
6,5	325	
6,7	304	
6,8	308	
6,10–12	307	
6,12	310	
6,17	308	
7	328	
7,1	308, 322	
7,2–3	340	
8,21	308, 309	
9	316, 319, 320	
9,1	309	
9,2–3	309	
9,4–6	311, 312, 354	
9,6	637	
9,8–12	345	
9,10	313	
9,12–17	313	
9,13–17	345	
9,15	314	
9,18–19	315	
9,20	316	
9,21–27	348	
9,24–25	317	
9,25–27	332	
9,26	317, 319	
9,27	317	
9,28–29	354	
10	316, 317, 318, 319, 320, 461	
10,6	317	
10,32	315	
11	321	
11,1–9	414	
11,30	444	
12	620	
12–22	615	
12,1	472	
12.1–4	617	
12,10–20	454	
16,1	444	
16,1–4	45, 46	
16,5–6	45	
16,5–15	47	
16, 10	47	
16,11	46	
16, 15	45	
17	42, 46, 314	
17,3	43	
17,11–14	43	
17,17	444, 547	
17,19	46, 47	
17,20	47, 321	
17,21	46, 47	

1,32 531, 589	Apostelge-	1 Thessa-
1,34 531	schichte	lonicher
1,35 531, 536, 537,	2,22 586	2,15 579
589	2,29–31 84	4,16 180
1,37 589	3,13 586	
1,43 525	3,15 579	Hebräer
1,46–55 560	3,18 84	1,1–2 84
1,52–53 534	3,22 380	3,1 586
1,61 524	4,10 579	11 508
1,63–64 520	4,27 586	11,1 508
1,68 519	5,30 579	11,8–19 615
2,7 542	7,37 380	11,19 43
2,11 589	7,41 186	12,8 622
2,14 560	7,52 186	12,13 622
2,21 43	17 347	13,2 619
2,29–32 588		
2,51 535	Römer	Jakobus
3,1–8 518	1,4 82	2,23 618
3,2–4 524	4,17 43	
3,16 525	4,18 615	1 Petrus
3,19–20 518	4,20 615	1,19 576
3,21–22 518, 525	4,21–22 615	3,18–19 328
3,22 525	4,25 576	3,20–21 328
6,17–19 569	5,6–11 156	
6,30 609	11,11 587	2 Petrus
6,31 594		3,4 329
7,11–17 570	1 Korinther	1,10 329
8,19–21 351	1,17–31 196	2,3 329
9,35 586	1,17–2,9 584	2,4 329
10,25–38 179	1, 27–29 585	2,5–10 329
12 591	15,3 576	3,5–7 343
12,16–21 591	15,52 180	
12,21 592		1 Johannes
13,24 592	2 Korinther	4,11 576
21,25–27 256	3,14–15 85	
		Offenbarung
Johannes	Galater	6,12 180
1, 14 196	4,21–31 48	11, 13 180
2,1–11 570		20,12 180
11,39–44 570	Epheser	20,13 180
	5,2 576	

Koransurenregister

Sure 2

2 94, 95, 185, 194,
   279–292, 281, 282,
   286, 287, 290, 431,
   434, 577, 578, 641
2,6–39 282
2,28–33 283, 284
2,28–38 431
2,30 285, 287, 288,
   289
2,30–33 283
2,31 290, 291
2,31–33 288
2,33 290

2,34 287
2,34–37 283
2,36 290
2,40 283
2,40–141 282
2,41 185
2,41–43 432
2,49 432
2,50 432
2,51 186, 433
2,53 433
2,54 433
2,55 429
2,57 433
2,61 186, 433, 577
2,59 86, 227
2,62 81
2,75 433
2,75–79 86, 227
2,76 433
2,78 433
2,83 434
2,87 577, 578
2,87–90 282

2,91 577
2,91–92 186
2,97 88
2,106 128
2,111 194, 565
2,113 195
2,117 249
2,120 195
2,124–132 217
2,125 50
2,127 50, 541
2,135 44. 194
2,136 56, 71, 78, 82
2,137 82
2,139–140 82
2,142–145 186
2,158 50
2,164 249
2,190 142
2,190–191 138, 141
2,216 502
2,247–249 218
2,250–251 218
2,256 141, 194
2,261–265 589

Sure 3

3 94, 189, 512, 517,
   522–528, 543–554,
   577
3,3–4 79
3,5 179
3,6 548, 549
3,7 78, 90, 98
3,19 58, 87, 189
3,21 546, 577
3,23 189
3,32 522
3,33 356, 545

3,33–34 523
3,33–37 545
3,33–59 194, 218
3,35 546, 548
3,35–36 549
3,36 548
3,37 549, 550
3,37–49 516
3,38 523
3,38–41 218, 523,
   550
3,39 524
3,40 528
3,42 551
3,42–44 550, 567
3,43 551
3,44 550, 551
3,45 568, 569
3,45–46 567–568
3,45–47 552
3,46 568
3,48 568
3,49 568, 569, 570,
   571
3,54 541
3,59 198, 265
3,59–64 192, 522
3,61 193
3,64 54, 190, 193,
   207
3,65–67 49
3,68 49
3,69 189
3,72 189
3,78 86, 189, 227
3,79 189
3,81 215
3,85 58
3,95 44

19,34   563
19,34–35   199
19, 34–36   564, 565
19,34–37   563
19,34–40   513
19,35   527, 564, 565
19,36   566
19,37   516, 564
19,41   554
19,41–48   513, 622
19,49   513
19,51–53   513
19,54   218
19,54–56   513
19,56   554
19,58   514
19,59–60   175
19,60–65   514
19,66–98   514
19,88   514, 527, 564
19,88–91   514, 563
19,93–98   514
19,97   86

Sure 20

20   257–264, 267,
     268, 284, 389–408,
     414, 415, 416, 421,
     426, 431
20,7   258
20,8   258, 426
20,9   389
20,9–98   258, 389
20,10–16   390
20,11–19   217
20,12   390
20,14   392
20,15   392
20,17–24   393
20,24   420
20, 25–36   394
20,37–40   394, 395

20,39   395
20,40   431, 580
20,41–48   396–397
20,44   399, 409
20,45   420
20,47   397
20,49–59   398–399
20,60–66   400–401
20,67–70   401
20,69   401
20,71   402, 420
20,73–76   402
20,77   403
20,78   403, 424
20,80   423
20,80–82   403
20,82   404
20,83   404
20,83–99   404–406
20,85   406
20,90   406
20,95   406
20,96   406
20,99   258
20,113   86
20,113–114   258
20, 114   259
20,115   259
20,115–122   217, 261
20, 115–123   389
20,116   262, 270
20,116–123   260
20,120   274
20,121   261, 262
20,122   263, 270, 275
20,123   261

Sure 21

21   215
21,5   120
21,38   218
21,51–73   217
21,78–81   218
21,85   218
21,87–88   218
21,89–90   218, 518
21,91   218, 537
21,104   249
21,105   391

Sure 22

22   172
22,19–24   173
22,26–28   50
22,26–29   217
22,42–43   356
22,70   90
22,77   551

Sure 23

23   337–340, 339,
     344
23,20   424
23,23–41   217
23,24   340
23,24–25   121, 132
23,26   340
23,30–30   339
23,49   423
23,50   543
23,82–83   169
23,104   172

Sure 25

25,7–8   132
25,31   132
25,30–42   270

71,25 334
71,26–28 334
71,27 335
71,28 335

Sure 73
73 383
73,1–9 102–103
73,15 216, 383

Sure 74
74,8 180
74,27–29 172
74,44 338

Sure 75
75,20–21 338

Sure 76
76,14 172

Sure 77
77,41 172

Sure 78
78,17 171
78,18 180

Sure 79
79 383
79,6–14 384
79,15–25 216
79, 15–26 384
79,17 216
79,37 384
79,38 384

Sure 80
80,17–22 168
80,24–32 166

Sure 81
81,1 180
81,10 180

Sure 82
82 254–257
82,1–9 255
82,7 262
82,9 257
82,13–15 167

Sure 83
83,1–6 171, 179
83,25–28 172

Sure 84
84,13–15 171
84,14 338

Sure 85
85,13 249
85,17–22 382
85,18 216, 383
85,22 88

Sure 86
86,5–7 249
86,6–7 166, 167

Sure 87
87,1–7 166–167
87, 14–17 167
87,18–19 216, 381
87,19 423

Sure 88
88,17–19 166

Sure 89
89 179
89,10 383
89,17–20 179

Sure 90
90 178
90,1 222
90,6 178
90,6–17 592
90,7 178
90,8–9 257
90,12–16 178
90,13–16 338, 590
90,17–20 178

Sure 92
92,8 338

Sure 94
94,1 393

Sure 95
95 252–254, 261
95,1–8 252
95,2 424
95,3 222
95,4 262

Sure 96
96 102
96,1–2 249
99,1–2 180

Sure 100
100 112, 113, 114, 115, 116
100,8 338

Sure 101
101,4–11 251

Sure 102
102 168

Sure 104
104   169, 251, 591
104,1–9   591
104,2–3   338

Sure 105
105   222

Sure 106
106   222

Sure 107
107   179, 250
107, 1–3   179

Sure 112
112   200, 566

Sure 113
113,1   98

Sure 114
114,4   262

Pioniere des Dialogs

Karl-Josef Kuschel
Leben ist Brückenschlagen
Vordenker des
interreligiösen Dialogs

608 Seiten mit 12 s/w-Fotos
Hardcover mit Schutzumschlag
ISBN 978-3-8436-0068-2

Von den Vordenkern des interreligiösen Dialogs erzählen heißt, von einer Geschichte der Hoffnung zu erzählen. Denn der Dialog der Religionen ist angesichts der heutigen konfliktreichen Weltsituation dringender denn je. Karl-Josef Kuschel stellt die noch junge Geschichte interreligiöser Verständigung anhand exemplarischer Einzelporträts aus allen religiösen Traditionen der Menschheit dar. Es sind dramatische Lebensgeschichten von Dichtern, Wissenschaftlern, Philosophen und Übersetzern, die oftmals gegen heftige Widerstände die Grundlagen für fruchtbare Begegnungen zwischen den Religionen schufen. Karl-Josef Kuschel zeigt mit diesen Geschichten eindrucksvoll: Nicht den Traditionswächtern gehört die Zukunft, sondern den Kühnen und Mutigen.

www.patmos.de

Überraschende Perspektiven

Karl-Josef Kuschel
Festmahl am Himmelstisch
Wie Mahl feiern Juden, Christen
und Muslime verbindet

176 Seiten | Paperback
ISBN 978-3-8436-0366-9

Juden feiern Pessach, Christen Eucharistie und Muslime bitten Gott, einen Tisch vom Himmel zu senden (Koran, Sure 5), an dem die Gläubigen Platz nehmen. Mahl zu feiern stiftet also eine enge Verbindung zwischen den drei großen Religionen, sagt Karl-Josef Kuschel. Er beschreibt diese bisher nicht gesehene Verbindung zum ersten Mal in einem kleinen programmatischen Buch. Wenn Christen das Abendmahl Jesu feiern, sind auch die anderen Religionen mit gegenwärtig, so Kuschels These, die er durch historische und systematische Argumentation belegen kann, ohne die anderen Religionen zu vereinnahmen. Eine Erkenntnis von besonderer Tragweite, die das Gespräch zwischen Juden, Christen und Muslimen befruchten dürfte.

PATMOS
www.patmos.de

Übersetzung und Kommentar

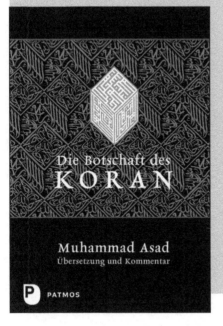

Muhammad Asad
Die Botschaft des Koran
Übersetzung und Kommentar
Übersetzt von
Ahmad von Denffer, Yusuf Kuhn

1264 Seiten | Hardcover
ISBN: 978-3-8436-0109-2

Der bedeutende Islamgelehrte Muhammad Asad, geboren als Leopold Weiss, 1900–1992, eine Leitfigur fortschrittlicher Muslime, übersetzte und kommentierte den Koran für die westliche Welt ins Englische. Seine hervorragende Übertragung ist die einzige, die wiederum in viele andere Sprachen übersetzt wurde. Damit erlangte sie Weltruhm. Erstmals liegt sie nun in deutscher Sprache vor und verschafft dem Koran damit neue Geltung in der modernen Welt. Die Einzigartigkeit der Übersetzung ist darin begründet, dass Muhammad Asad das Klassische Arabisch ebenso beherrschte wie die Dialekte der Beduinenstämme. Die Beduinen waren die ersten Adressaten des Korans. Die kulturellen Traditionen der Nomaden waren seit der Entstehung des Islam unverändert geblieben. Asad, der viele Jahre in Saudi-Arabien lebte, studierte sie eingehend für seine historisch authentische Übertragung der islamischen Schrift.

PATMOS
www.patmos.de

VERLAGSGRUPPE PATMOS

PATMOS
ESCHBACH
GRÜNEWALD
THORBECKE
SCHWABEN

Die Verlagsgruppe
mit Sinn für das Leben

Für die Schwabenverlag AG ist Nachhaltigkeit ein wichtiger Maßstab ihres Handelns. Wir achten daher auf den Einsatz umweltschonender Ressourcen und Materialien.

© 2017 Patmos Verlag der Schwabenverlag AG, Ostfildern
www.patmos.de

Redaktion der Register: Matthias Slunitschek, Schwäbisch-Hall
Autorenfoto: privat. Alle Rechte vorbehalten
Umschlaggestaltung: Finken & Bumiller, Stuttgart
Gestaltung, Satz und Repro: Schwabenverlag AG, Ostfildern
Druck: CPI books GmbH, Leck
Hergestellt in Deutschland
ISBN 978-3-8436-0726-1 (Print)
ISBN 978-3-8436-0727-8 (eBook)